Schools around the world

世界の学校

Akira Ninomiya
二宮 皓 編著

グローバル化する教育と
学校生活のリアル

学事出版

まえがき

　世界には不思議（something strange）な学校がある。児童生徒がまったく掃除をしない学校。運動会や学芸会のない学校。思い出の残る修学旅行のない学校。入学式や卒業式がない学校もある。入学や卒業をお祝いしないとはどういうことか。先生が職員室で忙しく仕事をしないで、お茶したり、楽しそうに雑談したりしている学校。職員室は何のためにあるのだろうか。仏さまがいたり、お祈りがあったりする学校もある。それでも学校は「時間」を刻んでいるし、「時間」に囚われている。

　世界の学校を形容詞（句）で表現してみよう。多忙な学校。冷たい学校、暖かい学校、親切な学校、面倒見がいい学校、殺風景な学校、カラフルな学校。短い学校、長い学校。何といっても思い出の残る学校と残らない学校。

　さて本書は31か国の学校を扱っているが、国の順番は通常の地域別編成ではない。奇異な感じが残るだろうが、それこそが本書の特色である。世界は西から東へ、北から南へ動いているわけではない。世界の学校の地図（色分け）は一つの仮説からなっている。

　つまり世界の学校を、「3類型プラス」類型論の仮説に従って編成している。もちろんこの仮説に批判は可能で、間違っていると感じる人が少なくないことも承知している。

　①ヨーロッパ大陸型として、ドイツ、フランスなど欧州の国に加えてメキシコとブラジルを入れている。次いで②英米型として、イギリスやアメリカ、それから英連邦の国を扱っている。③社会主義型として、中国とベトナムを位置付け、ロシアについてはソ連の伝統を残す学校としてこの類型に準じる扱いをしている。以上に加えて、④イスラム型（アラブとアジアのイスラム国）、⑤仏教型（ブータンとタイ）、そして⑥日本・韓国型（英米型の進化型）の類型論を提案している。

　それぞれの国の学校の日常の風景（登校風景や時間割、教師の一日など）、学校制度及び課題と魅力について記述している。それぞれの国の学校の何に惹かれるのか。個性的特色を課題と魅力として語ってもらっている。

　最終章ではグローバルガバナンスの視点から初めて国際機関の教育政策を論じている。世界の学校が強力なグローバルガバナンスの影響を受けたり、欧州やアセアン諸国の地域統合（EU・ASEAN）による教育・学校制度の調和化が進んだりする傾向を描いている。

　激動する世界、グローバル化が進む世界、分断が進む世界、相互不寛容が進む世界、パンデミックに苦しむ世界、DXが進化しポストデジタル時代を迎えた世界。不安がつきない。それだからこそさまざまな知恵が内在する世界の学校を旅し、楽しんでもらいたい。未来を担う子どもが育つ「学校」を語らうことは何よりも大切ではないだろうか。

　本書はできれば、学校の先生のみならず、明日のグローバル人材として活躍が期待される中高校生にも読んでもらいたい。広い視野から日本を考えることの大切さを感じてもらいたい。

2023年3月

編著者　二宮　皓

目　次

iv

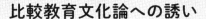

比較教育文化論への誘い

世界の学校を楽しむ

第1節　世界の学校を旅する──世界の学校の「3類型プラス」類型論

◆ヨーロッパ大陸型──学校は家庭を補う役割

　大陸型の学校は「勉強中心」の学校である。イギリスの高校の副校長がドイツ、スペイン、イタリアなど大陸の多くの国の学校を訪問し、驚きをもって報告書（School at Europe）の中で語った言葉が、大陸型の学校とイギリスの学校の違いを浮き彫りにしている。彼によれば、大陸の学校は、生徒からみると「銀行」「郵便局」「バス停」などと同じで「特定のビジネス（用事）」を行う場であるという。そこでは生徒は「学校を卒業しても懐かしく学校を思い出すことはない」という。大陸では、イギリスと違って教育課程や生徒指導体制の違いが「思い出の残らない学校」を創り出している。[(1)]

　大陸型の学校では、教育課程が教科中心のそれであり、教科外活動などがない。教科の勉強が終わると帰宅してしまう。ドイツの学校が半日制であるのもこれが理由である。入学式や卒業式もない。クラブ活動もない。サッカーなどのスポーツは地域のクラブで楽しむ。フランスの学校も教科中心で、スポーツを学校で楽しむことはない。学校は「知育」「勉強」中心であり、楽しく過ごす場ではない。英米型の学校や日本型の学校と大きく異なる特質である。こうした大陸型の学校の原型は古代国家シュメールの学校（粘土板の家）に見られる。粘土板をこねて文字や数を学び、宿題をもらって帰宅するだけである。

　大陸の学校は生徒指導にも消極的である。心の教育は家庭の責任であり、規律も家庭の責任である。学校はこうした領域には関与しない。先生が家庭訪問して生徒を指導することもない。夏休みは先生もバカンスの時であり、生徒の面倒をみることはない。フランスでは家庭で宗教教育など心の教育を行うために水曜日を休業日としている。進路の決定も親の教育権（学校選択の自由）に属すると解されている。かつて18世紀の哲学者・政治家N.コンドルセは、公立初等学校を整備するにあたり、学校は知的な教科を教える場で、家庭の補完的役割を果たすだけであると国民の説得にあたった。

　大陸型の学校の役割は明確で責任範囲も狭く、合理的である。校門までは親の責任であると明確に主張している。ドイツの学校では授業が終了すると即座に下校しなくてはならない。門はすぐに閉まってしまうという。

◆英米型──学校は家庭に代わる役割（親代わり論）

　イギリスの学校には「顔」があるといわれてきた。それは学校ごとに教科・科目が異なっていることを表している。全国一律の教育課程（基準）が定められていないことによる。英米型の学校では、何を教えるかは、学校や学校理事会、あるいは学校行政基礎単位（学区など）の裁量に任されてきた。いわゆる必修教科・科目はきわめて少ない。英米型の学校の教育課程は、多くの選択教科で彩られている。「単位制」を発明したのはアメリカの学校である。これによりいずれの学問・教科プログラムを履修しようと、１単位量の学習という意味で「同価値」であり、優劣はない、という個性尊重の文化を生み出したともいえる。今や単位制度は、ヨーロッパの大学にも普及し、「互換（トランスファー）可能な制度」として世界標準となっている。

　また教科外活動も英米型の学校の特質である。英米型の学校では、クラブ活動を基礎とするスポーツや文化活動が盛んである。ラグビーが、イギリスの名門パブリック・スクールのラグビー校で誕生した、というエピソードは有名である。フットボールを楽しむ生徒が興奮のあまりボールをもって走ってゴールしたことからラグビーが始まった。アメリカのアメリカン・フットボール、バスケットボール、野球などは高校の花形スポーツで、カレッジスポーツやプロスポーツを支えている。これらは、教員とは異なる指導者「コーチ」文化の誕生につながっている。

　他方で生徒指導も正規の指導活動として制度化されてきた。イギリス、オーストラリア、ニュージーランドなど英連邦の国ではプリフェクト制度やパストラルケア（pastoral care：牧師が信者に優しく接する如く生徒をケアするという意味）制度が確立されている。またアメリカ型の学校では、いわゆる「ガイダンス・カウンセリング」体制が整備されてくる。選択教科などの出現で、教員による適切な履修等に関するガイダンス機能が求められた。また進路指導や心の相談のために、カウンセラー教員が専門職として養成・配置される。

　こうしたプログラムを通じて学校が「親に代わって（in loco parentis）」生徒の面倒を見てくれる。教師の懲戒権も、判例でもってこの親代わり論の思想に基づいて正当化されてきた。家庭や教会の責任としている大陸型の学校と、大きく異なる特質であろう。

　英米型の学校は楽しく、多様な活動を保障し、学校（教師）が良く面倒を見てくれる、思い出の残る学校文化であるといえる。戦後の日本や韓国あるいはタイなど世界の多くの学校（アラブ諸国の学校も含めて）も本来は英米型であるともいえる。

◆社会主義型──「思想」重視の学校と赤いネッカチーフの子ども

　20世紀になり、ソ連の誕生とともに東欧諸国など社会主義・共産主義国家が誕生した。社会主義的教育政策に基づく特徴ある学校が誕生したが、1991年のソ連崩壊及び東欧諸国の脱ソ連化により、その原型は姿を消しつつある。現在社会主義型がみられるのは、中国、ベトナム、ラオス、北朝鮮、キューバである。

　さて、共産党が指導する国家・社会では、学校の役割はイデオロギーを含めた思想を教化し、国家建設に有用な人材を育成する点にある。旧ソ連の学校で新たに制度化された教育が、イデオロギーを教化し、「労働科」を設置し労働教育（コルホーズなどでの実習労働）を重視する教育課程となっていた。レーニンは「勉強せよ、勉強せよ、そして勉強せよ」というスローガンを掲げ、毛

沢東も「好好学習、天天向上」のスローガンを掲げ、国家建設のための「勉強」を奨励した。

　社会主義型の教育の最も顕著な特質は、「赤いネッカチーフの子どもたち」であろう。学校組織と独立した青少年組織と施設を用意し、学校の外での人材教育の仕組みを構築している。旧ソ連では「ピオネール（10歳から15歳）」と「ピオネール宮殿」、中国では「少年先鋒隊（7歳から14歳）」と「少年宮」がそれである。もちろん学校内でも少年組織は活動している。キューバにも北朝鮮にもまたベトナムにも赤いネッカチーフの子ども組織がある。キューバの学校では、革命家チェ・ゲバラの壁絵と政治教育の部屋を有し、赤いネッカチーフの子どもが学んでいる。組織の理念は「祖国、党・共産主義に忠実であり、学習・労働・スポーツに粘り強く、正直で誠実な同志であり、いつも勇敢に真実の側に立つ」であり、この理念のもとに活動していた。「ピオネール宮殿」は学校とは独立した建物で、学校の教員とは別の指導者が配置され、午後あるいは午前に、多様な活動（スポーツ、文化学習、奉仕活動、科学活動などのクラブ）を行っている。この組織の機能の中核は、まさに家庭（親）や学校・地域社会に代わって国家・共産党が子どものためのピオネールの班やクラブ編成・活動を通じた集団主義教育による人間形成を行う点にある。

　今日、周近平が指導する中国や金正恩が指導する北朝鮮の学校は典型的な社会主義型であるが、ドイモイ政策を展開してきたベトナム、カストロ体制が変質しているキューバは今後、どのような学校類型を生み出すのだろうか。国家・共産党が指導する「学校」は他の類型と大きく異なることは間違いない。

◆イスラム型──お祈りのある学校

　アラブ世界やアジアのイスラム国の学校も、教育課程の特性としてはアメリカやイギリスの影響を受けていることもあり、英米型の学校であるといえる。しかしアメリカは政教分離で学校の中での宗教・宗派教育は行っていないし、イギリスの学校も宗教一般の教育と集団礼拝（朝の朝礼）を行っているだけである。

　イスラム国の学校はイスラムの教えを守って学校生活をおくる。少なくとも校内（時間割でお祈りの時間が設定してある）かモスクで定められたお祈りを行わないといけない。アラビア語でコーランを勉強しなくてはならない。コーランを暗唱することが求められる。通常の学校制度とは別に宗教省の管轄するイスラム学校も並立している。宗教の時間も少なくない。

　外見で分かりやすいことであるが、女子生徒に求められるスカーフや服装（ヒジャブ、ブルカ、ニカブ、チャドル、アバヤなどイスラム女性の服装）を着用している。

　アラブ諸国の学校では男女別学となっていることも少なくない。

◆仏教型──仏さまのいる学校

　ブータンの学校では、朝礼で国旗掲揚とともにお経を唱える。街の学校ではコンピュータも学ぶという。まさに伝統と近代が融合する学校といえる。

　タイの社会では、「エラワン・プーム」という祠（ほこら）が街中にあるし、大きな会社でも大学でも学校でも同様に仏像が置かれている。タイの人々は子どもでも仏像に手を合わせる。「合掌」の挨拶は国民全体の文化である。学校でも、仏教的な瞑想の時間があり、生徒は廊下などに座って

10分程度の瞑想を行う。仏教国らしく夏休みになると子どもは「僧侶学校」に入り、子ども僧としての修行を行う。街に出かけて行う托鉢も修行である。

　ミャンマーも仏教国であり、信仰にあつい学校である。学校にも仏さまがおり、先生も生徒も「合掌」の挨拶をしてくれる。

◆日本・韓国型──学校中心・学校依存・肥大化する学校

　上述のとおり、日本や韓国は基本的には英米型に属するが、あえて独立した型として取りだした。その理由は、英米はコモンロー・判例法に基づく制度であり、加えて連邦制であるため、全国一律ということもなければ強制力も小さいので、学校によって異なる。それに対して実定法の日本や韓国の学校は学校文化が全国展開され、一律化され、個性を発揮する余地がすくない。日本や韓国は中央政府が教育の基準や標準を法律で定め、全国すべての学校にその実施を命じるという法的拘束力のある国家カリキュラム（学習指導要領や教育課程基準）を定めている。例外がないために、教科外活動も学校行事もすべて実施されなくてはならない。新たな役割が期待され、教育課程が拡大すると、全国すべての学校でそのプログラムを展開しなくてはならない。

　学校は社会の問題を一手に引き受けて解決することが求められ、国も学校も教育課程や指導を拡大していく。かくして学校は本来家庭で躾ければいいような生活習慣行動についても、すべて家庭に代わって指導し、面倒をみることになる。立ち居振る舞いから挨拶や礼儀、廊下の歩き方や歯磨きまで。親も学校への依存を高めていき、学校はますますその役割を肥大化させていく。夏季休業中も先生が校外パトロールなどで生徒指導を展開する。部活も休日出勤しながら面倒をみる。先生が担当しない限り部活は承認されない仕組みはとても不思議に感じられるが、日本や韓国では当然と受け止められる。夏休みも宿題を出さないと親から学校に苦情と非難がくる。英米型であってもイギリスやアメリカでは考えられない。

　これこそが「無限に役割と責任を引き受ける」日本型学校の特色である。教師の多忙感は高くなる一方である。その副産物として、先生は感謝され、先生と生徒の間の親密さは深まり、「よく面倒をみてもらった」という「思い出」や「恩師」が誕生する文化となる。生徒も先生も「長時間」学校で過ごし、学校中心の生活となり、社会や親は学校依存を高める。

　でもいざことが起こるとすべて学校の責任となり、学校は監督官庁から叱咤され、保護者や生徒に陳謝しなくてはならない。それも責任を引き受けたからには、仕方ないことである。

　世界の学校をつぶさに調査し、「無限責任」を引き受け、多忙を極める日本型学校が他に存在するのかを明らかにしたいものである。「学校」こそがすべての問題を解決できるという万能感にあふれているが、遅れて近代化・民主化した国の学校の宿命であろうか。

第2節 世界の学校を楽しむ──比較教育文化論への挑戦

◆「時間」文化の比較

アメリカの『時間の囚われ人（Prisoners of Time）』（1994年）は、公立学校は過去150年間時間を一定に維持し、生徒は定められた時間内に学ぶ、という単純なルールがあったが、アメリカの公立学校は「工場モデル」であり、生徒に「時間厳守」を教える装置であるという批判も展開されてきた[2]。

学校の誕生以来、学校はいつ始まり、いつ終わるのかという学事暦があり、日々の「学びの時間割」がある。学校の休業日も、時代や国の宗教や暦（季節）の文化によって異なる。日曜日、金曜日（イスラム国）。週休二日制の普及で土曜日も休業日となる。フランスでは水曜日（従来は木曜日）が休みとなる。土曜日も休業日とすると週4日制が誕生する。

いずれにしても世界の学校は「暦」と「時計」によって統制され、その背景に宗教や生産労働文化がある。夏休みの文化も比較考察すると興味深い。

今の日本の学校ではストップウォッチが使われたり、スマートボードに「０２：００」の時が刻まれたり、生徒の作業の開始と終わりが分かるようになっている。1秒たりとも無駄にできないという緊迫感のある授業である。授業を「秒」単位で行うのは日本型だけであろうか。

2022年9月イギリスのエリザベス女王の国葬の中継で、ウエストミンスターの鐘（チャイム）が日本の学校のチャイムの原型（キーンコーン、カンコーン）であることを知った。そういえば、昔の日本の学校の「時を告げる鐘（ベル）」が廊下を歩くのを思い出したし、今でもイギリスのリーズ市内の小学校の校長室に柄がついた「鐘」が置いてある（1頁写真参照）。教会の鐘を模したものであろう。ベトナムの学校には大きな太鼓（ドラム）が設置してあった。学校には時を告げる装置が必要である。

世界の学校の始期を比較すると、12月を除いてどこかで毎月学校が始業の日を迎えている。北半球の欧米では学校は収穫を終えて冬に向かう時期（8〜10月）に始まる。日本や韓国のように春に始まる学校もある。しかし始期はなにも季節感でもって決められるのではない。その背景には宗教的なことのみならず、子どもを労働力として必要としたこと、韓国のように欧米への留学準備の必要（国際化対応）からの改正、あるいは日本のように会計年度に合わせた改正（9月から4月に変更）など多様である。春の桜の咲く良き日に入学させるという親心のためではなかったようだ。始期は大人社会の都合で決まったようである。

義務教育の年限・年数や始期も国によって異なる。かつてユネスコは最低年数を6年間と推奨していたが、その実現には困難がともなった。児童労働問題、女子差別文化、国の財政状況などの言い訳が「全ての子どもに教育を（EFA）」の実現を妨げている。

◆「空間」文化の比較

日本、韓国、台湾の学校では、職員室は先生が仕事をする空間としてデザインされている。しかし欧米などの学校では先生が休息する部屋やコーナーが用意されているだけであり、日本風の職員室は見当たらない。「校長室」はどこの学校でもある。先生が教室に直行する学校もある。職員朝

礼はないのかもしれない。職員室が休息空間であるとする文化は、アフリカ（南アフリカやケニア）やオマーンの学校など多くの国にみられる。生徒が入室することはない。休憩中の先生は生徒から煩わされない権利を持つとでも解釈しよう。

　下駄箱と上履き文化は日本に特有かもしれない。スイスの学校でハイヒール厳禁のポスターと教室の前に靴が揃えられている風景を目撃したこともある。何か理由があるはずだ。

　グランドやフィールドは教育課程との関係で存在する空間で、英米型の学校にみられる。フランスなどでは中庭はあってもフィールドはない。必要としないからである。プールも同様である。キューバの学校で学校プールを見たときは少し驚いた。日本の学校の廊下にセンターラインがひかれていた時代もあったが、中国やロンドンの学校でセンターラインを見たときは驚きであった。衝突防止なのか、道路には左右があることを教えるためなのか。

　教室が殺風景な学校もあるが（２部制の学校では別の生徒との共有空間），他方カラフルに飾られている（貴重な情報が展示されている）学校も少なくない。教室は「誰のものか」「誰の居場所か」といった観点で世界の学校をみることもできる。

　以上のように、運動場・フィールド、スイミング・プールなどの屋外施設、体育館や講堂、校門や玄関・ホール、廊下、下駄箱やロッカー、職員室や休憩室、学校給食室、音楽室等の特別教室などの有無や在り様は、国の学校の空間文化を映し出している。

◆「教育様式」文化の比較

　①　登校風景

　親と学校の関係を示す風景として、保護者が学校の門まで子どもを送るかと思えば、スクールバスを降りてくる風景、子どもが集団で登校する風景、学校のドアが開くのを外で生徒が待つ風景、自由にばらばらに登校する風景など、多様な様式がある。それぞれにそれなりの理由があるのだろう。

　②　男女別学か共学か

　今日でも男女別学を旨とする学校制度が存在している。とりわけアラブのイスラム国の多くでは初等学校においても男女別学を基本とする制度を維持している。サウジアラビア、オマーン、エジプトなどの国がそうである。カトリックの国でも法王の回勅でもって男女別の教育が尊重されるべきであると教えられ、フランスなどでも長年にわたって公立小学校の男女別学制度が実施されてきた。フランスが男女共学の法整備を行ったのは1975年教育法による。

　中等学校はカトリック・プロテスタントを問わず、また日本など多くの国でも、歴史的には男女別学が基本であり、「男女共学が尊重されるべき時代」にあっても依然として男子校・女子校が珍しくない。それは個人の選択の自由であると解されている。しかし今日、ジェンダー問題から改めて男女の性で区別する別学の文化が批判されている。

　③　学校制服は是か非か

　学校制服に関する文化も国によって異なるが、制服を維持する理由には多様な考えがある。一つは学校のブランド化イメージと生徒に誇りを持たせる、という教育的意図がある。特にイギリスの伝統を受け継ぐ国では、名門校・伝統校の証としての制服がある。他方で「制服は貧困を隠す」と

いう役割をもち、家庭の経済状況で学校に着ていく服がないという理由から就学しない子弟をなくすための「学校制服」導入が促進された（安価で同じ服を着用）。義務教育を普及するうえで、特に途上国では制服と学校給食（ミルクとパン）が決め手であるという認識が広がった。アフリカでもアジアでも、白いシャツと青か赤の半ズボン（スカート）が定番となっている。他方でブータンのように民族衣装を制服とする学校もある。日本の「黒い詰襟の制服（学生服）」は世界でも珍しい。

　校則問題の最大のテーマが制服である。細かな規定と服装チェックは日本の生徒指導の定番である。学校制服か自由服かは教育様式文化論としても結論のでないテーマであろう。

　④　体罰――心を矯正する

　古代から中世・近世と規律の教育の手段として重宝されてきた教育文化が体罰である。古代ローマの学校の特色は朝早い学校と大量のムチであるという。キリスト教世界における「ムチ打ち・体罰」の思想的背景には、旧約聖書の教えがあるといわれている。事実、旧約聖書では、人間の心には悪いことが幼き頃よりつながれている、とする性悪説の人間観があり（創世記）、子どもの心の中の「悪」を追い出すためにムチが必要と説く。旧約聖書の「箴言（しんげん）」には、体罰（ムチ）のススメが少なくない。[3]

　イギリスなどの学校ではケーンと呼ばれる「鞭」が使用され、アメリカの学校ではパドルと呼称される「体罰板」が使用された。しかし、今では体罰は制限・禁止される方向にある。なお日本では1879(明治12年)の教育令により体罰は禁止され、その後許容されることはなかった。世界で家庭における体罰・虐待を禁止している国は59か国であり、日本も禁止している。

　⑤　掃除――心を磨く

　それに対して仏教的伝統を持つ国の学校では、それ以上に教育様式の文化として「学校掃除」がある。タイでもブータンでも間違いなく校内清掃が行われている。とりわけ日本の仏教寺院での修行方法の一つが掃除（作務の一つ）であり、掃除を一生懸命することで悟りをえることができる、とする思想が根強く存在してきた。例えば永平寺では「一掃除、二看経（かんきん）、三学問」という修行の道筋が教えられてきた。その意味は掃除ができるようになって初めてお経を読むことができ、お経を暗記して初めて経典を論じることができる、というステップ学習・修行にある。明治以降の近代の学校でも「掃除」だけは変わることなく大切にされてきた。まさに欧米とは異なる教育様式であるといえる。[4]

　欧米の学校で生徒が掃除を行うことはない。それは掃除に「教育的意味」を見出していないからである。大人や業者に任せる方が効率的でいい、とする合理的思考様式がある。

　⑥　デジタル文化――AIが育てる

　以上のように考察してみるに、伝統あるいは宗教的思想的背景のある文化としての教育スタイルも人権などの国際的合意によって否定されたり、制限されたりするようになる。学校の伝統文化に代わってAIに代表されるデジタル技術が新たな教育様式を生み出している。生徒は一台の、インターネットにつながっている「端末」を操作し、「個別最適な学び」を享受する。この革新的な教育様式は「時間」のきまりを超越し、学校・教室という「空間」さえ必要としない。「ポストデジタル時代」を迎えているエストニアやデンマークの学校文化をみてみたいものである。

◆**個性記述的目的——「記述」する**

① 外国教育の特色の理解

　外国の教育を深く理解するために、教育制度や教育事象の背後にある歴史的要因や社会経済的要因、政治的あるいは文化的要因などにさかのぼって理解することが重要であるという方法論的主張がある。比較教育学の分野では「要因分析」と呼ばれる伝統的な方法である。この立場は特に重要で、「教育借用」の時代を方法的に超えるものである。その方法的端緒を開いた代表的な人が、イギリスのM.サドラー卿である。

　サドラーによれば、19世紀の外国教育研究は自国の近代的な教育制度確立を意図するいわゆる採長補短的な「教育・文化借用」という実際的目標に性急なあまり、都合のいいところだけを調べるといった断片的で恣意的なものであった。各国の教育を真に理解するためには、「学校の内の事柄」よりも「学校の外の事柄」がより重要であり、学校制度の背後に存在する諸要因（諸国民の生活、闘いの歴史、国民性など）を解明し、説明する必要があるという[5]。

　外国の教育現実が「どのようになっているか（How？）」について記述するだけでなく、その教育事象や現実をその形成要因までさかのぼって、「なぜそうなのか（Why？）」という問いに答えようとするアプローチである。どのような「学校の外の事柄」を要因とするかは研究者や主題によって当然に異なるが、アメリカのI.L.キャンデルは、(1)歴史的伝統、(2)国民の態度（国民性）および(3)政治的・経済的条件をあげている。また旧西ドイツのF.シュナイダーは、「諸国民の教育の形成要因（動力）」として、(1)国民性、(2)地理的空間、(3)経済的要因、(4)文化的要因、(5)宗教的要因、(6)学問的・科学的要因、(7)社会・経済的要因、(8)外国の影響要因および(9)教育の内的発展（教授学理論等）をあげている。さらにイギリスのN.ハンスは、(1)自然的要因（民族、言語、地理的・経済的環境）、(2)宗教的要因（カトリック、アングリカン、ピューリタンなど）及び(3)世俗的要因（ヒューマニズム、社会主義、ナショナリズム、民主主義など）をあげている[6]。

② 日本教育の特色の理解

　外国の教育を知ることは自ずと自らの国の教育の特徴を理解することにつながる。日本の教育の個性や特徴を理解するのに、日本だけを眺めているだけでは分からない。他者と比較して初めて特徴や違いを浮き彫りにし、その「要因」を分析することができる。比較教育学の目的はまさに外国を学ぶことで「汝自身を知る」ことにあり、「反省的・批判的省察」を促すことになる。日本の学校の「肥人化」論は比較考察から導き出された言説である。

◆**法則発見的目的——「説明」する**

① 「動向分析」（蓋然的法則）による説明

　社会科学としての比較教育学が理論の一般化（法則）を目的とすることは当然であるが、教育という人間の営みを対象とする学問であるので、自然科学や経済学に見られる自然主義学派が主張する法則を発見することは期待できない。せいぜい「蓋然的（probable）法則」あるいは疑似法則として「世界の教育動向」を説明することができる。例えば世界の高等教育の大衆化・ユニバーサル

化やグローバル化の動向がある。今でいえば教育のデジタル化の動向の真っただ中にいる。

② 国際比較による「類型」による説明

同様に「類型」や「理念型」モデルによる説明も可能である。各国の教育を一定の規準でもって「類型」に分類することで世界の教育事象を全体的に説明する。「世界の学校の3類型プラス」モデルもそれである。なお国際比較研究を行う際に、各国の教育事象における類似性・差異性による分類を行うことになるが、「either A or B」という判別方法も可能であろうが、そのような厳密な判別・分類が困難な場合が少なくない。そこで実際には「more or less」あるいは「be likely」という「程度や傾向の多少・強弱」によって判別・分類する方法が、厳密さを犠牲にはするがより現実的であるといえる。

③ 比較文化的検証による理論的説明

特定の国や文脈の中で見られる教育事象・傾向（理論的言説）が、異文化のなかでも成立するかどうかを検証することも重要な目的である。いわゆるクロス・カルチュラル研究である。特定の文化における理論（仮説）の一般性・普遍性を高める研究である。例えば、教師の職務満足は「給与」に比例して高まる、という仮説は欧米のみならず日本などアジアでも実証できるかどうかをクロス・カルチュラル研究（アンケート調査など）で確かめる。

◆実践的目的——「貢献」する

① 自国の教育改革への貢献

自国の教育制度を確立したり、教育改革を行ったりする時に、欧米諸国の先進モデルを調査研究し、優れたところを取り入れる（採長補短）という改善的動機（melioristic）がある。改善的アプローチが主流を占めることは間違いない。

日本の近代化・現代化の過程において外国調査が参考にされてきた政策は少なくない。また逆に中国などアジアでは、日本をモデルとして研究し、それぞれの国の教育制度確立・改革に貢献する日本教育研究も多く行われた。欧米から直接学ぶのではなく、日本の制度に「翻訳された」西洋の近現代的制度をモデルとすることの方法的優位性を説くアプローチである。

② 教育開発援助と開発途上国への貢献

比較教育学はその主要な役割を発展途上国の教育開発援助に見出してきた。OECDの開発援助委員会（DAC）（1961年〜）の活動の開始とともに、欧米先進国及び日本が途上国の援助・支援の一歩を踏み出す。開発や発展のためのインフラの整備への財政支援のみならず教育・人材育成支援こそが重要であるという命題に基づいて、教育の振興のための援助スキームが展開されてくる。

アメリカでは「平和部隊（Peace Corps）プロジェクト」（日本では青年海外協力隊事業）が準備され、途上国でのボランティア活動に従事する若者が増えてくる。途上国の教育開発は大学における重要な研究教育フィールドとなる。伝統的な比較教育学もそのウイングを広げてこの国際教育開発の分野を取り込んだ。比較・国際教育学の誕生である。地域研究の発展と軌を一にした国際教育開発・途上国教育研究が進展してきた。

③ 「教育輸出」と開発途上国への貢献

国際教育協力の発展の中でさらには、外国のモデルから学んできた比較教育学は、自国の教育の

優れた制度・実践を途上国に輸出することも想定されるようになる。理数科教育、保健教育などの教科、運動会などの学校行事、学校給食や学校掃除など「日本型教育」の輸出（教育貸出・教育移植事業）を行うようになる。エジプトなどいくつかの国では「日本型学校」の導入・設置が行われるようになってきた。中央教育審議会が日本型教育の輸出を奨励する教育政策を提唱する時代が到来し、日本文化や日本食の輸出振興に加えて「教育」も輸出するという。[7]　　　　（二宮皓）

［注］

⑴　Newcombe,N., *Europe at School*, London, 1977(ニューカム、N.／吉田正晴監訳『ヨーロッパの学校』第一法規、1979年).

⑵　National Education Commission on Time and Learning, Prisoners of Time, 1994 (https://www.ecs.org/clearinghouse/64/52/6452.pdf)(2022年8月30日閲覧).

⑶　体罰のススメは旧約聖書(箴言(ソロモン王の格言))に多く見られる。矯正を意味する典型的な格言が「ムチを加えない者は、その子を憎むのである。／傷つくまで打てば悪いところは清くなり、ムチで打てば心の底まで清くなる。」

⑷　掃除と周梨槃特の説話：「ミョーガ(茗荷)を食べると物忘れがひどくなる、という話がある。お釈迦さんの弟子の周利槃特は自分の名前も憶えないぐらい物覚えが悪く、名札をつけて修行していたことから、『茗荷』のニックネームで呼ばれた。彼の死後墓の周りに芽を出したのが『ミョーガ』であり、それを食すと彼のように自分の名前さえ忘れてしまうという話が伝わっている。彼は掃除で悟りを開き、後に優れた僧になった。仏教の教えでは、掃除も悟りをうる重要な修行の一つであると教えられてきた。」(『増一阿含経』)。

⑸　比較教育学はフランスのマルク・アントワーヌ・ジュリアンの小冊子『比較教育の構想と予備的見解』(1817年)に始まるが、学問として展開するのは20世紀になってからである。その端緒は、Sir Michael Sadler が1900年10月20日にギルフォード教育大会において行った演説"How Far Can We Learn Anything of Practical Value from the Study of Foreign Systems Abroad?"(一つの茂みから一本の花、別の茂みからまた一本の花を摘むように外国の教育制度を借用することを戒めた演説)にある。

⑹　Kandel, I.L.,*Comparative Education*, London, 1933.；　Hans, N., *Comparative Education: A study of educational factors and traditions*, London, 1958.及びシュナイダー、F.／沖原豊訳『比較教育学』御茶の水書房、1965年の古典的名著。

⑺　中教審「令和の日本型学校教育」の構築を目指して～全ての子供たちの可能性を引き出す，個別最適な学びと，協働的な学びの実現～(答申)、2021年4月(https://www.mext.go.jp/b_menu/shingi/chukyo/chukyo3/079/sonota/1412985_00002.htm)(2022年8月30日閲覧)。

［参考文献］
・吉田正晴編著『比較教育学』福村出版、1990年。
・二宮皓監修『こんなに厳しい！世界の校則』メディアファクトリー、2011年。
・長島啓記編著『基礎から学ぶ比較教育学』学文社、2014年。
・杉本均・南部広孝編著『比較教育学原論』協同出版、2019年。

半日制から終日制に変貌する学校

ドイツの学校

第1節 日常の風景

◆朝の風景

　ドイツの学校の朝は早い。1時間目の授業は7時半～8時頃に始まるため、すでに朝7時には派手な横長のランドセルを背負った子どもたちの姿が街のあちこちで見られるようになる。友達とおしゃべりしながら歩いている子どももいれば、いまちょうど仲間と合流したのか「グーテンモルゲン（おはよう）！」と言いながら「グー」や「肘」でお互いにタッチ（挨拶）を交わす子どももいる。コロナ禍もほぼ収まり、以前のように握手を交わしハグをする場面も戻ってきた。その横から、あれは寝坊したのか、キックボードで仲間を追いかける子どももいる。ドイツには登校班や集団登下校などの習慣はないから、どの子も自由に登校する。朝7時といえば、冬ならまだ外は暗く、夏でも肌寒い日が多い。ところがドイツの子どもは朝から元気だ。

　子どもたちは朝6時半には目を覚ます。朝起きるとすぐにシャワーだ。ドイツでは夕方よりも朝の入浴が一般的で、朝の眠気は冷水シャワーで一気に吹き飛ばす。それから朝食だ。パンにハムやチーズをはさみ、あるいはジャムやハチミツをぬって食べる。朝食のついでに、学校でお腹がすいたときのため、パンにハムやチーズをはさんでランチボックスに詰め、リンゴやバナナとともにランドセルに入れる。

　朝食を終えると、好みの服装に着替えてから登校する。ドイツでは制服がないから、どの子も自由な服装で学校に向かう。ジャージを着て出かける子もいれば、カッターシャツにベストでビシッと決めて登校する子どももいる。もちろんピアスをしようが髪の色を変えようが、それで先生に叱られることもない。

［ドイツの国旗］

　「連邦国旗は黒－赤－金である」とドイツの基本法（憲法）第22条に明記されている。この3色は、19世紀初めナポレオン軍との戦いに参戦した学生義勇軍の軍服の色「黒いマント、赤い肩章、金ボタン」に由来し、それぞれ「勤勉・情熱・名誉」を象徴的に表している。

［ドイツの国歌］

　ヨーゼフ・ハイドンの曲に、アウグスト・ハインリッヒ・ホフマン・フォン・ファラースレーベンが1841年に歌詞をつけたのが現在の国歌である。ファラースレーベンの歌詞は第1節から第3節まであるが、第二次世界大戦後は第3節のみが国歌として歌われている。

◆入学の日

　ドイツの新学期の始まりは8月中旬から9月初旬だ。そろそろ屋外のオープンカフェでの飲食が肌寒く感じられてくる秋の季節である。

　新学期になると、満6歳の就学開始年齢を迎えた子どもたちは、日本の小学校に相当する基礎学校（Grundschule：4年制、一部の州では6年制）に入学する。入学の日、新入生たちは親に付き添われ、背中にはカラフルな新品のランドセルを、両手にはとんがり帽子をひっくり返したような長い筒を携えて学校に向かう。

　長い筒の中にはぎっしり甘いお菓子が詰まっている。これはシュールテューテ（Schultüte）と呼ばれ、入学の日のドイツに典型的な風習だ。学校はつらい所なので、せめて飴でも持たせて送り出してやろうという親心から始まったようだ。最近では、お菓子だけでなく、学用品やおもちゃなど、いろいろなものが詰め込まれる。何日もかけて手作りのシュールテューテを準備する親たちも多く、入学を迎える本人は当日までシュールテューテの中身を見てはいけないことから、何が入っているかを想像しながら子どもたちは入学の日を心待ちにしている。

　入学の日には、近所のキリスト教会で入学を祝う礼拝（ミサ）が行われる。これは、ドイツの学校の多くがキリスト教会によって運営されていた時代の名残である。もともとドイツでは、カトリック教会またはプロテスタント教会のうち、子どもは自らの所属する宗派の運営する学校に通い、そこで宗派の教義に基づく教育を受けていた。もちろん世俗化が進み、また多様な宗教的背景をもつ人たちとの共存機会が増えつつある現代のグローバル社会においては、こうした宗教的色彩の強い行事は自由参加が基本となっており、イスラム教や仏教など、キリスト教とは異なる宗教を信仰する家庭だけでなく、キリスト教徒であっても礼拝に参加しない家庭もある。

　入学を祝う礼拝は、教会の鐘とともに始まる。教会では、牧師（神父）、校長先生、新入生の担任の先生が、新入生とその親たちを出迎える。礼拝は、神様に対する感謝の言葉で始まり、牧師（神父）による講話と賛美歌の合唱が続く。その後、入学を迎える子どもたちが祭壇に上がり、ひとりずつ祝福を受ける。そして、教会内での写真撮影が解禁され、全員で記念撮影となる。

　キリスト教会での礼拝が約1時間程度で終わると、次は学校での入学式だ。キリスト教会の礼拝に参加しなかった子どもたちも、こちらの入学式には参加する。入学式とはいえ、簡素な儀式である。楽器の演奏に始まり、校長先生が祝辞を述べ、新入生全員の名前が呼ばれると、各担任の先生が子どもたちを連れて各教室に向かう。そして教室での最初の授業だ。ただし、授業といっても約40分程度の簡単なオリエンテーションであり、それが終わると親たちが各教室に迎えられる。こ

子どもたちのランドセル

うした一連の入学行事は、お昼頃までには終了する。

◆児童の一日

　朝早く学校に到着しても、子どもたちはすぐに自分の教室に入ることはできない。1時間目の授業開始直前になって先生が教室の鍵を開けるまで、教室の外で待たされる。先生が到着して全員が教室に入ると、いきなり1時間目の授業が始まる。全校集会や朝の会などはない。

　時間割を見てみよう。例えば、基礎学校4年生の時間割は、**表1-1**のようになっている。1コマは45分授業であり、基礎学校で教えられる教科は、ドイツ語、算数、郷土・事実教授（Heimat- und Sachunterricht）、美術、音楽、体育、宗教（倫理）となっている。郷土・事実教授とは、理科や社会などの分野からなる統合教科であり、わが国の生活科のような科目である。また、基礎学校の低学年は、担任教員の裁量で柔軟に学習が進められるよう、時間割のほとんどに基礎授業（GU：Grundlegender Unterricht）と表記し、その中でドイツ語、算数、郷土・事実教授、音楽、美術を含む教科横断的な授業を行っている。なお、外国語の学習は3年生から始まることが多く、英語またはフランス語を選択する。

　さて、2時間目の授業が終わると、20分間の大休憩だ。大休憩になると子どもたちは、天気のよい日は校庭に出て遊ぶ。校庭では、卓球台を6人ぐらいで囲み、各自が順番にラケットでラリーを続けている。また別の場所では、サッカーボールを蹴りながら相手ゴールに向かって走る集団も見られる。あるいは家から持ってきたパンやりんごなどを食べている子どももいる。それでもまだお腹がすくときは、校内の売店でさらにパンやバナナなどを買うこともある。こうした間食の時間は「第2の朝食」と呼ばれている。

表1-1　基礎学校第4学年の時間割例（バイエルン州）

		月	火	水	木	金
1	08:00～08:45	英　語	宗　教	ドイツ語	音　楽	英　語
2	08:45～09:30	ドイツ語	宗　教	算　数	算　数	美　術
		休　憩				
3	09:50～10:35	算　数	ドイツ語	工　作	ドイツ語	ドイツ語
4	10:35～11:20	音　楽	算　数	工　作	ドイツ語	算　数
		休　憩				
5	11:30～12:15	体　育	*郷土・事実教授	郷土・事実教授	体　育	**促進授業
6	12:15～13:00		郷土・事実教授	宗　教	体　育	郷土・事実教授

注：＊ 郷土・事実教授：子どもの生活に重要な諸事実を学習するための統合教科。
　　＊＊ 促進授業：学習進度に応じた個人または小グループ学習の時間。

学習のようす

　校内の太陽光発電量掲示板に目をやると、校内ソーラーパネルでの発電量はゼロ。いまは空が曇っているから仕方がない。このようにドイツの学校でも校内発電量をパネルで掲示することで、子どもたちの省エネや地球環境問題（SDGs）への意識を高めることが期待されている。学校によっては、教室内の照明を半分だけつけて、できるだけ最低限の明るさで授業を行うこともある。

　ドイツの時間割でユニークなのは、学校で宗教の授業が行われていることだ。政教分離という近代国家の原則に従えば、宗教的中立性（特定の宗教教義に左右されない）は近代公教育制度の主要原理のひとつである。わが国やフランスでは、公教育の場から宗教的なものを排除することで宗教的中立性を確保するのに対し、ドイツでは、それぞれの宗教を学校で認めることで宗教的中立性を積極的に保証する。実際、ドイツ基本法（憲法）第7条に、公立学校における正規の教科としての「宗教科」の設置が規定されている。子どもたちは宗教の時間になると、カトリック教、プロテスタント教、イスラム教など、自分（または保護者）の希望する宗派の授業に出席する。どの宗派の授業にも参加したくない場合には、倫理の授業を受ける。

　あと、ドイツの授業で日本と大きく異なるのは、挙手のやり方だ。日本の場合、手を上にまっすぐ挙げて、子どもは指名されるまで静かに待ち、先生に指名されたら発言する。これに対して、ドイツでは人差し指を立てて先生に示すことが挙手となる。どうしても発言したくて先生からの指名がほしいときは、指をパチンと鳴らしてアピールする。日本でそれをやったら先生に叱られるところだが、ドイツではそれが積極性の表れだとして肯定的に受け止められる。

　一日の授業がすべて終わると、すぐに子どもたちは下校する。下校前の帰りの会などもなく、掃除の時間もないから、すでに13時半には学校内に誰もいなくなってしまう。校内の掃除は、子どもたちが下校した後に清掃員が行う。放課後のクラブ活動や委員会活動などもなく、子どもたちは午後から各地域のサッカークラブや乗馬クラブをはじめ、音楽や芸術、ボランティアなど各種の団体に入って活動する。

　このようにドイツの学校は原則として半日制であるが、2003年以降は午後にも授業を実施する終日制学校（Ganztagsschule）が増えている。終日制学校とは、一日あたりの授業コマ数が7時間以上の日が週3日以上となる学校である。終日制学校では、特に午後の時間を活用して補習などを実施し、家庭の学習環境やドイツ語環境の不十分な子どもたちの支援を行うことが多い。

校内の太陽光発電掲示板

◆児童の持ち物

　子どもたちが学校に持ってくるものは、横長のランドセルの中に詰まっている。基礎学校低学年の子どもを見ると、まさに「ランドセルが歩いている」と言わんばかりである。カラフルで派手に装飾され、アニメのキャラクターが描かれているものもある。またランドセルには、暗い冬の日でも遠くから判別できるよう、安全用の反射板や蛍光塗料がついている。

　そのランドセルの中には、教科書、ノート、ペンケース（筆箱）、ランチボックスが入っている。教科書は、どの教科も表紙がハードカバーで頑丈につくられている。これは教科書が貸与制であることによる。ドイツでは、子どもたちが使った教科書はその学年が終わるとすべて学校に返却し、次の年には次の子どもたちがその教科書を借りて使うことになる。そうなると、去年の学習内容を復習したいと思っても、去年の教科書はもはや手元にないのである。

　ペンケースは、ボリューム感たっぷりのまさに筆箱だ。その中には、鉛筆や消しゴムをはじめ、色鉛筆（12色）、鉛筆削り、ペン、定規、のりやハサミまで、ぎっしりと入っている。

◆教員の仕事

　ドイツの教員は、自分の担当授業の開始に合わせて出勤すればよく、教職員全員が集合する朝礼の習慣はない。教員は出勤して職員室に入ると、まず自分の連絡ボックスをチェックし、届いた書類に目を通す。職員室には、いくつかの大きなテーブルがあり、それらを囲むようにイスが並んでいる。テーブルの座席は自由であり、基本的に誰がどこに座ってもよい。テーブルの上にはコーヒー用の砂糖やミルク、クッキーなどが置いてあるだけである。ドイツの職員室は、教員が同僚と歓談したり、打ち合わせをしたりする場所であり、授業の準備やテストの採点などは自宅で行うのが一般的である。また子どもたちは職員室に入ることが許されない。教員に用事があるときは、職員室前のブザーを鳴らし、お目当ての教員に職員室から出てきてもらう。

　ドイツの教員たちは、常勤や非常勤というよりは、むしろ担当授業コマ数により区別されることが多い。フルタイム勤務の教員は週28コマの授業を担当するが、常勤の教員であっても、少しコマ数を減らして週24〜20コマ勤務で働く教員もいれば、フルタイムの半分（週14コマ勤務）で働く教員もいる。ただし、授業が終わると教員もすぐに帰宅するが、それで教員としての仕事が終わるわけではない。学校から帰宅しても、宿題の添削やノートのチェック、授業の準備やプリントの作成、試験問題の作成や通信簿の記入など、午前中で学校が終わっても、午後から自宅でのんびりというわけにはいかないのが実情だ。

ペンケースの中身

日本では当たり前のことであるが、ドイツでは保健室に常駐する養護教諭といった職務がない。したがって、いわゆる保健室登校もない。子どもがケガをしたり、病気になったりしたときは、応急処置の資格を持つ教員が対応する。また心理相談に応じてくれるような学校カウンセラーも配置されておらず、子どもからの相談には資格を持った相談教員（Beratungslehrer）が対応する。

第2節 学校制度

◆複線型学校制度──三分岐から二分岐へ

ドイツの学校制度は、かつては典型的な三分岐型の複線型学校制度であった。子どもたちは基礎学校を卒業すると、基幹学校（Hauptschule：5年制）、実科学校（Realschule：6年制）、ギムナジウム（Gymnasium：8〜9年制）の中等学校種からひとつを選択して進学する。基幹学校を卒業すれば「就職資格（Berufsreife）」を獲得して職業訓練、さらに就職へと進む。実科学校を卒業すれば「前期中等教育修了資格（Mittlere Reife）」とともに専門職や職人（マイスター）への道が開かれる。ギムナジウムを卒業すれば「大学入学資格（アビトゥア：Abitur/Hochschulreife）」とともに大学への進学が認められる。どの校種に進学するかは、基礎学校最終学年の成績を参考に判断される。すでに基礎学校（早ければ9〜10歳）の段階で子どもの将来進路の判断に迫られるというのは、ドイツならではであった。

ところが、OECDのPISA調査（2000年）の結果公表とともにドイツの学力不振が明るみとなり、それが「PISAショック」として社会に大きな衝撃を与えた。それを契機に、これまでのドイツに典型的だった三分岐型の制度が、従来のギムナジウムと並行して新たに再編された新制中等学校（例：高等学校、中間学校、地域学校、共同体学校、総合制学校、地区学校、通常学校など）からなる二分岐型の中等学校制度に再編されてきている。これは、少子化による従来の基幹学校の存続危機への対応に加えて、基幹学校を実科学校へ統合して新制中等学校へと再編することで中等教育全体の学力レベルを底上げしようとするものである。

従来の三種の修了資格制度は依然として維持されている一方、いまやほとんどの州において中等教育段階での将来選択や進路変更のルールが弾力化され、ギムナジウムに進学せずとも大学に進学できるようになってきた**（図1−1）**。

職員室

[義務教育]

義務教育は、原則として満6歳に始まる。義務教育の入学年齢の基準日は、6月30日から9月30日の間に設定されている。また、親からの申請がある場合は、基準日に満6歳にならない子どもにも早期就学が認められている。義務教育年限は、多くの州で9年（一部の州では10年）である。これは就学義務であり、ホームスクールは認められていない。

図1-1　ドイツの学校系統図

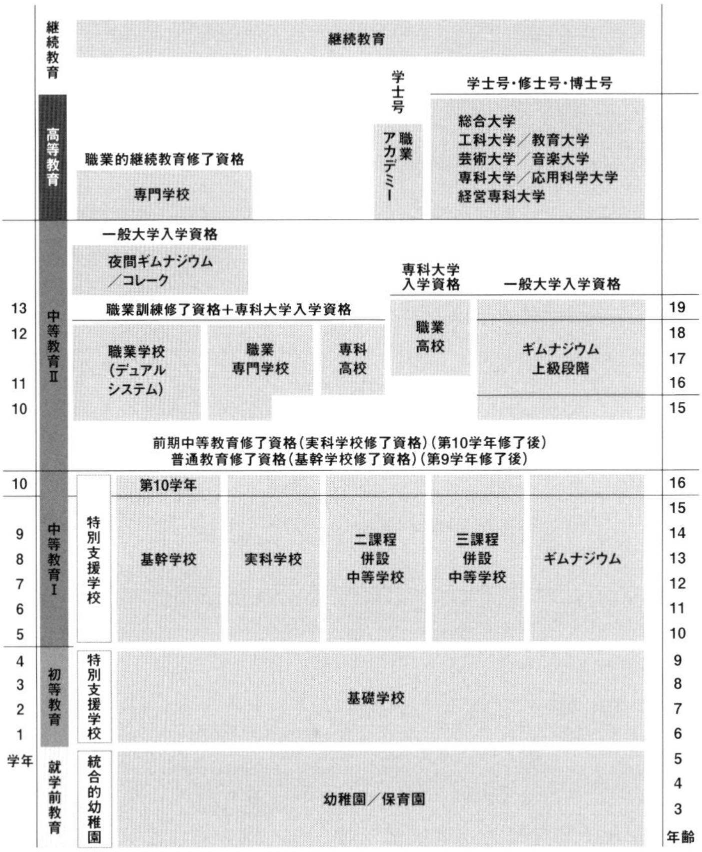

継続教育

| 継続教育 | | | | |

高等教育

学士号

学士号・修士号・博士号

職業的継続教育修了資格

職業アカデミー

総合大学
工科大学／教育大学
芸術大学／音楽大学
専科大学／応用科学大学
経営専科大学

専門学校

一般大学入学資格

夜間ギムナジウム／コレーク

専科大学入学資格

一般大学入学資格

中等教育Ⅱ

職業訓練修了資格＋専科大学入学資格

13					19
12	職業学校（デュアルシステム）	職業専門学校	専科高校	職業高校	18
11				ギムナジウム上級段階	17
10					16
					15

前期中等教育修了資格（実科学校修了資格）（第10学年修了後）
普通教育修了資格（基幹学校修了資格）（第9学年修了後）

10	第10学年					16
						15
9	特別支援学校	基幹学校	実科学校	二課程併設中等学校	三課程併設中等学校	ギムナジウム	14
8							13
7							12
6							11
5							10

中等教育Ⅰ

4	特別支援学校	基礎学校	9
3			8
2			7
1			6

初等教育

学年	統合的幼稚園	幼稚園／保育園	5
			4
			3

就学前教育

年齢

出所：KMK Grundstruktur des Bildungswesens in der Bundesrepublik Deutschland.2019. 筆者翻訳。

[マイスター制度]

　マイスター制度は、職人であるマイスター（親方）のもとでゲゼレ（徒弟）として訓練を積み、マイスター試験に合格してマイスター（職人資格）を取得するというドイツの伝統的な職業訓練制度である。現在ではドイツの41業種（左官職人、美容師、食肉加工業、パン職人など）において、マイスター資格がないとその職業の営業権や後継者育成権が認められていない。ところが、このマイスター制度がEU加盟国からの参入障壁になるとして、少しずつ規制緩和が行われている。例えば、ドイツ以外のEU加盟国の職人は、独立開業3年間の実績があればマイスター資格がなくてもドイツで営業活動ができるようになっている。

◆文化連邦主義──各州間の合意による教育の標準化

　ドイツの教育行政は、文化連邦主義（Kulturhoheit）の理念のもと、地方分権が徹底されている。ドイツは16州からなる連邦国家であるが、教育政策は連邦政府ではなく各州政府の専権事項だ。そのため、各16州それぞれに文部省があり、制度やカリキュラムについても各州で異なっている。また休業日や夏休みなどの長期休暇の日程も、州ごとに決まっている。

　ただし、各州で学校教育制度が異なる状況では、例えば子どもが他州へ転校するとき、学習の進度などをめぐって問題が生じかねない。そのためドイツでは、各州の文部大臣によって常設各州文部大臣会議（KMK（Kultusministerkonferenz））が組織され、教育課程などの重要な事項に関する全国的な申し合わせが行われている。もちろん、ドイツの連邦政府にも連邦教育学術省（BMBF）が存在するが、初等中等教育に関する権限がまったく付与されておらず、このKMKがドイツの初等中等教育政策における事実上の最終決定機関となっている。

　とりわけ「PISAショック」以降、このKMKの主導のもと、学校教育を全国的に標準化する方向で改革が進められている。実際、ドイツの子どもたちが特定の修了段階までに獲得すべき能力について、国家レベルの基準として教育スタンダード（Bildungsstandard）が策定され、各学校段階（第4、9、10、12/13学年）の修了時点での主要教科の到達目標が定められた。いまやドイツ各州の教育課程が、これらの教育スタンダードに即して編成されるようになっている。その一方で、教育スタンダードの定着状況を調査するため、KMKの主導で「教育制度における質的開発研究所」（IQB：Institut zur Qualitätsentwicklung im Bildungswesen）が設置され、ドイツにおいても全国学力テストが始まった。まず、その定番として「比較調査（VERA：Vergleichsarbeiten）」が挙げられる。これは、教育スタンダードの定着状況を調査するための悉皆調査であり、毎年ドイツ全州の3年次ならびに8年次の児童生徒を対象に実施されるドイツ語と算数・数学のテストである。これに加えて、4年次（5年毎）と9年次（6年毎）に実施される全国学力テスト（モニター調査）として「州間比較（Ländervergleich）」がある。4年次はドイツ語と算数、9年次はドイツ語、英語、数学および理科に関して調査が行われる。

［学年・学期の始まりと休業日］

　学年度は8月1日に始まり7月31日に終わる。夏休みは約6〜7週間で、州により時期をずらして定められている。ドイツ16州の学校休業日リストが掲載されている「学校カレンダー」がどこの家庭にもある。

　実際の学年の開始は、州によりまた年により、8月または9月となる。2学期制であり、前期は8月から1月まで、後期は2月初めから7月末までである。

　例えば、バイエルン州の長期休暇は次の通りである（2021/2022年度）。秋休み：10/31〜11/4、クリスマス：12/24〜1/7、イースター（春休み）：4/11〜4/23、夏休み：8/1〜9/12。

　ほかにキリスト教の祝祭日がある。

◆教員養成

　ドイツで教員になりたい場合、一般的には大学（教育学部など）または教育大学に進学し、2度の関門を通過しなければならない。教員志望者は、大学で教育学や心理学をはじめ、各教科の教授法について学んだ後、第1関門として学士／修士（BA/MA）の学位を取得するか、第1次国家試験を受ける。その後、12～24か月にわたる現場での試補勤務（Referendariat）に入る。試補勤務期間中は学校での勤務のほか、州の教育センターで理論的な講義を受ける。そして試補期間が終わると第2次国家試験を受け、それに合格して初めて教員になる。ただし、第2次国家試験に合格したからといって誰でも教員になれるわけではなく、教員免許状に記載された各関門での成績評点の優れた順に教員として採用される。第2次国家試験に合格すると、自分が就職を希望する学校の採用候補者リストに登録するが、成績評点の優れない免許状保持者は、定員に空きが出るまで何年間も待たされることになる。自分のほうが先に採用候補者リストに登録しても、自分より成績の優れた免許状保持者がリストに登録されれば、成績優秀者のほうが優先的に採用される。いったん教員になってしまえば、その地位は安定している。ドイツの教員には研修を受ける義務はなく、研修への参加が勤務評価や昇進に影響することもない。

第**3**節　**課題と魅力**

　欧州各国でも比較的多くの外国人労働者や移民や難民を受け入れてきたドイツにおける学校教育の課題のひとつは、異なる文化的背景を抱える多様な家庭環境にいる子どもたちを、公正なかたちで学校教育に受け入れることで、ドイツ社会ひいてはEU社会へと包摂するという難しい課題である。社会経済的かつ文化的な差を学校教育でもってどこまで是正し、公正な競争を保障することができるか。ドイツでも社会的挑戦が続く。

　さらに近年のドイツに興味深い新たな取り組みを挙げるとすれば、基礎学校低学年に3者面談が導入されつつあることだ。基礎学校の低学年で導入されつつある3者面談は「学校開発面談（Lernentwicklungsgespräch）」と呼ばれる。これは、とりわけ学期末の成績評価である従来の通信簿（Zeugnis）の代替（または補足）として実施される3者面談である。まだドイツの約半数の州で導入されるにとどまり、また実際の制度運用は各州や各学校でも異なっているが、例えばバイエルン州では、基礎学校低学年において、所見による従来の「記述式通信簿」を発行する代わりに「学習開発面談」を実施してもよいことになっている。子どもひとりあたりの面談時間は約30～40分で

［成績評価］

　各学期末に、絶対評価で1から6の評点が与えられる（1秀、2優、3良、4可、5不可、6不十分）。そのほか、学習態度や社会性に関する評点もある。基礎学校の1～2年生は、記述による評価である。

あり、クラス全員の面談をするため、面談日は学期末に近い土曜日に数回に分けて設定されること
が多い。

　この3者面談に関して特筆すべきは、まず事前に子ども自身が、その学期の学校生活の状況につ
いて観点別評価シートに4段階で自己評価を記入することである。それと並行して教師も評価シー
トに教師の評価を4段階で記入する。2つの評価シートをもとに3者面談が行われ、その学期の子
どもの学習が総括的に評価される。ただし、3者面談といっても、就学後まだそれほど時間が経過
していない基礎学校低学年の子どもを相手とすることから、子どもがそれぞれ各自で自分の学習の
振り返りを自ら説明できるよう、教師による子ども目線でのさまざまな工夫がなされている。

　こうした3者面談によって、ドイツの子どもたちひとりひとりが自分の学びにますます「本気
で」取り組むようになるのである。このことはまたドイツの学校の「徹底する」という魅力でもあ
る。　　　　　　　　　　　　　　　　　　　　　　　　　　　　　　　　　　　　　（卜部匡司）

［参考文献］
・久田敏彦監修／ドイツ教授学研究会編『PISA後のドイツにおける学力向上政策と教育方法改革』八千代出版、2019年。
・坂野慎二『統一ドイツ教育の多様性と質保証』東信堂、2017年。
・久田敏彦監修／ドイツ教授学研究会編『PISA後の教育をどうとらえるか──ドイツをとおしてみる』八千代出版、2013年。

CHAPTER 2

大衆化のパラドックスと民主化への挑戦

フランスの学校

第1節 日常の風景

◆学習リズムを重視した子どもの学校生活

　フランスの学校は9月に始まる。横長のカラフルなランドセルを背負った子どもたちが登校してくる。低学年の児童は保護者同伴が多く、父親の姿も珍しくない。始業10分前に校門が開くと子どもたちは一斉に中庭に入り、ほどなく鉄製の門扉が閉ざされる。以後16時半まで許可なく校内に立ち入ることはできない。入学式や始業式のような特別な行事はなく、それぞれのクラスで担任の話を聞いて早速授業に入る。

　学校歴は10～15日間の4つの休業期間により区切られた5つのほぼ同じ長さの学期により構成され、1学年は合計36週になる。これは、約7週間の授業の後に約2週間の休みを設けることから、「7－2リズム」と呼ばれる。小学校の週間授業時数は全学年24時間（1時間＝60分）と定められている。長らく水曜日休み・土曜日半日の週5日制がとられてきたが、2008年度から土曜日午前の授業を廃止し、週4日制となった。しかし、一日の授業時間が長くなり学習効果が上がらないという批判を受けて、2013年度から水曜日午前に授業を行うことになり、週5日制が復活した。2017年度から各学校が週5日制と週4日制を選択できるようになり、2018年度時点で9割近くの市町村が4日を選択している。

　表2－1は、小学校2年生の1週間の時間割（週4日制）の例である。一日の時間の使い方は、各教科等の総時間数を確保すれば担任が自由に決めることができ、1コマ15～75分の幅で柔軟に編成されている。また、児童は水曜日を除いて、授業後に自治体やアソシアシオン（NPO）が提供する学校周辺活動や課外活動に参加し、スポーツや文化に親しむが、その運営や支援は教師ではなくアニマトゥールに任されている。

小学校の算数の授業の様子

[学習リズム]
　4つの休業期間は、11月1日をはさむ万聖節休暇、12月中旬のクリスマス休暇、2月中旬の冬休暇、4月中旬の春休暇である。「学習リズム」研究によれば、児童生徒と教師は10月と11月の変わり目と、2月と3月の変わり目が心理的・肉体的に弱く、また疲労の回復には2週間必要であり、クリスマス等の国民的伝統と組み合わせた結果、「7－2リズム」が誕生した。

表2-1　小学校2年生の時間割の例（週4日制の学校）

時　間	月	火	木	金
9:00～9:15	芸術（音楽）	問題解決	仏語（読解）	芸術（音楽）
9:15～9:30	仏語（読解と書き取り）	問題解決	仏語（読解）	芸術（音楽）
9:30～9:45	仏語（音読）	仏語（読解）	仏語（文法）	仏語（読解）
9:45～10:00	仏語（音読）	仏語（読解）	仏語（書き取り）	仏語（読解）
10:00～10:15	仏語（読解）	仏語（音読）	体　育	仏語（音読）
10:15～10:30	仏語（読解）	仏語（書写）	体　育	外国語
10:30～10:45	休憩時間			
10:45～11:00	算数（問題解決：大きさと測定）	体　育	仏語（書写）	算数（問題解決：数学ゲーム）
11:00～11:15	算数（問題解決：大きさと測定）	体　育	仏語（音読）	算数（問題解決：数学ゲーム）
11:15～11:30	算数（問題解決：大きさと測定）	体　育	仏語（音読）	算数（問題解決：数学ゲーム）
11:30～11:45	外国語	体　育	算数（整数計算）	仏語（語彙）
11:45～12:00	外国語	体　育	算数（表計算）	仏語（語彙）
12:00～13:30	昼食			
13:30～13:45	世界に問いをもつ	世界に問いをもつ	芸術（図工）	世界に問いをもつ
13:45～14:00	世界に問いをもつ	世界に問いをもつ	芸術（図工）	世界に問いをもつ
14:00～14:15	世界に問いをもつ	仏語（文書作成）	芸術（図工）	算数（整数計算）
14:15～14:30	仏語（音読）	仏語（文書作成）	仏語（読解）	算数（表計算）
14:30～14:45	仏語（書写）	仏語（文法）	仏語（音読）	仏語（読解）
14:45～15:00	体　育	仏語（文法）	外国語	仏語（書き取り）
15:00～15:15	体　育	算数（暗算）	外国語	仏語（音読）
15:15～15:30	休憩時間			
15:30～15:45	仏語（語彙）	算数（大きさと測定）	道徳・公民	体　育
15:45～16:00	仏語（語彙）	算数（大きさと測定）	道徳・公民	体　育
16:00～16:15	算数（整数計算）	仏語（読解）	算数（問題解決：空間と幾何）	仏語（書写）
16:15～16:30	算数（表計算）	仏語（書き取り）	算数（問題解決：空間と幾何）	仏語（読解）

出所：国民教育省ウェブサイト（https://eduscol.education.fr/612/l-ecole-elementaire）（2022年8月6日）より筆者作成。

◆思考力・表現力の育成を重視した授業

　小学校では、「読む」「書く」「数える」「他人を尊重する」といった基礎を確実に身につけることが重視される。教育課程基準である学習指導要領は2015年に改訂告示され、2020年に一部改訂が行われた。教育課程は基礎学習期（小学校第1～3学年）と定着学習期（小学校第4～5学年と中学校第1学年）からなる。2012年までは、幼と小をまたぐ形で基礎学習期が構成されていたが、幼児教育の独自性を回復するために、2013年の教育基本法改正によって分離され、保育学校は単独で初期学習期を構成するようになった。その代わりに落ちこぼれの防止を目指して、小と中の連続性を担保できるように定着学習期が設定された。

[学校周辺活動]
　市町村レベルでの教育に基づいて、各自治体の責任のもとで授業の前後や昼休みに行われる文化・スポーツ・市民活動。アソシアシオンの協力を得て、学校内や社会・文化施設（図書館、スポーツセンター、映画館、劇場、教科、歴史的建造物）などで展開される。

[アニマトゥール]
　社会教育・生涯学習を担う専門職で、全国に15～20万人いるとされる。地方公務員として採用されている者もいれば民間部門で働く者もおり、その実態は多様である。

[バカロレア試験]
　高校3年生（一部教科は高校2年生）の6月に実施される全国試験。高校の普通科で取得できる普通バカロレア、技術科で取得できる技術バカロレア、職業高校で取得できる職業バカロレアの3種類がある。2020年度まで普通バカロレアは3コース、技術バカロレアは8コース、職業バカロレアは90の専門に分かれていた。試験問題は全国共通であるが、作問は各大学区に割り振られ、高校教師が担当するため、そこで問われる力は高校教育の到達度目標を基準にしている。また、論述の答案を採点するのも高校教師であるが、採点規準は自らの経験から導かれているためバラツキがあり、また答案の順序やハロー効果などのバイアスも影響する。そこで、評価の過程や結果が採点者間で統一されるように「モデレーション」（調整）を行うことで、一

表2-2　小学校の教科編成と週当たりの授業時数

教　科	基礎学習期	定着学習期
フランス語	10時間	8時間
算　数	5時間	5時間
外国語	1.5時間	1.5時間
体　育	3時間	3時間
芸　術	2時間	2時間
世界に問いを持つ／道徳・公民	2.5時間*	―
地理・歴史／道徳・公民	―	2.5時間*
化学・技術	―	2時間
合　計	24時間**	24時間**

注:
*2.5時間のうち「道徳・公民」には週1時間が充てられ、そのうち0.5時間は実際の状況についての話合い活動が行われる。
**24時間のうち、基礎学習期で10時間、定着学習期で12時間は、各教科において児童が話し、読み、書くという日常的な活動が行われる。
出所：Arrêté du 9 novembre 2015より筆者作成。

　学習指導要領はコンピテンシー・ベースで、各学習期終了時に児童が到達すべき水準が教科ごとに定められている。一方で、学習活動や教材については例示にとどまり、教師は教授法や指導戦略を自由に決定できる。各期の教科編成と時間配当は**表2-2**の通りである。児童が基本的な道具として知識を活用できるように、フランス語と算数の習得が優先目標とされている。外国語の学習は小学校1年生から始まり、理科は小学校4年生から開始される。道徳・公民科は1年生から導入されており、個人の尊重、子どもの権利、男女の平等、共和国の価値などを発達段階に応じて学ぶ。例えば定着学習期では、児童が「話すときと聞くときのルール」について議論し、なぜそのルールが重要か、自分が守ることができているか考え、学級・学校・地域で「共に生きる」ための感覚を身につける。

　各教科を越えて全体を俯瞰したとき、フランスの授業の特徴はどこにあるだろうか。それは、高校卒業資格であり大学入学資格でもあるバカロレアの試験で求められる思考力・表現力を、初等教育から中等教育を貫く「書く教育」のグランド・デザインのもとで、段階的に育成していることである。小学校では正しい文法と綴りで事物と体験を「描写する」、中学校（コレージュ）では自己の体験を離れて資料から見解を根拠づけて「論証する」、高校（リセ）では到達点として「ディセルタシオン」を書けるようになることが目指される。

◆教科外における子どもの自治的活動

　フランスの学校は伝統的に教科指導を通した知識の伝達を重視してきた。知育は学校で、徳育

貫性を確保している。試験では、資料の分析力と論述・論証力が評価され、特に批判的思考力が重視される。
　1985年に同一世代の約30％だったバカロレア取得者は1995年に60％を上回り、2018年には政府目標の80％を超えた。2020年度は新型コロナウイルスの感染拡大に伴って一斉試験が中止され、2019年度の1学期と2学期の学業成績によって行われたため、取得率は86.6％まで上昇した。取得率の内訳は普通バカロレアが46.1％、技術バカロレアが17.8％、職業バカロレアが22.7％である。

[ディセルタシオン]
バカロレア試験で用いられるフランス式小論文。「正・

反・合」という型があり、相反する2つの見方の矛盾を解決して新たな見方やより大きな構図を提示するのが目的である。その論文構造の中には、複数の視点から批判的にものを見ること、主題の概念定義を行うことによって基準を示した上で評価すること、引用によって共通教養を参照し、先人および自己と対話的に考えることが、仕掛けとして組み込まれている。

[コロナ禍における学校]
　フランスでは2021年4月までの間に3度にわたるロックダウンが実施されたが、政府は子どもの社会性や心の発達を優先し、できる限り通学を継続する方策をとった。完全休校は11週であり、イギリスの27週、ドイツの30週

（しつけ）は家庭と教会で、という区分は健在である。しかし、主権国家の揺らぎとグローバル化に伴って新たな市民性教育が必要となり、教科外の活動が徐々に実施されるようになった。小学校では、一部の学校に児童会が設置されており、選挙で選ばれた代表児童が校庭で遊ぶ際のルール、食堂の衛生環境、遊具の購入など、各学級から出された日常生活に関する要望について話し合う。また、ピア・サポートを導入し、高学年の児童が仲介者になって下級生の問題解決を支援している学校もある。中等教育になると子どもの教育参加が本格化し、各学級から選出された代表によって構成される生徒代表協議会を設置することが義務付けられている。学級代表の中から選出された3名の学校代表は、教師代表や保護者代表とともに学校運営に参画し、校則の見直しを提案することもできる。2002年度からは、全生徒が学級や学校の日常生活について討論できるように、各学年10時間の「学級生活の時間」が必修化された。さらに2015年には中学生生活協議会が創設され、有志の生徒によって広報、体育、学校祭、表彰、お世話活動などの様々な委員会活動が実施されるようになった。こうした児童生徒の自治的活動も、学校の日常風景である。

第2節　学校制度

◆中央集権の伝統と緩やかな地方分権の推進

　教育行財政はナポレオン帝政以来、国民教育省の出先機関である大学区を単位とする中等集権的な制度を維持しているが、1980年代から地方分権化が進められてきた。2020年には、18の地域圏大学区が新たに設置され、それが30の大学区、97の県国民教育局に分かれており、高校施設を管理する地域圏、中学校施設を管理する県、小学校施設を管理する市町村など、地方自治体との連携が強化された。各大学区では、大学区長のもとで様々な視学官が教職員の視察・評価、研修、学校経営に対する助言・指導を行っている。中等教育機関に関しては、学校の主体性・自律性を認める改革も推進され、1983年に法人格を獲得している。1989年の教育基本法改正では、学校教育計画の策定が義務となり、国家目標の達成を目指して教育共同体のメンバーが協働してPDCAサイクルを回すことが定められた。さらに2005年改正によって、各学校は大学区と目標契約を結んで達成度評価を受けるようになった。

　図2-1は、2020年時点のフランスの学校系統である。同一世代の90.2%が前期中等教育修了証書（DNB）を取得して高校（普通科・技術科）や職業高校に進学している。高校受験がないため、教師、保護者代表、国民教育心理相談員らによって構成される学級評議会が、生徒の希望、学業成

など他のヨーロッパ諸国に比べて少ない。学校閉鎖にあたっては、迅速にオンライン教育に移行した。就学義務がないため、もともと「国立遠隔教育センター」（CNED）等によってデジタル教材を提供するシステムが整っていたことが功を奏したといえる。幼児から高校生を対象に様々な動画や教材を配信する「自宅学級」というサイトは、約50万人に利用された。アクセスができない4万人強の児童生徒に対しては、国民教育省が郵便局と連携して33万件以上の課題を送付した。一方で、家庭環境に応じた学力格差の拡大、子どもの精神的負担、エッセンシャル・ワーカーとしての教職員の労働環境などが課題となっており、対応が議論されている。

[保育学校の教育課程]

　2015年に改訂された学習指導要領によると、保育学校の目標は「子どもの情緒、社会性、感性を発達させると同時に学ぶ楽しみを育み、小学校の学習に向けて段階的に準備する」ことである。教育内容は、①あらゆる側面で言葉を活用する、②身体活動を通じた行動・表現・理解、③芸術活動を通じた行動・表現・理解、④思考力形成のための初期手段の構築、⑤世界の発見、の5領域である。特に重視されているのが①の言語学習である。保育者が適当な環境を与えることで、「遊び」を通して心身の発達を助長する日本の幼児教育とは、大きく異なる。

図2-1　フランスの学校系統図

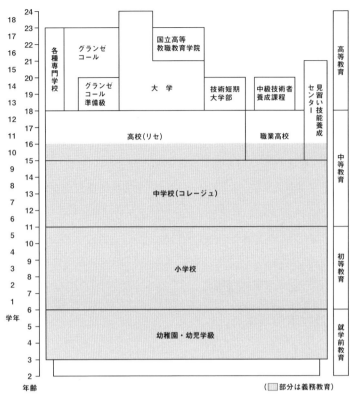

出所：文部科学省（2021）『諸外国の教育統計』（https://www.mext.go.jp/b_menu/toukei/data/syogaikoku/1415074_00010.htm）（2022年11月6日閲覧）より筆者作成。

績、観察結果を考慮してコースを勧告する。実際には約6割が高校、3割が職業高校に進み、同一世代の約8割がバカロレアを取得している。

特別支援教育については、1909年の法令に基づき軽度の障害は公教育の範囲内で、中度・重度の障害については範囲外で対応してきた。しかし、2005年の法改正で分離教育が見直され、障害を個人の特性ではなく環境からとらえ、学校へのアクセスの保障が謳われた。障害の有無にかかわらず居住地から最も近い学校に学籍登録された上で、保護者と専門家が協議して作成する個別就学計画

に基づき、障害者権利・自立委員会が在籍先を決定する。就学者の数は急増し、障害児全体の8割に達したが、厚生省管轄の医療教育機関に在籍する子どももおり、全員がインクルーシブされているわけではない。障害種別によっても異なるが、初等・中等教育ともに就学している障害児の約7割が通常学級、約3割が特別支援学級（ULIS）に所属している。

◆格差是正に向けた義務教育の延長と修得主義の緩和

フランスの学校教育には、義務性、無償性、中立性（非宗教性）の3つの原則がある。このうち義務性については、就学義務がある日本とは異なり、場所を問わず教育を受けることが法令で定め

[高校普通科の教育課程]

バカロレア改革と連動した形で2018年に高校普通科2・3年生の教科編成と週当たりの授業時数が、右のように改訂された（Arrêté du 16 juillet 2018, NOR: MENE 1815611A）。専門科目は第2学年で3科目、第3学年で2科目を選択する。第2学年の選択率は、高い順に「数学」（64.0%）、「物理・化学」（43.5%）、「生物・生態」（42.2%）で、この3つの組み合わせが最も多い。

	科　目	2年	3年
共通科目	フランス語	4時間	—
	歴史・地理	4時間	3
	第1・第2外国語	4.5時間	4
	体育・スポーツ	2時間	2
	科学教育	2時間	2
	道徳・公民	0.5時間	0.5時間
	哲　学	—	4時間

られている。ただし実際には、家庭で義務教育を受ける子どもはほとんどいない。義務教育の期間は、1959年以来長らく6〜16歳の10年間であったが、2019年の教育基本法改正によって3〜16歳の13年間になった。全国平均でみるとすでに97%の3歳児が保育学校に就学していたが、70%に満たない海外県があるなど地域間格差があり、言葉の習得に関する不平等を是正するために開始年齢の引き下げに踏み切った。さらに、脆弱な立場にある若者の社会的排除を防止するために、18歳まで教育・訓練を受けるか職業に就くことも義務付けられた。

　進級制度は日本のような学年主義（履修主義）ではなく課程主義（修得主義）を採用しているため、義務教育期間でも留年がある。かつては厳格な判定が行われ、1980年度でみると標準年齢の11歳で中学校に進学した生徒は約半数にすぎない。しかし、一度留年した者は留年を繰り返すこと、その時期が早いほど自信や学習意欲を喪失し、中退リスクが高まることが明らかになり、次第に効果が疑問視されるようになった。徐々に留年は抑制に向かい、1989年の教育基本改正によって各学習期で1回に限定された。個別指導の強化もあり、小・中学校の各学年における2020年度の留年率はいずれも2%以内に収まっている。

◆**教育課程におけるコンピテンシーと教養のせめぎ合い**

　政府は、同一年齢層の80%をバカロレア水準に、50%を高等教育修了に至らせることを目標に掲げてきた。そのために、2006年に導入されたのが、義務教育で全ての児童生徒が習得すべき「共通基礎知識・コンピテンシー」であり、7つの目標が定められた。学習指導要領でも教科の目標と共通基礎との関連性が明記され、コンピテンシー・ベースの教育課程が推進されている。コンピテンシーの概念は、特定の状況で行動するために様々な知識・能力・態度を活用し統合する力を意味し、文脈性、総合性、領域横断性を特徴とする。共通基礎の習得に困難を抱えた児童生徒は「教育成功個別プログラム」（PPRE）の対象となり、長期休暇や年度末に教師による1週間程度の個別指導が提供される。

　2016年度からは「共通基礎知識・コンピテンシー・教養」に修正され、5つの学習領域（①考え、伝達するための言語、②学ぶための方法と手段、③人間と市民の育成、④自然体系と技術体系、⑤世界の表象と人間活動）に属する18の目標に整理されることになった。「教養」が新たに加えられた背景には、各教科の知識の伝達を重んじる全国中等教育教員組合（SNES）の意向があり、コンピテンシー重視とコンテンツ重視の対立に折り合いをつける措置といえる。

　小学校の教科編成は前述の通りであるが、中学校では第2外国語、生命地球科学、テクノロ

専門科目	芸　術	4時間	6時間
	生物・生態	4時間	6時間
	地理・歴史・地政学・政治学	4時間	6時間
	人文・文学・哲学	4時間	6時間
	言語・文学・外国文化	4時間	6時間
	数　学	4時間	6時間
	デジタル・情報科学	4時間	6時間
	物理・化学	4時間	6時間

専門科目	地球生命科学	4時間	6時間
	工　学	4時間	6時間
	経済・社会科学	4時間	6時間
選択科目	第3外国語、ラテン語、ギリシャ語、体育・スポーツ、芸術から1科目	3時間	3時間
	補充数学、専門数学、法律と現代社会の重要課題、から1科目	―	3時間
合　計		31時間	33.5時間

ジー、物理・化学といった科目が加わる。週当たりの授業時数は第1学年（定着学習期の最終年）が23時間＋補習授業3時間、第2～4学年（深化学習期）が22時間＋補習授業4時間である。補習授業は個別支援に充てられるほか、複数の教師のチーム・ティーチングによって「教科横断実践演習」（EPI）が実施される。

第3節 多様な教職員の働き方

◆高度専門職である教師の自由と苦悩

　公立学校の教師は国家公務員であり、学級担任制をとる初等教育では週24時間の授業を担当し、その他に「教育補助活動」を年36時間行う。教科担任制をとる中等教育の場合、授業担当は週18時間（体育教師は20時間）、アグレガシオンをもっている十数％の上級教師は15時間（体育教師は17時間）と定められている。原則として授業時間以外は学校で勤務する必要はなく、自宅やカフェなどで授業準備をしている。

　教師には学習指導要領や学校教育計画の範囲内で、「教授の自由」が保障されている。自律性は広範囲にわたり、例えば教科書（出版社の自由発行）を使用するかどうか、どの教科書を使うかは各教師の裁量に委ねられている。しかし、近年は生活指導、教科外活動、学校運営など任務が多重化・多様化しており、さらに保護者からのプレッシャーや学習意欲のない児童生徒の指導などもあり、精神的消耗が課題となっている。教師の過半数が仕事の負荷、給与、キャリアの見通しなどに不満をもっており、2020年には労働条件の改善に向けた全国協議会が開催された。

　教師免許は初等・中等ともに、2010年に大学院レベルまで引き上げられ、2019年度から国立教職・教育高等学院（INSPÉ）で養成が行われている。修士号取得者か修士課程1年目を修了していることが入学要件であり、入学後1年間学んで修士号を取得した後に、採用試験合格者が第2学年で実習を行い、その後正式に教師となる。学士号取得者が入学していた従来に比べると正式採用までの教育年数は1年伸び、高学歴化・専門職化が進展した。学習内容は教授法中心であるが、児童生徒心理、学習困難への対応、偏見との闘い、インクルーシブ教育、ライシテの原則なども学習する。教職教養については生徒指導・進路指導の支援スタッフも一緒に授業を受けており、連携強化が図られている。

[職業高校の教育課程]

　職業高校には3年制の職業バカロレア課程と2年制の職業適性証書(CAP)課程の2種類があり、2018年度に学習指導要領が改訂された。その特徴は、職業科目と普通科目の合科授業を新設し、進学と就職の両方に対応できるようにしたこと、生徒1人1人のニーズに合った履修指導や学習支援を充実させたことである。職業バカロレア課程は、3年間で職業科目（合科授業を含む）が1,260時間、普通科目が995時間、「補習・個別支援・進路選択支援」が265時間、合計で2,520時間となっており、これに18時間～22週間のインターンシップ（校外実習）が加わる。職業適性証書課程は2年間で職業科目が1,045時間、普通科目が467.5時間、「補習・個別支援・進路選択支援」が192.5時間、合計で1,705時間となっており、インターンシップは12～14週間である。

[教科横断実践演習]

　「発見学習」と呼ばれた探究学習を引き継いだもので、「芸術文化と創造」(仏語、造形芸術、体育の教師が担当)、「環境保護の展開と持続可能な成長」(物理、地球生命科学)、「情報・通信・市民性」(地理歴史、仏語、司書教諭)、「身体・健康・福祉と安全」(仏語、造形芸術、地球生命科学、学校看護師)など、8つのテーマ学習が行われる。

◆教科指導を担う教師と支援スタッフとの分業・協働

　中等教育には、ソーシャルワーカーや障害児支援員など様々な支援スタッフが配置されている。その中から3つの職種に言及してみたい。第1に、各校に平均1.7人（2020年度）配置されている生徒指導専門員（CPE）は、生活・学習支援を行う教育支援員を統率して、出欠管理、秩序維持、安全管理、いじめや暴力の防止対策を担う。また、学級代表や学校代表の生徒を訓練することも重要な役割であり、参加型市民性の育成に貢献している。第2に、日本のスクールカウンセラーに相当するのが国民教育心理相談員（PsyEN）であり、複数校を巡回して生徒のキャリア支援を行う（1人あたり平均957人を担当）。第3に、司書教諭は図書室とパソコン室の機能を合わせもつ資料・情報センターの責任者であり、生徒に情報・メディアに関する教養を獲得させ、批判的思考力を育成する。宿題や発表準備のためにセンターを訪れた生徒の支援に加えて、授業内でも教師とチーム・ティーチングを組み、探究活動をフォローする。

　教師を支える多様な専門職が学校に存在することはフランスの魅力であるが、「教師の世界」である学校内部において、これらのスタッフが職務に対する正当性を認めてもらい、安定したアイデンティティを獲得することは容易でない。1990年代以降、分業から協働へのシフトが推進されてきたが、チーム活動は道半ばである。教師と支援スタッフの双方が協議し、連携の枠組みを共同構築することが求められている。

第4節　エリート主義からの脱却に向けた萌し

◆教育の民主化に向けた早期離学者の支援

　1975年に前期中等教育が単線化されて以降、中等教育へのアクセスは拡大した。さらに職業バカロレアや職業学士号の創設などによって、1980年代に入ると高等教育への進学率も大きく上昇した。しかし、機会の平等が達成されたことで、かえって社会階層による学業達成や進路の不平等が顕在化している。文化資本に恵まれた上流階層は、学校外で習得した言語的・身体的・文化的性向を活用することで教師の承認を獲得し、普通高校を経てグランゼコールや医学部をはじめとするエリートコースに参入する。一方で、文化資本に乏しい庶民階層は、学校で要求される言葉使いや振る舞いができず、留年・中退したり、職業教育コースに進んだりすることを余儀なくされる。つまり、教育の大衆化は達成されたものの、民主化は実現してしない。

　状況を改善するべく、イギリスで実施されていたアファーマティブアクションをモデルに、学業

[共通基礎の評価]
　共通基礎については、第1領域を4つの構成要素に分け、他の4領域と合わせて、合計で8つのコンピテンシーが教師によって平常評価される。前期中等教育修了証書（DNB）の審査は、最終筆記試験（300点）、および各コンピテンシーが50点満点（計400点）で評定され、700点のうち合計350点以上で合格となる。

[アグレガシオン]
　大学やグランゼコール準備級などの高等教育で教授できる上級中等教師の資格であり、1766年に誕生した。保有する1割強の教師をアグレジェと呼び、多くが都心部の裕福な地区の名門高校に勤務している。高度な学問的能力を担保するアグレガシオンは、教授能力が担保されていないとの批判をたびたび受けてきた。19世紀中頃に実務重視へと一旦舵を切るが、その後試験レベルが低下したためアカデミック色が再強化された。20世紀に入ると、職業専門的な適性を確認する試験として再設計される。1968年の5月革命では教授法の刷新を求める人々と、高等教育からアグレジェを排除したい大学教授陣から廃止を求められたが、制度は維持された。

[初等教育の学校運営]
　規模や運営裁量が小さいこともあり、スタッフの種類は中等教育に比べて少ない。初等教育機関に介入する国民教育心理相談員は中等とは職務内容が異なり、不適応や障害

失敗の多い地区を特定し、そこに位置する学校に優先的に人的・財政的支援を施す「優先教育地域」（ZEP）政策を導入してきたが、その効果は限定的であるとされる。それに対して結果を残してきたのが、早期離学者（無資格で未就学状況にある18〜24歳の若者）の予防・補償対策である。早期離学者の割合は、1980年代初頭に全体の35％に達したが、2019年時点で8.2％まで減少した。EUは2009年に各加盟国が2020年度までに10％未満にする数値目標を掲げたが、フランスは2013年度に達成している。

　予防対策に目を向けると、普通職業適応教育科（SEGPA）では、学業不振に陥った中学生に職業教育を提供し、学業継続に向けて動機づけている。「復帰準備中継措置」では、欠席や問題行動のある中学生が少人数グループで社会生活のルールを学ぶ。補償対策としては様々な学業復帰機関が設置されており、例えばセカンド・チャンス・スクールでは職業資格の取得と就職に向けて、座学と企業研修が行われる。ミクロ・リセでは、各生徒に合わせたカリキュラムで少人数指導を行い、バカロレアの取得を目指す。これらの学校において教師は、権力的関係ではなく親しみのある関係で若者に寄り添う。成功の可能性を秘めた人間として扱われることで、若者は徐々にポジティブな自己イメージを回復していく。

　このように、エリート主義といわれてきたフランスの教育であるが、民主化の実現に向けて、個々人の状況・文脈に沿った柔軟な学びの機会を提供しており、若者を成功へと導こうとする新たな潮流がみられる。

◆高大接続改革のジレンマと民主化に向けた可能性

　資格社会であるフランスでは、高水準にある学位・職業資格を取得することがキャリアの成功と安定につながる。歴代の政権は学業継続に向けた環境整備に努めてきたが、2017年に成立したマクロン政権のもとで、高校と大学の接続に関する二つの改革が実施された。その背景には、大学における学業失敗・中退の問題があり、3年間で卒業できる学生は約3割であり、4年以内の卒業に広げても約4割にとどまっている。

　一つ目は普通バカロレア改革であり、2021年度から文学（L）、経済社会（ES）、科学（S）の3系統が廃止された。これまで高校普通科では第2学年から3コースに分かれていたが、今後は共通科目に加えて、専門科目を第2学年で3教科、第3学年で2科目を選択履修する。また、最終試験のウェイトが60％に圧縮され、12〜16科目から4科目（フランス語、哲学、選択した専門2科目）に削減された。残りの40％は内部評価で、3回の共通定期試験（30％）と第2・第3学年の成績

などを抱えた児童の予防・診断・支援を行う。また校長は、学級数に応じた授業免除と手当の支給を受けて、学校運営や安全管理、保護者対応などを行う。教師の代表者ではあるが管理職ではなく、最終的な運営責任は学区を担当する国民教育視学官にある。

［学校事務職員］

　小学校には専任の事務職員は配置されていないが、中学校には2.98人、高校には8.16人の学校事務職員が平均で配置されている。日本の中学校1.15人、高校4.36人（2019年度）に比べて多く、教師が教科指導に専念できる体制が整備されている。中でも日本の事務長に相当する管理副校長（adjoint-gestionnaire）は、校長と副校長とともに管理職として位置づけられている。配下の事務員を率いて、様々な会議の準備・調整、用務員や食堂職員の業務管理、食堂等の運営や設備のメンテナンス、予算の計画・執行と物品調達、などの業務を担当する。

［グランゼコール］

　18世紀に設立された高度職業人養成機関であり、厳しい選抜入試があるため、バカロレアをもっていれば無試験で入学できる大学よりも高い権威をもつ。入試を受けるためには、バカロレアを突破した後に成績審査を経て、一部の高校に付設されたグランゼコール準備級に在籍する必要がある。進学できるのは普通バカロレア取得者の約1割にすぎない。そこで2年間の準備教育を受けた後に、長時間

（10%）で構成される。新制度は、系統と異なる専門科目の組合せを認めることで、進路選択の柔軟性を高め、ミスマッチングを減らすことを意図している。また、バカロレア取得が高等教育における成功の土台になっていない現実を鑑みて、通年評価を導入した。生徒の長期的な成長過程を見取ることで、後期中等教育が「筆記試験対策」に矮小化されることを回避し、真の意味で高等教育の準備教育として機能させるねらいがある。

　二つ目は、進路選択ウェブシステムParcoursupの導入であり、2018年度から各生徒・高校は、順位をつけない10の志願先に対して、志望動機書、推薦書、成績などを提出することになった。その際に、生徒自身が「各学問領域で期待される要素に関する全国共通枠組」に基づき、志願先で求められる能力を有しているか、必要な科目を履修しているかチェックすることも義務付けられた。高等教育機関は、志願者数が定員を上回っていた場合は志願者を序列化し（基準は非公開）、入学「可」、「否」、「条件付き可」（入学後にリメディアル学習を受ける）のいずれかを通知する。新たなしくみの目的は、生徒の自己選抜と大学による選抜を強化し、高大の学習内容の連続性を強化することにある。

　一連の改革の成果を判断するのは時期尚早であるが、すでに課題が指摘されている。バカロレア試験に校内評価を持ち込むことは、客観性・公正性・妥当性を損なうとの見解がある。また実質的な選抜の強化には、中退率の高い職業高校出身者を大学から排除する機能があり、教育の民主化に逆行するという批判がある。一方で、エリート主義の象徴ともみられてきたバカロレア試験は、大衆化の進展にもかかわらず、近年の政権が改革に着手できなかった制度である。資格としての希少性が低くなる中で、資格の取得に向けた学びのプロセスを充実させるとともに、出口段階での試験結果だけでなく、日常的な努力を積極的に評価しようとしている。これらは、教育の大衆化時代に適った新たな高大接続であり、民主化へのチャレンジといえるだろう。

（京免徹雄・藤井佐知子）

［参考文献］
・京免徹雄『現代キャリア教育システムの日仏比較研究──学校・教師の役割とそれを支えるメカニズム』風間書房、2021年。
・園山大祐編『学校を離れる若者たち──ヨーロッパの教育政策にみる早期離学と進路保障』ナカニシヤ出版、2021年。
・園山大祐監修『教師の社会学──フランスにみる教職の現在とジェンダー』勁草書房、2022年。
・フランス教育学会編『現代フランスの教育改革』明石書店、2018年。
・細尾萌子・夏目達也・大場淳編著『フランスのバカロレアにみる論述型大学入試に向けた思考力・表現力の育成』ミネルヴァ書房、2020年。

にわたる論述試験を突破したエリートだけが通うことを許される。授業は教養を重視する大学に比べて実用的であり、少人数制のセミナーや官庁、企業、研究所での実習が頻繁に行われる。グランゼコール協議会には227校が加盟している。その中でも国立行政学院（ENA）、高等師範学校（ENS）、理工科学校（École polytechnique）といった有力校は、政治家、高級官僚、大企業の管理職を多数輩出している。

［教育優先地域政策（ZEP）］

　1981年から開始された積極的格差是正策であり、対象を児童生徒ではなく「地域」とすることで、社会問題の総合的解決を目指す点に特徴がある。政策は何度か形を変えて実施されており、2022年度時点では最も困難な孤立した地域にある362の中学校がREP＋（réseaux d'éducation prioritaire＋）に、それより恵まれない家庭の割合は少ないものの困難を抱えている730の中学校がREPに指定されている。中学区の校区内にある小学校や保育学校も対象となる。該当校に通う児童生徒の親の社会階層は概して低く、失業者や移民の割合が高い。

［専門教育を通したキャリア支援］

　庶民階層の多くが進む職業高校は、中学校段階までに学習でつまずいた生徒が再び立ち上がり、教師によるケアを受けつつ専門領域での学習を継続し、最終的に職業資格を獲得するセーフティネットとしての役割を果たしている。

CHAPTER 3

職業・雇用と強く結びつく学校

オーストリアの学校

第1節 日常の風景

　9月に入ると、それまで閑散としていた朝の通りに登校する子どもたちの姿が戻ってくる。新年度の始まりは「最初の登校日（Erster Schultag）」と呼ばれ、新入生も在校生も同じ日に登校する。児童が一堂に会し学校長の訓話を聞く、担任発表に嬌声を上げるといったようなことはなく（担任制だが小学校の4年間は持ち上がりが多く、担任が毎年変わることは稀である）、登校初日から児童はそのまま教室に入り、担任教師の話を聞いたり、教室でグループ活動をしたりして午前中を過ごし下校する。「午後のケア（Nachmittagsbetreuung）」への参加を申し込んでいる者は、学校に残り様々な活動に参加する。新1年生の場合もほぼ同様で、在校生と異なるのは保護者同伴で登校すること（同伴なしで登校する児童もいる）、校舎内ツアーといったオリエンテーション活動があることぐらいであり、午後のケアにも登校1日目から参加できる。学年最後の日についても「卒業式」や「終業式」のようなものはなく、「成績証明書の日（Zeugnistag）」と呼ばれる日には、卒業生も在校生も登校し、その学年の総括的成績表となる証明書をもらって下校する。卒業生に関しては新入生同様に保護者同伴が多く、式典というほどではないものの、在校生が卒業生に向けて歌を歌うなど学校ごとに工夫を凝らしたやり方で卒業生を送り出す。

第2節 学校制度

◆学校体系

　オーストリアの学校体系（**図3-1**）は、2022年現在、1-4（小学校）-4（前期中等教育学校）-1〜5（普通教育学校、職業教育学校）制である。「1」は、義務教育開始前の1年間を

［学校カレンダー］

　新年度の開始は州によって異なり、3つの州が9月第1月曜日、残り6つの州が第2月曜日からとなる。2学期制で、1学期が9月〜2月(州により終了日は異なる)、1週間の休みを挟んだあと2学期が始まり、6月28日〜7月11日に終了する。学校休業日には、1学期に秋休み（5日）、クリスマス休暇（2週間）、学期間休暇（1週間）、2学期にイースター休暇（10日）、聖霊降臨祭（3日）、2学期終了から新年度開始までの夏休み（9週間）がある。

小学校の教室には国章、十字架が掲げられている

図3-1　オーストリアの学校系統図

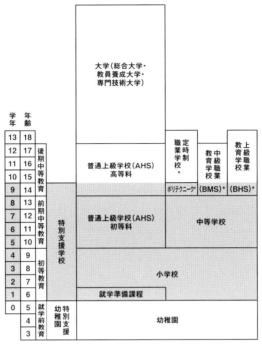

注：＊ポリテクニーク、定時制職業学校、中級職業教育学校は修業年数にかかわらず
後期中等教育修了、上級職業教育学校は3年課程修了の場合は後期中等教育修了、5
年課程修了の場合は短期高等教育修了となる。グレーの網かけ部分は義務教育。

出所：Bundesministerium für Bildung, Wissenschaft und Forschung (BMBWF), Nationaler
Bildungsbericht Österreich 2021, 2021,P.15より筆者作成。

指し、公的に認定された幼児教育・保育機関への就園義務（週当たり16〜20時間、4日以上の就園）を意味する。

　義務教育は原則として6歳から始まり、9年間である。小学校入学にあたっては「就学前スクリーニング検査」（就学判定）を受けなければならない。この検査で就学への準備ができていないと判断された場合は、「就学準備課程」に1年間在籍することになる。

　前期中等教育も同様に4年間続くが、ここからは複線型となり、普通上級学校（以下、AHS）初等科、中等学校の2つの学校種から選択することとなる。地域差はあるものの、伝統的に4：6の割合で中等学校への進学者が過半数となる。前期中等教育機関への進学に際してはスポーツや芸

[第4学年時間割表の一例：チロル州Z小学校]

	月曜日	火曜日	水曜日	木曜日		金曜日
7:55-8:45	X	X	X	X		X
8:50-9:40	X	X	X	宗教（カトリック）	ドイツ語非母国語者を対象とした補習*	X
9:55-10:45	X	X	X	X		運動とスポーツ
10:50-11:40	X	運動とスポーツ	運動とスポーツ	X		X
11:45-12:35	合唱・ミュージカル	宗教（カトリック）	X	補習（国語・算数）		
13:00-13:50						
13:50-14:40	イタリア語入門					
14:45-15:35	イタリア語初級	宗教（イスラム）		技　術		
15:35-16:25				技　術		

注：①Xは国語、算数、事象教授（日本の理科、社会、生活科にあたる内容）、音楽、図工、英語の内容を合科的に取り扱う。
②グレーの網かけ部分は希望者のみ参加。
③＊月曜に宗教の授業を受けた児童は、ここで補習授業を選択する。
④午後に必修授業がある場合（月曜の宗教、木曜の技術）、児童は家で昼食をとり再登校するか、隣接する「学童施設(Hort)」で昼食をとり授業に参加する。
出所：Volksschule Zams HP (https://vs-zams.tsn.at/klasse/4-20202021) (2022年11月16日閲覧)より筆者作成.

術に特化した一部の学校を除き入学試験はないが、AHS進学には国語および算数の評点が2以上という成績条件がある。ただし、この要件は絶対的なものではなく、場合によっては入学試験を課し結果によって入学を許可するなど柔軟に対応することが可能である。中等学校へは初等教育課程を修了（すなわち第4学年の学年末成績表に5の評点がない）していれば誰でも入学できる。主に大学への進学を目指す者がAHS初等科へ、職業教育訓練を提供する学校に進む者が中等学校へと就学する。

　後期中等教育移行に際しても原則として入学試験は課されず、前段階の学校の課程を修了していることが進学要件となる。後期中等教育は、4年制で普通教育プログラムを提供するAHS高等科、1～5年制で主に職業教育プログラムを提供する複数の教育機関で構成される。大学進学を目的とする普通教育を行うAHS高等科では、課題論文、記述試験、口述試験で構成される中等教育修了資格試験「マトゥーラ」を受験し大学入学資格を得て卒業する。職業教育プログラム提供機関は、①1年制のポリテクニーク、②定時制（2～4年）の職業学校、③全日制（1～4年）の中級職業教育学校（以下、BMS）、④全日制（5年）の上級職業教育学校（以下、BHS）で構成される。

　①義務教育最終学年に該当するポリテクニークは、一般教養、専門教育（金属・電気・木工・建設といった技術系と商業・事務・美容・観光などのサービス系）、インターンシップ、キャリアガイダンスで構成するカリキュラムで、企業での本格的な職業訓練に入る前の者に職業準備教育（ビジネスマナーや基本的な職業指導）と普通教育を施す。

　②定時制職業学校は、企業での見習い訓練を受けながら職業学校で学習する。指導時間配分は、見習い訓練と学校での学習で8：2となっており、見習い訓練中は少額ながら賃金も支払われる。見習い訓練は、美容師、調理師、販売員、建具師や金属職人など多岐にわたる職業で実施される。

　③BMSは、全日制で実習を伴う職業訓練教育を提供するが、芸術（デザイナーなど）、スポーツ（学校の課外活動担当トレーナーなど）、社会福祉や教育系（ソーシャルワーカーや学習支援のための補助教員など）など、より多岐にわたる職業領域をカバーする。職業学校とBMSでは、課程修了時に行われる修了試験に合格し基礎職業能力資格を取得することで就業へと移行していく。

　④BHSは、普通教育と専門教育の組み合わせで、より専門性の高い職業や中級技術者の養成を目的とする。技術（航空技術、情報技術など）、経済（企業経営、経理など）、観光（ホテル・レストラン経営など）、教職（幼稚園教諭など）などの訓練分野がある。課程修了者は応用職業能力資格を取得し、AHS高等科と同様マトゥーラを受験し大学入学資格を得て卒業する。

　高等教育教育機関には、総合大学、専門技術大学、教員養成大学の3つがある。総合大学では学

［終日制学校（GTS）］

　オーストリアの小学校は伝統的に午前中で授業を終え帰宅する半日制であったが、1994年の法改正によって午後4時まで児童を預かる終日制学校（Ganztägige Schulformen：以下、GTS）の形態が可能となった。GTSは、年間授業時間数にカウントされ評価の対象ともなる正規の授業と、宿題をやったりゲーム活動に興じたりする「ケア（Betreuung）」活動の2つで構成される。ケア活動はレアプランに規定される授業時間数には入らず、評価もない。またその参加は任意となっている。GTSには、大きく分けて午前に授業、午後にケア活動を配置する型と一日の中に授業とケアを交互に配置する型がある。2019年時点で、9割が前者のような分離型である。

　分離型GTSでは、午後のケアを学校外の機関に移して行うケースもあるが、大半は同じ学校の敷地内が活動場所となる。ケア活動に参加する児童だけが学校に残り、用意された昼食をとったあとケア担当支援員とともに自主学習をしたり遊んだりして過ごし、保護者の迎えを待つ。州によって差はあるが、2019年度は児童の約3割が週に少なくとも1度、午後のケアに参加している。

士号（3〜4年）、修士号（1〜2年）、博士号（3〜4年）が取得できる。専門技術大学は、実習がカリキュラムの一部に組み込まれているなど職業訓練的色合いの強い高等教育機関で、工学や情報学、経済学など実学的内容に特化した分野で学士号（3年）と修士号（2年）が取得できる。教員養成大学は、初等教育、中等教育、各種職業学校の教員養成を行い、4年で学士号が、1〜1.5年で修士号が取得できる。高等教育機関進学に際しては、医学や心理学など一部の領域を除いて選抜試験はなく、マトゥーラを取得していれば原則としていずれの大学・学部にも入学できる。

◆学校改革の動向

　2000年から実施が始まったOECDによるPISA調査は、オーストリアの子どもたちの学力の低さ、特に現在の中等学校にあたる基幹学校から職業学校やBMSに進む生徒の成績不振を明らかにした。この結果を受け、政府は学校教育の質改善およびそれを通じた学力向上を目的とする教育改革に乗り出す。教育スタンダードおよび評価テストの開発と導入、基幹学校に代わる「新中等学校（以下、NMS）」の設立という形で始まった改革は現在、2018年発表の政府指針「教育パッケージ」を受け、評価テストの拡充、NMS再編成、新「レアプラン（授業計画、日本の学習指導要領に相当）」と連動するコンピテンスグリッドの開発など第2段階に入っている。

　①　教育スタンダード

　2000年より開発と試行を繰り返し、2009年に法制化されオーストリア全土での適用が開始された教育スタンダードは、小学校第4学年の国語、算数および第8学年（前期中等教育機関の最終学年）の国語、数学、英語について、その学年が終わるまでに獲得されるべき学習成果（アウトプット）を詳細に規定したものである。教師には、授業計画や実践、児童生徒の評価を教育スタンダードに基づいて行うことが求められている。また、学校使用教科書の認定に際しても、内容および形式が教育スタンダードおよび後述する評価テストに一致することが要件となっている。

　②　評価テスト

　2011年より全土で実施が始まった「教育スタンダードテスト（以下BIST-Ü）」は、国語、算数・数学、英語について第4学年および第8学年を対象に2019年まで継続され、結果をフィードバックすることで児童生徒には学習支援を、教員および学校長には授業および学校の持続的な改善を促すという形で学力向上および学校教育の質改善を目指してきた。BIST-Üは2020年12月の法令改訂によって「個別の能力測定（iKMPLUS）」と名称変更され、第1回目のテストは2022年4〜5月、第3学年の国語、算数で実施された。11〜12月には第7学年で国語、数学、英語、2023年夏は第3、

[成績評価]

　小学校第2学年の学年末成績表から評点による評価が始まる。学期ごとに各教科で1から5までの評点が付く（1秀、2優、3良、4可、5不可）。第2学年では必修科目で2つ以上、第3学年以降は必修科目で1つでも5がつくと原級留置の対象となる。

[普通教育と職業教育の進路変更]

　AHS・中等学校進学後の学校種変更や、後期中等教育移行時にAHS高等科や各種職業学校へと進路を変わることは可能である。また、中等学校から大学へ進学するルートも確保されており、小学校第4学年での選択がその後の進路を決定づけるリスクはシステム上、除外されている。た

だ実際には在学中に学校種を変わるケースは少ない。また中等学校修了時に日本の普通高校にあたるAHS高等科へと進む者はわずかで（2019年：9%）、大半は職業教育プログラムを提供する教育機関へ進む。同様にAHS初等科修了者の半数以上はAHS高等科へと進み（2019年：62%）、その後、高等教育機関へ進学する。AHS初等科から高等科に進まない場合は、BHSへと進み、修了後、専門職に就くか、さらに高度な知識・技術の習得を目指し専門技術大学へと進むケースが多い。

4、7、8学年での全面実施と段階的な導入が予定されている。主な変更点は、対象学年の拡大（第3学年と第7学年）、即時のフィードバック（現在の学習状況、学習経過の概要が示され、教員・保護者・受験者を交えた3者面談に使用される。結果返却までに従来6か月を要していたのに対し、受験後すぐに結果が出るため、より適時に効果的な支援を行うことが可能になる）、モニタリングサイクルの短縮（5年サイクルでの成果報告書を3年に短縮することで、学校はより豊富なデータに基づいて学校改善を進めることができる）である。

③　コンピテンス基盤型カリキュラムと「コンピテンスグリッド」

　2018年、政府はコンピテンス基盤型カリキュラムへの移行と教育内容の現代化を柱とするレアプラン改訂を発表した。2022年現在、有識者による最終審査が進行中の新レアプランは、2023年秋より完全実施が予定されている。レアプランと同時に試験的に導入されるのが、各教科で到達すべきコンピテンスを3つの習熟レベルに分けて示した「コンピテンスグリッド」で、初等教育段階では全ての教科について、前期中等教育段階では国語、数学、英語を中心に一部教科のコンピテンスグリッド試行版が開発されている。コンピテンスグリッドは新レアプランで教科ごとに示されるコンピテンスをより詳細に分類したものであり、教師はレアプランと照らし合わせながら年間の指導計画立案や授業開発を行うこととなる。また、グリッドに示されたコンピテンスレベルに基づき評価を行うことで、児童生徒の成長過程を均一の尺度で記録していくことが可能になる。教師には、この点を授業改善や支援の個別化に活かしていくことが期待されている。これまでも教育スタンダードおよび評価テストは尺度が二重にならないようレアプランと整合性を持つものとなっていたが、コンピテンス基盤型カリキュラムを標榜する新レアプランおよびコンピテンスグリッドの追加により、学校教育のアウトプットを明確にし、到達度を測定することで学力向上を目指す政府の取り組みは今後より有機的に展開されることとなる。

第3節　課題と魅力

　「何のために学ぶのか」ということが、「どんな職業に就くのか」、言い換えれば「どんなスキルや知識を習得したいのか」ということと明確に結びついている点がオーストリアの魅力であろう。例えば、建具師になりたければ定時制職業学校へと進み、見習い訓練を含む全課程修了時に見習い訓練試験を受ける。合格して得る基礎職業資格は就業を約束する。働く中で技術者としてさらに高度な技術を身に着けたいと思えばBMSへ、経営側に回りたいと考えれば、BHSへ入って必要なス

［新中等学校（NMS）］

　2008年の教育制度法改正によって基幹学校に代わる新中等学校（Neue Mittelschule：以下、NMS）の設置が決定。同年9月からの試行を経て2012年に全土で移行が開始された。NMSの授業は教育スタンダードに基づいて行うものとされ、グループ学習、探究型・テーマ型授業や教科横断的、プロジェクトベースの学習で生徒一人ひとりにあった支援を行っていくことを教育コンセプトとした。基幹学校で提供される教育の質改善と生徒の学力向上を目的とするNMSは、言い換えれば基幹学校をAHS初等科レベルに引き上げ、2つの学校種の格差を解消することで、教育機会を不平等なものとしている分岐型教育制度の単線化を目

指していくことであった。このため、NMSはAHS初等科のレアプランを使用、実践にあたってはAHS初等科の教員とのティームティーチングが奨励され、両学校種の近接が図られた。長年、論争の的となってきた分岐型教育制度の改革に国を挙げて取り組む大胆な試みではあったが、2015年の成果報告書では地域ごとに結果にばらつきがみられること（地方では意図する結果が出ていたのに対し、都市部では学力格差が拡大、NMSを避ける風潮が強まるなど学校種間の階層化が進んだ）、AHSとの学力格差が解消されないばかりか、英語と数学の成績を基幹学校時代と比較した場合、悪化傾向にあることが明らかにされた。これを受け、2018年に政府はNMSの再編成を発表し、

キルや知識を得、課程修了時に獲得する資格が就業または高等教育機関での学びへのパスポートとなる。このように、「学校に通う」ということが就業およびキャリア形成の手段として機能しているというのは、「学ぶ」ということがより本来の意味に近い形で社会のなかに位置づいていることだと言える。「記念受験」などといった概念は、オーストリアではほとんど成立し得ないのである。

　「学ぶ」ことが形骸化することなく就業と強く結びつくオーストリアでは、逆に言えば「十分に学んでいない」場合、就業が保障されないということになる。オーストリアにおける後期中等教育未修了者の失業率は、後期中等教育または高等教育以外の中等後教育修了者の失業率の３倍であり、他国と比較して非常に高い（EU加盟22か国平均は２倍、OECD加盟国平均は1.8倍である[1]）。また、十分な見習い訓練を経ることなく就業に移行する、それは多くの場合、義務教育最終学年となるポリテクニークだけを修了し社会に出ることを指すが、このケースも就業および所得面で群を抜いて不利となる。教育・訓練の度合いで就業の可能性や所得の多寡が決まること自体は合理的なことであるが、問題は、不十分な学びによって就業で不利なスタートを切ることになる者が特定の層に集中しているという点にある。

　2021年の「政府教育報告」は、義務教育を最終学歴とする者の多くがドイツ語を母語としない男子であり、2015年以降その傾向が強まっていることを指摘している。支援的言語教育の強化に加え、コンピテンス志向のレアプランや個別の支援充実を狙ったコンピテンスグリッドの導入によって、児童生徒の学びの姿勢がどう変わっていくのか、PISA調査の結果だけでなく義務教育を最終学歴とする層の今後の変化（割合・構成する者のプロフィール）も注視していきたい。

（田口明子）

037

[注]
(1)　経済開発協力機構（OECD）編著『図表でみる教育——OECDインディケータ（2021年版）』明石書店、2021年、94頁。

2020年度から「中等学校（Mittelschule：以下、MS）」に名称変更となった。MSはNMSの路線を受け継ぎ、生徒の興味や関心、能力に応じた個別支援をより強化していくことを謳い、国語、数学、英語における習熟度別授業と、それに伴う新たな評点システムが導入（習熟度の異なる学習グループ間で評点に互換性を持たせ、グループ間移動を可能にするため）された。評価はコンピテンスグリッドの試行版を参照して行われることになっている。

[コンピテンスグリッド]
　小学校の「国語・読み・書き」を例にとると、「話す」「読む」「作文」「書く」「言語観察」の５領域で獲得すべきコンピテンスを示す。例えば第４学年の「話す」領域には、「会話する・会話のルールに従う」「標準語で話す」の２コンピテンスがあり、各コンピテンスの達成課題が３段階で示される。「会話する・会話のルールに従う」で言うと、最低限の達成課題が「簡単な形式の会話ができる・会話のルールに従う」、次のレベルではこれに「会話技術を活用できる」が加わり、最も高度な課題は「自立的に会話できる・会話のルールを根拠に基づき自ら設定しそのルールに従う・状況に応じた会話技術を活用できる」となる。

CHAPTER 4

「教育の自由」原則の学校

オランダの学校

第1節 日常の風景

◆幸福度の高い子どもたち

　ユニセフ（UNICEF）の報告書「レポートカード16　子どもたちに影響する世界」（2020年）による幸福度（「精神的健康」「身体的健康」「学力・社会的スキル」）ランキング（38か国）で、オランダは1位に輝いている。オランダは3つの指標の順位が平均して高いが、中でも「精神的健康」では1位に、「学力・社会的スキル」では3位に位置している。「子どもが自らの生活に満足しており、学力や社会的スキルの獲得状況も良好である」状況が国際的に確認されたとして、オランダの学校教育に対し、いま改めて注目が集まっている。

◆登校風景

　オランダの学校は、9月初旬に学年度が始まり、翌年の7月中旬に終わる。7月中旬から8月下旬までの6週間の夏休み、年末年始を含む2週間のクリスマス休暇、4月下旬から5月上旬までの1週間の5月休み（計9週間）が法定の休暇である。くわえて、地域や学校により時期や期間は異なるが、10月中旬の秋休み（約1週間）や2月から3月にかけての春休み（約1週間）など、残りの季節にも合計3週間ほどの休みが設けられている。

　オランダ全土に6,000校以上ある小学校は、8年制であり、義務教育は5歳から16歳までの10年である。入学可能となる満4歳から小学校に入学し、学校教育を開始するのが一般的である。

　学校は原則週五日制である。オランダは学区制を取っておらず、さらに私立学校であっても授業料を徴収しない。そのため小学校においては、原則として子どもや保護者の希望に即した学校選択が可能である。自宅近くの学校に徒歩で登校する子ども、やや遠方の学校に自転車で通う子ども、

[国の概要]

　正式な国名はオランダ王国(Koninkrijk der Nederlanden)。人口は約1,755万人（2021年）、国土面積約4万1,000㎢（九州地方とほぼ同じ面積）。国土の4分の1が海抜ゼロメートル地帯であるオランダは、海岸沿いの低地や干潟などをポルダー(polder)と呼ばれる干拓地として埋め立て、土地を拡大させてきた。

　首都はアムステルダムであるが、政治機能所在地はハーグである。宗教はキリスト教(カトリック20.1％、プロテスタント14.8％)、イスラム教(5.0％)、無宗教(54.1％)、その他(5.9％)となっている(2019年)。公用語はオランダ語である。またフリースラント州ではフリジア語も公用

語になっている。

　政治体制は立憲君主制である。主要産業は専門サービス業、卸売・小売業、製造業(食品・飲料、化学・医薬品)等であり、農業や園芸産業も発展している。通貨はユーロである。2021年のGDPは1兆ドルを超えており、一人当たりのGDP52,248ドルは世界12位である。

　政治・経済分野においては、欧州連合(EU)、北大西洋条約機構(NATO)、世界貿易機関(WTO)、経済協力開発機構(OECD)などの主要国際機関において、創設段階から関わってきた。また司法分野においても、国際司法裁判所や欧州刑事警察機構(Europol)の本部がハーグに置かれているなど、国際的に重要な役割を担っている。

保護者の送迎により車で通学する子ども、公共交通機関を利用する子どもなどが混在することになり、登校風景は多様である。

◆授業時間数と学習目標

　小学校の場合、初等教育法において、8年間で少なくとも7,520時間の授業が提供されなければならないと規定されている。授業時間の配分は学校の裁量に任されているが、各日の時間を均等にすることが求められているため、一般に平日午前8時30分から15時までが授業時間となっている。なお、水曜日の午後は授業が行われない学校も多い。

　正午から13時までが一般的な昼食休憩の時間である。子どもは昼食のために帰宅したり、学校で食事をしたりする。この時間は教員にとっても休憩時間に充てられていることが多いため、昼食休憩の時間には子どもの監督のために保護者などが雇用される。

　オランダには長らく学習目標に関する共通の規定は存在しなかったが、各教育段階の修了までに子どもたちが達成すべき知識・技能に関する目標として、1993年に中核目標（kerndoelen）が制定された。初等教育では、「オランダ語」「英語」「フリジア語」「算数・数学」「自己と世界へのオリエンテーション」「芸術的オリエンテーション」「体育」の7領域に合計58の目標が示されている。また中等教育では、「オランダ語」「英語」「数学」「人々と自然」「人々と社会」「芸術と文化」「運動とスポーツ」の7領域に合計58の目標が示されるとともに、フリジア語の言語と文化に関して、学習者の属性により6つの中核目標が別途設定されている。なおこれらは子どもが学習すべき領域の目標として示されているものであり、各学校が設定する教科の学習内容に関する細かな規定は存在しない。

　中核目標は、1998年に最初の改訂が行われて以降、現在に至るまで複数回にわたり改訂されている。2012年の改訂では、都市部への移民の集住を含め社会の多様性が進行している状況を受け、初等教育・中等教育それぞれに多様性を尊重するための目標が追記されている。追記された内容には、異なる価値観を持つ他者と共生するための知識や態度について、学校教育を通じて身に付けさせたいというオランダの姿勢が示されているといえる。

　授業は原則としてオランダ語で教授されるが、早期外国語教育の提供を特徴としている学校もある。外国語教育は1年生から開始されることが多いが、小学校で教えられる最も一般的な外国語は英語であり、ドイツ語、フランス語などがそれに続いている。外国語教育においては、コミュニケーションを中心とした楽しい授業であることが重視されている。

小学校の職員室の様子
▷職員室は教員が休憩し、リラックスするための場所でもある。

小学校で学習する子どもの様子
▷個別の課題については、教員の許可を得て教室以外の場所で取り組む子どもも多い。

◆学習状況の把握と学力試験

　2014年度以降、小学校では、オランダ語と算数・数学に関して「学習者追跡システム」を使用することが義務付けられている。このシステムを利用することにより、学校は子どもの学習状況を追跡して適切に評価し、個々のニーズに応じた学習を調整することができる。ほとんどの小学校では進捗状況を学期ごとに確認しているが、テストの点数の推移でこれを把握している学校もあれば、説明的な指標をもってとらえようとしている学校もある。

　小学校の最終学年に在籍する子どもは、初等教育最終試験と呼ばれる学力試験を受験する。この試験は、小学校の8年間で子どもが何を学んだかを測定するものであり、中等教育への進学資料として活用される。毎年度4月に実施されるこの試験には、すべての小学校の参加が義務づけられている。各学校の試験結果はオンラインで公開されており、保護者は、学校選択の参考にする。

　教員は、小学校での学習成果を踏まえ、その子どもに最適と思われる中等教育のレベルを評価する。これらは「学校アドバイス（schooladvies）」と呼ばれ、学習者追跡システムにより蓄積された小学校在学中のテストの点数、学習における態度や興味・関心などに基づいて評価される。子どもと保護者は、初等教育最終試験の結果と学校アドバイスに基づき、進学する中等教育コースを選択することになる。

第2節 学校制度

　教育・文化・科学省が教育を所管する。同省内で独立した部局に位置付けられている教育監査局は、教育監査を通じて、学校教育の質を担保している。

　オランダは、**図4−1**の学校系統図に示されている通り、中等教育段階以降が分岐する分岐型の学校体系を取っている。小学校卒業後に進学する中等教育は、大別して大学準備教育コース（VWO）、上級中等普通教育コース（HAVO）、中等職業準備教育コース（VMBO）の3コースである。VWOとHAVOに進学する子どもが約45%、VMBOに進学する子どもが約55%である。一つの学校に複数のコースが設けられていることが多く、中等教育進学後の2年間は、ブリッジクラス（brugkla）と呼ばれる共通課程で学ぶことが一般的である。また、特定のコースに進学した後も、修了時を中心に成績や希望に応じてコースを移動することが可能である。

　中等教育段階3コースのうちVWOとHAVOでは、卒業見込者を対象とする試験が国の管理下で実施される。試験に合格すると各コースの修了資格を得ることができ、これらを有していること

[中核目標の追記内容]
　2012年に中核目標に追記された目標は以下のとおりである。初等教育中核目標38「…児童は、性的多様性を含め、社会においてセクシャリティと多様性を尊重することを学ぶ。」中等教育中核目標43「…生徒は、性的多様性を含め、社会においてセクシャリティと多様性を尊重した他者への対応の仕方を学ぶ。」
[探究的な教科学習「ワールドオリエンテーション」]
　表4−1は、首都アムステルダム市内のある小学校において、グループ3からグループ8までの子どもの教科学習時間の割合を示したものである。**表4−1**からは、「オランダ語（読み）」「オランダ語（書き）」「算数・数学」などの基礎学習に加え、「ワールドオリエンテーション（wereldoriëntatie）」と呼ばれる教科に一定の時間が費やされていることがわかる。

　ワールドオリエンテーションとは、中核目標にある「自己と世界へのオリエンテーション」の中核を成す教科であり、自然や社会を題材とした探求的な教科学習の総称と説明される。その内容から合科的なアプローチを伴った総合学習と評することも可能であり、学校が学びの方向性や形態を設定する。そのため、地理、歴史、科学、技術などを取り扱う学校もあれば、科学技術、ビジネス、宇宙教育などに取り組む学校もある。いずれの場合においても、日常生活の様々な場面を学習のきっかけに繋げる工夫が施されて

が、それぞれの上位の教育機関への進学要件となっている。6年制のVWOを修了した者には総合大学（WO）への進学要件となる修了資格が、5年制のHAVOを修了した者には専門大学（HBO）への進学要件となる修了資格が与えられる。また、4年制のVMBOを修了した者には中等職業教育コース（MBO）への進学要件となる修了資格が与えられる。MBOには入門課程から専門職課程まで5種類の課程があり、これらは職業訓練センターや専門職カレッジなどで提供されている。また専門職課程などの上級課

図4-1　オランダの学校系統図

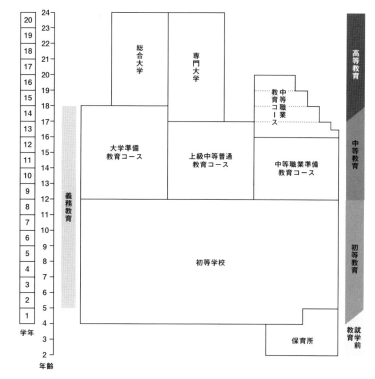

出所：文部科学省「オランダ王国」文部科学省『世界の学校体系（欧州）』2017年（https://www.mext.go.jp/component/b_menu/other/__icsFiles/afieldfile/2017/10/02/1396813_011.pdf）（20220910）。

程を修了すれば、専門大学であるHBOに進学することもできる。

　高等教育機関のWOでは3年間で学士が、その後1年間から3年間で修士が、さらに3年間以上で博士の学位が取得できる。またHBOでは、2年間で准学士が、その後4年間で学士が、さらに1年間から4年間で修士の学位が取得できる。

第3節　課題と魅力

◆「教育の自由」に基づく学校の多様性

　オランダの教育の大きな特徴として、オランダ王国憲法第23条の「教育の自由」条項がある。

おり、学校や教員の独自性が発揮される教科であるといえる。

表4-1　ある小学校の教科学習時間（割合）

教　科	割　合
オランダ語（読み）	20.7%
オランダ語（書き）	18.7%
算数・数学	20.0%
ワールドオリエンテーション	13.3%
芸　術	4.0%
体　育	8.0%
人生と哲学	4.0%
英　語	2.7%
その他	8.7%

[ドルトン・プランスクールの証明書]

　ある小学校の校舎内に掲出されていた、ドルトン・プランスクールであることを示す証明書（Certificaat）。証明書はオランダドルトン・プラン協会（De Nederlandse Dalton Vereniging）により発行されている。

「教育の自由」条項は、学校を自由に設立する「学校創設の自由」、学校の指導体制を組織する「学校組織の自由」、学校の運営方針を決定する「教育理念の自由」の３項から構成される。オランダの学校は、「教育の自由」の構成要件である「学校組織の自由」を根拠として、知識・技能の到達目標である中核目標や授業時間数などの法制度上の基準を満たせば、具体的な教育方針や教育内容・教育方法を選択する権限を有している。教育の内容に関する学校裁量が大きいことは特筆に値する。

　他方で1980年代以降、オランダにおいても新自由主義的な政策の影響力が強くなり、学校の自律性の向上や規制緩和を推進する方針と、国家による質のコントロールを強化する方針が政策の両輪として機能するようになる。後者の質のコントロールの強化については、一部のオルタナティブスクールや教育団体を中心に反対運動や批判がなされたものの、教育監査局による教育監査の全面実施として具体化されることとなる。2002年に教育監査法が制定されて以降、すべての初等・中等教育段階の学校に対し自己評価の実施が求められるとともに、一定の基準に基づいて教育監査局が監査を行うことや、監査の結果によっては改善を求められること、さらにはその結果がオンラインで公開されることが実現してきた。さらに2010年に制定された良い教育・良いガバナンス法では、学校が制裁を避けるために満たす必要がある法的要求として、オランダ語と算数・数学に関する在籍児童生徒の学習結果が規定されるに至っている。これらの内容を踏まえれば、オランダの学校においては、教育監査局を直接的なアクターとして、学校及び学校の成果を監督・指導する構造が成立しているとみなすことができる。

　学校の種類を設置者の観点から「公立」と「私立」に分け、さらに公費助成の観点から「私立」を「公営私立」と「独立私立」に分別した場合、オランダの教育制度は公営私立学校が全体の７割を占めるという点が特徴的である。残る３割は公立学校であり、独立私立学校はほとんど存在しない。オランダにおける「教育の自由」とは、公費助成に着目すれば、特定の宗教や教育理念に基づき設立された私立学校に対しても、公立学校と同額の財政支援を行うということを意味している。学校としての基本要件を満たせば公費助成が受けられることから、イスラーム学校や各種のオルタナティブスクール（ドルトン・プランスクール、モンテッソーリスクールなど）を含め、オランダには多くの公営私立学校が設置・運営されている。これらの状況を受け、「オランダでは百の学校があれば百の教育がある」と評されるほどに多様な学校教育が展開されている。

[学習者追跡システムにおける「算数・数学」の学習状況管理画面（デモ画面）]

　画面上部に学習状況の推移を示したグラフが、下部にその根拠となる数値が記されている。グラフは縦軸に調整後のスコア、横軸に調査の実施時期が配されており、上位層から下位層まで20％ごとに区分されたゾーンを背景として、学習者の成績の推移を折れ線グラフで確認することができる。学期ごとに入力した成績を学習状況の成果ととらえ、これを経年的に追跡していくイメージが示されている。

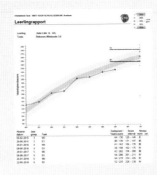

◆移民の増加と「教育の自由」

　他の欧州各国と同様に、1980年代以降、オランダにおいても非欧州系移民（allochtoon）が増加することとなった。多文化主義政策や市民化政策を取るなどして移民の社会適応や統合を進めようとしたオランダだが、イスラームの思想を背景にした暴力的な意思表明などにより、その実現に依然として苦慮している状況がある。

　このような状況を受け、学校教育においても、従来から実施されてきた学校選択や上述した「教育の自由」の制度的展開について、オランダ社会の分断拡大に繋がるとして懸念が示されている。前者について述べれば、移民が集住する地域において学校選択が行われた結果、一つの学校に同じ社会的・経済的背景を持つ子どもたちが集中する傾向が強まり、先住するネイティヴと移民との間に分離が起きるに至っている。厳密な定義は存在しないが、移民の子どもが多数在籍する学校はブラックスクールと称され、ネイティヴの子どもがそこを避ける状況は、アメリカと同様な現象としてホワイトフライトと説明される。差別的な意味合いが強いとして名称も含め問題視されているが、特に都市部において、この状況への制度的・政策的対応は大きな課題である。

　非欧州系移民の多くがムスリムであるが、オランダにおいては、「教育の自由」に基づき、宗教や思想を設立基盤に置く限り、通常の手続きにより公営私立学校の設立が可能である。設立基盤に特定の宗教を置く公営私立学校においては、宗教教育を実施することは「前提」であり、別の宗派を信仰する生徒の入学について、一定の条件下で拒否することができる。この状況により、1988年にオランダ初のイスラーム学校が設立されて以降、現在は40校以上の小学校がオランダ各地で運営されている。イスラーム学校運営組合が示しているように、イスラーム学校での教育を通じて「ムスリムコミュニティがオランダ社会の文化の一部となること」「オランダにおけるムスリムの統合を推進すること」が期待されるが、オランダ社会への適応が進まない中で移民が「教育の自由」を積極的に行使している状況については、一部のネイティヴから否定的に受け止められている。ブラックスクールやイスラーム学校の存在が否定的に強調される文脈は、オランダにおける「教育の自由」とその結実としての学校教育に対し、暗い影を落としているともいえる。　　　（吉田重和）

［参考文献］
・吉田重和「諸外国の教育行政組織・機能・職員　オランダ」平成30年度プロジェクト研究『「次世代の学校」実現に向けた教育長・指導主事の資質・能力向上に向けた調査研究報告書』（研究代表者　猿田祐嗣）、2019年、274～280頁。
・吉田重和「オランダ王国」『海外教科書制度調査研究報告書』公益財団法人教科書研究センター2020年、271～276頁。

043

［深刻化する教員不足］

　オランダでは、教員不足が深刻化している。OECDが2017年に発表した「TALIS Initial Teacher Preparation Study」によれば、オランダではすべての校種、特に初等教育及び後期中等職業教育において、教員の欠員数が増加している。中等教育におけるほとんどの欠員は、オランダ語を含む語学、数学、物理、科学の教科指導に関するものである。後期中等職業教育では、英語、オランダ語、介護と福祉、技術科目の教員が最も求められている。また特に中等教育では、特定の科目の教員について、適切な資格の欠如、要支援生徒への対応に関する経験不足などの質的な問題も発生している。

　2006年の統計であるが、初等教育の新人教員の15%が、5年後に教職を離れている。中等教育ではこの数値が27%に、後期中等職業教育では35%になり、早期離職する教員が多いことがわかる。ただし、学校を拠点とした教員養成プログラムの導入により、学校を働き、学ぶ場としてより強く感じられるようになってきたことから、新人教員の離職状況は以前より改善されている。

CHAPTER 5

公平性、多様性、パーソナライゼーション

スペインの学校

第1節 日常の風景

◆子どもたちの学校生活

　子どもたちは毎朝、保護者や兄弟等と一緒に漫画のキャラクターのデザインが付いたカラフルなカバンやスポーツリュック、キャリーケースを持って登校する。午前9時の始業時間前には「オラ！」という挨拶が飛び交い、沢山の子どもたちや保護者で正門があふれかえる。スペインの学校は、幼稚園と小学校、小学校と中学校、中には高等学校も併設されている所もあり、異なる年齢の子どもたちが同じ敷地の中で過ごしている。伝統校・新興校を問わず個人の能力や特性、自主性を重視した自由な校風の学校が多く、子どもの感受性や創造性、表現力を育むことが大切にされている。また国の正規の教育課程による授業科目とは別に、自然学習や美術館での作品鑑賞、音楽鑑賞、ダンスや演劇、コンサートといった表現活動などを行う学校も少なくない。登校日は、国民の祝日と自治州の祝日や学校行事、休日を除く月曜日から金曜日までで、学年は6月末に終わり、夏休みは9月初めまでのおよそ2か月間である（**表5−1**）。

　小学校の授業科目は、国で定められている学習領域として自然科学（理科、社会）、芸術（美術、音楽、ダンス等）、体育、スペイン語と文学、第1外国語、そして算数である。これらに加え、宗教・社会的価値観と市民的価値観（シティズンシップ教育）も導入されている。一例としてマドリッド自治州では、小学校の週単位時間数は普通学校（**表5−2**）とバイリンガル学校（**表5−3**）とで異なっており、小学校段階から多様な教育の機会が保証されていることがスペインの学校教育の特徴の一つである。子どもたちが使用する教科書は、写真や挿絵がふんだんに使用されたカラフルなデザインが多く、文字だけでなく絵も直接書き込めるようになっているものもある。教科書は有償であり、毎年全ての教科を揃えることは家庭にとって大きな負担となる。そのため、教科

表5−2　普通学校の週単位時間数の基準

科　目	マドリッド自治州(普通学校)の週単位時間数					
	1年生	2年生	3年生	4年生	5年生	6年生
スペイン語と文学	6	6	6	5	5	5
算　数	5	5	5	5	5	5
第1外国語	3	3	3	3	3	3
理　科	1.5	1.5	1.5	2	2	2
社　会	1.5	1.5	1.5	2	2	2
体　育	2.5	2.5	2.5	2.5	2.5	2.5
芸　術	1.5	1.5	1.5	1.5	1.5	1.5
宗教/シティズンシップ	1.5	1.5	1.5	1.5	1.5	1.5
休憩時間	2.5	2.5	2.5	2.5	2.5	2.5
計	25	25	25	25	25	25

出所：DECRETO 89/2014, de 24 de julio, del Consejo de Gobierno, por el que se establece para la Comunidad de Madrid el Currículo de la Educación Primaria. (1) "ANEXO IV (6) HORARIO DE EDUCACIÓN PRIMARIA: HORAIO GENERAL LOMCE", Pág.92.

書や教材の購入に関する公的な補助が充実している。

学校が競争的な教育環境であることが重要視されていないとはいえ、OECDのPISA調査における位置づけ（2018年調査結果では数学的リテラシー、科学的リテラシーの得点がともにOECDの平均以下であった）等から、諸外国と同様に、学力の向上については常に教育の課題の一つとなっている。

表5-1　マドリード自治州の学校の祝日と年間スケジュール（2022～2023年）

９月７日	始業日（幼児教育・小学校・中学校・特別支援学校等）
９月８日	始業日（中学校・高等学校・職業訓練学校等）
10月12日	祝日（イスパニアデー）
11月１日	祝日（万聖節）
12月６日	祝日（憲法記念日：1987年憲法の成立）
12月８日	祝日（聖母受胎日：無原罪聖母の日）
12月23日～１月８日	冬休み
３月20日	休日
４月１日～９日	祝日（聖週間　セマナ・サンタ）
５月１日	祝日（労働者の日　メーデー）
５月２日	祝日（マドリード州の日）
５月14日	各学校等における最終評価の実施
６月15日～21日	復習・点検期間
６月22日	終業日（認可保育所・児童養護施設・幼児教育第１段階以外）
７月31日	終業日（認可保育所・児童養護施設・幼児教育第１段階）

出所：ORDEN 1210/2022, de 12 de mayo, del Consejero de Educación, Universidades, Ciencia y Portavoz del Gobierno, por la que se establece el calendario escolar para el curso 2022-2023 en los Centros Educativos No Universitarios Sostenidos con Fondos Públicos de la Comunidad de Madrid. の内容に基づいて筆者が翻訳及び作成。

◆公立学校の様子

マドリード自治州の幼稚園と小学校が併設された公立学校のA校を例にとると、質の高い公教育と開かれた学校を目指し、個人の能力と個性を尊重し、子どもたちにとって安心で安全な教育環境を構築すること、芸術的な表現活動やSTEM教育を含めた子どもたちの学習意欲や協調性を育むための様々な教育プロジェクトの推進に力が注がれている。朝7時半から学校の門が開き、授業が開始する時までが登校時間である。この間、共働きの家庭など、希望者に対して朝食のサービスを提供している（自由選択）。通常の時間割は、9時から14時までの間に午前の授業が行われ、休み時間になると子どもたちはサンドイッチや果物などを持って校庭に飛び出し、元気に遊ぶ様子がみられる。昼食時間は14時から16時までの2時間が設定され、学校内に併設された「コメドール」と呼ばれる大きな食堂で一緒に給食を食べる（幼稚園児用のエリアと小学生用のエリアが分かれている）。9月8日～30日まで及び9月1日～24日までの期間は、午前9時30分から13時30分までである。学校には大きな校庭があり、舗装されたトラックや砂場、人工芝エリア、テーブルのあるエリア、緑豊かな庭や遊具のあるエリア**（写真5-1）**等があり、休み時間は子どもたちが好きな場所で自由に過ごすことができる。教育的な配慮から、幼稚園と小学校の共有スペースの他に別々に設置された遊び場がある。

表5-3　バイリンガル学校の週単位時間数の基準

科　目	マドリード自治州（バイリンガル学校）の週単位時間数					
	1年生	2年生	3年生	4年生	5年生	6年生
スペイン語と文学	6	6	6	5	5	5
算　数	5	5	5	5	5	5
英　語	4	4	4	4	4	4
理　科	1.5	1.5	1.5	2	2	2
社　会	1.5	1.5	1.5	2	2	2
体　育	1.5	1.5	1.5	1.5	1.5	1.5
芸　術	1.5	1.5	1.5	1.5	1.5	1.5
宗教/シティズンシップ	1.5	1.5	1.5	1.5	1.5	1.5
休憩時間	2.5	2.5	2.5	2.5	2.5	2.5
計	25	25	25	25	25	25

出所：DECRETO 89/2014, de 24 de julio, del Consejo de Gobierno, por el que se establece para la Comunidad de Madrid el Currículo de la Educación Primaria. (1) "ANEXO IV (6) HORARIO DE EDUCACIÓN PRIMARIA: HORARIO GENERAL LOMCE", Pág.92.

放課後の16時から17時半までの１時間半は、スポーツの分野では、バスケットボールとサッカー場を備えた２つの運動場でバレーボールやテニス、ホッケー、サイクリング、スケート等の競技の練習が行われている。

　全教室にはデジタルホワイトボードまたはインタラクティブスクリーンが設置され、子どもが個々に使用できるタブレット端末が完備された教室もあるため、授業ではデジタル教科書等のICT教材も頻繁に使用されている。近年はCOVID19への対応策としてICT機器の活用が不可欠となった。一部の教師は"ClassDojo"などのコミュニケーションアプリを使用し、保護者や子どもとのコミュニケーションの促進に役立てている。一般的にスペインの学校の教室は、前方に教卓とホワイトボード（または黒板）や電子黒板、教師用のパソコンが完備されており、前方に向かって机が並べられている。授業内容によっては机の配置を変えて広い活動スペースを作り、子どもたち同士の交流を促すグループ活動も頻繁に取り入れられている。

◆私立学校の様子

　マドリッド市内に３つのキャンパスを持つ幼小中高一貫教育（幼稚園：生後18か月〜４歳まで、小学校：５〜11歳まで、中学校：12〜16歳まで、高校：16〜18歳まで）を行う歴史あるカトリック学校であるB校を紹介する。３つのキャンパスの中でもB校は比較的富裕層が多い地区にあり、広い校庭と教室、少人数制のクラス、最新のICT環境が整備されている。保育園と小学校専用のキャンパス（**写真５−２**）は700人まで収容することができ、昼寝用の小さなベッド、インタラクティブゲーム用のタブレットを備えた早期学習エリア、講堂、図書館が２つ、ジム、保健室、アートセンター等が整備されている。昼食のために大きな食堂も完備されている（**写真５−３**）。

　スペイン語と英語のバイリンガル教育が重視されており、子どもたちは幼稚園から実技系科目（音楽・美術・体育・理科等）を英語で学ぶ。教育方針の３つの柱として、高度なレベルの英語とスペイン語力を育成すること、学問やスポーツ（チェスや武芸、陸上競技、サッカーなど）、芸術教育（音楽とダンス、視覚芸術、舞台芸術など）を通した創造性の育成が掲げられている。特に2012年より、芸術教科（音楽・美術）を基盤とした芸術プロジェクトが推進され、芸術教育を通して各教科を学ぶ指導にも力が注がれている。中学校からはフランス語またはドイツ語を導入したマルチリンガル教育も実施されており、国際的な感覚を身に付ける教育に力が入れられている。廊下や階段には十字架やマリア像があり、伝統や慣習に基づいた礼儀作法や授業態度の指導、自律性と人との信頼関係を築く姿勢や、コミュニケーション力の育成が重視されている。小学校１年生の

写真5−10　校庭内の遊具のあるエリア

出所：筆者撮影。

クラスをのぞいてみると、プロジェクターによる画像の投影、大判の模造紙、マジックや色ペン等を用いた教科融合的な学習「先史時代のひとになって」が行われていた（2013年当時）。

第2節 学校制度

◆学校行政制度

スペインの学校体系は、6－4－2制である。義務教育は初等学校（小学校）から中等学校（中学校）までの10年間である **（図5－1）**。公立学校、私立学校、そして公的補助を受けている私立学校（コンセルタード）の3つの種類がある。カトリック系の私立学校の中には、コンセルタードへと移行した学校も多くみられる。小学校は多くの場合、幼稚園と中学校、またはそのどちらかを付設しており、高等学校まで付設する一貫教育を行う学校もある。そのため各段階の教員間の連携は密接であり、子どもの情報を共有しやすい環境にある。クラス編成は、小学校は1クラス教師1名につき児童25名まで、中学校は30名までと規定されており、特に小学校では教師の学習指導が行きわたる人数になるよう配慮されている。[1]

幼児教育は2段階（第1段階：0～2歳、第2段階：3～5歳）で構成されており、第1段階は任意の教育、第2段階は無償教育である。初等教育は基礎的な準備教育として子どもの身体的発達、知的発達、感情の発達、社会的・倫理的発達を促進させる段階である。読み書きや数学的能力、情報技術、コミュニケーション能力、視覚的な表現や音楽的な表現の初歩的な教育が行われ、政府の教育方針により第2段階から第1外国語（英語）の教育が導入されている所も多い。[2]欧州連合（EU）の中でもスペインは3歳までの幼児教育の普及率が高い国の一つである。

初等教育は、子どもの発達段階に合わせて3段階（第1段階：6～7歳　1・2年生、第2段階：8～9歳　3・4年生、第3段階：10～11歳　5・6年生）で構成されている。言語表現力と理解力、読み書き、計算、論理的思考力、数学的スキル、文化に関する基本的知識の獲得を促し、学習と労働に伴う共存の習慣、芸術的感覚、創造性、感受性といった人格を形成することが目的とされている。

第1段階は幼児教育で習得された知識・技能を発展させ、数字的な理解から発した数学的能力の育成や自然観察に基づいた学習が重視される。

第2段階、第3段階はより応用的な内容へと移行し、特に数学の能力と言語能力の育成が重視される。第3段階の終わりに学校は全ての子どもに対して教育行政が規定した読み書きの熟達さと能

写真5－2　B校のキャンパス内の風景

出所：
https://www.colegiosanpatriciomadrid.com/en/our-campuses/la-moraleja

図5-1　スペインの学校体系図

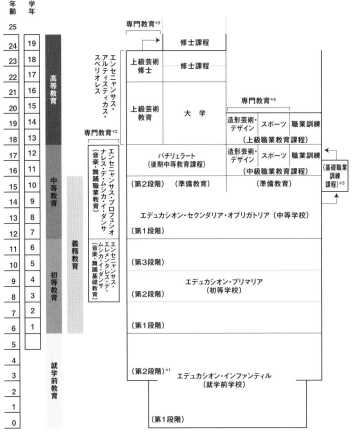

注：*1 第2段階は無償教育。*2 中等教育からは職業教育となり，入学試験がある。
*3 無償教育で，15〜17歳まで入学可能。中等学校1年生（例外的に2年生）を終えていることを条件とし，卒業すると基礎職業訓練資格及び最終評価を改善できた場合は中等義務教育卒業資格が得られる。*4「造形芸術・デザインコース」と「スポーツコース」の中級課程，上級課程には入学試験がある。*5 大学と同様，入学試験がある。4年間のカリキュラムを卒業すると大学の学士号と同等の資格を，その後の2年間のカリキュラムを修了すると修士号と同等の資格を得ることができ，大学の博士課程への進学も可能である。

出所：藤井康子「学校体系図　スペイン王国」『海外教科書制度調査研究報告書』公益財団法人教科書研究センター、2020年、429頁。

力、言語コミュニケーション能力と数学的能力の獲得レベルに関する問題の解答を確認する検査が実施される。各段階の2年目に実施される評価の結果が低いと判断された子どもに対し、教員集団から通常のまたは特別な措置が講じられ、必要に応じて各段階で1回まで再履修が認められる。（3）一見厳しい制度に思えるが、個人の能力や特性に応じたスペインの教育の考え方が表れていると言えよう。また、高い知的能力を持つと判断された子どもは、段階の期間を1年間短縮することができる。このような普通教育の他、4年間の音楽・舞踊基礎教育（8〜11歳）もあり、教育行政によって教育課程や教育組織等が規定されている。

　中等義務教育（中学校）は4年間（12〜16歳）で、第1段階（1〜3年生）と第2段階（4年生）で構成される。全ての学生の全面

写真5-3　食堂の様子

的な発達と人間形成を目的とし、社会的な体制へと組み入れるための個人の人権の尊重と知識を中心とした文化の基本的な要素、学習習慣を習得させ、その後の教育課程に進む準備段階として位置付けられている。第2段階において、子どもたちは後期中等教育（高等学校：16〜18歳の2年間）に進学するか、中級職業教育課程（職業訓練校：造形芸術とデザイン，スポーツの3課程，16〜18歳の2年間）に進むかを選択する。高等学校は知的な人間の成熟（知識と能力だけでなく、責任と競争でその社会的機能を実行する人間形成）、大学や優れた専門性を持つ人材を育成するための準備段階である。この他に音楽・舞踊専門教育（12〜18歳の6年間）がある。

　現在のスペインの教育の在り方を考える上で、1953年初めのユネスコ（UNESCO）への加盟と1955年の国際連合への加盟による影響も考慮する必要がある。これらのことはスペインの民主化を更に促すこととなった。伝統的な教条主義や階級差別、性差別、そして旧態であった丸暗記教授法から脱する契機となったと考えられており、スペインの教育面や文化面において大きな開放を促すことにつながった。

◆自治州にみられる多様性

　現在のスペインは、17の自治州と2つの自治都市、50の県、8,112の市町村で構成されている。[4] 1978年憲法 "La Española de 1978" において、自治州はそれぞれの自治権の範囲を定める自治憲章を持つようになり、それまでの県に代わって自治州が第1級の行政単位になった。[5] 自治州は1983年までに決定され、1995年には2つの自治都市としてセウタとメリージャが設置された。公用語は憲法でカスティーリャ語と定められているが、自治州公用語としてカタルーニャ語（カタラン）、バスク語（エウスケラ）、ガリシア語（ガレゴ）が認められている。これらの他にバレアレス語、バレンシア語、アラゴン語等といったカタルーニャ語の方言とも言われる言語がある。そのため学校で使用される教科書は、公用語を基本として各自治州公用語版、英語版、CLIL（Content and Language Integrated Learning：内容言語統合型学習）用のものなど実に多様な言語で出版されている。

　国家教育省は、教育に関する法律的な規制を作成して最低限の基準を定めている。国が定める現行教育法「LOMLOE（Ley Orgánica 3/2020, de 29 de diciembre, por la que se modifica la Ley Orgánica 2/2006, de 3 de mayo, de Educación.：2006年5月3日に制定された教育法が改訂され、2020年12月29日に制定された教育法）」は、教育組織の大綱と学校教育に関する全国共通の基準を定めている。その詳細を定めた王令（または勅令）も踏まえ、州教育省は州が目指す教育の実現

049

[給　食]

　給食は、州保健消費者省の管理・検査の下で加工された食事が提供され、Webページで毎月、毎日のメニュー等を確認することができる。食物アレルギーや虚弱体質等がある場合は、事前に申請すると個別のメニューを提供してもらうことができる。2022年度は1食4.88ユーロと安くはなく、毎月の支払いは銀行振り込みで行われている。食堂での子どもの様子は教師間、教師と保護者間で共有される。自治州では子どもたちに健康的な食習慣を身に付けさせるための食育として食の安全や品質、栄養バランス、食事のマナーと心身の健康、産地や食文化等に関する学習が重視されている（A校）。

[学校教育におけるICTの活用]

　最新のデータ（2020〜21年）では、小学校の通常授業におけるインターネットの活用は97.4%、インタラクティブメディア（デジタルボード、プロジェクター、マルチタッチディスプレイ、インタラクティブテレビ等）が装備されている割合は65.8%であった。また、公立学校における教育用コンピュータ1台当たりの児童生徒数は平均2.9人であった（出所：Ministerio de Educación y Formación Profesional, Facts and figures. 2022/2023 school year, 2022, pp.35-36）。

を図る州教育法（学校組織、教育課程、教育内容等）を制定する。州教育省には、教職員の給与や奨学金制度に至るまで行政に関する全ての権限が委ねられており、州内の全ての学校を直轄している。現行教育法では、各自治州が独自の教育課程を制定する際の国家教育省の権限については、自治州公用語を持つ州では割合が50％（旧教育法では55％）、持たない自治州では割合が60％（旧教育法では65％）に変更された。1970年以降、学校教育の根幹を成す教育法の内容は現在に至るまで幾度となく変更されてきており、州教育省や学校現場はその都度対応に追われている。

◆教科書の特徴

　教科書は9月の新学期の一定期間のみ、教科書専門店等で発売される。一冊30ユーロ程度の書き込み式の教科書を学校でまとめて購入するか、各家庭が直接購入する。いずれにしても教科書は義務教育であっても保護者負担となっている。しかし、経済力が足りない家庭については、学校を通して州に教科書や教材に関する補助金を申請することもできる。経済力が不足する家庭の子どもを多数抱える学校等では、学校単位で教科書を購入し子どもに無償貸与するという方法や教科書をコピーして子どもに与える等の対応も行われている。学校では、一つの教科書を選択すると4年間は継続することが求められている。

　州教育省ではそれぞれ独自の教育課程があるため、各教科の授業時数等にも違いがみられる。そのため教科書会社は、教科書の編集に際し、国の教育法によって規定された最低限の教育内容を約60～75％、各自治州の法律により規定される内容を約40～25％の割合で構成する必要がある。教科書会社はこの4年間という周期を利用し、評判が悪く売れ残った教科書がある場合には次年度発行分の部数を減らして版数の調整を行う等の対応を行っている。近年は教育法が変更される期間が短く4年間の維持が難しい場合もある。

第3節　課題と魅力

　近年の特徴の一つとして挙げられるのは、外国人児童生徒数の増加である（大学教育を除く）。最新のデータでは、2011～12年では総数が781,236人であったのに対し2021～22年では882,814人とおよそ10万人増加した。学校種別の外国人児童生徒数の割合は小学校、次いで中学校、幼児教育と続き、スペイン全体では10.3％である。外国人児童生徒の出身国はEU 24.0％、EU以外のヨーロッパ諸国 6.7％、アフリカ 30.3％、アメリカ合衆国 28.3％、アジア・オセアニア 10.1％、不明

　　　　　　　　[学年の構成]
　スペインの学校は、入学年齢に達する年で学年が構成される。また、初等教育段階から原級留置制度が採用されているため、学年が必ずしも同年齢で構成されているとは限らないことが特徴である。

0.6％である。[7] 教育の多様化とグローバル化が以前にも増して強く求められている。加えてスペインは、EU諸国の中でも再履修生の割合が多い国の一つである。2017～18年の総入学者数と2018～19年の再履修生の数を対応させたデータから、留年率は小学校2.4％（4位）、中学校8.8％（1位）であった。[8] 以前と比較すると減少してきているが、再履修生を含む学校教育の課題への対策の一つとして、国家教育省や州教育省等は、貧困家庭の子どもを支援する奨学金や補助金等の充実にも力を注いでいる。

　このように他民族多文化国家であるがゆえに様々な課題もみられるが、スペインの教育の魅力は、初等教育段階から進学、就職の選択肢が幅広く設定されていることである。成人のための教育の機会も多様であり、個々の個性に基づいた学び方・生き方が尊重されている。芸術分野にみられるように教育の分野においても、伝統的なものの良さや美しさと現代的なものの革新性との融合を試み、一本化しないところに大きな魅力があると言えるだろう。　　　　　　　　　　　（藤井康子）

[注]
⑴　Ley Orgánica 2/2006, de 3 de mayo, BOE de Educación, "Artículo 157. Recursos para la mejora de los aprendizajesy apoyo al profesorado.", Pág. 87.
⑵　Ley Orgánica 3/2020, de 29 de diciembre, por la que se modifica la Ley Orgánica 2/2006, de 3 de mayo, de Educación. "Artículo 12. Principios generales.", Sec. I. pp. 122884-122885.
⑶　Real Decreto 157/2022, de 1 de marzo, por el que se establecen la ordenación y las enseñanzas mínimas de la Educación Primaria.
⑷　国土交通省国土政策局「各国の国土政策の概要 An Overview of Spatial Policy in Asian and European Countries-スペイン（Spain）」（https://www.mlit.go.jp/kokudokeikaku/international/spw/general/spain/index.html）（2022年11月14日閲覧）。
⑸　La Constitución española de 1978. "Título VIII. De la Organización Territorial del Estado, Capítulo tercero. De las Comunidades Autónomas", Pág. 28.
⑹　Ministerio de Educación y Formación Profesional, El alumnado extranjero Evolución del alumnado extranjero, "*Datos y cifras. Curso escolar 2022-2023*", 2022, Pág. 10.
⑺　Ministerio de Educación y Formación Profesional, Distribution of foreign students by geographic origin Non-university education system. 2021-2022 school year(in percentage) Facts and figures 2022/2023 school year.
⑻　Ministerio de Educación y Formación Profesional, Tasa de alumnado repetidor por nivel educativo. Países de la Unión Europea. Curso 2018, "*Datos y cifras. Curso escolar 2022-2023*", 2022, Pág. 22.

CHAPTER 6

多様な連帯から創造する学校

イタリアの学校

第1節 日常の風景

◆登校の様子

イタリアの初等学校（日本の小学校に相当する）が始まるのは、9月中旬、例えば北部では、まだ汗ばむものの、強い日差しのなか空は高く空気が澄んで、かすかに季節の変わり目を感じられる頃である。イラストやラメが散りばめられたカラフルなキャリーバッグを引きずりながら、多くの子どもたちは保護者に付き添われて登校する。丘陵地帯などにある学校は、一見通学が不便なようにみえるが自治体でバスを提供していることもあり、働く親にはかえって都合がよく人気である。学区制を敷いていないため、こうした学校は競争の的となって抽選を行うこともある。

日本のような儀式的な入学式はないが、各校で教員たちが工夫を凝らして歓迎の意を表す。ある初等学校では、いつの間にか教員たちによる仮装劇の披露が慣例となり、児童も保護者も待ち構えるようになった。教員に聞けば、外国出身の親たちにも学校に親しんでもらい、「心を開いてもらう」のだという。それにしても顔全面をペイントアートした先生たちが、それから教室でどんな話をするのか興味は尽きない。

登校してくる子どもたちを出迎えるのは支援員である。支援員は「専門的な養成訓練を必要としない業務」として、子どもたちの出迎えと見送り、授業前後の合間や休み時間の子どもたちの見守り、清掃、給食の世話、設備備品の監視、教員との協力、障害のある子どもが移動する際の支援、子どもたちの衛生とトイレの世話を業務とする。あくまで教員の業務は授業であり、授業外の世話は業務の範囲外である。

担任は1学級に2名で、文系と理系で教科を分担していることが多く（実技系科目の分担は事例によって異なる）、半日ずつで交代する（1学級1教員の「単独担任制」は、全国の学級の0.5％し

[学校体系]

イタリアでは、5年制の初等教育と3年制の前期中等教育で第一課程とし、後期中等教育を第二課程とする。後期中等教育は、リチェーオ（進学系高等学校）6領域、専門職系高等学校2領域6課程、技術系高等学校2領域11課程の5年制課程が大学等の高等教育機関への接続を可能とする「後期中等教育課程修了証」を付与している。

一方、前期中等教育修了後、労働市場への接続を前提とした3〜4年制のデュアルシステム「教育・専門職養成課程」も発足している。この課程は、専門職系高等学校に在籍しながら州認証を受けた専門職養成施設で実地経験を積むもので、3年制修了で「専門職資格」、4年制修了で「技能課程修了証」が付与される。

[公教育の「一般既定」と「必須レベル」]

幼児教育から前期中等教育の国の基準は「幼児学校と第一課程（初等・前期中等教育）のカリキュラムのための全国要領」（以下、全国要領）に示されている。その「一般目標」は欧州議会と欧州連合理事会による「生涯学習のためのキー・コンピテンシー」（2006）で、修了者像が「コンピテンシー・プロフィール」として示される。（生涯学習のためのキー・コンピテンシーは2018に更新されたが全国要領に反映する法規はまだみられない）。この全国要領は、日本の学習指導要領ほどではないが、近年、詳細で厚くなってきている。後期中等教育の国の基準は欧州資格枠組み（EQF）に基

か普及していない。他方、学校によっては何人もの教員が入れ替わり立ち替わり別教科を受け持つ事例も指摘されている）。学級規模は15〜26名で、卒業までクラス替えもなければ、担任の変更もなく、同じ仲間と共に学ぶ。強いきずなが生まれることも、ソリが合わず転校することもあるという。

◆施設・設備及び地域連携

　校舎の様子は学校ごとに様々だ。幼児学校、初等学校、前期中等学校（日本の中学校に相当する）が数校で一つの組織（統合組織）を形成していることも多い。広い敷地を共有していることもあれば、同地区内で離れている場合もある。校長は統合組織につき1名で（副校長に当たる補佐2名ほどを配置することが多い）、離れた学校間を歩いて移動する姿には運営の大変さを垣間見るようである。とはいえ、学校段階間の接続を意識したカリキュラムを共同で開発する等、統合組織ならではの強みも生かされている。

　日本のように広々と土や砂を敷いた校庭はほとんど見られない。あっても草の生えた原っぱのような空間、コンクリート敷きのわずかな空間にバスケットゴールしかないといった状況は珍しくない。晴れていても体育館を利用したり、しばしば地域の運動場を利用したりする。稀に恵まれたケースでは裏山でオリエンテーリングをしたり、校舎周囲の空間を活用したりして運動を楽しむ。

　音楽室もない。図書室もない。廊下の小ぶりの書棚で図書室の代用とする学校も少なくない。そのため地域の公共図書館、映画館、演劇場、美術館、歴史記念公園、緑地公園などを積極的に活用している。

　日本に比べて限定的な面が目立つイタリアの学校施設であるが、近年は情報機器教室、電子黒板、カウンセリング室や早期離学リスクの高い子どもや障害のある子どもたちを包摂するラボラトリー（工房）やアトリエの設置も見られる。

◆授業と「教授の自由」

　朝の会はなく、始業時刻になるとすぐに授業が始まる。始業時刻は概ね8時〜8時半で、早いところでは7時台の例もある。一日の予定を確認したり、宿題の本紹介を発表させたりしながら、徐々に一日が始まる。ある学級の一日は**表6-1**のようであった。かならずしも曜日ごとの時間割は固定されておらず、子どもたちは誰（どの教師）がいつ来るかを事前に把握している（教員から口頭で聞いて各自がダイアリーに書きとめていることが多い）。チャイムも鳴らず休み時間も挟ま

づき教育省が定めた「文化基盤」（assi culturali）と学校種ごとの「カリキュラムのための全国要領」に示されている。

[教科と学習内容]

　初等学校の教科は2012年の「全国要領」に示される10科目、すなわちイタリア語、英語、歴史、地理、算数、理科、音楽、芸術と表象（アートとイメージ）、体育、テクノロジーに加え、宗教（もしくは代替の学習活動）、2020年から導入された「市民教育科」である。2008年には「シチズンシップと憲法」が領域横断的に導入された。各科目の週時間数は教育省の定める最低基準を踏まえた学校の自律性に委ねられており、「学校評議会」が定める基準を踏まえ「教員会」が決定する。全授業時間数の20％は上記以外の教育活動を各学校の裁量で定めてもよい。

[教授の自由]

　イタリア共和国憲法第33条には「学問の自由」と併せて「教授の自由」が規定されている。実際イタリアの学校では学校全体や学年全体で同じ活動をしなければならないという発想がなく、任意の参加で異なる教育活動を展開することが珍しくない。教育活動計画に係る「学校評議会」の権限が規定されていること、全国要領が大づかみであること、教科書の使用義務が規定されていないことも自由裁量を許容する制度的要因の一端と言えるだろう。実際、新しいことを始めるには大変に身軽である。

表6-1　ある初等学校3年生学級の一日

	8:30～9:30	日本のこと（地理、歴史*）
午前：担任教員A （担当教員Aの科目：イタリア語・地理・歴史・英語・宗教代替）	9:30～10:00	調査者の紹介と質疑応答 （地理、歴史、市民性*）
	10:00～11:00	詩の作り方（イタリア語）
	11:00～11:15	休　憩
	11:15～12:00	読書（イタリア語）
午後：担任教員B （担当教員Bの担当科目：算数・科学とテクノロジー・体育）	12:00～12:40	昼　食
	12:40～13:30	レクリエーション（昼休憩・運動）
	13:30～15:00	障害物サーキット（体育） 外部講師が担当
	15:00～16:30	かけ算の演算（算数）

注：*午前中の領域横断的活動の関係科目のとらえ方は担当教員に確認したもの。

ないので、その場の教員の裁量で活動が区切られる。

　このような活動時間の柔軟性は、教科横断的な教育活動の展開を容易にしている。初等学校の科目ごとの総授業時間数は法律で規定されておらず、学校ごとに年間計画は立てるものの、配分の調整は教員が事後的に記録を付けながら随時おこなっているというのが概ね実態のようである。

　初等学校では、子どもたちの作業や活動が多い。その軌跡を子どもたちが書き留めたノートの充実ぶりには、しばしば目をみはる。例えば地理・歴史や理科でテーマ毎の小冊子や粘土・厚紙による模型を作成したり、国語で作詞や物語づくりに熱心に取り組む。ペアやグループ、学級全体で取り組む場合もある。

　情報機器活用の授業では、プレゼンテーションに必要な「リンクを貼る」作業を厚紙での手仕事から始めていた事例がある。大きな厚紙にメインの情報を書き込んだうえで、「リンクを貼りたい」内容は別紙を蛇腹のように折り込み内側に書き込む。まるでネット上のリンクをクリックするように、蛇腹を開くことで関連情報を読むことができる仕組みである。具体物から学ぶ年代に、手応えをもって仕組みを理解させる配慮であろう。

◆フルコースの給食

　イタリアにも給食を取り入れている地域・学校がある。日本の給食が食育や協働活動の場として機能しているように、イタリアにおいても食育や社会化の重要な場として考えられている。給食を提供する学校施設では、食堂が準備されており、子どもたちは教室から食堂に移動し、委託業者のスタッフから給仕される。

　あるローマの初等学校と前期中等学校の統合組織では、両校が食堂を共有しており、初等学校の

[生徒も交えた学校評議会]
　学校運営に関する事柄を議論する合議体に、教員代表、保護者代表、職員（事務・用務・支援等）代表で構成される「学校評議会」があり、前期・後期中等教育では生徒代表が加わる。「学校評議会」は1994年の公教育枠組法に規定されており、その権限は、年間計画と報告書の策定、教育計画の採択、学校施設設備の改善（購入・修繕等）、教育活動日程と時程の調整、補習・学校外活動及び遠足等の計画、学級編成基準の策定である。
　　　　[早期離学対策のラボラトリー]
　ある専門職系高等学校では、早期離学対策の一環として校内にラボラトリー（工房）を設置している。希望者に対し

て正課時間内に実践的な活動を実施するもので、カウンセリング、カフェ、工場（自転車修理や学校の備品整備）、創作（陶芸）、演劇を開設（料理につき州保健局に衛生上の認証申請中）。学校教員が空き時間に対応したり、外部の教育員、専門家等が対応している。
　　　　　　　[成績評価と素行評価]
　初等学校から試験はもっぱら口頭試問[colloquio]である。学期中にも担当教員の裁量で試問[interrogazione]が実施される。指名された子どもは、みんなの前で、あるいは教師の前に進み出て、頭に叩き込んできた内容を一生懸命にアウトプットする。抜き打ちの場合もあり気を抜けない。なお、2008年から初等学校の評定に児童の素行と学

子どもたちが食事を終えると、次に前期中等学校の子どもたちが同じ食堂で食事をとる。メニューは、パスタやリゾットなど「プリモ・ピアット」と呼ばれる料理の後に、野菜が添えられた肉や魚料理「セコンド・ピアット」（メインディッシュ）とパンが提供され、最後にチーズまたはフルーツなどのデザートで締めくくられる。この間、子どもたちは着席していることが「行儀がよい」とされており、さながらレストランのようである（ただし地域や学校により実施状況に違いがある）。

ローマの前期中等学校では、月に一度外国の料理が提供され、その前日は提供される料理の国について学習していた。これは、外国にルーツをもつ子どもたちが多いことを背景とする異文化理解教育という位置づけであり、学校独自のプログラムではなくローマ市の指導によるものであった。

◆休み時間・終業

午前中の半ばと給食の後にだけ、15～20分間の休みがある。午前中におやつが出る場合もあり、その内容は、牛乳、バナナ、パンなど学校によって様々である。家から持参して食べる子どもたちもいる。そのため午前中は教室内で過ごすことが多いようである。ある学校では数名の子どもたちがレゴブロックで即席の人形劇を訪問者にみせるなど有意義に過ごしている様子であった。午後の休みは外で新鮮な空気を吸ったり、晴れていれば思い思いに体を動かしもする。

終業時刻は、初等学校の場合、１週間の就学（授業）時間によって異なる。現在、主に３種類のパターーンがあり（24、27～30、40時間）学校の裁量で選択される。同じ学校の同じ学年に異なる時間数の学級を設置して、保護者に選択させる場合もある。最も長い週40時間の場合、終業時刻は16時30分である。帰りの会もなく、慌ただしく勉強道具をキャリーバッグにしまって下校する。バスが出るか、保護者が迎えに来ているので急ぐのである。

初等学校が終了すると、**図６−１**のように前期・後期中等教育段階へと進学する。義務教育は10年間で、初等教育から後期中等教育の２年目までを含む（ただし何らかの資格を取得する義務があり、そのためならば３年目まで無償で教育訓練を受ける権利がある）。

第2節 学校の特色

◆インクルーシブ教育

イタリアは先進諸国の中でもいち早く、1970年代から障害のある子どもを一般の学校で他の子どもたちと一緒に教育するインテグレーション（統合）を実践した。以来、イタリアの学校では教

習態度に関わる10段階評価が導入され、2017年にはその過程と到達度を記述式で評価するようになった。2020年にはすべての科目と領域に学年途中の定期的な記述式評価が導入された。

［学力調査］

イタリアでは2006年からINVALSIテストと呼ばれる全国規模の学力調査が実施されている。対象学年は５つあり、日本のものよりも規模が大きい。教科はイタリア語と数学で、学年によっては英語も追加される。初等学校以外では、コンピュータを使った解答が実施されている。テストの結果は学校評価の評価材料にもなっており、イタリアの学校教育に大きな影響力を持っている。

［マトゥリタ試験］

イタリアでは、大学進学資格を得るための試験であるマトゥリタ試験が毎年６月に行われる。この試験は大きく記述試験と口述試験に分かれ、イタリア語と生徒たちが高校で専攻した内容（外国語関係の高校であれば外国語）が出題される。試験は国の枠組みに従い、学校外と学校内から選定された試験官で構成される試験委員会によって各学校で実施する。マトゥリタ試験はイタリアの高校生たちにとって非常に重要な試験であり、教育省が試験の実施方法を変更した際は、それまでの受験生に比べて不公平であるとして、高校生による全国規模の反対デモが開催された。

図6-1　イタリアの学校系統図

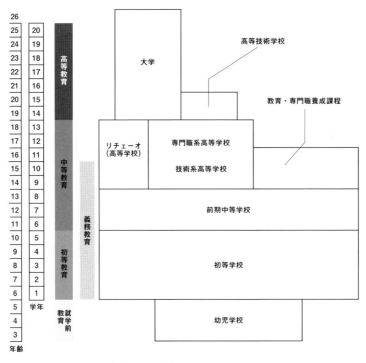

注：10年目まで義務教育（義務－権利規定）。

出所：教科書研究センター「学校体系図　イタリア共和国」『海外教科書制度調査研究報告書』ウェブサイト版
（https://textbook-rc.or.jp/wp-content/uploads/ 2022 / 11 /d 48 f 661 b 8 aa 031 af 5425367 e 8621
8f34.pdf）を一部変更。

室に１人でも障害のある子どもがいれば１名の特別教員が寄り添い、他の子どもたちと一緒に授業に参加する。個別の学習活動でも、できるだけ学級との関わりが維持される。

　ある自閉症の子どもは、教室から離れた場所に装飾で彩られた自作の小屋をもち、多くの時間をそのなかで過ごす。しかし気が向けば野外で木箱制作にも取り組む。数か月後に学級の畑でクラスメイトたちが収穫した芋や野菜の運搬に役立てるのだという。

　ある学校では、いつでも誰でも立ち寄れるラボラトリーとアトリエが設置されている。ラボラトリーの扉は開け放たれ、足を踏み入れると壁際に並んだ数台のパソコンに向かう子どもたちの背

［給食サービスの提供と利用］

　セーブ・ザ・チルドレンの調査によれば、イタリアの６～14歳の生徒の49％が給食サービスを利用できておらず、さらに南部シチリアでは80％以上の子どもたちが食堂を利用していない。その理由は、主に①学校に食堂施設がない、②給食費を支払えず、給食が食べられない、③保護者が学校で食事をすることに賛成しない、である。

　イタリア南部の午前中で授業が終わる学校が90％にのぼる地域では、昼食は自宅でとるので学校に食堂施設は必要ないと考えられている。また、給食費の支払いが困難な家庭に対する免除制度の有無や、免除制度のある場合の条件が自治体によって異なるため、その結果として家計の負担にもばらつきがあり、給食費を滞納している家庭の子どもが給食サービスを受けられない自治体もある。そして、「学校の近くに住んでいるから」「食の質が信用できないから」などの理由により学校給食を選択しない保護者もいるのである。（出所：Save the Children Italia,(NON)TUTTI A MENSA 2018,2018.）

［制度・改革動向］

1990年代以降、イタリアの学校では「学校の自律性」が推

中、大きなテーブルで何やら相談をする教員と子ども、壁に絵を描く教員の姿が目に入る。数字や記号、アルファベットに続いて音符の下絵がみえ、どうやら各教科のシンボルを描いているようである。何やらいい匂いが漂い始め、奥のオーブントースターでピザを焼いていたことを知る。学級で困難を抱える子どもがいつでも立ち寄れる場所である。

なお特別教員は、障害のある子どものみに配置されるのではなく、「統合」ないし「包摂」のために配置される。したがって他の教員の教育活動やその準備も手伝っており、さながらもう1人の学級担任である。教室全体に目を配り、他の子どもたちとの協働や関係性の構築にも配慮する。

イタリアでも1990年代以降は欧州を含む世界的な動向に連動してインクルーシブ教育（包摂）の制度整備が進められてきている（脚注参照）。また近年は国際的動向に倣って対象が見直され、「従来の枠組みでとらえられる認知・身体的障害」、「発達障害」、「社会経済的・言語的・文化的特別ニーズ」が含まれた。

◆行事・特別活動

行事といっても、日本のように全校的に実施するものは限られており、一部の学年や学級のみが実施する特別活動が多い。全校的なものには、全校児童会議、保護者を交えた学校フェスティバル（バザーや出し物など）、スポーツオリンピックなどがある。様々な記念日に因んだ催しも多く、あるローマの学校では、開校120周年を迎えた際に、近くの有名な教会で生徒たちによるオーケストラ演奏が行われた。博物館や美術館などの観覧はもとより、地域の教会や劇場、映画館等と連携して、音楽、ダンス、芝居やアートなどの芸術活動に力を入れている学校もある。

◆学校教育に携わる多様な人々

学級の担当教員2名、インクルーシブ教育のための特別教員、支援員のほかにも、多様な組織や人々が学校運営に携わっている。教育計画を含む学校運営のあり方を親や生徒を交えて議論する「学校評議会」（脚注参照）の存在は象徴的である。

ある学校では、スポーツ（ラグビー）、語学検定、夏季特別活動、放課後活動、ICT教育（タブレット操作とSNSやプログラミング）に外部講師を招いており、自治体からは、学校カウンセラー及び学校ソーシャルワーカー、特別ニーズの個別支援のための支援員、第二言語としてのイタリア語講師、臨床心理士、言語聴覚士といった専門家が派遣されている。

さらにEU、州保健局、財団などの資金と指導助言に牽引されて、学校段階を跨いだ複数の学校

進されている。カリキュラムの自由裁量枠や独自教育計画の策定、地域連携が奨励された。学校は多様な学びのコーディネート役に位置付けられている。

2015年には、通称「良き学校」(Buona scuola)法に、学校改善の212条項が定められた。学校の自律性の促進、教員の質向上、情報公開及びネットワーク構築、学校事務の効率化、スポーツ・文化・外国語・ICT・職業教育等の重点化、ジェンダー教育、財源確保、教育の貧困や早期離学への対策を求めている。これらの課題に対応するため、「学校の自律性」を生かした柔軟な時間割編成や教科横断的なカリキュラム編成を奨励した。さらに2018年には教育省が新たな情勢を踏まえた指針を示し、国連「持続可能な開発のための2030アジェンダ」、グローバル教育の国際的指針（欧州評議会ガイドライン2008、ユネスコ2012）、言語教育（イタリア語を基盤とした外国語教育の重要性及びCLIL／EMILの推奨）等にも新たに言及し、「積極的市民性」と「持続可能な社会実現のためのコンピテンシー」を育むとしている。

[インテグレーションとインクルーシブ]

1970年代からイタリアのインテグレーション教育（統合）をけん引した第一人者A.カネヴァロ氏は、ある会合で「インテグレーション（統合）は人であったのに対し、インクルーシブ（包摂）は制度だ」と語った。たしかに「統合」の段階では「教授法の工夫と精緻化、個別化によって対応

（ないし複数の統合組織）、地域のNPOやボランティア組織、文化施設や企業等が地域ネットワークを形成する動きも見られ、移民包摂（すべての児童生徒を対象とする文化間教育）や早期離学防止、保健領域での青少年健全育成といった従来の教育課程には含まれなかった新たな教育課題や学校の魅力化に取り組んでいる。

　地域の文化施設ないし社会教育施設等との継続的な連携事業も多く、保護者や地元の大学生が単発的に特別な教育活動を提案して実践することも珍しくない。

第3節 学校改革の動向

◆市民教育科と学校再生計画

　国連による持続可能な開発目標（SDGs）の設定やグレタ・トゥーンベリさんによる気候変動危機の訴えなどによって、持続可能な社会に関する問題を学校でどのように教えるのかがグローバルな課題になっている。イタリアは、この問題について、大きく二つの取り組みを行っている。一つは、新しい教科である市民教育科（Educazione Civica）の設定である（2020年度〜）。この教科では、「憲法、権利」、「持続可能な開発、環境教育、遺産と領土の知識と保全」、「デジタル・シティズンシップ」の三つを内容の中核とし、年33時間の学習が行われる。教育大臣が気候変動問題を学習することに言及したので、イタリア国外でも報道がなされた。もう一つは、2021年に発表された「学校再生計画（RiGenerazione Scuola）」と呼ばれる計画である。この計画は、持続可能性を学校の基本方針とし、学習環境も含めて学校を根本から「再生」することを目指している。

　再生の対象になっているのは、「知識」、「行動」、「インフラ」、「機会」の四つである。「インフラ」の再生は、持続可能性を持つ学習環境として学校を作り替えることを目指している。ここには、学校のデジタル化も含まれている。「機会」の再生は、新しい雇用機会の創出を目指している。学校が新しい社会の先導役になる可能性を秘めているこれらの取り組みは、今後も要注目である。

できる」（教育省1985）とされて既存の仕組みは大きく変えなかったのに対し、「包摂」は学校制度を包括的なものに変える理念である。「インテグレーションは人であった」という氏の一言には、統合から包摂への転換以前に、専門家はもとより、教師、保護者、地域の様々な人々が創意工夫の網の目で新たな教育実践を生み出し支え続けてきたことの重みが感じられる。

［移　民］

　イタリアは長らく移民を国外に送り出す国であったが、1970年代に送り出し移民の数を他国からの受け入れ移民の数が上回り、1980年代には移民の子どもたちの存在が学校現場の課題となった。1990年代末には移民労働者の

家族呼び寄せが認められたことにより移民の子どもが急増して今日に至る。

　現時点の直近データ（2020／21年度）では、移民の児童生徒の割合は学校全体の10％を超え865,388人（10.3％）である。そのうち66.7％はイタリア生まれである。彼らが多く就学している地域は、北部から中部に集中しており、中でもミラノ市が位置するロンバルディア州では、生徒の4分の1以上が移民の児童生徒である。イタリアの学校に通う移民の児童生徒の国籍は約200を数え、ヨーロッパ、アフリカ、アジア、南米など出身国は多様である。教育省は、特定の学校に移民の児童生徒が集中するのを避けるように基準を設定しており、現在は15％未満

第4節　課題と魅力

　イタリアの学校は、EUの動向やグローバル競争に対応するために多くの試練にさらされている。移民の統合、貧困、早期離学対策、学力向上、インクルーシブ教育などは、多くの国（地域）と共有する課題である。こうした課題に、イタリアの学校は多様な人材や組織の連帯を通じて取り組む傾向が顕著である。また、一人ひとりの創意工夫が生かされている。

　イタリアの学校を訪問すれば、全国的に共通する側面と同時に、学校ごと、学級ごと、教員ごとに、教育活動の形態や内容、その協力者たちも多様であることに気がつく。そして各関係者が自分の言葉で教育を語ってくれる。多くの目で子どもが守られ育てられていることを実感するとともに、そうした関係性の中で子どもたちも様々なものを生み出していることを目の当たりにする。

　一見、バラバラのようでいて緩やかに繋がるイタリア式ネットワークは調査者泣かせである。継ぎ目も見えにくいうえに果てしなく広がり追いきれない。しかし実際にはこの緩やかさと潜在性こそ、必要に応じてアメーバのように様態を変えたり、一部のみが緊密な連携を発揮したりしながら目の前の現実的課題に柔軟に対応することを可能にしているようである。

　他方で、イタリアでは中央政府の指導力や全国的な統一性に乏しく、地域格差を温存し、教育実践の質向上を妨げてきたことが指摘される。近年になって全国要領が詳細になったり、全国的な学力テストや学校評価や教員評価といったスタンダード化が生じているのには、そうした慢性的な体質ともいえる実態が国際的にみて問題化した背景がある。

　グローバルスタンダードに果敢に挑戦しながら、なおかつこれまでのように多様な連帯による創意工夫を生かした教育活動を生み出し続けられるのかが、子どもたちの創造性を育むイタリアの学校の腕の見せどころではないだろうか。

（髙橋春菜・杉野竜美・徳永俊太）

の学校が多く、40％を超える学校は減少傾向にある。
（出所：Ministero dell'Istruzione, *GLI ALUNNI CON CITTADINANZA NON ITALIANA A.S.2020/2021*,Luglio 2022.）

［文化間教育］

　1990年代以降、イタリアでも移民の子どもたちを包摂するための文化間教育が展開している。とりわけ地域センターが学校への指導助言の機能を果たしており、教育省召集の専門委員会は2007年、その蓄積を踏まえて指針『文化間の学校と外国籍児童生徒統合のためのイタリアの道』を提示した。この指針には、文化のみならず様々な多様性との対話を通じて個人はもとより学校の変容もいとわないとの理念が明記されている。その後、2015年及び2022

年に、教育省の移民調査局から新たな勧告と提言、指針が出されている。

国際母語記念日に子どもたちが作成したパネル

CHAPTER 7

民主的な社会を教室から作る

スウェーデンの学校

第1節 日常の風景

◆手ぶらで登校

　路線バスが学校の前に停車すると、子どもたちが次々と降りてくる。正面玄関前のロータリーにはスクールバスとタクシーも到着し、自家用車で来た子どもたちと入り混じって校舎に吸い込まれていく。その横を自転車やキックボードで登校した上級生が通り抜けていく。冬が長いスウェーデンでは、登校風景は暗く、寒いイメージだ。地面は凍り、吐く息は空中でキラキラと光る。

　古い学校では、それぞれの教室に入口が設けられているため、子どもたちは教室に直接登校する。玄関や廊下で防寒着やレインウェアを脱ぎ、手袋と帽子を乾燥機に干す。靴を脱ぎ、室内では靴下で過ごすことが多い。多くの子どもたちはズボンの裾を靴下の中につっこみ、雪が入らないようにしている。最近では、危機管理のために昇降口を設ける学校も増えてきた。そのような学校では、教室の前に更衣スペースが設けられている。

　かさばる衣類とは対照的に、持ち物はほとんどない。教科書やノート、筆記用具は学校から無料で配られ、そのまま教室に置いて帰ることが多い。ハンカチやちり紙も持ち歩かない。トイレにはペーパータオルが備え付けてあるからだ。こういった細かなところに、貧富の差を学校に持ち込ませないという考えが表れている。

　朝の会をやるかどうかは学年と日によって異なる。というのも、1時間目は選択授業であることも多く、クラスを半分に分けて別々の専科教室に行っていることがあるからだ。また、一部の学校ではクラスの生徒の半分だけが1時間目に登校することもある。この場合、早く登校した子は最後の授業を受けずに早めに帰り、2時間目から登校した子たちは遅く下校する。低学年では選択授業が少ないので、教室の角に置かれたラグマットに集まって朝の会をやることが多い。授業は8時ご

[人口推移と移民]

　総人口は1,045万人。1969年に800万人だったが、2017年に1,000万人を超え、2032年には1,100万人に達すると見込まれる。出生率は上昇傾向だが1.67で人口置換率を下回る。人口増加の主要因は移民の流入で、人口の約2割が外国生まれ。シリアやイラク、フィンランド出身者が多い。基礎学校生徒のうち「外国の背景を持つ子ども」は約27%とされる（2021年現在）。

[ボーナスファミリー]

　離婚や再婚が一般的になっていて、両親と暮らす子どもはおよそ4人に3人に留まる。いわゆる内縁関係や事実婚にあたる「サンボ」にも配偶者の権利が与えられることから、家族が多様になっている。例えば、母親とその彼氏、彼氏の連れ子と一緒に生活することもある。共同親権の場合、子どもは父親と母親の家に週替わりで暮らす場合がある。こうしたケースでは、父親のパートナーとその子ども、母親のパートナーとその子ども、さらには、母親のパートナーの前夫の子ども、といったように、義理の家族が増えることになる。最近ではこれらの義理の家族を「ボーナスファミリー」とポジティブに呼ぶ向きも出てきた。

ろから始まり、低学年では13時ごろまで、高学年は15時ごろまである。連絡帳や時間割表はオンラインで管理され、学校からのお知らせはメールで届き、家庭から欠席・早退の連絡をするときは携帯電話のテキストメッセージ（SMS）やスマートフォンのアプリを使う。

◆先生を呼び捨てにする習慣

　スウェーデンでは、プリスクールから大学まで、先生のことをファーストネームで呼び捨てにする。これは1970年代に広まった習慣で、先生と生徒が尊重しあうフラットな関係を象徴している。生徒が先生に「ため口」で話し、先生が丁寧語で返す場面を見かけることもあるくらいだ。権力関係にできる限り配慮することで、民主的な社会を教室から育てていこうという考えがある。

　授業形態としては、一斉授業をする教室もあるが、グループ学習や個別学習も増えている。一人一台のノートパソコンをもって、廊下や階段、グループ部屋や校庭など、好きな場所で学習する。20人程度の子どもに、大人がたくさんいることがある。特別支援教員や余暇指導員（日本の学童指導員に相当）、アシスタントのこともあるし、先生たちがチームで指導をしていることもある。全国すべての子どもが学校に通えるようになり、量から質へとフェーズが移ったころに、教授から学習への転換が求められた。先生が教えやすい授業をするのではなく、子どもが最も効果的に学べる環境を作ろうと工夫を重ねてきた。

◆大事なことは「フィーカ」で決まる

　廊下や教室は清掃職員が朝早く、あるいは放課後に掃除する。子どもたちは工作で出た屑を片づけたり、下校前に椅子を机に上げたりすることはあるが、掃除の時間はない。清掃は労働だとみなされているので、子どもや教員が手伝うことはまれだ。最近ではソファを置いた教室やカーペットを敷いた廊下などを見かけるが、アレルギーを持つ子もいて、布製品は掃除機がけの手間が増えるため、コストを問題視する声も上がっている。

　学校生活で多くの子どもたちが楽しみにしているのは、休み時間と給食だろう。多くの学校では休み時間に教室に留まることを禁止していて、子どもたちは校庭や隣接する森に出て遊ぶ。当番の先生たちは蛍光色のベストを着て遊び場に立ち、安全管理やトラブル対応にあたる。基礎学校高学年（日本の中学校に相当）では、授業以外の時間は教室を施錠することが多い。生徒は自由に過ごしてよく、昼休みに一度家に戻ったり、近所のスーパーにお菓子を買いに行ったりする。

　子どもたちの休み時間に、当番以外の先生たちは「フィーカ」（コーヒータイム）をしてくつろ

給食は食堂に集まって食べることが多い

教室にもソファやラグが置いてある

ぐ。学校には授業準備や会議のための職員室とは別に、フィーカのための部屋が用意されている。午前と午後、休憩時間になった先生たちが集まってきて、飲み物やお菓子を手に取っておしゃべりをする。フィーカでは仕事の話はしないのがマナーだと言われる一方で、「大事なことはフィーカで決まる」と言われることもあり、重要なコミュニケーションの場となっている。教員不足が深刻なスウェーデンでは、優秀な先生を採用するには職場の雰囲気が重要だ。余裕のない学校では、汚れたコーヒーカップが置きっぱなしになっていて、「きちんと片付けてください!!」という張り紙があったりする。組織運営がうまくいっている学校では、同僚の結婚や出産祝いの写真が掲示されていたり、キノコ狩りやハイキングなどのお誘いが貼ってあったりする。教員は各学校で採用しているため、就職先（転職先）はフィーカルームを見学して決めるという人も多い。

　子どもたちには温かい給食が毎日無料で提供される。多くの学校では食堂で提供しているが、中には教室で配膳する学校もある。食堂ではスペースが限られるため、学年ごとの入れ替え制になっていることも多い。また、食事中のマナーについては丁寧に指導される。食堂に入る前には手をよく洗うこと、列に並んで追い抜かないこと、自分で食べられる量の食事をとること、バランスよく食べること、立ち歩かないこと、声を抑えること、食後に机を拭いて下膳すること、などだ。ただ、どれだけ念入りに指導しても、「静かな給食をどう実現するか」は、先生たちにとっては永遠の課題だ。

第2節　学校制度

◆就学義務と教育を受ける権利

　スウェーデンの学校制度（**図7−1**）はプリスクールから始まる。プリスクールではナショナル・カリキュラムに基づいて保育・幼児教育が行われている。1歳から5歳までの子どもに通う権利があるが、義務ではない。プリスクールに通わせる場合、各家庭は所得に応じて料金を負担する。給食とおむつ代はこの料金に含まれ、家庭でお弁当やおむつを用意したり、汚れたおむつを持ち帰ったりすることはない。そのため、毎日ほとんど手ぶらで登園できる。プリスクールでは、外遊びをとても重視している。晴れた日はもちろん、極寒でも、雨が降っていても、たいていは一日の大半を外で過ごす。そのため、厚手のレインウェアや長靴が欠かせない。子どもたちが自由に遊ぶ時間が多いのも特徴だ。

　子どもたちは6歳になる年の秋学期に就学前学級（ゼロ年生）に入学し、翌年に基礎学校1年生

教職員用のフィーカルーム

［プリスクール］
　1歳から5歳までの子どもが通う保育・幼児教育施設。かつて保育所は社会庁所管だったが、1998年に教育省に移され、幼保一元化された。モンテッソーリ教育やレッジョ・エミリア・アプローチ、森での野外活動や環境教育などに加えて、最近ではデジタル教材の活用や写真やビデオを用いたドキュメンテーションなどにも積極的に取り組んでいる。

図7-1　スウェーデンの学校系統図

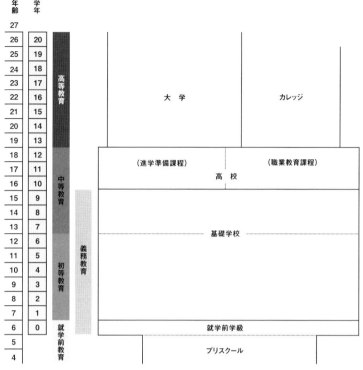

出所：筆者作成。

に進級する。ゼロ年生から9年生を終えるまでの10年間が義務教育である。基礎学校のほかに、特別支援基礎学校やサーメ（先住民族）の学校などがあり、少数の子どもが通っている。就学義務は子どもに課されていて、保護者は子どもに義務を果たさせる責任を負う。また、学校や自治体は適切な教育を提供しなければならない。具体的には、年間190日以内、一日8時間以内（2年生までは6時間以内）の活動に参加することが求められる。学校に行かない自由はない。「以内」と上限が定められているのは、子どもたちを学校に拘束しすぎるのは発達上好ましくないという考えがあるためだ。また、すべての子どもは基礎教育を無償で受ける権利を持つ。特別な事情により通学できない生徒は、就学義務を免除される場合はあるものの、教育を受ける権利はいつでも保障される。

【4年生の時間割表の例】

	月	火	水	木	金
08:00			08:10～08:40 スウェーデン語	08:10～09:00 算数	08:10～09:00 算数
30	08:30～09:40 算数	08:10～09:40 スウェーデン語	08:40～09:40 社会		
09:00				09:00～09:40 理科	
30	09:40～10:00 休憩	09:40～10:00 休憩	09:40～10:00 休憩	09:40～10:00 休憩	09:10～10:00 保健体育
10:00		10:00～10:40 音楽	10:00～ 図画A｜10:00～ 理科A｜10:00～ 理科B｜10:00～ 図画B（11:30／11:20／11:20／11:30）		10:00～10:20 着替え
30	10:00～11:20 スウェーデン語	10:45～11:20 英語		10:00～11:15 社会	10:20～11:20 スウェーデン語
11:00					
30	11:20～12:10 給食	11:20～12:10 給食	11:30～12:20 給食	11:20～12:10 給食	11:20～12:10 給食
12:00	12:10～12:40 理科	12:10～12:50 メンター指導			12:10～13:05 社会
30	12:40～13:10 技術	12:50～13:40 算数	12:20～13:10 スウェーデン語		
13:00	13:10～13:30 着替え		13:15～14:00 英語		13:05～13:20 休憩
30	13:30～14:20 保健体育				13:20～14:00 英語
14:00					

多くの家庭では自宅から近い学校に子どもを通わせることが多いが、別の学校を選択することもできる。かつてはほぼすべてが公立学校だったが、最近では自立学校（私立学校）も増えてきた。自立学校も授業料はかからず、他の自治体の学校でも選べる。登下校は保護者が責任を持つことになっているが、自宅から遠い学校に通う場合は、通学手段を自治体が無料で手配することになっている。どこに住んでいても、希望する教育が受けられるようにするためだ。ただ、最近では人口増加や学校の特色化が進み、人気校には希望者があふれ、長い順番待ちになるところもでてきた。この場合、学校から近い家庭やきょうだいが通っている生徒が優先される。希望に漏れた生徒は別の学校に通いながら、空きが出るのを待つことになる。

◆自分らしく学べる柔軟なカリキュラム

学校の基礎的な価値やあり方については、法律やナショナル・カリキュラムで定められている。また、各教科の目標や評価の基準、生徒が身に付けるべき能力などはコース・プランに記されている。教え方は教師の専門性に任されている。教科書検定制度はないため、出版社が教科書用として出版している書籍の中から、学校ごとに選んで使っている。また、個別学習やプロジェクト学習、調べ学習などをしたり、デジタル教材を活用したりするようになってきたため、教科書を使って一斉授業をする機会が減っている。出版社の工夫も見られ、同じ教科書で、難易度の違う複数のパターンを用意して、生徒の習熟度に応じた指導ができるようにしているものもある。なお、基礎学校では一般的に、教科書は学校が購入し、生徒に貸与している。教科書や教材、教具はすべて無償で、家庭から教材費や遠足代を徴収することは禁じられている。

基礎学校のカリキュラムは低学年（1〜3年生）、中学年（4〜6年生）、高学年（7〜9年生）に分かれている。低学年まではほとんどの授業を学級担任が教え、中学年以降はそれぞれの教科担任が教える場合が多い。算数・数学や保健体育、音楽など、全体としては日本と同じような編成だが、英語や社会、理科は低学年から始まる。日本の国語に相当する「スウェーデン語」の授業については、移民の子は「第二言語としてのスウェーデン語」という教科も選択できる。英語、スウェーデン語に加えて、中学年になるとさらにもう一つの外国語（多くの場合、フランス語やスペイン語、ドイツ語など）を学ぶ。また、木工や金工、裁縫などを扱うスロイドという教科が技術科とは別にあったり、宗教学が必修だったりする。基礎学校の9年間で計6,890時間の授業が提供されるが、この中には生徒の選択時間が177時間、学校が設定できる時間が600時間含まれている。各学校ではこの選択時間を使って、英語の時間を増やしたり、スポーツに特化したカリキュラムを

[自立学校]

運営費の大半を公費でまかなわれる私立学校。設置者は学校理事会で、設置審査は学校監査庁（国）が行い、コミューン（日本の市町村に相当）が運営費を補助する。授業料の徴収は認められていない。基礎学校は全国に4,744校あるが、このうち828校が自立学校で、全生徒の約16%が通う。

[特別支援教育]

「ひとつの学校をすべての子どもに（en skola för alla）」をスローガンに、分離教育を順次廃止し、特別なニーズを持った子どもたちも普通教室でインクルーシブに学ぶ環境を作ってきた。最近では発達障害や学習障害への理解も広がり、すべての子どもが何らかのニーズを持っているという考えから、特別支援教育で取り組まれてきた絵カードや個別学習指導計画などの実践が一般の教室に広く普及している。2024年からは特別支援基礎学校の名称が適応基礎学校（anpassad grundskola）に変更される。これは、2人の若者がいじめにあった経験から、偏見を助長する名称を変更してほしいと訴えて実現したものだ。

作ったりして特色化を図っている。

◆いつでも学べる社会

　基礎学校を卒業すると、ほぼすべての生徒が高校に進学する。高校は3年制で、職業教育課程と進学準備課程に分かれている。前者には「レストラン・食品プログラム」や「ホテル・ツーリズムプログラム」など、ユニークなものもある。また、中にはオリンピック選手の養成やeスポーツに特化した高校もある。高校では中退や休学、進路変更をする生徒も多いため、5年以内に卒業する割合は8割程度に留まる。高校を卒業した生徒のうち、大学等に直接進学するのは4割弱である。

　高校進学は基礎学校の成績で選抜される。大学の入学者選抜も主に高校の成績が用いられる。スウェーデンは生涯学習社会として知られ、就労した後で高校や大学等に進学する人も多く、大学を卒業後、別の専攻に再入学する人もいる。また、成人教育も充実していて、希望すればいつでも高校卒業を目指すことができる。成人教育機関は移民にとってはスウェーデン社会でキャリアを築く手立てになる。最近ではオンラインコースも充実していて、労働者が新しい産業に必要なスキルを身に付けるためにも役に立っている。

第3節　課題と魅力

◆教員不足・校長不足

　スウェーデンは教員不足に悩まされてきた。教員は責任が重い割に社会的ステータスが低く、待遇も伴わなかったことから、教員組合と政府、自治体が協力して地位向上に努めてきた。まず、教員の認証制度を導入した。かつては誰でも教壇に立てたが、認証制度の導入によって、専門の教育を受けていない人は単年度契約でしか雇用できなくなり、授業はできるが成績はつけられなくなった。一方で、認証を持った教員を採用する学校には国が補助金を出すことで、有資格者を増やし、平均給与を上げようとしてきた。あわせて、現職教員が海外の学校で働いたり、大学の研修を受講したり、校内で同僚から学び合ったりする機会を作るために、国は多額の投資を続けてきた。教員は労働時間の一部をこのような研修に充てることが推奨されている。

　また、ファーストティーチャー制度も始まった。これまでの学校では、優秀な教員が校長になり、現場から離れてしまうことが多くあった。ファーストティーチャーは各学校の優秀な教員を校長が選んで指名できるが、国の基準を満たす必要がある。ファーストティーチャーには国から学校

［セクシャリティ、同意と関係性］

　ナショナル・カリキュラムの改定はおおむね10年程度のサイクルで行われ、大きな転機になってきたが、2022年の基礎学校カリキュラム改訂では性に関する内容が充実した。セクシャリティ、関係性、平等、規範とアイデンティティについて、各教科の授業の中で知識理解を扱うことになった。また、学校生活全般での性別役割を振り返ったり、教科を横断して扱ったりすることも求められている。スウェーデンの多くの学校ではトイレは男女共用になっている。

［学童・余暇クラブ］

　学童(fritidshem)はプリスクール、就学前学校と基礎学校に設置された教育施設で、6歳から通うことができる。親の就業や就学に伴って子どもを預ける必要がある場合に、任意で利用できる。また、4年から6年生は、放課後に余暇クラブ(fritidsklub)に通うことができる。いずれも利用料は親の所得に応じて支払う。学童と余暇クラブの活動はナショナル・カリキュラムに定められている。大学の教員養成課程には余暇指導員のプログラムもあり、専門性の高い仕事とされる。

を通して追加の手当てが支給される。これによって、優秀な教員は教室に留まり、教職員の実践的なリーダーとして活躍できるようになった。

　一方で、校長不足はいっそう深刻になっている。校長不在の学校も多く、1人の校長が複数の学校を担当することも増えてきた。1年のうちに何回も校長が代わることもあり、こういった場合には学校運営の混乱が避けられない。校長は限られた予算の中で教職員の配置をやりくりしたり、各学級では手に負えないトラブルに対応したり、校舎の修繕や建て替え計画を管理したりしなければならない。また、学校目標や年間計画、いじめ防止計画や個人情報保護方針の策定など、書類作業も多い。教職員から頼りにされてやりがいを感じる校長もいれば、教職員と折り合いが悪く、報われないと感じる校長もいる。何より、そういった管理職の苦労を見た教員が、校長職に魅力を感じていないという問題もある。国は校長になる人向けに研修を義務付けていて、学校マネジメントの基本的な考え方などについて学ぶ機会を用意している。

　スウェーデンの学校を見学すると、移民の教員が多いことに気が付くだろう。教職は学歴の高い移民や女性にとって入職しやすい業種である。一方で、キャリアの足掛かりにもなっていて、優秀な人が別の職種に流出しているという現実もある。教職の魅力を社会に訴えるだけでなく、教職に就いた人に長く働いてもらう工夫も必要になっている。

◆学校で儲け、利益を海外移転

　2022年の総選挙では教育問題が大きな争点になった。これまでの選挙でも、学力低下や学校の規律が議論になったが、この時には自立学校が儲け過ぎではないかと問われた。スウェーデンはかつて社会民主主義国として知られていたが、1990年代からは公共部門の市場化が大胆に進められてきた。教員は国家公務員から地方公務員になり、それまで一律に管理されていた教員定数や配置は各学校で決定されるようになった。学校選択制が導入され、学校の予算は生徒の人数に応じて配分されるようになった。これにより、生徒を多く集めた学校がより大きな予算を獲得し、人気のない学校は統廃合の憂き目にあうようになった。こうした改革の一環で始まったのが自立学校制度だ。自立学校はほぼすべての運営費が補助金で賄われる私立学校である。スウェーデンの法律では授業料の徴収が認められていないことと、誰でも希望する学校に通えるようにすることから、補助金が充てられている。設置者は特色ある教育をしたい人たち（教育関係者や保護者等）や宗教団体、営利企業などで、国が審査して設置認可を出している。これらのうち、多数の自立学校チェーンを運営するAcadeMediaという株式会社は、創業から30年で19万人弱の生徒と約18,000人の教

職員を抱えるまでに成長した。2022年現在、幼稚園、基礎学校、高校と成人教育機関を含めて約700校園を保有している。AcadeMediaの事務所では民間出身の社員が経理や経営戦略を担当し、独自の品質管理モデルを使って学校運営を支援している。EdTechなど新しい分野にも力を入れていて、評判も高い。自立学校がこれまでと違うアプローチで人気を博する背景には、公立学校への不満があるのだろう。

　一方で、自立学校は教員の給与や数を絞ることでコストを抑えている面もある。効率的な運営で得た収益は学校をブランディングするための広告費に使われたり、学校買収に再投資されたり、株主に還元されたりしていて、教育の質に直接関わらないものに使われているという指摘もある。さらに、海外に学校を設置したりしているため、税金が国民のために使われていないと批判されている。

◆魅　力

　スウェーデンの学校は進取の気性に富んでいる。改革に次ぐ改革で、「改革疲れ」と言われることもあるし、失敗して大舵を切ることも多いが、自由に発想し、まずは誰かがやってみる、という実験的な姿勢は見習うべきところがある。教育関係者は、改革を重ねる中で、上意下達で堅苦しい学校文化を改め、民主的で居心地のいい教室を作ろうとしてきた。障害のある人も共に学び、移民を多く受け入れ、性的マイノリティや食物アレルギーを持つ人たちへの配慮も世界に先んじて進めてきた。子どもや若者を社会の一員として尊重するために、大臣が子ども向けの記者会見を開いたり、自治体が子ども議会を設けたりしている。また、総選挙のたびに学校選挙（模擬投票）を開き、小さな頃から政治参加の意識を育もうと活動している。環境問題では、グレタ・トゥーンベリさんをはじめ、多くの国際的な活動が展開している。北のはずれにある小さな国ながら、きらりと光る存在感を示すのは、ひとりひとりの尊厳を大切にし、その人が持つ可能性を最大限に発揮できるような教育をしているからではないだろうか。

（林寛平）

067

［参考文献］
・北欧教育研究会編『北欧の教育最前線──市民社会をつくる子育てと学び』明石書店、2021年。

✚ CHAPTER8

「近所の学校」への信頼が揺るがない
制度を目指して

フィンランドの学校

第1節 日常の風景

◆登校風景

　朝の8時から9時頃。新年度がスタートした8月頃には明るかったこの時間も、冬になると辺りはまだ暗い。首都ヘルシンキでは、カラフルな防寒具に身を包んだ子どもたちが、次々と学校に登校してくる。服やカバンには車のライトなど光に反射してキラキラと光るリフレクターが付けられている。暗い通学路を歩く子どもたちの身を守る登下校の必須アイテムだ。ほとんどの子どもたちは徒歩で通学しているが、上級生の中には自転車で登校する子もいる。

　一方、ヘルシンキから東へ400キロほどのところにある街では、スクールバスで登校する子どももいる。この街の基礎学校は、近年、学校の統廃合が進められ、一校だけになった。子どもたちの通学距離も以前より長くなったため、スクールバスで通学する子どもも増えた。フィンランドでは、学校までの距離が5kmを超える児童生徒に無料の通学手段を提供することが法律で保障されている。

　学校に辿り着くと、子どもたちは、入口に置かれたブラシで靴についた雪や泥を落とす。きれいになった靴を脱ぎ、防寒具を廊下のコートラックに掛け、教室へと移動していく。

◆学校の一日

　「フオメンタ（おはようございます）！」朝の挨拶とともに学校の一日が始まる。とはいえ、全校一斉に始業する訳ではない。学級を分割して行う少人数指導や選択科目を考慮して作成された弾力的な時間割のもとでは、曜日によって登校時間が異なることもしばしば。たとえ同じクラスであっても、始業時間が異なる場合もある。そのため、情報伝達のために行われる朝の会は、全員が

[基礎学校]

　誰もがひとつ屋根の下で学ぶ「みんなの学校」モデルの理念のもと設立された基礎学校（Peruskoulu：ペルスコウル）は、スウェーデンの学校を範として、1970年代に導入された。これにより、教育制度が、11歳で子どもたちを振り分ける分岐型から単線型へと転換された。その誕生は、20世紀の北欧型福祉国家モデルの発展と密接に関連しているとされる（出所：Blossing, Ulf, Gunn Imsen, and Leif Moos. 'Nordic Schools in a Time of Change,' in Ulf Blossing et al (eds.), *The Nordic Education Model: 'A School for All' Encounters Neo-Liberal Policy.* Springer, 2014、pp.1-14.）。

　平等志向の新たな学校モデルは、子ども間・学校間の格

差を相対的に抑えていることもあり、国際的にも評価されてきた。しかしながら、国内では、批判にさらされたこともあった。導入直後の1970年代には、多様な子どもたちがともに学ぶ環境は教員の負担を過重にするという批判がなされ、段階的措置として、習熟度別学級編成が導入された（1985年に廃止）。さらに、1990年代には経済界を中心に才能教育を求める声が高まり、「基礎学校は役割を終えた」という言説が広がった（出所：Simola, Hannu, (ed). *The Finnish Education Mystery.* Routledge , 2017.）。

　こうした声については、2000年代に入り、国際学力調査においてフィンランドが好成績を収めたことが、世論を現状肯定へと導く形となり、沈静化した。その結果、いま

そろった授業のはじめに行うと決めていることも多い。

授業は、45分が一般的である。授業は学級単位で行われるが、学級を分割して行うことも多い。こうしたケースが多くみられるのが、母語など言語系教科と算数・数学、さらには安全確保が必要となる手工などの教科である（**表8－1**）。その背景には、子どもたち、とりわけ、

表8-1　基礎学校4年生のクラスの時間割表（例）

	月	火	水	木	金
1	母　語	手工A	手工B	図画/音楽	
2	母　語	手工A	手工B	図画/音楽	英　語
3	英語A/算数B	社　会	環　境	算　数	算　数
4	算数A/英語B	環　境	算　数	体　育	環　境
5	体　育	母　語	母　語	体　育	母　語
6	宗教/倫理	図　画			

注：A、Bは、学級を二分割して行う授業である。このクラスでは、英語は担任とは異なる教員が担当しているため、二つのグループに分かれつつも、並行して授業を行っている。宗教と倫理はいずれかを選ぶ。

低学年の児童にとって、一人ひとりに目が届く、きめ細かい支援が必要と考えられていることがある。国レベルの学級編成規準がないことから、近年、学級規模が拡大しているという指摘もなされる中、学習環境を守るための工夫ともいえる。

休み時間になると、子どもたちは一斉に校舎の外に出て遊ぶ。身体を動かすことはもちろん、外気に触れたり、陽に当たったりしてリフレッシュすることが目的である。悪天候や超低温（－20度以下など）でない限り、外で遊ぶことを校則として定めている学校も多い。休み時間の子どもたちの様子は学校支援員らによって見守られている。

一方、先生たちは、教室に残って授業準備をしたり、職員室でコーヒーを片手に同僚の先生たちと談笑したりして過ごす。職員室は、作業をする場というよりも、休憩の場となっており、原則として子どもたちの入室は認められていない。

お昼が近づくと、子どもたちが大好きな給食の時間だ。フィンランドの給食は少し早めで11時頃が一般的である。時間になると、子どもたちは廊下に出て一列に並び、カフェテリアへと移動する。学級単位・学年単位で交替制としている学校も多い。配膳や片づけは、すべてセルフサービス。子どもたちは自分の食事をトレイにのせて、テーブルまで運ぶ。

給食の後、午後の授業が始まるが、これも14時ごろには終わる。「ヘイヘイ（さようなら）！」子どもたちは先生やクラスメートと挨拶を交わし、家路につく。授業が終わると学校を後にするのは教員も同様である。教員の勤務時間は、公務員に準じているが、校長など管理職以外の教員に、自分の担当する授業時間や会議以外の勤務拘束はない。そのため、終業後すぐに帰宅し、授業準備

なお「近所の学校（ラヒコウル）が最善の学校である」と信じられる制度づくりの重要性が社会的支持を得ている。

[学校給食]

フィンランドは、世界に先駆けて学校給食の無償化を実現した国である。導入したのは1948年。第二次世界大戦で敗戦国となったフィンランドにとっては、戦争の爪痕が生々しく残る時期であり、まだ農林業を主要産業とする貧しい国であった時代である。

学校給食に対し、公的な補助を行っている国は少なくないが、フィンランドのように、国内全土の全学校、全児童生徒を対象として、完全に無料で提供している例は珍しい。そこには、子どもたちが一日一食は温かい食事を摂る

ことができるようにという、福祉的な意図もある。

大規模校の給食風景

出所：筆者撮影。

などはすべて自宅で行うという教員も多い。

　低学年の子どもたちの中には、放課後、学校の施設などを利用して行われる学童保育に参加する者もいる。これは、仕事などのために保護者が日中不在の子どもたちに安全な居場所を提供することを目的とするものである。有料ではあるが、実費程度の安価なものである。近年、フィンランドでは、学校の福祉機能を強化する傾向にある。子どもたちが、疎外感を味わうことのないよう、学校を活用した社会の支援が広がっている。

◆学校の一年

　フィンランドの学校の1年は8月中旬に始まる。日の長さに夏の名残を残しつつも、紅く色づき始めるナナカマドの実や屋外マーケットに並び始めるきのこに秋の到来を感じる時期である。子どもたちは、ケサモッキ（サマー・コテージ）で家族とともに過ごした楽しい夏の思い出を胸に、学校に戻ってくる。基礎学校に入学する子どもたちにとっては、学校生活のはじまりの時である。

　1年のうち授業が行われるのは約190日。フィンランドの学校では、秋学期と春学期から構成される2学期制が一般的であるが、前期中等教育段階については、4～6学期制など、変則的な学期制を採用している学校も多い。学校の休暇としては、秋季休暇、クリスマス休暇、スキー休暇、イースター休暇、夏季休暇がある。秋季休暇は10月中旬である。スキー休暇は、2月下旬から3月上旬に設定されているが、地域により時期が異なる。通常は、南部地域から始まり1週間単位で、中部、北部と北上していく。

　秋学期は8月に始まりクリスマス休暇前に終わり、春学期は1月に始まり6月初めに終了する。少なくとも各学年の終わりには総括的評価を行うこととされている。評価は、4－10の7段階で行われる。各評点のうち、平均的な水準を示すのが「7」であり、「4」の場合不可となる。なお、国レベルの教育内容を定めた「全国教育課程基準」に記載されている到達目標は、これらのうち望ましい水準（「良い」）を示す「8」相当とされている。基礎学校の第3学年までの間は数字による評価（評点）を用いず、記述式の評価を行うことも可能である。なお、義務教育修了時に行われる評価は、前期中等教育段階の学習が対象となる。ここで行われる評価は、高等学校や職業学校への進学の際、入学者選考の基準となる。

　日を追うごとに早くなる日の出に夏の到来を感じ始める6月初旬。高等学校では、白帽をかぶり、一輪の赤い薔薇を携えた正装姿の卒業生が学校を巣立っていく。基礎学校の子どもたちや、高等学校や職業学校のその他の生徒たちも夏季休暇に入り、フィンランドの学校の1年が終わる。

［授業時間数］

　フィンランドの授業時間数は、国際的に見ると少ない。OECDの統計（2021年）によると、基礎学校（初等教育及び前期中等教育）の授業時間数の合計は6,384時間であるという。これは日本（7,337.8時間）との比較というだけでなく、EU加盟国平均（7,212.8時間）、OECD加盟国平均（7638.3時間）と比較しても短い。OECD加盟国38か国中、フィンランドよりも授業時間数短いのは、4か国のみであった（ポーランド、ハンガリー、ラトビア、トルコ）。

　なお、授業時間数を教科種別に見ると、芸術系科目の比重が高いことがフィンランドの特徴である。

［原級留置（留年）と飛び級］

　各学年修了時、総合的に見てカリキュラムの習得が不十分と判断されると、進級を見送り、同じ学年を繰り返す原級留置となる。習得主義のもと、子どもたちに対しては、自らの学習に対する責任を持ち、一定の基準を満たすことを、学校に対しては、すべての子どもがこれを果たすことができるよう支援することをそれぞれ求めている。そのため、実際に留年する子どもの数は少ない。また、同様に飛び級も可能である。決して一般的ではないが、就学前教育を受ける中で、就学準備が整っていると判断され、そのまま1年生に入るといったケースなどが若干みられる。

^第2^節 学校制度

◆学校教育制度

フィンランドでは７歳を迎える年に就学が始まる（**図8－1**）。最初に通うのは基礎学校（ペルスコウル）と呼ばれる学校である。制度上は９年制であるが、実際には初等教育段階（第１〜第６学年）と前期中等教育段階（第７〜第９学年）に分かれて設置されている学校も多い。基礎学校修了時、生徒は、任意で「TUVA」と呼ばれるプログラムを受けることができる。これは、１年間38週相当の教育を受ける権利を保障するものであり、基礎学校の教育課程の習得が不十分である生徒、希望する進学先に進めなかった生徒、卒業後の進路を決めあぐねている生徒、語学など準備教育が必要な外国につながりのある生徒などの受け皿となっている。毎年、該当年齢層の２〜３％程度が、このプログラムに参加している。

図8-1　フィンランドの学校系統図

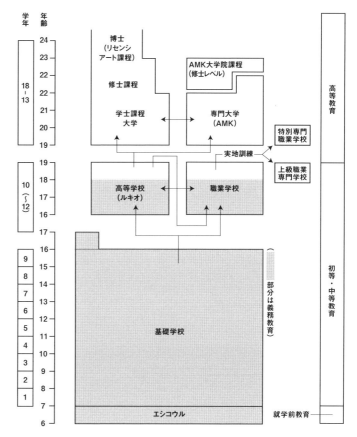

出所：Finnish National Agency for Education in Finland 2022 などより筆者作成。

基礎学校を修了すると、生徒の多くは高等学校（ルキオ）または職業学校（アンマッティコウル）に進学する。進学志望者は、一元化された窓口に、複数の志望校を書いた願書を提出する。志

O71

[学校行事]

全国共通の学校行事が一般的ではないフィンランドでも、高等学校には季節の風物詩となるような行事がある。その一つが２月の木曜日、入学資格試験の直前の最終登校日に行われるペンッカリである。３年生の生徒がキャンディを配るものだが、基礎学校を訪れ後輩たちに配る街もあれば、生徒たちがトラックの荷台に乗り、街の大通りでキャンディをばら撒く街もある。その翌日に行われるのが、２年生の生徒たちによる「最上級生のダンス」と呼ばれるダンスパーティーである。最上級生のバトンが３年生から２年生へと渡されるこれらのイベントは高校生活を彩り豊かなものとしてくれる。

タンペレにおけるペンッカリの様子
出所：筆者撮影。

願者数が定数を超えた学校では入学者選考が行われる。選考は、試験ではなく、基礎学校の成績等に基づいて行われる。

　一般に、大学入学資格の取得を目指す者が高等学校、職業資格の取得を目指す者が職業学校に進学するが、教育課程の弾力化により、職業資格と大学入学資格の取得を同時に目指すプログラムなども生まれている。高等学校では、近年、生徒のウェルビーイングの低下が問題視され、その向上を図る取り組みが行われている。

　大学に進学する場合、生徒は大学入学資格試験を受ける。近年、高等教育への道が多様化する中で、この試験を受けずとも高等教育機関に進学する道が広がる傾向にあるが、今なお、ほとんどの生徒がこの試験を通じて進学している。高等教育機関としては、大学以外にも専門大学（AMK）と呼ばれる職業志向の機関がある。高等教育機関への進学機会は拡大しつつあるとはいえ、大学進学希望者の3分の1程度しか進学できていない状況もあることから、進学機会を拡大するための政策が進められている。

　フィンランドの義務教育は、7歳を迎える年に始まり、18歳になる年まで続く。1年間の就学前教育も義務付けられているため、実質的には6歳からのスタートとも言える。2015年の就学前教育の義務化以降、幼児教育・保育の拡充・充実が図られており、就学前教育期間を延長する議論も行われている。

　義務教育において、義務を負うのは保護者である。義務の履行にあたって、学校に通わせることを原則として求めているが、ホームスクーリングなどを代替手段として例外的に認めている。義務教育期間中は、学費はもちろん、教科書などの教材費や学校給食費なども無償である。

◆教育課程

　基礎学校では、「母語と母語文化」「第二公用語」「外国語」「算数・数学」「環境学習」（第1〜第6学年）、「生物・地理学」（第7〜第9学年）、「物理・化学」（第7〜第9学年）、「健康科学」（第7〜第9学年）、「宗教または倫理」「歴史・社会」（第4〜第9学年）、「音楽」「美術」「手工」「体育」「家庭科」（第7〜第9学年）を学習する。また、「進路指導」も、第7学年以降、時間を設定して行われる。なお、時間は設定されていないものの、教科横断的なテーマ学習の実施が、基礎学校のすべての学年において義務付けられている。

　教育課程上の特徴の一つに、多様な言語教育がある。フィンランドは、フィンランド語とスウェーデン語を公用語とする二言語国家であるが、その両方の言語を基礎学校で学ぶことが義務付

［教科横断的な学習］

　フィンランドの学校では、1980年代から教科横断的な学びが段階的に広がっている。その中で扱うテーマは、1990年代以降、国が提示してきたが、現行の教育課程基準では自治体や学校に委ねるとした。その一方で、学校設置者に対し、基礎学校の全学年で教科横断的学習モジュールの提供を求めている。高等学校においても、教科横断的な学習が拡充されている。

　教科の垣根を越え、学習を統合する取組として、注目を集めている事象ベース学習は、国レベルの教育課程基準に示された汎用的コンピテンスとともに、教科横断的学習と紐付けながら取り組まれている。

［フィンランドの言語教育］

　基礎学校では、母語以外の言語を少なくとも2言語学ぶ。必修科目として第1学年より学習する「A1言語」と第6学年より学習する「B1言語」がこれに相当する。これらは、通学している学校で提供される母語以外の言語科目から選択するものであるが、いずれかを第二公用語とすることが義務付けられている。現在は、A1言語が英語、B1言語が第二公用語（フィンランド語話者にとってのスウェーデン語）という履修形態が最も一般的である。さらに、初等教育段階や前期中等教育段階で選択科目として学習する言語は、それぞれ「A2言語」「B2言語」と呼ばれる。

けられている。加えて、一言語以上の外国語も必須であるため、基礎学校では、母語を含め最低でも三言語を学習する。

さらに、芸術系科目に力を入れていることも特徴的である。とりわけ、フィンランドらしい教科として「手工」がある。木工や裁縫、織物など、ものづくりを主たる内容としている。義務教育段階において、ものづくりに関わる教科が必修科目として設定されることは必ずしも一般的ではないが、フィンランドでは伝統的に実施されてきている。

授業時数の配分については、国が最低時間数など、枠組みを定める。地方自治体や学校は、これに基づきつつ、地域の実情に合わせながら、詳細を決定している。

国の基準に基づき地方自治体や学校が詳細な内容を決めるというしくみは、教育課程でも採用されている。これは、1990年代に進められた構造改革により、教育課程基準の大綱化が図られたことに伴うものであり、国が教育課程基準を規定し、学校設置者である地方自治体が地方カリキュラムを定め、それらに基づき学校が年間指導計画を編成するという形で運用されている。その結果、教育内容や学校の運営方針に関する広範な裁量が、地方自治体や学校に認められるようになっている。

一方、授業で使われる教科書については、国レベルの基準はない。教科書検定制度がないことに加え、使用義務もないため、教科書の使用・不使用といったことまで決めることができる。教科書採択については、教員単位、学校単位で決めることも可能であるが、自治体で決定しまとめて購入している場合もある。教科書は無償で貸与される。ソフトカバーが一般的であるが、毎日のように使用する低学年の「母語と母語文学」などの教科書は、耐久性を重視してハードカバーであることもある。近年は、電子教科書を使用する学校も増えている。特に、義務教育が延長されたことで、教科書が無償となった高等学校（ルキオ）では、急速に広がっている。

◆**教育行政制度**

教育課程基準の大綱化や教科書検定制度の廃止は、いずれも1990年代に進められた改革により実行されたものである。同時期には、ほかに国レベルの教育行政機関の再編、視学官制度の廃止、財政改革、授業時数配分の弾力化なども行われている。結果として進んだのは、規制緩和と権限委譲である。特に、大きな権限を持つこととなったのが学校設置者である地方自治体（基礎自治体）である。内容や予算のことも含め、教育の提供に関わる大きな裁量を有すこととなった。学校の裁量が大きい自治体もあるが、それは、自治体が学校に裁量を与えることを選択したことによるもの

073

[教科書と教科書準拠型のワークブック]

フィンランドの学校では、教科書とともに教科書準拠型のワークブックが使用されることが多い。それらは、それぞれに工夫が凝らされているが、子どもの多様性に対応しているものも多い。例えば、右の写真に示したワークブックは、基礎学校第3学年の「母語と母語文学」のワークブックであるが、通常版だけでなく、特別支援教育版、第二言語としてのフィンランド語版が作成されている。各版の問題は類似した形になっているが、特別支援教育版においては難易度を少し易しいものとすること、第二言語としてのフィンランド語版ではやさしいフィンランド語とすることが、それぞれ意識されている。

3種類のワークブック
▷左から通常版、特別支援教育版、第二言語としてのフィンランド語版。
出所：Arvaja,Sanni,et al.,Uusi kipinä Tehtävä3, Helsinki: Otava, 2017.

である。

　一連の改革は、これまで教育提供に関して一定の規制を行う事で図ってきた教育水準の維持を、結果のチェックを通じて行う方向へと転換させるものであった。その結果、教育課程の実施状況の把握を目的とした全国学力調査や、学校自身による自己点検評価などが制度化されている。但し、目的は、改善であり、監視やランク付けを目的とするものではない。

◆「修士号」を持つ教員

　フィンランドの教育の紹介において、しばしば言及されるのが「優秀な」教員の存在である。OECDが実施している国際学力調査PISAにおいてフィンランドが好成績を収めた際にも、優れた教員の存在がフィンランドの教育の「成功の秘密」であると説明されていた。その根拠のひとつが、教員の資格要件が修士号であるという点である。中等教育段階の教員の資格要件が修士号である国は他にもあるが、初等教育段階の教員にも求めている国はさほど多くはない。さらに、そうした制度設計を1970年代から進めてきた国は、フィンランド以外にはない。今なお、教員養成を学術志向の大学に一元化し、修士号取得を課すことが必ずしも一般的でない中、フィンランドが1970年代に断行した改革は、教員に信頼を寄せ、その専門性を評価する現在の姿へとつながっている。

第3節　課題と魅力

◆課　題

　フィンランドが、近年、教育政策において注力しているのが平等の維持・向上である。多様な視点から「平等」を志向する政策が展開されている。その背景には、教育における格差の拡大が指摘されていることがある。国際的には、平等性と卓越性を一定程度両立しているという見方がなされているが、かつてOECDのPISA調査における好成績を根拠として「世界一」とも称された学力は2000年代末より低下傾向にある。

　子ども間の格差の拡大についても、広く認識されるようになった問題である。居住地、保護者の学歴など、格差拡大の兆しは、様々な点において確認されている。近年増加している移民子弟など、外国につながりのある子どもたちの教育へのアクセスの問題とともに、教育の機会均等を担保する必要性が指摘されている。新たな課題もさることながら、長年に渡って大きな問題とされてき

［柔軟な基礎教育（JOPO）］

　柔軟な基礎教育、通称JOPOは、学校や学級に適応することが難しい生徒を対象とする学級であり、前期中等教育段階において設置されているクラスである。NPO団体が1990年代から実施していたプロジェクトを発展させる形で、2006年より制度化された。その目的は、社会的包摂であり、基礎学校修了後の居場所を見つけることである。そのため、JOPOで行われている教育は、「全国教育課程基準」を基盤としつつも、柔軟なものであり、職業体験（職場における実習）や校外学習（見学やキャンプ）などに力点を置いている。このクラスの指導は、特別支援教員やユースワーカーなどが担当している。

［フィンランドの教育行政機関］

　フィンランドの中央教育行政機関として、教育文化省と国家教育庁がある。教育文化省が、政策機関として政策の方針や戦略、予算を所掌するのに対し、国家教育庁は、執行機関として教育の実施を担う。なお、教育文化省は、高等教育機関に関する事務も所掌している。一方、国家教育庁は、1991年に国家学校教育委員会と国家職業教育委員会が統合され、発足した機関であり、幼児教育から成人教育まで、高等教育以外の教育を所掌している。前身組織は強大な権力を持つとされていたが、現在の国家教育庁は、国レベルの教育課程基準の編成は行いつつも、専門機関として、学校や自治体の支援が主たる業務である。

た格差もある。ジェンダーによる格差である。PISAの2000年調査においてジェンダー間格差が
OECD加盟国で最大と指摘されて以降、男子児童生徒の学力、学習意欲、進学率のいずれも女子と
比較すると低い状況が続いている。そのため男子児童生徒をどう動機づけるかが、政策的にも大き
な課題となっている。

　子どもたちの孤立感も解決すべき課題のひとつである。フィンランドでは、2021年に義務教育
が18歳まで延長されたが、その背景には、社会で求められる知識や技能が高度化していることと
ともに、社会から孤立した青少年の問題が認識されたことがある。このことを受け高等学校等、後
期中等教育段階の学校では、ガイダンスやカウンセリングサービスが強化されるなど、支援する体
制の整備も進められている。

◆魅　力

　平等性の維持・向上を図り、子どもたちの学ぶ権利を守る――。フィンランドが最優先事項とし
てきた「教育における平等」が脅かされている状況が各種調査の結果として報告される中、これを
問題ととらえ、状況を改善するための改革に速やかに着手してきた点が、フィンランドの教育の魅
力であろう。

　「みんながひとつ屋根の下で学ぶ」という総合制学校モデルに基づく基礎学校が生まれたのは
1970年代。以降、習熟度や将来の展望、障害などの特別なニーズ、外国とのつながりなど、様々
な観点に基づく多様性の広がりを反映しつつ発展してきた。学校をめぐる状況が変化する中で、包
摂性を有する学校として、平等性の維持・向上を図っていくことができるのか。それを支える「教
育への信頼」とともに、今後のゆくえが注目される。　　　　　　　　　　　　　　　（渡邊あや）

[注]
⑴　OECD, *Education at a Glance 2019*, OECD, 2019.

[参考文献]
・OECD, *Education at a Glance 　2021*, OECD, 2021.

075

［フィンランドの「インクルーシブ教育」］

　フィンランドでは、児童生徒に対する支援として、①一
般支援、②強化支援、③特別支援という3段階からなる仕
組みを構築している。

　「一般支援」とは、一時的に学習に遅れがみられる児童生
徒に対する短期間の支援や、学習・学修において問題を抱
えている児童生徒に対する部分的な(パートタイム)支援を
指す。「強化支援」とは、学習・学修において継続的な支援を
必要とする児童生徒に提供されるものであり、個別に作成
された計画に基づいて実施される。「特別支援」は、伝統的
に特別支援教育・特別ニーズ教育の一環として実施されて
きた支援である。まず、基礎学校で導入され、現在では、高

等学校(ルキオ)でも行われている。

　こうした3段階の支援は、対象を障害のある児童生徒に
限定することなく一般的な学習支援も含む形で制度設計を
行っている点が特徴的である。フィンランドでは、これを
「インクルーシブ教育」と呼んでいる。

CHAPTER 9

午前・午後の二部制の学校

メキシコの学校

第 1 節 　日常の風景

◆二部制の学校の日常

　メキシコの学校制度は、徐々に二部制から全日制の学校に移行しているが、いまだ午前・午後の二部制が多い。児童生徒は総入れ替えになるが、校舎は午前部・午後部と別の学校として運営・使用される。小学校の教員は午前部・午後部の両方で教えていることが多く、本章執筆の協力校である小学校では19名中18名が、中学校では47名中29名の教員が午前と午後の両方で教えていた。

　小学校は朝8時から12時半（午前部）、あるいは14時から18時半まで（午後部）の4時間半授業で、登下校の時刻はどの学年も同じである。中学校では午前・午後の部ともに小学校より2時間長く、公立の学校では小学校同様、課外活動や清掃活動がない。清掃活動も保護者が定期的に行う。マルガリータ・マサ・デ・フアレス小学校午後部でも、保護者が輪番制で児童登校前に学校清掃を行っていた。年度開始前の学校整備も保護者の責任であり、保護者が公立校運営の重要な役割を担っている。

◆一日の流れ

　公立の午後部の小学生の一日は、以下の通りである（**表9-1**）。登校は14時前、灼熱の太陽の下、たいてい保護者や親せきなどの大人に付き添われて徒歩で登校する。通常制服登校であるが、体育のある日は運動のできる格好で通学する。毎週月曜日には全校集会があり、国旗掲揚式（行進・宣誓）に続いて国歌斉唱が行われる。集会が終わると、子どもたちは、1・2・3時間目の授業を続けて受ける。授業間に5分休みがないので、授業中トイレに行きたくなった時は、廊下にいる教育補助員（Prefecto）に確認後、行くことができる。特徴的なのは、1・2・3時間目が終

スタッフルーム（職員室）

▷職員室は、教職員が談笑したり、休憩したり、軽食を摂ったりする居室である。写真は休憩中の職員室の様子。

表9-1　フランシスコ・エルナンデス・デ・コルドバ小学校午後部4年B組の時間割

	月曜日	火曜日	水曜日	木曜日	金曜日
14:00〜14:50	スペイン語	スペイン語	スペイン語	スペイン語	スペイン語
14:50〜15:40	算　数	算　数	算　数	算　数	算　数
15:40〜16:30	コミュニケーション活動	音　楽	市民性教育	社会性と情緒教育（SEL）	地　理
16:30〜17:00	休　憩				
17:00〜17:50	理　科	歴　史	体　育	体　育	理　科
17:50〜18:15	理　科	歴　史	美　術	コミュニケーション活動	演　劇

注：公立小学校では、スペイン語、算数、社会、理科、市民性教育、美術、体育が教科である。[1]
出所：マルガリータ・マサ・デ・ファレス校校長からの聞き取り。

わった後の「おやつ休憩」である。子どもたちは自宅から持参した軽食を教室や中庭など好きなところで食べる。公立の学校では、連邦政府の「学校栄養プログラム（PAE）」の一環で、校内の購買で「牛乳・シリアル・フルーツ」のセットを安価で（0.5ペソ＝約3.5円）購入することができるのでそれを買う子もいる。「おやつ休憩」は、子どもたち同様に教員にもある。職員室とは教員が休憩するための居室であり、子どもたちは原則立ち入り禁止である。

　休憩時間が終わると、2時間連続授業となる。公立校であるフランシスコ・エルナンデス・デ・コルドバ小学校午後部では、授業が修了するのは18時15分を過ぎる。同校の午前部は、完全に独立した別の学校であるため、学校の時間割も当然異なる。教員は授業終了後、保護者同伴で下校する子どもたちを見届け、18時半に帰路につく。午前・午後と学校を掛け持ちしている教員にとって、長い一日が終わる瞬間である。

◆学校行事

　学校行事は、9月の独立記念日、12月のクリスマス、5月の子どもの日、6月の卒業式とおおむね2〜3か月に1回ほど行われている。コロナ禍の学校閉鎖期間中は一連の行事が中止されていたが、通常卒業式では証書授与など儀式的部分を終えると、6年生によるダンスがある。また、5月15日はメキシコの「教員の日」である。この日の歴史は長く、メキシコ建国憲法制定の翌年1918年に「教員の日」と指定され、大学も含めすべての教育機関は休校となる。休日は、日々拘束時間の長い教員にとって何よりのプレゼントである。教員への感謝の気持ちを込めたお祝い行事は、私立学校では行われることも多いそうだ。

[国の成り立ち]

　国の起源は、紀元前13世紀のオルメカ文明に遡る。マヤ文明、アステカ帝国時代を経る。16世紀初めの新大陸発見後はスペイン支配のエンコミエンダ制（土地支配制度）が始まった。1821年、スペインから独立後は、スペイン支配の象徴であるカトリック教会との離別の機運が高まり、公教育の必要性が求められ、1917年、メキシコ建国憲法の中に「宗教色のない普通教育」が位置づけられた。

　メキシコはメスティーソと呼ばれる白人と先住民の混血（6割以上）のほか、先住民、白人で構成され、複数の先住民言語が存在する。人口約1億2,750万人、0歳〜17歳人口が約30％、GDP（2021）はUSD 9,926（世界銀行、https://data.worldbank.org/indicator/NY.GDP.PCAP.CD?locations=MX）（2022年10月1日閲覧）。

[公教育省 Secretaría de Educación Pública, SEP と労働組合]

　公教育省（SEP）の管轄範囲は広い。年間授業日数、学習カリキュラム編成、試験日程、保護者評価アンケート実施日、保護者会、教員研修、保護者ボランティアによる新年度開始前の学校大清掃日の設定など多くの事柄を規定する。

　同時に、二つの労働組合（全国教育労働者組合（SNTE）や教育労働者全国協議会（CNTE））も、1992年の地方分権化政策以降、政府の教育政策に多大な影響を与えてきた（米村、2012）。

◆学校制度

　メキシコの学校制度は、メキシコ合衆国憲法の第3条および1993年制定の教育一般法（Ley General de Educación）により定められている。学校系統図は**図9－1**の通りで、基礎教育期間は3歳から15歳の12年間である。義務教育期間は、3歳から18歳までの15年間のため、義務教育期間が基礎教育期間よりも3年長い。また、施設型幼稚園・保育園も義務教育となっているのは多くのラテンアメリカ諸国と同じである。

　学校教育の課程はいささか複雑で、就学前教育（幼稚園・保育園）から「一般」と「先住民の幼稚園およびコミュニティーコース」と呼ばれる教育形態があり、それは小学校以降も同様である。ただし、小学校では9割以上が一般教育を受けており、中学校では約50％が一般中学、残りが技術中学と通信制中学（テレビ中学）に在籍している。また高等学校は、一般高校（60％強）、技術高校（30％）、専門技術高校（7％）である。

　小学4年以降は、義務教育学校であっても原級留置の制度がある。18歳までの

図9-1　メキシコの学校系統図

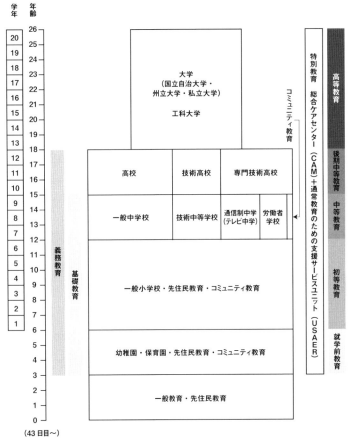

出所：「教育の継続的改善のための国家委員会（MEJOREDU）」（2021）を参考に加筆修正。

　2019年10月、新大統領指揮の下、「教育の継続的改善のための国家委員会（MEJOREDU）」が創設、基礎教育カリキュラム改革・体制作りが着手された。しかし、新体制にも教育労働者全国協議会（CNTE）の影響が残るなど、課題も指摘されている（Ornelas, 2022）。

［公立校と私立校］

　メキシコは、階層化社会で格差が大きい。「教育の継続的改善のための国家委員会（MEJOREDU）」（2021）によれば、2010年と2020年の中学・高校の在籍率を比較すると、最も差が縮まらなかったグループ群は、先住民や社会階層の低い人たちであった。とくに先住民の武装蜂起も経験したチアパス州では在籍率が著しく低かった。

　一方、私立の学校では、毎日約7時間の授業が行われ、授業内容も批判的思考力の育成や外国語の取得など多岐に渡っており、学校によっては乗馬やスイミングなどのクラブ活動が提供され、清掃も清掃業者を雇用している。総じて私立の授業料は高く、小学校で年間$64,100～$168,000（2022年10月レートで45～120万）である。

［Aprende en Casa（家で学ぼう）］

　2020年3月末から2年以上の間学校は閉鎖されていた。その間、代替教育として、自宅で受ける通信授業が展開した。テレビやラジオのほかYouTubeなどでも学べたが、教員や保護者、子どもたちの負担も重かった。

　Cárdenas et al.（2022）によれば、電子機器が十分でな

義務教育が保障されている中で、制度的には課程主義を採り、学校は「教科中心の学習の場」である。なお、小学校は学級担任制であり、中学校は教科担任制である。

第3節 課題と魅力

◆教育の質的改善と教育の再建

メキシコでは、ここ30年間、教育政策に「質的改善」という大きな目標が掲げられ、公教育省・労働組合・そして大統領の三者が複雑に絡みながら政策を展開してきた。2018年12月、ロペス・オブラドール大統領（初の新興左派政権）の就任後は、これまでの新自由主義的政策から地域のコミュニティ組織に主軸を置く教育政策に転じ、新たな基礎教育カリキュラム改革・体制作りが進められている。貧富格差の大きな国での今後の大統領の手腕が注目されるところである。

メキシコではコロナ禍の2020年3月後半から2年以上に渡り学校が閉鎖され、代替通信授業「Aprende en Casa（家で学ぼう）」が実施された。そして2022年5月半ばの学校再開時には多くの保護者が荒廃した校舎の補修を献身的に行った。そうしたことも奏功し、子どもたちは少しずつ日常を取り戻し、二部制ならではの学校外活動も並行しつつ、学校生活を送っている。（櫻井里穂）

[注]
(1) Monroy, M. "Education in Mexico," *World Education News + Reviews*, 2019 (https://wenr.wes.org/2019/05/education-in-mexico-2).
(2) 米村明夫「メキシコにおける基礎教育の質改善をめぐって――近年の全国教育労働者組合（SNTE）の政治行動と議会, 市民の動き」『Latin America Report』, Vol.29 (2), 2012年、60～72頁。

[参考文献・脚注の参考文献]
・Cárdenas, S. et al., Chapter 6 "Covid-19 and Post-pandemic Educational Policies in Mexico What is at Stake?" in Reimers. F. (Ed). *Primary and Seconcdary Education During Covid-19*. 2022, Springer.
・Comisión Nacional para la Mejora Continua de la Educación, *Indicadores Nacionales de la Mejora Continua de la Educación en México*. D.F., 2021 Mexico: Author.
・Ornelas, C. "La Contienda por la Reforma Curricular," Conferencia Magistral en el XIII Congreso Internacional Educativo Multidisciplinario: Educación, Investigación e Inclusión, 2022, Mazatlán, Sinaloa, el 22 de Julio.

＊本章執筆にあたり、メキシコ自治大学教授Carlos Ornelas先生に貴重な助言をいただきました。Maestra Lucia Paredes Rojasさん、Maestra Maria del Carmen Carmona Urbanoさん、Maestra Diana Minerva Espejel Alejandroさん、Dra. Carolina Irene Crowley Rabattéさん、Dra. Alejandra Navarrete Quezadaさんにも御礼申し上げます。ありがとうございました。

い貧困層の家庭（テレビ通信は国土の70％のみをカバー）が置き去られたことに加え、へき地の子どもたちに、紙教材を配布したり、学習進捗状況の確認をすることも教員の仕事であった。家庭の負担も大きく、中学生でも7割がオンライン授業時に、保護者の手を借りていた（Cárdenas et al., 2022）。当初暫定的な対応として開始されたこの通信授業は、コロナ禍が長引いたため、2022年5月半ばまで2年以上続いた。

［学校再開後の様子］

メキシコ市にあるR技術中学校の校長によると2年以上ぶりに再開した学校は混沌としていた。2017年の大地震から校舎の一部は壊れたままであり、さらに学校閉鎖中、多くの学校備品（コンピューター、トイレの洗面台、机、電気のヒューズまで）が盗まれた。学校が閉鎖されている間は、政府の補助金が下りないため、教員が私費で学校を整えたところもあった。また、子どもたちのなかには、虐待・ネグレクト・妊娠・マリファナの吸引に至るまで様々な問題を抱えた子もおり、校長は「学校が対峙する課題は、家庭や社会が直面する問題により影響を受けた子どもたちの居場所づくりである」と述べていた。さらに「メキシコの公教育はいつも保護者やコミュニティの協力があってこそ成り立っていると感じているし、そうしたコミュニティに支えられていることを誇りに思う」と熱く語っていた（2022年7月11日、R技術中学校校長談）。

CHAPTER10

格差と貧困に立ち向かう学校

ブラジルの学校

第1節 日常の風景

◆登校風景

　早朝、小学校の周りに親子連れが見え始める。始業時刻に間に合わせるよう、両親と手をつないで登校する子どもたちは笑顔に溢れている。スクールバスで通う子どももいる。制服またはジャージ、体操服のようなユニフォームを着ているが、すべてに学校名がプリントされている。

　校舎は、都市と農村部とでは差異がある。日本の校舎と大差ない鉄筋の校舎もあれば、簡素な平屋建てのもの、屋根はあるが壁がない「即席の校舎」と揶揄されるものもある。校舎の中には食堂があり、お菓子や軽食が販売されており（無償のものもある）、休憩時間になるとおやつを求める子どもたちで賑わう。

080

◆小学校4年生のクラスの時間割

　ブラジルの小学校は、一日の授業を午前の部と午後の部に分ける「二部制」をとっている。校長は、同じである学校が多い。教職員は、契約によって午前の部か午後の部のどちらか、若しくは両方（一日）務めている。学校は週5日制である。2月中旬のカーニバル開催の前後から6月末が第1学期、8月から12月中旬までが第2学期となっている。

　ブラジルの教育基本法である『教育の方針と基礎に関する法律』⁽¹⁾によると、初等教育は9年間の義務教育⁽²⁾であり、最低実質開校日数200日間で、日課は最低限4時間の800時間の授業を実施することとなっている。

［多様性に富んだ国］

　「Os Brasis」と複数形で表現する研究者が多くいるように、ブラジルは多様性に富んだ国である。広大な国土にみる自然環境の著しい違い、人種・民族の多様性、社会・経済の地域的格差、顕著な階層分化と激しい貧富の差など、さまざまな異なった対立的要素が複雑に絡み合って一つの国家を形成している。

　海岸に近いほど都市も多く、近代化が進んでいるが、内陸に行くにしたがって自給自足的な生活を営む農民も多く、発展途上国としての特色を濃くする。「奥地へ100レグァ（légua：1レグァ＝6,600メートル）旅するごとに、時代は1世紀後退する」という言葉もある。

　また、高層ビルが建ち並ぶ大都会においても、一歩裏町に入れば掘っ建て小屋がひしめくスラム街が広がり、街中を財界の中枢を担うビジネスマンとボロをまとった乞食が行き交う。同一地域においても、大きくかけ離れたいくつかのブラジルが共存している。「コントラストの国」とも呼ばれている。

　学校においても、公立私立問わず教育課程や教育活動が学校ごとに異なっており（例えば、音楽の授業や部活動のある公立小学校も存在する）、教科書についても特段の決まりはない。

表10-1　O小学校時間割

【4年A組：午前の部】

4年A組	月曜日	火曜日	水曜日	木曜日	金曜日
7:50〜8:40	理　科	ポルトガル語	社　会	数　学	数　学
8:40〜9:30	理　科	ポルトガル語	社　会	数　学	体　育
9:30〜9:50	休　憩	休　憩	休　憩	休　憩	休　憩
9:50〜10:40	ポルトガル語	数　学	美　術	ポルトガル語	数　学
10:40〜11:30	英　語	体　育	英　語	パソコン	ポルトガル語
11:30〜12:15	ポルトガル語	数　学	理　科	音　楽	ポルトガル語
12:15〜13:05					格闘技(Capoeira)

【4年B組：午後の部】

4年B組	月曜日	火曜日	水曜日	木曜日	金曜日
13:15〜14:05	理　科	ポルトガル語	社　会	数　学	数　学
14:05〜14:55	理　科	ポルトガル語	社　会	数　学	数　学
14:55〜15:45	ポルトガル語	数　学	理　科	ポルトガル語	ポルトガル語
15:45〜16:05	休　憩	休　憩	休　憩	休　憩	休　憩
16:05〜16:55	ポルトガル語	体　育	美　術	体　育	英　語
16:55〜17:40	英　語	数　学	音　楽	パソコン	ポルトガル語
17:40〜18:30		格闘技(Capoeira)			

注：格闘技(Capoeira)は、放課後スポーツ活動(希望者のみ)の位置付けで実施している学校もあれば、体育の中の一科目として含まれる場合もある。

出所：「Colêgio Davina Gasparini」ホームページ「授業時間割4年A・B」より筆者作成(http://colobjetivodavinagasparini.blogspot.com/2011/02/horario-de-aula-4-ano-e-b-2011.html)。

　O小学校4年生の時間割は、午前の部を「4年A組」、午後の部を「4年B組」として編成している**(表10-1)**。午前の部は7時50分から12時15分まで、午後の部は13時15分から17時40分までを日課としている。初等教育の前期5年間は小学校(6〜10歳)であり、基本的には学級担任制であるが、2年生以上は教科ごとに子どもが教室を移動することとなっている。しかし実際は、同じ教科を2時間〜3時間続けて実施することが多いため、子どもたちの教室移動はそれほどめまぐるしいものではない(1〜3時間目：ポルトガル語，4〜5時間目：算数，等)。また、後期4年間は中学校(11〜14歳)であり、教科担任制である。前期(小学校)・後期(中学校)とも一つの学校(同じ校舎)の中で提供されることが多く、その場合、午前の部は前期(小学校)、午後の部は後期(中学校)としているところが多く見られる。

　教師は朝、自分の教室へ登校する。日本の職員室に該当する休憩室はあるが、テーブル一つとソファー、椅子が幾つか壁際に並んでいるだけの簡素な学校もあれば、テレビや教師用個人ロッカーが備えられた学校もあり多様である。[3] 休憩時間には、教師がその部屋に集まりコーヒーを飲みなが

[ブラジルの国旗]

　国旗の真ん中の白帯部分には、ポルトガル語で「ORDEM E PROGRESSO」(秩序と進歩)という文字が記されている。ブラジルの歴史と課題を物語っているようである。

　その周りの27の星は、それぞれブラジルの1連邦区と26州を表しており、9つの星座(こいぬ座、おおいぬ座、りゅうこつ座、おとめ座、うみへび座、南十字星、はちぶんぎ座、みなみのさんかく座、さそり座)が描かれている。

　また、緑は「森林」、黄色は「金・鉱物資源」、青は「空」を意味している。

ら談笑したり、子どもや授業についての情報交換をしたりしている。授業終了後には、子どもと一緒に学校を出て他の仕事（他校の午後の部等）に向かう教師もいる。そのため、学校や教師にクレームをつけるモンスターペアレントに対しても、積極的な関わりは少ない。学校に常駐するスクールカウンセラーに一任するのが通例であり、教師－保護者間にも距離があると感じられる。

第2節 学校制度

◆学校体系

　ブラジルは1連邦区と26州から成る連邦共和国であり、学校教育の実施に当たっては、ブラジルの国家全体に通じる基本理念や全国共通の規準が定められている。ブラジル教育省は、「基礎教育は、すべてのブラジル人に市民権を行使するために必要不可欠な共通の訓練を保障し、仕事や次の勉学において進歩するための手段を提供する方法[4]」であるとし、教育機会の提供及び多面的アプローチから教育の質の向上を目指している。

　ブラジルの学校体系は、①就学前教育（保育園（0〜3歳）・幼稚園（4〜5歳））、②初等教育、③中等教育、および④高等教育で編成されている（**図10－1**）。初等教育（Ensino Fundamental）の9年間は義務教育課程であり（前期5年・後期4年）、それぞれ日本の小・中学校に相当する。初等教育は市が管轄し、約6割は市立である。また、私立学校は主に都市に集まっている。都市化が急速に進んでいるため、都市周辺の公立学校では児童生徒の急増対策に追われている。そのため、学校は二部制・三部制となっており、午前・午後と別の児童生徒が通い、夜間には義務教育未就学の成人や若者が通っている。

　公立の学校は大学も含めて無償である。公教育は中央の教育行政として連邦、地方の教育行政として州と市の教育行政機関により運営されている。連邦教育省が設置されており、その諮問機関として連邦教育審議会がある。教育省は、全国共通の必修カリキュラムや年間の授業日数を定めるなど（初等教育・中等教育）、全国共通の教育内容等にかかわる規準を設定することのほか、大学の設置を認可する（高等教育）などの権限を持っている。州の教育行政機関には、州教育局と州教育審議会がある。市の教育行政機関には、市教育局と市教育審議会があり、主として初等教育の運営に関する権限を有している。

　教育課程に関しては、ブラジルの教育基本法LDB第26条に、「初等教育、中等教育のカリキュラムは全国的に共通の基礎にたつものとする。ただし、共通の基礎に基づくカリキュラムは、各教

ブラジルの小学校の職員室
出所：http://profwagner.wordpress.com/

図10-1　ブラジルの学校系統図

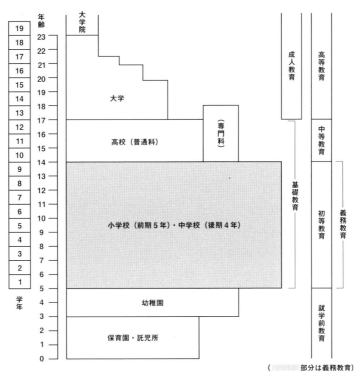

出所：文部科学省『世界の学校体系』（教育調査第152集）ウェブサイト版、2017年、より筆者作成。(https://www.mext.
go.jp/component/b_menu/other/__icsFiles/afieldfile/2017/10/02/1396858_009.pdf)

育制度と各学校において、各地域と各地方の社会、文化、経済、および教育受益者の特徴の必要性に応じた多様な形で補足されるものとする」と規定されている。

　教科編成については、前期5年（小学校）は、ポルトガル語、数学、自然科学、歴史と地理、芸術、体育、横断的テーマと倫理、環境と健康、文化多様性と性教育となっている。また、後期4年（中学校）は、ポルトガル語、数学、自然科学、歴史、地理、芸術、体育、外国語（英語かスペイン語）、環境、健康、文化多様性、性教育となっている。[5]

　その他、特別支援学校は小規模ながらもあり、保育園や介護施設等との連携、将来的には「複合施設」の確立へ向けた動きが、一部の園や施設の経営者から見られることも付記しておく。

授業風景6年生美術・U型机
出所：ブラジル・サンパウロ市内公立小学校「Érico de Abreu Sodre」(エリコ デ アブレウ ソドレ)の授業風景。本写真は、筆者の研究パートナーである柳澤クリスティーナ照美氏より提供。

[ブラジルの教科書]
　ブラジルでよく使用される教科書については、POSITIVO（ポジチーボ）、OBJETIVO（オブジェチーボ）、IBEP（イベピ）、PITÁGORAS（ピタゴラス）、EB（エ・ベ）、ETAPA（エタパ）、Editora Scipione（エジトーラシピオニ）、FTD（エフィ・テ・デ）、COC（コッキ）、EDTOR BRASIL（エジトーラブラジル）、Anglo（アングロ）等があげられる。また、ブラジル本国の教科書会社は、規模の大きな会社が小さな会社を合併する傾向にある。

　もともと24〜30の教科書会社があったが、現在は4つの大きなグループに収束し、8〜9の出版社が教科書シェアの70〜80%を占めている。

◆目立つ問題行動

　小学生の段階から、反社会的行動が多く見られる。喧嘩や窓ガラスを割るといった過激なものや、机に落書きをしたり、人のものを盗んだりといった身体的被害を及ぼさないものまでさまざまである。ただ、彼らとしては「ノートが買えないから机にメモをした」「消しゴムを持っていないから、友人のものを借りた」程度の感覚である。そのため、学用品にはすべて記名しなければならないという決まりがある。

　また近年、男女交際に早熟な行動が問題となっており、エイズ教育や性教育に力が入れられている。その背景には、14歳から17歳の間に妊娠する子どもが多いことがある。そのため、性教育は小学校３年生から意識的に取り組まれているが、幼稚園段階でも人形を用いて男女のつくりの違いを認識させる教育を実施している。

　薬物（ドラッグ）は中学校から高等学校で大きな問題となっており、ある公立高校の校門には警備員が常駐し、目を光らせている。それでも、学校の中までは監視の目が十分には行き届かず、生徒用ロッカーを使用した薬物売買が行われることもあり、大きな社会問題の一つとなっている。

◆魅力的な教科書

　日本と比べて分厚く、紙質はそれほど丈夫ではない。教科書は貸与制であり、学年の終わりには返さなくてはならない。すべてのページがカラフルなイラストや写真で構成されており、貸与制であるにもかかわらず書き込みや切り取りができるつくりとなっている。矛盾するようであるが、教科書への書き込みは禁止、損傷もできるだけ避けるよう指導を受ける。実際に、ブラジルのテレビCMにおいて「教科書にカバーをかけよう」キャンペーンが年に１～２回放映されている。

　１年生用・算数科教科書を覗くと、総176ページ、なかなかの重量である。裏表紙にブラジル国歌が記載されている（全教科の教科書）。ところが、貸与性であるため教科書にカバーをかけて使用するが、このカバーはビニール製であり、透かしても表紙を見ることができない。これでは国歌を記載している意味がなく、子どもの学習意欲がそがれたり、学習することへの抵抗感が生まれたりする。

　近年、教育省は教科書の質の向上に着手し、すべての教科書を審査するために教員による委員会を組織し、事前に審査を行わせる教科書検定制度に似た仕組みを制度化した。これにより、教科書

国歌記載の教科書裏表紙

の内容を改善し、質の向上を図るという。

　それでもブラジルの教科書は、カラフルで、イラストを用いて学びへの意欲を高め、学習した内容を確実に自己のものにさせようという姿勢でつくられている。　　　　　　　　（白鳥絢也）

[注]
⑴　1996年12月20日に公布されたブラジルの「教育の方針と基礎に関する法律」(Lei de Diretrises e Bases da Educação Nacional, 略称LDB)・法律第9394号は、従来の教育制度の欠点を補い、より多くの国民に教育の機会を与えることを意図して制定された。初等・中等・高等教育、職業教育までを包括した総合的な法律として、ブラジルの教育の基本的な枠組みを提供するものである。ブラジルの1988年憲法成立以来、1961年の法律第4024号、1968年の法律第5540号、1971年の法律第5692号および1982年の法律第7044号に代替する。LDBの全訳は、江原裕美・田島久蔵「ブラジル連邦共和国の教育基本法」(『帝京大学法学』第21巻第1号抜刷、1999年)を参照。
⑵　2006年の法律11274号により、義務教育がそれまでの8年間から9年間へ拡大された。そのため、これまでの小学校1年生は2年生として扱われ、新1年生は満5歳の2月に入学する。
⑶　ブラジルの教育雑誌『Nova Escola』は、「理想の職員室」として、①本棚、②個人ロッカー、③新聞・雑誌置き場、④パネル、⑤壁時計、⑥共同ロッカー、⑦冷蔵庫・電子レンジ、⑧時間割、⑨コーヒータイム、⑩テーブル、⑪パソコンとプリンタの設置を提案している。
⑷　江原裕美・山口アンナ真美「ブラジルの教育事情――経済発展とともに注目すべき教育改革」独立行政法人日本学生支援機構『ウェブマガジン「留学交流」』2012年6月号、Vol.15、2頁。
⑸　同前。

[参考文献]
・ブラジル日本商工会議所編『新版 現代ブラジル事典』新評論、2016年。

CHAPTER11

伝統と多様性

イギリスの学校

第1節 日常の風景

◆初等学校の一日

　初等学校では、子どもたちは朝8時半ころに登校し、授業は8時45分くらいに始まる。学校の門まで子どもを連れてくるのは、親・保護者の責任である。下校は15時ころで、その時も親が迎えにくる。従って、登下校の際には、送り迎えの親たちでごった返している。

　親の仕事の事情で登校時間よりも早く学校に来なければならない場合は、希望をすれば、「朝食クラブ」というサービスを受けることができる学校が多い。7時半ころから始業までの間に、朝食が用意され、他の子どもたちと遊びながら始業を待つ。その間、スタッフが見守っている。

　集団礼拝（全校集会の中で行われる場合が多い）は毎日行われることが法的に義務付けられている。朝の場合が多いが、朝は算数の計算や英単語などドリルの勉強にあて、10時ころに行う学校もある。集団礼拝は主にキリスト教の考えにもとづいたものとされているが、それとは別に義務づけられている宗教教育の授業がそうであるように、他宗教にも配慮したものであることが多い。また、集団礼拝は、親の宗教上の理由から、希望により子どもを退出させる権利が保障されている。全校集会では、曜日によって、歌を歌ったり、子どもたちを顕彰したりする。子どもによる全校の話し合いに使う場合もある。

　午前中の授業は、主に算数と英語の時間に充てることが多い。初等学校の最終段階である第6学年修了時に、英語、算数について全国一斉に学習成果を評価するSATsが行われ、学校における子どもたちの達成度の平均などの統計が公表されることから、各学校は英語、算数に特に力を入れている。

　授業と授業の合間に短い休み時間は設けず、10時半ころに休み時間（15〜20分くらい）を設ける。

[イギリス]

　国名は「グレートブリテン及び北アイルランド連合王国」といい、イングランド、ウェールズ、スコットランド、北アイルランドの4つの地域（国とも呼ぶ）から構成されている。国土面接は日本の約3分の2であり、人口は約6,000万人である。4つの地域はそれぞれ別の教育制度を持っているが、本章では、そのうちイングランドを中心に説明する。

[集団礼拝]

　イングランドの公費で維持運営されている学校は、毎日、集団礼拝をすることが義務付けられている。しかしながら、すべての学校が集団礼拝と呼称しているわけではな

く、「集会」と称して行っているところも多い。

[SATs]

　もともとは全国標準評価課題と呼び、毎年5月に全国一斉に行われる。初等教育の最終段階である6年生を対象とし、英語（読み、書き）と算数の2教科について行われる。現在はナショナルカリキュラムテストと称するが、標準評価テストではなく標準評価課題と名づけられているところに、課題を与えて取り組ませてその結果を見るという、単なるペーパーテストとは違う姿をイメージする。

子どもたちがトイレに行くのはそれぞれのタイミングであり、授業中であっても、必要であれば、個々の子どもの判断でトイレに行くという考え方のようである。休み時間は、晴天であれば、子どもたちは外で遊ぶ。

　昼休みは昼食をとる時間を含め12時台から13時台まで60分以上とる。給食は有料だが、保護者の収入などにより無償のサービスを受けている子どももいる（イングランド全体では初等学校生徒の約2割：近年増加傾向にある）。給食は、ベジタリアン、グルテン除去、ハラール（イスラム教の戒律に従って解体された肉）のものが用意されている学校もある。学校の給食を食べずに、家からお弁当を持ってくることも許されている。

　午後は、英語、算数以外のナショナル・カリキュラムの教科やPSHE（人格・社会性・健康・経済教育）、宗教教育などの時間に充てられる。活動重視の学習が取り入れられる教科は午後に行うことが多い。

　15時台に終業すると、親か親が依頼したベビーシッターが迎えにくる。親もしくはその代理人が子どもを校門まで迎えにくることは義務である。

　「放課後クラブ」がある学校では、希望すれば終業後18時くらいまで、宿題など子どもの面倒を見てもらえる。日本でいうところの学童保育に該当する。学校によっては、職員の自主的な活動として、放課後の時間を利用して、サッカーなどの練習をし、学校代表で、地域の大会に参加することもある。ここで行われるスポーツや文化活動の指導は外部委託の場合がある。

　初等学校の1年は、9月に始まり、翌年7月末に終わる。秋学期、春学期、夏学期の3学期に分かれるが、それぞれの学期に1週間の中間休みがある。すなわち、授業が7週間続くと1週間ほど休みが入り、その後また7週間続いて長期休みに入る。中間休みは、子どもたちだけでなく、教員にとってもリフレッシュの期間となっている。

◆制服は学校への帰属感、誇りを高める

　初等学校でも、制服が導入されていることが一般的である。制服はブレザー、セーター、スウェットシャツなどさまざまであるが、学校ごとにスクールカラーで統一されている。白ワイシャツにネクタイという制服の学校もある。上着には校章を付ける。制服を導入するねらいは、学校の一員であるというアイデンティティを共有する、学校への帰属感、誇りを児童に与える、自分の身なりに誇りを持つことや、着る服で競争することの無い様にすること等の説明がなされている。

　中等学校ではブレザーの制服であることが一般的である。制服やネクタイの色にスクールカラー

［パブリックスクールと制服］

　例えば、ウィリアム王子やボリス・ジョンソン元首相が卒業したイートン校は燕尾服の制服で周囲の目を引くが、輩出した首相の数やスポーツの試合などでイートン校とライバル視されるハロウ校はイギリスの学校の制服で一般的なブレザーである。但し、ハロウ校も、ハロウハットという紺色のリボンを巻いた麦わら帽子をかぶることで登下校時は目立っている。これらの学校では、優秀な生徒や生徒会長、寮の監督生などは、ベストの色を変えるなどの特権を持つ。

［補助教員（TA）］

　正教員を補助するスタッフ。TA（teaching assistant）は公的な資格を必要としないが、資格付与団体による該当資格を取得していることが望まれている。TAの職務は教室の中で正教員の教授活動や事務作業の補助である。（読み書きの練習の補助など）特定の子どもへの対応の場合は、教室外で行う場合もある。TAの効用については議論があるが、正教員とTAが教室の中で単なる分業となるのではなく、両者が文字通り協働する仕組みとなった場合は、子どもの学習に効果が高いといわれている。

を用いることで、学校への帰属感や誇りを高め、また、学校に通ううえで公共交通機関を使うことが多いので、どの学校の生徒かが一目でわかるようにもなっている。生徒代表や優秀生徒は、そのバッジを制服につけることを誇りとする。

◆教室の風景

イングランドの初等学校の教室風景で特徴的なものは、かなり早い段階から全教室に電子黒板が入ったことであろう（2009年には9割以上の学校のほぼすべての教室に入っていた）。これにより、YouTubeなどを利用して音声や動画を使った教材提示が格段に進んだ。後に触れるように、教科書中心の授業展開がそれほど強くなかったイングランドの初等学校では、こうした多様な教材の利用に抵抗がなかったことが電子黒板の導入を容易にしたといえる。

また、初等学校の教室で気づくのは、正教員以外に教育活動に携わる大人がいることである。主には補助教員（TAと呼ぶ）であるが、その他、「特別な教育ニーズ」（SEN）を持つ子どもへの教育の補助や親のボランティアがいることがある。学級の規模は、30人以下となっており、それを複数の大人がみている。教師にとっては、授業準備や授業中の特定の子どもへの対応などを一人で抱えないことが多い。これにより、特別な教育ニーズを持つ子どもも、通常学級で一緒に授業を受ける機会が与えられている。

全国共通カリキュラム（ナショナル・カリキュラム）にある教科名が、そのまま各学校の時間割表に振り分けられるとは限らない。そもそも、各教科の時間配分はナショナル・カリキュラムでは規定されていない。各学校がそれぞれの事情に合わせて、独自のカリキュラムを作るので、時間割にもそれぞれの工夫がある。トピック学習という学期ごとにテーマを決めて複数の教科が関係して授業を展開する場合もある。

◆教科書に全面的に頼っているか

授業における教科書の使い方には特色がある。イングランドの初等学校には、長く「反教科書主義」ともいうべきものが存在していた。これは、指導力のある教師は、教科書など出来合いの教材を用いるのではなく、自前の工夫で授業を展開するべきであるという考え方であった。現在でも、各教科のナショナル・カリキュラムに対応した教科書は存在するが、各教科の授業がすべて、それぞれ教科書に沿って展開されているということは初等学校では稀である。その一方で、中等学校になると、各教科の授業は教科書を中心に展開されている。特に中等学校第3～5学年では、義務教

[特別な教育ニーズを持つ子どもへの教育]

特別な教育ニーズ（SEN）を持つ子どもへの教育は主に特別支援学校で行われるが、1996年教育法により、できる限り通常の学校に受け入れるよう定めている。重度の児童生徒は認定書が発行されるが、そのうちの半数以上は通常の学校に在籍している。

[トピック学習]

かつて、イギリスの初等学校は、トピック学習と称した総合学習が多くの学校で実践されたが、今も、時間割上は、地理、歴史、というように分かれていたとしても、各学期に定めたテーマに沿って、いくつかの教科が展開されることが見受けられる。例えば、ある学年が「ヴァイキング」（古代スカンジナビア人が活躍した時代）というテーマで学習する場合、歴史、デザイン技術、美術、の授業で、それぞれに9世紀から12世紀のヴァイキング時代に関係した学習を進める。そこでは、テーマに関する多様な教材から学び、自分で情報を集め、自分のノートにそれをまとめるという学習が展開されている。しかし、授業時間割表では、歴史、デザイン技術、美術を別々に学習していることになる場合もあるし、今でもトピック学習という時間を当てている学校もある。

育の最終段階である16歳時に受ける外部の資格試験（GCSE試験）に対応した教科書を授業で使用
する。

第2節 学校制度

◆学校制度とカリキュラム

　図11−1は学校系統図で、5〜16歳までが義務教育で、初等学校（Primary School）、総合制中学校（Secondary School/Comprehensive School）からなる。**図11−1**にはないが、中等学校では、一部の地域には選抜制のグラマースクールと非選抜制のノンセレクティブスクールが存在する。2008年から義務教育が始まる前の0〜5歳児の就学前教育課程（Early Years Foundation Stage）

図11−1　イングランドの学校系統図

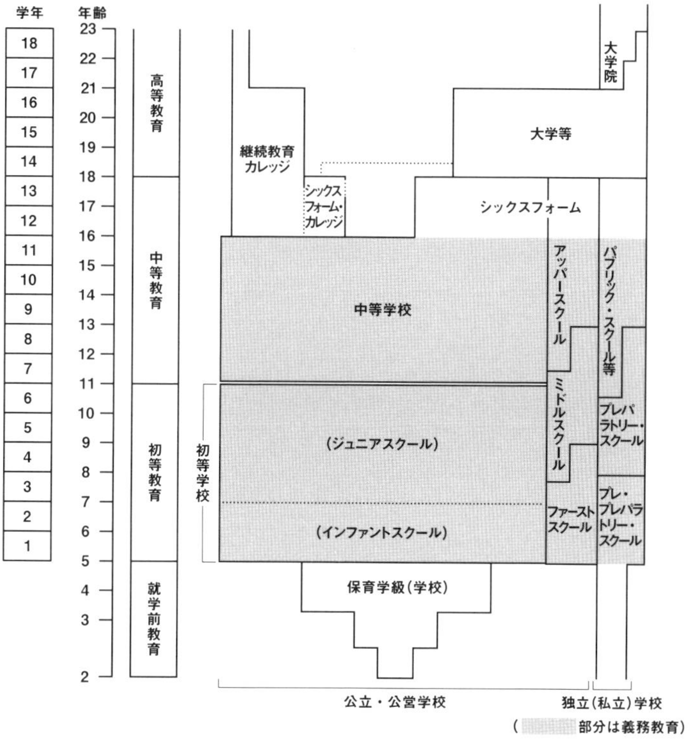

出所：文部科学省『諸外国の教育動向　2020年版』明石書店、2021年、223頁。

[ブリティッシュ・バリューズ（英国的諸価値）]

　2014年に当時のキャメロン首相が教育における英国的諸価値の重要性を強調して以来、各学校は同領域をどのように扱うかを公表することが義務付けられた。英国的諸価値とは、英国人の一員であること、民主主義、法の支配、個人の自由、異なる信仰、信条を持つものへの相互尊重と寛容である。以上について学校がどのように教育しているかは、外部評価である学校監査の評価項目に含まれている。

[教育水準局（Ofsted）]

　Ofsted（Office for Standards in Education）は教育省からは独立した政府機関である。①高等教育以外の学校監査の実施、②就学前教育並びに子ども社会サービス機関が適切に弱者支援を行なっているかを判断する規制機能、③教育や訓練の質改善に資する報告書の発行などの役割を担っている。学校監査の目的は、保護者へ学校情報の提供、大臣や議会への学校教育の報告、学校や教育制度の改善である。各学校の取り組みを尊重し、外部評価で質保証を行う仕組みである。

が制度化され、2019年段階では94%が就学前教育を受けている。

　義務教育後の16〜18歳は大学教育への準備教育（シックス・フォーム）か職業訓練に従事することが求められている。イングランドの学校は、公費で維持・運営される公立・公営学校（国から直接補助を受けるアカデミーを含む）と、公費補助を受けない独立学校がある。中等段階の独立学校の一部はパブリックスクールと呼ばれる。

　公費で維持・運営される公立・公営学校は、ナショナル・カリキュラムに従う義務がある（ただしアカデミーを除く）。**表11−1**はその概要で、表中の●は必修教科である。

　キーステージ1（KS1）〜キーステージ3（KS3）は、英語、算数・数学、理科、美術・デザイン、地理、歴史、音楽、体育、コンピューティングが必修である。2014年より「情報通信技術（ICT）」から「コンピューティング(Computing)」に名称変更された。外国語についてはKS2では外国語、KS3では現代外国語として必修となっている。また、KS3ではシティズンシップが必修となっている。ナショナル・カリキュラム以外では、宗教が必修、前述のPSHEは準必修（うち性教育はKS3とKS4で必修）で多くの学校で導入されている。

　ナショナル・カリキュラムは、スクールカリキュラムの一部として位置付けられ、各学校の裁量権が優先される。ここでの課題が質保証であり、カリキュラムの策定や実施状況を評価する機関として、教育水準局（以下、Ofsted）がある。

◆資格試験と入試について

　イングランドの学校には卒業の概念がない。そのため義務教育終了の16歳時に「中等教育修了一般資格試験」（以下「GCSE」）と呼ばれる科目別の資格試験がある。学校単位で開設する科目を決定し、教科ごとに採用する試験団体を決定する。学校は生徒の学力やニーズに応じて複数の試験団体の中から修了試験を選択する。GCSE取得の受験科目は、必修科目〔英語、数学、サイエンス、基礎科目（コンピュータ、体育など）〕と、選択科目〔美術・デザイン、外国語など〕を組み合わせて、合計9〜11科目とされている。イングランドではGCSEの成績表示は 9〜1（9が最高）の段階で示される（下記のAレベル試験も同様）。GCSEの場合、5（上位合格）、4（標準合格）が設定されている。

　義務教育を終えた生徒のうち大学進学を希望するものはシックスフォームへ進学し、2年間（17〜18歳）で大学入学の基礎資格となる「GCE・Aレベル資格試験」（「Aレベル試験」）の対策を行なう。大学での一般教養課程を想起させる内容を学ぶ。科目要件や成績要件は大学によって異な

[時間割表の例]

初等学校第5学年の時間割例（ロックザム初等学校）									
	8:45〜9:30	9:30〜10:15	10:15〜10:30	10:30〜10:45	10:45〜12:30		12:30〜1:30	1:30〜2:15	2:15〜3:00
月	出席確認朝の学習	英語	集会	休み時間	算数	フォレストスクールのための着替え	昼食	フォレストスクール（校内の森の中での自然学習）	
火		算数	サークルグループ		トピック学習			コンピューティング	
水		英語	集会		算数	体育のための着替え		体育	PSHE
木		英語	集会		算数	体育のための着替え		体育	フランス語
金		英語	集会		理科		宗教教育	音楽とダンス（ロックザム時間）	

表11-1　ナショナル・カリキュラム一覧表

	キーステージ(KS)		KS1	KS2	KS3	KS4
	年　齢		5〜7	7〜11	11〜14	14〜16
	学　年		1〜2	3〜6	7〜9	10〜11
ナショナルカリキュラム	中核教科	英　語	●	●	●	●
		算数・数学	●	●	●	●
		理　科	●	●	●	●
	基礎教科	美術・デザイン	●	●	●	
		シティズンシップ			●	●
		コンピューティング	●	●	●	●
		デザイン・技術	●	●	●	
		外国語		●	●	
		地　理	●	●	●	
		歴　史	●	●	●	
		音　楽	●	●	●	
		体　育	●	●	●	●
その他		宗　教	●	●	●	●
		性教育			●	●

出所：Department of Education, The national curriculum in England framework document, 2014. (https://assets.publishing.service.gov.uk/government/uploads/system/uploads/attachment_data/file/381344/Master_final_national_curriculum_28_Nov.pdf)（2022年7月20日）を参考に作成。

091

［校区と学校の選択］

　イングランドの学校にも校区はあるが、通う学校が厳密に指定されているわけではない。近隣の学校に通うことが一般的であるが、公費で運営されている学校でも、教会等が設立した学校があるので、そうした学校においては、家からの近さよりも、親の宗派の学校であるかが選択の基準となる。例えば、カトリック教会が設置した学校においては、カトリックの教義に則った宗教教育をするので、親の宗派と一致していることが学校選択の要因ともなる。もっとも、カトリック教会立の学校は、規律がきちんとしていて、学力が総じて高いという評判がたち、宗派でない親でも、あえて子どもを入学させる現象が起きたという。また各学校は、学力水準の達成度を公表しているので、それに基づいた学校選択もある。

　ちなみに、中等学校に進む際にも、原則、学力の選抜は行わないので、校区にある学校に通う。ただし、一部の地域には選抜制中等学校（グラマースクール）が残っており、11歳時の学力の選抜試験を通過したもののみが通い、残りの生徒は、非選抜制の学校（ノンセレクティブ・スクール）に通う。

り、内申書、身上書、面接結果を考慮する場合がある。[1]

◆後期中等教育の多様化——Tレベルの動向

　2020年から順次、Tレベル（T Level）という技術訓練制度が導入されることになった。TレベルはGCSE受験後に2年間、実地訓練で特定の職業の訓練を受けつつ、Aレベル同等のアカデミックな知識を同時に学びたい人向けに、社会、産業界、教育界が連携して開発された人材育成制度である。[2]対象は専門技術を要する職業を目指す16〜19歳の学生である。GCE-Aレベル課程での3科目の資格取得と等価であり、2年間のプログラム修了後は、就職するか、あるいは希望をすれば高等教育機関への進学が可能である。

　イングランドでは、職業的な資格とアカデミックな資格の評価を近づけることが課題であった。近年、両者は切り離されて考えられてきたが、Tレベルは両者を踏まえた備えある職業人の育成につながる可能性を有している。

◆ホームエデュケーション

　イングランドではホームエデュケーションが制度として認められている。1996年の教育法で「年間授業日数は、児童生徒が最低限出席すべき日程は200日と決められている」（第444条第6項c）にも関わらず、ホームエデュケーションが存在する理由に触れる。同法第7条において、保護者の責任として「学校への通学ないしはそれ以外の手段で（otherwise）」と書かれている。特別なニーズへの配慮、いじめ問題への対応措置、学校型の教育に適応しない子どもへの選択肢のみならず、保護者の義務を果たすために存在している。[3]イングランドらしい、家庭や個人の事情を尊重する制度だと言えよう。

　さらにコロナ禍でその役割は拡大し、2021年は81,200人が選択している。学校と協議の上、事情に応じてホームエデュケーションを選択できる点は多様性とインクルージョンを担保しているといえる。

[アカデミー]
　公費で維持運営されている学校で、地方当局から離脱し、トラストが運営主体となって国から直接補助金を得ている学校。ナショナル・カリキュラムや全国共通教員給与基準に従う必要がないため、公的資金を得ながら裁量権の高い学校である。2019年現在、イングランドの初等学校の生徒29.7%、中等学校の生徒の72.3%がアカデミーという地位となっている。

[GCSE試験]
　中等教育の修了資格試験である。現在、4つの認証機関（AQA、OCR、Pearson、WJEC Eduqas）によって実施され、学校ごとに開設する科目を決める。生徒は、英語、数学、理科などの中核科目の他に、自分の興味関心に応じて受験することになっており、進学や職業選択に影響する。成績の状況は、教育省のホームページなどで公表されることから、教員による教育評価の側面がある。

第3節 課題と魅力

◆学校運営の自律性

　ナショナル・カリキュラムは、スクールカリキュラムの一部と位置付けられる。現場の創意工夫に基づいたスクールカリキュラムを最善のものとみなし、授業作り、学校運営は各学校の実態に即して行われる。その自律的な学校運営は、管理職のリーダーシップのもとに行われ、予算配分の決定や学校の実態に即した教員の人事採用など、組織運営に関する意思決定の権限が与えられている。その過程はOfstedの学校監査による外部評価で評価される。学校の多様性を尊重しつつも、外部評価で質保証を実現していく「多様性による統一」というべき教育制度を体現しているところが魅力だといえる。一方で、教員の創意工夫に依拠することで、教員の労働時間が長くなり、教員の働き方が問われている。学校運営の自律性には、魅力と課題の両面が含まれている。

◆移民と公共図書館

　イングランドは、紛れもなく多様な人種を抱える国である。しかし2001年の人種暴動、2005年のバス・地下鉄同時爆破事件が発生し、多民族国家イングランドの帰属意識ならびに共通の価値観を醸成していく必要性が高まった[(4)]。また東欧からの移民の増加、Brexitの際にも移民問題が取り上げられ、ナショナル・アイデンティティのあり方が問われている。

　移民の学力向上として、言語習得が課題となっており、英語を母語などに追加する形で学ぶ（English as Additional Language）生徒が増えている。2018年現在、公立・公営学校に通う生徒は810万人とされているが、そのうち160万人が英語を追加言語として学んでいる。近年、就学前に、英語に触れる機会が限定されていたり、初めて英語に触れる生徒が急増したりしている。

　教育方法として、移民だけを取り出して教育するのではなく、通常学級においてカリキュラムの中で指導する方針が取られ、学習支援がなされている。

　また、公共図書館の果たす役割も大きい。公共図書館は移民へのサービスを重視しているところが多く[(5)]、重要な社会装置の一つである。

◆シティズンシップ教育導入にみる多様性

　21世紀に入り、各国でシティズンシップ教育を導入する傾向がみられたが、イングランドでは2002年にいち早くそれを中等学校でナショナル・カリキュラムの一教科として必修化したことで

[Aレベル試験]

　大学に進学を希望する場合には、シックスフォームと呼ばれる中等教育の最後の2年間（17〜18歳）へ進学し、大学入学の基礎資格となる「GCE・Aレベル資格試験」（「Aレベル試験」）の対策を行なう。1年目には4〜5科目を集中的に学び、2年目にはその中から進学希望先に応じて3科目程度を継続して勉強する。成績は、9〜4の成績のスコアを取ることが求められており、英語と数学については、4以上の成績取得が大学入学の前提となる。

[ホームエデュケーション]

　いわゆるホームスクーリングのこと。イングランドでは、5歳から義務教育が行われるものの、家庭の意向に基づいて家庭での教育が認められている。いじめ、特別な教育ニーズのみならず、コロナ禍でホームエデュケーションを選択する家庭が増えてきた。ナショナル・カリキュラムに従う必要はないが、ホームエデュケーションは、保護者が子どもに教育を受けさせる権利の一つの選択肢である。しかし学校を退学した場合の補償、GCSE対策など、明確な指針が示されていないため、課題も多い。

注目を集めた。イングランドのシティズンシップ教育は、能動的な市民の育成を目指し、民主主義や政治制度などに関する知識とイギリスにおいて共に生きることを考えるなどの態度、市民生活に必要なスキルを育成することを内容とするものである。

　必修化となると日本では、全国の各学校が同じように、特設の時間を設け、対応の教科書を用いた授業を毎週展開するという光景を想像するであろう。しかし、イングランドではその取り組み方は学校によって一様ではなかった。シティズンシップ教育が必修化されて以降、10年にわたる大規模で長期的な研究が行われたが、その結果によると、調査した学校は、①（特設時間を設けるなど）カリキュラムを重視する、②生徒が学校や学級の運営に関して意見を表明する機会を持つことを重んじる、③学校の内外で、ボランティアなど活動に参加する機会を推進する、という3つのパターンに分類されたが、それら3つをすべて推進した学校は、調査校のうちの3割強であった。この実践化の多様性は、イングランドにおいては学校に基盤をおいたカリキュラム開発が自明であることの証左といえるが、それは同時に、学校カリキュラムの質保証の観点からは、弱点だともいえよう。

　このような大々的な新教科導入による教育効果について、同じく「長期的研究」によれば、イングランドで導入されたシティズンシップ教育は若者の投票行動などシティズンシップの形成に寄与したと結論付けている。必修化後20年が過ぎ、イングランドのシティズンシップ教育の現状は、ナショナル・カリキュラムそのものがスリム化されるなど安泰とは言えない。しかしそれは、民主主義的な価値を教える教育の必要性が失われたことを意味してはいない。各学校が受けるOfstedの学校監査において、ブリティッシュ・バリューズをどう教えているかを評価項目の一つとされたが、そこに含まれている「異質なものを受け入れ、寛容となること」を知識として学ぶと同時にそのための行動を起こす能力と態度を養う教科は、多様性を認めインクルージョンを進めるうえでも、必要であることは今も変わらない。

◆伝統とともにある柔軟性

　イングランドの学校は、キリスト教に基づいた宗教教育や英国的な諸価値を教えることを義務付けするなど伝統を維持している側面がある一方で、学校制度や学校運営、カリキュラムには多様性と柔軟性がある。そのことは、子どもの多様性を認め、それぞれを分離・排除することなく、インクルージョンを進める教育を実現するうえでの、土台となっているといえよう。

（新井浅浩・井田浩之）

[シティズンシップに関する長期的研究（CELS）]
　全国教育研究財団（NFER）によっておこなわれた、イングランドの市民性教育に関する長期的な研究（2001-2010年）。若者に対するシティズンシップ教育の効果に関する研究としては、世界で最も長期間にわたって大規模に行われた調査といわれている。コホート調査、質問紙調査、面接調査、文献のレビュー調査で構成されている。

［注］

(1) 独立行政法人大学改革支援・学位授与機構『英国の高等教育・質保証システムの概要（第3版）』2020年。

(2) 文部科学省『諸外国の教育動向　2020年度版』明石書店、2021年、33〜59頁。

(3) 文部科学省『諸外国の教育動向　2019年度版』明石書店、2020年、57〜79頁。

(4) 松尾知明『多文化教育の国際比較――世界10ヵ国の教育政策と移民政策』明石書店、2017年、27〜41頁。

(5) 李燕・小松尚子「地域の課題とニーズに基づくロンドン区立図書館『Idea Store』の再編と都市計画の関係」『日本建築学会計画系論文集』80（177）、2015年、2449〜2458頁。

［参考文献］

・Kerr, D., Keating, A., and Benton, T., et al., *Citizenship Education in England 2001-2010: young people's practices and prospects for the future: the eighth and final report from the Citizenship Education Longitudinal Study (CELS)*, Research Report, Department for Education, November 2010.

初等学校の授業風景

中等学校の授業風景

 CHAPTER 12

忠誠宣言のある学校

アメリカの学校

第1節 日常の風景

◆忠誠宣言と学校の一日（表12－1）

　9月。黄色いスクールバスが早朝の街角で子どもを乗せ、縦横に走っている。Back to the Schoolというポスターをいたるところでみかける。新学期の始まりである。

　学校に到着し、バスから降りた子どもは、そのまま教室に直行する。バックパックをロッカーにしまうと朝の行事が始まる。先生も駐車場から教室に直行する。小学校では、教室が児童や教師の居場所である。高等学校になると、教室が生徒の居場所とはならない。廊下に設置されているロッカーにすべての持ち物を入れると、生徒は時間割に従ってそれぞれ受講している科目の先生の「部屋」に入る。「部屋」は数学の先生の部屋であったり、化学の先生の部屋であったりする。先生は朝から下校するまで自分の「部屋」にいる。先生の「部屋」は、それぞれの好みによって、写真やポスター、児童生徒の作品などが飾られている。

　小学校の一日は、毎朝の儀式から始まる。子どもたちは、教室の前の天井近くに掲揚されている星条旗の方に向いて、起立し、手を胸に当て、先生のリードのもとに「忠誠宣言」を声に出して行わなければならない。「神の下」という言葉があるため、宗教上の理由などから儀式に参加しない自由は認められている。

　儀式が終わると、1時間目の授業が始まる。机の上では、分厚い教科書が使用される。教科書は貸与制であり、毎日持って帰るのではなく、そのまま教室に置いて帰ることもできる。クラスサイズは、20人から25人が普通である。

　2時間目が終わると、子どもは上着を羽織って、出口を向いて整列を始める。先生が先頭に立って廊下を歩き、ドアから屋外に出る。新鮮な空気を吸うための休憩である。休憩時間の終わりに

表12-1　小学校4年生の一日の時間割（シカゴ市のある学校）

8:00～9:05	美　術
9:05～9:25	朝の会
9:25～10:10	算　数
10:10～11:00	算数のワーク
11:00～11:30	理　科
11:30～11:50	理科のワーク
11:50～12:35	休憩・給食
12:35～1:35	国語と社会科
1:35～2:35	国語のワーク
2:35～2:55	個別学習
3:00	下　校

は、整列して教室に帰る。先生によってやり方は違うが、休憩時間の本来は「外で新鮮な空気を吸う」ということにある。遊ぶ時間とは限らない。

　お昼の時間も興味深い。基本はカフェテリアでの給食となるが、中には講堂を臨時カフェテリアとして使用する場合もある。児童生徒数が収容力を超えるので、給食時間は時差給食となっている。給食は、わが国の学習指導要領に基づく学校給食の時間というわけではない。教師の任務は、「給食時間中の規律監督」である。給食費は多くの地域で制度として無償ではないため、補助や免除を受けている子どもも少なくない。

　一日のすべての授業が終わると教室で整列し、スクールバス乗り場まで先生が引率する。バスの出発を確認して、先生もそのまま駐車場に向かい、帰路に着く。アメリカの先生は、放課後学校に残って授業準備や事務作業をすることもあるが、基本的には教員組合と学区教育委員会間で結ばれた労働協約の範囲内においてのみである。

　総じて、アメリカの教室をみて感じることは、次のとおりである。カラフルであること。座席配置が自由であること。ゆったりとしていること。明るいこと。多様な児童生徒がいること。服装が自由であること。あまりノートをとりそうにないこと。発言が多いこと。教師だけでなく、様々な大人が教室にいること。

[給食]

　給食支援については、連邦農務省が学校給食プログラム（National School Lunch Program）を行っており、18歳までの3,000万人以上がその恩恵を受けている。栄養豊かで無償もしくは安価な給食を提供する福祉事業である。また、同省では、学校朝食プログラム（School Breakfast Program）も展開しており、子どもたちが空腹な状態で授業を受けることがないように、朝食に係る費用を負担している。

[校則と生徒手帳]

　生徒手帳（Student Handbook）とは、学校生活に関する規則や規約について解説したもの。校則（生徒心得的項目）も記載されている。記載項目を列挙してみると、次のようなものがある（ウィスコンシン州Holmen学区）：ビジョン、教育委員会委員、ミッション声明、学校の年間行事等、毎日の時間割、学業規則（成績評価など）、生徒規則（アルバイト規則、廊下通行証、ID、宿題、スクールバス規則など）、校則、出席、課外活動、ハラスメント規定、安全規則、犯罪防止規定、校歌、その他。

◆多彩で楽しい年中行事

アメリカの学校は、秋から始まる。ある小学校では９月７日が始業日である。終業日は翌年の６月２日であり、その後長い夏休みが待っている。夏休みは、学年・学期に組み込まれているわけではない。小学校から大学に至るまで、夏休みは学校教育活動の外であり、教育委員会が学校教育としての責任を持つこともない。

大々的な入学式はないようであるが、高等学校の卒業式は盛大に行われている。小学校卒業ということには特段の意味はないが、高等学校を卒業することは重大なことである。大学に進学できる。就職できる。資格として有効である。

コンサート、演劇、マラソン・運動会、慈善活動の夜など、小学校でも興味深い特別活動が年中行事として展開されている。スクールバスを使った遠足もある。中学校になるとダンスが夜まで開催される。高等学校卒業の時期には、「プロム」と呼ばれるダンスパーティーが開かれる。生徒たちは、ドレスやタキシードに身を包み、ダンスを楽しむ。

高等学校では、部活としてバスケットボールやアメリカンフットボール等が行われ、対抗試合も開催される。部活はシーズン制であり、季節に応じて複数のスポーツを楽しめる工夫がある。秋から冬にかけてはアメリカンフットボールやバスケットボールなどが始まり、春になると野球や水泳などになる。ただし、学業成績において落第点を取ると、こうした部活を楽しむ権利（特権）が剥奪されてしまう。中間試験で落第しそうになると、その後の部活動への参加が一部制限される。

PTAも活発に活動している。会議は夜に開催され、定期的に総会も開催される。会議では、学校運営について協議が行われる。保護者の参加は任意であり、手伝える時に手伝うという形である。

第2節　学校制度

◆入学試験のない学校制度

アメリカの学校制度（**図12－1**）は、州や地方の教育行政単位である「学区（school district）」によって異なるが、８－４制、６－３－３制、６－６制、５－３－４制などが一般的である。もっとも伝統的な制度が８－４制であり、今でも高等学校はこの４年制のことをいう。なお、アメリカではK－12という学校制度の表記が一般的である。幼稚園段階（Kindergarten）から高等学校修了段階（12th grade）までを学校教育として、表現したものである。

[制服（School Uniform）]

これまで、アメリカでは制服は珍しいものであったが、着用を求める学区が増えてきている。州政府は、制服等の規則については各学区に任せており、制服規定があっても親は着用しないことを願い出ることができるのが一般的で、必ずしも画一的・一律的なものではない。制服規定増加の背景には、学校の規律維持、学習の促進（着るものにこだわらず、学習に集中できる）、経済的理由（貧困層にとって、買い替えが少なくてすむ）等がある。

[体　罰]

多くの州で体罰（Corporal Punishment）は禁止される傾向（31州）にあるが、体罰を容認し、学区に委ねている州もある。特に体罰が多いとされる州には、アラバマ州、アーカンソー州、ミシシッピ州、テネシー州、テキサス州、ルイジアナ州といった南部の州が多い。体罰の手段としては、羽子板のような形をした木製のパドルと呼ばれる道具が用いられる。また体罰の実施は、細かなルール（場所や教育委員会への報告等）に則る場合が多い。

[義務教育年限]

義務教育年限は、州によって異なる。開始年齢については、５歳から始まるところもあれば、８歳のところもある。修了年齢は16歳もしくは18歳が一般的である。最も長い年限は５歳から18歳までであり、全部で９州ある。

図12-1　アメリカの学校系統図

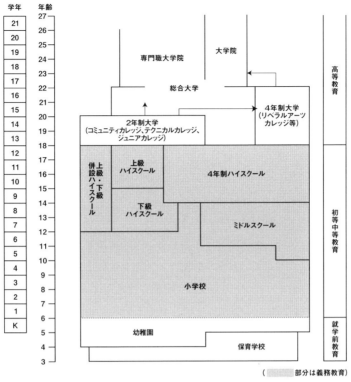

出所:文部科学省「諸外国の教育統計(令和2(2020)年版)」9頁。

　次の学校段階への進学に際しては、入学試験は行われない。義務教育以後の高等学校への入学試験も行われることはない。4年制大学への入学に際しても、わが国のような入試は存在しない。生徒は、大学入学適性試験であるSATもしくはACTを受験し、その結果と高等学校の学業成績、クラブ活動、ボランティア活動などの記録等を志願大学に送付する。大学側は、それらの情報を基に選考を行い、合否を決定する。大学入学適性試験は、年に数回実施されており、最上級学年でなくても受験できるし、複数回の受験が可能である。有名な大学を志望する場合は、大学入学適性試験の点数に水準を設けており、水準以下だと応募することができない。スポーツなど優秀な選手の特別推薦入学も多く行われている。また、コミュニティカレッジと呼ばれる2年制の短期高等教育機関も充実しており、4年制大学とは異なり、試験等は全くなしで入学可能である。2年修了後は、

[年間授業日数(Instruction Days)]

　年間の授業の決め方には3通りある。年間最低授業時間を定める州、年間最低授業日数を定める州、両方とも定める州。年間最低授業日数としては、180日が一般的であり、最も長いのは186日(カンザス州)で、最も短いのは160日(コロラド州)となっている。年間最低授業時間については、学校段階で大きく異なり、当然ながら、高等学校の時間数の方が長い。最も長い時間は、テキサス州の1,260時間であるが、休憩時間等を含んだ数字となっている。逆に、最低時間数が最も短いのは、アリゾナ州の1～3学年の712時間となっている。

[学　区]

　学区の数は、かつては全米で30,000学区以上もあったが、今日では13,000学区程度となっている。その数は州によって異なり、テキサス州では1,000学区を超えるが、メリーランド州ではわずか24学区しかない。ハワイ州には、学区は一つしかなく、州がコントロールしている。

4年制大学への編入学の門戸が開かれており、多くの学生が編入している。

◆柔軟な教育課程と教科書

アメリカの学校には、「学習指導要領」といった法的な国家基準がない。教育課程は、州教育委員会が一定の枠組みを定めるが、多くは学区教育委員会に権限を委譲している。そのため、どの教科を何時間教授するかは、州や学区によって異なる。小学校では主として、英語、算数、社会、理科、体育、美術・芸術などが教えられている。中学校の教育課程では、英語、数学、社会、理科、保健・体育などが必修科目であり、選択としては外国語、美術・芸術、家庭、職業などが提供される。高等学校では、英語、合衆国の歴史・政治、地理、数学、理科（各科目）、保健・体育、美術・芸術、工芸、家庭などが一般的であり、さらに多様な選択科目（コンピュータや演劇等）が提供される。高等学校は、総合制高等学校（comprehensive high school）が伝統的で一般的であるので、普通教育に加え、職業教育や技術教育を含めたコースやプログラムも用意されている。

算数や英語の授業については、能力別編成が行われることも少なくない。時には登校時間が分かれることもある。英語を母語としない移民や外国人の児童生徒については、第二外国語としての英語（ESL）の授業が準備されている。全米の公立学校に在籍している児童生徒の10.4%（2019年）が、ESLの授業を受けている。また、特別の才能を有する児童生徒（gifted students）に対しては、才能児教育のプログラムも用意されている。

教科書に関しては、州教育委員会が採択過程の一環として公金で購入する教科書を審査し、採択教科書リストを公表する。各学区採択委員会は、教科書の採択をこのリストの範囲内で行うというプロセスが一般的である。教科書出版社は教科書を販売するために、こうした州が求める採択基準を分析し、州ごとに異なる基準に対応した教科書を用意した上で、販売戦略を練る。その際、教科書市場の大きな州（ニューヨーク州、カリフォルニア州等）の要求を満たすことに熱心となるため、大市場を意識して作成された教科書の中から採択しないといけない、という状況も生まれてくる。一度採択・購入された教科書は、5〜7年間使用されることになる。長期間の使用に耐えるに十分な装丁と仕様となっており、重い、厚いといったアメリカの教科書が誕生することとなる。

◆地方分権型の教育行政の仕組み

連邦政府には教育の内容や制度を統制する権限は与えられていない。教育の目的、内容、方法、制度などはすべて各州政府の権能であり、加えて多くの州の権限が地方の教育行政の単位である学

[中途退学]

上の学校段階への進学・入学が緩やかであるため、勉強を強いる文化にはなっていないアメリカでは、中途退学（Dropout）が大きな問題となる。特に大学進学を希望しない生徒にとって、学校に行く意味を見出すことは困難である。結果、非行に走り、意欲を喪失し、無断欠席を繰り返し、退学してしまう。高等学校の中途退学の状況として、全米の中途退学率は5.3%（2020年）であり、過去10年で減少している。人種・民族ごとに確認すると、アジア系が2.4%と最も低く、次に黒人4.2%、白人4.8%、ヒスパニック系7.4%となっている。ただしヒスパニック系は、10年前が15.1%であり、大きく減少していることがわかる。

[カレッジスポーツ]

特にアメリカンフットボールとバスケットボールは、絶大な人気を誇る。そのため強豪大学には、プロリーグのように数万人を収容できる大学専用スタジアムがあり、チケット代も高額となる。収益面や大学の宣伝という意味で大学に貢献しているが、学生の「愛校心」を高める機能も担っている。

区に委譲されている。その意味で徹底した地方分権型制度が確立されてきたといえる。特別地方公共団体である学区は、一般行政から独立し、独自の課税権（固定資産税を基本とする教育税徴収）や起債権を有している。連邦政府や州政府による補助金に加えて、徴収した税金をベースに学区の教育予算を編成する。資産価値の高い地域の学区は多くの税を課税できるが、貧困地域の学区の税収入は少なくなる。学校の地域間格差が生まれる。

　学区の教育行政の組織として設置されているのが、学区教育委員会である。州政府にも州教育委員会がある。両教育委員会ともに、その機能を専門的に支援する教育長・事務局が設けられている。教育委員会制度を支える理念として、「素人支配（Layman Control）」がある。学校教育のあり方を決めるのは、教育の専門家（玄人）ではなく、住民という素人、そして人々のもっている「常識（common sense）」であるべきだという、直接民主主義的思想が守られてきている。そのため、教育委員会の委員は、公選制（直接選挙）によって選出されるのが伝統的であったが、現在では知事や市長といった首長による教育委員の任命制が増えている。

　また、教育委員会そのものに対する批判や首長による教育改革、特に学力向上政策の遂行を目的に、教育委員会の行政権限を首長が一部または全部を掌握する場合もある。教育委員の任命制を含め、これらは「メイヨラル・コントロール（Mayoral Control）」と言われるガバナンス構造であり、ニューヨーク市やシカゴ市といった大都市学区にみられる。

◆世界で最もユニバーサル化した高等教育

　アメリカの大学は、誰にとっても学べるユニバーサル化したものである。一方で、世界大学ランキング等で常に上位を占めるのがアメリカの大学であり、世界の高等教育をリードする特徴をもつ。

　4,000以上と言われる多様な高等教育機関において、大学（2年制を含む）で学んでいる学生の数は、1,590万人（2020年）を超える。「学んでいる」といっても、その学び方は多様だ。大学が設定した一定の単位を登録している「フルタイム学生」は61％で、働いたりしながら少しずつ単位を取得している「パートタイム学生」が39％である。実際、高校卒業してすぐに4年制の大学に入学した割合は43％とそれほど高くなく、働いた後に大学に入学することや、働きながら大学で学ぶことが一般的である(2)。

　アメリカの大学の風景は、実に鮮やかだ。カラフルな装いに身を包み、講義を受ける。ジュースやサンドイッチ片手にノートをとる学生が見られる。空いている時間は芝生で昼寝をしたり、仲間

[SATとACT]

　SATは、非営利の試験専門組織であるCollege Boardによって管理されており、民間試験会社のETSに委託する形で作成・採点が行われている。テストは、一般的にSATと呼ばれるテストと、SAT Subject Testの2種類がある。前者は、批判的読解、作文、数学から成る。後者は、5分野20科目のテストがある。ACTは、非営利の試験専門組織（ACT）によって作成、管理されているテストである。テストは、国語、数学、読解、科学論理、作文（選択）から成っている。歴史的には、SATの方が古いが、現在ほとんどの大学においてACTも受け入れられており、受験者数はほぼ同じくらいとなっている。

[高校生の大学単位取得制度]

　高校生が大学の単位を取得できる制度として、二重登録制度（Dual Enrollment）がある。高校に籍を置きながら、大学の科目を履修できる。この場合、履修した科目は、高校の単位にもなるし、大学に進学した際には大学の単位にもなる。また、Advanced Placement Programもあり、大学レベルの内容（コース）を高等学校で提供する。コース終了後に、SATを管理するCollege Boardが実施するテストに合格すると、大学の単位と認定される。

とフリスビーをしたり。夜には様々なイベントが待っている。休日は、カレッジスポーツの応援に熱が入る。大学名がプリントされたＴシャツを着て、応援に繰り出す。

アメリカの子どもたちは高等学校まであまり勉強しないと揶揄されるが、大学に入ると通用しない。その一つが、課題（assignment）の多さである。次回の講義までに100頁以上に及ぶ文献を読んでくること、といった課題は日常だ。読んでこないと、次の講義にはまったくついていけない。そして、読んでいくからこそ、躊躇なく質問の手が挙がり、学生と教師を交えた活発な議論が講義の中心になる。レポートの課題も多いし、試験も厳格に行われる。大学時代の成績は、就職や進学に大きく左右するので、学生も必死だ。

こうした厳しい学習環境の中、学生の多くは奨学金を借りて、自ら授業料を払う。４年制大学に初めて入学するフルタイム学生のうち、87％が何かしらの奨学金等の財政援助を受けている。連邦政府からの奨学金やローンが最も一般的であるが、民間会社のローンを組んでいる学生も少なくない。近年の授業料の高騰により、多くの学生は卒業と同時に多額の借金を背負うことになる。不安定な経済状況が続く中では、その借金が生活を苦しめる場合も少なくない。

第3節 課題と魅力

◆学校の安全をどのように確保するか

2022年５月にテキサス州のロブ小学校で起こった銃乱射事件では、児童19名、教師２名の命が奪われた。2019年の１年間で、高校生（９〜12年生）の７％が学校内で武器による脅しを受けるまたは怪我をさせられている。そして、22％が学校内で非合法のドラッグを勧められたり、買わされたり、もらったりしていた。安全が脅かされる学校をいかに守るのか。アメリカの学校にとって喫緊の課題だ。

その方策としては、例えば、外部からの侵入者を防ぐために学校を施錠したり、監視カメラを設置したりしている。校内には学校警備員が常駐しており、常に建物の内外を警備している。学校によっては、正式な警察官が学校内に常駐し、犯罪を取り締まる。学校関係者以外が校内に入る際には、まるで飛行機の搭乗時のように持ち物検査が行われ、金属探知機を通過しなければならないこともある。児童生徒に対しても持ち物検査（金属探知を含む）を実施している学校もある。ランダムで麻薬犬によるチェックを行っている高等学校さえもある。

徹底的に学校や児童生徒を管理する方法は、いわゆる「ゼロ・トレランス」と言われるものであ

[才能教育]

Gifted Education、Talented Education、Education for the Exceptional Childrenと呼ばれる教育。ある一定の能力があると判断された児童生徒を対象に、学校が特別なプログラムを講じるものである。この教育を行うかどうかは、州政府の権限である。才能の定義は州によって異なるが、知的能力、学業、創造性、指導力、芸術的才能などの面で特に優れていることを一般的には指す。

[教員組合]

アメリカには、二つの全米の教員組合がある。一つは、NEA（National Education Association）であり、1857年に誕生した。会員数は、320万人を超える。専門職組織と

して教育改革を主唱することが目的。教師への研修や研究活動を中心に行う。州の教育政策の場に関わることも多い。もう一つがAFT（American Federation of Teachers）であり、1916年に結成された。会員数は、約140万人。いわゆる労働組合として設立されており、労働環境の改善に向けた活動を中心に行う。NEAと同様に、政策策定の場にも参画する。それぞれ、州および学区レベルに支部を持ち、活動している。

[学力向上政策の展開]

近年のアメリカが学力向上にシフトした発端には、1983年に連邦教育省長官諮問委員会が発表した『危機に立つ国家』という報告書がある。この報告書は、アメリカの

る。問題行動に対して寛容を許さず、細部にわたり規則を作り、重大な問題を起こした児童生徒に対しては、停学や退学などの厳罰な懲戒を科す。ただし、行き過ぎた指導が児童生徒に与える影響や、結果的に中退者が増える状況に対する批判も多い。

　また、アメリカでは、いじめも大きな問題とされている。連邦政府によれば、いじめとは児童生徒の間の不要な攻撃的行動（unwanted, aggressive behavior）であり、力の不均衡（power imbalance）を伴い、何度も繰り返されるものとされている。その種類は、言語的いじめ（からかう、なじる等）、社会的いじめ（仲間はずれ、陰口等）、物理的いじめ（殴る、物を壊す等）に分けられる。いじめの起こる場所は、学内外を問わない。実態としては、12歳から18歳までの22%が2019年の1年間にいじめを経験している[5]。いじめに対する法的措置は学区に委ねられており、他の問題行動と同様の処分（指導、停学、転学措置等）の対象となることがある。

◆教師の不足をどのように解消するか

　日本を含めた東アジア地域では、儒教の影響を背景に、教師は尊敬される「師」として存在してきた。しかしアメリカの教師は、専門職と位置付けられながらも、その社会的地位は必ずしも高くない。

　そもそも公立学校の教師は、学区もしくは学校ごとに採用され、基本的に異動はない。採用後に終身雇用権を得ると、正当な理由がない限り、解雇されない。ある程度の安定は保証されている。アメリカの教師の多くは、週40時間以上働くが、夏休みは教師としては働かない。年間10か月契約を基礎としているからであり、給与も10カ月分が支給される。そのため、夏休み期間は副業として、サマースクールで教えたり、教職とは全く異なる仕事（ウェイトレスやレジ打ち等）をしたりすることもある。

　公立学校教師の平均年収は、61,500ドル（2020年）である[6]。アメリカ全体の平均年収に比べれば、教師の給与は高いほうに分類されるが、大卒もしくは修士卒の仕事としては必ずしも高いわけではない。言うまでもなく、IT系ビジネスのエンジニア等に比べれば、圧倒的に低い。そのため、特に理数系を専攻する学生にとって、教職は選択肢から外れていき、教師不足が問題となる。

　給与については、学区と教員組合との間で行われる団体交渉を通じて決定される。そのため、地域間の差も大きい。上述したように、資産価値の高い学区の給与は高く、貧困地域の学区の給与は低くなる構造だ。結果、貧困地域の学区では、教師（特に理数系と特別支援教育等）が集まらず、不足が深刻化している。教師が不足する背景には、こうした給与の低さに加えて、キャリアの不透

国際競争力低下の要因として、児童生徒の学力低下を挙げ、その向上施策を提言した。

　これを受けて、クリントン政権下の1994年には「2000年の目標：アメリカを教育する法（Goal 2000: Educate America Act）」と初等中等教育法の改正法「アメリカ学校改善法（Improving America's School Act）」が制定された。前者の法律では、2000年の目標として、すべての子どもが就学時に学習準備を完了、高等学校の卒業率を90%にする、第4、8、12学年で主要教科の学力テストを実施といった目標が定められた。この目標を達成すべく、後者の法律において、スタンダードの策定と学力テストの実施、そしてその結果に基づく学校改善活動の支援、というアカ

ウンタビリティを重視する教育政策が州に求められるようになった。

　そして、2002年1月、初等中等教育法をさらに改正する「どの子も置き去りにしない法（No Child Left Behind Act）」（以下、NCLB法）が施行された。この法律は、すべての子どもたちに一定の学力をつけさせるために、各学校に厳しいアカウンタビリティを求めるものである。州は、児童生徒の到達度に関するスタンダード（国語、数学、理科）を策定し、これに基づく州学力テストを実施する。州は、学力テストの合格点としての「習熟（proficient）」のレベルを設定し、すべての子どもがそれを達成するための学校年間目標（「適正年次進捗度（Adequate Yearly Progress）」が

明性、学力テストを中心とした実践の要求といった様々な要因がある。特に、2020年からの新型コロナウイルスの影響により、自分もしくは家庭の健康を理由に離職する教師もいる。

◆社会の分断にどう立ち向かうか

　アメリカは、移民の国である。建国以来アメリカは、「アメリカン・ドリーム（American Dream）」を夢見る多くの人々を世界中から惹きつけてきた。当初の移民たちは、公立の学校に通学し、英語を勉強し、知識を身につけ、民主主義を学び、アメリカ市民になる準備をした。根底にはアメリカは「人種の坩堝（Melting Pot）」であるという論があった。

　他方で「人種の坩堝」ではなく、多様な人びとがそのまま文化や伝統などの個性を残したままアメリカ市民になる「サラダ・ボール（Salad Bowl）」論が展開された。学校教育もこうした時代理念の流れに従って、多様性を尊重する教育、互いを理解する教育へとシフトしてきた。多文化教育（Multicultural Education）がその中心である。多文化教育は、自己の文化を最も優れたものとして考える「自文化優先主義」や主流文化を強制する「同化主義」と言われる態度を改め、文化相対主義的にそれぞれの文化が同じように価値あるものと認識できるようにする教育実践である。特に既存の学校文化を問い直す数多くのチャレンジングな実践が行われ、蓄積されてきた。

　とはいえ近年のアメリカでは、共和党と民主党の政治的対立が先鋭化し、宗教、文化、人種といった様々な領域の社会的分断が進んでいる。そして、それは教育にも大きな影響を及ぼしている。例えば、「批判的人種理論」（人種やレイシズムがどのように制度化され維持されてきたのかを問い直す考え）に関連する概念を踏まえながら学校現場で奴隷制や人種差別の歴史を教えることに対して、白人の保守派保護者から批判が相次いだ。その結果、いくつかの州ではそうした内容を教えることを禁止する法律が制定されている。学校で何を教えるかという教育の根幹が、学校の外の政治的対立、そして社会の分断によって脅かされている。社会の分断を乗り越えて、新たな社会を作っていくための教育の姿が、今のアメリカには求められている。

　こうした混乱がある中でも、アメリカン・ドリームを実現してくれる学校の魅力は、何といっても「明日はよくなるに違いない」という楽天主義に基づく教育革新が日々挑戦されるところにある。世界の教育をけん引する新たな試みを提案し、実践し、試行錯誤に躊躇しない。起業精神にあふれる学校は魅力的であり、強みでもある。世界の留学生のあこがれの国でもある。

（佐藤仁・二宮皓）

設定される。

　各学校の学力テストの点数や年間目標の達成度合いに関する情報は、すべて公表される。年間目標を数年続けて達成できなかった場合、学校に改善措置や制裁（sanction）が講じられる。児童生徒に転校する選択権が与えられることに始まり、補習教育サービスの提供、教職員の入れ替え、チャータースクールへの転換、そして州や民間企業による学校運営の委託へとつながる。

　NCLB法以降、学力テストに基づくアカウンタビリティ政策は、政権が変わっても強化されていった。例えばオバマ政権下では、各州でバラバラだったスタンダードを統一すべく全米共通のスタンダード（コモン・コア・スタンダード）が開発・適用され、さらに制裁措置が強化された。

　しかし、2015年12月にNCLB法に代わって、「全ての生徒が成功する法（Every Student Succeeds Act）」が制定されると、学力テストの実施とアカウンタビリティという枠組みは変わらないものの、全米共通スタンダードの活用が緩められ、制裁措置も緩和された。学力向上という政策目標は、引き続き存在しているが、その方向性に関しては、大きく転換している。

［注］

⑴　Irwin, V., De La Rosa, J., Wang, K., Hein, S., Zhang, J., Burr, R., Roberts, A., Barmer, A., Bullock Mann, F., Dilig, R., and Parker, S., The Condition of Education 2022 At a Glance. U.S. Department of Education. Washington, DC: National Center for Education Statistics, 2022a, p.1（https://nces.ed.gov/pubsearch/pubsinfo.asp?pubid=2022144）（2022年11月17日）.

⑵　Ibid., p.3.

⑶　Ibid., p.5.

⑷　Irwin, V., Wang, K., Cui, J., and Thompson, A., Report on Indicators of School Crime and Safety: 2021（NCES 2022-092/NCJ 304625）. National Center for Education Statistics, U.S. Department of Education, and Bureau of Justice Statistics, Office of Justice Programs, U.S. Department of Justice. Washington, DC., 2022b, pp.16-17（https://nces.ed.gov/pubsearch/pubsinfo.asp?pubid=2022092）（2022年11月17日）.

⑸　Ibid., p.8.

⑹　Irwin, et al., 2022a, p.2.

［参考文献］

・Irwin, V., De La Rosa, J., Wang, K., Hein, S., Zhang, J., Burr, R., Roberts, A., Barmer, A., Bullock Mann, F., Dilig, R., and Parker, S., The Condition of Education 2022 At a Glance. U.S. Department of Education. Washington, DC: National Center for Education Statistics., 2022a（https://nces.ed.gov/pubsearch/pubsinfo.asp?pubid=2022144）（2022年11月17日）.

・Irwin, V., Wang, K., Cui, J., and Thompson, A., Report on Indicators of School Crime and Safety: 2021（NCES 2022-092/NCJ 304625）. National Center for Education Statistics, U.S. Department of Education, and Bureau of Justice Statistics, Office of Justice Programs, U.S. Department of Justice. Washington, DC, 2022b（https://nces. ed.gov/pubsearch/pubsinfo.asp?pubid=2022092）（2022年11月17日）.

［教員養成制度］

　アメリカにおいて教師になろうとする者は、州から認定を受けた養成課程を有する大学に入学し、その課程を修了し、教員免許状を取得する必要がある。この養成課程は、大学2年次もしくは3年次から始まり、教職に関する講義の履修や教育実習などが含まれる。教育実習は数か月に及ぶ。近年は、大学院レベルでの養成が主流になりつつある。その場合、大学卒業後に、1〜2年の養成課程を有する大学院に入学し、教育を受ける。また、慢性的な教師の不足および多様な人材を惹きつけるという目的から、学区やNPO等が提供する「代替的な養成課程（Alternative Route）」もある。

CHAPTER 13

社会の多様性を反映する学校

カナダの学校

第1節 日常の風景

◆登校風景

　朝8時半、小学校には黄色いスクールバスが続々と到着し、子どもたちはお気に入りのカラフルなバックパック（リュック）を背負って登校する。保護者や兄弟、シッターが車で送迎したり、保護者と共に徒歩で登校したりしている。学校の前で行ってきますのキスとハグをして、校舎の中に入っていく。

　カナダの学校は、9月に新学期が始まり、6月には学年末を迎える。9月といえば、日本は残暑が厳しい時期だが、カナダでは紅葉を迎えた後、10月から11月には雪が降り始める。カナダの冬は寒さが厳しいため、冬場はスキー用のジャケットやパンツ、ブーツをはいて登校する児童もいる。校舎の入り口で室内履きに履き替えて校舎に入り、自分のロッカー**（写真13−1）**などにジャケットやコート、バックパックをかけて教室に入る。室内は温かいため、分厚い上着を脱いだ子どもたちは軽装である。

　始業のベルが鳴ると、許可なく校舎内に立ち入ることはできない。遅刻をした場合は、学校の入り口の外から呼び鈴を鳴らし、事務員に名前を申し出て、ようやく校舎の中に入ることが許される。遅刻した児童生徒は、直接教室に行くのではなく、まず事務室に行き、入構の許可を取ってから教室へ向かう。出席を取る時間までに生徒が登校しない場合は、学校から保護者に電話連絡があり、出欠状況の確認が行われる。

◆学校の日常風景

　教室には、様々な民族的・文化的・言語的背景を持つ同級生や、学年の異なる同級生がいる。学

［保護者との登下校］

　カナダでは、日本のように、児童が1人で徒歩で登下校する姿はあまり見かけない。一定の年齢を超えるまでは、子どもたちは保護者や親族、シッターなどと共に登下校をする。安全面での配慮はもちろんのこと、子どもは家の中でも外でも1人にしてはならず、車内や自宅に子どもだけで残した場合は、児童虐待やネグレクトとして罪に問われることがあるからである。いくつかの州では、子どもを1人で残してはならない年齢が法律で定められている。マニトバ州とニューブランズウィック州は12歳、オンタリオ州は16歳と定められている（ただし、12歳以上は2〜3時間程度であれば、1人で留守番をさせることは許されて

いる）。ケベック州では、全国で唯一、車内に1人で残してはならない年齢は7歳であると定められている。

［多様な言語］

　2021年の国勢調査によると、国内には200以上の言語があり、人口の12.7％（460万人）が、公用語である英語・仏語以外の言語を家庭で使用しているとされている。また、人口の4人に1人（900万人）が、英語かフランス語以外の母語を有しているとされており、これは、1901年の国勢調査開始以来、最高の割合であるという。

写真13-1　廊下に設置された荷物置き場

出所：筆者撮影。

級規模は、20人前後である。児童同士の助け合い、自主的に学ぶ姿勢や態度の育成を意図した複式学級が設置されることもある。

　教室は、個別の机と椅子が準備されている教室もあれば、いくつかの円卓や大きな机が置いてある教室もある。壁には児童が描いたカラフルな絵や表、制作物などが掲示されている。本棚には児童用図書の他、教科書も並べられている。教科書は教室で保管されており、必要な時のみ使用されるため、児童は毎日重い教科書を背負って登校することはない。

　多くの場合、授業は教師が準備したプリントや資料を用いて行われる。それらの挿絵や題材は、現実社会の多様性が反映されたものとなっている。教師は教科書や教師用指導書、デジタル教材等を活用しながら、各州のカリキュラム基づいた授業計画を立て進めて行く。

　時間割（**表13-1**）には、教科別の学習時間もあれば、教科横断的な学習時間も設定されている。教科横断的な時間には、多くの場合、テーマに沿った探究活動が行われる。教室でパソコンを使いながら情報収集をする児童もいれば、廊下で友達と喋りながら資料をまとめる児童、教室の床に資料を広げてメモを取る児童もいる。教師は定期的に提出物を確認しながらコメントやアドバイ

［教科書の装丁］

　教科書は児童生徒が繰り返し使用することを前提としているため、数年使用しても耐えうるような装丁となっている。そのため、日本の教科書と比べて、カナダの教科書は大きく、重い。カラー刷りで写真や図表、挿絵等も多く掲載されているが、写真や挿絵等の掲載にあたっては、現実の姿（例えば、民族的・文化的な要素等）が正確に描かれていることが重視されており、審査の際の基準の一つとして設けられている。

教室内の様子（オンタリオ州）
出所：筆者撮影。

表13-1　第5・6学年の時間割（トロント大学オンタリオ教育研究所付属校）

時間	月	火	水	木	金
8:45〜9:00	朝学習	朝学習	朝学習	朝学習	朝学習
9:00〜9:30	ニュース	ニュース	ニュース	ニュース	仏 語(5年生)／算 数(6年生)
9:30〜10:00	総合探究	綴り方	芸 術(5年生)／算 数(6年生)	演 劇	算 数(5年生)／仏 語(6年生)
10:00〜10:30		音 楽			
10:30〜11:00					
11:00〜12:30	英 語／仏 語	算 数(5年生)・仏 語(6年生)／仏 語(5年生)・算 数(6年生)／黙 読	算 数(5年生)／芸 術(6年生)	算 数(5年生)・仏 語(6年生)／仏 語(5年生)・算 数(6年生)	ニュース／英 語
12:30〜13:30	昼 食				
13:30〜14:00	図 書(5年生)／算 数(6年生)	英 語		英 語	Special Friends プログラム（異学年間学習活動）
14:00〜14:30		体 育		総合探究	未 定
14:30〜15:00	算 数(5年生)／図 書(6年生)			音 読	音 読
15:00〜15:15					

出所：筆者作成。

スをする。

　授業の合間には、一般的に、午前中に一回、20分程度の休憩時間が設けられている。屋外がマイナス10度以下であっても、外遊びをする子どももいれば、教室内で自宅から持ってきた軽食を摂る子どももいる。休憩時間が終わると、教室に戻って学習を続ける。コロナ禍以前より、ICT機器を活用した授業が導入されており、パソコンやタブレットを使用しながら、学習を進めていく。パソコンやタブレットは、自宅から持ってきて使うことも、学校から借りることもできる。

　昼食の時間になると、持参したサンドイッチや生野菜、フルーツ、様々なおかずの入ったお弁当を広げ、教室で昼食を摂る。事前に予約をした児童生徒は、カフェテリアから昼食を受け取り、教室などで昼食を摂る場合もある。

　午後の授業を終えると、下校の時間になる。掃除の時間はなく、清掃業者が校内の清掃を行う。学校前や校庭には、保護者や親族、シッターが迎えにくる。引き渡しの際には事前に登録した人かどうかの確認が行われる。下校時間を過ぎても迎えが来ない場合は、学校から保護者に連絡があ

授業で情報収集を進める児童（オンタリオ州）
出所：筆者撮影。

[授業時間数]
　授業時間数の規定も各州によって異なっている。例えば、ブリティッシュ・コロンビア州では「学校暦に関する規則」第3条に基づき、2021年度の年間最低授業時数は、幼稚園は848時間、第1学年から第7学年までは873時間、第8学年から第12学年までは947時間と規定されている。各教科の授業時数は特に定められておらず、一年を通して、カリキュラムに示された到達目標を達成することが求められている。

り、迎えが来るまでの間は、事務室で待機する。

放課後には、学校で提供される課外プログラムに参加したり、習い事に行ったりして過ごす。登下校時刻に送迎が難しい家庭のために、教育委員会は、始業前と放課後の時間帯に学童保育プログラム（Before/After school programなど）を提供している。中には、音楽や芸術、運動などの活動が選択できる場合もある。

第2節 学校制度

◆教育行政制度

10州3準州で構成される連邦制国家カナダでは、1867年憲法法に基づき、教育に関する権限が各州・準州に委ねられている。そのため、全国の教育を所轄する省庁はなく、各州・準州の教育省が、それぞれの教育法制に基づいた教育を行っている。全国に共通した懸案事項の討議や情報交換などは、1967年に組織されたカナダ教育担当大臣協議会（Council of Ministers of Education, Canada）において行われており、課題解決に向けた連携・協力関係が構築されている。

自治体や地域別に設置された教育委員会には、公立学校の設置、維持・管理や教育課程基準の適用など、多くの裁量が委ねられている。1867年憲法法には宗教的少数派の学校教育が、1982年憲法法には言語的少数派の学校教育が、それぞれ権利として保障されており、地域で少数派の言語や宗教に応じた教育委員会が、独立して設置されている。例えば、オンタリオ州の場合、言語と宗教の観点から、英語系公立（無宗派）教育委員会、フランス語系公立（無宗派）教育委員会、英語系カトリック教育委員会、フランス語系カトリック教育委員会の4種類の教育委員会が組織されている。

教育委員は、一部を除き、地域住民による選挙によって選出される。多くの場合、教育委員会の管轄区域はいくつかに区割りされており、それぞれの区を代表する教育委員はそこに居住する住民によって直接選ばれる。このように、カナダでは教育行政を司る合議制機関である教育委員会の委員の選出において、住民の意見を直接反映することができる仕組みが確立している。[1]

◆学校体系

義務教育は、5、6歳から15〜18歳までの10年から12年間を無償で受けることができる（**図13-1**）。初等中等教育は、ほとんどの州で12年間であるが、小学校は5年制の学校もあれば、6

[カナダの習い事事情]

子どもたちは、放課後、様々な習い事に通っていることが多い。例えば、日本の子どもたちと同様、ピアノやサッカー、テニスやスイミングのほか、アイスホッケーやスキー、フィギュアスケートなど、カナダならではの習い事も人気がある。この他、算数・数学などの学習塾に通う子どももいる。

[教師の表彰]

カナダでは「教師の日」は制定されていないが、毎年、首相による教員の表彰（Prime Minister's Awards for Teaching Excellence and Teaching Excellence in STEM, Prime Minister's Awards for Excellence in Early Childhood Education）が行われている。

[デジタル教科書（教材）の普及]

地理的な条件を背景に、カナダでは従前よりホームスクーリングや遠隔教育を受ける児童生徒のためにデジタル教科書（教材）が活用されてきたが、近年のICT環境の整備に伴い、急速に拡大している。オンタリオ州ではオンタリオ州教育資料バンク（Ontario Educational Resource Bank）というデジタル学習資料リポジトリを通じてデジタル教科書（教材）が無償で配布されている。他州においても同様の状況にあり、教師が授業ですぐに活用できる教材が入手できる仕組みが整えられている。

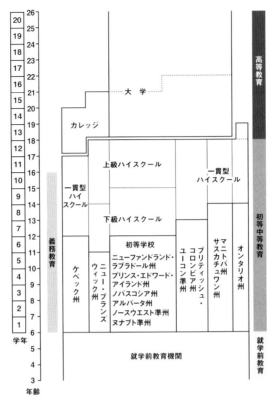

図13-1　カナダの学校系統図

出所:文部科学省「カナダ」文部科学省『世界学校体系(北米)』2017年、100頁。

年制、7年制、8年制の学校もあるなど、その区切り方は州によって異なっている。例えばブリティッシュ・コロンビア州では幼稚園及び1～7年生が小学校、8～12年生が中等学校としているが、学区によっては小学校を6年生までとするなど、同じ州内においても学区や地域によって異なる場合もある。

　また、就学年齢（school age）を設定している州もある。例えばニューブランズウィック州では、義務教育年限である18歳を超えても高校を卒業していない場合、生徒が就学の意思を示せば就学年齢である21歳までは無償で学校教育を受けることができる。[2]

[カナダの移民政策]

　1869年に最初の移民法が制定されて以来、カナダでは毎年多くの移民を受け入れている。近年、カナダにおいても少子高齢化が進んでおり、社会保障制度を支える労働者人口の減少に伴う若い世代の負担の増加が懸念されている。そのため、「家族移民」「難民移民」「経済移民」のうち、少子高齢化対策と経済力の向上を目的とした「経済移民」の受け入れがより積極的に行われている。カナダでは、イギリスやオーストラリアと同様、学歴や職歴などの評価を点数化し、規定を満たすことで移民資格を取得するポイント制が採用されている。

　なお、カナダの移民・難民・市民権省（IRCC）による2023～2025年移民計画は、国内の労働力不足解消に向けて、2023年に46万5,000人、2024年に48万5,000人、2025年には過去最多となる50万人の移民受け入れを目指すとしている。

[移民に対する言語教育支援]

　移民を受け入れている多くの国では、移民の子どもとその国で生まれた子どもとの学力格差が指摘されているが、カナダでは二者の間の学力格差がほとんど見られず、国際的に高い水準の学力を有していると評価されている。その要因の一つとして、多くの地域において、新規入国者の子どものために教授言語である英語またはフランス語の言語学習支援が行われていることが挙げられるだろう。国内で

◆カリキュラムや教科書

カナダでは一部、複数の州において共通したカリキュラムが策定されてはいるものの、日本の学習指導要領のように全国的に統一されたカリキュラムはなく、各州・準州によって異なっている。またその改訂時期や周期についても、多くの場合、教科毎に不定期に行われる。多くの州において、カリキュラムには習得すべき資質能力（コンピテンシーやスキルなど、その名称は州によって異なる）が示されており、教科または教科横断的な学習活動を通した資質能力の育成が目指されている。

学校で使用される教科書や教材についても州によって異なり、検定または認可制度が設けられている州もある。多くの場合、教科書は無償で児童生徒に貸与される。ただ、授業における教科書の使用義務はなく、日本のように一冊の教科書で授業が行われることはない。カナダのカリキュラムでは、具体的な教育方法などは明示されていない場合が多く、使用する教材についても教員の裁量に委ねられている。そのため教員は、教科書の他、州教育省のガイドラインや教師用指導書、教育委員会が提供する補助資料等も参照しながら授業計画を立て、自ら準備した資料等を用いて授業を行う場合が多い。

第3節 課題と魅力

◆先住民族の教育における「知」の継承

近年、かつて先住民族の子どもを強制的に移住させ行った寄宿学校での教育の歴史と、現代の先住民族が抱える様々な問題が注目されている。特に、2021年5月に寄宿学校跡地から大量の子どもの遺骨が発見されたことは、カナダ社会に衝撃を与えた。

1880年代から1996年までの間、のべ15万人の子どもたちが強制的にインディアン寄宿学校に就学させられてきた。近年、そこでは身体的・性的虐待が行われ、学校生活の中で命を落とした子どもが多数いる事実が判明している。

2008年6月、連邦政府は「真実和解委員会（Truth and Reconciliation Commission）」を設置し、実態調査の実施を決定するとともに、かつての児童生徒に対する正式な謝罪と補償が発表された。2015年に出された最終報告書では、家族や部族の言語や文化から隔離され、同化主義的な矯正教育を受けた子どもたちの抱えるトラウマや、白人社会からの差別、母語や慣習・儀式等が継承されていないことによる自己喪失感など、多くの問題が指摘されている[3]。このような強制就学は、先住

最も多くの移民を受け入れてきたオンタリオ州では、1950年代より主に都市部の学校で、移民の子どもに対する英語教育が行われてきた。現在、州内にある英語を教授言語とする公立学校では、新規で入国してきた移民や難民などの英語の指導が必要な子どもを英語学習者（English Language Learners: ELL）と位置づけ、州の政策に沿った受け入れと支援がなされている。オンタリオ州のELLの受け入れ体勢は、教育委員会や学校によって異なっている。第1～8年生のELLの場合、就学や転入時から地元の小学校が直接受け入れる形式が一般的である。一方、第9～12年生の場合は、教育委員会や教育委員会が設置した受け入れセンターで語学力や基礎学力のレベルのチェックを受け

た後、地元の中等学校で学校生活を始める形式を取ることが多い。

[中等教育修了試験制度]

多くの州では中等教育課程を終えた後、中等教育修了試験を受ける。それに合格した生徒は中等教育までの課程を修了したことになる。ケベック州では、大学進学希望者は、11年間の教育課程を終えた後、中等後教育機関においてカレッジ・ディプロマ（2年）を取得する必要がある。このように、中等教育修了時の試験制度も各州によって異なっている。

民族の「知」の「破壊の拠点」であると指摘されている。[4]

　連邦政府や州政府は、1960年代より先住民族の言語・文化に関する授業を開始し、1973年からは指定居住地において先住民族自治体が運営する学校の設置が進められてきた。その後も教育予算の編成権の獲得や先住民族に関する科目の設置、高等教育機関における先住民学科や大学の設置など、先住民族の「知」を継承していくための教育政策が展開されている。[5]

　未だ潜在的な不平等やレイシズムが指摘される現状を乗り越え、真の意味で承認し合い、尊敬し合う関係をどのようにして築いていくのだろうか。このような問題の解決に向けて教育はどのように貢献できるだろうか。今後の展開は注目に値するだろう。

◆社会の多様性を受容し、それを反映した教育

　カナダは、世界有数の移民国家である。2021年の国勢調査によると、移民の割合は全人口の23.0%を占めており、今後もその割合が拡大していくことが予想されている。[6]そもそも各地には、17世紀にフランスから植民者が移住してくる遙か昔から、様々な先住民族が居住している。このように文化的・言語的多様性が常に拡大し続けるカナダの教育において、そのような多様性を尊重し、反映させるための仕組みが構築されているといえるだろう。

　例えば、先に挙げた教育委員の選出方法は良い例であろう。加えて、学校に設置されている学校協議会においては、保護者や地域住民、生徒がそれぞれ互選によって選ばれ、地域の多様性が反映される仕組みが整えられている。このように、当事者の多様な意見を教育行政や学校運営に直接反映できる制度が構築されている。また、改革を進める際も、市民の多様な意見が重視される。近年、カリキュラム改革を行ってきたオンタリオ州、ブリティッシュ・コロンビア州、アルバータ州では、その開発には専門家や教員以外にも、多くの市民が参加している。様々な地域で、繰り返し、多くの市民との対話の機会を持ち、議論を繰り返すなど、高い透明性を保ちながら協働で開発することが重視されている。その根底には、社会における多様性をそのままカリキュラムに反映させようとする意図がうかがえる。教科書等の教材にしてもそうである。挿絵一つとっても、現実社会が適切に反映されているか、厳しいチェックがなされている。

　10州と3つの準州が、それぞれの多様性を活かしながら個性豊かな教育を行っているカナダの教育について、一言で語ることは非常に難しい。そのことこそが、カナダの教育の最大の魅力と言えるだろう。

（下村智子）

［複数の州共通カリキュラム開発］

　カリキュラムは州によって異なっているが、複数の州に共通するカリキュラムが策定されているものもある。例えば、1993年に締結された北西部カナダ協定（Western and Northern Canadian Protocol for Collaboration in Education）に基づき、アルバータ州、マニトバ州、ノースウエスト準州、ヌナブト準州、サスカチュワン州、ユーコン準州では、数学や国語の共通カリキュラムが開発されている。また、2004年に発足した大西洋教育担当大臣協議会（Atlantic Ministers of Education and Training）では、ニューブランズウィック州、ニューファンドランド＆ラブラドール州、ノバスコシア州、プリンスエドワード島州の間で、キャリア教育を中心とした共通カリキュラムが開発されている。

[注]

(1) 平田淳『カナダの「開かれた」学校づくりと教育行政』東信堂、2020年、305〜306頁。

(2) 同前書、98頁。

(3) タラガ、T.／村上佳代訳『命を落とした七つの羽——カナダ先住民とレイシズム、死、そして「真実」』青土社、2021年、334頁。

(4) 広瀬健一郎「カナダの先住民族教育における脱植民地戦略——ブリティッシュコロンビア州の学校教育を中心に」土田映子編『多文化世界におけるアイデンティティと多文化アイコン——民族・言語・国民を中心に』北海道大学大学院メディア・コミュニケーション研究院多元文化教育論分野、2020年、35〜36頁。

(5) (3)と同じ、38〜51頁。

(6) Statistics Canada, Census of Population., 2022（https://www12.statcan.gc.ca/census-recensement/index-eng.cfm）（2022年11月8日）.

[参考文献]

・下村智子「各国の教科書制度　カナダ」公益財団法人教科書研究センター『海外教科書制度調査研究報告書』2020年、203〜212頁。

・下村智子「第3章　教育課程改革の諸課題　2カリキュラム・オーバーロード」国立教育政策研究所『学校における教育課程編成の実証的研究報告書5　諸外国の教育課程改革の動向』2021年、46〜51頁。

・児玉奈々『多様性と向き合うカナダの学校』東信堂、2017年、67〜89頁。

・Mónica Ruiz-Casares & Deniz Kilinc., *Legal Age for Leaving Children Unsupervised Across Canada, 2021*（https://cwrp.ca/sites/default/files/publications/Legal%20Age%20for%20Leaving%20Children%20Unsupervised%20Across%20Canada%20%282021%29.pdf）（2022年8月15日）.

113

[寄宿学校問題]

　寄宿学校の運営に関する問題については、2021年5月にブリティッシュ・コロンビア州カムループスにおけるカナダ最大規模の先住民寄宿学校跡地で、約200人の子どもの遺体が発見されたことから、さらに注目を集めている。さらに、サスカチュワン州マリエバルでは、約750人の遺体が見つかるなど、他の寄宿学校跡地でも、同様の発見が相次いでいる。これらの事実は、カナダ国内において大きな衝撃を与えると共に、現在の先住民族が未だに直面している様々な問題にも注目が集まっている。

[近年のカリキュラム]

　近年、複数の州において、大規模なカリキュラム改革が行われている。例えば、ブリティッシュ・コロンビア州では、急速に変化する現代社会に適応した教育制度へと変革する必要性から、2010年から2016年にかけて全教科の改訂を含む大幅なカリキュラム改革が行われた。新カリキュラムでは、コンピテンシーの育成と各教科における概念（ビッグアイデア）の習得を主眼とし、教科の再編と統合が行われた。各教科の内容がビッグアイデアを中心に焦点化され、精選されると共に、全教科において先住民の考え方や知識が反映された内容となっていることは特徴的であると言えよう。

CHAPTER 14

さまざまな「多様性」を内包する学校

オーストラリアの学校

第1節 日常の風景

◆小学生の一日

　南半球に位置するオーストラリアの学校は、クリスマス休暇を兼ねた長い「夏」休みが終わった1月末から2月初旬に始まる。都市部では、女の子はワンピース、男の子は短パンに白もしくは水色の半袖シャツといった制服が一般的だが、地方に行くと、性別にかかわらず、ポロシャツのみが指定というところも少なくない。

　学校がはじまる8時半近くになると、正門前の道路は保護者の送迎の車で混雑する。学年が上がれば友達同士で登校したり公共交通機関を利用したりする姿も見られるが、安全・安心の確保や朝の忙しい時間の節約、車通勤する保護者の都合などを理由として、学齢期の子どもを持つ親の約3分の2が、毎日子どもを学校まで送っているという。運動不足解消のためにも送迎をやめるべきとの声もあるものの、車社会でそれを変えるのは難しい。

　小学校では、各教室に子どもが集まってくると、クラス担任が授業開始前にクラスの約束事や授業中に期待される行動などを確認し、すぐに授業を開始する。朝礼は、多くの学校で週の後半に行われている。ある学校では毎週金曜日の授業前が定例だが、子どもの表彰が行われたり、イースターなどのイベントの前には6年生の主導で学年ごとにパフォーマンスが披露されたりと、朝礼はさながら1週間のごほうびのような役割も担っている。

　午前中の早い時間帯には、子どもの集中力が高いときを狙って、英語と算数の授業が行われる。ナショナル・カリキュラムである「オーストラリアン・カリキュラム」には、各学年で獲得すべき知識・スキルを示す到達度スタンダードが提示され、各学習領域で扱われる内容が示されている。しかし、それを具体的にどう教えるかは、各学校・教員がそれぞれの学校や児童生徒の状況に即し

[日焼け対策]

　日差しが強いオーストラリアでは、紫外線対策の一環として、頭から首のうしろまでを覆うつば広帽(ハット)が、小学校の制服の一部に含まれている。各州で紫外線対策に関する政策が定められ、例えばクイーンズランド州では、子どもたちが遊ぶグラウンドには日除けをつけること、体育など屋外での活動時間を調整(天候に応じ屋外で活動できる時間についての目安も提示)することなどのきまりが定められている。

学校の日除け

て決めていく。小学校の英語や算数の授業では、1コマのなかにさまざまな活動が分刻みに盛り込まれ、子どもが集中して学習を継続できるよう工夫されている。また、低学年では、保護者をはじめとするボランティアの協力により、子どもの理解度・達成度を確認しつつ、小グループで授業が進められる。さらに、移民や留学生など英語を母語としない子どもが多く在籍する学校では、かれらを対象とした第二言語もしくは追加言語としての英語（ESL／EAL）の授業も提供されている。

　教室には、オーストラリアの地図やクラスのルール、アルファベットなどの学習ポスター、季節ごとに変わる子どもの作品が掲示されている。多文化国家オーストラリアでは今でも人口の約3割が海外生まれであり、さまざまな国・地域を出自とする人々が共生する。そのため、先住民の歴史や文化に対する理解とともに、同国の国語・公用語である英語の習得が重視されるのはもちろん、一方で国内外の多様な言語・文化を尊重する態度の育成にも力が入れられている。小学校でも、多くの州で中・高学年から「言語（Languages）」の授業が必修とされ、日本語をはじめとするさまざまな言語が教えられている。

　オーストラリアの学校に給食はない。午前中の休憩時間にとるモーニングティーとランチは、いずれも自宅から持参するか、校内にある売店で購入する。たいていの子どもは、サンドイッチに加えフルーツやシリアルバー、さらにはポテトチップス、クッキーなどのスナックの小袋を、大きなタッパーのような入れものに入れて持ってくる。それにジュースやヨーグルトあるいはゼリーを入れてくる子どももいる。最近では、子どもの肥満が問題視されており、クイーンズランド州の「賢い選択を（Smart Choices）」キャンペーンのように、野菜や果物をもっと摂るよう呼びかける啓発活動や食育も行われている。

　モーニングティーやランチタイムのあとの休憩時間には、子どもは、強い日差しを防ぐために日除けのつけられた中庭や教室で、友達と遊んだり本を読んだりと、思い思いの時間を過ごしている。教員は交代で、教室内外の児童の見回りを行い、屋外では帽子を被っていない子どもに注意を促したり、喧嘩の仲裁を行ったりする。

　15時には先生や友達にあいさつをして、帰りの支度をする。掃除は、専門の職員もしくは外部業者に委託しており、児童生徒が行うことはない。小学校では登校時と同様、下校時にも保護者が迎えに来て一緒に帰宅する子どもが多いが、仕事でそれが難しい家庭では、学童保育が利用される。

　学童保育は、学校の敷地内に併設されている場合もあれば、コミュニティの施設などを利用し行われているものもある。また、運営主体もさまざまだが、いずれも政府が定めた基準に従うよう求められている。保護者の要望で子どもに宿題をさせるところもあるが、基本的には「保育」を主た

115

[オーストラリアン・カリキュラム（AC）]

　同国初のナショナル・カリキュラムで、2013年以後すべての州で運用されている。いわゆる教科にあたる八つの学習領域（Learning area）とすべての学習領域にまたがって必要とされる7つの汎用的能力（General capabilities）および優先的に教えられるべき内容である3つの領域横断的優先事項（Cross-curriculum priorities）の3層から成る。就学前（Foundation）から10年生までのカリキュラムと中等教育修了資格にかかる11・12年生のカリキュラムがある。ACは、すべての児童生徒が学習すべき事項を示したものであり、各州・各学校は地域の実情にあわせ、その運用に責任を持つこととされている（詳細は、https://www.australiancurriculum.edu.auを参照のこと）。

[学校審議会とP&C]

　オーストラリアの学校には、各州教育法により、学校審議会（School CouncilやSchool Board）が設置されている。校長のほか教職員、保護者および児童生徒の代表により構成される同審議会は、学校の教育戦略や年次計画を確認・承認するとともに、その成果を検証し、校長に助言を提供する役割を担っている。また、学校審議会とは別に各学校には、日本のPTAにあたる保護者とコミュニティの会（P&C）が設けられており、学校生活の充実のための募金活動や備品・消耗品の購入・寄付、さらには校内の売店の運営や放課後の学童保育の提供などさまざまな活動を行っている。

る目的とするため、遊び中心の活動が行われている。保育園と同様、利用料はかかるが、保護者の収入などに応じて、政府の補助を受けることができる。

　宿題は、学校で習ったことを確認するとともに、家庭で自学自習の習慣を身につけるため、重視されている。各学校は、保護者と市民の会（P&C）との協議の上で宿題にかんする方針（Homework Policy）を定めるよう求められており、校長は子どもの入学に際し、児童生徒および保護者にその内容を確認する必要がある。小学校低学年の子どもは、家庭で宿題を行うに際し保護者の助けを多く必要とするとともに、さまざまな活動のなかでの学びが奨励される年齢段階であり、かつ宗教・文化的な活動への参加を含む学校外での家族行事なども少なくないことから、クイーンズランド州では、かれらが宿題に費やす時間は週1時間程度と決められている。

◆遠隔地の学校と遠隔教育学校

　オーストラリアは日本の約20倍の広大な国土を持つが、人口の約7割は、シドニーやメルボルンなどの東海岸に位置する大都市に居住する。そのため、多くの人が抱く「オーストラリア」のイメージは、世界中からさまざまな文化的背景を持った人が集まる都市国家といったものかもしれない。しかし、農業や牧畜業、鉱業など同国の第一次・第二次産業は主に内陸部で発展してきたため、都市から遠く離れた内陸部遠隔地に居住する子どもの教育をいかに保障できるかは、常に同国の課題とされてきた。

　クイーンズランド州の遠隔地で幹線道路を走っていると、子どもが手を繋いだ絵が描かれた黄色い標識を見かける。これは、スクールバスの乗降場を示したものであるが、ベンチはおろか辺りには住居などの建物さえ見つけることができない。オーストラリアでも、公立学校は学区制がとられており、基本的に自宅から一番近い学校に通うこととされている。しかし、例えば牧畜業を営む家族の場合、最寄りの街どころか、隣の家やバス停ですら、車で数分の距離にあることも珍しくない。そのため遠隔地では、毎日片道45分の道のりをスクールバスに揺られ学校に来る子どももいる。

　遠隔地の学校でも、都市部同様、電子黒板はもちろん、1人1台タブレットが用意され、授業などで活用されている。遠隔地ではかねてより、教員の継続的な確保が課題とされており、小学校でも必修とされる「言語」の授業は、近隣の中等学校と連携し教員の派遣を依頼したり、それが難しければ、遠隔教育学校（School of Distance Education）のオンライン授業をクラス単位で受講したりする措置がとられている。

スクールバスのバス停

遠隔教育学校における授業の様子

　遠隔教育学校は元来、「陸の孤島」とも言われる遠隔地・へき地に居住する人々や家族の健康を守るために整備されたフライング・ドクター・サービスの放送網を利用することで始められた州立学校である。現在、各州に1校以上の遠隔教育学校が設置されているが、近年では本来の「地理的孤立」だけではなく、何らかの理由で「通常」の学校に通うことが難しい児童生徒の受け入れ機関としても機能している。オーストラリアではいずれの州でも、適切な過程を経た上で、学校長の判断で退学処分を科すことができるが、義務教育期間内であれば、処分を受けた児童生徒は他の学校に転校し教育を受けなければならない。また、近年では、発達障害や精神疾患などにより、集団で授業を受けることが難しい児童生徒も少なくない。それらの子どもにとって、遠隔教育学校は、自身のペースで学習が継続できる格好の場と見なされている。

　遠隔教育学校といえども、授業は昨今のICT機器の発達により、オンラインでも、教室で行われる教育活動に近いかたちで、双方向型の授業を受けることが可能になった。しかし、コロナ禍で一時期学校閉鎖の措置がとられた際にも指摘されたが、オンラインでの学習をより効果的に進めるためには、保護者をはじめとする周りのサポートが不可欠である。これは特に低学年の児童ほど当てはまる。遠隔教育学校では、定期的に対面のイベントも実施しているが、その際には児童生徒だけではなく保護者をはじめとする家族での来校を呼びかけ、教員との連携はもちろん、学習コミュニティの育成にも力を入れている。

第2節 学校制度

◆全国的に統一が進む学校教育制度

　オーストラリアは連邦制を採用しており、憲法規定に基づき、教育に関する事項は各州政府の責任とされている。そのため、学校教育制度や義務教育年限、学校教育課程基準が州によって異なる。しかしながら、1980年代後半に連邦・各州教育大臣の合意により「国家教育指針」が策定され、国家教育目標の実現に向けて各州の連携・協働の重要性が確認されて以後、国家としての枠組み・統一性が重視されるようになった（**図14－1**）。1990年代後半に行われた全国的なリテラシー調査を契機として、2000年代後半にはナショナル・カリキュラムの開発が進められ、現在では、質の高い教育をすべての児童生徒に公平・公正に提供するため、統一的な基準・枠組みの下、各州でそれらに沿った改革・調整が進められている。

　現在、同国では、南オーストラリア州をのぞくすべての州で、小学校は1～6年生、それに続く

［教育におけるデジタル・デバイスの活用］

　2008年、当時首相を務めたラッド（Rudd、K.）が、すべての児童生徒がデジタル社会で生き抜く環境整備を目的に、「デジタル教育改革（Digital Educational Revolution）」を実施した。ブロードバンドの整備や生徒1人1台PCの確保を推進し、資金不足で当初の目標は達成し得なかったものの、教育におけるICT活用に関しさまざまな議論を巻き起こした。OECDの調査（TALIS）によれば、オーストラリアは世界で最も学校教育でデジタル・デバイスが活用されている国の一つである。しかし、コロナ禍での経験を経た現在でさえ、その有効性自体は広く認められているものの、デジタル・デバイスの活用がかえって教育内容への集

1人1台タブレット

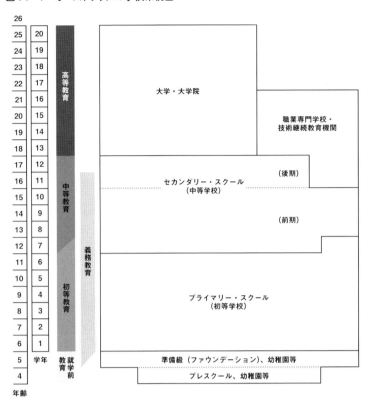

図14－1　オーストラリアの学校系統図

年齢	学年	教育段階	就学前		
26 25 24 23 22 21 20 19 18	20 19 18 17 16 15 14 13	高等教育		大学・大学院	職業専門学校・技術継続教育機関
17 16 15 14 13	12 11 10 9 8	中等教育		セカンダリー・スクール（中等学校）（後期）（前期）	
12 11 10 9 8 7 6	7 6 5 4 3 2 1	初等教育	義務教育	プライマリー・スクール（初等学校）	
5 4	学年	教育段階	就学前	準備級（ファウンデーション）、幼稚園等 プレスクール、幼稚園等	

出所：青木麻衣子・佐藤博志編著『オーストラリア・ニュージーランドの教育（第3版）：グローバル社会を生き抜く力の育成に向けて』東信堂, 2020年, xiii。

中学校と高等学校をあわせた中等教育学校は7～12年生とされている。義務教育は多くの州で6歳からだが、ほとんどの子どもがそれ以前から学校教育を開始する。小学校には一般的に就学準備学級が用意されており、学校生活への円滑な移行を目的に、政府も5歳での入学を奨励している。一方、義務教育の修了は、すべての州で10年生の終わりまでと定められ、かつ17歳になるまでは正規の教育訓練課程もしくは労働に従事するよう求められている。オーストラリアでは留年はそれほど珍しいことではない。保護者が教員と相談の上で、子どもに同じ学年を2回させることもある。そのため、義務教育の修了は「年齢」ではなく「学年」で示されている。

　オーストラリアでは、中等教育を修了する人口の割合が他の先進諸国に比べて低く、特に1990年代以降は、その改善を目的に、学校教育に職業教育訓練の要素が積極的に取り入れられてきた。また、より高度な技術を学ぶため、技術継続教育機関（TAFE）も用意されており、後期中等教育在籍中に職業教育訓練資格を取得することもできる。なお、12年生修了後、直接大学に進学するためには、各州が実施する中等教育修了試験の必要科目を受験し、進学先学部などが要求する一定以上の成績を収める必要がある。

中を妨げているとの指摘もあり、全面的な活用には批判的な声も少なくない。

［国家教育指針］

　国家教育指針（National Goals for Schooling）は、連邦および各州教育大臣を主な構成員とする会合で策定する、今後10年間の国家教育目標とそれを実現する上で優先的に取り組むべき事項を示した指針で、1989年以降これまでに四度策定されている。それらはそれぞれ会議が開催された場所の地名をとって、ホバート宣言（1989年）、アデレード宣言（1999年）、メルボルン宣言（2008年）、アリス・スプリングス（Mparntwe、この地の先住民のことばによる表記）宣言（2019年）と呼ばれる。「ホバート宣言」により、すべての児童生徒が学習すべき八つの主要学

習領域（Key Learning Area: KLA）が示され、その後のナショナル・カリキュラム開発の礎が築かれた。10年後の「アデレード宣言」では、すべての学習の基礎となるリテラシー、ニューメラシー教育の重要性が指摘され、それが公正に評価・保障されるべきことが確認された。さらに「メルボルン宣言」では、すべての児童生徒に公正で質の高い教育を提供するため、ナショナル・カリキュラムの開発や教員の専門性の向上などに連邦・州政府が協働して取り組むべきことが具体的に示された。現行の「アリス・スプリングス（Mparntwe）宣言」では、基本的に「メルボルン宣言」の路線を継承し、教育における公正さ（equity）と卓越さ（excellence）の達成が目指されている。

◆全国的な学力調査の推進と評価の透明性の確保

オーストラリアでは毎年、英語のリテラシーとニューメラシーを測る全国調査（NAPLAN）が、3・5・7・9年生のすべての児童生徒を対象に実施されている。テストの目的は、児童生徒が学校教育を通して、その後の学習や生活で必要とされる基礎的な読み書き・計算能力をきちんと習得できているかどうかを、国が定めた基準に照らして評価することである。そのため、各学校で事前に形式についての確認は行われるものの、保護者に対してもテストのための特別な勉強は必要ないこと、新たな教材の購入などのテスト対策の必要はないことが通知されている。

2022年には、紙媒体のテストがオンラインテストへと変更された。広大な国土を持つオーストラリアでは、テスト用紙の配布・回収に莫大な時間とコストがかかる。オンラインへの移行はそれらの削減とともに、採点や集計にかかる手間も省くことができる。また、音声機能や文字拡大ツールなどの活用により、これまで特別な支援を必要とするため、テスト実施中には個別の対応が要求された学習・発達障害の特性を持つ子どもの受験も容易になった。さらに、各自がPCで個別に受験することができるため、個々の子どもの理解度に応じて設問を変えるオーダーメイドのテスト（tailored test）の提供が実現した。教員からは、子どもが周りの児童生徒の様子を気にすることなくテストに集中できる、テスト結果をより一層教育実践や個別の支援に活かすことが可能になるといった肯定的な声が多く聞かれるものの、学校のネット環境や児童生徒、教職員、さらには家庭のICTスキルのちがいがテストの結果に反映されるのではないかとの懸念も示されている。

NAPLANの結果は、個々の児童生徒および各学校に返却されるとともに、政府が管理する「マイスクール（My School）」ウェブサイトでも公開されている。これは、学校情報の公開を目的としたものだが、運用当初は特に、学校の序列化につながるとの危惧も示された。マイスクールでは、学校の規模や財政状況とともに保護者の学歴や収入から算定した社会経済状況、児童生徒の出席率、過去2年分のNAPLANの成果などが示されている。NAPLANについては、学校全体の平均と、全国平均および類似した環境にある学校の平均との比較を、グラフで確認できる。また、中等教育学校に関しては、職業教育訓練の実施状況や生徒の進路についての傾向も示されている。

◆就学前教育の重視

就学前教育の整備・充実は、子どもの健全な発達やその後の学校生活への移行を助ける点で重要である。オーストラリアでは、2008年に連邦および各州教育大臣の合意により、国家目標に、すべての子どもが義務教育開始前の1年間学校教育に参加することが掲げられ、既存の就学前教育施

119

[オーストラリア資格枠組み（AQF）]

教育に関する権限を各州政府が持つオーストラリアで、中等教育修了資格、職業教育訓練資格および大学などの高等教育資格に等価性を持たせるために用いられている。AQF（Australian Qualification Framework）は、オーストラリアで提供もしくは認可される教育・訓練資格および学位の基準を明確化することにより、教育・訓練提供機関にその質の維持を促す役割を担っている。

[教員養成と教員の専門職スタンダード]

オーストラリアで初等・中等教育学校の教員となるためには、4年間の教育学に関する学士号を取得するか、3年間の学士号を取得した後、1年間の教育学に関する大学院レベルの資格（ディプロマもしくは修士号）を取得する必要がある。いずれも、比較的長期にわたる教育実習を複数回行わなければならない。大学卒業後は各州の管理機関で教員登録を済ませ、一定期間、初任者教員（provisional teacher）として監督教員の指導を受けた後、登録教員（registered teacher）として正式に採用される。教員の資質・能力は、レベル・キャリア別に「専門職スタンダード（Professional Standards for Teachers）」で管理されている。

設を中心に整備が進められてきた。義務ではないものの無償化されたことにより、2017年時点で、すでに約9割の子どもが週15時間の就学前教育に参加している。州によっては、近年政府の最重要政策の一つとされる格差是正を目的に、現在5歳とされる就学前教育開始年齢を3歳に早める取り組みをしているところもある。

　オーストラリアで保育・幼児教育を提供する組織には、いわゆる保育園にあたるデイケアのほか一般家庭で子どもを預かるファミリーデイケアや幼稚園などさまざまな形態が存在するが、いずれの組織も、運営にあたり国が定めた基準を遵守することが求められている。各組織が教育プログラムの立案・実施に際し参照する乳幼児期の学習フレームワークでは、オーストラリアン・カリキュラムへの接続が意識され、子どもが遊びを通して自らの個性を確認し、好奇心や創造性を高め、大人や周りの子どもと円滑なコミュニケーションがとれるよう、大まかな基準とそれに照らした成果の指標が示されている。学期末にはデイケアでも、保育証明として通知表のようなかたちで、各家庭にその成果が提供される。

　共働き家庭の場合、特に幼稚園開始前の3歳までは、デイケアなどの保育施設を利用するのが一般的である。しかし、費用が高額なため、祖父母や親戚を頼ったり、多くの場合、母親が仕事をパートタイムに切り替えたりして、利用日数を抑える家族も少なくない。実際に筆者が2018〜19年に地方都市で子どもをデイケアに通わせた際にも、1日約80オーストラリアドル（当時約6,500円）の費用がかかったが、シドニーやメルボルンなどの都市部では、この金額が倍以上になることも珍しくない。オーストラリア国籍保持者および永住権保持者には、収入や家庭環境に応じた補助があるものの、OECD諸国のなかでも高額な保育費用はたびたび問題視され、保育料を払うために働いているとの批判も耳にする。

　なお、5歳までの子どもを対象とした学校教育への接続を意識した活動は、「人生で最も重要な最初の5年間（First 5 Forever）」と銘打った取り組みとして、州立図書館などでも、読み聞かせやリズム体操、どろんこ遊びなど、さまざまなプログラムが定期的に実施されている。また、大型ショッピングセンターなどでも、ハロウィンやクリスマスなどのイベントの前には、それぞれの飾り付けやポストカードを作成する工作教室やフェイスペイント、バルーンアートなどが無料で催され、家族連れが楽しむ格好の場となっている。

第3節　課題と魅力

　オーストラリアでは2000年代に入り、先住民・非先住民間の格差是正が国の最優先事項の一つ

［国家評価プログラム（NAP）］

　2003年以降、オーストラリアでは、国家評価プログラム（National Assessment Program: NAP）のもと、次に示す学力・学習到達度調査が実施されている。
・NAPLAN：3・5・7・9年生対象のリテラシー、ニューメラシーの全国悉皆調査
・科学、シティズンシップ教育、ICT：3年ごとに順番に実施。特定学年の児童生徒を対象に抽出調査
・国際的なプログラム（PISA、TIMSS、PIRLS）への参加：特定学年の児童生徒を対象に抽出調査
（詳細は、NAPウェブサイト（https://nap.edu.au）を参照のこと）

**［学校教育外保育・教育機関の質保証のための
スタンダード（NQS）］**

　オーストラリアでは就学前教育・保育および学童保育などの学校教育外の保育・教育を行う組織・機関を対象に、質保証のためのナショナル・スタンダード（National Quality Standards）が定められている。これらは、①教育プログラムとその実践、②子どもたちの健康と安全、③物理的環境、④スタッフの配置、⑤子どもたちとの関係性、⑥家庭やコミュニティとの協働的な関係性の構築、⑦ガバナンスとリーダーシップの七つの領域から構成され、それぞれについて詳細な基準が示されている。各組織・機関は、州教育省の管理団体による監査を定期的に受け、認証を得る必要がある。

とされてきた。2019年にはこれまでの政策の見直しが行われ、新たな国家目標および計画が示された が、そこで強調されたのは、政府と先住民諸団体の双方に一層の責任の共有を求める「真の パートナーシップ」の重要性であった。これまで、先住民に対する政策は、その歴史的経緯を背景 に、とかく補償的性格が強かった。しかし、一向に改善されない成果を前に、先住民自身からも支 援のあり方をめぐって批判の声が聞かれるようになり、政策やプログラムの開発・運用に、先住民 自らが積極的に参加・関与し、結果に対する責任を分有する体制への移行が求められている。

　この格差是正政策で当初から一貫して主眼が置かれてきたのは、先住民の平均寿命、乳幼児死亡 率、そして教育と雇用における格差・不平等の解消である。なかでも教育は、その後の就労や生活 に影響を与えることから、優先的に改善が求められる事項の一つに掲げられ、就学前教育へのアク セスや中等教育修了率、リテラシーやニューメラシーなどの基礎学力の向上を目的とした取り組み が各州で進められている。

　一方、国外に目を向けると、オーストラリアは、豊かな自然環境とフレンドリーな国民性などを 理由に、これまで多くの人を惹きつけ、受け入れてきた。多様な背景を持った人々が集まれば、当 然そこに「差異」は存在するし、それが国内における「格差」の要因となることもあるだろう。ま た、ちがうからこそ求められるルールや責任も存在する。ただ、筆者が常に感じてきたのは、「学 校」という場においても、児童生徒が楽しいかどうか、気分よくいられるかどうかという基準が非 常に重視されており、それがオーストラリアの教育の一つの魅力となっているということである。 少し極端な例かもしれないが、筆者が子どもをデイケアに預ける際に一番びっくりしたのは、「靴 はどんなものを履かせてくればいいですか」という筆者の質問に対し、保育者が「なんでもいいで すよ、スニーカーでもサンダルでも裸足でも」と真顔で答えたことであった。差異を受け入れる、 多様性を認めるというのは、もちろん「なんでもあり」ということではない。ただ、少なくとも自 分が持っているものさしを一旦脇に置き、相手や自分にとっての「心地よさ」を改めて考えてみる 必要はあるだろう。差異や多様性に向き合い続けてきたオーストラリアの経験に気付かされること は、きっと少なくないはずである。

（青木麻衣子）

［参考文献］
・青木麻衣子・佐藤博志編著『オーストラリア・ニュージーランドの教育（第3版）――グローバル社会を生き抜く力の育成に向け て』東信堂、2020年。
・青木麻衣子・伊井義人「オーストラリアにおける遠隔教育学校の新たな役割」『北海道大学大学院教育学研究院紀要』136号、 2020年、163～175頁。

遠隔地先住民コミュニティの学童保育

自律性に満ちた学びと探究

ニュージーランドの学校

第1節 日常の風景

◆小学校の一日

8時半、オークランド市郊外のある小学校では、ガラス扉と天窓からの光があふれる玄関を抜け、親に伴われた子どもが、学校スタッフと「おはよう」とあいさつを交わしながら登校してくる。子どもは、男女兼用の動きやすいスクール・ユニフォームを着用している。南半球に位置するニュージーランドは、紫外線が強いため夏には帽子やサングラス、日焼け止めなどのケアも必要だ。子どもたちは、玄関に置かれたタブレット端末に、自らのカードを読み取らせて教室へと向かう。学校が導入しているこのシステムは、子どもたちの出欠や登下校の時間、教員らの入退出、訪問者の記録などを管理している。専用のアプリケーションを通して、教師と保護者間の連絡や面談予約も行われる。

ランチボックスと水筒、学校から持ち帰った読書用の本などが入ったリュックサックを、廊下の所定の場所に掛けると、授業開始まで教室内の好きな場所で本を読んですごす。教室に子どもたちの決まった席はなく、それぞれの作業がしやすく落ち着ける場所に座る。低学年の教室では、椅子のほかに丸テーブルやクッション、マット類が置かれ、寝転んで本を読むことも可能だ。高学年の教室には、パソコンや電子黒板が備えられている。どの教室の壁面にも、英語の掲示物のほか、ニュージーランドの先住民であるマオリの言語が随所に添えられている。

連絡事項やその日のスケジュールを確認した後、授業は9時頃から始まる。2時間目終了後の約20分間はモーニングティーの時間であり、持参したおやつを食べ終わると、校庭に駆け出していく。先生も学校が用意した軽食をとり紅茶を飲みながら、打ち合わせや情報交換を行う。4時間目が終了して、ランチタイムが始まるのは午後1時前となる。約1時間のランチタイムは、持参した

[ニュージーランドの民族構成]

パケハと呼ばれるヨーロッパ系の民族、先住民族マオリ、パシフィカと呼ばれる太平洋島嶼部出身の人々（サモア、トンガ、クック諸島、ニウエなど）、アジアからの移民などにより構成されている。2018年の調査によれば、民族構成比はヨーロッパ系70.2％、マオリ16.5％、パシフィカ8.1％、アジア系移民15.1％、その他1.5％である。注：二つ以上の民族に帰属意識を持つ人々の存在から、合計値は100％を超過している。
出所：マッセイ大学（ https://www.ehinz.ac.nz/indicators/population-vulnerability/ethnic-profile/ ）（2022年9月12日）。

[二文化主義]

イギリス王室とマオリとの間で、1840年に締結されたワイタンギ条約は、ニュージーランドにおいてマオリの権利を保障する根拠となっている。この条約を基盤に、1970年代からマオリ文化と、ヨーロッパ系民族の文化をはじめとするマオリ以外の文化を尊重する二文化主義が提唱され、ニュージーランド社会における、異文化理解の布石として、マオリの言語や文化の学習が教育に導入された。マオリ語は、英語、ニュージーランド手話とともに公用語となっており、公文書を含め日常的に用いられている。

表15-1　A小学校5年生の時間割

時間	時限	月	火	水	木	金
8:55〜9:00		連絡/当日の予定確認など				
9:00〜10:00	1	数　学	数　学	数　学	数　学	数　学
10:05〜10:55	2	英語ライティング	英語ライティング	英語ライティング	KIWI CAN*（特別活動）	英語ライティング
10:55〜11:15		モーニングティー				
11:15〜11:55	3	英語リーディング	英語リーディング	英語リーディング	英語ライティング	英語リーディング
11:55〜12:20		PCプログラム**	PCプログラム	PCプログラム	PCプログラム	体　育
12:20〜12:45	4	探　究	探　究	芸　術	英語リーディング	
12:45〜1:55		ランチタイムと活動				
2:00〜2:45	5	スペリング/学校集会など	探　究	マオリ語	探究/ICT	探　究
2:45〜3:00		一日の振り返り/下校準備				

注：*KIWI CAN:KIWIはニュージーランド人の意味。KIWI CANは、教育支援団体が開発した、子どもの自己肯定感を高めるためのプログラム。**PCプログラム:民間団体が開発した、ICTを用いて英語の読解力を高めるプログラム。

出所：筆者作成。

サンドイッチやシリアルバー、果物などを食べると、残り時間は遊びや校内の環境保護活動などに費やす。掃除は業者に任されている。5時間目が終わる15時に下校する。基本的に、休暇中を含め宿題はない。法律により14歳未満の子どもが一人で家に居ることは禁じられており、学校は始業前と放課後の15時から18時まで、有料の学童保育を提供している。

◆探究を中心とした学習

　表15-1は、A小学校5年生の時間割である。午前中は基礎教科、午後は探究の授業が主体であり、週に1度、体育や芸術、マオリ語の時間が設定されている。時間割は担任が決定し、クラスごとに時間割は異なる。ある日の5年生のクラスでは、「ヒロイズム（英雄的資質）」というテーマで、探究の授業が行われていた。壁には、子どもたちが英雄として挙げた人たちの写真が掲示されている。その隣には「ヒーローとアイドルの違いは何か」、「無私無欲とは何を意味するのか」という問いに、子どもたちが自分の意見を書き込んでいた。パソコンで調べたり、先生や友人と話し合ったりして、最終的に探究の成果を発表する。

　学校における教師の裁量度は高く、授業はナショナル・カリキュラムや自校の定めた学校目標をもとに、教師が組み立てる。ニュージーランドに国定の教科書はなく、民間の出版社が作成した教科書は、教材の一つとされ使用義務はない。教育省や教育関連団体は、ウェブ上で授業案やプログ

3年生の教室。好きな場所で学習できる

身体動作をマオリ語で表した掲示物

ラム、教材を提供して、教師の授業づくりをサポートしている。教育省により、学習到達度を把握するためのデジタル評価ツールも開発されている。「教授・学習の評価ツール（e-asTTle）」や、「進歩・一貫性ツール（PaCT）」は、英語や算数の学力を評価したり、スケール上に子どもの学習到達度を記録したりできる。これらの記録をもとに、学校は年2回、保護者に子どもたちの学習到達度を報告する。

◆学校行事と規則

　学校の年間行事には、クロスカントリー大会やキャンプなど、豊かな自然を生かした行事のほか、スクールディスコ、パジャマパーティといった楽しい催しがある。例えば、9月に行われるサマーディスコは、春先の寒さに震えながら、夏用の衣類やビーチサンダルを着用して参加する催しである。これらの行事には保護者が軽食の屋台を出店したり、チャリティーバザーを行うなどして、売り上げを学校に寄付する。

　学校では、いかなる場合も体罰は禁止され、子どもの権利は児童委員会により守られている。いじめ防止を目的として、チューター役の上級生が下級生や留学生に付く、バディ制度もある。公立中等学校では、10代で妊娠・出産をした女生徒に対して、託児所付き教育プログラムを提供している。

第2節　学校制度

◆中央教育行政制度

　ニュージーランドの中央教育行政機関は、教育省と資格庁（NZQA）、高等教育委員会である。教育省は、教育制度全体を監督し、教育成果を高めるための効果的な支援と財政配分などを行う。資格庁は、中等学校における学力認定試験を開発・実施するとともに、大学以外の高等教育機関の質保証を行う。高等教育委員会は、高等教育部門の政策に関わり、キャリア教育を提供する。上記のほか、教育関連機関の外部評価を行う教育審査局（ERO）が設置されている。1980年代の教育改革により、教育省の権限は複数の機関へと分権化された。地方教育行政では、教育委員会制度を廃止し、学校が自律的な経営を行う学校理事会体制へと移行した。学校理事会は学校憲章（チャーター）を定め、地域と保護者に対して学校の教育方針を公表する。

[A小学校の探究学習の手順]

設定	関心があること、すでに知っていること、疑問を抱いていることを整理する。なぜその課題が重要か考える。
獲得	課題に対する答えを導くために、必要な情報は何かを考え、情報源を特定する。
表現	コンセプトマップなどの視覚的な図を用いて、情報を整理する。
精緻化	課題を解決する方向性や、選択肢を整理する。探究の目的に対応した結果や、疑問への答えをまとめる。
協働	探究の結果をより効果的に公表するために、発表の方法、対象、協働する人を決める。
評価と行動	探究の難しかったった点、容易だった点を振り返る。結果を得て、どのように行動を改善すればよいか考える。

5年生の教室。ヒロイズムをテーマとした探究学習

◆入学は5歳の誕生日から

学期は4学期制であり、2月に新学期を迎え、夏休み前の12月に4学期が終わる。子どもは5歳の誕生日を迎える日から、小学校に入学できる。子どもによって入学日が異なるため、入学式は行われない。ただし小学校によっては、コホートエントリーというシステムを採用して、一定期間に誕生日を迎える子どもたちが、学期初めや学期の中間日にまとまって（コホート）入学するケースもある。子どもは1・2学期中に入学すれば1年生、3・4学期中に入学すれば0年生と呼ばれ、0年生は翌年の新学期から1年生となる。入学前と新学期には、学校指定の文房具・教材セット1年分を購入する。

初等教育は、6年間のコントリビューティング、または8年間のフルプライマリーで学ぶ。プライマリーでは、その後の2年間を中間学校であるインターミディエイトまたはミドルスクールですごす。中等教育は、9年生から13年生までの5年間を、セカンダリースクールで学ぶ。初等学校と中間学校を合わせた一貫制教育学校や、中間学校と中等学校を一緒にした7年制の学校も設置されている。義務教育は、6歳から16歳の誕生日までの10年間である。大学などに進学する生徒は、13年生まで進級する。公立校における授業料は、無償である。11年生になると、中等教育修了要件と大学受験資格の取得のために、全

図15-1　ニュージーランドの学校系統図

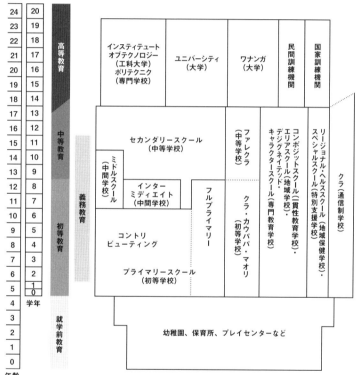

出所：https://parents.education.govt.nz/（2022年9月12日）より筆者作成。

125

[教育審査局]

教育省から独立した教育の評価と調査研究を行う機関である。評価対象は、就学前教育施設、初等・中等教育学校、ホームスクーリングを行う家庭などである。教育審査局の審査官は、定期的に学校や施設を訪問調査して、教育の質、重点分野における達成度、安全性などを評価する。課題を持つ学校や施設には、指導や研修機会が提供され、通常より短い期間で再調査が実施される。教育審査局の調査研究結果は、教育省に提出され教育政策の立案に用いられるとともに、ウェブサイト上で公表され、保護者の学校選択の一助となる。

[学校理事会]

すべての公立学校に設置が義務付けられており、校長、教職員代表者、選挙により選ばれた保護者の代表、生徒代表（中等学校のみ）、地域の代表者などで組織される。理事の任期は、最長で3年である。学校理事会の役割は、学校の長期目標を定めた学校憲章の作成、学校のカリキュラムの策定と管理、校長を含む教職員の雇用と人事管理、財政および財産の管理、地域連携、健康や安全面の整備、政府・地域・保護者への説明などであり、学校経営全般に対して権限と責任を持つ。ニュージーランド学校評議員会（NZSTA）は、必要に応じて学校理事会に助言や支援を行っている。

国教育到達度資格試験（NCEA）を受験する。NCEAには３段階のレベルがあり、概ね11年生がレベル１、12年生がレベル２、13年生がレベル３を受験する。大学受験資格を得るには、レベル３の資格取得が必要である。

　上記の学校以外に、マオリ語を主体とした学校も設置されている。1985年にマオリの初等・中等学校であるクラ・カウパパ・マオリ校が設立され、その後公立学校として認可された。多くのクラ・カウパパ・マオリ校は、１年生から13年生までである。中等教育が別に設置されている場合は、ファレクラと呼ばれる学校で学ぶ。高等教育機関への進学を希望する生徒は、ワナンガで勉学を継続する**（図15−1）**。

◆二種類のナショナル・カリキュラム

　英語を主体とする公立学校にはニュージーランド・カリキュラム（NZC）、マオリ語を主体とする公立学校にはテ・マラウタンガ・オ・アオテアロア（TMoA）という二種類のナショナル・カリキュラムが用いられている。これらの二つのカリキュラムの策定に先立ち、ニュージーランドでは多様な就学前教育施設に適用される統一カリキュラム、テ・ファーリキが策定された。テ・ファーリキは、社会文化的理論に立脚するとともに、マオリの価値観をその原理として取り入れたカリキュラムであったことから、世界的な注目を集めた。テ・ファーリキが示した原理は、NZC、TMoAに引き継がれている。

　NZCは、OECDが示したキー・コンピテンシーの概念を中核としながら、ニュージーランド固有の教育環境や、教員によるワーキンググループの意見を取り入れて策定された。児童生徒が獲得すべきキー・コンピテンシーとして、思考力、言語・記号・テキストを使用する能力、自己管理力、他者と関わる力、参加と貢献の５つの能力が提示されている。また、学習領域を８段階の修得レベルに分け、１年生から13年生までに段階的に修得するよう示している。しかし、児童生徒の学年と修得レベルは対応しているわけではない。学年の進級にも柔軟性があり、子ども一人ひとりの能力や学習の進捗状況に合わせた教育の提供に主眼を置いている。なお、2022年現在、NZC、TMoAは改訂段階にあり、現行の学習成果に重きを置くカリキュラムから、学習のプロセスを重視するカリキュラムに改訂されることが公表されている。

[多様な就学前教育施設]

保育所	最も利用者が多い施設。全日型保育や半日型保育を実施。
幼稚園	非営利団体が運営し保育料は無料。保護者も運営に協力する。
家庭託児所	保育者の家庭または子どもの家庭で、少人数の保育を行う。
クラ	遠隔地の子どもに通信制保育を行う。デジタル教材を使用。
プレイセンター	研修を受けた保護者が、保育を行う施設。親教育の側面も持つ。
コハンガレオ	保護者がマオリの言語と文化を中心とした保育を行う。

出所：
https://nzcurriculum.tki.org.nz/The-New-Zealand-Curriculum#collapsible14(2022年9月12日)より筆者作成。

第3節 課題と魅力

　多民族化が進むニュージーランド社会において、課題となっているのが学校間の教育環境の格差や、民族間の学力格差である。学校経営全般の権限を持つ学校理事会には、高度なガバナンスを発揮する理事会もある一方で、理事を引き受ける保護者が見つからない学校もある。学校間の競争が生じ、魅力的な学校はより多くの児童生徒を獲得して経営が安定するものの、そうでない学校は財政的に不安定になり、指導力がある校長を雇用できないという悪循環に陥っている。マオリや太平洋島嶼民の子どもの学習到達度は相対的に低く、これまで継続的に教育政策が講じられている。これらの課題に対して、地域ごとに複数の学校種が連携した学校共同体が形成されるようになった。学校共同体の運営主体は各学校の学校理事会であり、学校間で教育目標や教育方法を共有したり、教員向けの研修会を開催したりするなどして、地域における教育の質の改善を図っている。

　ニュージーランドにおいて、児童生徒の学びの質を向上させるためには、子どもたちの学校や地域への所属感を確かなものにするとともに、就学前教育段階も含め、学校と保護者や家族との連携が不可欠であると認識されてきた。学校の取り組みでは、教師が子どもの興味・関心や学びのプロセスを見つめ、子どもたちも自らの学習を振り返って自己評価やポートフォリオを作成するなどして、次の学習ステップを教師と子どもとで設計することが重視された。子どもの学びを中心に据えた教師と保護者のパートナーシップに加え、国内の多様な民族の言語と文化の尊重は、ニュージーランドの教育における協調性と創造性の源泉となっている。このような教育環境こそが、ニュージーランドの学校の魅力であり、強みでもあると言えるだろう。　　　　　　　　（島津礼子）

［参考文献］
・青木麻衣子・佐藤博志編『オーストラリア・ニュージーランドの教育（第3版）――グローバル社会を生き抜く力の育成に向けて』東信堂、2020年、105～185頁。
・七木田敦・ジュディス ダンカン 編著『「子育て先進国」ニュージーランドの保育――歴史と文化が紡ぐ家族支援と幼児教育』福村出版、2015年。

ニュージーランドカリキュラムの8段階の修得レベルと学年

出所：ニュージーランドカリキュラム
https://nzcurriculum.tki.
org.nz/The-New-Zealand-
Curriculum#collapsible 1 4
（2022年9月12日）.

［保護者とのパートナーシップ］

　就学前教育施設や初等学校では、保護者は日常的に学校を訪れて、教師と懇談をしたり、校内の環境整備などを手伝うことが多い。学校や教育関係の文書には、「保護者とファナウのみなさん」という言葉が用いられる。「ファナウ」とは、マオリ語で「拡大家族」という意味を持つ。マオリ社会においては、家族や親族、部族と子どもとのつながりが大切にされていることを反映したものであるが、この価値観は広くニュージーランドの教育に浸透し、国や地域、学校で、保護者を包摂した教育ビジョンが構築されている。

CHAPTER16

多様であることをともに祝う学校

インドの学校

^第1^節 日常の風景

◆登校風景

　　毎朝、学校に通学する子どもたちの様子はさまざまである。制服を着て徒歩で学校に向かう子どもたちもいれば、街中ではサイクル・リキシャ（自転車で引く人力車—大人の場合の乗車定員は2名程度）に同じ学校の制服を着た5〜6人くらいの子どもたちを乗せ、座席の外側の廻りにあるフックに通学カバンや水筒を引っ掛けてリキシャ・ワーラー（車夫）が自転車を漕ぐ光景をしばしば見かける。リキシャ・ワーラーは登下校の際に児童を学校に届け、そして迎えに行くことを各家庭の親と契約していると考えられる。

　　インドでは以前から、授業料が無償である政府の学校よりも、授業料を徴収する私立学校の方が「質の高い教育」を提供していると考える保護者が多かった。驚異的な経済発展を遂げるなかでミドルクラスの割合が増加するにつれ、学歴競争がますます過熱化し、私立学校に対する需要が高まってきている。評判が高い私立学校の中には、都市の中心部に位置する本校に加えて、その都市近郊の広いキャンパスに分校を開設するケースや、全国的に高名である私立学校の中には地方都市に同じ名称を冠するチェーンの加盟校を開設するケースが相次いでいる。このような私立学校では寄宿制をとる学校もあるが、通学制の児童生徒に対してはスクールバスのサービスを提供しているのが一般的である。住宅地を巡回するスクールバスで学校の責任の下で安全に通学できることや、ミドルクラスでは母親も働いている家庭が少なくなく、朝早くから夕方まで子どもが学校で過ごすことは保護者のニーズに対応して都合が良いという面もある。このような動向を見据えながら、低所得の家庭でも、もし授業料が払えるような金額であれば私立学校に通学させたいという願望が強くなり、このような需要に対応するために、授業料が低額の私立学校（「アフォーダブル・スクー

[Kndriya Vidyalaya]

　「中央」の「学校」を意味する。連邦政府の公務員の子どもたちを主たる対象とする学校。州によって地方言語が異なるインドにおいて、州を跨いで異動する連邦公務員に帯同する子どもの教育が言語の違いによって不利にならないように、すべてのKndriya Vidyalayaで、教授用語を英語とヒンディー語のバイリンガル、カリキュラムはNCERT、中等教育修了試験はCBSEに統一している。

[Navodaya Vidyalaya]

　新たな日の出の学校の意。農村地域に設置される第6学年から第12学年までの7年生の寄宿制学校。入学者のうち、①農村部出身者に75％、②指定カースト／指定部族に

は、出身者が所在するディストリクト（県）の人口比率を下回らない人数、③その他後進階層（OBC）に27％、④女子に3分の1、④障害のある生徒には政府が定めた基準の人数、がそれぞれ割り当てられる。入学試験には知能テスト（50％）、算数（25％）、言語（25％）がそれぞれの比率で課され、言語については20種類の言語が用意されている。第6学年から第8学年までは所在する州の公用語を、第9学年以降は、理数系科目は英語、人文系科目はヒンディー語をそれぞれ教授用語としており、「3言語方式」に従っている。また、ヒンディー語地域の生徒は非ヒンディー語地域に、非ヒンディー語地域の生徒はヒンディー語地域に、それぞれ1学期間滞在し、インド国内の異なる文化や言語

ル」とも呼ばれる）が急増してきている。

　児童生徒が学校に登校すると朝会が行われ、そのあとに授業が始まる。朝会では、校長の講話、連絡・伝達事項、児童生徒による新聞記事等の紹介とそれについての自分の意見のスピーチ、国歌斉唱、そして最後に祈りの唱和などか行われる。政府の学校で唱和される祈りについては特定の宗教に偏らないようにするとされているが、伝統的な祈りの場合は宗教との関係が深いためにその扱いは難しい。

　授業が行われる教室には、黒板のほかにアルファベットや算数などのポスターが壁に貼られていることが多い。都市部の初等学校や私立学校では机と椅子が備えてある教室もあるが、政府の小学校（とくに農村部）ではコンクリートの床に厚いカーペットが敷かれ、児童はその床の上に胡坐をかいて座って授業を受けるという光景がよく見られる。NGOが運営する学校の中には、床の上に児童と教師が円形に座ることで同じ立場で学ぶという雰囲気が創られ、また教室に机や椅子が無いことで児童を柔軟に小グループに分けてグループワークができるという利点を指摘するものがある。

◆時間割とカリキュラム

　インドでは、言語、数学、社会、理科等の認知的学習は教科として、そして芸術（美術、音楽、演劇など）、保健・スポーツ、価値教育、仕事教育、ゲームなどの非認知的学習は教科外活動として区別されて位置づけられている。そして、午前中は教科を学び、午後は教科外活動を行うのが一般的である。教科外活動に関して、私立学校の中には、演奏会や演劇を上演するシアターやさまざまな楽器、美術作品を創作するアトリエ、陸上競技のフィールドやトラック、球技スポーツのコート、体育館、スイミング・プール、ダンススタジオなど、充実した施設・設備を備え、選択できる活動の種類が豊富であり、専門家がインストラクターとして児童生徒の指導に当たることをセールスポイントとしている学校もある。

　表16－1の時間割は、テランガーナ州の政府の前期初等学校の4年生の一日のスケジュールと時間割の例である。テランガーナ州は南インドの州であるため、州の公用語であるテルグ語を第1言語としており、第2言語はヒンディー語ではなく英語となっている。なお、教授用語はテルグ語あるいは母語である。テランガーナ州の前期初等学校は5学年であり、この時間割は校長を含めて教員数が5名の場合である。5名の教員は「テルグ語」、「英語」、「数学」、「環境学習（第3学年から）」の科目をそれぞれ専門に担当し、すべての学年の児童を教える。教科の授業は午前中に行わ

に触れる機会を与えるなどのプログラムを行っている。

**［留保制度と指定カースト（SC）／指定部族（ST）／
その他後進諸階層（OBC）］**

　留保制度は、歴史的に、社会・経済の面で後進な集団に対して、議会の議席や公職のポスト、大学の入学定員などに枠を設定して優遇する制度である。インドでは憲法の第341条および第342条に基づき、これらの集団を大統領が指定することから指定カースト（SC）、指定部族（ST）と呼ばれる。SCは人口の16.6%、STは人口の8.6%（2011年国勢調査）である。またSC/STに指定されない階層は「その他後進諸階層」（OBC）とされ、人口の41%程度と推計される（2006年国家統計局調査）。2006年の第93次

憲法修正により、SC／STに加えOBCにも高等教育機関への入学に27%の留保枠が認められた。留保制度により、これらの階層の社会・経済的向上が可能になったとされるが、残された課題も多い。

表16-1　テランガーナ州政府の前期初等学校の4年生の時間割

	教科科目セッション						教科外活動セッション＋3Rsの学力向上テスト(10日に1回)				
時限	1	2		3	4		5	6		7	8
時間	9:00~9:15	9:15~10:00	10:00~10:40	10:40~10:50	10:50~11:30	11:30~12:10	12:10~13:10	13:10~13:50	13:50~14:30	14:30~14:40	14:40~15:20	15:20~16:00
月・火・水	朝礼／祈り	EVS（環境学習）	テルグ語	休憩	英語	数学	昼食	図書館活動	価値教育	休憩	芸術・文化	仕事教育
木・金・土								ゲーム	保健体育		ゲーム	

出所："PS 5 Teachers wise Time Table(googlegroups.com)"(https://www.guruvu.in/2019/06/five-teachers-primary-schools-ready.html)より筆者作成。

れ、月曜から土曜まで毎日すべての科目の授業がある。2時限（2科目）連続の授業のあとに休憩時間が入る。2限目の終了後に短い休憩時間を挟み、午前に4時限（4科目）の授業が行われる。

　午後には教科外活動として、ゲーム、芸術・文化教育、保健体育、価値教育、仕事教育、図書館活動の時間が4時限組み込まれているほか、10日に1回の間隔でテルグ語、英語、そして数学（＝読み書き算の3Rs）の学力向上テストが実施される。かつては認知的学習の教科を中心に、午前中だけで学校の活動を終える政府の学校が多かったが、近年は「教育の質」が問われるようになっていることから、9時から16時までと学校の活動時間が長くなっている。

　午前の教科の授業が終わると昼休みになり給食が提供される。よく見られる給食の光景は、児童それぞれが金属製の丸いトレイやくぼみのある皿を持って列に並び、豆のスープであるダールや野菜のカレーであるサブジー、それにライスかチャパティ（基本的にベジタリアン）を係のスタッフからトレイか皿の上に乗せてもらい、それを持ってベランダや廊下の両側に2列に向かい合わせに胡坐で座り、手を使ってお盆やお皿の上のダールとサブジーにライスを混ぜながら食事をする。もし残りがあれば、それをバケツ状の容器に入れて廊下の真ん中を歩いているスタッフから追加してもらう。食事が終わったら食器を流しのところまで持っていく(2)。

　インドでは学年の開始時期は地域や州によって異なり、4月から6月にかけて学年が開始される。インドでは5月から6月が一番暑い時期であり、この時期に夏休みとなる学校が多い。さらに11月のディワリ（ヒンドゥー教の新年—ラクシュミ神を祝う光の祭り）休暇、12月末から1月初めにかけての冬休みなどの長期休暇がある。全国的に学校が休みとなる、1月26日の共和国記念

[インドのインクルールシブ教育]

　2016年に成立した「障がい者権利法」が、インクルーシブ教育を「障がいを持つ生徒と持たない生徒がともに学ぶ教育システムであり、生徒の持つさまざまなタイプの障がいに応じた学習ニーズに適切に対応した教授・学習システムである」と定義している。そして、2009年RTE法の規定（6歳から14歳までの無償義務教育を基本的権利と定めている）にもかかわらず、一定の基準にある障がいを持つすべての子どもは、本人の選択にしたがい、近隣の学校か障害児学校で無償教育を受ける権利を持つべきであり、政府と地方自治体はすべての障がいを持つ子どもが18歳になるまで、適切な環境にある無償教育を保証すべきである

と規定されている（障がい者権利法31条）。

　すなわち、本人（あるいは親もしくは後見人）が、近隣の学校でのインクルーシブ教育を選択した場合、政府あるいは地方自治体はその権利に対応することが求められる。他方、RTE法の2012年の改正で、重複障がいや重度障がいを持つ子どもはホームスクーリングを選択できるとされている。

日、8月15日の独立記念日、10月2日のマハトマ・ガンディーの生誕記念日のほかに、キリスト教のクリスマス、シーク教の指導者であるグル・ナーナクの生誕記念日、ラマダン明けを祝うイド・アル・フィトル、イスラム教の犠牲祭であるイド・アル・アドハーなど、各宗教に関連する記念日が地域あるいは学校によって休日となる。

◆教師の日

　インドでは1962年から、9月5日が、「教師の日」とされている。9月5日は、第2代の大統領であり、教育者で哲学者でもあったラダクリシュナン博士の生誕記念日である。この日には、生徒や卒業生が教えを受けた先生に、カードを添えて花やお菓子などのプレゼントを贈る、ダンスや歌あるいは先生の物まねなどを披露するイベントを開催するなど、さまざまな方法で「教師の日」を祝うとともに、敬愛と感謝の気持ちを自分たちの教師に伝える。

　かつて、インドの教師といえば、長い棒を持って生徒をたたいて叱る怖い存在というイメージが強かった。しかし、現在は体罰が禁止されており、児童にフレンドリーな教師であることが求められている。また、私立学校の中には、学年制とは別に、（イギリスのパブリック・スクールに倣い）年齢が縦割りのグルーピングを行う「ハウス」システムを採用していて、児童生徒の日常の行動を「ハウス」ごとに採点・集計し、お互いに競わせることで、学校の規律を守らせている学校もある。

　学校の教室や校舎、校庭などの清掃を児童生徒と教師が協力して行う学校もあるが、「清掃」という作業が身分制と結びついているため、学校清掃を児童生徒が行うのは一般的ではない。ただし、児童生徒が学校の近隣コミュニティで清掃活動や美化活動、環境保護活動などを組織的に行うことが、教育的見地から奨励されている。

第2節　学校制度

◆「基本的権利」としての無償義務初等教育へ

　インドは1947年8月15日に長年のイギリスの植民地支配から脱し独立を達成した。主権を持ち、社会主義的で非宗教的な、議会制民主主義の28の州と8つの連邦直轄地（2020年現在）からなる連邦共和国である。1950年に成立した共和国憲法では当初は州の権限であるとされた教育が、その後の修正により連邦と州の共管事項とされている。また義務教育に関しても、当初の憲法では、「政府の政策方針の原則」のなかで、「経済発展の状況に応じて政府は教育の権利を保障する対策を

[宗教別人口比率]
①ヒンドゥー教：78.8%
②イスラム教：14.23%
③キリスト教：2.30%
④シーク教：1.72%
⑤仏教：0.70%
⑥ジャイナ教：0.37%
⑦その他の宗教：0.66%
⑧無：0.24%
（出所：「国勢調査」2011年）

[憲法第8条で指定されている22のインドの主要言語]
①アッサミーズ、②ベンガリー 、③ボードー、④ドグリ、⑤グジャラーティー、⑥ヒンディー 、⑦カンナダ、⑧カシミーリ、⑨コンカニ、⑩マッティリー、⑪マラヤラム、⑫マニプリ、⑬ マラーティー、⑭ネパーリー、⑮オリヤー、⑯パンジャービー、⑰サンスクリット、⑱ サンターリー、⑲シンディー、⑳ タミル、㉑テルグ、㉒ ウルドゥー

講じる」（第41条）とされ、憲法の発効後10年以内（つまり1960年まで）に、14歳までの児童に無償義務教育を提供できるよう努めるとされていた（第45条）。

　1993年に連邦最高裁で、教育は基本的権利であると判断された判決が出されたことをきっかけとして、2002年に第86次の憲法修正が成立し、6歳から14歳までの無償義務初等教育は基本的権利であるとされ（第21条A）、同時に、親および後見人には、6歳から14歳までの子あるいは被後見児童に教育の機会を与える義務があるとされた（第51条A）。それ以前には義務無償教育は各州の州法で定められることとされていたが、必ずしもすべての州で義務無償教育の法的規定があるわけではなかったのである。連邦議会で義務無償初等教員を基本的権利とする憲法修正がなされたことにより、連邦法で義務無償教育に関する法を制定する必要が生じた。そして、2009年に「義務無償教育に対する児童の権利に関する法律」（RTE法）が連邦議会で可決され成立した。RTE法では、さまざまな初等学校を、①州や地方自治体などの政府が設置・運営する学校、②政府から補助金を受けている私立学校、③連邦政府の公務員の子どもが学ぶ 'Kendriya Vidyalaya' や、社会経済的に厳しい階層や農村部の出身で優秀な生徒が学ぶ寄宿制の 'Navodaya Vidyalaya' などの特別な性格の学校、④政府から全く補助金を受けていない私立学校（独立学校）、の4種類に類別した。①の区分の学校はあらゆる子どもの入学を認め、無償義務教育を提供する、②の区分の学校は、経常経費に占める政府からの補助金額の割合に応じた数までの子ども（ただし最低でも第1学年の入学者の25％）に無償義務教育を提供する、③と④の区分の学校は第1学年の入学者の25％を社会経済的弱者層の家庭出身の児童のなかから入学させ、無償義務教育を提供するとしている。

　さらにすべての初等学校が登録されなければならないとされ、登録にあたっては、体罰の禁止や児童数に応じた教員数の確保、校舎／施設設備、学校の開校日／授業時間数、週当たりの教員業務従事時間数、さらに図書や教室ごとに備えるべき教具、ゲーム・スポーツなどの遊具など、各学校で質の高い教育を行うことができる教育環境が整えられているかがチェックされる。また、この連邦レベルのRTE法に対応して、各州はRTE規則を制定している。

◆各州で異なる学校制度

　連邦国家であるインドでは、かつて教育は州の管轄事項であったことから、学校制度は州ごとに異なっている。1964年から66年にインドの教育を総合的に検討した「エデュケイション・コミッション(3)」では、各州で異なる学校制度を、前期・後期初等学校から前期中等学校までを10年、後期中等学校を2年、大学を3年とする「10＋2＋3制」としてインド全体の学校制度を説明して

［映画に描かれるインドの学校］
　最近は、日本でも多くのインド映画を視聴することが可能になっており、なかには学校を主題とした作品が見受けられる。従来の比較教育学では、客観的には政府の政策や統計などの情報をもとにその国の教育について説明されることが通例であった。映画ではその製作者の意図に基づいてストーリーやシーンが構成され、示されている情報には客観性に疑問が生じるのは言うまでもない。しかし、映画を視聴するその社会の人々がそのシーンの描写を自然に受け入れていると考えられる場合には、その映像を通して、対象となる国や社会の学校の実情を具体的にそしてより深く理解することが可能になると考える。ここでは、インド

の学校について本文で説明した、英語教育と宗教・言語の多様性、そしてRTE法の問題点や私立学校と政府の学校との格差について扱っている2つの映画作品を紹介する。
　『マダム・イン・ニューヨーク』（2012年）
　主人公のシャシは、首都デリーの住宅街に、夫と娘、息子、それに姑と、5人家族で住んでおり、料理とお菓子作りが得意な主婦である。この一家はヒンドゥー教徒で、戸建ての家に住み、自家用車を所有し、使用人を雇うなど、アッパー・ミドルクラスの生活をしている。夫はビジネスマン、娘はカトリックのミッションスクールの生徒（非宗教性の原則からミッションスクールでも宗教にかかわらず入学でき、英語での教育を行うことからキリスト教ミッションの

いる。（**図16－1**）そして、中等教育の修了資格を得るためには、生徒は前期中等学校（第10学年）、並びに後期中等学校（第12学年）の修了時に実施される外部試験に合格しなければならず、後期中等教育の修了試験（成績）が大学への入学試験につながる。

政府の学校の生徒は各州の試験委員会が実施する修了試験を受けるが、私立学校の生徒は在籍する学校が加盟している試験委員会（全国中等教育委員会CBSEか、英語を教授用語とする学校が加盟するCISCEなど）の試験を受験する。したがって、政府の学校はそれぞれの州の教

図16-1　インドの学校系統図

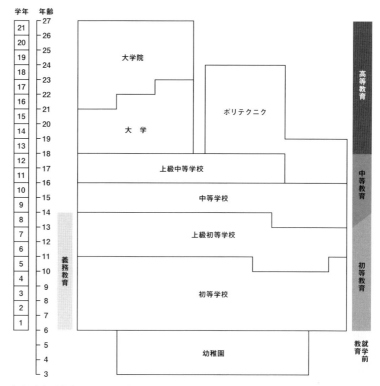

出所：文部科学省ホームページ(https://www.mext.go.jp/component/b_menu/other/__icsFiles/afieldfile/2017/10/02/1396848_001_1.pdf)に筆者加筆。

育省（州学校教育局か州立教育研究所）の定めたカリキュラムに従っており、私立学校はそれぞれが加盟する試験委員会のカリキュラムに従っている。ただし、連邦レベルの国立教育研究所（NCERT）が「全国カリキュラム・フレームワーク」を公表しており、このフレームワークを参照して各州や各試験委員会のカリキュラムが作成されている。学校で使用される教科書については、政府の学校に関しては州教育省（州学校教育局か州立教育研究所）が作成・印刷・配布するケースから民間の出版社が出版した教科書を自治体が採用するケースまで、州によってまちまちである。また国立教育研究所（NCERT）も教科書を出版しており、その教科書を採用している州もある。私立学校に関してはNCERTが作成した教科書を使用する学校もあれば、CBSEやCISCEの

人気が高い）、息子は小学生。5人家族のうち、夫と2人の子どもたちは、家庭ではヒンディー語を使うが、職場や学校では英語も使う。これに対して、主人公は英語が得意ではないため、夫や子どもたちからはしばしばからかわれる。ある日、娘の学校で3者面談があり、いつもの夫に代わって母親である主人公が娘とともに担任に面会する。面談は英語で始まるが、英語が得意でないシャシはヒンディー語での会話を願い出る。ところが南アジアのケララ州（州の公用語はマラヤラム語）出身の担任の神父は連邦公用語であるヒンディー語で話し始めると使い方を間違えてしまう。このシーンは、インドの学校における英語の位置づけや言語と宗教の多様性を示している。

『ヒンディー・ミディアム』（2017年）
主人公のラージは、オールドデリー（デリーの北部の下町）の商店街で、何人もの従業員を雇い、布地を販売しドレスの仕立てを行う服飾販売店を手広く経営している。妻のミータと小学校への入学を控える娘ピアの3人家族。ミータは娘の将来を考え、家の近くのヒンディー・ミディアム（ヒンディ語で教育を行う）の政府の学校ではなく英語で授業を行うイングリッシュ・ミディアムの私立名門校への入学を望んでいた。希望する名門校の多くはデリー南部（ニューデリー）の高級住宅街の近くに所在していたため、受験コンサルタントの勧めでその高級住宅街に居を移し、名門校での英語による面接に備え両親は面接諮問の練習を

カリキュラムに準拠している民間出版社の教科書を使用する学校もあり、各学校に委ねられている[4]。

　インドには1,500種類を超える言語が存在するとされ、連邦としての公用語はデヴァナーガリー表記のヒンディー語であるが、英語も広く使用されており、憲法では主要なインド言語として22の言語がリストアップされている。このような多言語社会であるインドでは、言語マイノリティにも配慮し、初等教育の教授用語は原則として母語であるとされる。そして、教科としての言語として、①母語ないし地方言語、②公用語であるヒンディー語か準公用語である英語、③言語系統が異なるインドの言語あるいは英語以外の外国語、の３つの言語を学ぶ「三言語方式」が取り組まれている。他方、英語を教授用語とする私立学校の人気も高い。

第3節　課題と魅力

◆21世紀型教育のモデル

　1990年のジョムティエン会議以降の国際的なEFAの潮流の中で、インドでも政府・人的資源開発省と関係研究所に加え、NGO等の「市民社会」によるさまざまな先進的な取組みが行われてきてはいた。ただし、義務無償教育の法的根拠が確立するのには、2002年の憲法修正を待たねばならなかった。この憲法修正以降、インドの教育改革は21世紀型教育に向けて急速に進展してきている。2020年の新しい「教育に関する国家政策（NPE）」[5]は、その５年前から中央教育諮問委員会（CABE）で検討された素案をネットに公表し、教育の専門家から州や地方自治体そして民間団体にいたるまで広く学校関係者から、オンラインで意見を聴取し、議論を繰り返して原案を固めるという、21世紀のデジタル社会にふさわしいプロセスで策定されている。またその指導原則は、「アクセス」、「公正」、「質」、「アフォーダビリティ（費用が安価で教育を受けやすい）」、「アカウンタビリティ」の５本柱で構成され、学習者中心のインクルーシブでホリスティックな学校教育をめざしている。さらに、幼児教育を重視し、これまでの6歳から18歳までの12年間であった学校制度を、5年（3歳からの幼児教育＋1・2学年）、3年（3〜5学年）、3年（6〜8学年）4年（9〜12学年）の3歳から18歳までの15年間とすることが提案されている。これらの改革の方向性は、現在、国際教育機関や各国で模索されている「21世紀型教育」のモデルであるともいえよう。

行った。面接で父親のラージの英語は片言であったことや家庭での教育環境がふさわしくないと判断されたためか娘のピアはすべての学校の入学試験に落ちてしまう。ラージが落胆しているところに、店の従業員が自分の子どもが名門私立校に合格したことを報告に来る。RTE法による社会経済的貧困層を対象にした25%の特別入学枠を利用したからであった。ラージは自分の家庭がその特別枠に該当すると偽って入学願書を提出する。ところがRTE法の特別枠を使った不正が横行しているというニュースが報道され、その対策として志願者の家庭が実際に特別枠に該当するかどうかの学校による実地調査が行われることになった。そのため、ラージ一家は急遽スラム街に引っ越し、スラムの住人であること装って選抜に臨んだ。スラムで一家の生活を助け仲良くなった隣人の子どもは選抜に外れ、ラージの娘ピアは私立の名門校への入学を許可されるのだが……。

　この映画では、筆者が行ったRTE法に関するインドの研究者の意見聴取のなかで指摘された問題点（RTE法では特別枠の入学者は定員の25%とされているが、「授業料は徴収しないがそれ以外の費用については必ずしも無償ではない」、「特別枠の児童は私立学校になじめず、結局は修了の前に退学してしまうことが多い」など）が描写されており、政府の学校と名門私立学校の教育環境の違いや、政府の学校が民間からの寄付を受け入れるシステムなど、インドの学校の実情を反映したシーンがある。

◆「多様であることをともに祝う」

　これに対し、インド社会の現実は、長い歴史のなかで、さまざまな宗教、言語、文化にねざした人々が暮らしてきており、社会経済的な格差も依然として存在する。このようなインド固有の状況の中で、言語／宗教上のマイノリティの権利に配慮するとともに、留保制度によるアファーマティブ・アクションが実施されている。インドの学校はそれ自体が多様であると同時に、価値教育の学習モジュールの目標に示されているように「多様であることをともに祝う」（単に寛容であるのではない）ことを学ぶ国民を育成する場としてとらえられている。「人間は多様である」ことを前提に教育を考えなければならないインドの学校は、日本の学校に関して画一的な考えに陥りがちな私たちにとって、これまでにない学校のあり方を示してくれるという魅力があるといえよう。

　憲法で自らを民主主義国家と位置づけつつ社会主義国でもあるとするインドが、QUADの一員でありながら、非同盟国としての立場からしたたかにロシアや中国との友好関係を維持しようとバランスをとる姿勢とインドの学校での教育とは無関係ではないのかもしれない。　　　（渋谷英章）

[注]
⑴　インドでは、イギリスの学校制度を踏襲し、「パブリック・スクール」は公立学校ではなく主として政府からの補助金を受けていない私立学校を指す。混同を避けるため、日本では公立学校にあたる学校を「政府の学校」（government school）と表記する。
⑵　インドでは、学校給食は 'Mid-Day-Meal' と呼ばれ、1995年から開始され、現在では連邦プログラムとして、第8学年までの政府の初等学校の児童を対象として実施されている。'PPP'（政府と民間の共同プログラム）として位置づけられ、児童の保護者が交代で調理を担当するコミュニティの協力によるプログラムや、地域のNGOや宗教団体などが給食センターを設置し、料理が温かいうちに学校に届けるシステムなども実施されている。
⑶　「エデュケイション・コミッション1964-66」は、委員長の名前を採って「コタリ・コミッション」とも呼ばれる。『教育と国家発展』と題された報告書の内容は、その後のインドの教育政策の基本的方向性を示している。
⑷　Committee of the CABE,MHRD, Government of India, "Regulatory Mechanisms for Textbooks and Parallel Textbooks Taught in Schools outside the Government System：A Report," 2005 (https://www.education.gov.in/sites/upload_files/mhrd/files/document-reports/textbooks.pdf).
⑸　MHRD, Government of India, "National Policy on Education 2020" (https://www.education.gov.in/sites/upload_files/mhrd/files/NEP_Final_English_0.pdf).
＊ウェブ上のURLは、いずれも2022年9月に確認したものである。

　この他にも、日本で視聴できるものとして南インドで肢体不自由な生徒が壊れかかった車いすで学校に通学する様子を描いた『世界の果ての通学路』（2012年）、インドの学歴偏重社会を批判的にとらえた『きっと、うまくいく』（2009年）、などがある。

強靱な学力と人間性を鍛え上げる学校

シンガポールの学校

第1節 日常の風景

◆小学生の学校生活と学校環境

　シンガポールの小学生は、毎朝真っ暗な夜明け前に起きる。赤道直下にあるこの国では年間を通して日の出の時刻は午前7時頃、日の入りは19時頃でほぼ変わらない。ほとんどの公立小学校では午前7時30分に全校朝会があることから、子どもたちはまだ薄暗い中を教科書や教材が詰まった重いリュックバッグを背負って、徒歩やバス、MRT（高架・地下連結鉄道）で学校に向かう。学区制がないため、遠方から通う児童の場合、保護者が自家用車で送迎することもある。

　毎朝の全校朝会では、教員と全校児童が校庭や体育館に集まり、国旗掲揚とともにマレー語の国歌を斉唱し、「国民の誓い」を唱える。厳粛な儀式が終わった後、児童は自分の教室に移動して、1時限目の授業が始まる。**表17－1**の通り、授業1コマの単位時間は30分だが、英語や数学といった主要教科や体育、アクティブ・ラーニング・プログラム（Programme for Active Learning: PAL）は2〜3コマ連続で行われることが多い。

　教室には天井吊り下げ式のプロジェクターや無線LANなどが配備され、授業の多くはホワイトボードやスクリーンに画像や動画を投影しながら進められる。授業方法はアクティブで、教室の周囲に机をグループで向かい合わせに配置し、前方にスペースを広く設けて、全員が床座りになって発表や議論をしたり、机に戻ってグループワークをしたりと様々な展開が見られる。近年では屋内スポーツ・ホール、ダンス・スタジオ、バンド演奏室、演劇室などの専用教室の整備も進み、体育や音楽などの表現系科目はもちろん、英語や民族語といった言語系科目でも発表や演劇などの創造的・体験的な学習活動を多く用いている。

　午前中の中休みは、施設内が混み合わないように6学年を2学年ごとにまとめて、時間をずらし

［シンガポールの社会状況と歴史］

　シンガポール共和国（Republic of Singapore）は、マレー半島の南端に位置する淡路島程度の面積の島嶼・都市国家である。2020年現在の国民人口（永住権保有者含む）は404.4万人で、華人系（Chinese）75.9％、マレー系（Malays）15.0％、インド系（Indians）7.5％、その他1.6％で構成される。憲法が規定する公用語（official language）は、華語（北京語）、マレー語、タミル語、英語である。国語（national language）は地政学的な配慮からマレー語と定められ、国歌もマレー語で歌われるが、実際に学校教育や社会生活で用いられる共通語は英語である。IMFの統計では、2022年度の一人当たりの実質GDPは131,580米ドルに達し、世界2位の豊かさを誇る（同値は米国76,027、日本48,814）。

　1819年に英国の植民地行政官ラッフルズが現在のシンガポール本島に上陸し、1824年にジョホール王国から割譲されて英国の植民地となった。1869年のスエズ運河の開通以降、英国のアジア交易における枢要な貿易拠点へと飛躍的に発展し、アジア各地から移民労働者が渡来して、今日の多民族状況が形成された。1959年に英国から内政自治権を得て、人民行動党（People's Action Party: PAP）のリー・クアンユー（LEE Kuan Yew）が初代首相に就任した。1963年にマレーシアと合併したが、1965年に分離独立し、以降、PAPが政権を担っている。

て設定されることが多い。30分の休憩時間中、子どもたちは球技やカードゲームに興じたり、キャンティーンと呼ばれる食堂で軽食や飲み物を買って飲食したりして過ごす。また、ランチタイムにはキャンティーンの各店舗で中華料理やマレー料理、ベジタリアン料理など、民族や宗教に応じて好きなメニューを選んで食べる。その際、新入生に上級生が寄り添い、1組のペアになって食事を取るバディ・システムを採用する学校もある。

表17-1　ペイトン小学校4年生の時間割表(2019年度)

時限	時間	月	火	水	木	金
1	7:45～8:15	全校集会	英語	数学	英語	数学
2	8:15～8:45	英語	英語	数学	体育	数学
3	8:45～9:15	英語	英語	理科	体育	数学
4	9:15～9:45	体育	休憩	理科	社会	CCE
5	9:45～10:15	体育	美術	体育	社会	民族語
6	10:15～10:45	休憩	美術	休憩	休憩	休憩
7	10:45～11:15	民族語	数学	民族語	民族語	音楽
8	11:15～11:45	民族語	数学	民族語	民族語	音楽
9	11:45～12:15	民族語	昼食	英語	数学	英語
10	12:15～12:45	英語	民族語	英語	数学	英語
11	12:45～13:15	理科	CCE	英語	数学	英語
12	13:15～13:45	理科	数学	昼食	昼食	昼食
13	13:45～14:15		FTGP			
14	14:15～14:45		CCA			
15	14:45～15:15		CCA			
16	15:15～15:45		CCA			
17	15:45～16:15		CCA			

注:・民族語とCCEは、民族語を用いて授業を行うが、それ以外の教科は英語が教授言語。
・CCE…Character and Citizenship Educaion(人格・シチズンシップ教育)
・FTGP…Form Teacher Guidance Period
・CCA…Co-Curricular Activities(課外活動)

　太陽が真上で照りつける14時頃、校門前は下校する子どもたちでいっぱいになる。そこで多く目にするのが、リュックバッグを肩に掛け、日傘を差しながら子どもの手を引いて歩くフィリピン人メイドの姿だ。シンガポール社会では、労賃が安く、英語に長けた彼女たちの存在によって、女性の社会進出や子どもの英語学習が支えられている。

◆学年暦と学校行事

　公立学校では小学校から制服があるが、四季がない常夏の国には"衣替え"の習慣はなく、一年中同じ柄の半袖服である。季節の移ろいを感じられない中で、子どもたちの歳時記は試験や行事といった人為的な学校のスケジュールで刻まれていく。

　公立学校の年度の開始日や終了日、休暇期などは、教育省が決定し、全国一律である。1学期は1～5月、2学期は7～11月の2学期制で、各学期は10週間ごとに区切られ、その間に1週間の短期休暇がある。学期間の6月の4週間と年度末の11月下旬からの6週間は長期休暇となる。学期末の試験は5月と10月、中間試験は3月と8月に行われ、最終6年次の8月からは国家試験で

[国民の誓い(The National Pledge)]

We, the citizens of Singapore, pledge ourselves as one united people, regardless of race, language or religion, to build a democratic society based on justice and equality so as to achieve happiness, prosperity and progress for our nation.

(邦訳:私たちシンガポール市民は、一つの団結した人民として、人種、言語、宗教に関わらず、私たちの国に幸福と繁栄と発展をもたらすために、正義と平等に基づいた民主的な社会を築くことを誓う。)

[掃除活動の導入]

　2016年から日本や台湾に倣って、全ての学校で児童・生徒による掃除活動が採り入れられた。トイレ清掃はこれまで通り清掃員が担当するが、休憩時間や下校前に児童生徒が教室や廊下などの身の回りの掃除を毎日行っている。清潔観念や公共心、責任感や他者への配慮が養われるとして、教員や保護者からも好評である。

[学校規則第88条の体罰に関する規定]

①女子生徒への体罰は認められない。

②男子生徒への体罰については、鞭を用いて、手のひらまたは衣服の上から臀部を軽く打つことを認める。この他のいかなる体罰も男子生徒に対して行ってはならない。

③体罰は学校内に複数の教員がいる場合に、校長または校長の権限によりその任を与えられた者のみが執行する。

ある「小学校卒業試験（Primary School Leaving Examination:PSLE）」が始まる。

　独立記念日や労働者の日、また民族や宗教の祝祭日である中国旧正月やハリ・ラヤ・プアサ、ディーパヴァリは国が定めた公休日であり学校も休みである。学校独自の祝日としては、「青年の日」「独立記念日連休」「教師の日」「子どもの日」がある。9月第1金曜日の「教師の日」の前日には、子どもたちや保護者が企画した謝恩会や食事会、クイズ大会やカラオケ・コンテストといった催し物が盛大に行われる。

　このほか、2月15日は1942年の同日に日本軍の侵攻によって英国植民地のシンガポールが陥落したことから、「総合防衛の日」と定められていて、戦争史の映像の視聴や戦争体験者の講話、戦争遺跡の訪問見学、愛国心を鼓舞するための絵画製作や合唱会といった様々な活動が行われる。7月21日の「民族協和の日」には、子どもたちは各々の民族衣装を身にまとい、民族楽器の演奏や伝統舞踊のパフォーマンスを華やかに繰り広げる。8月9日の「独立記念日」の前後にはブラスバンドや合唱隊による愛国歌の演奏、スカウト団の行進などが行われる。いずれも多民族社会をまとめ、国民意識を高める上で重要な学校行事である。

　日本のような厳粛な入学式や卒業式はない。新年度が始まる前に新入生向けの歓迎会やオリエンテーションが開かれ、年度開始日から普通に授業が始まる。6年生が登校する最終日は、教員との夕食会や下級生が企画した送別会が催され、楽しく母校に別れを告げる。

◆生徒指導

　公立小中学校の校則は、制服や髪型などの身だしなみ、出欠管理、授業態度、懲戒の運用規則などを細かく定めている。男子は髪を綺麗に刈り上げ、女子は肩にかからないショートカットか、黒や紺のヘアバンドで長髪を結ぶ。ターバンを巻くシーク教徒を除けば、身なりは皆一様である。なお、イスラーム教徒（ムスリム）については、女性教員はヒジャブと呼ばれるスカーフを着用できるが、児童生徒には認められていない。

　遅刻やカンニング、宿題不履行といった校則違反者には、停学や教室外謹慎のほか、男子には鞭打ち、女子には地域奉仕活動といった厳しい罰則が用意される。鞭打ちは教育法の学校規則条項で教員に認められた合法的な体罰行為である。さらに、いじめや喧嘩、窃盗や恐喝、校内暴力、教員への侮辱や施設の破壊、万引き、わいせつな写真や動画の保持といった重大な違反者には、全校生徒の目の前で、公開鞭打ちや公開謝罪が科せられることもある。

　担任による生徒指導の時間には、いじめの未然防止や早期発見に向けて、もめ事解決プログラム

［就学前教育］

　就学前教育機関は、幼年期開発センター法（Early Childhood Development Centres Act）で規制される幼稚園とチャイルド・ケア・センター（CCC）に大別される。以前は、教育省が幼稚園、社会・家族開発省がCCCを所管していたが、2000年以降は幼稚園とCCCでの保育者の資格制度やカリキュラムの共通化が段階的に進み、2013年には幼年期開発庁（Early Childhood Development Agency）が設置され、担当官庁の一元化も実現した。2015年からは小学校内に教育省立幼稚園の設置も始まり、知識・技能の活用力や探究力、学びへの意欲を培うために自主学習と協働学習を統合したプロジェクト型の教育活動が展開されている。

［義務教育と就学免除］

　2003年に施行された義務教育法では、子どもの小学校就学を怠った保護者には5,000シンガポール・ドル（約50万円）の罰金か、12か月以内の禁固刑、またはその両方が科せられる。全日制イスラーム宗教学校（madrasah）への就学や在宅学習（homeschool）を希望する場合には、就学免除も認められているが、免除にあたっては教育内容や学習レベルについて審査が行われ、その修了にはPSLEを受験し、一定水準の得点に達することが求められる。PSLEの成績が不良の場合には、入学者の新規募集停止や再受験などの厳しい措置が執られる。

や友だち仲裁プログラムなどを用いて、子ども自身が主体的にいじめ問題を仲裁・解決できるように指導を行っている。また、2014年には「ハラスメント防止法」が制定され、学校内やインターネット上でのいじめ（cyberbullying）、職場でのハラスメントなどは犯罪と見なされ、違反者には5,000シンガポールドル（約50万円）以下の罰金か、12か月以内の禁固刑、または両方が科せられることになった。

第2節 学校制度

◆学校体系（図17-1）

① 学校数と学校種別

2020年現在の学校種別と学校数は、小学校180、中学校136、ジュニア・カレッジ（JC）10、中央教育学院1、小・中または中・JCが接続した総合課程（IP）校16、技術教育学院（ITE）3、ポリテクニック5、芸術系学校2、大学6である。日本の教育委員会のような地方単位の教育行政組織はなく、これらの学校を教育省が直接管理している。

② 初等教育

初等教育の6年間は義務教育と定められており、1-4年次の基礎段階と5・6年次のオリエンテーション段階で構成される。基礎段階では授業時間の約6割が英語、民族語、数学の中核教科に当てられ、このほかに社会、体育・保健、音楽、美術、人格・シティズンシップ教育（CCE）、集会の時間がある。理科は3年次から始まる。また、1・2年次では先述のPALが必修で、3年次以上では課外活動への参加が勧められる。

5・6年のオリエンテーション段階では、4年次の成績などを基に、教科ごとでの習熟度別編成が採られている。英語、数学、理科については標準と基礎の2段階、民族語ではさらに上級の3段階の習熟度別コースから選択して学習する。卒業にあたっては英語、民族語、数学、理科の4教科について、シンガポール試験・評価庁（SEAB）が実施するPSLEを受けなければならず、不合格者は留年となる。2020年のPSLE合格率は98.4%であった。

③ 中等教育

4-5年間の中等教育段階ではPSLEなどの結果に基づいて、生徒は能力別に振り分けられる。約10%の上位群は先述のIP校や領域専修型のインデペンデント校に進む。普通校では、中位群の生徒が快速コース、下位群は普通（学術）コースや普通（技術）コースに配属される。普通校での

139

[学校経営]

小中学校とJC、中央教育学院の7割は国が全額出資して設置した政府立校である。残りの3割は政府補助立校と呼ばれ、これは植民地時代に民族・宗教組織が設けた私立校が独立後に公立となった学校で、教育課程や教員制度などは政府立校と同じである。また、中等教育段階には教育課程の編成や授業料の設定などで、より大きな裁量権が認められたインデペンデント（independent）校やオートノマス（autonomous）校といった学校もある。近年では数理科、スポーツ、芸術、科学技術などの領域専修型のインデペンデント校も設立されている。

[高等教育]

現在教育省が所管する自治大学（Autonomous University）は以下の6校である。

・シンガポール国立大学（National University of Singapore: NUS）：1905年設立の医学校に起源を持つ同国の最高学府。1980年にシンガポール大学と私立の南洋大学が合併して設立した。

・ナンヤン理工大学（Nanyang Technological University: NTU）：南洋大学の跡地に1981年に開かれた南洋理工学院が前身で、1991年にNTUに昇格。

・シンガポール経営大学（Singapore Management University: SMU）：ペンシルバニア大学ワートン校から大

図17-1　シンガポールの学校系統図

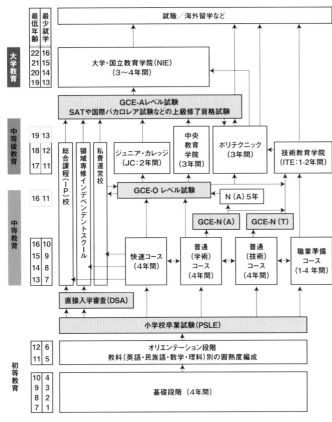

出所：Ministry of Edudation Singapore, *Education Statistics Digest 2021*, 2021, p.v などより筆者作成。

学習指導や生活指導が困難と判断された生徒は特別教育校に入り、ITEへの進学や就業に備えて職業訓練を受ける。

中等教育の修了にあたっても、SEABが実施する普通教育修了資格（GCE）試験に合格しなければならない。快速コースの生徒は最終の4学年でGCE-O（普通）レベル試験を受け、その得点に応じてJCやポリテクニックなどに進む。普通（学術）コースの生徒はGCE-N（標準）レベル試験を受け、合格者は第5学年での学習を経て、GCE-Oレベル試験を受けるか、ポリテクニック基礎コースに進む。普通（技術）コースの生徒の多くはGCE-Nレベル試験を受けた後、ITEに進学する。上級校への進学には、最低でも

GCE-Oレベル3教科、またはNレベル5教科の合格が必要となるが、2020年度の合格率は89.8%であった。

　しかし、このような中等教育段階での能力別コースは2024年までに廃止され、以後は教科ごとでの習熟度別コース制に移行し、修了試験も2027年からは共通となる予定である。

　④　中等後教育

　中学校卒業後は、小学校同期入学者の約4割がJCや中央教育学院での大学準備教育に進み、約6割がポリテクニックやITEで技術教育を学ぶ。2年制のJCと3年制の中央教育学院では、大学

学経営やカリキュラム運用に関する指導・支援を受け、2000年に公設民営方式で開学した。
・シンガポール工科デザイン大学(Singapore University of Technology and Design: SUTD)：米国マサチューセッツ工科大学の協力・指導の下、2011年開学。学部課程はコンピュータ・サイエンス、工業製品開発、工学システム・デザイン、建築、人工知能の6分野である。
・シンガポール理工大学(Singapore Institute of Technology: SIT)：シンガポール応用技術研究所を母体にポリテクニック卒業生に学位取得の機会を与えるため、海外の大学と提携して2009年に設立。2014年にSIT独自での学位授与が認められ、自治大学に昇格。

・シンガポール社会科学大学(Singapore University of Social Science: SUSS)：1964年設立の私立シンガポール経営学院(Singapore Institute of Management: SIM)は、各種の継続教育プログラムを社会人に提供してきた。2005年に私立SIM大学(Uni SIM)に昇格し、2017年に教育省所管の自治大学となり、SUSSに改称した。
なお、2024年には、ラサール芸術学院と南洋芸術学院が統合し、シンガポール芸術大学(University of the Arts Singapore : UAS)が誕生する予定である。

入学で求められるGCE-A（上級）レベル試験の受験科目に応じて科目を選択して履修する。ポリテクニックは企業や大学、研究機関と連携して高技能人材の養成を担い、近年は卒業後に大学に進学する生徒も増えた。ITEは生徒の希望職種に合わせて、ビジネス、工学、ICT、看護、調理、美容といった技能資格の取得のための多彩なプログラムを用意する。

⑤　学校選択と選抜試験

シンガポールには学区制がなく、小学校の入学にあたっては、保護者が申請期限日までに希望校を1校選んで教育省に申請する。その後、各校で選抜が行われ、学校と自宅までの距離、兄姉の在籍歴、保護者の同校での勤務歴や役員歴、ボランティアでの学校貢献度などの要件から入学者が決定される。伝統のある政府補助立校に人気が集中するが、抽選から漏れた場合には以後の申請期限日に何回も申請をやり直すことになる。

また、中学校の選択では、PSLEの得点や各校の最低点などの入学要件を参考にして、保護者や生徒は志望校を6つまで教育省に申請する。教育省では生徒のPSLEの得点、志望した中学校の順位、各校の入学要件、通学距離などの条件を数値化し、コンピュータが文字通り"機械的"に進学先を決定する。

PSLEやGCEの筆記試験では正誤選択式だけでなく、思考力や知識活用力を問う記述式の問題も多く出され、試験の方法も口述試験、リスニング試験、実技試験など多彩であり、採点に時間がかかることから、試験期間はPSLEで約3か月、GCE試験では約6か月に及ぶ。近年では試験の多様化がさらに進み、特にIP校やインデペンデント校といった優秀校では、面接や小論文、実技・実演、テスト・キャンプ、課外活動のポートフォリオなどを用いた直接選抜試験が主流である。このため、通常教科だけでなく、スポーツや芸術分野での塾通いも増えており、保護者の経済負担や子どもの学習負担の増加が懸念されている。

◆教育課程と教科書

①　二言語教育

シンガポールはマレーシアからの独立以降、どの民族にも中立で、国際言語であるという観点から、英語を共通語として扱う一方、各民族の文化的アイデンティティを維持するために、華語（北京語）、マレー語、タミル語といった民族語も学ぶ二言語教育を推進してきた。小学校においては民族語とCCEの授業は民族語で教えられているが、その他の教科では英語が用いられている。中学校以上では民族語を除き、全ての教科で英語が教授言語となる。

［才能教育］

教育省は1984年に、「才能ある若者の知的厳格さや博愛的価値観、創造力を発達させ、責任ある指導力と国家と社会への奉仕精神を養う」ことを目的として、小学4〜6年の3年間と中学4年間に才能教育プログラム（Gifted Education Programme: GEP）を導入した。小学3年の学年末試験で選ばれた上位1％、約500名の児童はGEPプログラムのある小学校に転校し、中等教育ではIP校が独自に運営する才能教育（School-Based Gifted Education: SBGE）プログラムを受ける。

GEPクラスの基本的な教育課程は普通クラスと同じだが、GEPの主要教科ではより高度な思考力や創造性を培うために、発展的なトピックや学際的なテーマを多く扱う。具体的には、調査や分析、発表といった個人での研究活動、大学や研究所、先端企業との連携プログラム、学習フェアへの参加といった活動が用意されている。

しかしGEPクラスと普通クラスでは教室が別となるため、互いの交流が少なく、GEPの生徒が普通クラスの生徒を蔑んだり、体育や道徳などの授業を軽視したりするなど、人格形成や社会性の育成の面での弊害が指摘されるようになった。このため2007年からは体育、美術、音楽、CCEといった主要教科以外の時間では普通クラスの生徒と一緒に学ぶようになった。

しかし最近では学校や家庭での英語の使用が常態化し、民族語を塾で学ぶ子どもも多くなり、民族語は面倒な試験科目の一つとして認識されるようになっている。また、インド系では子どもの将来に有利と考え、タミル語ではなく華語を自身の民族語に選択する家庭も増えていて、民族語を学ぶ意義やその能力の形骸化が問題視されている。

② 教科書・教材

小中学校の多くの教科では、教育省が定めたシラバス（課程基準）に準拠した民間発行の検定教科書を用いており、民族語や社会科、CCEなどの価値的な教科については教育省が教科書を直接作成・発行する。教科書は有償で、小学1年生の場合、全ての教科書類を購入すると50シンガポール・ドル程度（約5,000円）になるが、低所得家庭のための補助金制度があるほか、NPOなども教科書の無償提供を行っている。JCや中央教育学院の授業は大学に類似しており、市販の学術図書や参考書、問題集などを使用する。

2018年に教育省はeラーニング用の学習プラットフォームとして、「生徒学習スペース（SLS）」を立ち上げ、年に数回、SLSを用いた在宅オンライン学習の日を設けてきた。オンライン学習では、SLS上に授業資料や動画が提示されて、宿題やレポートなどを提出するほか、Googleワークスペースでの協働学習やZoomを用いたライブ学習も多用される。保護者にはParents Gatewayというスマートフォン用アプリが配信され、学校からの通知や保護者からの欠席連絡、学習相談の受付などで用いられている。このような取り組みもあり、2020年のコロナ渦でも児童生徒はオンラインで学習を継続し、休校日は1日もなかった。今後中学校では全員にタブレット端末などのデジタル学習機器が配布され、1か月に2回、在宅オンライン学習の日が設けられる予定である。

第3節　課題と魅力

◆多人種主義・実力主義

多民族からなるシンガポールはその国民統合の理念として、多人種主義（multiracialism）と実力主義（meritocracy）を掲げる。例えば、多くの多民族国家では、人種や民族による居住地域や学校の分離が見られるが、この国ではほとんど見られない。人種や民族の垣根を越えて国民としての意識を高めるため、公共団地や小学校には人種ごとの割当枠が設けられ、一つの地域や学校に特定の人種や民族が集中しないように調整されているからだ。また上級校や才能教育プログラムへの進学では、PSLEやGCEなどの学力試験で判定された実力（merit）が基準となり、優秀な成績を

[教員養成]

シンガポールで唯一、大学レベルでの教員養成を行っているのが、国立教育学院(National Institute of Education: NIE)である。NIEは人文系や理数系の教員を養成する4年間の学士課程や、他の大学・学部で学位を取得した者を対象とした1〜2年間のディプロマ課程などを設けている。4年制課程では、教育学研究、カリキュラム研究、教科知識、多文化研究、卒業研究・論文などの学修やサービス・ラーニングに加えて、1年次の学校体験（2週間）、2年次の授業補助（5週間）、3年次の教育実習1（5週間）、4年次の教育実習2（10週間）で現場に赴き、教員としての資質や実践力を培う。

[望ましい教育到達目標（DOE）]

2009年に教育省は、公教育全体で育成する資質・能力をDOE（Desired Outcomes of Education）として以下の通り示した。

・自信のある個人…生きる情熱、強い倫理観、適応力・困難克服力、自己認知、見識ある判断、自立的・批判的思考力、効果的なコミュニケーション力。
・自律した学習者…自身の学びを省察する責任感。
・積極的な貢献者…チームでの効果的な協働、イニシアチブの発揮、リスク判断、革新力、卓越性への努力。
・祖国に尽くす市民…愛国心、強い市民意識、家族・社会・国への責任感、生活を豊かにするための行動力。

収めた生徒には多額の奨学金や授業料免除も用意される。

　世界を見わたせば、進学や就職といった個人のライフ・チャンスが人種や民族、出自や経済的事情によって制約される国も少なくない。シンガポールは全ての人種や民族、言語、文化、宗教を平等に扱い、個人の実力を基準にして公平な機会を提供し、限られた人的資源を合理的に配分することで、経済・社会発展を成し遂げてきたのである。

◆高学力国家

　シンガポールは国際学力調査や国際科学オリンピック、世界大学ランキングなどで卓越した成績を収めてきた。15歳児（高校1年）を対象とした最新のOECDのPISA調査（2018）では、読解力、数学的リテラシー、科学的リテラシーの3分野全てで各国を抑えて1位となり、直近の「国際数学・理科教育動向調査」（TIMSS 2019）でも、Grade 4（小学4年）とGrade 8（中学2年）のいずれでも首位を独占した。英語力を測るTOEFLの成績でもアジア地域では常に首位の座にあり、その得点も世界トップの国々と肩を並べる。教育省はその成功要因として、子どもや保護者の教育意識の高さ、厳密・厳格な国家試験制度、習熟度別の教育課程や学習コースの編成、学習意欲を引き出す効果的な二言語教育やアクティブ・ラーニングの実践、国家予算の20％を超える高い教育投資、ICTなどの豊かな施設・設備、教員のパフォーマンスを引き出す職階・昇進制度や給与・待遇の高さなどを挙げる。

　教育省は今般教育課程全体を通じて育成する「望ましい教育到達目標」や「21世紀型コンピテンシー」を設定し、批判的思考力、革新力、協働力、コミュニケーション力、グローバル意識、異文化間横断スキルといった資質・能力の向上に取り組んでいる。天然資源がほとんどない同国にとって、唯一の資源は人材である。このような環境下で、将来の経済・社会状況に対応できる高い資質・能力を有する人材を用意し、これを育成する教育環境を整備することは海外から企業や投資を呼び寄せる上でも重要なのである。

（池田充裕）

143

［参考文献］
・大塚豊監修・牧貴愛編『アジア教育情報シリーズ2巻　東南アジア編』一藝社、2021年。
・原田信之編著『カリキュラム・マネジメントと授業の質保証——各国の事例の比較から』北大路書房、2018年。
・Ministry of Education Singapore, Education Statistics Digest 2021, 2021.

［21世紀型コンピテンシー］

　教育省は2010年に「カリキュラム2015」を発表し、DOEの達成に向けて教育課程全体を通じて育成する「21世紀型コンピテンシー（21st Century Competencies）」を下記の通り示した。

・中核的価値(Core values)：尊重(respect)、責任(responsibility)、不屈の精神(resilience)、誠実さ(integrity)、思いやり(care)、協調(harmony)。

・社会的・情動的コンピテンシー（Social and emotional competencies)：自己認識、自己管理、責任ある意思決定、社会認識、人間関係形成。

・21世紀にグローバル世界で求められるコンピテンシー（21st century competencies for a globalised world)：市民的リテラシー・グローバル意識・異文化間横断スキル、批判的・独創的思考力、コミュニケーション・協働・情報スキル。

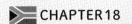 **CHAPTER18**

民主化が進む学校

南アフリカの学校

第1節 日常の風景

◆NQ5：グローブ初等学校

　ケープタウンの南部郊外クレアモント地区にあるグローブ初等学校は就学前学年から第7学年まで、全部で32クラス、750人の生徒を擁する共学の公立校である。広い敷地内にはフルサイズのサッカー場のほかクリケット場や25メートル・プールもある。豊かな学校のようである。学校のウェブページをのぞくと、「ようこそ、グローブ校へ。グローブ校は、卓越した教育に取り組み、一人ひとり子どもが個性的でユニークな方法でリーダーとなる教育を目指しています。」というメッセージが出てくる。

　ノートパソコンやタブレットは1人1台用意されており、十分なスペースが確保された教室で、生徒はそれらをツールとして、主体的に課題に取り組んでいる。同校は公立学校なので学習する教科、内容は国によって定められており、第4学年では、母語、第1追加言語、数学、ライフ・スキル、自然科学テクノロジー、社会科学が必修である。グローブ校の母語は英語、第1追加言語はアフリカーンス、第2追加言語はコーザ語となっている。子ども自らが課題を発見し、リサーチを経て自らの解決策を図面や計画に基づいてデザインし、プロトタイプを作成し評価する、という。先進的なテクノロジー教育だけではなく、音楽、美術、体育も重視しており、知徳体のバランスの取れた全人的教育を目指しているといえるだろう。課外活動は美術、コーラス、ドラマ、チェス、コンピューターから、サッカー、ホッケー、クリケットをはじめとする体育系のものまでその充実ぶりに圧倒される。

　教職員の顔ぶれを見ると、クラス担任の他、音楽、美術、体育を教える教師がそれぞれ複数おり、加えて学習支援スタッフが4名、うち1人は言語療法士である。学習支援は生徒を対象にした

［南アフリカの国旗］

　多様な文化的背景を持つ国民の融和を願って、マンデラ大統領は南アフリカを「虹の国」と呼んだ。民主化後の南アフリカの国旗、国歌、公用語はその多様性を反映する。国旗は6色からなるカラフルなものである。

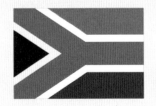

［国　歌］

　2019年、ラグビーワールドカップ日本大会が開かれ、南アフリカが優勝した。試合のたびに南アフリカ国歌を耳にしたのでメロディーを覚えた人もいるだろう。もともと2つの異なった曲を組み合わせたため国歌は途中で変調し、曲の趣が前半と後半でまったく異なる。前半は「神よ、アフリカに祝福を」と呼ばれる曲でコサ語、ズールー語、ソト語で歌われているが、もともと讃美歌として作曲されたものだという。後半はアフリカーンスと英語で歌われるが、この部分はアパルトヘイト廃止まで国歌であった「南アフリカの呼び声」である。この国歌を採択したマンデラ大統領の民族融和の願いが込められていると言える。

取り出し授業や教室内での学習支援とともに、学校カウンセラー兼ソーシャルワーカーによる家族への支援をも含んでいる。学校図書館司書、ITサポートが配置され、事務職員の中には資金調達担当職員までいる。学年保護者会、学校理事会の活動も活発である。

　2023年1月から始まる新学年にグローブ初等学校へ入学しようとする者は、前年度2022年3月14日から4月15日の間に、ウエスタンケープ州教育省を通じて、オンラインで入学願書を提出することが義務付けられている。選考では、「保護者と同居している者で、自宅住所からもっとも近い学校がグローブ初等学校である者」が最優先される。

　だが、実際に、それが可能なアフリカ人家庭は限られる。グローブ校は公立小学校でありながらNQ 5のカテゴリー校（NQ 1〜NQ 5のカテゴリーに区分される）として、授業料徴収を認められており、2022年の年間授業料は37,995ランド（約31.6万円）である。学校周辺の賃貸物件は最低でも10,000ランドはくだらない。グローブ初等学校はアパルトヘイト下ではモデルCと呼ばれた、白人居住区にある白人のための学校であった。民主化後、すべての子どもに門戸を開いた結果、今では生徒も教職員も多人種、多文化である。しかし、公立グローブ初等学校の恩恵にあずかれるのは今でも「裕福な」家庭の子女である。

◆NQ2：ツォンガニエツォ初等学校

　ノースウエスト州ツォンガニエツォ初等学校は、南アフリカの首都プレトリアから車で西に4時間余り走ったところに位置している。そこから30分足らずで、ボツワナ国境である。学校の周りにはポツン、ポツンと民家が見える以外には何もない。子どもたちはかなりの距離を歩いて学校に来るに違いない。全校生徒は230人で、各学年1クラスの小規模校である。制服に身を包んだ子どもたちはすべてアフリカ人である。2019年2月20日、筆者はツォンガニエツォ初等学校の6年生算数の公開授業と授業検討会に参加した。30人足らずの生徒は4つのグループに分かれて座り、分数の文章題に取り組んでいた。南アフリカでは4年生から授業はすべて英語で行われることになっているので、この算数の授業も基本的に英語である。先生は、子どもたちの様子を見ながら、時にツワナ語にスイッチして授業を進めていた。授業は、「分ける」、「quarter（4分の1）」を復習した後、小グループで次の文章題に取り組んだ。

　「Nthabisengは飴を24個買いました。全部で120ランドでした。飴の4分の1を食べました。①Nthabisengは飴をいくつ、食べましたか。　②Nthabisengが食べた飴は、いくら分ですか。」

　先生は子どもたちの解答を黒板に貼り、どのように考えて答えを出したのかを子どもに説明させ

145

[公用語]

　南アフリカでは公用語として11言語が認められている。使用者数ではズールー語が最も多く、コサ語、アフリカーンス、英語、北ソト語、ツワナ語、ソト語、ツォンガ語、スワジ語、ヴェンダ語、ンデベレ語と続く。基礎教育省など官公庁のウエブページは英語表記のみである。

[国と教育の概要]

　国土は122万km²で日本の約3.2倍。2022年現在、人口は6,060万人である。首都機能が分かれており、行政府はプレトリア、立法府はケープタウン、司法府はブルームフォンテーンである。地方分権制度を維持し、次の9つの州からなる：イースタンケープ、フリーステート、ハウテ

ン、クワズルナタール、リンポポ、ムプマランガ、ノーザンケープ、ノースウエスト、ウエスタンケープ。

[モデルC校]

　アパルトヘイト後期、白人のための教育制度が再編された際、白人の学校は4つの「モデル」のうち一つを選択することが義務づけられた。モデルCは国からの資金援助を減らし、学校の自主性を大幅に高めるもので公立ながら半私学ともいえるものである。実際には白人公立学校の大半がモデルC校となった。民主化後はすべての子どもに門戸を開いたが、アパルトヘイト政策で居住地が制限されていたアフリカ人にとっては、高額な授業料とともに、入学は簡単ではない。

たが、分数の概念が正しく理解できている生徒は少ない。先生の説明が腑に落ちた風にも見えない。ここにはグローブ校のように学習支援スタッフもいなければ、タブレット教材もない。地方の貧しい農村地帯の学校に通う子どもにとっては、先生こそが唯一の重要な教育リソースである。どうやって大事な分数概念を子どもたちに理解させるか。授業後、日本で研修を受けた指導主事の司会で、授業を観察していた同僚の先生たちの間で議論が始まった。

第2節 学校制度

◆学校体系

　民主化後それまで人種別、ホームランド別に19も存在した教育省が中央教育省に一本化され、新たに国内の9州それぞれに州教育省（PDE）が設立された。2009年には中央教育省は「基礎教育省」(DBE)と「高等教育・訓練省」(DHET)とに分離され、DBEは初等・中等教育を、DHETは高等教育ならびに職業技術教育をそれぞれ管轄することとされた。DBEは国内の基礎教育に関する政策立案、枠組み、基準設定、モニタリング評価を主な任務とする一方、PDEは学校の予算や管理運営を含めて州内における政策の実施に責任を負う。

　南アフリカの学校制度（**図18−1**）はGRと呼ばれる就学前クラス（Reception）とG9（第9学年）までを一般教育訓練段階（GET）と呼び、GETは更に前期初等教育段階（R-G3）、後期初等教育段階（G4−6）、前期中等教育段階（G7−9）に分かれる。G9までが義務教育であるが、GRは含まれない。義務教育修了要件を満たせばGrade10に進学できる。G12の終わりにマトリックと呼ばれる全国統一中等教育修了試験を受け、合格するとNSC（全国統一中等教育修了証）が付与される。また、マトリックで一定以上の成績を修めれば大学進学資格を得る。公用語が11あり、第3学年までは学校が定める公用語の一つで学び、第4学年から学習言語が英語に切り替わる。学年歴は1月に始まり、4学期制である。9州は内陸部州と沿海州とに分けられ、学年歴が若干ではあるが異なる。入学式、始業式のようなものは特にない。

　民主化後に問題となったのは、公立校の授業料徴収であった。モデルCと呼ばれた旧白人の学校は旧体制下の優遇政策で学校インフラ、教育の質もアフリカ人のそれとは比較にならないくらい優れていた。民主化後、モデルC校が公立学校制度から離れて私立学校に鞍替えすることを危惧した政府は、公立学校の授業料徴収を認めることで、旧白人の学校を公立学校制度内に引き留めた。政府は2006年に"No fee"（無償）政策を打ち出し、学習環境の格差を解消するため、人件費を除い

[学校理事会（SGB）]

　SGB（School Governing Body）は、南アフリカ学校法に基づいてすべての公立学校に設置される法人格を有する組織で、質の高い教育を提供するため、学校運営機能を担うとされている。メンバーは校長のほか、選挙で選ばれた代表（保護者、教員、学校職員、第8学年以上の生徒）で構成され、投票権を持たないオブザーバーという形で地域住民なども参加できる。SGBは広範な権限を認められている。例えば、学校の行動指針、校則を定める、教職員の雇用にあたっての意見表明、学校資産管理、授業言語、授業料、教科書の決定も含まれる。SGBの理事会としての機能性はメンバーの知識、意欲、能力に依存しており、地方の貧しい学校にあってはSGBが十分に機能していないとも指摘されている。

[NQ：National Quantile]

　学校五分位システム。学校所在地の社会経済的地位によって全学校をNQ1（最貧層）からNQ5（最富裕層）の5つのカテゴリーに分類する。2021年度の場合、政府による生徒一人当たりの学校補助金は、NQ1〜NQ3は1,466ランド、NQ4は735ランド、NQ5は254ランドとなっている。NQ4、NQ5の公立校はSGBの決定により授業料を設定し徴収することができる。（出所：Government Gassette, March 10, 2021, No. 44254（https://archive.gazettes.africa/archive/za/2021/za-government-gazette-dated-2021-03-10-no-44254.pdf)）

た教育予算の60％を最も貧しい生徒に優先的に配分するように指示した。現在、学校は最も貧しいNQ１から最も裕福なNQ５までの５段階に分けられ、レベルに応じて教育予算が傾斜配分される。NQ１からNQ３の学校（南アフリカの全公立学校の60％）は「授業料無償校」（No Fee School）として宣言することで、保護者は授業料を免除される。しかし、授業料を徴収する公立学校では、予算配分が少ない分を授業料収入によって補い、資格、経験、力量に優れた教師を雇い入れ、学習教材、学習環境を充実させることができる。貧困レベルの高い学校（NQ１〜NQ３）の教師とNQ５の学校の教師との間には教科知識においてかなりの差があることが報告されている。

図18−1　南アフリカの学校系統図

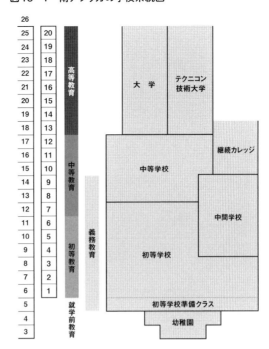

出所：文部科学省「南アフリカ」文部科学省『世界の学校体系（アフリカ）』2017年。

◆カリキュラム

　民主化後、単一の学校制度、公正な教育行政制度に続いて、人種差別的・不平等で時代遅れの旧カリキュラムの撤廃とそれに代わる新しい、民主的なカリキュラムの導入が教育省の重要課題であった。それが「成果に基づく教育 (OBE)」という先進的な教育理論を核とするCurriculum 2005（以下、C2005）である。性急なC2005の導入は、旧ホームランドの学習環境や教師の実態を無視していたこと、教員への周知、研修が不十分であったこと、適切な学習教材が不足していたことから失敗に終わった。

　2012年からは、"National Curriculum Statement (NCS) Grade R-12" が実施されている。NCSは３種の文書からなるが、その中で、教員にとって日々の授業に直接の関連があるのは、「教育課程と評価に関する指針」(CAPS)である。CAPSは各教科において学年別，学期別に学習内容を定めているだけでなく，それぞれのトピックに費やす時間も示している。さらに最終評価においてそれぞれのトピックがどれくらいのウエイトを占めるべきかについても細かい指示がある。

[体罰・校内暴力・いじめ]

　SACEによると、2020〜2021年に、体罰に関する苦情が169件寄せられ、そのうち2件は、著しい暴力と判断され解雇処分、23件は違反事案として罰金が科せられた。体罰は法律で禁止されているが、いまでも地方の学校において行われているという。2021年4月、学校でいじめを受けた女子生徒が自殺するという痛ましい事件が起きた。いじめ（暴力）の様子はSNSで拡散され、学校内での暴力・いじめに改めて注目が集まった。TIMSS2015の南アフリカのデータを分析した研究では、低所得層の学校でいじめが有意に多いものの、富裕層の学校においてもみられること、いじめは男子に多いことを報告している。学校だけで

なく、保護者、地域一体となった取り組みが必要である。
（ 出 所：Juan, A., Zuze, L., Hannan, S., Govender, A., & Reddy, V. Bullies, victims and bully-victims in South African schools: Examining the risk factors. *South African Journal of Education*, 38(1), 2018. (https://www.ajol.info/index.php/saje/article/view/180170)）

◆教科書制度

　教科書執筆者はCAPSを踏まえて教科書構成を考える。できあがった教科用図書見本は、教科用図書審査委員が教育段階別、教科別に審査する。審査結果は、認可（合格）、条件付き認可、不認可である。審査終了後，教科書の評価レポートが作成され、ウエブサイトにアップロードされる。審査の結果、すべての要件を満たすと評価された教科書は、教科書目録に掲載するよう担当部局に推薦される。教科書は無償、貸与が原則である。教員は教科書目録や教科書見本をもとに教科主任と相談して教科書を選び、学校に代わって教育省が発注、購入するケースが多い。予算不足、選定の遅れ、発注の遅れなどの理由で，新学期に教科書が間に合わないこともある。また、紛失や破損を恐れて教科書をストッカーに保管して、授業の時だけ貸し出す学校もまれにある。[1]

◆マトリック試験

　中等教育の最終学年で一斉に実施されるマトリック試験は、生徒の将来を左右する一大イベントである。試験結果によって中等教育修了資格が得られるかどうか、更には大学入学資格が得られるかどうかが決まる。

　Grade10－12在学生は必修4科目（公用語2科目、数学もしくは数学リテラシー、ライフオリエンテーション）の他、選択科目として3科目以上を履修することが求められる。修了のための最低資格要件は、7科目中3科目で40％以上の成績、他の3科目で30％以上の成績を収めることと規定されている。大学入学資格を得るためには、入学の関門となるアカデミック教科で最低でも40％以上の成績を収め、6科目のAPS（入試ポイントスコア）が23以上必要である。そうした資格を満たすと大学入学最低要件を満たす「学士」合格（bachelor pass）というカテゴリーに分類されるが、学部によってさらに高いスコアが求められることもある。

◆教員養成・現職教育

　教員養成を管轄するDHETは単位取得等、教職課程認定に係る最低要件(以下「最低要件」)を定め、南アフリカでの教員資格取得の基礎要件は学士号を取得していることとした。教員志望者は教育学士号を取得するか、教育以外の分野で学士号を取得した後、1年間の卒後教職課程(PGCE)を修了し、SACEに登録する必要がある。「最低要件」は養成大学がそれぞれのプログラムをデザインする際の指針として、①専門の教科知識にかかわる学習、②一般的教育学の知識、③授業実践に関する学習、④一般教育、⑤教育を取り巻く様々な環境・文脈の5領域を挙げた。各大学は最低

[第4学年の時間割]
2022年度クワズルナタール州のある初等学校の時間割

科目	月	火	水	木	金
8:00～9:00	数学	ズールー語	ズールー語	数学	英語
9:00～10:00	英語	理科	英語	英語	ズールー語
10:00～11:00	休憩	休憩	休憩	休憩	休憩
11:00～12:00	C/A	数学	数学	ズールー語	数学
12:00～13:00	ズールー語	英語	理科	英語	理科
13:00～14:00	理科	数学	社会	体育	社会
14:00～14:30	読書	読書	読書	読書	読書
14:30～14:45	掃除	掃除	掃除	掃除	掃除

[校内授業研究]

　国際協力機構(JICA)は途上国の教育支援を行っているが、南アフリカでは初等算数の授業改善を支援している。授業改善の手法として、教師が相互に授業を参観して学び

要件を参考に教員養成カリキュラムを大幅に改定することが求められているが、作業が遅れて実施に至っていない。教員資格獲得後、教員採用試験はなく、書類審査と教員募集を行う学校での面接によって採否が決まる。

第3節 課題と魅力

　民主化後に制定された南アフリカ憲法（1996年）は「世界で最も先進的」と言われる。その「第2章　権利章典」は、南アフリカにおける民主主義の礎として南アフリカ国民のすべての人々の権利を明記し、人間の尊厳、平等、自由という民主主義の価値を確認した。南アフリカ憲法は世界でいち早くあらゆる差別を廃し、国民の権利として多様性と包摂性を擁護したのである。その高い理想こそは南アフリカの魅力であり、故ネルソン・マンデラは、その実現の可能性を教育に託し、こう語った。「教育は世界を変えるために使える最強の武器である。」

　1994年の民主化から四半世紀を経た今日、南アフリカの最大の課題は教育における学力格差である。アパルトヘイト廃止後、人種に代わってNQによる学力格差が論じられているが、NQは人種・居住区を強く反映した指標である。貧しい家庭に生まれた（アフリカ人の）子どもの多くが無償の、学習成果の低い学校に通い、低学力、低学歴、低所得に甘んじる確率が高いということである。貧困層の子どもたちに質の高い教育と学習を保障しないかぎり、貧困格差（人種格差）は世代を超えて受け継がれる可能性が高い。南アフリカは民主主義の「実験場」といえるだろう。

（小野由美子）

［注］
(1)　教科書研究センター編『海外教科書制度調査研究報告書』教科書研究センター、2020年。

［参考文献］
・小野由美子「南アフリカ学習者における学習格差の実態」『共生科学』12, 2021年、43〜54頁.
・The Grove Primary School（https://www.thegrove.co.za/）（2022年9月2日最終確認）.

合う授業研究のアプローチを推奨しており、日本で研修を受けた指導主事がリーダーシップをとっている。プレトリア大学教育学部には授業研究ユニットも開設され、南アフリカ人による、南アフリカのための、南アフリカの「授業研究」が胎動している。

生徒の考え方を表すポスター

操作活動を通じて数の大きさを学ぶ

研究授業のあと、授業検討会の準備

CHAPTER 19

**公教育を支えるスラム内の
低学費私立学校**

ケニアの学校

第1節 日常の風景

◆格差社会の中にある多様な学校

　ケニアの学校を一律に描写することは難しい。それは学校間の格差が著しいためである。都市部と農村部といった地域による単純な違いではない。それぞれの地域の中で厳然とした格差が存在する。家庭の貧富の差により、通える学校が決まってくるのである。さらに、ケニアの初等教育純就学率は90％に満たないので、学齢期の子どもの10人に1人は学校に通っていない。

　2010年に制定された新憲法では、初等・中等教育の無償・義務化が規定されている。しかし、実際には無償ではなく、公立学校においても様々な費用が徴収される。一般的には、施設の整った大規模な優秀校と見られている学校ほど高額の費用が必要であり、貧困層にある子どもは排除されることになる。

　本章で主に紹介する初等学校は、首都ナイロビのキベラ・スラム（世界でも最大規模といわれ、少なくとも数十万人が暮らしている）において地域住民により自主的・自律的に運営されている低学費私立学校の一つA校（生徒数85人：男40人、女45人）である（**写真19－1**）。その多くは、無認可の学校で規模は小さく、大規模校が多い公立学校とは対照的である。このような私立学校は、都市部やその近郊に多く、公立学校と同じカリキュラムに沿い、保護者の費用負担が小さく、そして教育の質は決して低くないことが知られている。一方、公立学校としては、ナイロビ近郊のカジアド・カウンティにあるB校（生徒数476人：男256人、女220人）の事例を中心に見ていきたい（**写真19－2**）。

写真19-1　低学費私立学校A校の授業風景（7年生）

写真19-2　公立学校B校での下校集会の様子

◆登校風景

　登校の風景も地域や学校によって様々である。共通しているのは、初等学校の朝は早いことである。正課の授業が始まるのは8時20分であるが、朝に補習なども行われるため、高学年（4年生以上）の生徒は7時前後には登校してくることが多い。どこの学校の生徒も制服を着用している。男子の場合、半ズボンとシャツ、女子はワンピース、それに男女ともセーターが基本である。胸の部分には、学校名が刺繍されていることが多い。スラムにあるA校生徒の場合、同じ服装でも生地が擦り切れていたり穴が開いていることがよくある。

　通学時の持ち物は、小型のリュックサックに本やノート、筆記用具などのセットを入れている生徒が多い。適当なカバンがなければ、手提げ袋を使っている。家庭環境が厳しい生徒もほぼ同様であるが、概して持ち物の量が少なく、長く使い込んだものを使用している。

◆授業風景

　公立学校では、政府による教科書の配布も進んでいるが、日本のように1人1冊、個人に教科書が無償配布されるわけではない。教科書は貸与制で、自由に書き込んだりもできない。したがって、学習の基本はノートづくりになる。生徒は、教師が教科書の内容を板書したものを手もとのノートに写すというのが典型的な授業風景である。

　どの生徒も学習意欲旺盛なのは、驚くほどである。私語をするような生徒もいない。学習熱をひしひしと感じる。そのような生徒の姿勢が、教師として働くモチベーションにもつながっている。とくに十分な給与が支払われないA校で働く教師の場合はそうである。月給は25ドル程度で、政府雇用の教師に比べると、10分の1から2ほどである。

　教師はテンポよく生徒とやり取りし、授業は進んでいく。このような教師の生徒を惹きつける話術には、敬服するばかりである。生徒は実に楽しそうにしている。一般に、教師は生徒のロールモデルであることを強く意識し、服装などの身だしなみに気を配っている。

　A校の生徒も普段はにこやかであるが、涙を浮かべて悲しい顔をする時がある。それは、授業料（月額約4ドル）を督促される時である。授業料を支払わなければ、家に戻されるが、それでいくらかでも持って来られればよいが、ゼロの場合もある。そのような場合、生徒は何とか授業を受けさせてもらえるように教師に懇願し、許しを請うことになる。

151

［コロナ禍の学校］

　ケニアで最初の感染者が見つかったのは、2020年3月13日のことである。その後の政府の対応は早く、全国すべての学校は15日から閉鎖された。夜間外出禁止令、都市封鎖なども続き、人々の生活は困窮を極めた。全学年で授業が始まったのは、2021年1月4日のことであった。

　閉鎖期間中の子どもの学習を支える手段の多くは、保護者など家族が協力するケースであり、貧困層にある子どもたちは、保護者の収入がなくなり、日々の食事にも事欠き、勉強どころではなかった。妊娠、結婚、あるいは賃仕事に従事するため、ケニアでは20万人の生徒が退学したとも言われている。

　公立学校に勤める政府雇用の教員の場合、学校への登校が禁止される一方で、給与は支払われていたので、経済的な問題は起こらなかった。しかし、低学費私立学校の教員にとっては、学校が閉鎖になり、授業料収入が途絶えれば、失職することになる。

　学校閉鎖に伴う学校暦の調整は、各学期の期間を短縮することで対応し、2024年から元に戻る予定である。1年は3学期に分かれるが、2021年と2022年には4学期を押し込んだ格好である。通常、年間の授業日数は39週であり、新学年が始まるのは1月初旬である。それが、2021年の新学年の開始は7月26日から30週、2022年は4月25日から29週、2023年は1月23日から36週になる。

表19-1　初等学校の時間割（カジアド・カウンティB校の4年生）

時限／曜日	月	火	水	木	金
1限(8:20～8:55)	スワヒリ語	社　会	英　語	数　学	PPI
2限(8:55～9:30)	数　学	数　学	保健体育	保健体育	農　業
(9:30～9:50)	休　憩				
3限(9:50～10:25)	図画工作	家庭科学	スワヒリ語	社　会	保健体育
4限(10:25～11:00)	英　語		数　学	英　語	科学技術
(11:00～11:30)	休　憩				
5限(11:30～12:05)	保健体育	英　語	科学技術	家庭科学	スワヒリ語
6限(12:05～12:40)	科学技術	保健体育		スワヒリ語	数　学
(12:40～14:00)	昼　食				
7限(14:00～14:35)	宗　教	農　業	音　楽	図画工作	宗　教
8限(14:35～15:10)	社　会		宗　教	現地語	現地語

注：PPIはPastoral Programme Instructionの略。宗教教育の一つで、教科としての学習とは異なり、学年に関係なく生徒の
信仰する宗教により、キリスト教であれば宗派に分かれて聖書を勉強したり、聖職者の話を聞く。
出所：筆者作成。

◆時間割

　ケニアでは2018年より新カリキュラムが順次導入され、2022年には初等学校6年生まで進行している。例えば、公立学校B校の4年生の時間割（4～6年生の科目構成、週時間数などは同じ）は、表19-1のとおりである。この学校に限らず、初等学校の各時限の始まり、終わりの時間は、全国的に統一されている。早朝には、朝礼や補習が行われる。放課後は、補習や自習、スポーツの時間である。

　A校の場合、月曜日と金曜日に朝礼が行われる。校長や教師による講話の内容は、大きく分けて2つある。まず、勉強をまじめにすることであるが、もう一つは授業料や試験料（市販の試験問題を購入する費用）の支払いを督促することである。一方で、教師と生徒の心理的な距離は近く、生徒の校外での活動、個々の生活のことなどを気遣う言動もよく見られる。

◆学校給食

　学校給食（スクールランチ）は、とくに貧困層にある子どもにとっては、重要な意味をもつ。A校に通う生徒の中には、このランチが一日の中で一番の食事という子もいる。とくにコロナ禍で保護者が失業し、収入がなくなると、日々の食事にも事欠き、空腹を抱えることになる。ごく一部の地域（乾燥地・半乾燥地）では、WFP（国連世界食糧計画）により、トウモロコシ、豆、食用油が支援されることもあるが、これは例外的である。各自で費用負担をしなければ食べることはでき

[義務教育制度と政府補助金]
　新憲法の発布により、初等・中等教育は、無償・義務教育が初めてうたわれた。それ以前は、義務教育ではなかったわけであるが、政府は人頭補助金（キャピテーショングラント）という形で、初等学校（2003年から）に1,420シリング（約12ドル）、中等学校（2008年から）に22,244シリング（約185ドル）を交付している（2022年度計画）。教育省から全国津々浦々の公立学校（初等23,566校、中等9,238校、いずれも2021年）に対して、1学期に50%分、2学期に30%分、3学期に20%分が振り込まれる。
　公立学校の授業料は無償であるので、低学費といえども、私立学校に通学させる保護者の負担は大きいと思われ

るかもしれない。しかし現実は、規模の大きな優良校は、さまざまな形で保護者から費用を徴収する。例えば、入学金として10,000シリング（約85ドル）などである。あたかも、貧困層の子どもを受け入れない工夫をしているようである。A校の場合、月額授業料は500シリング（約4ドル）と定めているが、例えば2022年7月の場合、全生徒のうち少しでも授業料を払ったのは、80%の生徒である。しかし、実際に集金できた平均額は、一人当たりわずか138シリングである。B校にしても、政府の補助金では賄えない昼食代（700シリング）と光熱水費（1,050シリング）を毎学期徴収している。

ない。

　例えば、A校では外部者からの支援を得て、最低限の給食を提供している。通常は、主食のウガリ（トウモロコシ粉を熱湯に入れてかき混ぜたケーキ状のもの）におかずとして野菜が付くが、資金が不足すると、白ご飯に塩味を付けただけ（プレインライスと呼ばれている）という場合もある。教師も同じ食事をしているが、文句を言うこともない。一方のB校では、給食代（1学期6ドル程度）を支払った生徒だけが食べることができる。他の子はプラスチック容器に詰めた弁当を持参している。

◆放課後の風景

　放課後は「ゲーム」の時間で、小グループを作って楽しんでいる。A校の場合、運動場があるわけではないが、建物の間のスペース使って、自作のボールでサッカーをしたり、歌ったり、踊ったり。女の子は、ゴム跳びのような遊びもしている。木の下で友達と談笑し、休憩している生徒もいる。家庭環境が厳しい子どもたちにも、笑顔が満ちあふれている。

　一方の教師は忙しく、高学年の生徒を集めて、補習を行うこともある。とくにコロナ禍で遅れた分を取り戻すためには、通常の授業時間だけでは不足する。補習をしていなければ、集めたノートの採点をしている。教師も生徒も、忙しそうである。

　17時半までゲームの時間が続き、最後に教室や校庭の掃除をして、下校となる。A校の場合、遅くまで生徒を学校に留め置くのは、できる限り子どもを安全な学校に残しておくという意図もある。多くの子どもにとって、学校は平等に扱われる公正な場所で、心のよりどころ、居場所にもなっている。

第2節　学校制度

◆学校行政制度

　ケニアの行政制度は、新憲法（2010年）発布以降、地方分権化し、47のカウンティ（日本の県に相当）に分割され、各カウンティには地方議会がある。しかし、学校教育に関しては、就学前教育を除いて、いまだ分権化はされておらず、初等・中等教育に関する予算と権限は、中央の教育省にある。

　各カウンティには、本省の出先機関である教育局（County Education Office）、さらにその下に

［前期中等教育と後期中等教育の展望］

　新制度の前期中等教育をどの機関が担うのかは、旧制度の初等学校（8年制）に1学年(G9)を加え、前期中等教育を行うことが2019年に内定した。しかし、政府から正式に発表があったのは2022年6月のことである。

　後期中等教育では、3つのコース、すなわち芸術・スポーツ系(Arts & Sports)、社会科学系(Social Sciences)、理工学系(STEM)に分け、高等教育との接続を意識し、それぞれの学習者の割合を15％、25％、60％とすることが設定されている。後期中等教育(現在の中等学校)では、2026年に新カリキュラムの新入生を受け入れることになり、今後、大改革の波が押し寄せることになる。

［中等教育を受けるために必要となる費用］

　初等学校を卒業できても、中等学校に入学するための費用負担が大きい。そのため、進学を断念せざるを得ない貧困家庭の子どもは多い。中等学校へはKCPEの得点により入学できる学校が決められる。階層化された最上位に位置するナショナルスクール(137校ある)は全寮制で、個人で負担すべき費用として初年度で53,554シリング（約454ドル）が必要である。そのため、成績優秀にもかかわらず必要な費用を負担できないために、地元の学校に通わざるを得ない子どももいる（年額20,000～25,000シリング）。くわえて、制服代(10,000シリング程度)、ノートや文房具、日用品など、そろえなければならない物は実に多い。

図19-1 ケニアの学校系統図

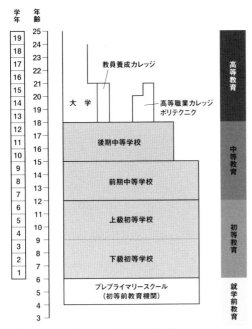

（下級初等から後期中等までの12年間部分は義務教育）

出所：筆者作成。

はサブカウンティ教育局がある。各学校との連絡などは、このサブカウンティのレベルで行われる。基礎教育法（Basic Education Act）にはカウンティ教育委員会（County Education Board）の役割が明示されているが、現在のところ、このような教育委員会制度はうまく機能していない。一方で、各学校においては、基礎教育法に規定される運営理事会（Board of Management）および保護者会（Parents Association）が組織され、民主的な運営を行う体制が構築されている。

◆学校制度

現在、教育制度が大きく変わる過渡期にある。それまでの制度は、8－4－4制と呼ばれる初等教育8年、中等教育4年、大学教育4年であり、1985年に導入されたものである。これは、それ以前の初等教育7年間を1年延長することで、中等教育進学の圧力を低減させる狙いがあった。

2018年より始まったカリキュラム改革（後述）は、学校体系の変更を伴うもので、新制度は2－6－3－3－3制である（**図19－1**）。すなわち、就学前教育2年、初等教育6年、前期中等教育3年、後期中等教育3年、そして大学教育3年（最低）である。それに伴い、これまで8年間の初等教育修了時に受験していた国家試験（Kenya Certificate of Primary Education: KCPE）は廃止される。旧カリキュラムの最終学年は、2022年の時点での7年生であり、彼らが卒業する2023年が最後のKCPEとなる。

◆カリキュラム改革

ケニアにおいては、劇的なカリキュラムを中心とした教育改革が進行中である。従来の知識偏重、試験中心であった教育に対する反省から、学習者中心、活動に基礎を置いた、コンピテンス基

日本人の金銭感覚からすると、大金ではないかもしれないが、ケニアの平均的な給与水準からすれば、簡単に準備できる金額ではない。例えば、夜警の仕事で、月給は8,000シリング（68ドル）ほどである。日々の食事代、家賃（スラム内の1軒で月額3,000シリングほど）などの経常経費を考えれば、預金はもとより、未払いの家賃など、常に借金を抱えている家庭が多い。それでも、親は子どもの教育費用を何とか工面しようとしている。

[カリキュラム改革と学習者の評価]

最大の課題は、学習者を評価する方法として、試験の代わりに導入されるのが、教員による平常点評価（Continuous Assessment）とルーブリックを使ったパフォーマンス評価である。テストという言葉は意図的に使用されなくなったが、各学校は試験により学習の定着を確認している。ただ、生徒の順位付けは行われなくなり、それに代わって、パフォーマンスレベルとして、4段階の評価（EX: Exceeds Expectation, MT: Meets Expectation, AP: Approaches Expectation, BE: Below Expectation）がなされている。

KICDが発行するカリキュラムデザイン（教育課程の基準）の冊子には、単元ごとに細かく、評価の指標が提示されている。このような評価方法により、生徒の学習到達度を公正に評価できるかは、多くの教師の知識や能力を考えれば、心もとない。その他の特徴的な点としては、ICTがすべ

盤型カリキュラム（Competence-Based Curriculum: CBC）を志向している。これには、世界的なカリキュラムのCBC化の流れがある。

この改革の基本となる政策文書『基礎教育カリキュラム枠組み（Basic Education Curriculum Framework）』は、ケニア・カリキュラム開発研究所（Kenya Institute of Curriculum Development: KICD）により2017年に発表された。この枠組みによれば、今回の改革のミッションは、「各学習者のポテン

表19-2 新旧カリキュラムと授業時間数の比較（4〜6年）

科　目	新カリキュラム	旧カリキュラム
数　学	5	7
保健体育	5	4(体育のみ)
英　語	4	7
スワヒリ語またはケニア手話	4	5
科学技術	4	5(科学のみ)
農　業	3	-(なし)
図工・音楽	3	3
家庭科学	3	-(なし)
宗教教育	3	3
社会(公民、地理、歴史)	3	5
その他の言語	2	-(なし)
パストラルプログラム	1	1
計	40	40

注：宗教教育は、キリスト教・イスラム教・ヒンズー教の選択であるが、例えば、イスラム教を信仰する生徒がキリスト教を選択するケースも多い。パストラルプログラムについては、表19-1の注記参照。

シャルを涵養する」とされ、「誰ひとり基礎教育修了時に落伍者と呼ばれないことを保証する」と記されている。

新旧カリキュラムの教科と週時間数（1時限35分）の変遷は、**表19-2**のとおりである。英語や数学、社会などのアカデミックな授業時間数が削減され、農業および家庭科学の再導入（1990年代まで教えられていた）に特徴づけられる。知識偏重ではなく、日常生活にも関わる実践中心の内容になっている。

◆**教科書制度**

教科書は、民間の出版社6社程度により発行され、その内容はKICDが定めるカリキュラム・デザイン（旧カリキュラムではシラバス）に準拠している。いずれの教科書の表紙にも、KICDにより認可されたものであることが明示されている。

教科書の法的位置づけはなく、したがって使用の義務もない。新カリキュラム導入により、政府は1人1冊の教科書無償配布を目指している。それまでは所有している生徒の割合が極めて低かったが、この点はかなり改善されている。B校では、低学年の教科書は学校で預かり、持ち帰ること

ての領域における学習ツールであることがこの『基礎教育カリキュラム枠組み』の中で明記されており、教材のデジタル化を進行させようとしていることが挙げられる。また、特別なニーズのある子どもに対する配慮についての記述が至るところに見られる。

[コンピテンス基盤型カリキュラム（CBC）]

CBCについては、そのアイデアはよいにしても、現在のケニアの状況を考えれば、多くの教師はそれに対して批判的である。まず、生徒と教師、保護者にとって、負担が大きいことである。教科数が増え、教科書が分厚くなっている（例えば、6年生の採用率の高い出版社の保健体育は284頁）。インターネットに自由にアクセスできることを前提

とした教科書の構成になっており、グループでの学習が奨励され、また家庭で保護者のサポートのもとに実施する活動が多い。例えば、ある出版社の教科書単元には、Digital CornerやDigital Timeという見出しがあり、インターネットにアクセスできることを前提として、Open a file…、Click、Watch a video、Use digital devices、Find out from the internetなどの指示がある。インターネットへ自由にアクセスできる教室はほとんどなく、ジョークという教師も多い。家庭学習としては、Home ActivityやHome Taskとして活動が示されている。

[前期中等教育（第6〜9学年）の教科]

新制度の前期中等教育（2023年開始）では、12科目を

155

はできないが、高学年の生徒は、新学年になると貸し出され、1年間、自由に使うことができる。ただ、生徒数が増えた学年では数が不足し、また1年も使用すると、教科書は擦り切れ、落丁も起こるが、新たな教科書が配布されることはない。

◆貧困と飢餓

　持続可能な開発目標（SDGs）は、日本でもよく耳にするようになった。この目標1と目標2は、それぞれ「貧困をなくそう」と「飢餓をゼロに」である。社会福祉制度のある日本では、国による生活保障もあり、食べ物がないために困窮する人はほとんどいないだろう。しかし、ケニアの場合、国民の23.6%（2021年）が1日あたり1.9ドル以下で生活している現実がある（国連統計）。

　さらに、スラムに暮らす人々が一様に貧しいのではない。その中でも格差がある。家庭の格差がそのまま子どもの格差につながる。自宅に帰れば暖かく迎え入れてくれる親がいる、と考えるのも間違いである。両親ともにいる家庭は、半数ほどである。仮に父母がいても、夫婦げんかが絶えず、アルコール依存症という場合もある。両親は離婚し、親戚などに引き取られ、家庭に子どもの居場所がないことも少なくない。日々の食べ物さえ十分でないときに、学校の授業料を支払えるものではない。あまりの空腹からゴミ捨て場で残飯をあさるような子もいるという。

　女子の場合は、さらに深刻である。基本的な食べ物がない状況では、生理用品が買えるわけもない。それを横目で見ながら、小銭をチラつかせ、声をかけてくる輩がたくさんいる。そして妊娠、退学、シングルマザーという道をたどることもある。A校では、高学年の女子生徒に対して、篤志家からの資金を得て、生理用品の提供を行ったことが何度かあった。

◆学校教育の政治化

　どこの国でも、政府が進める教育改革に際して、学校現場からの反発があるものかもしれない。ケニアの場合、そのような声を現場の教員があげることはほとんどない。教員組合がストライキをする目的は、常に給料や手当の改善である。現在進行しているカリキュラム改革、教育制度改革は、生徒や教師、保護者に時間的かつ金銭的な負担を強いるものである。無償義務教育といいながら、貧困家庭の子どもたちは、質の高い教育を受けることはできない。高級官僚は、このような現実を知ろうとせず、就学しない子どもがいるのは、親の理解がないためだと思っているかもしれな

学ぶこととなっている。すなわち、英語、スワヒリ語、数学、総合科学、健康教育、技術前・キャリア前教育、社会、宗教教育、ビジネス研究、農業、ライフスキル教育、スポーツ体育である。さらに次の科目より、1～2科目を個々の関心およびキャリア選択から選ぶこととしている。それらは、視覚芸術、舞台芸術、家庭科学・コンピュータ科学、外国語（ドイツ語、フランス語、中国語、アラビア語）、手話、現地語である。果たして、このような科目を適切に教えられる教師がいるのだろうか。仮にいたとしても、そのような教師を新たに雇用する財源はあるのだろうか。

[教科書の内容]
　教科書はカラフルで、写真や挿絵なども多く含まれており、従来のものに比べると学習者の興味や関心を引き付けようとする工夫が多々ある。ただ、そこまで教える必要があるのかと思える内容もある。例えば、6年生の保健体育では、陸上競技、縄跳び、サッカー、バレーボール、ハンドボール、ネットボール、ソフトボール、カバディ、水泳、フリスビー、体操、野外活動など、多種多様なスポーツに加え、最後の章ではスポーツに伴うケガについて学習することになっている。しかし、実際に必要となる施設や器具が学校にあるわけではない。

い。

　政治家は、教育を集票のための道具として使いがちである。例えば、初等教育および中等教育の無償化が始まった年は、いずれもその前年が大統領選挙であった。2022年8月に行われた大統領選挙では、選挙公約として、CBCの見直しや大学教育の無償化があがっていた。貧困のために基礎教育を受けられない子どもがたくさんいる現実を無視するかのようである。ケニアは、他のサブサハラ・アフリカ諸国に比べれば、順調に経済成長している国の一つである。それでもSDGsの目標4（質の高い教育をみんなに）の達成は非常に厳しい。

◆福祉施設としての学校

　子ども法（Children's Act）が2001年に施行され、ケニア政府は子どもの保護や支援に取り組んでいるが、その対象は孤児やストリートチルドレン、虐待、育児放棄など、わかりやすいケースに限られている。貧困状態にあるのは、国民の2割以上であり、その人々を政府が支援できるわけもない。それでも、スラムなどに暮らしていれば、NGOなどが支援してくれる可能性もあるが、その人数は膨大であり、一人ひとりに支援が届くものではない。

　そのような状況において、初等学校は子どもにとって一番身近な公的な施設である。そこは、公正な空間で、話を聞いてくれる教師がいる。外の不平等な社会とは違う。キベラ・スラムには、A校のような私立の初等学校が200校以上ある。子どもたちにとって、学校はオアシスのような安心、安全な場である。自分の存在を肯定的にとらえてくれる教師もいる。学校は、学習の場であるだけでなく、子どもの権利を擁護してくれる福祉的な施設でもある。このように、政府による就学の保障がなくとも、草の根の人々は自らの力で教育の場をつくり、困難に立ち向かおうとしている。それが、ケニアの学校の魅力的な挑戦であるといってもよいかもしれない。　　　　　　　（澤村信英）

157

[注]
⑴　KICD, *Basic Education Curriculum Framework*, Kenya Institute of Curriculum Development (KICD) 2017.
⑵　KNBS et al., *Kenya Demographic and Health Survey 2014*, Kenya National Bureau of Statistics (KNBS) 2015.

［デジタル教科書］

　デジタル教科書は、2010年代前半に導入しようとする機運があり、2018年の新カリキュラム導入に合わせてタブレットが一部の学校の1年生に配布されたこともあった（今はそのようなこともない）。2019年から流通が始まった新200シリング紙幣には、3人の生徒が教師の指導のもとにノートパソコンを使用している図柄が使われており、そのような教育を理想としてイメージしているのかもしれない。しかし、政府組織のデジタル化は日本以上に進んでおり、日々の教育局からの通知はSMSが使われ、KCPEの登録と結果の開示なども、すべてオンラインで行われている。

［教育熱と無償義務教育の現実］

　大多数の親は、自身に就学経験がなくても、子どもを学校に通わせることを望んでいる。自分が学校へ行けなかったからこそ、子どもには学校に行って、少しでも上位の学歴をつけて、十分な収入を得て、この貧困から抜け出してほしいと願っている。ただ、初等学校を卒業するだけで、就職できる可能性はほぼない。中等学校へ進学するには、けた違いの費用が必要で、貧困家庭の子どもはあきらめざるを得ない。保護者の手もとに現金がないために子どもは就学できないのである。残念ながら、これがケニアの無償義務教育の実態である。

CHAPTER 20

休む間もなく勉学に励む学校

マラウイの学校

第1節　日常の風景

　マラウイの小学校と言っても、地域や学校によって、児童の登校の様子が異なっている。都市部では、制服を着て、靴を履き、保護者の自家用車や乗り合いバスで登校する。一方、農村部では、必ずしも制服を着ていなく、サンダルや裸足で徒歩で登校する。多くの学校は一部制であるが、教室数や教員数が限られているために、二部制の学校も少なくない。

　農村部では、私立小学校は比較的少なく、一部の裕福で教育熱心な家庭を除いては、ほとんどの子どもは、学校区はないものの自宅から近い村の公立小学校に通っている。

◆児童の学校生活

　児童は朝7時までに登校する。学校に到着すると、朝礼の時間まで教室や校庭の掃除をしている。ベル係の児童が、朝礼を知らせるベルを鳴らす。全児童が教室の外に出て並ぶ。まず、お祈り（キリスト教徒が多い）をする。その後、校長や教員の連絡事項があり、最後に校歌を歌う。朝礼後、児童は教室に戻ると、すぐに授業が始まる。

　児童は、授業中、必死に黒板の板書をノートに書き写している。理由は、深刻な教科書不足が挙げられる。4〜5人で1冊の教科書を共有することが多い。教師は、児童が教科書を持っていないことを前提に、黒板に教科書の内容を板書する。児童は、板書をノートに書き写すことで教科書代わりにする。机と椅子がない教室もあり、床に座って授業を受けている。長時間床に座っているとお尻が痛くなることから、ノートや鞄をお尻の下に敷いている児童もいる。

　休憩時間には、教室の外に出て、かけっこやゴムとびなどをしたり、友達と楽しそうにおしゃべりをしたりしている。また、水を飲んで、顔を洗って涼んでいる様子もある。中には、学校周辺で

158

［マラウイ共和国］

　1964年英国から独立。アフリカ大陸南東部に位置する内陸国。面積11.8万平方キロメートル（日本の約1/3）、人口1,913万人（2020年：世界銀行）、GDPは121.8億米ドル（2020年：世界銀行）、1人当たりGNIは580米ドル（2020年：世界銀行）である。首都はリロングウェであり、標高約1,000mにある。気候は熱帯サバナ気候に属し、涼しい乾季（5〜8月）、暑い乾季（9〜11月）、雨季（12〜4月）である。民族はバンツー系であり、主要民族はチェワ、トゥンブーカ、ンゴニ、ヤオなど。公用語はチェワ語と英語。人口の約75%がキリスト教。労働人口の約80%が農業に従事している。主要産業は、たばご、紅茶、砂糖である。

　国旗は、黒・赤・緑の3色で、黒はアフリカの人、赤は自由を得るために戦った人々の血、緑は自然を表している。マラウイ湖の湖面から昇る太陽がイメージされ、31本の光を放つ。アフリカの希望と自由を表している。

売られているマンダシ⁽¹⁾やキャッサバを焼いたものなどを買って食べている児童もいる。朝早く家を出ることや朝食が作られてないこともあり、朝食を食べて来ていない児童も多く、10時頃になるとお腹が空いてしまうためである。

　マラウイのほとんどの学校で給食は提供されていない。そのため、12時以降になると、三重苦（暑い、疲れる、お腹が空く）と言われ、まだ授業が残っているにも関わらず、帰宅してしまう児童もいる。授業が終わると下校となるが、下校途中に買い食いをする児童もいれば、自宅まで急いで帰る児童もいる。少し遅い昼食が待っている。

◆教師の生活

　教師は忙しい。朝7時から始まり、昼は14時以降である。一日に多い教師で10限の授業を行う。1教室当たりの児童数は60人以上と多い。教師は、職員室から、教科書、チョーク、出席簿などを持って、教室に向かう。教室に入ると、児童の出席を確認する。それだけでも時間を要する。時には、練習問題を与え、ノートを提出させる。児童のノートをチェックするにもたくさんあり、大仕事である。忙しい合間をぬって、休憩時間には、砂糖やミルクが入った甘い紅茶を飲み、マンダシを食べる。授業が終わると、自宅に戻り、遅い昼食を食べる。

　マラウイ農村部の小学校では、学校周辺に教員住宅があることが多い。学校から近い順に、校長、副校長、教員と住宅が配置されている。しかし、全ての教師が教員住宅に住んでいるわけではない。教師の遅刻や欠勤は多い。教師の仕事は、低賃金であり、それほど人気がない。副業を行っている教師もおり、教師のモチベーションの低さは大きな課題である。

◆カリキュラムと時間割

　マラウイの初等教育は3学期制である。1学期は、雨季から乾季になって暑くなってくる9月に始まり、12月中旬のクリスマス前に修了する。2学期は、新年明け1月から3月末のイースタ休暇前に修了する。3学期は、4月末から7月末までである。5月末には、初等教育修了試験（PSLCE）が実施される。

　科目は、1年生ではチェワ語（公用語）、英語、算数、芸術、聖書、宗教教育、2年生ではライフスキルが加わり、3年生では社会が加わり、4年生以上では理科と農業が加わる。教授言語は、1年生から4年生は現地語であるチェワ語、5年生から8年生は英語である。

農村部の児童の登校の様子

農村部の児童の下校の様子
▷靴、サンダル、裸足と様々である。制服と私服が見られる。

表20-1　小学校の時間割（ンカタベイ県Ａ小学校5年生）

		月	火	水	木	金
	7:05～7:30	朝　礼				
1限	7:30～8:05	英　語	算　数	英　語	算　数	英　語
2限	8:05～8:40	算　数	英　語	算　数	英　語	英　語
3限	8:40～9:15	算　数	チェワ語	チェワ語	チェワ語	算　数
4限	9:15～9:50	チェワ語	芸　術	算　数	芸　術	算　数
	9:50～10:00	休　憩				
5限	10:00～10:35	理　科	農　業	社　会	理　科	チェワ語
6限	10:35～11:10	理　科	理　科	社　会	聖　書	チェワ語
7限	11:10～11:45	芸　術	理　科	芸　術	社　会	芸　術
	11:45～12:00	休　憩				
8限	12:00～12:35	農　業	ライフスキル	ライフスキル	ライフスキル	理　科
9限	12:35～13:10	ライフスキル	聖　書	農　業	農　業	社　会
10限	13:10～13:45			農　業		農　業

出所：筆者作成。

　表20－1はある農村部の小学校の時間割を示している。朝7時頃に朝礼から始まり、14時頃まで授業がある。授業時間は1限35分であり、授業と授業の間の休み時間はなく、3～4限授業が続き、その後に休憩がある。1～2年生は11時頃、3～4年生は12時半頃、5～6年生は13時頃、7～8年生は14時頃に授業が終わり下校する。

第2節　学校制度

◆教育制度

　マラウイの基礎教育は、主に、就学前教育、成人識字教育、初等教育で構成している（**図20－1**）。教育省は、初等教育、中等教育、高等教育を管轄している。一方、就学前教育は、社会福祉省が管轄している。就学前教育は、主に、公立就学前教育施設であるデイケアと私立の施設である。学制は、8－4－4制である。高等教育は典型的に4年間である（**図20－1**）。初等学校の最終学年に国家試験である初等教育修了試験（PSLCE)がある。一般的に、初等教育修了試験に合格すると、中等学校に進学することができる[2]。学力によって、進学することができる中等学校が決まる。学力が高い児童から、まず、政府系中等学校（CSSs）に、次に、コミュニティ中等学校（CDSSs）にと進学する。政府系中等学校は寄宿制であることが多く、一方、コミュニティ中等学

机や椅子がある教室

机や椅子がない教室

図20-1 マラウイの教育制度

年齢	学年					
26	20	大学院				高等教育
25	19					
24	18					
23	17					
22	16					
21	15	大学 (4〜6年)	中等学校教員 養成校	小学校教員 養成校	職業訓練校	
20	14					
19	13					
18	12	後期中等教育			小学校教員 養成校	中等教育
17	11					
16	10	前期中等教育				
15	9					
14	8	初等教育				初等教育
13	7					
12	6					
11	5					
10	4					
9	3					
8	2					
7	1					
6		幼稚園・保育園				就学前教育
5						
4						
3						

出所：Malawi Ministry of Education, Science and Technology (MoEST), Education Statistics Lilongwe: MoEST, 2009より筆者修正。

校は通学制が多い。中等学校では、2年生に国家試験である前期中等学校修了試験（JCE）がある。前期中等学校修了試験に合格すると、後期中等学校に進学する。中等学校の4年生にマラウイ学校修了試験（MSCE）がある。試験の得点によって、初等学校・中等学校教員養成校、職業訓練校、大学などに進学することができる。

手作り計算機

▷ノートをチテンジと呼ばれる布で巻いて腰に結ぶ。日本の風呂敷のようである

◆初等教育の課題

マラウイの初等教育は、1994年初等教育無償化政策後、急激に就学率は向上し、粗就学率は126%⁽³⁾である。しかし、課題が山積みである。その中でも、初等教育修了率の課題がある。初等教育修了率は50.0%⁽⁴⁾と非常に低く、初等学校に入学した2人のうち、1人しか修了することができていない。その背景には、低い進級率がある。各学年の進級率は50〜60%⁽⁵⁾である。一方、留年率は21.0%⁽⁶⁾である。留年が多い理由は、各学年で必要な学力を習得していなければ、最終学年の8年生になっても初等教育修了試験に合格できず、初等教育を修了することができていないことにある。教員は児童がその学年で必要な学力を習得していないと判断した場合は留年させる。保護者も留年を認めざるを得ない。

マラウイは非常に激しい学歴社会であり、初等教育修了試験に合格しない限り、次の道は閉ざされる。さらに、合格しただけでは中等教育には進学できない。初等教育修了試験が良い成績ではないと良い中等学校へは進学することができない。成績順にどの中等学校に進学することができるかまで決められてしまう。実際に、中等学校への進学率は19.8%と非常に低い。中途退学率は4.4%⁽⁷⁾と高い。留年、転校、退学要因を分析し、減少させることが重要である。

初等教育修了試験の合格率は毎年約60〜70%に留まっており、学力の低さが大きな課題である。留年率の高さも学力の低さが大きな要因である。15か国が参加した東南部アフリカ諸国教育質のモニタリング調査（SACMEQ）学力調査においても、マラウイの学力の低さは際立っており、学力向上への取り組みが重要である。小学校5年生に実施した学力調査の結果、小学校3年生で習得する知識は5年生の約3割しか習得できていなかった。基礎学力向上に向けた取り組みが必要である⁽⁸⁾。

政府は小学校入学の年齢を6歳と定めている。しかし、教育熱心な保護者は5歳以下で入学させてしまう。1年生の約3％が早期入学である。一方、遅延入学が大きな課題である。1年生の入学時の年齢が7歳は18％、8歳は6％、9歳以上は5％と高い。特に、遅延入学は、退学の大きな要因となっている⁽⁹⁾。

教員住宅（校長）

紅茶とマンダシが机に置かれている

◆初等教育の進展

　マラウイの初等教育には、魅力もある。無償化政策後、誰もが小学校に通うことができるようになったことである。また、男女の就学率は差がなく、女性も就学している。また、近年、インクルーシブ教育が垣間見え、10年前では、小学校では障害を持った児童は学校に通うことが少なかったが、今日では、他の子どもたちと一緒に教室に座っている光景が見られるようになった。間違いなく学校は進歩している。　　　　　　　　　　　　　　　　　　　　　　　　　　（谷口京子）

[注]
⑴　マンダシとは、小麦と砂糖を混ぜ、油で揚げたもので、サーターアンダギーのような小さな揚げドーナツである。しかし、サーターアンダギーほど甘くない。
⑵　初等教育修了試験(Primary School Leaving Certificate Examination: PSLCE)に合格しなくても、夜間中等学校や私立の中等学校に進学することができる場合がある。
⑶　Malawi Ministry of Education, Science and Technology (MoEST) , *2021 Malawi Education Statistics Report,* Lilongwe: MoEST, 2021.
⑷　同前。
⑸　同前。
⑸　谷口京子「マラウイ農村部の小学校における退学要因」『国際教育協力論集』20(1)、2017年、1〜14頁。
⑹　⑶と同じ。
⑺　⑶と同じ。
⑻　Taniguchi, K., Analyses of reading comprehension skills in primary schools of Malawi, *Africa Educational Research Journal,* 7, 2016, pp. 119−136.
⑼　⑸と同じ。

算数の足し算で、棒を書いて計算している様子

算数の掛け算で、順番に書いて計算している様子

CHAPTER 21

南太平洋の伝統と国際性が併存する島国の学校

サモアの学校

第1節 日常の風景

◆小学校の一日

　サモアの小学校の朝は早く、8時から授業が始まる。徒歩通学が基本であるが、バス通学や保護者の車で通学する者もいる。学校に着いたら、リュックを教室の前に置いておき、帽子を丸めたボールでラグビーを始める。ラグビー強豪国の学校では、女子も男子に混じってラグビーをする。小学校や中等学校では公立、私立を問わず制服がある。ほとんどの制服は、男の子はシャツにラバラバと呼ばれる巻きスカート。女の子はワンピースである。

　7時半ごろになって担任の教師が教室の鍵を開けると、子どもたちは教室に入ってから、グラウンドや教室内清掃を始める。

　7時40分ごろに8年生の児童が軽快なリズムでドラムを叩き、子どもたちが集まってきて、朝礼が始まる。敬虔なクリスチャンの国である。朝礼ではお祈りが行われ、讃美歌が歌われてから校長先生の講話がある。そのあと午前の前半の授業が始まる。算数だ。

　10時ごろに7年生の児童が廊下にぶら下げられた鐘を鳴らすと休憩時間が始まる。外で遊ぶよう促されており、ランチボックスを広げ食事をしたあとは、校庭に子どもたちの遊ぶ風景が広がる。学校では地域の人が袋詰めのスナック菓子を売っている。児童はそれを買い求める。教師も軽食をとり、ココサモア（サモア風ココア）を飲む。地元の村の人たちの差し入れもある。この時間帯は、児童が当番で教師の給仕をする。子どもが大人の食事の給仕をするのはサモアでは当然の習慣だ。各家庭でも食事は年長者と客人から先にいただく。子どもはその間、給仕をする。村や家での習慣がそのまま学校でも行われる。

　30分の休憩時間が終わると午前中の後半の授業が続く。理科の授業に続いてサモア語の授業、

[サモアの宗教]

　サモアには18世紀ごろからヨーロッパ諸国が接触を始め、1830年にイギリスのロンドン伝道師協会によってキリスト教の布教が始まった。比較的早くにキリスト教を受け入れて聖書をサモア語に訳すなど、歴史的にも敬虔なキリスト教の国である。メソジストやセブンスディ・アドベンティストやカトリック、さらにモルモン教など多数の宗派が存在する。それ以外にはバハイ教などの宗教もある。

[サモアの独立]

　もともとイギリスの影響力が強かったが、1899年にドイツが西サモアを領有し、同時期にアメリカが東サモアを領有するようになった。しかし第1次世界大戦でドイツが敗れると、1919年にニュージーランドによる国際連盟委任統治地域、1945年にニュージーランドを施政国とする国連信託統治地域となって、1962年に独立した。このため、ニュージーランドとの関係が強い。なお、1997年に国名を西サモアから現在のサモア独立国と改称。

[サモアの学校数（2019年）]

[小学校]公立：144、ミッション：19、私立：7
[中等学校]公立：23、ミッション：13、私立：1
[小中一貫]ミッション：4、私立：1、

164

サモアの子どもには楽しみな授業だ。

　12時になるとお昼休みになる。30分だが、ランチを食べたり読書をしたりして休憩する。午後は2時まで英語の授業が続き、下校となる。教師はそのまま残り、明日の授業の準備をしたり、児童から回収したノートのチェックをしたりする。地方の学校だと、昼食として地域から差し入れられたタロイモやコーンビーフ、パンの実などをみんなでいただく。子どもたちは帰宅すると、宿題をすませる。その後は家や村の手伝いが待っている。サモアはマタイを中心とした村社会であり、子どもたちは村のことを担えるように育っていく。

◆教室での授業風景

　サモアの小学校では、教室に机とイスがあるのは、主に7年生と8年生である。低学年では床に伝統的なファインマットを敷いて、子どもたちはそのまま座って授業を受ける。これは学校の財源が十分ではないこともあるが、伝統的にファレ（サモアの伝統的家屋で、壁がない）でも床に座って生活をしていることから、違和感はない。また、オーストラリアやニュージーランドでも小学校の低学年では床のカーペットに座って授業を受けているから、同じことである。実際に机がない方が、グループワークをしやすい。この方法だと黒板も教室の前と後ろで有効に使える。壁全面には教師が作成した計算表や地図、児童の作品などが掲示されており、教室が有効に使われている。

　サモアでは、教科書や教材は貸与制である。教室には国際援助によるパソコンや複写機が置いてある。教育スポーツ文化省が教材のトピックやモジュールをインターネットで配信しており、教師はこうしたリソースを用いて、授業準備をする。

　クラスサイズは、教師1人当たり児童数は小学校で30名、中等学校で20名が基準と定められている。しかし、約半分の小学校では、この基準よりも児童数が多い（2019年）。1学年に1クラスだけの学校がほとんどだが、首都のアピアには3クラスある学校もある。

　サモアの教育政策では学習者中心の授業を推奨しているため、グループワークや発問して考えさせる授業も行われる。しかし、まだ知識を暗唱させることも少なくなく、生徒が内容を理解したかどうかを確認するために、教師が発声し生徒が応えることもある。授業方法は様々だが、授業にメリハリをつけ生徒の集中力を維持するために、掛け声やリズム感のいいサモアの伝統的な歌や踊りなどを取り入れている。

　昔の教師は子どもを従わせる厳しい存在だったが、最近では教師も授業を工夫し、子どもと遊ぶなど寄り添うようになっている。それでも、教師としての威厳は保ち、子どもたちが教師を軽く見

[後期中等教育修了資格]

　サモアに限らず、太平洋の島嶼国ではニュージーランドの教育制度の影響を受けており、11年生、12年生、13年生のいずれかで後期中等教育資格の試験がある。以前は12年生修了で後期中等教育修了の試験があり、13年生で奨学金のための試験（バーサリー試験）があったが、現在は13年生が後期中等教育の最終資格という位置づけに変わってきている。

　実はサモアでは5歳で小学校に入学することから、他の太平洋の国々（6歳で小学校に入学）と学年がずれる。即ち、サモアの13年生はニュージーランドや他の国々の12年生となる。このため、サモアでは13年生のSSLC（本文参照）だけでなく、サモア国立大学の予科に進むことでニュージーランドや他の国々の13年生と同等とみなされる。

[サモアの経済]

　サモアを始め太平洋の小島嶼国は天然資源に乏しく、漁業と小規模な農業が主な産業である。圧倒的に輸入超過であり、移民からの送金や海外からの援助に頼ることで経済の基盤を維持しているのが現状である。なお、サモアにはビール工場があり輸出も行っている。ニュージーランドの植民地だったことから、ニュージーランドはサモアからの移民を受け入れており、サモアは移民の送り出し国でもある。

ることはない。年長者が偉い社会なのは変わらない。

◆学校行事

　サモアもニュージーランドと同じく１〜12月の４学期制だ。小学校では、各学期に、リレーや
ボール転がしなどのスポーツ大会が行われる。また学期の最終日は私服でよく、お洒落して登校し
てくる。その日に教育の成果や学校運営に関するPTAへの報告会があり、それが終わるとダンス
パーティが行われ、地域の人たちもやってきては一緒に踊る。学校で踊る機会は多い。ディスコ音
楽もあればサモアの伝統的な歌とダンスもあり、誰もが踊る。教師が踊るときは子どもたちが手拍
子やお囃子をする。

第2節　学校制度

◆学校行政制度

　サモアの教育行政は、教育スポーツ文化省がナショナルカリキュラムの策定、学力テストや資格
試験の実施や評価、各学校への教科書や教材、教具の配布、教師の配置、学校設置認可、視学官に
よる学校視察、各種調査活動を行っている。一方、村の自治が強いため、学校の設置、校舎や施設
の維持管理は、村や地区などで選出された委員と校長を含めた学校委員会（School Committee）
が担っている。

◆学校系統と試験制度

　サモアの学校系統（**図21−1**）は、初等教育はニュージーランドと同様の８年間、中等教育は５
年間で、合わせて13年間となっている。５歳で小学校に入学するのはニュージーランドと同じだ
が、ニュージーランドでは誕生日から０年生となるのに対し、サモアでは１月に１年生として入学
する（誕生月によっては５歳前）。　義務教育の期間は小学校卒業までの８年間、あるいは14歳ま
でである。自動進級が原則なのだが、事情によって留年することもあるからだ。

　かつては小学校終了時に全国統一試験があり、国立の中等学校へ進学するためには優秀な成績を
収めなければならなかった。この全国統一試験は2013年に廃止され、そのあとは８年生の診断的
評価が目的の学力テスト（Samoa Primary Education Certificate Attainment：SPECA）に移行し
た。小学校で学ぶ７教科（後述）全ての試験があり、この成績が進学に影響することはない。

［太平洋後期中等教育資格（PSSC）］

　太平洋の島嶼国のうち７か国（サモア、キリバス、ツバ
ル、トンガ、ソロモン諸島、バヌアツ、ナウル）では、1980
年代から2013年まで地域共通の後期中等教育資格の試
験が行われていた。それ以前はニュージーランドの大学入
試（NZUE）を受験していたが、これがニュージーランドで
廃止されたため、大洋州の国際機関である太平洋共同体
（SPC）の中の南太平洋教育評価委員会（SPBEA）がPSSC
を実施するようになった。これはニュージーランドでも用
いられている校内評価と学外筆記試験を組み合わせた形式
であり、これら島嶼国が独自で試験や校内評価などを実施
できるよう研修など支援も行われた。その結果、2013年

に各国独自の試験に切り替えられた。校内評価などはその
後も踏襲されている。

［ポリネシアの文化とサモアの踊り］

　サモアは南太平洋のポリネシアに位置する島嶼国で、歴
史的には、約3,300年前に東南アジアから出現したラピ
タ文化を持つ人々がサモア辺りまで移動、いったんは定着
した。その後、マルケサス諸島（フランス領ポリネシア）ま
で移動し、更に北はハワイ、南はニュージーランド、東は
イースター島（チリ）まで人々が拡散していった。そうした
過程で文化が変容したため、ポリネシア文化発祥の地と呼
ばれることもある。民族的、言語的、文化的にも、ハワイや
ニュージーランドのマオリ、トンガやタヒチの人々と同じ

こうした全国学力テストには2年生、4年生、6年生で行われるサモア語と英語のリテラシー（2年生はサモア語のみ）と図形や計算などニューメラシーの学力を測るSPELL（Samoa Primary Education Literacy Level）テストがある。

9年生から中等学校に進む。12年生で中等教育資格（Samoa School Certificate：SSC）の試験がある。また13年生では、これもかつては大洋州統一の後期中等教育資格（Pacific Senior School Certificate：PSSC）の試

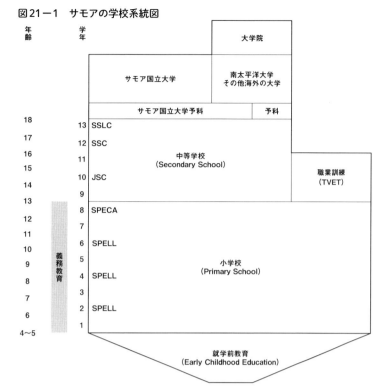

図21-1　サモアの学校系統図

注：高等教育機関としては、フィジーに本部のある広域の南太平洋大学のサテライトキャンパス、農業・食品技術分野のコースがあるほか、サモア国立大学がある。中等学校から大学に行くためには、13年生でSSLCを受験し、一定の成績を収めるとサモア国立大学の予科に入学できる。ここで1年間学んでから学士課程に進むほか、奨学金を得て南太平洋大学やニュージーランド、オーストラリアなどの海外の大学に進学する。
出所：サモア教育スポーツ文化省での調査より筆者作成。

験があったが、2013年に廃止され、サモア独自の中等教育修了資格（Samoa Secondary Leaving Certificate：SSLC）の試験が導入された。なお、2022年に前期中等教育資格（Junior Secondary Certificate：JSC）が導入されている。

◆教育課程の概要

サモアでは独立以前はニュージーランドのカリキュラムが使用されていた。しかし1962年の独立以降は独自の教育が目指され、サモア語が教科化された。その後、オーストラリアやニュージーランドの支援を受け、初等教育と中等教育のシラバスや教材が作成されてきたが、2006年に小中

流れである。そのため、シバと呼ばれるサモアの踊りも手で波を表すようなハワイのフラダンスに似ており、激しい手拍子などマオリのハカ（ラグビーの国際試合の前に行うことで、日本でも有名）と似ている。

［マタイ制度］

マタイとは大家族制を基盤にした親族の長の称号を持つ者を表し、マタイの称号を与えられると親族の世話をし、村のリーダー役を担う。マタイの称号にはランクがあり、最高位のマタイの称号を有するものが国家元首となる。また、女性もマタイになることができる。マタイになると刺青を入れ、マタイの称号を自分の名前に加えていく。村の自治はチーフマタイのもとに、こうしたマタイが大きな

ファレに集まって協議して進められる。

［教会学校（Aoga Faifeau）］

サモア語で牧師の学校という意味で、教会で子どもたちに勉強を教えること。サモアではヨーロッパ人が到来したころから、ミッション系の教会による学校が設立されており、教会はキリスト教とあわせて英語を教える場所として認識されていたようである。現在でも、教会に子どもたちを集めて聖書の話や讃美歌指導などに加えて、上級生が学校の勉強の面倒をみることもある。サモア開発戦略において教育の質の改善を国家の戦略と位置づけ、この教会学校の再活性化が求められた。

一貫の「ナショナルカリキュラム政策枠組み」が策定された。これは、本質的なスキル（Essential Skills）、価値、学習領域の３つの柱から構成されている。この本質的なスキルとはコンピテンシーに相当するもので、ニュージーランドの旧ナショナルカリキュラム枠組み（1993年）でも用いられており、サモアでも独自に設定された。

　小学校ではサモア語、英語、社会科、算数、理科、視覚芸術、保健体育を学ぶ。中等学校では９年生から11年生まではサモア語、英語、社会科、数学、理科、農業科学、会計、コンピュータ、デザイン技術、料理・裁縫・技術、視覚芸術、音楽、体育が設定されており、12年生から社会科と理科に代わって、会計、地理、歴史、経済、開発（13年生）、生物、化学、物理になる。先述のSPECAやSSC、SSLCはこれらの教科で行われる。

　SSLCがサモア独自の試験なのは大きな意味がある。以前は大洋州共通の試験内容に合わせていたのが、サモアの教育課程に沿って教えられるようになったからである。

　一方で、アウトカムズベースのカリキュラムの導入など国際的な影響もある。2015年ごろからSOLOと呼ばれる教育目標の分類が用いられるようになり、また学びの成果を４段階の基準（Beginning、Achieved、Merit、Excellent）で示すようになった。こうした流れは、実はサモアだけではなく、ニュージーランドや、他の島嶼国と同じである。これは、教育がサモアだけで成り立つものではなく、ニュージーランドとの往来を考慮し、大洋州地域での共通性を維持しようとしているからだと言われている。

第3節　課題と魅力

◆バイリンガル教育と教育の質

　学校でのサモア語の使用は独立国としての重要な意味を持っている。それでも当初からサモア語と英語のバイリンガル教育を方針としてきた。サモアは毎年1,000人規模の移民をニュージーランドに送り出している。また輸入や援助に頼らざるを得ないため英語を話せないとグローバル社会で生き残れないからである。

　小学校４年生から教科としての英語が開始される。７年生になるまでに段階的に教授言語を英語に切り替えられるようになっている。７年生と８年生、中等学校以上はサモア語を除くすべての教科が英語で行われる。しかしながら実際には、８年生でも英語が理解できていない児童も多く、教師も英語だけでは授業にならないため、サモア語で補足説明を行うことが多い。それでも英語が理

[SOLOタキソノミー]

SOLOタキソノミー（Structure of Observed Learning Outcomes Taxonomy）とは、1970年代から80年代にかけてオーストラリアのビッグス（J. Biggs）とコリス（K. Collis）によって提唱された学習成果の分類方法。教育評価で広く知られているブルームのタキソノミー（分類学）と異なり、実際に課題や設問の難易度を分類に用いる。学習成果の複雑さを構造前、単一構造、多要素構造、関係的構造、拡張的抽象の５段階に分類している。ニュージーランドでも広く普及しており、学習成果の基準が分かりやすく可視化されるため、カリキュラムの開発や授業実践でも取り扱いやすく、大洋州でも採り入れる国が増えている。

小学校の授業の風景

解できないと他の教科の理解も覚束ない。また、ニュージーランドに住んでいたなど家庭環境によって格差が生じる。

　サモアでは小学校の就学率は100%を達成しており、中等学校へは9割の子どもたちが進学する。また、教育のレリバンスの改善に加え、教師の質の向上を目的とした研修や教会学校を活用したコミュニティでの教育支援が行われてきた。しかし、小学校4年生と6年生のSPELLテストの英語やニューメラシーでは、一定の基準に満たない生徒の割合が5割以上もいる状況が続いている。また、8年生のSPECAでは、サモア語や視覚芸術以外の教科でBeginningの割合が7割から9割近くもいる。中等学校においても、SSCやSSLCの数学の合格率が極めて低いことも依然として課題のままである。

　しかし、校内での形成的な評価を活かした授業づくりなど、端緒に着いたばかりであり、今後の取り組みが期待されよう。

◆サモアの学校の魅力

　こうした課題はあるものの、サモアの学校は、独特のマタイ制度などを有する伝統的なコミュニティに強く支えられ、制服や授業、踊りや歌、習慣などサモア流（Faa Samoa）が学校でしっかりと受け継がれている。同時に、ポリネシアの島嶼国サモアにとって、他国と連携することは特別なことではない。このため、カリキュラムなど国際的な潮流に合わせ、大洋州地域で協調している。常に独自性と国際性、伝統と改革が相互に影響を及ぼしながらバランスをとっている。そうした島国ならではの挑戦が何よりの魅力なのである。　　　　　　　　　　　　　　　（奥田久春）

169

［参考文献］
・Ministry of Education Sports and Culture, *Education Statistical Digest 2019*, Samoa Ministry of Education Sports and Culture, 2019.
・Coxon, E., Schooling in Samoa, Campbell, C. and Sherington, G., *Going to School in Oceania*, Greenwood Press, 2007.

朝礼の風景

サモアの踊りを踊る先生

CHAPTER 22

試験対応型教育からの脱皮を目指す学校

中国の学校

第1節 日常の風景

◆学校生活

　出勤する親に同伴されて登校し、定年退職した祖父母に付き添われて下校する。これは中国でよくみられる登下校の光景だが、近年、自家用車での送迎が増えたり、子どもの送迎を専門に扱う業者が現れたりして、登下校の様子も変わりつつある。

　上海市嘉定区に住むRちゃん（6歳）は、9月から近くの公立小学校の1年生だ。幼稚園後半の生活は新型コロナ感染拡大に伴ってすっかり変わってしまった。3月に始まったロックダウンは2か月間続き、解除されてからも週に1回オンラインで幼稚園の先生とつながるだけだ。一日のほとんどを自宅で過ごし、たまに団地内で子どもたちと遊ぶぐらいだ。楽しみにしていた卒園式も中止となった。しかし、Rちゃんにとって幼稚園は楽しい思い出でいっぱいだ。300字を超える漢字を覚え、「春暁」や「登鶴雀楼」など小学校1、2学年で学ぶ唐詩も暗唱できる。100以内の足し算と引き算ができるようになったし、英会話、漫才、絵画、囲碁、テコンドー、習字などの教室に通い、好きなことを一杯してきたからだ。大きくなったら科学者になるという。9月から小学生だが、朝は出勤時間の遅い母に送ってもらい、放課後は子どもの登下校を専門に扱う業者の車で業者の施設に移動し退勤してから迎えに来る親を待つ。業者に払う利用料金は月4万円だ。

　教育部（日本の文科省に相当）は、生徒の睡眠時間確保の観点から2021年度より授業開始時刻を小学校8時20分以降と決めているが、東部の沿海地域と西部のチベットや新疆との間に生じる時差によって、西へ行くほど遅くなる。授業が始まる前にラジオ体操や朝の読書（晨読）などの活動が組まれているので、子どもたちは授業開始時刻の30分前にすでに登校を終了している。授業が始まるまでみんなと一緒にラジオ体操をし、教室に戻って授業の準備に取り掛かる。授業一コマの

[中華人民共和国]
　1949年10月1日に建国。首都は北京。中国共産党政権下で56の民族によって構成される社会主義国家。国土面積は960万平方キロメートル。国土の3分の1以上を山地が占め、そのほか砂漠と高原を除くと耕地面積は約11％。28の省、自治区と4つの直轄市及び2つの特別行政区からなる。第7回人口センサスによると、人口は14.11億人（2020年現在）。少数民族の人口は1.25億で総人口の8.89％を占める。総人口の63.89％を占める9.01億人が都市部に居住。大卒以上の学歴を有する人口が2億1,836万人、15歳以上の人口の平均就学年数は9.91年、非識字者率は4.08％とされる。

[北京時間]
　中国の国土面積は約960万平方キロメートルで、最西端の新疆ウイグル自治区から最東端の黒龍江省までの距離は約5,200キロもあるが、時差を設けず、すべての地域でたったひとつの標準時（北京時間）を使っている。中華民国時代（1912～1949年）には、5つの標準時が設けられて使用されたが、中華人民共和国が成立してから標準時の4つが廃止され、現在の一本化された標準時が使用されるようになった。

長さは40分で業間に10分の休み時間がある。2時限目の授業が終わると中間体操の時間で、グラウンドで体操をし、教室に戻って「目の体操」（眼保健操）をする。

　中国の学校は、昼休みの時間が長い。かつては家の近い子は帰宅して昼食をとり、家が遠い子は学校で給食を食べて昼休みを過ごすことが多かったが、給食（栄養餐）が制度化されるにつれ、学校で昼休みの時間を過ごすようになった。午後は大抵2、3コマの授業があり、家に帰るのは17時以降となる。週に2回ほど「興味班」と呼ばれるサークル活動がある。子どもたちは自らの趣味に従ってスポーツ、音楽、美術、撮影、書道、舞踊などのグループに分かれて活動する。

　中国では、通学が困難な山岳地域で寄宿制を導入する学校が多かったが、近年は学校の統廃合が急速に進み、寄宿生の割合が増加している。寮に住む子どもたちは寝食を共にしながら学校生活を送ることになる。タオルや靴下などは自分で洗い、シーツや衣服などは週末に持ち帰ってお母さんに洗濯してもらう。四川省の安県に住むX君の学校は、寮に住む子どもたちに夕食後2時間ほどの自習を課している。自習室にはたいていローテーションで担当の教師が配置されていて、分からないことを教えてもらうことができるが、中には、「漫画禁止」「早退禁止」「私語禁止」などと厳しく監督する教師もいる。「自習なのに…」と不満を漏らすX君は、その先生が担当する日を「看守が来る日」と呼ぶことにしている。「学校にいる時は家に帰りたいと思いますが、家に帰ると早く学校に戻りたいと思います。友たちがいるから学校の方が楽しいです」とX君はいう。

　月曜日の朝、校内アナウンスで全校の生徒と教師が運動場に集まって学級単位で整列する。国旗掲揚の儀式である。学校における国旗掲揚は、「国旗法」第6条に定められた学校の重要な教育活動で、入学式や卒業式などの重要な行事には欠かせない。子どもたちは、右手を頭上に挙げ、国歌の演奏とともにゆっくりと上昇する国旗に向かって少年先鋒隊の敬礼をささげる。続いて担当教師または生徒代表によって1週間の努力目標や活動計画に関する通知が行われる。式は20分ほどで終了する。

　一日の授業が終了すると、掃除当番の生徒たちが教室、廊下の掃除に取り掛かる。掃除は教育の一環とされるが、安全確保の観点から食堂や体育館の掃除、窓ふきなどは清掃業者に委託する学校も増えている。

◆学校制度とカリキュラム

　中国の学校は、秋に始まり、夏に終わる。年間授業日数は35週と定められ、小中学校は夏休みと冬休み、そして建国記念日（国慶節）、子どもの日（六一児童節）などの法定休日を合わせて計

国旗掲揚式
出所：浪放小学校提供。

目の体操の時間
出所：浪放小学校提供。

図22−1 中国の学校系統図

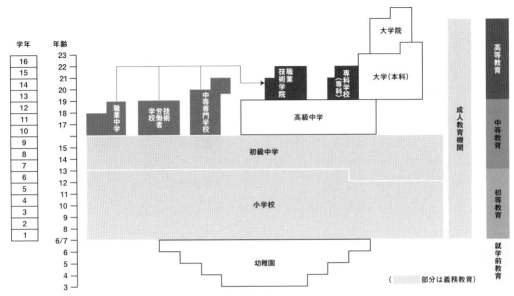

出所：文部科学省のホームページ（https://www.mext.go.jp/b_menu/shingi/chousa/shougai/015/siryo/attach/1374966.htm）より。

13週間の休校日がある。従来の冬休みと夏休みに加えて、メーデーとの建国記念日（10月1日）を挟む春と秋の大型連休を導入している地域もあるが、2020年の国会（人民代表大会）で学校の春休みと秋休みの制度化が提案され、議論を呼んだが、実現には至っていない。

　中国の9年義務教育制度（**図22−1**）は6・3制が主流だが、地域によっては5・4制を採用しているところもある（例えば上海市）。義務教育の開始年齢は6歳。交通不便な地域で普及した寄宿制によって、農村部でも6歳入学がほぼ定着している。

　小中高のカリキュラムは、7−8年を周期とする学習指導要領（課程標準）の改訂に伴って改編される。建国以降、中国の教科書制度は、国が定めた1種類の学習指導要領に基づいて1種類の教科書が発行され、全国すべての小中学校で統一教材を使用した「国定制」から、80年代以降の改革開放政策の実行に伴って実施した「検定制」を経て、近年の「検定・国定併用制」への移行に至った。「検定・国定併用制」では「国語」「歴史」「道徳と法治」の3教科は、事実上の「国定制」が適用され、その他の教科は従来通りの「検定制」が維持されることとなった。イデオロギー性の強い教科については、市場原理に委ねず、国家が直接コントロールする方向へと舵を切ったのであ

読書の時間（上海市）
出所：筆者撮影。

音楽サークルの子どもたち（上海市）
出所：筆者撮影。

172

る。

教科書の選定と採用は、教育部の関連規定に基づいて地方政府（省、自治区、直轄市）の責任と権限で行うものとされる。各省や自治区のレベルで選定と採用を行うか、それともさらに県または市のレベルに下げて行うかは地方政府の判断に委ねられる。

◆教室と授業風景

教室は、前方の黒板と教壇に向かって机と椅子が並べられているのが最も一般的な配置である。近年、生徒間の討論や交流を推奨するという観点から、授業内容によって机の配列を変える学校が増えてきた。生徒同士が面と向かって着席し、議論しながら課題に取り組むなど、従来の一方通行型の授業形態が見直され始めたのである。

表22-1　貴州省栄江県C小学校の時間割

午前の部	1	準　備	8:05
	2	朝の読書	8:10～8:30
	3	授業(1)	8:40～9:20
	4	休　み	9:20～9:35
	5	授業(2)	9:40～10:20
	6	目の体操	10:20～10:30
	7	授業(3)	10:40～11:20
	8	給　食	11:20～11:50
昼休み (11:50～13:40)			
午後の部	9	準　備	13:50
	10	授業(4)	14:00～14:40
	11	目の体操	14:45～14:55
	12	授業(5)	15:00～15:40
	13	授業(6)	15:50～16:30
	14	課外活動	16:40～17:20
	15	放　課	17:30

教室後方の壁には掲示板が設けられ、学級の目標や生徒の作品が掲示される。子どもたちは、通常決められた教室で一日を過ごす。移動するのは教師で、時間割（**表22-1**）に従ってそれぞれの教室に向かう。都市では、音楽、理科実験室、美術などの教科専用の教室が設けられているが、農村部の学校では一つの教室ですべての授業を済ませるのが一般的である。著しい経済成長に伴い、先進国並みにICT化を実現した学校も珍しくない。新しい教育理念を反映させた学校建築も多くみられるようになった。例えば、北京市のQ小学校では、子どもたちが学年と学級を越えて休みの時間を共有し、自由に交流できるよう、フロアごとに共通の遊びの空間を設けている。授業時間は小学校40分、中学校45分と定められているが、学校の裁量で調整することは可能である。例えば、北京市では数学や英語などの授業時間を35分の授業と60分の授業とに分け、科学（理科）、美術、音楽など実践的活動を必要とする授業は60分とするなど、子どもたちが実際に集中できる時間の長さと教科の特徴に応じて長さを調整している。

中国では、教師が特定の教科のみを担当する教科担当制と1人の教師が1学級のすべての教科を担当する学級担任制が併存している。前者は都市部で、後者は農村部で多くみられる。学級には教科ごとに教師と生徒のパイプ役を果たす科目世話人（課代表）が置かれ、その教科を得意とする生徒がその役を担う。授業用の資料を配布したり、宿題を回収して提出したり、教師の指示を伝えた

授業に応じて机の並べ方を変える教室（北京市）
出所：筆者撮影。

運動会を楽しむ子どもたち（基諾郷小学校）（北京市）
出所：2016年、筆者撮影。

りするのが役目である。

　小学校の学級規模は45人以下と定められているが、これはあくまでも目安であって、絶対基準としての意味は持たない。人口密度の高い都市部、都市化の進展に学校設置が追いつかない地域では50人を超える学級も珍しくない。特に人気のある名門校で学級規模が大きくなる傾向がみられる。教育部が2020年に発表した統計によると、2019年現在、義務教育諸学校において45人を超える学級の占める割合は3.98％となっている。

◆教師の資格制度と職級任用制度

　教員人事は任期契約制に基づいて行われている。教師の資格が学歴要件とほぼ同様の意味でつかわれる場合が多く、学校段階に相応した学歴要件が定められている。幼稚園の教師は幼児師範学校卒以上、小学校教師は中等師範学校卒以上、中学校教師は高等師範学校卒または大学専科以上の学歴が要件とされる。近年、4年制大学による教員養成が中心となりつつある。ちなみに、中国では「教師」が法定用語である。

　資格制度とは別に職級任用制度というものがある。これは、小・中・高の教師を学歴や業績等に基づいて「高級教師」「1級教師」「2級教師」「3級教師」の4段階に分けて採用する仕組みである。それぞれの職級には資格要件があり、最上級の「高級教師」には他の教師に対する指導力が求められている。国は、高級教師の占める割合を小学校で1.5％、中学校で4.5％程度と定めているが、審査が厳しく、この割合に達していない学校が少なくない。特に優秀な者には「特級教師」という栄誉称号が9月10日の「教師の日」（教師節）に授与される。「千里挑一」（千人の中から1人を選ぶ）の「特級教師」は、住宅手当や医療保険等においても優遇される。しかもその特別手当は退職後も引き続き支給されることになっている。

　建国以降、教師の地位の低さが問題とされた時期が長く続いたが、今、教職は人気の職種となった。このことは、大連で出会ったタクシー運転士のコメントに象徴される。

　「臭老九（ツォウラオジュウ）（9番目の鼻つまみ者）とは昔のことだ。今は香餑餑(シャンボーボ)（皆に好かれる人気者）なのだ」。

◆家庭訪問と保護者会議

　学校と家庭との連携を図る方法として「家訪(ジャーファン)」（家庭訪問）や「家長会」（保護者会）がある。特に、家訪は学級担任の重要な仕事の一つとされ、教員養成コースの授業でも必ず取

[インターネット利用者]
「中国インターネット発展状況統計報告」によると、2020年現在、中国におけるインターネット利用者は9億4千万人に達し、約2億2300万人のネットユーザーが小中高生と大学生、全体の23.7％を占めている。全国の小中学校のネットワーク接続率は2015年の69.3％から99.7％に上昇し、小中学校の95.2％にマルチメディア教室が設置されている。インターネットは低年齢の児童の間でも浸透が進んでおり、小学生のネットユーザーの32.9％が学齢前からインターネットを利用していることが明らかになり、家庭でのインターネット利用をめぐる技術的教育や未成年者が目にするコンテンツの監督・管理が課題とされる。

トンパ文字で描かれたナシ族の歴史
（雲南省麗江市F小学校）
出所：筆者撮影。

り上げられる。自治体の中には、行政が家訪について詳細な規定を定めてところも少なくない。例えば、福州市「小中学校家庭訪問管理規定」（2021年）では、すべての生徒に対して少なくとも年2回の家庭訪問を行うこと、校長が家庭訪問の第一責任者であること、特別な配慮を必要とする生徒に対しては特に家庭訪問を強化すること、家庭訪問を教員の勤務評定の指標の一つとすることなどが定められている。一方、教師の判断にゆだね、電話やE-mailによる対応を進める学校もあり、現場の対応は多様だ。

　保護者会（家長会）は、全学家長会、学年家長会、学級家長会など多岐に分かれているが、最も一般的なのは日本の「参観日」に相当する「学級家長会」である。学期の始めと終わりに開かれ、生徒の学校での生活、学習、成績などが全体会議で学級担任によって報告される。学校と保護者が情報を共有し、連携を図る大切な行事であるが、保護者にとって必ずしも気楽に臨める会合とはいえない。教師が生徒のことについて親に遠慮せず進言するからだ。子どもたちからすると自分の成績が親に「通報」され、短所が暴かれる機会でもある。保護者会が予定されているクラスの子どもが「"家長会"を映画のタイトルに例えたら？」というクイズを出したところ、数人の生徒が異口同音に「今夜吹雪く！」（映画名）と答えたという。保護者会があった夜には必ず学校のことで親に叱られることを示唆した子どもたちのユーモアである。近年、海外の保護者会が注目され始め、学校と家庭が連携し、保護者同士の親睦を図る望ましい保護者会の在り方が議論されつつある。

第2節　学校制度

◆「行為規範」に基づく生徒指導

　中国では、小・中・高の児童生徒が日常の生活において守るべき行動規範を示した全国統一の「小中学生守則」が定められている。これに基づいた生徒指導は道徳教育の一環として位置づけられている。「小中学生守則」は、1955年に教育部が「全国の小中学生の学習規律と日常生活の規約」として公布した「小学生守則」と「中学生守則」が起源とされる。両守則は、「中学生守則」に定められた「喫煙・飲酒の禁止」条項を除けば、ほぼ同様であったため、現在は「小中学生守則」に一本化され、定期的に改定されている。「祖国」「人民」「共産党」への愛と忠誠は一貫した内容であるが、最新の「守則」（2015年）は従来のものと比べて子どもたちの日常に着眼した具体的でわかりやすい表現が印象的だ。「郷土」や「ボランティア活動（志願者活動）」「身の安全」「倹約」などの内容が新たに加わり、学業に関しては「授業に集中する」「積極的に自らの意見を発表する」

生徒たちによって運営される掲示板（白砂小学校）
出所：2017年、筆者撮影。

昼休みを利用して時事問題の検索に取り組む
（上海市）　出所：筆者撮影。

「読書の習慣を身につける」ことが定められた。また、「自主的に家事を分担する」「列に割り込まない」「約束を守る」「借りたものは返す」「公共財を大切にする」「信号を守る」「薬物に近づかない」「タバコを吸わない」「酒を飲まない」「ネット利用の作法を守る」など、生活に即した内容となっている。「自分にできることは自分でする」が「自分のことは自分でする」に変わっていることも興味深い。

　一方、小中高別に定めた「日常行為規範」は、いわば校則の全国版であり、生徒指導の根拠として機能している。2016年に改訂された「北京市小中学生日常行為規範」は、15の項目で構成され、学業以外の趣味、受講時の正しい姿勢、自らの生活管理、基本的生活技能、外泊する際の注意点、法律を用いて自らの権益を守る方法、他人との礼儀正しい交流法、他人の部屋に入る時のマナー、拾ったものの扱い方、他人のプライバシーの尊重、公共場所での右側通行、異なる民族習慣への尊重、節電節水への協力、ルールを守ったゴミの出し方、など、社会の変化と地域の実情を反映した具体的な指針が示されている。

　2021年、「小中学生いじめ防止対策案」が教育部によって公布された。いじめの問題は中国でもすでに「社会問題」と化し、学校における生徒指導の新たな課題として注目されつつある（『中国青年報』2021年11月1日）。

◆多様性保全の課題

　中国は、55の少数民族を抱える多民族国家である。少数民族の中で、回族と満族を除いて53の民族は独自の言語を持ち、そのうちの21の民族は独自の文字を持つとされる。一方、国土の広大さを背景におびただしい方言が存在し、地域によっては全く意思疎通のできないほどの違いがみられる。共通語となっているのは、北京語を中心とした北方方言に基礎をおいて成り立つ漢語で「普通話(プトゥンホワ)」（あまねく通じる言葉）と呼ばれる。建国以降、普通話の普及は一貫して国家的課題であった。建国してほぼ半世紀を迎えた1998年には9月の第三週を「普通話普及宣伝週」と指定し、様々なキャンペーンを行ってきた。しかし、統計によると、2021年の普及率が80.72％と低く、まだまだ「不十分な状況」にあることから、政府は新たに2025年度までの目標として普及率85％の普及を目標として揚げている（『人民日報』【海外版】2022年1月11日）。「普通話」の普及は、特に内地の農村と少数民族居住地の学校においては大きな課題である。

　少数民族の学校においては「普通話」の普及のほかに、もう一つの「民族言語教育」の課題がある。国民教育と民族教育の二重の機能を担う少数民族の学校にとって、普通話と民族言語の両方を

[国民栄養計画と学校給食]
　中国における学校給食は、2011年ごろから始まった農村部の子どもの栄養改善計画をきっかけに整備されるようになった。国民栄養対策の基本原則、実施戦略と重要措置を定めた「国民栄養計画」(2017年)、「学校の食品安全及び栄養健康管理に関する規定」(2019年)、「学校における栄養と健康に関する指南」(2021年)など、国民の栄養と健康に関する政策が体系化していくにつれ、すべての学校において給食の在り方が学校運営の重要課題として強調されるようになった。

給食室
出所：浪放小学校提供。

扱ういわゆる「二言語教育」（双語教育）は極めて大きな意味を持つ。民族文化への理解、民族の誇りとアイデンティティの形成は、民族教育において中心的課題であり、現場では様々な取り組みが試みられている。例えば、ナシ族が居住する雲南省麗江市のF小学校では、ナシ族の象形文字である東巴文字を教える時間を設けたり、東巴文字を用いた美術教育、民族舞踊を取り入れたラジオ体操、ナシ族の民族衣装を基調にデザインした制服、校内のすべての看板や標識に漢語と東巴文字を併記したりして、民族意識の涵養を目指している。このほかにも、母系社会を営む雲南省のモソ人が編纂した『神秘な永寧―モソ人の故郷』、貴州省ナシ族の伝統芸能「歌垣の教材入り」の実践など、文字を持たない民族が学校教育を通して自らの伝統文化を伝承しようとする試みとして注目されているが、学校現場では解決すべき課題が多い。

◆義務教育における「就学義務」、「飛び級」と留年

中国の「義務教育」でいう義務とは、就学の義務のことである。かつて、このことに関連したある裁判が注目され議論を呼んだ。娘を学校に行かさず、自宅で教育を施した父親に対する四川省瀘州市の裁判（2005年）である。裁判所は父親の行為は「義務教育法」および「未成年者保護法」に抵触するとし、5日以内に就学させることを命じた。これに対し、父親は画一的な教育制度と古い教育方法は子どもの個性を殺しているとして、家庭で教育を行うことの正当性を主張したが、世論は家庭の閉鎖的な人間関係と限られた教育資源が子どもの成長に不利と概ね否定的だった。

一方、「9年義務教育」は9年未満で終了することも、または9年以上かかることもあり、中国の義務教育は「教育義務」の性格も持ち合わせている。学業が特に優れている者には飛び級が認められ、特定の試験を経て18歳未満で大学に進学するケースも珍しくない。飛び級に関する規則を設けている自治体や学校も多い。例えば、中国科学技術大学は、15歳未満の大学生を受け入れるために「少年クラス」（少年班）を設置し、西安交通大学は「2年予科＋4年本科＋2年修士」のコースを用意している。ちなみに、2022年度西安交通大学「少年クラス」への入学者数は214人となっている。

また、成績不振者には留年の措置が取られる。留年者の割合を5%以内とする国の規定はあるが、地域によって対応が異なる。例えば、上海では2%以内とし、留年に関する事項は必ず教育委員会に報告することを義務付けている。留年は、生徒が学校に願書を提出してから審査に入る手続きで、生徒と保護者の意思が前提となる。

[普通話（プートゥンホワ）]

国土の広い中国では、方言の差異が著しく、地域によっては意思疎通が全くできない場合もあることから、1955年の全国文字改革会議において、公用語として「普通話」が正式に採用され、すべての国民が普通話を学ぶことを国策として推奨してきた。その「普通話」は、①北京語音を標準の発音とすること、②北方語を基礎語彙とすること、③現代口語文を文法の基準とすること、を特徴とする。「普通話」は学校での教授用語、テレビやラジオなどのメディア用語とされ、中国国内でどこでも意思疎通が可能とされる。

掃除をする子どもたち
出所：浪放小学校提供。

第3節 課　題

　80年代以降本格化した改革開放と、経済市場化政策の実施に伴って始まった、経済の高度成長を背景に、学校も著しい変貌を成し遂げている。かつて深刻だった都市と農村の教育環境の格差は大きく改善され、教師の資質の向上にも目を見張るものがある。特に現地の学校で実感したのは、自信に満ち、自己評価の高い教師が多いこと、また世界の教育動向、とりわけ新しい教育思想や理念に興味を持つ教師が増えていることだ。「本校の教育は世界的にも進んでいる」と自負する校長に出会ったこともある。「基礎学力の高さは中国の学校が世界に誇れる特徴」とする見解は、学校内外を問わず社会的にコンセンサスを得ているといっても過言ではない。OECDの学習到達度調査（PISA）において３領域すべてにおいてダントツの一位を占めるようになってから、今までの「基礎学力重視」の教育が間違いではなかったと自信を示す教育関係者が少なくない。

　北京冬季五輪のフリースタイルスキー女子ビッグエアで金メダルを獲得して一躍世界的スターとなったアメリカ生まれの中国代表選手、アイリーン・グー（谷愛凌）は、アメリカの大学進学適性試験（SAT）で1600満点中1580点を獲得してスタンフォード大学への入学が決まったことでも注目を集めた。世間は彼女が毎年夏休みを利用して中国の高校で基礎教育を受けたことを要因の一つとして挙げる人もいる。海外に住む中国人の多くが自分の子どもを中国の学校に行かせるのも、中国の学校の方が学力がつくからだという。

　一方、学力にのみ価値を置き、学業を人生選択の最も重要な手段として機能する学歴社会は、常に問題化され非難されてきたこともまた事実である。特に、学歴信仰を背景に異常なまでに激化する受験競争において犠牲となる子どもたちは「救われるべき対象」として位置づけられてきた。子どもたちに課される過重な学業負担は重大な社会問題と化したのである。

　2021年２月、政府は重点的に取り組むべき教育課題についての教育部長の談話を発表したが、キーワードは「減負」（学業負担軽減）だった。2018年から取り組んだ「小中学生学業負担軽減措置」が事態の改善に至らなかったこともあり、2021年度以降、国を挙げての対策に踏み切った形だ。教育部が同年３月に生徒の睡眠時間確保を狙いとした「睡眠令」、４月に「義務教育諸学校の宿題管理に関する通知」、７月に「義務教育段階の生徒の宿題及び学外学習塾による負担を軽減することに関する意見」（中国共産党中央と国務院の弁公庁）、10月に「学校外学習塾の管理に関する通知」（市場監督総庁）というふうに関連法規が相次ぎ公布された。宿題の量の制限、学習塾禁止、進捗状況の定期報告などがセットになった施策から、政府の本気度が窺われる。具体的には、小学校１

［秩序の倫理としての儒教］

　「革命」から「経済」への本格的な移行に伴って始まった伝統文化の見直しは、本質的には儒教倫理の見直しともいえる。孔子に対する再評価、そして「秩序の論理」としての儒教文化の正当性への承認、その文化価値の再発見と活用が大きな内容である。儒教とは、そもそも「秩序の倫理」であり、革命の際には真っ先に攻撃の矛先が向けられるが、秩序の維持が求められる時期には例外なく為政者によって担ぎ出されてきた歴史がある。儒教の倫理を基盤とする伝統文化が必ずしも近代化の障碍ではないこと、それはまた経済の発展が前提とする「安定・団結」の環境づくりには頼もしい味方であるとのことから、伝統の再評価と継承の流れが形成されたのである。

書店に並べられたチベット語の教科書（ラサ市）

178

～2年生の宿題は禁止、3～6年生は1時間以内、中学生は90分以内とし、単純反復型と懲罰型の宿題は禁止、仮に宿題が完成できなくても就寝時間を厳守すること、保護者が独自に宿題を課すことを禁止するだけでなく、教師が保護者に宿題のチェックを要求することも禁止するとした一方、家事の手伝いやスポーツ参加、読書を奨励することとした。学習塾の新設は禁止とし、既存のものは非営利団体として再登録すること、週末や祝日、夏休みや冬休みでの学業指導は禁止すること、などが盛り込まれている。

　生徒の学業負担過重の主な原因は大量の宿題にかける時間の長さにあるといわれる。2019年の『中国児童白書』によると小学生が平日宿題に費やす時間は87.85分であった。最新の学習指導要領（課程標準）でも、教育内容の整理削減、教育方法の改善等を含めて、子どもたちの負担軽減を大きな柱としている。しかし、この問題は、建国以降、長きにわたって議論してきた課題であり、科挙制度の伝統が依然として根強く残っている中国社会ではその見通しは決して明るいとは言えない。

（金龍哲）

［参考文献］
・閻亜軍著『中国教育改革的逻辑: 対改革開放以来我国基礎教育改革的反思』浙江大学出版社、2015年。
・楊東平・楊旻・黄勝利著『中国教育発展報告（2020）』社会科学文献出版社、2020年7月。
・黄勝利編『中国郷村教育発展報告（2021）』社会科学文献出版社、2021年10月。

179

［文化の復興］

　今世紀に入ると、「民族の復興」と「文化の復興」がセットとなって提起されるようになった。経済の高度成長に伴う国際社会での地位向上が「中国文明の復興」としてとらえられ、「文化強国」「文化復興」が経済戦略と並ぶ国家戦略としての位置づけられたのである。文化が「総合国力」を測る指標として位置づけられ、「文化自信」「価値観自信」「文化安全」…の用語が概念化され、伝統文化教材化の基本方針と施策が提示されている。

［伝統文化教育］

　文化復興の国家戦略を背景に、「論語」「孟子」「中庸」「道徳経」などの経典の教材化、「四書五経」を教える私塾の復活、「三字経」「弟子規」「千字文」の流行、「冠の礼」や「笄の礼」などの儀式の復活、「国服」としての漢服唐装の流行、端午節、中秋節など古来の伝統的祝祭日の重視など、伝統文化の保護と伝承は未曾有の活況を呈している。2014年に「中華優秀伝統文化教育指導綱要」、2021年には「中華優秀伝統文化の小中学校教材化指南」が教育部によって公布され、今後の学校における伝統文化教育の在り方が注目されている。

CHAPTER 23

格差是正と国際化を追う国民教育の挑戦

ベトナムの学校

第1節 日常の風景

◆地域の実状に応じた学校

　ベトナムの学校は、朝早い時間から、生徒を送迎するバイクや自転車の波でにぎやかに始まる。都市部の学校は人口の集中と施設や教師数の不足から二部制をとるところが多い。また、都市部と地方の格差は大きく、農村部の学校の中には、農業の繁忙期に子どもの手伝いを必要とする実状を抱えるところや、少数民族がすむ山岳地域の中には寄宿制の学校が設けられているところもある。

　二部制の学校の朝は午前7時頃に朝会や国旗掲揚の儀式で始まる。午前の部はお昼前までであり、午後からは別の生徒が登校してくる。全員で行う慣行としては、毎日の終業時に全員で行う教室の掃除や、数か月に一度行われる学校全体の大掃除がある。全日制をとる学校では、午前中の授業が終わると、家が遠い場合を除いて、教職員や生徒はいったん帰宅し、家で昼食をとり再度、登校する。

◆私立学校の台頭

　近年は私立学校に対するニーズが高まっている。例えば首都ハノイにある人気の高い私立学校ドアン・ティー・ディエム小学校は、1998年創立で、児童は3,000人、クラスは100以上あり、高い授業料にもかかわらず、児童数は2010年から13年の間に、6倍以上に増えた。350人いる教師のほとんどが教育系の大学を卒業しており、月曜から金曜日の7時30分から16時まで行われる授業ではITの授業も含まれる。土曜日には、武術、音楽、美術、ダンスの授業も行われている。日本、オーストラリア、イギリス、マレーシアなどの学校を訪問する研修プログラムもある。こうした私立学校のなかには、イギリスやオーストラリア、シンガポールなどがベトナム政府の認可を受けて

[ベトナム社会主義共国]

　面積39万9,200平方キロメートルに人口約9,762万人（2020年・ベトナム統計総局）が暮らす。首都はハノイでキン族が約86%を占める他、53の少数民族からなる多民族国家で、公用語はベトナム語である。内政では1986年の第6回党大会にて採択された市場経済システムの導入と対外開放を柱としたドイモイ（刷新）路線を継続し、構造改革や国際競争力を強化している。また外交では全方位外交を展開し、市場化と国際化を進めている。

[国旗と国歌]

　国旗は金星紅旗と呼ばれ、旧ベトナム民主共和国が制定した旗を1976年の統一後も使用している。赤は独立のた

めに人民が流した血、黄（金）は革命、星は社会主義の象徴、五本の光は労働者、農民、兵士、商人、知識人を表している。国家は「進軍歌」と呼ばれ、国家のために戦う人民を鼓舞する内容となっている。

開校している国際的なカリキュラムを持つ学校もあり、子どもに国際的な環境で英語教育を受けさせたいという親が子どもを入学させる事例が多い。

　ベトナムの学校で特徴的なのは、毎年11月20日に行われる「教師の日」である。ベトナム人にとって、教師は第二の父・母のような存在として位置づけられ、「尊師重道」という考え方のもと、教師に感謝の気持ちを表す日となっており、花束や日用品などの贈り物や金銭の授受が一般的にも認められている。

第2節　学校制度

◆義務教育制度の改革

　ベトナムの学校制度は小学校が5年間、中学校（前期中等教育）が4年間、高校（後期中等教育）が3年である。「1998年教育法」の制定により教育制度が整備され、小学校の5年間が義務教育とされたが、「2005年教育法」により、それまで小学校修了時に実施され，前期中等教育機関への入学要件であった全国共通の修了試験が廃止された結果、小学校と中学校の9年間が義務教育となった。さらに2020年7月より施行された「2019年教育法」により、小学校入学の際に5歳児教育の修了証を求められるようになった。これに伴い、就学前の5歳児教育も義務教育化され、現在の義務教育期間は実質計10年間となっている（**図23-1**）。

　小学校にはその年の12月に6歳になるものが入学することとなっており、基本的に9月に入学する。小学校は義務教育で無償であるが、国定教科書として教育訓練省が発行している教科書は有償である。また中学校、高校は公立でも学費がかかり、なかには補習授業を有料で行うところもある。このため、経済的に厳しい家庭や、農村部や山間部の小数民族の家庭などでは、学費の減額措置や免除措置が適用される場合もあるものの、義務教育終了後の高校進学はごく一部の生徒に限られる。特に少数民族の学校の中には、女子教育を軽視する地域もある。こうした状況のなかでも、ベトナムは開発途上国の中では識字率は非常に高いことで知られ、特に理科や数学に秀でた生徒には政府の表彰制度があるなど、教育に対しては熱心である。ベトナムの教育訓練省によると、ベトナムの識字率（15歳以上）は、97.85%（2020年）であり、全国の郡・村の100%が初等・中等教育の基準を満たしているとされている。

[教師の日]
　教育関係者を敬い感謝をする記念日。もともとは、1946年7月にフランスで、世界教育者組合連合（FISE）が発足し、ベトナムは1953年7月に、世界教育者組合連合のメンバーとなった。そして1958年に11月20日を教育者国際憲章の日と定め、それ以後、ベトナムでは毎年「教育者国際憲章の日」に北部を中心として教師に関連する様々な活動が行われるようになった。南北統一後の1982年には、政府は正式に毎年11月20日を「ベトナムの先生の日」と定めた。学校の教師だけではなく塾や習い事の教師も含まれる。ベトナムでは生徒が教師に感謝の気持ちを表すために贈り物をすることが禁じられておらず、生徒たちが花束や日用品などを贈る。都市部では現金を渡すことも一般的になっている。

[1998年教育法]
　ベトナム社会主義共和国史上初めて全教育段階を網羅する教育法として1999年に施行された教育法。1986年以来のドイモイ政策によるベトナム社会の市場化に対応し、全9章110条からなる本文では、1992年憲法における教育条項に基づき、社会主義体制下における個人の全面的発達と公立学校の国家教育制度における中核的位置づけの他、民立学校の設立承認・奨励、民間の教育投資、外国との教育協力の推奨がうたわれている（※1）。

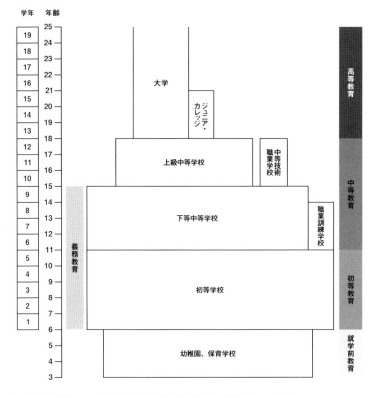

図23-1　ベトナムの学校系統図

学年　年齢

大学	
ジュニア・カレッジ	
上級中等学校	中等技術職業学校
下等中等学校	職業訓練学校
初等学校	
幼稚園、保育学校	

義務教育

高等教育
中等教育
初等教育
就学前教育

出所：文部科学省「ベトナム社会主義共和国」文部科学省『世界の学校体系（アジア）』(https://www.mext. go.jp/component/b_menu/other/__icsFiles/afieldfile/2017/10/02/1396848_015.pd)

◆学事日程とカリキュラム

　学年は２学期制で、新学期は９月から始まり、１月下旬から２月中旬に旧暦で祝う旧正月（テト）の休日を境に、その前までが第１学期、そのあとの６月下旬までが第２学期となっており、７月と８月は夏季休暇である。就学前教育としては幼稚園または保育園があり、３〜６歳を対象に小学校に入学する前の準備を行う。

　学校は公式には週５日制である。一般に、ベトナムの学校では、入学式や卒業式はあるものの、運動会や発表会、遠足といった学校行事のようなものはほとんどない。そうしたなかで、毎年１月から２月に旧暦で行われる約１週間の旧正月（テト）の休みは、鮮やかな桃の花や実がいっぱい

[2005年教育法]
　2005年に可決され、2006年１月に施行された改正教育法。1998年教育法が市場経済化の下での教育普及を重視したものであったのに対し、規制緩和・量的拡大にとって代り規制強化・質の改善を強調した内容となっている。全９章120条から成り、特に民立学校及び私立学校に関する条文の追加、学校や教員及び教育行政機関の任務、資格要件、監査内容などが詳細に規定されている（※2）。

[2019年教育法]
　2019年の教育法は、2019年６月のベトナムの国会で可決、翌７月に公布され、2020年７月より施行された。2005年教育法および2009年の修正教育法に代わる教育

法で全９章115条より成る。主な改正点として就学前の５歳児教育１年間及び前期中等教育の普遍化、教育分野への公的資金支出を20％以上に拡大すること、公立小学校の無償化および公立学校がない地域の私立学校授業料の公費支援、教員養成課程の学生の授業料及び生活費支援と教職に就かない場合の返済義務、非営利型私立学校の認可、個を重視したキャリア教育の重視、柔軟で民主的なカリキュラムや教材の導入、高校の卒業資格要件の緩和等が挙げられる。

表23-1　ベトナムのハノイにある小学校の第4学年の時間割

		月	火	水	木	金	土
1時間目	8:00～8:35	集　会	体　育	ベトナム語（読み方）	ベトナム語（文法）	ベトナム語（書き方）	
2時間目	8:40～9:15	ベトナム語（読み方）	ベトナム語（書き方）	数　学	数　学	情報教育	
9:15-9:40（休憩）							
3時間目	9:40～10:15	英　語	図書館での読書	ベトナム語（文法）	英　語	英　語	
4時間目	10:20～11:00	数　学	数　学	倫　理	読み聞かせ	数　学	
11:00-14:00（昼休み）							
5時間目	14:00～14:35	音　楽	ベトナム語（書き取り）	美　術	地　理	科　学	
6時間目	14:40～15:15	歴　史	英　語	科　学	技　術	学習指導	
15:15-15:40（休憩）							
7時間目	15:40～16:15	学習指導	学習指導	体　育	学習指導	ホームルーム	

注：集会：毎週、全教師と生徒が集まり、国旗に敬礼し、毎週の活動を振り返り、特定の教育活動（環境、交通ルール、安全など）を実施する。

図書館での読書：教師の指導のもと、図書館で個人的に読書をする活動。

倫理：日常生活における基本的な倫理原則。この科目は市民教育の基礎となるものである。

美術：主に芸術分野を対象とし、色彩や絵の具の種類などについて学習する。

技術：原語はベトナム語で「Lao động - kỹ thuật（労働技術）」である。料理、栄養などや、ものづくりの技術（刺繍、おもちゃの模型作りなど）を習得する家庭科の学習内容 を含む。

情報教育：コンピュータの基本的な使い方、プログラミング言語を学ぶ。

学習指導：基本的に自由裁量時間として、主要教科（数学、ベトナム語など）の復習・補習、カリキュラムの未完成項目の補完などの目的で使用される。

ホームルーム：事務的な連絡等に用いられる時間。ホームルーム担当者は、クラスの活動／スケジュール／1週間の活動状況を確認し、事務的連絡や報告を行う。

出所：THÀNH CÔNG A小学校のウエブサイト（http://ththanhconga.badinh.edu.vn/）（2022年10月22日閲覧）。

なった金柑の木が町中を飾り、華やぎを見せる1年で最大の祝祭である。

　小学校の必須科目は、ベトナム語、外国語（主に英語）、数学、道徳、自然と社会（1～3学年）、科学（4～5学年）、歴史と地理（4～5学年）、音楽、美術、手芸（1～3学年）、技術（4～5学年）、体育、情報教育である。小学校では外国語と情報教育に力が入れられており、小学校の3年生からコンピューター関連科目がスタートする（**表23-1**）。

　中学校の進学は、小学校5年生に行われる全国統一試験合格が要件とされるが、ほとんどの児童は合格している。必須科目は、語文、数学、公民教育、物理、化学（8～9学年）、生物、歴史、地理、音楽、美術、工芸、体育、外国語であり、その他、選択科目やテクノロジー、情報教育など

[ベトナムの旧正月「テト」]

　「テト」（ベトナム語ではTết Nguyên Đán）は、ベトナム人にとって新暦の正月よりも重要な祝祭である。テトは家族が集まり一緒に食事をしたり話をする機会であり、普段は家族と離れて仕事をしている人も故郷に帰る。日本のおせち料理のように、ベトナム風粽や揚げ春巻き、ソーと呼ばれるベトナムのハムなど日持ちがする食べ物を年末に作っておき、正月にみんなで食べる習わしがある。年末年始の行事は、台所の掃除をして竈の神を送り、大掃除や食べ物の準備、先祖の墓参り・お供えをして元旦に備え、お正月には寺院にお参りしてから家族との食事や知り合いを訪問する。なお、ベトナムにも干支があるが、通常の兎年の

代わりに猫年が、また羊年は山羊年になっている点は特徴的である。

が加わる。

　さらに高校は３年間で、普通高校と専門高校（文科系・理科系）から構成されている。このうち普通高校の標準化されたカリキュラムでは、語文、数学、公民教育、物理、化学、生物、歴史、地理、工芸、体育、外国語、選択科目となっている。その他、情報教育、デザイン技術、国家安全保障などの教育が行われる。

◆入学試験事情

　ベトナムでは、大学入試よりも、高校受験の方がより難しいといわれる。日本にある「学習塾」とは異なり、小学校や中学校の先生が、空いた時間や放課後などに「補習授業」を行う有料の「ホック・テム（Hoc・them）」に通う生徒もある。OECDが15歳を対象に３年毎に実施しているPISAの2015年調査では、ベトナムは科学的リテラシーが525点（70か国中８位）、読解力：487点（70か国中32位）、数学的リテラシー：495点（70か国中22位）であり、東南アジアではシンガポールに次ぐ高得点をあげている。OECD70か国の平均と比べても、特に科学的リテラシーが突出している。

　大学への進学は2015年の入学者選抜制度の改革により、従来あった全国統一型の後期中等教育修了試験と大学入学者選抜試験が「国家後期中等教育卒業試験」に一本化された。多くの大学はこの国家普通中学試験の結果を使用した入学者選抜をおこなっている。国家後期中等教育卒業試験の試験科目は、数学、語文、外国語の必修３科目に加え、自然科学（物理・化学・生物）、あるいは社会科学（歴史・地理・公民）の試験科目から１つを選び、少なくとも４科目を受験する。

第3節　課題と魅力

◆教育の質の向上

　ベトナムの学校教育は、社会主義国としての国家統制のもとで、基本的には一斉教授法による知識伝達型の授業が中心であり、教師は限られた時間数の中で教師用指導書に書かれた通りに決められた内容を教えることとされてきた。こうした状況に対し、教育の質を重視する政策のもとで2002年から導入されたカリキュラムでは、児童中心の教授法が意識されるようになり、問題解決型の実践が試みられるようになった。しかしながら、「アクティブラーニング」「児童中心学習」「協働学習」といった用語の定義が曖昧であるなどの批判も出された。ベトナムでは、「社会経済開

[PISA]
Programme for International Student Assessment の略称。OECD（経済協力開発機構）が，各国の教育を比較する教育インディケータ事業(INES)の一環として実施している国際的な学習到達度に関する調査。PISA 調査の目的は、義務教育終了段階の15歳の生徒が、それまでに身に付けてきた知識や技能を、実生活の様々な場面で直面する課題にどの程度活用できるかを測る事にある。なお、2015年時点でのOECD70か国の平均点は科学的リテラシー：490点、読解力：493点、数学的リテラシー：493点であった。

発戦略2011－2020」が最上位の国の政策として定められ、人材育成に関しては教育を国策として発展させるという方針が示された。これを受け、教育訓練省は「教育戦略開発計画2011－2020」を策定し、人材の育成および質の向上を実現するとともに、2020年までにベトナムの教育システムを根本的かつ包括的に標準化、近代化、社会化、国際統合化に向けて改革することが目指された。

「教育戦略開発計画2011－2020」では、教授法、カリキュラム、教科書、指導要領、教育的道具の見直しが検討され、特に新カリキュラムでは21世紀型スキル（問題解決能力、ICT活用能力、コミュニケーション能力など）を重要視することが掲げられた。さらに2015年には、「普通教育カリキュラム・教科書の刷新に関する提案の承認」が打ち出され、①教育内容の柔軟化、②教育における国際性とベトナムの民族性の両立が目標とされた。このうち、前者についてはカリキュラム策定に関し、地方政府に一定の自主裁量が認められ、児童・生徒の主体的な学修を求める要素が含まれるようになり、さらに企業や個人にも教科書の作成権を与える教科書検定制度の導入が掲げられた。実際に2020年からは知識の運用や能力開発が重視される新たな普通教育カリキュラムが実施されるとともに、教科書検定制度が導入された。一方、後者の国際性と民族性の両立については、ベトナム国民を「地球市民」とすることを目指す一方で、愛国心、民族としての誇り、道徳、人格、生活態度にかかわる教育の重要性が指摘されている。

こうした教育改革の動きは、現在、国際社会で重視されている「持続可能な開発のための教育（ESD）」と、そこで重視されているコンピテンシーを重視した教育のあり方と軌を一にしているといえる。ベトナムにおけるESDについては、「ハノイ国立教育大学のESD・促進センター」の活動など今後の教育実践・研究の展開が期待される。

「人材育成戦略2011－2020」には、ベトナムの人材の国際競争力を先進国と同じレベルまで向上させる目標が盛り込まれた。そして2020年までに、①専門教育、高等教育を受けた労働者の割合を70％、②職業訓練を受けた労働者の割合を55％、③国際基準の職業訓練校の数を10校以上、④国際基準の一流大学の数を4校以上とすることが定められている。また「人材育成マスタープラン2011－2020」では①市場における訓練を受けた人材の割合の急速な増加、②全分野において質と効果を高める総合的な人材育成 、③ それらを実現するための質の高い教員の養成の3点が中心課題とされた。

[国家後期中等教育卒業試験]

関口（※3）によれば、国家後期中等教育卒業試験の導入は大きな入試改革であり、「国家が大学入学者の選抜において影響力を発揮する制度設計となっている」としながらも、「個別の大学にも一定程度の自主権が与えられつつある」ことにも注目している。各大学は「国家後期中等教育卒業試験」の他、従来の全国統一試験や、あるいは大学独自の入試を実施するなど、それぞれの状況に適した選抜が行えるようになっているという。

[持続可能な開発のための教育（ESD）]

ESDは持続可能な社会の創り手を育てる教育とされ、知識やスキルに加え、地球規模の課題を自分事として身近に引き付けて考える価値や態度、人間性を育てる教育である。「国連ESDの10年（2005年～2014年）」の後、2015年から開始された「持続可能な開発目標（SDGs）」の目標4のうち、ターゲット4.7でもESDがグローバル・シティズンシップ教育とともに掲げられたことを受け、ESDの「グローバル・アクション・プログラム（GAP）」が2015年から2019年まで展開された。ESDは、SDGｓの17の目標実現に向けた鍵となるとされ、今日の国際社会では2030年を目標とした「ESD for 2030」が共通の教育課題となっている。2022年に行われた国連の教育変革サミットでも重視されている。

◆加速する国際化

　一方、ベトナムでは近年急速に国際化への施策が加速している。中でも外国語学習に重点がおかれ、2011年からは小学校3年生での英語教育が必修化された。2008年に打ち出された「外国語教育学習プロジェクト」は、2017年にさらにその一部を修正し、2025年までのプロジェクトとして強化促進されている。幼稚園から英語に親しみ、小学校3年生以降の12年間で、すべての生徒が外国語を学習できる環境を整えることを2025年までの目標としている。これを受け、都市部では1年生から英語教育を開始しているところも多くある。ホーチミン市では、小学校1年生から英語教育（週2コマ）を取り入れており、英語強化プログラム（週8コマ）を選択することが可能となっている。さらに同市では2018〜2019年度より小学校で統合的英語プログラムの導入が始まり、ネイティブ教師が英語で数学、科学、英語の3科目を教えている。外国語教育は英語を第一としているが、一部の学校で はフランス語バイリンガルプログラム、中国語強化プログラムも実施されている。

　日本との関係では、日系企業の進出や日本のマンガ・アニメに対する高い関心から日本語教育に対する需要が高く、特に学校教育外にある日本語学校における教育が盛んである。学校教育では、2003年には「中等教育における日本語教育志向プロジェクト」が出され、中学校及び高校での第一外国語科目として日本語教育が実施されるようになった。また2016年3月、ベトナム教育訓練省と在ベトナム日本国大使館は、全土の小学校で日本語を英語などと並ぶ「第1外国語」として教えることを目指す方針で一致し、2016年9月から試験的に、首都ハノイの3つの小学校に日本語学習クラスを2クラスずつ設置し、東南アジアでは初めてとなる小学校段階での日本語教育の導入を開始した。

◆国家発展のための国民教育の新たな方向性

　首都ハノイにあり、進学名門校として名高いチュウ・バン・アン高校の始業式に、2018年9月、チャン・ダイ・クアン国家主席（当時）が出席し、新学期を迎える太鼓を叩いた。国家主席は挨拶のなかで、「2018〜2019年学期は、教育養成の基本的かつ全面的な刷新の任務や方策を進めている教育部門にとって極めて重要な意義を持つ」と強調し、教育の質的向上と、国際化、及び地球市民としての育成の重要性を主張し、あわせて、学生、生徒の外国語能力やスキルアップの向上を唱えた。一方、グエン・スアン・フック首相（当時）は、同じ時に中部高原地帯テイグェン地方コントム省トムロン県にあるトムロン民族寄宿学校の始業式に参列し、同じく教育の質的向上に向けて教

［ドイモイ（刷新）政策］
　1976年の独立後、経済の立て直しを図る目的で1986年12月の第6回共産党大会で打ち出された改革・開放政策。①社会主義路線の見直し、②産業政策の見直し、③市場経済の導入、④国際協力への参加促進を柱とし、従来の考え方や行動形態から新たな変化を求める「ドイ（変化）モイ（新たな）」という概念が提唱された。これにより、従来の計画経済から市場経済への転換が図られ、私企業や私有財産を認めるようになり、企業の自主的裁量権の拡大、農業請負制の導入、海外資本の投資などの対外開放政策、共産党党内の民主化推進などが進められた。

師、生徒を激励するとともに、500セットの教科書を贈呈した。同年9月にはベトナム全国で2,300万人の生徒が入学式を迎えたが、こうした政府や国会の指導者による学校訪問は、ベトナムが国家発展のためにいかに教育政策を鼓舞しているかを象徴している。すなわち、国際化や地球市民の育成といった国際社会における教育目標を掲げ、一方で地方の少数民族のための教育など、都市部と地方の格差是正を視野に入れながら、国内の多様性やベトナム国民の教育にも配慮している。こうした方向性は、教育による人材育成に力を入れているベトナムにとって、いずれも重要な国家発展の柱である。特に今日では外国語と情報技術の強化、教員の質の向上に加え、2020年の新型コロナウイルス感染拡大に伴うオンライン教育の導入・普及など、教育のデジタル化にも注力している。2015年の「普通教育カリキュラム・教科書の刷新に関する提案の承認」（前出）で示されたように、国際社会が希求する学習者主体の学びを軸とする教育の変革とともに、ベトナム独自の多様性と、特に都市部と地方の農村部で著しい格差問題に配慮した国民教育は、今後のベトナムの国家発展とそれに寄与する人材育成を根底で担う要となっている。

◆魅　力

　ベトナムの教育や学校の魅力はつきない。教育熱心な国民性と向学心の強さはもちろんであるが、植民地支配やベトナム戦争、ドイモイ（刷新）政策と激動の歴史を経験するなかで、柳の木の枝のように、柔軟に対応してきた人々の生き方には強靭さが感じられる。先生を尊敬し、謙虚で礼儀正しい、そしてベトナムを象徴する蓮の花のように、明るい笑顔を絶やさず真剣に学ぶ生徒たちの姿は印象的である。時を知らせる大きな太鼓とICTが混在する不思議な空間がベトナムの学校にはある。

（杉村美紀）

［参考文献］
・外務省「世界の学校を見てみよう――ベトナム社会主義共和国」(https://www.mofa.go.jp/mofaj/kids/kuni/vietnam.html)（2022年9月1日閲覧）。
・グエン・テゥ・ガン「ベトナムにおける持続可能な社会に向けた環境教育の課題と可能性 ――日本の優良実践校との比較を通して」『聖心女子大学大学院論集』第41巻1号（通巻56号）2019年、71～93頁。
・関口洋平「ベトナムの教育」杉本均・南部広孝編著『比較教育学原論』協同出版、2019年、248～256頁。
・関口洋平「ベトナム――市場化と国際化を進める社会主義国の教育事情」大塚豊監修／牧貴愛編著『アジア教育情報シリーズ2巻：東南アジア編』一藝社、2021年、77～91頁。
・関口洋平・ドアン・ゲット・リン「ベトナム初中等教育改革における授業研究の位置づけ ――統合的な学習への転換という視角から」広島大学教育開発国際協力研究センター『国際教育協力論集』第24巻 第1号、2021年、77～95頁。
・近田政博「ベトナム――新カリキュラムの導入で国際水準を目指す」馬越徹・大塚豊編『アジアの中等教育改革――グローバル化への対応』東信堂、2013年、115～143頁。
・白銀研吾「ベトナムにおける障害がある子どものための教育保障 ――インクルーシブ教育の受容をめぐる制度に着目して」『比較教育学研究』53、2016年、138～159頁。
・白銀研吾「〈資料〉ベトナムにおける初等教育課程の評価観点 ――「普通教育課程」を手がかりとして」『びわこ学院大学・びわこ学院大学短期大学部地域連携研究センター年報』7号、2021年、75～86頁。
・ベトナムの声・放送局VOVWORLD5「2300万人強の学生・生徒、2018～2019年新学期を迎える」(https://vovworld.vn/ja-JP2018年9月5日号）（2022年9月10日閲覧）。

［脚注の注］
※1　近田正博訳／ヴォ・ヴァン・セン監修「ベトナム教育法（翻訳）」『名古屋高等教育研究』第1号、2001年、183～220頁。
※2　近田正博『ベトナム2005年教育法』ダイテック、2009年。
※3　関口洋平「ベトナムの教育」杉本均・南部広孝編著『比較教育学原論』協同出版、2019年、253頁。

CHAPTER 24

愛国心を育む学校

ソ連とロシアの学校

第1節 ソ連の学校

◆ソ連時代へのノスタルジーと戦争

　1991年12月に解体するまで、ソビエト社会主義共和国連邦（以下、ソ連）は、アメリカ合衆国が率いる資本主義諸国からなる「西側」に対して、社会主義諸国からなる「東側」ブロックを率いる「超大国」だった。1957年のソ連による人工衛星スプートニク1号の打ち上げ成功は、先進諸国に「スプートニク・ショック」をもたらし、西側諸国では数学と科学の教育内容現代化と国民全体の教育水準を高めるための教育改革が行われた。欧米や日本の比較教育学界においてソ連への関心が高まるのもこの頃である。

　国家創設時には非識字者が約1億人もいたとされるソ連において、わずか40年の間に非識字問題を解決し、科学・技術において目覚ましい発展を遂げたことは、ソ連が築いてきた社会主義教育の制度とソビエト教育科学の成果とみなされた。だが、実際には軍備拡張や1978年から1989年のアフガニスタン侵攻により軍事費が増大し、学校施設の修繕費が不足し、特に農村部の教育環境は劣悪なまま放置されていた。広大な国土と190以上とも言われた多民族国家を画一的な教育課程基準やマルクス＝レーニン主義に基づく道徳観と愛国心で一つにまとめることには無理もあり、学校現場には様々な歪みが生じていた。このため、ソ連末期には教育の分野においても抜本的な改革（ペレストロイカ）が行われることとなった。

　現在の旧ソ連各国の首都や観光地には、ソ連時代の生活を伝えるミュージアムやテーマパークがあり、レーニンの肖像が黒板の上に飾ってある教室を再現した博物館もある。1990年代以降に生まれた若者にとって、ソ連はもはや博物館でしか体験できない、過去のものとなっている。だが、1991年のソ連の崩壊を「20世紀最大の地政学的悲劇」と考えるウラジーミル・プーチン（1952〜）

[ソビエト社会主義共和国連邦（略称「ソ連」）]

　1917年に二月革命で帝政ロシアを打倒し、十月革命により労働者・農民が支配階級から権力を奪取し世界初の社会主義政権によるロシア社会主義ソビエト共和国を樹立した後、1922年に周辺のザカフカース、ウクライナ、ベラルーシを統合して成立した国家。第2次世界大戦により、エストニア、ラトヴィア、リトアニアを併合し、ドイツ領ケーニヒスベルグを統治下に置く（1946年にカリーニングラードと改名）などして領土を22,402,200km²まで拡大した。1991年のソ連解体前の全人口は約2億9300万人。首都はモスクワに置かれていた。

[ポリテフニズム（総合技術教育）]

　階級による社会の分断を克服した後の社会のあり方を構想したプロイセン王国出身のカール・マルクス（1818〜1883年）とフリードリヒ・エンゲルス（1820〜1895年）が、人間の全面的発達のために必要な教育として提案したもので、労働と教育を結びつけるだけでなく、産業の主要部門で必要とされる様々な技術について理論と実践の両面から教えることが重要とされた。レーニンの妻でソ連の新しい教育制度づくりを担ったナデジュダ・クルプスカヤ（1869〜1939年）が1920年代にポリテフニズムの原理に基づく教育課程基準を開発し、国際的にも注目された。

が2000年にロシア連邦の第二代大統領に就任して以来、ロシア連邦では、グローバル社会の中でのロシアの競争力を高め、ソ連のような大国を復活させることを目指した教育改革が進められ、その過程で、「ソ連時代の方が今より良かった」と考える国民が増えていった。教育についても、ソ連時代の中央集権による統一的教育制度を再評価し、教育課程や教科書もソ連時代のような画一的なものに戻そうとする動きが現れた。

　2022年2月24日から始まったロシア軍によるウクライナ侵攻につながる軍隊と結びついた愛国教育や、歴史教育の見直しなどは、これと連動していた。そこで、本章では、まず初めに、ソ連が1991年12月25日に解体に至るまで展開していた「社会主義教育」にはどのような特色があり、ソ連を構成していた15の共和国が独立国家となった後にどのような教育制度改革が行われたのかを概観してみたい。

◆ソ連時代の「社会主義教育」の特色

　1917年の十月革命を経て初の社会主義国として成立したソ連では、貧富の格差のない共産主義社会の構築を目指し、学校を増設し、農民や労働者の家庭の子どもを含むすべての子どもが、16歳まで平等に無償で義務教育を受けることができるようにした。身分制に応じて細分化されていたそれまでの複線型の学校制度と私立学校を廃止し、すべて公立で単線型、男女共学の「統一労働学校」とした。教育活動においては、宗教教育を禁止し、生産労働に関する学習を中心に据え、一般教養と体育、美育を通して知・徳・体のバランスの取れた人間の育成を目指す総合技術教育（ポリテフニズム）を特徴とする教育課程が編成された。

　共産主義社会の建設者として必要な、人格形成や思想教育としての「訓育」を、教科教育における「教授」と結びつけることも重視され、学校の内外で子どもの社会性と創造性を育む集団主義教育が行われた。学校内外の児童生徒によるゴミ拾い、廃品回収、鳥の巣箱作りといった奉仕活動などの核となったのは、共産党の少年団であるピオネール（正式名称は「レーニン記念全ソ連邦ピオネール組織」、5－9年生対象）とその下部組織アクチャブリャータ（「10月の子ども」、1－4年生対象）という組織だった。放課後や休日のクラブ活動は、地域の「ピオネール宮殿」「ピオネールの家」などの校外教育施設で行われ、夏休みなどの長期休暇中には「ピオネール・キャンプ場」で合宿に参加し、専属の校外教育指導員や大学生のピオネール・リーダー等から指導を受けることができた。ポリテフニズムの原理や社会主義イデオロギーの教育を具体的に教育課程編成や学校制度にどのように反映させるかについては、その時々の社会・経済の状況に応じて変遷があったが、

189

▷ソ連時代の1年生用文字指導教科書「ブクヴァーリ」（1983年版）。表紙の裏にウラジーミル・レーニン（1870～1924）の肖像画があり、右ページには、9月1日の始業式の日に制服を着た児童が教師に花束を贈っている挿絵、ソ連の地図と「わが祖国ソ連」の文字。

単線型の義務教育段階の学校や充実した校外教育の制度は、社会全体で平等な教育機会を保障する「社会主義教育」として1991年のソ連崩壊まで継続した。このような「社会主義教育」のモデルは共産党のネットワークを通じて東欧、中南米、アジアの「社会主義兄弟国」にも影響を及ぼした。

◆独立後の旧ソ連構成共和国の学校教育制度と学校文化

ソ連解体後、旧ソ連を構成していた各国は独立国家となり1990年代前半に教育法を作成し、それぞれ独自の教育制度を整備した。1991年のソ連解体時には、各国とも原則として就学年齢は6歳（または7歳）で4（3）-5-2の11（または10）年制の初等中等普通教育が義務教育とされていた（ただしロシア語以外の民族語を教授言語とする学校の場合は12年制の場合もあった）が、独立後の制度改革によって90年代には義務教育年限を前期中等教育までの9年間に短縮した国が多かった。その後、各国が制度改革に取り組み、ウズベキスタン、モルドワ、ロシアのように、後期

表24-1　旧ソ連地域の学校教育制度（2022年度）

	義務教育年齢（年数）	主な学校体系：初等－前期中等－後期中等普通教育（職業教育）	欧州高等教育圏（ボローニャ・プロセス）への参加
CIS加盟国			
ロシア	6～17歳(11年)	4－5－2　（2～4）	2003年－2022年4月
ベラルーシ	6～15歳(9年)	4－5－2　（1～4）	2015年－2022年4月
モルドワ	6～17歳(11年)	4－5－2　（3）	2005年－
アルメニア	7～15歳(8年)	3－6－3	2005年－
アゼルバイジャン	6～15歳(9年)	4－5－2　（3）	2005年－
カザフスタン	6/7～15/16歳(9年)	4－5－2/3　（2～3）	2010年－
キルギス	6～15歳(9年)	4－5－2　（2～4）	不参加
ウズベキスタン	6～17歳(11年)	4－5－2　（2）	不参加
タジキスタン	7～16歳(9年)	4－5－2	不参加
CIS準加盟国			
トルクメニスタン	7～17歳(10年)	3－7	不参加
元CIS加盟国			
ジョージア(2008年脱退)	6～15歳(9年)	6－3－3　（3）	2005年－
ウクライナ(2018年脱退)	5～17歳(12年)	1*－4－5－2/3(2～4)	2005年－
バルト諸国（CISには加盟せず、2004年よりEUに加盟）			
エストニア	7～16歳(9年)	9－3　（3）	1999年－
ラトビア	5～18歳(13年)	2*－9－2　（3）/2－8(2～3)	1999年－
リトアニア	6～16歳(10年)	4－6－2/4－3(4～6)	1999年－

注：ウクライナは5歳、ラトビアは5～6歳の就学準備教育が義務である

（資料）UNESCO, International Bureau of Education, Country Dossiers,The Official Bologna Proces Participating Countries and Organisations: http://www.ond.vlaanderen.be/hogeronderwijs/bologna/pcao/　　出所：筆者作成。

［ピオネール運動］

1922年に開始された児童運動。「新しい人間」として「共同して生活し労働することができ、自分のことをみんなのことと切り離さない共産主義者、明晰な頭脳と情熱的な心と巧みな手と高度に発達した内面的規律をもった人間」を育てることを目的とし、共産党青年団「コムソモール」の下部機構として学校教育と密接な関係のもとに発展してきた。同様の児童運動は、ソ連から東ドイツ、ブルガリア、ポーランドなどの中東欧諸国や、中国、ベトナム、北朝鮮、キューバなどの社会主義諸国にも広まっていた。

［知識の日］

ロシアでは、1984年にソ連邦最高会議の決定により9月1日が知識の日の祭日に指定されて以来、入学式と始業式を「知識の日」に行っている。ウクライナやカザフスタンなどロシア以外の周辺国でも同様の「知識の日」の行事が今も残っている。ロシアでは9月1日が日曜日に重なる年は、9月2日が「知識の日」となる。

中等教育を再び義務化する国も現れた。

　現在では各国の主な学校体系は、**表24－1**のように多様化している。EU諸国では生涯学習の基礎を早期から育むという観点から、幼児教育を重視し義務教育開始年齢を引き下げる傾向にあるが、旧ソ連諸国では、すでにEUに加盟しているエストニアをはじめ、アルメニア、タジキスタンおよびトルクメニスタンで未だに就学年齢が7歳である。また義務教育後の職業教育システムはいずれの国も教育機関の種類やコースの年限などが職種により複雑に細分化されており、グローバル化や社会・経済の変化に対応した改革が求められている。

　高等教育については、ソ連時代の大学は専門家養成のための教育が主目的であり、研究は科学アカデミーをはじめとする研究機関で行われていた。このため、独立後の各国は大学の研究機能を強化しなければならなかった。バルト3国、ロシア、ウクライナ、モルドワ、アルメニア、グルジア、アゼルバイジャンならびにカザフスタンはEU加盟諸国が中心となって進めている学士、修士及び博士の3課程の学位制度を共通化することにより留学生交流を促進し、欧州高等教育圏構築を目指す「ボローニャ・プロセス」に参加を表明し、高等教育の制度改革も行った。

　このように、学校制度は多様となった旧ソ連諸国であるが、学校や学校外の青少年教育施設などの教育現場を訪れると、教師と児童生徒の関係や、指導方法、教室や廊下の掲示物、子どもたちが毎日学校に持ってくる日誌帳などは、驚くほど似ている。学校行事の中では、上級生が歌やダンスのパフォーマンスで新1年生を迎える9月1日（ロシアでは「知識の日」）の入学式は、旧ソ連地域の各国で伝統的行事として残っている。式典の最後に、最上級生の男子に高く抱きかかえられた1年生の女児が始業のベル（5月末の終業式では同様に終業のベル）を鳴らすのも、各国ほぼ共通である。ユネスコとILOが定めた世界教員デーの10月5日もしくはその前後を「教師の日」として児童生徒が演劇や合唱・合奏などで祝い、教師に花束やお菓子をプレゼントする行事も、ソ連時代から継続されている。行事以外で共通性がある習慣として、先生が教室に入ってくると児童が全員起立して挨拶をし、教師が着席を指示するまで立っていることがある。年上の人が部屋に入ってきたら起立をし、廊下などでも道を譲ることは重要なマナーであり、校則に規定がある学校も多い。

　また、ベラルーシ、カザフスタンとキルギスではロシア語が公用語の一つとなっているが、これら以外の国にもロシア語を母語とする子どものためにロシア語を教授言語とする学校が今も存在する。逆にウクライナでは、ロシアとの戦時下の2022年9月に、首都キエフ市などの学校でロシア語を教えることが禁止となった。ロシア連邦政府は、独立国家共同体（CIS）のネットワークを通

［ロシア連邦］

　アメリカ合衆国の2倍近くに相当する約1707万km²の広大な国土を抱えるロシア連邦には、最大9時間の時差があり、気候風土も多様である。2022年1月現在の人口は約1億4,556万人。人口の約20%が非ロシア人であり、100を超える少数民族により構成される。連邦の下には、「連邦構成主体」と呼ばれる地方自治体が83ある。そのうちわけは、21共和国、46の州、9地方、1自治州および4自治管区ならびに特別市であるモスクワ市とサンクトペテルブク市である。ただし、ロシア連邦政府は、2022年10月現在、国際法では認められていないウクライナのクリミア共和国、セヴァストポリ特別市、ドネツク人民共和国、ルガンスク人民共和国、ザポリージャ州、ヘルソン州を含めて連邦構成主体は89であるとしている。連邦構成主体は8つの連邦管区に区分されている。

　1991年末の独立国家成立時に、帝政時代の白・青・赤の三色旗が国旗として復活した。

　ロシア連邦の国歌は、2000年からソ連国歌のメロディーに新しい歌詞をつけて国歌としている。

　連邦レベルの教育行政機関として、初等中等教育を所管する教育省と高等教育と科学を担当する科学・高等教育省がある。連邦構成主体には、「教育省」もしくは「教育局」、市町村には教育当局が置かれている。

じて、CIS諸国の初等中等教育段階の「ロシア語・文学」担当教員の研修に協力したり、「ロシア語・文学」の教科書をCIS諸国に提供している。2022年度にはプーチン大統領の肝入りで、タジキスタンにロシア語を教授言語とする学校を5校開設し、ロシアから教員を派遣したことがニュースとなった。旧ソ連地域のロシア語を使用する人々を保護し、ルースキー・ミール（ロシアの世界）を維持・発展することがロシアのプーチン政権の目指すところであり、ウクライナ侵攻の理由の一つでもあった。

第2節 ロシアの学校

◆日常の風景

　ロシアの初等中等学校の始業時間は午前8時、8時30分もしくは9時だが、児童生徒数が多く教室や教員が足りない学校では、学年ごとに午前部と午後部に分けて二部交替制のシフトを組んで授業が行われる。午後の部の始業時間は13時頃となる。午後部に通う児童生徒は、午前中は自宅や校外教育施設で勉強をしたり運動をしたりして過ごす。さらに、少数ではあるが、夜間部のある三部交替制の学校も存在する。

　児童生徒が集団で登下校する習慣はなく、各自ばらばらに通学する。低学年の子どもの場合は、父母や祖母が徒歩や車で送り迎えをすることが多く、低学年の登下校の時間には保護者が子どもと手をつなぎ、教科書やワークブックがいっぱい入った子どものカラフルなリュックサックを持って歩いている姿も目にする。大都市部では、1990年代から公立学校の選択制が導入されており、公共の交通機関や自家用車で1時間かけて通学するような子どもが増えた。人口過疎の農村部では、子どもの通学の負担を平等にするためにスクールバスを導入する学校も多くなっている。観光地で黄色のスクールバスを見ることも多く、遠足や修学旅行にも使われていることがわかる。

　2004年9月に北オセチア共和国ベスラン市で知識の日の式典中に学校がテロリストに占拠される事件があって以来、学校はどこもセキュリティ・チェックが厳しくなり、子どもの送り迎えをする保護者も校舎の中には入れない。もともと校舎への入口はあまり広くなく、日本のようにガラス張りの扉ではないので、中の様子は外からは見えない。ドアを開けるとすぐに、守衛のいる受付を通って中に入る。玄関ホールは広々としていて、壁にはロシア連邦の国旗、国章、国歌など様々な掲示が貼られている。近くに、コートや外履きのブーツ、体操着等を置くガルデローブ（クローク）がある。

先生に贈る花束を持って入学式に臨む新1年生

校長室に必置の国旗
▷国章とプーチン大統領の写真

[学年暦]
　11月初旬の秋季休業、12月末から1月初旬にかけての冬季休業、3月末の春季休業をはさむ4学期制となっている。また、メイデー（5月1日）や戦勝記念日（5月9日）などの国民の祝日が多い5月上旬を大連休期間とする学校も多い。

　授業の１単位時間は１年生が35分、２〜４年生は35〜45分、５〜11学年は45分授業が標準である。初等教育段階の授業は、１年生は４時間目まで、２〜４年生は４時間目までの日と５時間目までの日が半々くらいとなっている。授業と授業の間の休み時間は10分が基本で、教室を移動するだけで終わってしまう。昼休みも20分しかない。

　学校には食堂があり、温かい朝食と昼食が供される。食堂は全校生徒が一同に会することができるほど広くはないため、規模が大きい学校では学級ごとに入れ替わりで食堂を利用する。このため高学年の昼食の時間は15時過ぎとなることもある。朝食はゆでソーセージ、きゅうり、砂糖入り紅茶に白パン、昼食はスープ、チキンカツレツ、ごはん、トマトとキュウリのサラダ、フルーツジュースに白パン・黒パン、といったメニューだが、皆10分ほどでさっと食べて教室に帰っていく。両親が共働きの家庭の子どもは、乳幼児期に保育園・幼稚園で朝から晩まで長時間過ごし、朝昼晩の３食も園で食べていたため、家庭で食事をする習慣がない場合もある。また学校内には売店があり、子どもは休み時間にスナックを買って食べることもできる。

　国の教育課程基準によって１年生は学校週５日制とすることが義務づけられているが、他学年については、授業日を土日が休日となる週５日制にするか、日曜日だけが休日の６日制にするかどうかを各学校の最高意志決定機関である学校評議会で決めることになっている。一般には、初等教育段階は５日制で、５年生以上を６日制にしている学校が多い。土曜日開校の場合は半日ではなく、午後まで授業を行なっている。年間の授業週は34週（ただし１年生は33週）とされ、学年度中に30日以上の平日と８週間以上の夏季休暇（１年生はさらに１週間）を休業とすることが義務づけられている。

　2011年９月から初等教育段階に導入された教育課程基準は、授業だけでなく課外活動を学校の教育課程の中に含めた。公費補助のもとに行う課外活動は週10時間程度、４年間で1350時間以内と定められた。これまで放課後の教育は独立したものとして扱われ、子ども創造の家など「補充教育施設」と呼ばれる学校外の教育施設で行われることが多かったが、新しい教育課程によって一般教育と補充教育との統合が図られた。課外活動の内容は、各学校がリソースと親からの要望を考慮して定める。主な課外活動としては、①スポーツ・健康、②宗教・道徳、③社会、④一般認知活動、ならびに⑤一般文化の５領域がある。

　このうち一般認知活動とは、子どもの知的発達を促すもので、通常の授業では教科別に学んでいることをさらに深く、教科横断的に学ぶ時間となる。課外活動は通常の授業とは異なり、遠足、クラブ、サークル、会議、ディベート、学校学会（学会形式で子どもが発表する）、科目別オリン

中等普通教育学校
４年生の英語の授
業風景

課外活動でロボ
ティクスを学ぶ

二部交替制の11年制学校の授業時間と休み時間の例

授業時間			休み時間	
一部		二部	8:25	始業前の朝食
1時間目	8:30-9:15		9:15-9:25	1〜4年、朝食
2時間目	9:25-10:10		10:10-10:20	休み時間
3時間目	10:20-11:05		11:05-11:15	5〜9年、朝食
4時間目	11:15-12:00		12:00-12:10	1〜4年、昼食
5時間目	12:10-12:55		12:55-13:15	5〜11年、昼食
6時間目	13:15-14:00	1時間目	14:00-14:20	1〜4年、散歩
7時間目	14:20-15:05	2時間目	15:05-15:20	休み時間
	15:20-16:05	3時間目	16:05-16:15	5〜9年、散歩
	16:15-17:00	4時間目	17:00-17:10	自習、相談

ピック、コンクール、試合、調べ学習、研究、社会貢献的実践など様々な形態で活動が行われる。また、長期休暇期間中には特別キャンプ、テーマ・キャンプ、夏季学校などを組織して課外活動を行うこともできる。

　学校からの帰宅後、家庭教師と英語の学習をしたり、民間の教室でピアノやダンス、水泳、スケート、空手、柔道や合気道などの習い事をしたりする子どもも多く、学校をベースとする課外活動の必修化によって放課後の自由時間が少なくなったことを残念に思う親子は少なくない。自宅では宿題や予習・復習もしなければならず、コンピュータゲームで遊んだりしていると、低学年の子どもに推奨されるとおりに午後9時に就寝して10時間の睡眠をとるのは難しくなり、子どもの睡眠不足が問題になっている。

◆学校の種類

　ロシアの教育体系は、普通教育、職業教育および補充教育に区分され、生涯に渡り教育を受ける権利を保障している。普通教育は、①就学前教育、②初等普通教育（1〜4学年）、③基礎普通教育（5〜9学年）、および④中等普通教育（10・11学年）からなる。職業教育は、①中等職業教育（1〜4年制）、②バカラブリアート高等教育（4年制）、③スペツィアリテート（4〜5年制）・マギストラトゥーラ（2年制）高等教育、④上級資格からなる。

　義務教育は2008年9月から従来の9年間から11年間（6歳半から17歳半まで）に延長され、普通教育から中等普通教育までとなった。普通教育学校は、都市部では11年一貫制の学校が多いが、初等教育段階のみの「初等学校」や、1〜9学年までの「基礎普通教育学校」のほか、5〜11学年のみ、10・11学年のみの学校もある。ソ連時代からの伝統で、国公立の初等中等普通教育学校の中にも、外国語、物理・数学、情報学、芸術、体育などの特定の分野を深く学習する特別学校や特別学級を有する学校がある。

　また、1990年前後からソ連全土で「リツェイ」と「ギムナジア」という18〜19世紀の貴族階級が通った学校の名称が、英才教育学校の名称として復活した。これらの学校は5〜11学年のみの基礎普通教育と中等普通教育を実施する学校と規定されているが、初等普通教育を実施することも認められているため11年制の学校が多い。幼稚園と初等学校を併設して早期英才教育を行う「プロギムナジア」もある。国公立の初等中等普通教育学校のうち約15％がこうした英才教育を行う特別な学校である。これらのほかに、障害のある子どものための特別支援普通教育学校や、士官（カデット）学校、空軍学校などの特殊な学校もあり、その多くは寄宿制学校である。

［補充教育］
　ロシアでは、学校外教育施設であった「ピオネール宮殿」「ピオネールの家」は、1991年に「ピオネール」組織が廃止されたことから「子ども創造宮殿」「子ども創造の家」に改名した。公立の青少年教育施設としては、このほかに、「職業指導センター」「青少年技術者ステーション」「青少年自然学研究者ステーション」「青少年ツーリストステーション」「音楽学校」「舞踊学校」などがある。2017年以降ロシア各地に開設されているロボット制作などができる「テクノパーク」「クヴァントリウム」も人気だ。ロシア連邦では、これらを「子どもを対象とする補充教育施設」と呼んでいる。

▷宇宙飛行士を多数輩出している、サンクトペテルブルク市立少年創造宮殿の宇宙クラブ

　1992年のロシア連邦法「教育について」により、私立学校が正式に制度化された。以来、私立学校は大都市部を中心に年々増え、2018年度の私立学校数は851校（全初等中等普通教育学校の1.9%）、児童・生徒数は12万3700人（全就学者の0.8%）だった。特定の分野を深く学ぶ学校が全体の32.4%と公立学校よりも比率が高い。

◆教育課程

　日本の学習指導要領に相当するロシアの教育課程基準は「連邦国家教育スタンダード」と呼ばれ、標準的なものとして例示され、実際に導入する際には地域と学校の裁量で定めることのできる部分が多かったが、2022年9月にロシア連邦教育法が改正され、2023年度から「連邦基礎普通教育プログラム」と名称が変わり、必修の統一的基準として法的拘束力が強まる。特に、ロシア語・文学、歴史と社会の教育課程は、2023年度よりシラバスや時間配分など詳細に規定されたものを私立学校を含む全ての学校が遵守し、到達目標の水準を下回ってはいけないこととなった。

　初等教育段階ではロシア語（文法と書き方を学ぶ科目）と文学的読み方に加えて2年生からは外国語が必修となり、言語系の科目の授業時間数が全体の半分を占める（**表24−2**）。ロシア語を母語としない民族が多く通う学校ではさらに母語の文法と読み方の時間がこれに加わることになる。「まわりの世界」は日本の生活科に似た科目で、理科と社会科の合科となっている。

　ロシア連邦法「教育について」は、国公立の教育機関における「教育の世俗的性格」を明示し、宗教的活動を禁止しているが、社会・経済の混乱の中で宗教の復興が進んだことを背景に2012/13年度から第4学年で週1時間の「宗教文化と世俗倫理の基礎（ОРКСЭ）」が必修となった。この科目には「世俗倫理・道徳」「世界の宗教」、「正教の基礎」、「イスラム教」、「ユダヤ教」、「仏教」の6つのモジュールがあり、親の希望によって選択できることとなった。実際には、学年毎に父母会で話し合って一つのモジュールを選んでいる学校がほとんどである。2023年度からは5年生以上で「ロシア諸民族の精神・道徳文化の基礎」も必修教科として導入される。

　ロシア軍のウクライナ侵攻に伴い、2022年9月からの新学年度から毎週月曜日の1時間目は「大切な話」が全学年で必修となり、ロシアの歴史・文化・芸術などを素材に愛国教育が行われている。第11学年では、ウクライナでの「特別軍事オペレーション」についても教えることとなった。ソ連時代に必修だった基礎的軍事教練も復活する。

195

[教員養成]

　初等中等普通教育学校の教員は、1〜4学年を担当する初等教員、5〜11学年を担当する中等教員、全学年を担当する音楽、美術、製図、体育、労働など専科教員に分かれる。教員養成は主として教育大学で行われるが、初等教員と専科教員については「教育カレッジ」など教育を専門とする中等職業教育機関においても養成されている。

[教員の資格審査]

　ロシア連邦では、現職教員の資質向上と創造的授業実践の奨励のため、資格審査によって一部の優秀な教員に「二級教員」「一級教員」「上級教員」の称号を与えて給与に反映させるシステムが導入されている。「一級教員」「上級教員」以外の教員は5年に1回、資格審査を受けなければならない。教員評価については、生徒の成績をより重視するとともに、教員のコンピテンシーの評価に重点が置かれるようになっている。

[成績評価]

　ソ連時代は、第3学年以降はすべての学校で共通に5（優）、4（良）、3（可）、2（不可）の4段階による到達度評価が行われていたが、ロシア連邦では各学校で評価の方式を定めることができるようになった。ただし、1〜9学年では、2〜3教科で不可の成績をとった場合、保護者の判断によって、留年するか、補償教育学級へ移籍もしくはホームスクーリングによって学業を継続するかを選択しな

表24-2　4年生（ロシア語を教授言語とする学校／週5日制）、2022/23年度の時間割例

曜日 時間	月曜日	火曜日	水曜日	木曜日	金曜日
1	大切な話	算　数		英　語	音　楽
2	英　語	ロシア語	体　育	ロシア語	ロシア語
3	ロシア語	まわりの世界	算　数	算　数	文学的読み方
4	算　数	造形芸術	ロシア語	テクノロジー	体　育
5	体　育	文学的読み方	まわりの世界		宗教文化と世俗倫理の基礎

出所：サンクトペテルブルク市立第591番中等普通教育学校(http://591.gou.spb.ru)(2022年11月10日参照)。

◆授業の形態

　1学級の児童生徒数の上限は25人だが、都市部で25人以上、農村部で20人以上の学級では、ロシア語以外の母語と外国語の時間は1学級を2グループに分けて授業を行う。予算や人員に余裕があれば、さらに少人数のグループに分けることも認められている。

　ロシアの学校の教室内の雰囲気を大きく変えたものとして、電子白板（インタラクティブ・ホワイト・ボード）がある。電子白板は日本製のものも含め様々なメーカーのものがあり、プーチン政権化のデジタル・トランスフォーメーション戦略のもと2000年代にロシアの学校に導入された。教員は当初戸惑っていたようだが、2010年代に入り電子白板を使った授業の教員研修に力が入れられるようになり、上手に使いこなせる教員が増えている。また、従来はコンピュータ室でしか接続できなかったインターネットを通常の教室で接続できるようにした学校も多く、ノート型パソコンやタブレットを導入した授業が増えている。授業におけるITの活用は子どもたちへの教育効果が高いことも実証され、調べ学習や口頭発表のためのプレゼンテーション資料の作成にもコンピュータが積極的に活用されている。

第3節　課題と魅力

◆プーチン体制化の教育改革と戦争への道

　1990年代のエリツィン大統領の下では財政が逼迫する中で地方分権化と学校教育の多様化が進められ、教育の質の格差増大につながった。このためプーチン大統領は就任直後から90年代の教育改革の方向を軌道修正し、2025年を目標として「教育、文化、芸術、科学、高度テクノロジー及び経済の領域における偉大な国家としての世界共同体におけるロシアの地位の確立」、「ロシアの統一的教育空間の維持と発展」による「国家の安全保障」などを優先課題として連邦政府が教育改

けばならない。1教科が不可の場合は条件付進級となり、保護者が責任をもって不合格となった教科の内容を習得させなければならない。第9学年と第11学年では最終国家試験によって評価が確定されることとなる。

［国家修了試験（ОГЭ(オゲー)）と統一国家試験（ЕГЭ(イェゲー)）］

　中等普通教育第9学年および第11学年に実施される修了試験は、「国家試験」と呼ばれており、連邦教育科学省が各科目の出題例を事前に通知している。試験の形態はソ連時代から口頭試問と論述式問題が一般的であったが、これらは客観的評価が難しく賄賂などの不正の原因となっていた。そこで、9／11学年修了時の最終国家試験として、多肢選択のマークシート方式の客観的テストである統一国家試験が導入された。試験科目は14科目あり、ロシア語と数学の2教科が必修とされ、2〜3科目を選択する。教育の質のモニタリングを目的として、これらの国家試験以外に、「教育の質保証」を目的として就学準備学級、1、2、4、5、6、8学年でも全国的学力テストが行われている。

革を主導した。グローバル社会の中でロシア連邦の国際競争力を高めることに貢献できる人材養成を教育改革の主眼としながら、「国家の安全保障」のためにエリツィン政権下で弱体化した軍事力を立て直し、軍隊と結びついた市民の愛国教育にもいち早く着手していた。この過程で、多民族からなるロシア国民を統合する共通のアイデンティティとしてナチス・ドイツと戦った大祖国戦争の記憶が用いられるようになり、歴史認識の統一化と歴史教科書の見直しが行われた。

　2016年には、兵役を忌避する若者が増えていることを憂慮したロシア連邦国防省のショイグ大臣の発意により、軍隊の活動に早いうちから興味を持たせることを目的として「ロシア陸・空・海軍支援のためのボランティア団体＜ユナルミヤ＞」が結成された。＜ユナルミヤ＞とは、「若い兵隊」という意味で、メンバーは「ユナルメイツ」と呼ばれる。男女とも赤いベレー帽に赤いシャツ、カーキ色のパンツとジャケットが制服となっている。8歳から18歳までの青少年であれば誰でも参加できる。ロシア政府は、2024年末までにロシア国民の24％以上が愛国教育のシステムに関わり、愛国主義に関する国や地域の行事に64万人以上が参加すること、300万人以上の子どもがソ連時代のピオネールに類似した「ロシア学童運動」に参加し、60万人以上の子どもが＜ユナルミヤ＞に参加することを、愛国教育の目標としている。学校教育も学校外の補充教育も、すべてが戦争プロパガンダの道具となっているのが、21世紀ロシアの教育の現状なのである。

◆「まごころを子どもたちに捧げる」教師

　2022年2月24日のロシア軍のウクライナ侵攻以来、世界は一変し、ロシアとの教育・研究交流は滞っているが、これまで筆者が現地調査の際に出会った学校の教員の多くは、経済的に困難な状況にあっても子どもたちと真摯に向き合い、情熱をもって教育活動に取り組んでいた。その姿は、「ヒューマニズムの教育者」として知られるソ連時代のウクライナの教育者ワシリ・スホムリンスキー（1919～1970年）にも重なる。スホムリンスキーの『教育の仕事——まごころを子どもたちに捧げる』などの教育実践の記録は、現代ロシアの教員にも読み継がれており、戦時下にあっても子どもの権利と生命を大切にする教育につなげることが期待される。　　　　　　　　（澤野由紀子）

［参考文献］
・ロシア・ソビエト教育研究会編『現代ロシアの教育改革——伝統と革新の＜光＞を求めて』東信堂、2021年。
・岡田進『「ソ連社会主義」からロシア資本主義へ——ロシア社会と経済の100年』東信堂、2022年。
・日本教育学会国際交流委員会編『ウクライナ危機から考える「戦争」と「教育」』教育開発研究所、2022年。

［教科書の作成・発行・採択］

　ソ連時代、初等中等普通教育学校の教科書は、教科により、ソ連邦または各構成共和国の教育行政機関の定める全国統一的な内容のカリキュラムにしたがって執筆された原稿のなかから、教科書として出版することがもっとも適切であるものを国が選び、教育用図書専用の国営出版社で発行されていた。1教科につき正規の教科書として認定されるものは通常1種類であり、ほかに実験的に導入することのできる教科書が2～3種類ある程度だった。ロシア連邦では、1990年代に教育課程を多様化したことに伴い、教科書も1教科につき様々な執筆者や民間の出版社が多様な教科書を発行することを奨励したが、歴史の解釈などが教科書によって異なるため教育現場に混乱が見られたことを理由に2010年代より検定を厳格化し教科書の種類を削減している。教科書は、連邦教育省の作成する認定教科書一覧のなかから各地域の教育行政機関が自由に選び、それぞれの予算で購入し、学校に配布する。教科書は無償貸与され、通常5年間使用する。2015年から「連邦認定教科書一覧」に登録された教科書には全て付属のデジタル版が作成されている。印刷教科書には重量制限があり、第1～4学年は300グラム、第5～6学年は400グラム、第7～9学年では500グラム、第10～11学年では600グラムが上限とされている。

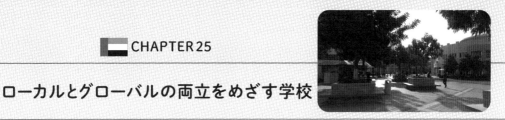

CHAPTER 25

ローカルとグローバルの両立をめざす学校

アラブ首長国連邦の学校

第1節 日常の風景

　アラブ首長国連邦（以下、UAE）の学校は、郊外に設置されていることが多い。そのため、児童生徒はスクールバスや家庭からの送迎車で登校するのが一般的で、徒歩や自転車で通学する日本の登校風景とは大きく異なる。特にスクールバスは行き・帰りともに児童生徒の家の前で乗降させてくれるため、普段でも通学に時間がかかるが、ましてや渋滞にでもなればなおさらである。

　UAEのナショナル・カリキュラムに沿ったある私立学校（A学校）では、国民とともに多様な国籍の児童生徒が在籍している。4年生の一日の流れを見てみると、1時間目は7時45分に始まり、月〜水曜日は8時間目まで、木曜日は7時間目まで、そして金曜日は4時間目まで授業がある。1〜6時間目は各45分間だが、7・8時間目は各40分であり、8時間目まで授業がある日でも14時には学校が終了する。基本的に各時間の間に休憩時間は設定されていないが、3時間目と4時間目の間に25分間の休憩があり、その際に持参した軽食を食べ、家に帰宅してから遅い昼食を食べる。生徒が学校の掃除を行うことはない。

　教室の形態は学校によってさまざまである。教室前方に向かって机を並べるスクール型の授業もあれば、テーブルに複数の生徒が向かい合って着席し、グループ活動に取り組む形態も見られる。ホワイトボードと紙の教科書に加えて、プロジェクターやスクリーンも設置されている。さらにiPadが一人ひとりの児童生徒の手元には準備されているし、デジタル教科書も授業で積極的に活用されている。

　小学校4年生のクラスの時間割（**表25−1**）を見てみると、1週間のうち毎日、アラビア語とともに英語の授業が設定されており、言語教育が重視されていることがよくわかる。その一方で「イスラーム」は週3時間割り当てられ、UAE人・外国人問わずすべてのムスリムの児童生徒が履

［国旗・国章］
　UAEの国旗は赤・緑・白・黒の4色で構成されており、赤は聖戦により流された血と犠牲、緑は豊かな国土、白は清浄さ、黒は過去の圧政や戦争を表す。この4色は、17世紀のイラクの詩人が作った詩に基づいていると言われ、現在ではアラブの国々でよく使用されている。

　UAEの国章は他のアラブ諸国の国章と同様、預言者ムハンマドの属するクライシュ族を表す金の鷹をあしらったものである。1973年に制定、2008年に修正された。

表25-1　連邦カリキュラムに沿った私立学校（A学校）の時間割例（第4学年）

	1	2	3	4	5	6	7	8
月	科　学	社　会	イスラーム	英　語	デザイン・テクノロジー	美術／音楽・ドラマ	数　学	アラビア語
火	イスラーム	アラビア語	数　学	数　学	科　学	体　育	社　会	英　語
水	数　学	美術／音楽・ドラマ	体　育	デザイン・テクノロジー	アラビア語	社　会	科　学	英　語
木	デザイン・テクノロジー	美術／音楽・ドラマ	アラビア語	英　語	数　学	数　学	イスラーム	
金	科　学	英　語	数　学	アラビア語				

出所：筆者所収の資料より筆者作成。

修することが求められている。UAEはイスラームを国教としているが、全人口のうち約90％を外国人が構成する社会となっているため、日常生活では英語も使用されている。自宅に帰った後は課題や読書をしたり、テレビゲームをしたりして時間を過ごしている。また、中等学校でも放課後の部活がないので帰宅することになるが、部活に代わって、夏休み期間中に伝統文化やスポーツなどを体験するプログラムが提供されている。

　UAEでは、公立学校およびUAEのナショナル・カリキュラムに従う私立学校は3学期制であり、8月末〜12月末までが一学期、1月初め〜3月末までが二学期、そして4月半ばから7月半ばまでが三学期となっている。2021／22年度の場合、8月29日に一学期が始まり、12月12日〜30日が冬休み、2022年3月27日〜4月14日が春休み、そして8.2週間の長い夏休みが続いた。

　UAEの伝統的な生活を再現したヘリテージ・ビレッジや博物館・美術館などへの遠足も随時実施されている。加えて、6月には卒業式が執り行われ、生徒に修了証が手渡される。高校の卒業式では成績優秀者の表彰が行われ、伝統的な踊りや歌が披露されるなど、明るい雰囲気で催される。また、フェイスブックなどで、卒業生の名前や写真、さらに成績などが公表されることもある点は、日本とは異なる。

[UAEの人口構成]

　UAEの社会環境の特徴として、人口約990万人のうち、自国民が約10％となっており、外国人が人口の大部分を占めていることが挙げられる。それらの外国人は、主にインド、パキスタン、バングラデシュといった南アジア、フィリピンなどの東南アジアからの労働者が多い。

　国教はイスラームであり、公用語はアラビア語だが、上記の通り、人口の大部分を外国人が占めるため、英語も広く通じる社会となっている。特に、観光客にとっては、タクシー運転手やレストランの店員も外国人であることが多いため、英語で問題なくコミュニケーションをとることができる。

[UAEの学校の週末]

　多くのイスラームの国々では、金曜日の午前中に礼拝が行われるため、週末の休日は金曜日と土曜日に設定されており、UAEの学校も同様であった。しかし、2022年より変更され、金曜日の授業を午前中のみとし、週末の休日が土曜日・日曜日に設定された。

　しかし、その詳細も学校や首長国で異なっており、ドバイでは上記のように月〜木曜日は終日、金曜日は午前中に授業を行い、土曜日と日曜日が休日とされたが、シャルジャでは金曜日、土曜日、日曜日を休日とし、1週間あたり最大3時間のオンライン授業や、夏休み前の追加授業の実施が認められることとなっている。

◆学校体系

UAEは7つの首長国から構成される連邦国家であり、連邦と首長国によって学校への関与の様相が異なっている。連邦の教育部門を管轄する政府機関として連邦教育省がある一方、各首長国でも教育部門に関連する政府機関が展開している。例えば首長国の一つであるドバイでは、2006年に設置された知識・人材開発庁（Knowledge and Human Development Authority、以下、KHDA）が首長国内の教育機関を管轄している。実際にドバイでは、UAEのカリキュラムに則った公立学校は連邦教育省の監督のもとにあるが、私立学校に対してはKHDAが監督庁としての役割を務めている。なお、連邦予算の歳出のうち教育部門は16%を占めており（2021年度）、積極的に投資する姿勢を示している。

図25−1　UAEの学校教育体系

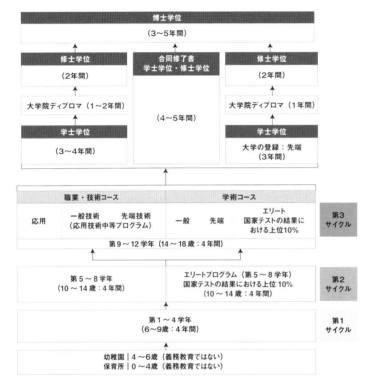

出所：UAE Ministry of Education, *The National Educational System, Academic Year 2020-2021*, 2020, P.4を一部筆者修正。

各教育段階は2018／19年度より変更され、4から5歳児を対象とする就学前教育、第1学年から第4学年を対象とする第1サイクル、第5学年から第8学年を対象とする第2サイクル、第9学年から第12学年を対象とする第3サイクル（中等教育）、高等教育となった（**図25−1**）。第12年学年卒業時には全国

[UAEにおける権限関係]

UAEは連邦国家であるため、連邦と首長国の権限関係も重要となる。憲法第120条では、連邦政府が外交や軍事、治安、連邦財政、教育、公衆衛生などの管轄権を保持することが定められている。その一方、第122条によって、首長国政府がそれ以外の管轄権を保持することとなっている。ちなみに、天然資源に関する権限は、憲法第23条によって各首長国が保持している。

このように、教育部門は連邦政府が権限を持っているが、アブダビやドバイといった資金力のある首長国政府は学校教育・高等教育に関わる部門において独自の制度を適用していることも多い。

[UAEの学校の校舎]

UAEの学校の校舎は、古い学校の場合は平屋のコンクリート壁の建物が多いが、近年建てられた学校は2階以上の近代的な建物となっている。建物は壁で囲まれ、その外には車やスクールバスの駐車場が整備されている。建物の中に入る際は、ほぼ必ずセキュリティからチェックを受ける。

統一の中等教育修了資格試験が行われ、高等学校の修了証が授与されることで、12年間の義務教育が終了することとなる。

　2015年以前は公立学校において理系・文系のどちらかを選択する制度であったが、連邦教育省はこれを廃止し、現在では「一般」「職業」「先端」および「エリート」の4つのストリームに組み替えられている。すべての生徒は第1学年では一般ストリームで学ぶが、生徒の希望や成績に基づき一定の学年からストリームを選択する。第8学年を終えた時点で、生徒は職業ストリームを選択することができる。また、第9学年を終えた時点で一般ストリームに所属する学生は成績に応じて先端ストリームを選択でき、一般的に第10～12学年をそのストリームで継続する。これらのストリームは特に理系科目の幅が異なっており、先端ストリームの生徒は数学・科学でより深い指導を受けることになる。最後に、エリートストリームは学術的に突出した生徒のために整備されたものであり、第5学年から第12学年まで所属する。特に、数学と科学に焦点を当てて、分析、推論、問題解決といった技能を向上させることを目的としている。

◆教科書制度

　教科書に関する具体的な法的位置づけは管見の限り見られないが、連邦教育省カリキュラム局がUAEのカリキュラムに準ずる教科書を評価し、認可・提供する責任を負う。連邦教育省管轄の公立学校およびUAEのカリキュラムに従う私立学校に通う国民に対しては、連邦教育省カリキュラム局が認可した教科書が無償で配布される。また、Al-Diwanというアプリを通して、デジタル教科書も使用できる。一方、教育省以外のカリキュラム（英国、米国、インド、パキスタン、国際バカロレアなど）に従う私立学校については、それぞれのカリキュラムに対応した教科書を使用することが可能であるが、教育省より許可を得る必要がある。しかし、これらの私立学校においてもアラビア語、イスラーム教育、道徳教育の科目については連邦教育省が提供する教科書を用いる必要がある。

◆高等教育と教員養成の制度

　前述の中等教育修了資格試験とは別に、UAEのカリキュラムを採用している公立・私立学校12年生のUAE人生徒は「エミレーツ標準テスト（以下、EmSAT）」とよばれる試験を受ける必要がある。EmSATは2017年から導入され、ほとんどの国公立大学の入試の際に必要とされるが、アラビア語、英語、数学、物理が必須受験科目で、先端およびエリートストリームの生徒はこれらに

201

[UAEのデジタル教科書]

　UAEではデジタル教科書もよく整備されており、Al-Diwanとよばれるアプリから取得することができる。iPhoneやiPadでも利用可能。

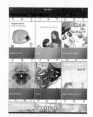

[国際バカロレア認定校(IB校)の展開]

　国際化が進行した社会を形成するUAEでは、IB校も多く展開している。特にドバイでは、面積が約4,000㎢という、滋賀県程度の大きさしかないにも関わらず、20校のIB校（ディプロマ・プログラム）が設置されており、生徒や保護者からの人気も高い。

加えて化学を受験する必要がある。さらに、大学の専攻によっては生物やコンピュータ科学といった科目も受験することが求められる。また、職業に特化した分野に進みたい生徒は、第2サイクル終了後に職業ストリームを選択し、その卒業者には中等職業教育修了証が授与される。

　大学および高等技術専門学校等においては、通常英語で授業が行われる。大学には、準学士課程（2年）、学士課程（専攻により4～6年）、修士課程（2年）、博士課程（3年）が設置される。高等技術専門学校には1～3年のディプロマ課程や準学士課程（2年）が置かれる。そして、UAE国民は公立学校に通う場合、幼稚園から大学まで無償である。

　高等教育部門で特徴的なことは、外国の高等教育機関の分校（海外分校）が多く進出していることである。2021年時点で33校の海外分校が展開しているとされ、世界有数の分校進出国となっている。UAEでは外資機関・企業の進出を促すために、ビジネスの規制を大幅に緩和した経済特区（フリーゾーン）を整備しており、教育関連部門のフリーゾーンであるドバイ知識パークやドバイ国際学術都市では、英国、米国、豪州といった欧米諸国の高等教育機関のみならず、インド、イラン、レバノン、パキスタンなどの高等教育機関の分校も多く進出している点がユニークである。

　このように高等教育の国際化は著しく進行しているものの、教員養成については、近年着実に整備されている。UAEの教員の基本的な要件は、クラス担当教員の場合は教育学の学士学位を持つこと、また、数学、理科、英語などの専科教員は当該分野の学士学位を持つこととなるが、教科によってはTESOLやCELTAなどの英語教授法の資格や、IELTsの一定のスコアが求められる（加えて、ドバイではKHDAより認証を受けた企業・団体が提供する道徳や多様性などの科目を修了する必要がある）。このような状況に対し、2017年から連邦教育省により「教員免許システム」が試験的に導入され、2021年からUAEにおける教員に対して必須となった。免許は、教育学および他の専門分野の試験に合格することで取得でき、2022年3月に最初の免許取得者が輩出された。試験に不合格となった場合、成績に応じて補修科目が提案されるが、合計で3回まで受験できる。

第3節　課題と魅力

　このように近年積極的に教育制度改革を推し進めてきたUAEだが、もちろん課題も挙げることができる。まず、学力の向上問題がある。OECDの実施するPISA調査には2012年から参加しているが、65か国が参加した2012年には、読解力が46位、数学が48位、科学が44位となっており、これを契機として学力の向上の必要性が唱えられるようになった。また、78か国が参加した2018

［UAEの海外分校］

　フリーゾーン内の海外分校について、独立したキャンパスを持つ分校がある一方、ビルの中に「テナント」として入居している分校もある。多様な専門分野の分校が一か所にまとまり、総合大学のような様相を呈していることにユニークさがある。

［学校監査（School Inspection）］

　ドバイにおける学校の質保証について主たる役割を担っているのは、2007年にKHDA内部に設置されたドバイ学校監査局である。その業務の一部として、各私立学校に対して約3日間の現地での学校監査を実施している。2008年から2018年までの10年間で1,416回の学校監査が実施され、のべ137,000回以上の授業観察が行われたという。

　UAEの学校監査フレームワークによれば、6つの「パフォーマンス基準」とともに、その中に17の「パフォーマンス指標」が設定されている。その中でも特に重要な2つの成果として「生徒の達成度」と「生徒の個人的・社会的な発

年には読解力が46位、数学が50位、科学が49位となっていることから、参加国が増えている状況のなか一定の順位を維持しているものの、顕著な上昇は見られない。昨今において学校の質を維持・向上させるための取り組みとして、第三者機関による学校監査も実施されているが、なかなか学力の向上という目標は達成されていないようである。

　加えて、道徳心の涵養も大きな課題である。極端に国際化が進行した社会を形成する中で、いかにして国際理解や多文化共生といった資質を身に付けるのか、いかにして排他主義やテロリズムへ進んでしまうことを防ぐか、ということは極めて重要である。このような課題に対応し、2018年より「道徳教育」がすべての公立・私立学校で導入され、イスラーム教育とともにUAEの価値教育に大きな役割を果たそうとしている。

　UAEの教育の魅力は「アラブやイスラームといったローカルな要素を維持しながらも、グローバル社会に対応して活躍することができる人材の育成を目指して不断の改革を行う」という、明確なビジョンを実現するための実行力とバランス感覚だろう。外国人が多数を占め、国民が圧倒的少数派となっているUAEでは、国際化が急速に進行する中で潜在的に不安定性を抱えているといえる。そのなかで、国家として達成する目標を明確にし、豊富な資金力を背景に教育改革に突き進んでいく姿は、とても刺激的である。

　　　　　　　　　　　　　　　　　　　　　　　　　　　　　　　　　（中島悠介）

［参考文献］
・中東・イスラーム諸国の政治変動「アラブ首長国連邦／現在の政治体制・制度」(https://dbmedm06.aa-ken.jp/archives/648)（2022年9月1日閲覧）。
・中島悠介「第1章 アラブ首長国連邦における『イスラーム教育』科目改革に関する考察──『道徳教育』との関係性を手掛かりに」日下部達哉編著『イスラーム教育改革の国際比較』東信堂、2022年、3〜31頁。
・御手洗明佳・中島悠介・柳田雅明「外国カリキュラムを提供する学校への公的関与のあり方に関する一考察──ドバイにおける学校監査を事例として」『教育学研究科紀要（別冊）』29号-1、早稲田大学大学院教育学研究科、2021年、25〜35頁。
・United Arab Emirates, Ministry of Education (https://www.moe.gov.ae/En/Pages/Home.aspx)（2022年9月1日閲覧）.
・Dubai Knowledge and Human Development Authority (https://web.khda.gov.ae/en/)（2022年9月1日閲覧）.

203

達および革新スキル」が挙げられている。これらの17の指標に対して、【Outstanding】【Very Good】【Good】【Acceptable】【Weak】【Very Weak】の6つの尺度で評価結果が提示される。

　これらの監査の結果報告書はKHDAのウェブサイト上で公開されており、学校に対して一定の質を保証するとともに、生徒や保護者を含めた社会への情報公開の役割を果たしている。

［UAEの道徳教育］
　2016年7月、ムハンマド・ビン・ザーイド・アル＝ナヒヤーン・アブダビ皇太子（当時）の指導のもと、アブダビ皇太子府が連邦教育省やアブダビ教育評議会等と協力し、

「道徳教育」と銘打たれた科目として、学校教育のカリキュラムに組み込む方針を発表した。公立学校や連邦教育省のカリキュラムに従っている私立学校ではアラビア語で、それ以外の私立学校については英語で提供される。2017／18年度には一部の学校の第1学年〜第9学年において試験的に導入され、2018／19年度より第10〜第12学年を含めた実施が予定されていた。なお、従来の「イスラーム」の科目は継続して実施されている。

　道徳は「4つの柱」として、人格と道徳性、個人とコミュニティ、文化学習、公民学習から構成される。内容としては個人の道徳精神の育成とともに、UAEの社会や政治、経済、文化に関することも多く含まれている。

CHAPTER 26

多様性と統制を求める学校

インドネシアの学校

第1節 日常の風景

◆制服で登校する子どもたち

　インドネシアでは、午前6時半頃になると、子どもたちは登校する。都市部の学校周辺では、送迎の車で渋滞が起こることも多い。バイクで通学をする高校生は多く、校内にバイク置き場を設けている高校もある。**(写真26-1)** 学校へ持参するカバンの指定は特にないが、子どもたちは、制服を着て登校するのが一般的である。中央集権的な国民統合を進めたスハルト政権期（1968～1998年）に、全国一律で学校制服の着用が求められた。制服の規定はムスリムの児童生徒への配慮がなされるようになり、1991年代以降、教育文化省（現在は教育文化研究科学技術省）の管轄下の学校（スコラ）に通うムスリムの女子児童生徒は、ベールや長袖のブラウス、丈の長いスカートを着用することが認められるようになった。

　インドネシアでは、新学年度の開始は7月である。州によって若干異なるが、7月の第3週目もしくは4週目から開始されるのが一般的である。学期は2学期制であり、第一学期は7月から12月、第二学期は1月から6月までとなる。

　子どもたちが学校で過ごす時間は、日本よりも短く、小学校から高校まで、午前7時から13時頃までとされていることが多い。昼食の時間は、12時頃から30分ほどである。お弁当を持参する子もいれば、学校の食堂で食べる子もいる。

◆ムスリムの子どもたちの放課後

　インドネシアでは、平日の放課後はとくに課外活動はない。児童生徒による部活動などは、土曜日に行われるのが一般的である。

ある私立小学校の教室

[学校制服]

　学校制服は、1）全国共通の制服、2）スカウト活動（プラムカ）用の制服、3）学校指定の制服に分けられる（教育文化大臣規定2014年第45号第3条）。全国共通の制服は、白色のシャツ／ブラウスに、小学校では赤色、中学校では紺色、高校では灰色のズボン／スカートというように、学校段階で異なる。

　インドネシアの学校現場において、ムスリムの女子児童・生徒がベールの着用を認められるようになったのは、1991年以降のことである。それ以前の学校制服規定には、ムスリム女子生徒に対する配慮は十分ではなかった。

写真 26-1　高校のバイク置き場

　国民の約90％がムスリムの国であるため、学校教育とは別に営まれてきたイスラーム基礎学習（プンガジアン・クルアーン）への取り組みは、個々の村々でとても熱心である。ムスリムの小学生は、平日の放課後、日の入り前に近所のモスクに集い、クルアーンの読誦学習などイスラーム基礎学習に参加することが多い。かつては高校生や大学生がモスクで小学生のための学習指導を行う例も見られた。しかし近年、モスクでのイスラーム基礎学習は、組織的に営まれるようになり、専属の教師が指導を担当する場合が多い。

第2節　学校制度

◆二つの省庁が管轄する学校制度

　インドネシアの学制（**図26-1**）は、6-3-3制である。義務教育は9年である。高校3年間は中等教育に相当する。これらの初等中等学校は、教育文化研究科学技術省が管轄するスコラ（一般学校）と宗教省が管轄するマドラサ（イスラーム学校系統）から成る。

　高等教育に関しても、一般系統の高等教育機関は教育文化研究科学技術省が、イスラーム系の高等教育機関は宗教省が管轄している。学校系統図に示されているフォーマル教育機関とは別にノン

[**イスラーム基礎学習（プンガジアン・クルアーン）**]
　主に7歳前後の子どもたちを対象とした基礎的なイスラーム学習のこと。礼拝の仕方などとともに、クルアーンをアラビア語で正しく読誦するための学習が主として行われる。1980年代後半以降、『イクロ』という、幼い子どもたちが活用するクルアーン学習用テキストが創案され、それが普及したことは、幼児期からクルアーン学習の機会を提供するクルアーン幼稚園の全国的な普及につながった（中田有紀『インドネシアのイスラーム基礎学習の組織的展開』東信堂、2022年）。クルアーン幼稚園とともに、小学生を対象とするクルアーン児童教室もある。これらは一般に地域のモスクに併設されており、夕方から幼稚園児や小学生が学ぶ場となっている。

モスクに併設されたクルアーン児童教室での学習の様子

図26-1 インドネシアの学校系統図

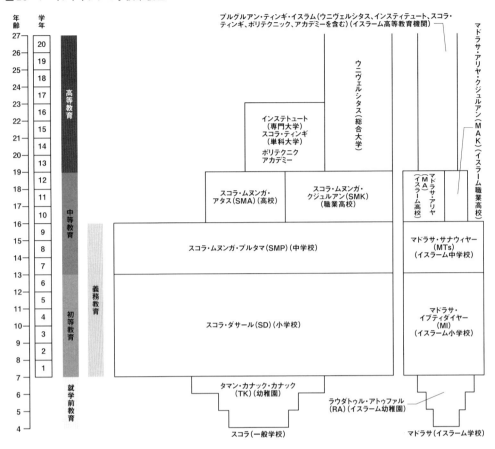

出所：教科書研究センター「学校体系図　インドネシア」『海外教科書制度調査研究報告書』ウェブサイト版（https://textbook-rc.or.jp/wp-content/uploads/2022/11/26bbc92539e702e602023f43d3dfd721.pdf）を参照。

［教育文化研究科学技術省］

Departmen Pendidikan, Kebudayaan, Riset dan Teknologi. 2021年代62号大統領令により、一般系統の学校（スコラ）を管轄する省庁。省庁の名称は、2021年以降、教育文化省から名称変更がなされた。

［パケット］

パケットA（Paket A）は小学校、パケットB（Paket B）は中学校、パケットC（Paket C）は高校レベルの教育を提供するプログラム。修了すると、それぞれ小学校、中学校、高校卒業と同等とみなされる。

［プサントレン］

イスラーム寄宿塾／寄宿学校の総称。伝統的には、アラビア語で書かれたイスラームの専門書（キタブ）の学習を中心に行う寄宿制の教育施設。ジャワ島を中心に発展してきた歴史がある。主としてイスラームの基礎的な学習を終えた10代半ば（中学生以降）の若者が集い、学ぶ。近年では、中等教育や高等教育機関を備えた総合学園型のプサントレンも多い。現在、全国に約2万7,000か所のプサントレンがある。

206

フォーマル教育機関に相当する幼児教育施設や、小・中・高校レベル相当の教育を提供するパケットというプログラムがある。こうしたノンフォーマル教育施設は、対象年齢が幅広く、柔軟に対応することで、教育機会の拡大に貢献している。

　伝統的に営まれてきたイスラーム寄宿学校（ポンドック・プサントレン、以下プサントレン）は、学校系統図に示すことが難しい。プサントレンのなかには、中学校や高校とともに、高等教育機関も運営するプサントレンもあれば、キタブ（アラビア語のイスラーム専門書）の学習のみを行うプサントレンもあり、多様である。また都市部では、大学生が寄宿し、日中は大学で講義を受け、夜はプサントレンでキタブ学習に励むケースもある。

◆一般学校からイスラーム学校へ、イスラーム学校から一般学校へ

　インドネシアでは、上述したように二つの省庁が学校教育を管轄している。しかし、それぞれの省庁が管轄する学校間の移動や進学は制度上可能である。高校卒業後、大学に進学する場合も、イスラーム学校系統の高校から一般の高等教育機関へ、一般学校系統の高校からイスラーム高等教育機関への進学も可能となっている。国立の一般高等教育機関への進学を希望する一般系の高校およびイスラーム系の高校の修了者は、教育文化研究科学技術省が関与する高等教育入学試験機構に必要書類を出願することで、受験資格を得て、選抜の対象となる。イスラーム高等教育機関への進学もまた、イスラーム系の高校だけでなく一般系の高校の修了者にも開かれており、宗教省の支援のもとで選抜が行われるシステムとなっている。

◆高校までの教育の充実を目指して

　2020／2021年の統計資料（Pusat Data dan Teknologi Informasi, Kementerian Pendidikan dan Kebudayaan, APK&APM, PAUD, SD, SMP dan SM 2020/2021（Termasuk Madrasah dan sederajat）,（2021）によると、小学校の就学率は、粗就学率102.62%、純就学率92.57%、中学校の就学率は、粗就学率101.83%、純就学率75.60%、高校の就学率は、粗就学率95.53%、純就学率68.68%だった。政府は、小学校と中学校に続き、高校での教育の普及や質の向上も課題としている。特に近年では、職業高校の充実を図ることが目指され、2016年度以降、一般高校よりも職業高校の数が増加傾向にある。

　小学校、中学校および高校では、学校運営費（BOS）があり、各学校に補助金が配分されるシステムとなっている。近年では、民間企業が社会貢献活動として、教育機関への支援を行うことがあ

表26-1　幼児教育施設の種別

	教育文化省管轄	宗教省管轄
フォーマル教育	対象年齢(4〜6歳)一般幼稚園	対象年齢(4-6歳)イスラーム幼稚園
ノンフォーマル教育	対象年齢(0-6歳)プレイグループ チャイルドケア・センター、その他の幼児教育施設	対象年齢(4-6歳)クルアーン幼稚園

出所：中田有紀「インドネシアにおける幼児教育の機会拡大——2000年以降の動向に着目して」『比較教育学研究』第63号、2021年、48頁。

[教育国家基準]

　2021年政令第57号第によると、各教育施設の最低基準として定められた教育国家基準には以下の項目、すなわち、1）修了コンピテンシー、2）教育内容、3）教授学習プロセス、4）学習評価、5）教職員、6）施設設備、7）運営、8）財政、が含まれる。

[インドネシアの幼児教育施設の種類]

　インドネシアの幼児教育施設は、幼稚園に加え、表26-1に示したように、ノンフォーマルな教育施設として0歳から6歳までを受け入れる施設が多様に存在する。個々の実情に応じて設立を可能とするなど、幼児教育の機会の設立には柔軟に対応している。

写真26-2　国立小学校の体育の時間の様子

る。例えばコンピューターや図書などの備品の寄付や図書館やトイレなどの修繕がなされる場合もある。また、職業高校における専門的な研修に対して、企業が積極的に関与する例も多い。

◆教育基準の設定とその評価

　政府は、一般学校系統およびイスラーム学校系統の就学前教育施設から高等教育機関までの、最低限の教育基準として国家教育基準を定めている。フォーマルな学校教育とともに、特に幼児教育に関しては、フォーマルおよびノンフォーマルな教育施設に対しても、一定の基準を満たすことが求められる。教育大臣規定2018年第13号によると、それぞれの教育が基準を満たしているかどうかについては、独立した評価機関によって判断され、各学校は3段階で評価を受けることになっている。

◆幼児教育や保育への関心の高まり

　2000年当時の4～6歳人口のうち、幼稚園での教育を受けていたのは18.39％の約158万人だった。その後、幼児教育施設への就園率も増加傾向にある。2020／2021年の統計資料によると、3～6歳の就園率（粗就園率）は37％以上に達した。

[ムルデカ・カリキュラム]
　「ムルデカ」とはインドネシア語で「独立」を意味する語である。新カリキュラムでは、生徒自身の探究の機会などを盛り込み、生徒が自律して学ぶ機会を尊重することが目指されている。教科内もしくは教科外においてパンチャシラ・児童生徒プロフィールに関連する活動を行う構成となっている。インドネシア教育文化研究科学技術大臣決定262/M/2022号添付資料によると、授業時間は、各教科の年間の標準時間を設けており、各学校で柔軟に対応できるように設定している。

表26-2　2013年カリキュラムに基づく小学校教育課程

科　目		週あたりの時間数					
		1年	2年	3年	4年	5年	6年
Aグループ							
1	宗教教育・道徳	4	4	4	4	4	4
2	パンチャシラ・公民教育	5	5	6	5	5	5
3	インドネシア語	8	9	10	7	7	7
4	算　数	5	6	6	6	6	6
5	理　科	-	-	-	3	3	3
6	社　会	-	-	-	3	3	3
Bグループ							
1	芸術文化・技術	4	4	4	5	5	5
2	保健・体育	4	4	4	4	4	4
週あたりの総時間数		30	32	34	36	36	36

注：グレーの網かけ部分は、テーマ別に科目横断的な学習を行う科目の時間数。
出所：Salinan, Lampiran, Peraturan Menteri Pendidikan dan Kebudayaan, no.67, 2013, p.9.

　かつてインドネシアでは、幼稚園への入園は主に都市部の富裕層の子どもに限られ、広く一般には普及していなかった。しかし2000年以降、「万人のための教育」（EFA）の実現のための「ダカール行動枠組み」など、初等教育の完全実施や乳幼児教育の重要性が指摘されるようになると、政府はさまざまな形態での幼児教育の提供を認めてきた。そうした幼児教育施設の運営を支援するとともに、管理・統制を図ることで幼児教育の充実を試みようとしている。

◆カリキュラム──信仰する国民の育成を尊重

　2020年以降、政府は各学校が柔軟に対応できるよう、①現行の2013年カリキュラム、②十分な学習が困難な状況を考慮した2013年カリキュラムの簡略版、あるいは③学習時間の柔軟性や探究学習の時間などが考慮された新しいムルデカ・カリキュラムのいずれかを選択できるようにしてきた。各学校は、2013年カリキュラムを活用しつつ（**表26-2**）も、2022年度以降、新しいカリキュラムへの移行を進めている。

　2013年カリキュラムでは、1990年代半ば以降導入された「地域科」が教科には含まれなかったが、

[建国5原則パンチャシラ]
　インドネシアの憲法前文に書かれている建国5原則。以下5つの原則が掲げられている。
①偉大なる神への信仰、②公正にして礼節に富む人道主義、③インドネシアの統一、④協議と代議制による叡智に導かれる民主主義、⑤すべてのインドネシア国民にとっての社会正義。

個々の地域の実情に合った学習として地域の文化や伝統を学ぶ機会は尊重されてきた。新カリキュラム（ムルデカ・カリキュラム）での小学校教育課程には、「地域科」は教科の一つに含まれており、地域性を考慮した教育は重視されていることがうかがえる。

2013年カリキュラムおよび新しいムルデカ・カリキュラムにおいても、筆頭科目に挙げられているのが「宗教教育・道徳」である。それに続き、「パンチャシラ・公民教育」、国語である「インドネシア語」と続く。「宗教教育・道徳」と「パンチャシラ・公民教育」は、小学校に限らず、中学、高校、さらに高等教育レベルにおいても必修科目と位置付けられており、インドネシア国民の育成には欠かせない科目とされてきた。

「パンチャシラ・公民教育」においては、建国5原則パンチャシラのそれぞれの概念や1945年憲法の理念をはじめ、国家法やその順守、権利や義務、人権などを学ぶ。パンチャシラの第1原則に「偉大なる神への信仰」とあるため、学習の過程で信仰心や万物の創造主への敬意を示す態度も重視される。

「宗教教育・道徳」は、6つの公認宗教の教育のうち、児童生徒は、自らが信仰する宗教について学ぶ。例えば、イスラーム教徒は、「イスラーム宗教教育・道徳」について学び、カトリック教徒は、「カトリック宗教教育・道徳」を学ぶ。イスラーム教徒が大半の学校においては、他の公認宗教の宗教教育を担当する教員が不十分な場合もある。その場合は、地域の宗教指導者のサポートを借りながら、学校での宗教教育を保障することもある。

段階的に導入されつつある新カリキュラムでは、各教育段階の修了コンピテンシー基準にもとづき、各学校段階において、読解力や計算能力とともに、パンチャシラ児童生徒プロフィールに掲げられる内容、すなわち、①偉大なる神に対する信仰心や敬虔さと高い倫理観、②自立、③批判的思考、④創造性、⑤相互扶助、⑥グローバルな多様性に関する学習を各教科もしくはその他のプロジェクト活動として取り組む構成になっている。

このように、教科として学ぶパンチャシラや宗教教育に限らず、その他の学習活動においても、まず信仰を持つことの大切さを習得することが第一に掲げられている。

◆**教科書について**

教育に使用される本は、主要テキスト、副読テキスト、地域性を考慮したテキスト、テキスト以外の書籍から成る。これらの本は主として民間によって出版され、その検定を政府側が行う。教育文化研究科学技術大臣決定2022年第22号によると、教育のための図書における内容は、パンチャ

[公認宗教]

現在、インドネシアで公認されている宗教は、イスラーム、カトリック、プロテスタント、ヒンドゥー教、仏教、儒教である。

[各教育段階の修了コンピテンシーの基準]

コンピテンシーを基盤とするカリキュラムは、2004年カリキュラム以降導入されてきた（中矢礼美「インドネシアにおけるコンピテンシーを基盤とするカリキュラムに関する研究」『中国・四国教育学会　教育研究ジャーナル』3号、2006年、19〜28頁;服部美奈、神内陽子、アユ・アズハリヤ、エル・アマンダ・デ・ユリ、アズミ・ムフリサフ「インドネシアにおける2013年カリキュラムの施行とその展開過程」『名古屋大学大学院教育発達科学研究科紀要（教育科学）』第67巻第2号（2020年度）、2021年、82〜96頁）。教育文化研究科学技術大臣規定2022年第5号第5条(2)によると、小学校および中学校を含む基礎教育段階の修了コンピテンシー基準として、①児童・生徒が偉大なる神への信仰や敬意と高い倫理観を持つ社会の一員になること、②パンチャシラの諸価値に沿った人格を形成すること、③次段階の教育を継続するための児童生徒の読解能力と数学的能力を向上させることに重点を置くと定めている。

シラの諸価値に反しないこと、民族や人種，宗教や集団間の偏見などを含まないこと、またポルノや過激な内容、憎悪と関わるような内容を含まないものとすることが規定されている。

　検定を受けた教科書の無償配布については、各学校は学校運営費を活用する。デジタル教科書も整えられてはいるが、紙媒体の教科書は、政府が無償で提供するものとされている。教科ごとに教科書は教師用と生徒用の二種類ある。Ａ４判のカラー印刷が主流である。また、各教科書は、一方的な説明や解説を主としたものではなく，単元ごとに復習問題や課題のページが設けられている。

第3節　課題と魅力

　本来、インドネシアでは、例えばプサントレンなどのイスラーム学習の場においては、個々のローカルな状況に応じた柔軟な教授・学習の機会が設けられてきた伝統がある。しかし近年では、政府や関連機関などが中心となって、さまざまな教育機関を管理・統制して基準を設け、教育の質の向上を目指している。

　グローバルな基準への対応を考慮し、国家による教育の管理・統制を進めることと、インドネシア国内の多様な状況への柔軟な対応を、どのようにバランス良く取り組むかということが、今後のインドネシアの教育の充実と発展には欠かせないだろう。

　インドネシアの学校の魅力は、世俗的な教育とイスラーム教育の調和、パンチャシラ教育による宗教的道徳的国民の育成、大小さまざまな島々に暮らす人々が培ってきた個々の伝統を考慮する教育などにあるといえよう。　　　　　　　　　　　　　　　　　　　　　　　（中田有紀）

211

［参考文献］
・西野節男「インドネシアの公教育と宗教」『世界の公教育と宗教』東信堂、2003年。
・中田有紀『インドネシアのイスラーム基礎学習の組織的展開――学習テキストの創案と普及』東信堂、2022年。
・中田有紀「インドネシアにおける幼児教育の機会拡大――2000年以降の動向に着目して」『比較教育学研究』第63号、2021年。
・中矢礼美「インドネシアにおける『地域科』に関する研究――国民文化と民族文化の調整を中心に」『比較教育学研究』第21号、1995年、73〜82、213〜215頁。
・服部美奈、神内陽子、アユ・アズハリヤ、エル・アマンダ・デ・ユリ、アズミ・ムフリサフ「インドネシアにおける2013年カリキュラムの施行とその展開過程」『名古屋大学大学院教育発達科学研究科紀要（教育科学）』第67巻第2号（2020年度）、2021年、82〜96頁。

「多様性」を尊重する学校の風景

マレーシアの学校

第1節 日常の風景

◆女性管理職のいる学校の風景

　マレーシアは「多様性」を尊重する国である。章タイトル右側の写真はそれを象徴する、マレーシアのとある中学校の風景である。右側に立っているのは女性教員、中央右側の来賓（議員）の横には女性の校長、そして、その後ろに男性教員が続いている。マレーシアにおいて教員に占める女性の割合が高い点は日本とも共通しているが、管理職に占める女性の割合が高いか否かは大きく異なる。

　マレーシアでは、校長室を訪れると女性校長に出迎えられることはしばしばある。それもそのはず、OECDが実施しているTALIS（国際教員指導環境調査）2013によると、マレーシアの中学校では単に女性の教員が多いだけではなく、学校管理職に占める女性の割合も男性と拮抗しており、管理職の実に49.1％に上る（校長平均年齢は53.5歳）。この数値は、日本の小中学校における女性管理職の割合が、OECD加盟国の中でも極立って低いこととは実に対照的である。このようにマレーシアでは、ジェンダーの観点から「多様性」を尊重する学校の風景を見てとることができるのである。

◆二部制のメリット、教員のワークライフバランス

　マレーシアにおいて、教師という職業は子育てをしながら続けやすい「女性に適した仕事」というイメージが強い。学校が二部制で午前の部と午後の部に分かれ、教師の働く時間が短いことが、子育てとの両立を容易にしてきた一因であると言える。

　マレーシアの二部制は、7時25分から13時15分までの午前の部、12時50分から18時10分まで

[マレーシアの気候と制服]

　マレーシアは熱帯性気候で、乾季と雨季がある。クアラ・ルンプールやペナンなど、日本人にも比較的なじみのある都市のある西海岸では、6月から9月が雨季となる。ただ、一日中雨が降り続ける日はあまりなく、スコールと呼ばれる強い雨が轟音を響かせて降ってはすぐにやむ。マレーシアの人たちは、日本人のように雨の中で傘をさし行き来するのではなく、スコールがやむのを屋内や軒先でやりすごすことが多い。

　マレー系の女の子は、小学校からバジュ・クロンという民族衣装風のデザインの制服を着ている。上は白地で腰ほどまであり、スカートにあたる部分はブルーやピンクなど学校によって色が異なる。同じ学校の中でも、役職によってスカートの色が異なる場合がある。他の児童や生徒と異なる色の制服を着ている子どもたちは、その責任の重さほどに、少し誇らしげにも見える。マレー系以外の中華系やインド系の女の子にとっては、日本でも見かけるような白いシャツに色のあるスカートが定番と言える。男の子たちは、白いシャツにカラーのズボンをはいている。マレーシアには四季がなく、基本的には暑い日が続くため、日本のように冬服や夏服といった季節で異なる制服はない。

の午後の部に分けられる。イスラームの礼拝日にあたる金曜日のみ、午前の部は12時10分に終わり、礼拝をはさんで、午後の部は14時30分から17時50分までと他の曜日よりも授業の時間が短くなっている（ペラ州公立学校参照）。毎週金曜日には、きらびやかな礼装を身にまとった、いつもとは異なる先生たちの姿を、学校内や街のあちらこちらで見ることができる。午前の部が終わると、職員室に残って仕事をする先生もいるが、午後の部の先生たちと机を共有しているため、午後の先生が来る前に学校を後にしなければならない。このようにマレーシアの二部制は、教員がワークライフバランスを実現する上でメリットがあると言えそうである。

　しかし、2010年代に入ると教員を取り巻く状況が一変し、教師の多忙化がクローズアップされるようになってきた。2011年に教育省が7,853人の教員を対象とする大規模調査を実施したところ、教員は週平均57時間、最長で週80時間程度働いているという結果が明らかになった。特に、授業以外の時間が増えており、マレーシアにおいても、今後、教員がワークライフバランスを維持することができるか否かは、日本と同様に課題になっている。

第2節　学校制度

◆言語別に分かれる小学校

　マレーシアは、1980年代に6−3−2制を基礎とする現行教育制度を確立した（**図27−1**）。現行の学校体系は、初等教育6年、前期中等教育3年、後期中等教育2年からなる。マレーシアにおいて、合計11年間の教育は長らく無償で義務ではなかったが、2003年から初等教育6年間のみ義務化されている。

　マレーシアの学校体系の特徴の一つは、公立の初等学校が言語別に分かれている点にある。初等教育段階では、マレー語を教授言語とする国民学校の他に、教授言語別に国民型華語学校、国民型タミル語学校に分かれている。基本的な修業年限は3種の学校とも同じである。ただし、中等教育段階では、マレー語を教授言語とする国民中等学校に一本化されるため、初等教育段階から中等教育段階へ移行する際に、マレー語の成績が芳しくない生徒（一般的には華人やインド人の生徒）は1年間のリムーブ・クラス（移行学級）に進み、マレー語教育を受けることが義務付けられている。このように初等学校では言語別に学校が分かれているが、中等教育段階では初等学校修了時に受ける試験（UPSR）の後に、マレー語を教授言語とする国民中等学校に一本化されることになる。

[キャンティーン（食堂）]

　学校には必ずと言っていいほどキャンティーンという食堂が設けられており、子どもたちや先生たちの憩いの場となっている。10時過ぎの休憩時間になると子どもたちがどっと押し寄せる。キャンティーンには、マレーシアの朝の定番ナシ・ラマや焼きビーフン、焼きそば、カレーなどの軽食と飲み物が用意されている。マレー系の子どもや先生がキャンティーンの席に座る時には、男女別々に座っている場合が多い。スプーンやフォークを使って食べる人もいるが、基本的には右手でご飯を食べ、左手は使わない。

[ブミプトラ政策]

　マレーシアは、マレー人6割、華人3割、インド人1割とその他の少数民族などで構成される複合社会（多文化社会）である。それゆえ、政府にとって、これら多様なエスニック集団間の格差を解消することが最優先課題となってきた。特に、そのほとんどがイスラームを信奉するマレー人と、19世紀後半に移住してきた華人との間に、社会的・経済的不均衡という問題があり、1969年にはエスニック集団間の衝突が勃発した。政府は、その後の衝突を回避するために、マレー人に対して雇用や教育の機会を優遇することによって、エスニック集団間の格差を克服する「ブミプトラ政策（Polisi Bumiputera/Bumiputera Polocy）」（1971年）を導入した。このブミプトラ政策によって、マレーシアの教育制度はマレー人を優遇するように再編成さ

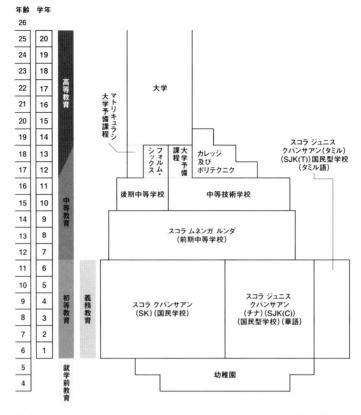

図27−1　マレーシアの学校系統図

出所：教科書研究センター「学校体系図　マレーシア」『海外教科書制度調査研究報告書』ウェブサイト版
(https://textbook-rc.or.jp/wp-content/uploads/ 2020 / 10 /b 8 df 59 b 3 d 03778 fabc 0 cb 12 ca
ae24389.pdf)

◆小学校の国家カリキュラム（KSSR）

　マレーシアの小学校には、2011年からKSSRという国家の標準カリキュラムが導入されている
（**表27−1**）。導入から約10年経過した2022年現在、教育省は新たなカリキュラムの導入に向けて
準備を進めている。現行のKSSRの特徴的な点は、マレー語と英語、算数の学力向上に力点が置か
れ、学校種別に応じてマレー語と英語の他に華語やタミル語が必修コア教科に設定される一方、宗
教・価値教育としてイスラーム教育か道徳教育を選択できるカリキュラム構成になっている点にあ
る。また、保健、体育や芸術、音楽教育も必修教科に加わった点は特筆すべきである。さらに、

れ、属するエスニック集団に応じて教育機会が配分される
ようになった。しかしながら、このエスニック集団別の優
遇政策は、政権によっては能力主義へと緩やかに移行す
る。

［入試制度］

　まず、初等学校修了時にはUPSR試験を、前期中等教育
後には下級教育証書（PMR）試験が課せられる。このPMR
の結果によって、後期中等教育段階で進学するコースが決
められてきた。PMRは2013年の実施を最後に終了し、現
在はフォーム3評価（PT3）と呼ばれる学校単位で行われ
る評価制度に移行している。いずれにしても、初等学校修
了後という早期に人生が決められるといっても過言ではな

い。中等教育段階には様々な学校種がある。政府補助学校
である普通学校、全寮制学校、宗教学校の他に、準政府補
助学校のマラ・ジュニア理科カレッジ等に大学進学コース
が設置されている。また、技術学校と職業学校が併存して
いたが、政府による第7次マレーシア計画以降、技術学校
にて職業技術教育が行われている

　後期中等学校の最終学年では、マレーシア教育証書
（SPM）試験、職業コースの最終学年では、マレーシア職業
教育証書（SPMV）試験がそれぞれ課せられる。さらに、
SPMあるいは後述するフォーム・シックスの修了前に、マ
レーシア上級教育証書（STPM）試験が課せられる。

表27-1　マレーシアの初等学校における教科と配当学年

教育段階・学年	必修基礎科目	必修テーマ科目	選択科目
マレーシア初等学校1〜3年	マレーシア語、英語 算　数 華語(SJKC) タミル語(SJKT) イスラーム教育 道徳教育 体　育 保　健	芸術の世界 音楽の世界 科学技術の世界	華語コミュニケーション タミル語コミュニケーション アラブ語コミュニケーション イバン語(3年生〜) カダザン語(3年生〜)
マレーシア初等学校4〜6年	マレーシア語、英語 華語(SJKC) タミル語(SJKT) 算数、理科、技術/ICT、体育、保健 芸術教育(Pendidikan Seni Visual) 音楽教育 イスラーム教育 道徳教育 歴　史		華語コミュニケーション タミル語コミュニケーション アラブ語コミュニケーション イバン語 カダザン(Kadazandusun)語 スマイ語

出所：教育省ウェブサイト参照。

KSSRは、多言語によるコミュニケーション能力向上を期待できるカリキュラムにもなっている。

◆デジタル教科書と重いカバン

　マレーシアの初等教育学校は言語別に分かれている。そのため、KSSRでは、国民学校と国民型学校とで、言語別に週当たり時間配当が異なっている（**表27-2**）。親は子どもの小学校入学前に、マレーシア語、英語、華語やタミル語などいずれの言語に重点を当ててほしいかによって学校選択する。

　また、KSSRは、全体として教科が増加したことにより、通学カバンが重くなりすぎ、そのことが社会問題になっている。この問題に対して、2014年、マレーシア教育省は、デジタル教科書プログラム（「ワンベスタリネットシステム」）を開始することによって策を講じている。このシステムを通じて、パスワードを持つ児童生徒、親や教員は、300種類以上のデジタル教科書に無料でアクセスすることができる。さらに、2021年1月から、「教育省e教科書リーダー（KPM eTextbook Reader）」が導入され、携帯電話やタブレット端末を用いて、小学校のデジタル教科書が無料でダウンロードできるようになった。これにより、通学カバンが軽くなっていくかどうかに注目が集まる一方で、家庭のネットワーク環境により格差が生じるという新たな課題が顕在化している。

［マレーシアの義務教育制度と関連法］

　教育省は、2003年1月1日に、初等教育段階の就学率を上昇させ、教育の普遍化を完全に達成することを目的に義務教育制度を導入した。

　1996年教育法（Education Act 1996（Act 550））改正版には、「教育相は、政府立あるいは政府補助立の初等学校において初等教育を供給する義務を有する」（第3章第27条）として、マレーシア政府が保障する教育義務が示されている。加えて、「マレーシアに居住するマレーシア国民である全ての親は、現在の学校暦の1月1日に子どもが6歳である場合に、初等学校の当該年度に就学し義務教育機関に在学することを保障しなければならない」（第3章第29A条(2)）と、マレーシア国民である保護者の義務も規定されている。

　2002年教育（義務教育）規則（Education (Compulsory Education) Order 2002）の第2条には、「本法（1996年教育法改正版）の下で設立された国民学校、国民型学校あるいは私立学校は、6年間の年限に適した初等教育課程を提供し、5年から7年以内に修了させなければならない」（第3章第29条）と明記されており、ナショナルカリキュラム上で規定される初等教育課程（第18条(2)）を5年から7年以内に修了することが義務づけられている。

表27-2　KSSRの時間配当（週当たり時間（分））

番号	モジュール	週当たりの時間数（分）		
		国民学校	国民型学校（華語）	国民型学校（タミル語）
必修コア教科				
1	マレーシア語	360	300	300
2	英　語	300	150	150
3	華　語	-	360	-
	タミル語	-	-	360
4	イスラーム教育	180	120	120
	道徳教育	180	120	120
5	体　育	60	60	60
6	保　健	30	30	30
7	算　数	180	180	180
必修テーマ教科				
8	芸術の世界	60	60	60
	音楽の世界	30	30	30
	科学技術の世界	60	60	60
選択教科				
9	各言語コミュニケーション	90	-	-
	複合・その他	30	30	30
	合　計	1380	1380	1380

出所：教育省ウェブサイト参照。

◆教員養成 —— 小学校から教科担任制

　マレーシアでは、初等教育段階から教科担任制をとっている。そのため、教員志望の学生は、教員養成段階でもオプションと呼ばれる教科を選択して、各教科の専門的な訓練を受ける。ところが、小規模校や遠隔地の学校などでは教員が不足しているために、一人の教員が複数の教科を教えることも少なくない。初等教育段階のマレーシア語教員の6,000人が他教科を教えていることが、マレーシア教育ブループリントにおいて報告されるなど、養成段階で訓練を受けていない教科を教えることは問題視されている。

　そもそもマレーシアで学校の先生になるためには、主として二つのルートがある。一つは、大学の教員養成課程に入るルート、もう一つは、教員養成インスティテュートに入るルートである。両方ともに、後期中等学校修了時に受ける試験（SPM、後述）の成績が鍵になっている。

　大学の教員養成課程には、教育学を専門とする学士課程と、教育学以外の学士課程、さらには大学院教育学ディプロマを取得するプログラムもある一方、2008年から、全国に27校あった教員養成インスティテュートは、質の標準化を目的として運営面で統合されている。

　マレーシアでは、初等教育段階と前期中等教育段階、後期中等教育段階の教員養成はそれぞれ異

［KWAMP］

　義務教育制度の導入時に、貧困により就学困難な子どもを支援するために、「貧困生徒信託基金（Kumpulan Wang Amanah Pelajar Miskin：KWAPM/Poor Students Trust Fund、以下信託基金）」が設立された。信託基金の目的は、民族や宗教を問わず、政府学校・政府補助学校において貧困な状況にあるマレーシア国民の子どもに対して一連の支援を提供すること、義務教育政策と連動し児童・生徒の学業達成度を向上しあらゆる能力を伸長することにある。

　信託基金に応募する際には、①マレーシア国民であること、②国民学校あるいは国民型学校に就学予定か在学していること、③貧困ライン以下の家計収入であることが条件となる。初等教育段階の貧困層をターゲットにした助成や奨学金は、それ以前にもすでに導入されていたが、応募条件に家計収入の制限が設けられたことが、信託基金の大きな特徴と言える。各学校が助成対象を選定するための審査にあたる一方、信託基金の事務局は、家計水準に関する審査を通過した対象者の名簿を作成し、各自治体の教育事務所を通じて学校へ名簿と助成額を送付する役割を担っている（表27－3）。

なっている。現職の教員の中には、学士号を持つ教員もいれば、ディプロマのみを持つ教員もいる。政府はできるだけ学士号を持つ教員を増やす方向で、教師教育改革を実施している。そうした流れの中で、統合された教員養成インスティテュートは教育学の学士号を授与することのできる機関として認められるようになった。

◆教員の質の向上に向けた採用と研修並びに評価

　マレーシアの生徒や学生の間で教員養成プログラムは人気が高い。しかしながら、マレーシアには「教師の日（毎年5月16日）」があり、必ずしも教員の権威が高いとは言えない。政府は、教員の質を向上するために、2013年から卒業生のトップ30％のみを採用するという目標を掲げている。そうした施策を実施することによって、教員を権威あるエリートの専門職にしようと試みている（マレーシア教育ブループリント2013-2025）。

　また、教員は、年7日間の職能開発研修に参加することが義務づけられている。現職研修は、自己学習、学校外でのワークショップ、スクールベースのコーチング（教室観察や授業計画策定）などからなっている。こうした教員研修には、教員一人あたり平均して年10日参加している。

　マレーシアの教員の給与は、基本的には公務員の給与体系に準じているためそれほど低くない。しかしながら昇進はほぼ一律で、管理職を除く最高職位（DG54）に昇進するまで約25年間かかっていた。そのため、政府は、1994年から教員の能力に見合った新しい昇進システム（優秀教員トラック）を取り入れ、優秀な教員は25年以内に最高職位まで昇進する仕組みを整えた。優秀教員になるためには、例えば、農村や僻地の学校に3年から5年行くことが推奨されている。逆に、教員評価によってパフォーマンスに問題があるとみなされた教員は、管理運営に関わる事務作業や、風紀・特活の担当へと「より適切な役割に配置転換」されるという厳しい措置がとられるなど、シビアな教員評価が導入されている。

◆人生を左右するSPM試験制度と多様な進路

　各教育段階の最終学年で全国統一試験が課されている。特に後期中等教育修了後に受けるSPM試験はマレーシアの国民的行事である。SPM試験の結果いかんで、難関大学に進学できるかどうかが決まるからである。一般的に、できるだけ早く、より難関の大学に進学することを望む場合には、マトリキュラシ（大学準備課程）に進学する。マトリキュラシに進学できなかった生徒の中で、大学進学の道をあきらめずにいる場合は少し遅れてでもフォーム（フォルム）・シックスを選

［就学前教育の設置運営母体の多様性］

　マレーシアの就学前教育機関には様々な設置運営母体のあることが、その特徴の一つである。主な設置運営母体として、①教育省、②国家統合・社会開発省の国家統合局、③農村開発省のコミュニティ開発局（KEMAS）という政府機関が挙げられる。加えて、④各州の宗教局、⑤イスラーム青年同盟（ABIM）などのイスラーム団体、⑥企業などの私立・民間機関も存在する。

　また、設置運営母体別の就学前教育機関数（保育所を除く）は、政府機関や各州宗教省など国公立の設置運営母体による機関数が多い反面、私立・民間の設置運営母体による機関への就園者の割合が高いことも特徴の一つである。

　詳細は、チャイルドリサーチネットウェブサイトの拙著「マレーシアの幼児教育——日本の幼児教育との比較のために」(http://www.blog.crn.or.jp/lab/01/24.html) 参照。

ぶ。ただし、マレーシアの場合、希望する生徒のすべてがマトリキュラシに進学できるわけではなく、エスニック集団間格差を是正し国民統合を目指す独自の政策（ブミプトラ政策（1971年））が、高校から大学へ接続する際の制度に大きな影響を及ぼしている。その結果、後期中等学校を修了した後に、マレー人は、公立大学につながるマトリキュラシに進学する一方、華人やインド人は、公立大学へのアクセスが制限されるフォーム・シックスに進学する傾向が強い。このようにエスニック集団別にマトリキュラシへの進学の難易度が異なるため、ブミプトラ政策は批判の対象となってきた。しかしながら、エスニシティの視点からだけではなく、ジェンダーの視点から見ると、女性の公立大学進学者が男性のそれを上回っており、「リバース・ジェンダー・ギャップ」と呼ばれる現象が見られるのも、マレーシアの特徴の一つである。

第3節　課題と魅力

◆初等教育の完全普及と貧困層の子どもへの支援

　多民族国家マレーシアにおいて、マレー人が非マレー人よりも、優先的に教育機会を獲得できるようになったことは広く知られるところである。ブミプトラ政策と呼ばれるこの政策は、政治的かつ人口的にマジョリティであるマレー人に、優先的に教育機会や奨学金を供与する政策である[1]。その意味で世界的にも類を見ない政策として、時に批判にさらされることもある。しかし見方を変えれば、先住民や遠隔地の学校に行けない子どもたちの就学を促進し、就学率を向上させてきたという側面がある[2]。

　ブミプトラ（bumiputera）という語は、「土地の子」を表すマレー語であり、広く先住民を総称する言葉である[3]。マレー人と同じくブミプトラであるにもかかわらず、半島マレーシアのオラン・アスリ（Orang Asli：英語でアボリジニ）と呼ばれる先住民族の子どもやサバ州・サラワク州に住む遠隔地の子どもの中には、小学校に就学することすら困難な子どもも多い。それゆえ、彼・彼女らは、マレー人を中心とする国民統合を目指してきた政府にとって、「最後のターゲット」であると言える。

　また、この「最後のターゲット」は、初等教育の普遍化（UPE）という国際社会が目指す教育目標（ラスト5％）とも交差する、最後のターゲットでもある。2000年代初頭から、マレーシア教育省は、これら残された「最後のターゲット」である子どもの就学を促進し、中途退学を未然に防ぐことを重点課題にして、初等教育を義務化した。そして、2002年に教育（義務教育）規則を

**写真27−1　KWAMPで配られる
パンフレットとペン**

施行するとともに、関連する様々な就学支援策を実施した結果、初等教育段階における総就学率は104.38 %、純就学率は98.60 %（2019 年）にまで達している（UIS ウェブサイト、マレーシアの義務教育制度と関連法参照）。

◆食べることと学ぶこと

さらに、貧困層や遠隔地の子ども、少数民族の子どもなど特別な支援が必要な子どもたちには、KWAMPという施策の一環で食べ物が配られる（**写真27 − 1 ・ 2**）。マレーシアの子どもたちは、そのほとんどが初等教育を受けることができているが、このように残された「ラスト数%」の子どもを学校に通わせ、初等教育を完全普及するために様々な策が講じられている。その対策の一つが、貧困層や少数民族に対する給食である。

地域によって受給者は異なるが、オラン・アスリという少数民族の子どもが対象になっている。対象となる子どもたちに給食を提供することによって、子どもたち自身が学校へ行く動機を高めるだけでなく、経済的に困窮している親たちにも子どもを学校に送り出す強い動機付けとなる。さらに、給食以外にも、KWAMPにより各種手当を供与する施策が実施されている。例えば、川を利用して通学する子どもたちには、通学に使うボートなどの交通手段やライフジャケットが提供されたり、一定の家計水準を下回る家庭には手当が支給されたりする（**表27 − 3**）。ただし、支給した手当を親が使ってしまうケースもあり、関係者の間では手当の不正利用を防ぐために改善策が練られている（筆者インタビューより）。

このようにマレーシアでは、ジェンダーやエスニシティの観点から、ある種の「多様性」に配慮した施策がとられており魅力も多い一方、依然として解決していない様々な教育課題が残されているとも言える。

（鴨川明子）

219

[注]
(1) 竹熊尚夫『マレーシアの民族教育制度研究』九州大学出版会、1998年；杉村美紀『マレーシアの教育政策とマイノリティ──国民統合のなかの華人学校』東京大学出版会、2000年；杉本均『マレーシアにおける国際教育関係──教育へのグローバル・インパクト』東信堂、2005年。
(2) 鴨川明子「マレーシアの学校に行けない子供たち(OOSC)──『最後のターゲット』貧困層・遠隔地・先住民に対する教育支援」日本比較教育学会編『比較教育学研究』第64号、2022年、145〜160頁。
(3) 加藤剛「『エスニシティ』概念の展開」坪内良博編『講座東南アジア学 第3 巻 東南アジアの社会』弘文堂、1990年、237 頁。

[参考文献]
・久志本裕子『変容するイスラームの学びの文化── マレーシア・ムスリム社会と近代学校教育』ナカニシヤ出版、2014年。

写真27 − 2 ある日の給食計画のメニュー

表27 − 3 貧困生徒信託基金(KWAMP)の応募条件家計収入の上限額(地域別)(導入当時)

対象地域	内　容(毎月)
半島マレーシア	一家族当たり RM530 あるいは一人当たりの収入 RM106
サラワク	一家族当たり RM585 あるいは一人当たりの収入 RM117
サバおよびラブアン	一家族当たり RM685 あるいは一人当たりの収入 RM137

出所：貧困生徒信託基金発行のパンフレット「KWAPM ガイドライン」より。

CHAPTER 28

発展を続ける国の教育的多様性

バングラデシュの学校

第1節 日常の風景

◆農村の学校の風景

　バングラデシュで新学期が始まる7月1日、最も暑い5〜6月は過ぎたものの、強い日差しが照りつける午前9時、各地で小学校が始まる。村の中央部に建造されたレンガづくりの上にセメントで塗り固めた政府立小学校の校舎は、郡役所の支所や村の富裕層の自宅と並ぶ堅牢な建造物の一つである。50人程度入る教室が三つ並んでいる。水色の半そでシャツに、肩ひもの付いた制服を着た児童たちが、連れだって、また低学年の児童は、お母さんやおばあちゃんに連れられて、村内の集落（パラ）から、学校の敷地へと吸い込まれていく（**写真28−1**）。また近年では就学前教育も普及し、この風景の中に幼稚園児も出現している。

　また、マドラサと呼ばれるイスラーム神学校でも、政府立小学校と同じ時間に授業が始まる。パンジャビという白いイスラーム服と、トゥピという帽子を被ったマドラサの生徒たちも同様に朝10時に登校してくる。マドラサの中でもアリア・マドラサ（**写真28−2**）と呼ばれる種類のマドラサは、神学校とはいっても1985〜87年にかけ、修了証制度を普通学校と共通化するなど、改革が進められ、2013年現在では初等教育から後期中等教育まで同一の教科を学ぶようになっている。政府立、アリア・マドラサを問わず、授業開始前は、全員が濃い緑の芝生で覆われた運動場に整列し、国歌斉唱をする「アセンブリ」を行う。これが終わるといよいよ授業の開始である。

　政府立小学校の、クラス・ワンと呼ばれる小学1年生のクラスでは、アセンブリが終わり、60人ほど詰め込まれた教室では、子どもたちの話し声で騒々しさが増す。これから午後へ向けて、気温も湿度も上昇する一方で、教師も汗だくになりながら授業を行わなければならない。若い男性教師が、小さな銅鑼を叩くと同時に、ワイシャツ姿の男性教師、サリー姿の女性教師たちが職員室か

[バングラデシュの国旗]

[バングラデシュの国歌]
「私の黄金のベンガル」
「私の黄金のベンガルよ、私は、あなたを愛しています。あなたの空、あなたの風は、私の胸の中にある笛を、いつも響かせてくれます。ああ、お母さん、早春の、あなたのマンゴーの林に満ちる匂いに、私はすっかり酔いしれています。……」(外川昌彦訳)

ら教室に移動、子どもたちの前に立ち、挨拶をすると授業が開始される。授業は、無償配布の教科書をもとに行われ、ほぼ全ての児童が教科書一式を持つことができるようになっている。

◆児童の学校生活

　バングラデシュはイスラーム国家のため、金曜が休日であり、学校でもそれは同じである。週休は2日が基本で、登校時間も、学校の種類によってばらつきがある。イスラーム国家とはいえ、地域によっては、ヒンドゥー教徒、キリスト教徒、仏教徒などが住んでおり、週に1～2コマある「宗教」の教科では、各自の属する宗教の内容が学べることになっている。

　また学校清掃は、地域に住む40～50代の女性が、掃除夫として雇われ、学校によって差はあるが、基本的には1日1回、校内清掃をしている。学校のトイレは基本的に一つのみで、こちらも清掃が行き届いていないことが多い。

◆教師の一日

　この日、ある女性教師が担当するクラス・ワンの授業は、英語である。バングラデシュでは、小学校から英語を教える。（表28-1）この女性教師は、40代前半のベテランといえる年齢で、とても授業に適しているとはいえない環境の中、歌や踊りを交えて低学年の児童に英単語と、文法を上手に教えている。集中することが難しい低学年の児童も、体を動かし、リズムに乗ることで授業に入り込むことができている。ただし、ベンガル語公用語化運動が、1971年のパキスタンからの独立の発端となったこともあって、教授用語はベンガル語である。こうした工夫を施すことができる教師は増加傾向にあり、保護者も英語による教育を熱望するようになった。都市部のみならず農村部でも、就学前教育から英語による教育を提供する私立学校が現れてきており、「受験勉強」の色合いは、より一層強くなっている。

　政府立の初等教育は学校数が足りないところでは未だに二部制があり、午前4コマ、午後4コマの授業が実施される。その後ミーティングを終えると教師達も帰途につく。政府立学校の、ベテラン教師とはいえ、酷暑の中、授業と雑務をこなすと疲労の度合いは高い。また就学率がおおむね100％となった今も、とり残された「ラスト5％」の子ども達のための家庭訪問のような啓発活動も未だに行われる。そうした授業以外の活動も含むと、教師の一日は多忙であるといわざるを得ない。（表28-2）。

写真28-1　バングラデシュにおける小学生の制服

表28-1　政府立小学校4年生の時間割例

	月	火	水	木	金	土	日
1時間目	ベンガル語	ベンガル語	英語	英語	休日	ベンガル語	ベンガル語
2時間目	算数	算数	算数	算数		算数	算数
3時間目	英語	英語	科学	科学		英語	英語
4時間目	社会	社会	イスラーム	イスラーム		社会	社会

出所：2001年現地調査より。

◆加速する受験勉強

　こうした市場原理があることによって、私立学校の教育の質は政府立小学校より良いという保護者も多い。購買力を持ち始めたバングラデシュの国民は、子どもの教育に割けるだけの教育投資を行う傾向にある。政府立学校の教師は、若手は大卒を採用したり、また相対的に意識が高い者を採用したりするため、質の高い授業が成立しやすかったが、上記事情から、私立学校は比較的高い授業料をとり、学歴の高い人材を教師として雇うようになってきたため、かつてのように、公立校から教師を借りてきたり、カレッジ学生のバイトのような形での補完をしなければならない状況ではなくなった。

　ただし、学習のあり方は、もはや幼稚園から詰め込み方式が中心である。これは政策的に「学習者中心型にしていくべき」という傾向には逆行する。もともと英領であったバングラデシュは、英領期の教育制度を引き継いでおり、強い学歴社会の傾向があるが、ほぼ国民皆学の状態になったことによって、人々のライフコースに教育制度が組み込まれるようになり、いかに受験という競争に勝つか、という意識を誰もが持つようになっている。そうした中では、試験において高得点が取れることが「教育」と同義になり、教師へのプレッシャーは重い。こういった状況の中で、学校に興味を失う児童も現れてきており、ドロップアウト（中途退学）は減少してきたものの、実態は、クラスの中に数人の不登校状態の児童がいる。

第2節　学校制度

◆多様で緩やかな学校教育制度

　バングラデシュの学校制度は、大まかにいえば二つの特徴を有している。一つは、多種多様な学校設立主体があることだ。**（表28-3）** に示すとおり、公称で11種類の初等教育が存在していることで、現在では多くの人々が学校教育にアクセスできる制度的建付けになっている。もう一つの特徴が、コウミ・マドラサ **（写真28-3）** という、先述のアリア・マドラサとは異なった種類の、いわば非正規のイスラーム宗教教育機関があることである。

　バングラデシュの学校制度改革は、英領期の1853年に、イギリス下院特別委員会がインドで行った教育開発調査をもとにした、『ウッド教育書簡』（執筆は東インド会社のチャールズ・ウッド）で近代教育制度の樹立がうたわれたことに始まり現在に至る。現在はむろんバングラデシュ政府が制度運営を担っているが、ナショナルな学校教育制度が存在する以前から、隣国のインド同様、建国

表28-2　ある政府立小学校女性教師の一日

9:15～9:30	アセンブリ（国旗掲揚・国歌斉唱）
9:30～10:00	1年生のベンガル語・英語・算数をランダムに教える
10:30～11:00	3年生のベンガル語
11:00～11:30	4年生の算数
11:30～12:00	昼休み（弁当に持参したカレーを食べる）
12:00～12:30	5年生の英語：セクションⅠ
12:30～13:00	3年生の社会科
13:00～13:30	5年生の英語：セクションⅡ
13:30～14:00	教師ミーティング
14:00～16:00	未就学児や不登校児宅への家庭訪問
帰宅後は、家のお手伝いさんと一緒に夕食準備をする	

写真28-2　普通学校と同様のカリキュラムで学べるアリア・マドラサ

以前から教育NGO、イスラーム神学校であるマドラサ、サンスクリット教育を行うためのパリ／トルと呼ばれる学校も存在した。バングラデシュでは、こうした状況を一つにまとめ上げるため、複数存在するある種の教育の形（NGOによる教育やマドラサ）を注意深く判断、認定し、それらを教師給与などの資金的裏付けとともにナショナルな学校教育制度に取り込んできた。その結果、日本とは正反対の、（図28-1）に

図28-1　バングラデシュの学校系統図

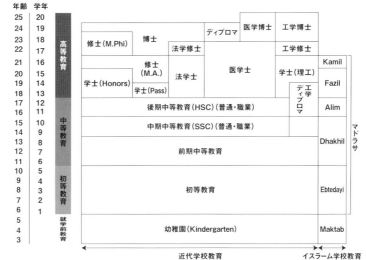

注1：初等教育教員専修免許（C-in-Ed.）など各種専修免許は中期中等教育終了以降習得可能。
注2：Ebtedayi以上はマドラサと称する場合が一般的である。
出所：http://www.banbeis.org/es_bd.htm などより、筆者他が作成。

あるような多様で緩やかな制度ができあがった。

　バングラデシュ政府は、こうした多様で緩やかなまとまりを、試験制度を通じて一つのルールでまとめ上げられた学校制度にした。これまで中等教育における修了認定については、各中等教育最終学年時における修了試験を通じてSSC（Secondary School Certificate：中等学校修了証）、HSC（Higher Secondary Certificate：後期中等学校修了証）などの修了認定がなされてきたが、小学校の修了も全国統一試験によるものとなり、小学5年修了時に卒業試験を受け、PSC（Primary School Certificate：初等学校修了証）によって修了認定をする制度になった。こうして政府は、教育への財政出動を抑えながら、NGO学校やマドラサという、ユニークな教育機関を認可、あるいは試験制度で公的教育制度に接続することで一つの制度としてうまくまとめ上げた。これにより学校になじみのなかった貧しい人々も学校教育にアクセスできるようになったのである。

◆**NGOによる教育事業**

　NGOは1980年代から教育部門に対して活発に活動を行い、初等教育分野ではBRAC、

写真28-3　イスラーム教育中心のコウミ・マドラサ

PROSHIKA、CAMPEなど大規模なものから小規模なものまで活動している。

　NGOの教育へのアプローチは様々で、BRACが設置するBRACスクールのように独自のカリキュラムを組んで、通常5年の初等教育を3年で修了させることも可能である。同時に政府系学校と同様のカリキュラム・教科書を使用して5年の年限を守っているNGOもある。BRACスクールによる補習教育では、2010年あたりまでは生徒数約100万人を擁することもあった。ただしバングラデシュの教育開発が進むにつれて、BRACスクールは、継続更新せずに閉じるパターンも多くなっている。

◆正規のアリア・マドラサと非正規のコウミ・マドラサ

　次に、バングラデシュにおけるマドラサをめぐる制度的位置づけを見ていくことにする。先に見たように、一般教育も施し、修了証が普通の学校と同じように取得できるマドラサのことを、バングラデシュでは「アリア・マドラサ」と呼ぶ。アリア・マドラサは、通常の学校教育制度とは別の系統として位置づけられており、イブティディエーという小学校レベルからカミルという大学院レベルまで整備されている。たいていの農村にはモスクに併設するマクタブおよびマドラサがあり、常駐するモオラナやフズールと呼ばれるマドラサ教師が、子どもへのコーラン朗誦指導をしたり、宗教関係職者（別のマドラサ教師、モオラナなど）を養成したりしている。このうち、アリア・マドラサでは普通教育を施しているため、途中で普通教育のコースに移ることも可能となっている。全国的にアリア・マドラサはかなり増加傾向にあり、1970年に1,000校程度だったものが2000年には7,279校を、2010年台には1万校を超えた。これは1990年代、EFA政策の世界的潮流に呼応した結果として、急激に増加した結果であるとみてとれる。授業についても宗教科目に加えて一般教科が普通学校と同等に教えられなければならない。

　一方コウミ・マドラサの基本は、一般教科をアリア・マドラサほどは導入せず、独自の資金源（村人からの寄付、中東イスラーム組織や中東への出稼ぎ者からの寄付）で独立採算の運営をする。コウミ・マドラサでは、発行する修了証（学位）が政府に認められている公的なものではないので、いったんコウミ・マドラサに入学すると途中で通常の学校へと鞍替えするということはできなくなる。教育内容も宗教色が濃い。

　12年というコウミ・マドラサの課程のうち、一般的教科内容（ベンガル語、数学、英語、科学など）がカリキュラムの一部として加わるのは、実質的には最初の3年程度で、あとはすべてアラビア語、ペルシャ語、ウルドゥー語を教授用語としてコーランやハディースに関する授業を受け

表28−3　バングラデシュにおける初等教育段階の学校種別

No.	Primary Level Institutions
1	Government Primary School (GPS)
2	Experimental School (EXP) attached to PTI
3	Registered Non-Government Primary School (RNGPS)
4	Community School (COM)
5	Satellite School (SAT)
6	High School attached Primary Section (H/A PS)
7	Non-registered Non-Government Primary School (NGPS)
8	Kinder Garten (KG)
9	Ebtedayee Madrasha (EM)
10	High Madrasha attached Ebtedayee Madrasha (H/A MAD)
11	NGO-run Full Primary School (NGO)

注：公称では11種類であるが、コウミ・マドラサという非正規宗教教育機関の種類を加えると12種類となる。

出所：筆者が2009年にバングラデシュ初等大衆教育省より現地収集。

る、というものであった。しかし、2010年以降、質の高い教育を求めている人々＝顧客から選ばれなくなることを危惧したコウミ・マドラサのなかには、英語教育に力を入れたり、一般教科の教師を普通学校から借りてきたり、一般教科の教育を強化するところも出てきている。そうすることで、宗教関係者を輩出するだけではなく、バングラデシュにある巨大な宗教市場（ハラルフード、ハッジのための旅行、モスク建設等）にも不可欠な一般人材の輩出もマドラサが担おうとする動きがでてきている。

第3節 課題と魅力

　バングラデシュでは、初等教育の就学率が国民皆学の状況になって久しい。しかし、そうした旺盛な教育需要に対する、政府やNGOなどの努力にもかかわらず、教育の質はなかなか向上しないことが現代バングラデシュでは深刻な問題である。粗就学率が向上した2000年代前半にはすでに、政府の関心が「量から質」へとシフトし始めていたが、一部の上位私立学校を除く、多くの小学校では、未だに教育の質低下問題への対応に苦慮している

　新型コロナウイルスの影響から学校は休校を余儀なくされ、基本的にはオンライン教育も機能しなかった。これにより経済的隆盛とともに伸び盛りであった国内の教育は、"停滞"という大きな打撃を受けた。2021年、政府はこの停滞に対し、中等教育段階において毎年実施され、進級・卒業の条件となる試験を免除したうえで自動進級できるようにした。

　バングラデシュの学校の魅力は、学校制度が拡充されたことで、国民全体が教育に目覚めたことであろう。現在では激烈な競争社会が始まっており、社会問題化する一方で、徐々に上がってくる人材の質は、順調な経済発展を支えている。貧困問題においても、ムハマド・ユヌスがノーベル平和賞を受賞するなど、次々と新しい何かが生まれ続けている。実は学ぶべきことが多い国なのである。　　　　　　　　　　　　　　　　　　　　　　　　　　　　　　　　　　　　　（日下部達哉）

［参考文献］
・日下部達哉『バングラデシュ農村の初等教育制度受容』東信堂、2007年。
・Manzoor Ahmed, *Education in Bangladesh- Overcoming Hurdles to Equity with Quality*, BRAC University Press, 2011.

CHAPTER 29

仏さまがまつられている学校

ブータンの学校

第1節 日常の風景

◆学校生活

　ブータンの学校年度は2月3日に始まり、ナショナルデー（1907年12月17日、初代国王が選出された建国記念日）の翌日、12月18日に終了する。学校は公私共に年間800時間の授業時間と150日以上の開校が基本とされており、7月の夏休みに加え、通常は年度終了後の12月19日から2月2日までが冬休みとなっている。新年度が始まって間もない旧正月（ロサ）の間は2日間学校が閉まるが、現国王の誕生日（2月21日）は児童・生徒が学校で祝えるように学校歴が組まれている。

　朝の登校風景は、ここ10年あまりで様変わりしており、自家用車送迎が一層増えている。ブータンは日本のように保育園／幼稚園・小学校・中学校と分かれておらず、例えば、就学前教育（Pre-Primary, PP）から6年生の児童が在学している学校は「初等学校（Primary School, PS）」、就学前教育から第8学年までの学校は「前期中等学校（Lower Secondary School, LSS）」、第10学年までが「中期中等学校（Middle Secondary School, MSS）」、第12学年までが「後期中等学校（Higher Secondary School, HSS）」といったように最終学年の名称が学校の一部となっている。そのため、同じ学校のなかに保護者に伴われて通学する5歳の子どもがいれば、一人で通学する上級生もいる。

　A校では、2022年8月の時点で、就学前の学年の子どもたちの8割以上が自家用車で保護者と一緒に通学しており、学年が上がるにつれて徒歩通学も増えているが、それでも全体の約6割が自家用車、約3割が徒歩、そして残りがタクシーや公共バスで通学していた。[1] 子どもたちも出勤する先生たちも全員、「キラ」（女子・女性）や「ゴ」（男子・男性）と呼ばれる民族衣装で登校・出勤してくる。ちなみにブータンの民族衣装は、近代化を目指す政府の国民意識の意識づけとして約

226

［ブータンの治世と民族］

　ブータンは、2005年の国勢調査で国民の97%が「幸せ」と回答したことで有名になったヒマラヤ山脈に位置するドゥク派のチベット仏教国である。王国の起源は17世紀にこの地に移住したチベット高僧ガワン・ナムゲルによる国家統一に始まる。約250年の宗教政権時代の後、1907年にウゲン・ワンチュクが初代ブータン国（ワンチュク王朝）を築いた。その後、インドとの友好関係に貢献したジグメ・ワンチュク第2代国王、5ヵ年計画を開始した「近代ブータンの父」ジグメ・ドルジ・ワンチュク第3代国王、近代化や国際化（1983年国際路線が就航）、GNH（国民総幸福量）を含め優れた治世を残したジグメ・センゲ・ワンチュ

ク第4代国王の後、2006年12月に文化の継承と国の発展を目指すジグメ・ケサル・ナムゲル・ワンチュク第5代国王が即位。2008年、ブータン王国憲法が制定、立憲君主制の議会制民主主義の国となった。[*1]

　民族的には、西部（ンガロップ）・東部（シャーチョッパ・ツァンラ）・南部ブータン人（ローツァンパ）、そのほかの少数民族等で成り立つ多民族・多言語国家である。約20弱のチベット・ビルマ系の言語と南部のインド・アーリア系の1言語がある。[*2] チベット仏教の信仰と国王の存在が統治国家としての歩みに影響を与えており、国王や王妃の写真は学校を含め、いたるところに飾られている。

100年前から着用されだしたが[2]、軍人や警察官などの一部の職業を除きブータンで働く人々ほぼすべてが着用している。

A校では、登校するとまず出欠確認と手洗いを行う。その後、8時20分から、清掃活動を経て全校朝会が行われる。約20分の朝会では、チベット仏教の「智慧を司る文殊菩薩への讃歌」を唱え祈りを捧げることから始まる。そして、人前で話す練習を兼ねた子どもたちのスピーチ、教員による講話、最後に全員で国歌斉唱する。学校での国旗掲揚は王国憲法にも明記されており、また、国歌斉唱は国家教育政策（2019）で推奨され、実践されている。全校朝会では、互いの信頼（Tha Damtse）や輪廻（Ley Judrey）など、チベット仏教の智慧を通して内省をする機会がある一方で、パブリック・スピーキングなどブータン由来でない教育の内容も含まれているのが特徴である。

朝会後は授業となる。学校によって時間帯が若干異なるが、A校では、授業一時間は50分であり、小学4年生の時間割は**表29－1**に示す通りである。時間割には、チベット仏教の祈りの時間や社会奉仕活動の一部である清掃活動もあるが、同時に、おやつ休憩や、2021年度からはICT教育の導入などもあり、伝統文化の継承とともに、科学、技術、工学、数学教育に力を入れていることが分かる。また音楽の授業はないが、保健体育の授業は1950年代から、ダツェ（ブータン弓術）や運動などを学ぶ時間が設けられてきており[3]、伝統的に心身の鍛練が重視されている。ちなみにブータンには、日本ではあたりまえの授業の間の5～10分の休みがない。

おやつ休憩には、家から持ってきたフルーツやスナックなどを食べ、脳と体をリラックスさせる。その後、2時間授業を受け、昼休憩となる。給食はないのでお弁当である。教員が子どもたちとお弁当を一緒に食べるかどうかは学校によっても異なるが、A校では、月曜日が「グリーン・デー（ベジタリアン弁当の日）」と指定されていて、教員と子どもたちが一緒にお昼を食べている。13時20分からは午後の授業が再開され、子どもたちは5時間目、6時間目、7時間目と続けて3時間の授業を受け、その後、各々の学級で夕方の祈りを終え午後4時に下校する。部活動はないが、帰宅後は両親のお店を手伝ったり、幼い兄弟の世話をしたり、勉強もする。教科書も無償配布されているため使いやすいそうである。

227

［教育と言語］

ブータンにおける教育は、①General Education（一般教育、学校教育）②僧院教育③ノンフォーマル教育の3種類を指す。学校教育の発展は、「国語」に指定されたゾンカの発展と関係が深く（ゾンカは仏教経典や僧院で古くから使われてきた言語「チョケ」に由来がある）、近代教育の開始も国語の指定もブータンが近代国家として歩み始めた1961年（第一次5カ年計画が開始された年）である。1950年代までは僧院が唯一の識字を学べる場であったため、学校教育でもヒンドゥー語やネパール語を用いた授業であった。第一次5カ年計画開始と共に、学校では英語とゾンカで学ぶようになった[3]。1990年以降、EFA（万人のための教育）の影響もあり、就学率は飛躍的に増加し、2021年には初等教育の粗就学率は100％を超えた[4]。現在、学校教育では、教授言語の英語と国語のゾンカの高度な習熟が推奨されている[5]。英語とゾンカの併用は公文書や学校教育に留まらず、新聞やテレビなどでも見られる。例えばテレビ放送（1999年に導入）の言語は、2009年には24時間の放送のうち、約15時間がゾンカ、約4時間が英語、残りが他の民族語（ツァンラ、ローツァンパ）放送であった[6]。ヒンドゥー語の話者も多く、多くの国民が複数の民族語を話す。また、ブータンには、僧院で教育を受ける子どもたちも多く、ほとんどが男性僧院であるが、尼僧院（女性修道院）もある。

表29-1　A中期中等学校4年A組の時間割

	月	火	水	木	金
8:00～8:20	出欠と手洗い（手洗いはコロナ禍以降に始まった）				
8:20～8:35	社会奉仕活動・清掃活動				
8:35～8:55	全校朝会（含、朝の祈り）				
8:55～9:55	ゾンカ	ゾンカ	ゾンカ	ゾンカ	ゾンカ
9:55～10:45	算　数	算　数	算　数	保　体	算　数
10:45～11:00	おやつ休憩				
11:00～11:50	英　語	英　語	理　科	算　数	理　科
11:50～12:40	理　科	価値教育	社　会	理　科	英　語
12:40～1:20	昼休憩				
1:20～2:10	算　数	理　科	英　語	社　会	社　会
2:10～3:00	ICT	読　書	ゾンカ	英　語	ICT
3:00～3:50	社　会	ゾンカ	美　術	算　数	英　語
3:50～4:00	夕方の祈り				

注：4年生の主要教科は、英語・ゾンカ・算数（週6時間）、理科（週5時間）、社会（週4時間）の5教科。他に、ICT（週2時間）、HPE（保健・体育）、価値教育、美術教育、読書活動の時間が週1時間ずつある。1年生とPPの学年の子どもたちは、5時間目終了後早目に下校する。

◆教員とサポートスタッフ

　ブータンの子どもたちは教員に礼儀正しい。日本の学校にあるような学校全体の動きが一目瞭然に分かる「職員室」はないが、教員が移動して授業を行うブータンでは、空き時間、教員は「スタッフルーム」と呼ばれる居室（ブータンの職員室）で授業の準備や採点などを行う。子どもたちはこのスタッフルームに入室する際は礼儀正しく、敬意を払いながら入る。

　教員になるための養成課程や教育実習があるのは日本と同じであるが、日本の教員と比較すると、ブータンの教員の責任と義務は少ないと言えよう。例えば、長期休業中の子どもたちへの関わり方においても、子どもたちは普段経験できないことに挑戦したり、ときには外部の諸活動に参加したりするが、教員が「夏休み帳」や「予定表」などで子どもたちの休暇中の生活を管理・確認することはない。教員研修を受ける一部の教員を除けば、長期休暇中は教員も概ね休みである。日本で新学期にある家庭訪問などはブータンにはなく、学校で困っている子どもがいる場合に、必要に応じて行われる程度である。放課後は部活動指導もないので、教員も子どもたちと同じ午後4時頃には帰宅の途につく。もちろん、授業の準備など終わらなければ家で行うが、ひとまず家に帰り明日に備えるのである。さらに、保護者との連絡の仕方も日本とは異なっている。例えばA校では、保護者連絡の際は、電話やe-mail、時にはTelegram, WeChat, WhatsAppといったソーシャルメ

[Gross National Happiness, GNH（国民総幸福量）]
　1976年、第5回非同盟諸国会議（於、スリランカ）後の記者会見にて、第4代国王による「GNHはGNPより重要」発言に始まる。[※7]国民の幸福を願い、環境や文化も大切にしていく施策は、2004年に「持続可能で公正な社会経済開発」「環境保全」「文化の保全と促進」「良い統治」の4つの柱となった。2008年には9つの領域（ウェルビーイング、地域の活性力、健康、教育、生活水準、良い統治、文化多様性、時間の使い方、エコロジー）も加わり、国家開発計画にも反映。ブータン王国憲法にも掲げられているGNHは、[※8]「近代化促進のための羅針盤」であり、国の施策はすべてGNH理念と重なる。現在も、5年に1回GNH調査（国勢調査）が実施され、最近では、2022年の4〜7月全ブータン国民の約1.5%の11,440人が調査対象となった。[※9]

[教員養成]
　ブータンで教員になるには教員養成大学で学ぶ必要がある。初等教育の教員には学士の学位、中等学校以上の教員には、2年間のディプロマコースの修了が必要となる。教員養成大学が全土に2校あり（Samtse College of Education（1968年創立）およびParo College of Education（1975年創立））、大学3年生が教育実習生として半年間教壇に立っている。

ディアを使うが、これは他の学校でも一般的だという。伝統を継承しつつ、現代のテクノロジーも駆使されている。ちなみに、現在、新任教員の給与は、月収375ドル（＋10％教員手当）だそうである。

　ブータンでは、子どもたちを支えるスタッフとして、教員のほかにも「スクールガイダンス・カウンセリングプログラム」が開始されており、フルタイムのスクールカウンセラーが、中期中等学校、後期中等学校に配属され、子どもたちの進学指導にあたったり、心の悩み相談を受けている。『年次教育統計（2021）』にも、「システム化されたガイダンスおよびカウンセリングプログラムをすべての学校に設置することは、パストラルケアの重要な要素[4]」と記載されており、教育省にスクールカウンセラーが登録されている。スクールカウンセラーのほかにも、障害のある子どもたちを支えるサポートスタッフや、保護者ボランティアも学校に協力している。

第2節　学校制度

◆学校体系

　学校教育は、ブータン王国憲法（9条）でその無償性が謳われているが、就学義務はない。学制は7－2－2－2制であり、就学前から10年生までが無償基礎教育期間である（**図29－1**）。ただし、基礎教育期間であっても自動進級制度は設けられておらず、修得主義であるため、子どもたちは一定の成績が取れない場合は、たとえ就学前の学年でも原級留置となる。2020年度には、初等教育の開始学年であるPPの学年が6歳から5歳に下げられたこともあり、『年次教育統計2021』によると、3％の子どもたちが原級留置となっている[5]。基礎教育期間で大切なのが、BCSE（ブータン中等教育修了認定）と呼ばれる第10年生が受ける統一試験であり、2020年度は96.6％が修了試験に合格した。また、同年12年生の受けるBHSEC（ブータン後期中等教育認定試験）は、90.63％の通過率であった[6]。ただし、PPから入学した生徒で10学年まで辿り着けるのは約7割とされているので、この7割の生徒のうちの96.6％がBCSEに合格したことになる。その一方で、2019年にBHSECを受けた12年生のうち、半分弱の45.2％が国内外の高等教育機関に進学しており、12年生まで終えられた生徒には国海外の大学への進学の機会もあるなど、学びの格差も生まれてきている[7]。なお、初等教育（PP-VI）の一学級の定員は24名、中等教育では30名と決められている[8]。

登校風景
▷キラとゴの制服に身をまとい校門に入る児童生徒たち。弁当を持参している。コロナ禍のため、マスクを着用している。鞄は自由である。

▷SUPW（社会奉仕活動）に位置付けられている清掃活動。毎日行われている。

清掃活動

図29-1　ブータンの学校系統図

年齢	5	6	7	8	9	10	11	12	13	14	15	16	17	18	19	20	21
学年	PP	1	2	3	4	5	6	7	8	9	10	11	12	1st	2nd	3rd	4th

	初等教育(PP-6th)7年	中等教育(7th-12th)6年	高等教育　4年
学校段階	初等学校	前期中等学校／中期中等学校／後期中等学校	大　学

出所：*Annual Education Statistics 2021*, MoE., 2021, p.7に基づいて筆者作成。グレーの網かけの部分が無償の基礎教育期間11年間。

◆学校教育の目標

　現在、ブータンではGNH（国民総幸福量）や伝統的価値の継承と、児童生徒の活動中心の教授法などの現代的な教育が取り入れられている。国の教育政策指針にも伝統的価値観の学びとともに、「知識や技術、創造性、革新性、進取の気性のある市民の育成」を可能とする教育が学校教育の目標として掲げられている[9]。ただし学校教育の目標は、時代に応じて変化してきており、例えば2000～2010年頃までは人的資本（human capital）の育成が中心であったが、2012年から数年間は「GNH教育の達成とそのための知識・技術・価値観の習得」がめざすところとされていた。

　ただ、GNHはこの数年学校現場では、その精神を踏まえつつも標語的には姿を消している。この点に関して現地の校長先生に確認したところ、「GNHはすでに児童生徒の理解も深まっているのでわざわざ表示しなくても大丈夫である」とのことであった。年次教育統計（2021）によると、現在、学校教育の目標は「国内外の諸課題に取り組めるような市民の育成」であり、文化の継承や価値教育などの学びも同時に推奨されている。

スタッフルーム（職員室）
▷スタッフルームで準備をする教員たち。奥の壁には現国王のジグメ・ケサル・ナムゲル・ワンチュク第5代国王およびジェツン・ペマ・ワンチュク王妃の写真が飾られている。

スクールコンサートで歌う子どもたち

◆学校行事

　学校行事のなかでも、仏教由来の行事はとくに重視されている。学校の法要行事である、「スクールプジャ(法要)」と呼ばれる大きな行事は、通常、毎年の年度初めの太陽太陰暦(チベット由来のブータン暦)の縁起の良い日に行われる。僧侶(複数)を学校に招き、子どもたちや教職員のご加護や悪霊退治、安泰を願うお経をあげてもらう。早朝から夕方までの終日行事であり、学校側がその間の僧侶の食事を用意し、お布施も手渡す。なかには寄付をする教員もいるそうだが、スクールプジャにかかる諸経費は保護者から集める。教員は集まった予算で食事の買い出しなど行くが、時には1週間ほどかけて準備をする。コロナ禍で2020年、2021年は実現できなかったが、2022年は前述のA校では、ブータン歴で縁起の良い6月17日に無事に行われたそうである[10]。

　年に一度行われる「合唱会」も大切な行事である。児童生徒中心の活動も重視されており、子どもたちは歌にダンス、劇などを保護者や地域の人々に観賞してもらい募金活動も行う。また、「教師の日」は、生徒会長を中心に子どもたちが主催するイベントであり、5月2日、第3代国王の誕生日に行われている。また、「教師の日」は、子どもたちが、ケーキやスナック、ミルクティーやスジャ(バター茶)、プレゼントなどを先生に渡し感謝の意を伝える日で、当日は校長先生らのケーキカットから始まる。こうした学校行事は保護者や地域とのつながりを提供する機会でもあり、相互の関係性を大事にする仏教文化の継承が体現される大切な機会でもある。

第3節　課題と魅力

◆インクルーシブ教育

　近年ブータンの教育で注目されているのがインクルーシブ教育の広がりと受容である。1950年代の僧院教育では、障害のある子どもたちの入門は基本的に許されていなかったが、EFAの広がりとともに、とくに2010年以降、ブータンのインクルーシブ教育の三要素「包摂的な文化、包摂的な政策、包摂的な実践」の理念の浸透もあり、障害の有無に関わらず学べる環境のインクルーシブスクールが急増した[11]。その背景には、2010年の国連障害者の権利に関する条約(UNCRPD)への署名に始まり、ブータン独自の『障害のある人のための国家政策』(2019)の成立があり、また、その間の教育省の努力もある。

　とくに近年、ブータンの学校には、「包摂的で誰もが学べる学校環境が大切である」、との認識が深まってきている。一方、学校施設の不十分さに加えて、インクルーシブ教育の指導体制に関する

スクールプジャ(法要)
▷仏壇が祈祷室に安置されスナックや果物などがお供えされている。

法要でご加護をいただけるよう紙粘土製の
自分たちの像を運び出す生徒たち
▷仏教由来の行事で授業がなくなることもしばしばある。

課題も残っている。

◆校内で祈りを通して学ぶ子どもたち

　チベット仏教を国教とするブータンの学校内には、祈りを捧げる神聖な祭壇のある祈祷室があり、仏さまが安置されている。また、敷地内にはマニ車（ぐるま）と呼ばれる円筒形の仏具があり、子どもたちも回している。マニ車（ぐるま）は回すことで功徳が得られるとされているためである。

　子どもたちは日々内なる自分を振り返り、相互依存の大切さや慈悲、命の循環への感謝など、生きていく上で必要な大切な智慧を祈りを通して学んでいる。そして自己を振り返ることで、新たな智慧を生み出し、同時に文化的アイデンティティを大切にしつつ、時代に合わせて必要なものを取り入れていく。

　こうした弾力性に富んだ教育はブータンの強みであろう。仏教という大きな支えを持ち、仏教に根差したGNHという羅針盤をもとに、伝統を継承しつつ、新しい時代に必要な知識を柔軟に学校教育に取り入れているブータン。この国が、今後国際社会でさらにどのようにプレゼンスを高めていくのか、引き続き注視してゆきたい。
（櫻井里穂）

［注］
⑴　A校校長談（2022年9月20日）筆者による質問に対する回答。
⑵　高橋洋「エマダツィはカレーか？──ウクライナ事情とブータン」『日本ブータン友好協会会報』No.155、2022年、4〜5頁。
⑶　平山雄大「1940年〜1950年代のブータンにおける近代学校の累計とその対照的特徴」『国際教育』19巻、2013年、42〜59頁。
⑷　Ministry of Education, Royal Government of Bhutan. *Annual Education Statistics 2021*. Thimphu, Bhutan: Author, 2021, p.45.
⑸　Ministry of Education, Royal Government of Bhutan. *Annual Education Statistics 2021*. Thimphu, Bhutan: Author, 2021.
⑹　Ministry of Education, Royal Government of Bhutan. *Annual Education Statistics 2021*. Thimphu, Bhutan: Author, 2021.
⑺　Ministry of Education, Royal Government of Bhutan, *State of Higher Education of Bhutan, 2020*. Thimphu, Bhutan: Author, 2021.
⑻　Royal Government of Bhutan, *National Education Policy (Draft)*. Thimphu, Bhutan: Author, 2019.
⑼　Royal Government of Bhutan, *National Education Policy (Draft)*. Thimphu, Bhutan: Author, 2019.
⑽　A校校長談（2022年9月20日）筆者による質問に対する回答。
⑾　櫻井里穂「インクルーシブ教育の受容実態──西ブータン二都市と西日本の一地方政令都市の教員の視点を比較して」『ブータン学研究』Vol.5、2022年、26〜421頁。

教員の日
▷ケーキカットをしてお祝いの会を開催する
校長先生と行事担当の先生たち

子どもたちに祝ってもらう先生たち

[参考文献]

・Dorjee, Kinley, "Linguistic Landscape of Bhutan: An Overview of Number of Languages, Language Policy, Language Education, and Language Use in Bhutan," *Bhutan Journal of Research & Development*, Spring, 2014, pp.87−102.

・今枝由郎「ブータンの仏教と祭り──ニマルン寺のツェチェ祭」熊谷誠慈編著『国民の幸せをめざす王国ブータン』創元社、2017年、86～104頁。

・草郷孝好「ブータンの魅力とGNHの現在──世界はGNH社会を求めるのか」熊谷誠慈編著『国民の幸せをめざす王国ブータン』創元社、2017年、172～192頁。

・熊谷誠慈「ブータンの歩みをたどる」熊谷誠慈編著『国民の幸せをめざす王国ブータン』創元社、2017年、12～30頁。

・須藤伸「幸福度調査から見える新型コロナウィルス感染症の影響」『日本ブータン友好協会会報』No.155、2022年、2～3、8頁。

・山本けいこ『雷龍王国への扉　ブータン』明石書店、2001年。

[脚注の注]

※1　熊谷誠慈「ブータンの歩みをたどる」熊谷誠慈編著『国民の幸せをめざす王国ブータン』創元社、2017年、12～30頁。

※2　Dorjee, Kinley, "Linguistic Landscape of Bhutan: An Overview of Number of Languages, Language Policy, Language Education, and Language Use in Bhutan," *Bhutan Journal of Research & Development*, Spring, 2014, pp.87−102.

※3　平山雄大「1940年～1950年代のブータンにおける近代学校の累計とその対照的特徴」『国際教育』19巻、2013年、42～59頁。

※4　Ministry of Education, Royal Government of Bhutan. *Annual Education Statistics 2021*. Thimphu, Bhutan: Author, 2021.

※5　Royal Government of Bhutan, *National Education Policy (Draft)*. 2019, Thimphu, Bhutan: Author.

※6　※2と同じ。

※7　山本けいこ『雷龍王国への扉　ブータン』明石書店2001年。

※8　草郷孝好「ブータンの魅力とGNHの現在──世界はGNH社会を求めるのか」熊谷誠慈編著『国民の幸せをめざす王国ブータン』創元社、2017年、172～192頁。

※9　須藤伸「幸福度調査から見える新型コロナウィルス感染症の影響」『日本ブータン友好協会会報』No.155、2022年、2～3、8頁。

＊Nyendo Tshering校長先生および教育省シニアプログラムオフィサーのKarma Norbu さんには有用な助言をいただきました。深く感謝いたします。

[ブータンの国旗]
　国旗の龍は雷龍であり、黄色は国王の持つ現世の権威、オレンジはチベット仏教における実践と精神の力を表す。雷龍の４つの爪がつかんでいるものは「宝玉」で国家の豊かさと繁栄を表しているとされている。

CHAPTER 30

宗教的色彩を残す学校

タイの学校

第1節 日常の風景

◆学校生活

　最近は、都市と農村の生活スタイルも変わり、子どもの一日の生活もずいぶん変わりつつある。各種情報がインターネット、SNS、その他の通信媒体などにより入手できるようになり、生活スタイルがずいぶん変わっている。都市と農村の格差もなくなりつつある。友達との遊びなども少なくなっている。通常、子どもは、朝6～7時ごろ起床し、朝食、登校の準備をする。16時頃には帰宅する。塾通いの子たちもいる。もちろん家事手伝い、宿題にも時間がとられる。夕食の後、21時頃には就寝である。

　タイの学校は、5月の半ばから1年が始まる。入学式では、教師や上級生だけでなく、僧侶も新入生を迎える。新入生は、黄衣をまとった僧侶から聖水をかけてもらう。入学式では僧侶が参列し、重要な役割を担っている。このような風景はタイ特有の教育文化であり、我が国の場合とは全く異なる一コマである。学校は月曜日から金曜日までの週5日制である。

　タイの学年暦は、通常2学期制。1学期は5月中旬から10月まで、2学期は11月から翌年3月まで。常夏の国タイでは、3月から5月までが最も暑い季節で、この間は長い夏休みである。この夏休み期間を利用して、子どもたちはボーイスカウト・ガールスカウトや各種キャンプなど、いろいろな活動に参加している。

　タイでの学校生活は、朝8時から16時頃までである（**表30−1**）。首都バンコクでは朝と夕方の交通渋滞はかなり改善されたとはいえ、交通渋滞の問題は完全に解決されたとは言い難い。満員のバスで通学する子どももいるが、交通渋滞を避けるために渋滞前に保護者が自家用車で学校まで送り、学校の周辺で朝食をとることも珍しくない。

[タイの国旗]

　トング・トライロングと呼ばれる3色旗。青色は「国王」、白色は「宗教」、赤色は「民族」を表す。王室に対する忠誠心、宗教への信仰心、民族の団結心を象徴している。

写真30-1　朝礼と国旗掲揚

出所：筆者撮影。

234

表30－1　小学校の時間割表（4年生）

	月	火	水	木	金
1時間目	算　数	算　数	理　科	英　語	ガイダンス
2時間目	芸　術	英　語	保　健	中国語	中国語
3時間目	保　健	タイ語	算　数	タイ語	タイ語
4時間目	補　習	音楽・舞踏（隔週）	歴　史	社会科	算　数
5時間目	コンピュータ・家庭科（隔週）	タイ語	体　育	活　動	英　語
6時間目	理　科	理　科	タイ語	活　動	英語クラブ
学習時間	３０時間				

注：1999年国家教育法制定以降、20分を1単位とした。教科の特性に応じて、60分の授業や90分、120分の授業を組み合わせた時間割編成（モデュラースケーリング）の時間割表となっていたものが、現在は、この事例のように伝統的な碁盤の目のような時間割表が一般的となっている。

出所：筆者が訪問調査した学校の事例。

　地方の学校では、朝と夕方、徒歩通学はもちろんいるが、多くの保護者がバイクや自家用車で子どもの送り迎えをする。学校と自宅の距離の関係で、沿線の子どもたちを順番に自動車でピックアップしながら登下校する風景もめずらしくない。校門周辺では、送迎の自転車、バイク、自動車であふれる風景が見られ、賑やかな登下校風景が繰り広げられる。

　どの学校でも、毎日朝礼のとき国旗掲揚が行われる。校舎には国旗掲揚台**（写真30－1）**があり、毎朝当番制で国旗を掲揚し、国歌を斉唱する。最もタイらしさを伝える風景である。国旗に敬礼し、国歌を斉唱することによって、国家に対する忠誠の誓いをたてる。

◆師を敬う教育

　タイでは、教師を敬う日が2日ある。「教師の日（Wan Khru）」と「尊師日（Wan Wai Khru）」である。まず、「教師の日」は1月16日に行うことが1956年に制定された。全国の学校の教師が讃えられる。この日には、優秀教師が表彰される。また、この日は休日だが、児童生徒も登校し教師に花束を贈る。

　また、「尊師日」も学校行事となっている。例年、5月か6月に行われ、年間行事の一つとされている。教師に対する感謝と敬意を示す行事とされ、児童生徒は教師に花束を贈る。以上2つの行事が行われると、新聞やテレビが大々的に報道し、教師に対する尊敬の念を再確認する。

[タイ仏教]
　国民の約95％が仏教徒であり、男子は、一度、出家する習慣がある。出家中は、227の戒律を守らなければならい。出家経験を持つ人は、コン・スック（円熟した人）として、尊敬の対象となる。在家の信者は、日常生活において五戒（①不殺生（ふせっしょう）、②不偸盗（ふちゅうとう）、③不邪淫（ふじゃいん）、④不妄語（ふもうご）、⑤不飲酒（ふおんじゅ））を守ることになっている。

[伝統と革新]
　伝統的なもの（不易）として宗教教育、心の教育、教師の日など、革新的なもの（流行）としては、グローバル化に対応した国家教育法、基礎教育コアカリキュラムなどがある。19世紀末から20世紀初頭にかけての近代化の手法を参考とし、この不易と流行をいかに融合していくかということが、タイの教育課題であろう。

図30-1　タイの学校体系図

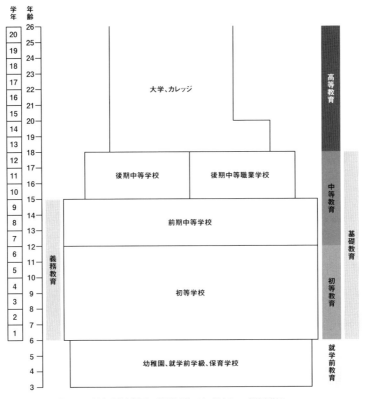

出所：文部科学省「タイ王国」文部科学省「世界の学校体系（アジア）」より、一部筆者修正。

　このように、教師に対して尊敬と敬意を表すことは、仏教の大切な教えとされ、タイ社会における長い伝統となっている。タイでは、教師とは、徳と知識を備えた存在で、生徒は礼儀を示し、かつ尊敬する存在なのである。

第2節　学校制度

◆学校体系

　タイの学校は、通常、小学校6年、中学校3年、高校3年の12年間を基礎教育期間とし、小学

[就学率]

学校段階＼年度	2012	2013	2014	2015	2016
就学前	77.11	75.98	72.93	73.82	74.76
小学校	104.00	102.72	102.24	102.40	102.74
中学校	97.65	96.75	97.13	98.71	96.77
高校／職業	73.18	75.07	77.29	78.45	78.57
高等教育	51.85	46.48	46.22	48.17	47.72

出所：2016 Education Statistics, Office of the Permanent Secretary, Ministry of Education, Thailand を参考に筆者作成。

写真30-2　教室に掲げられたラック・タイ

出所：筆者撮影。

校と中学校の９年間を義務教育としている。この学校体系図（**図30－1**）は、フォーマルな教育コースであるが、この通常コースのほかに、中等教育・高等教育段階の音楽・演劇学校や軍・警察学校もある。また、フォーマル教育と並行して、ノンフォーマル教育も行われている。

◆心の教育

　タイの教育で最大の特色は、宗教教育である。教育が世俗化していない事例である。具体的には、仏教教育やイスラーム教育が公教育の中で行われている。それぞれ教育省によってカリキュラムが整備されている。この点が日本の教育とは大きく異なる点である。仏教徒の多い学校を訪問すると、まず、校庭、あるいは校門の近くに仏像が安置され、仏教徒の生徒たちは、登下校するとき、仏像に必ずお祈りをする（**写真30－3**）。

　学校によっては、仏教教育専用の教室が設置されている。この部屋で仏教教育が行われる。特別活動として、近くの寺院を訪問し、お祈りをしたり、僧侶から説教を聞いたりすることもある。ちなみに、大規模中等学校のなかには、僧侶が常駐し、仏教教育が行われている学校もある。このような仏教教育は、2008年基礎教育コアカリキュラムに基づき行われる。主に８グループの学習内容の「社会科・宗教・文化」グループにおいて行われる。また、宗教教育以外でも心の教育が行わ

［進学率（2016年）］
小学校から中学校へ：99.26%
中学校から高校へ：58.29%
高校から高等教育機関へ：56.06%
出所：2016 Education Statistics, Office of the Permanent Secretary, Ministry of Education, Thailand を参考に筆者作成。

［ラック・タイ］
　タイ原理とされ、国主、宗教、民族の３つの要素からなり、国民統合の原理である。タイの学校では、どの教室にもこの３つの要素の写真が掲げられている（写真30－2）。

写真30-3 校内に安置されている仏像

れる。例えば、先生へのあいさつの仕方、年上の人へのあいさつの仕方などが、授業の一環として教えられる。

◆基礎教育コアカリキュラム（2008年）[1]

　1999年国家教育法に基づき、21世紀を生き抜くタイ人を育成するため、2001年基礎教育カリキュラムが策定された。この2001年版カリキュラムが検証され、一部改訂されたものが「2008年基礎教育コアカリキュラム」である。基本的枠組みは2001年版を継承しており、2008年カリキュラムの教育目標は以下の通りとなっている[2]。

　基礎教育コアカリキュラムは、学習者を、よい人間とし、知性を備え、幸福で、進学および職業に従事する能力を持つよう育成することをめざす。具体的には，基礎教育の目標を次の通りとする。

1. 望ましい道徳、倫理、価値観を身につけ、自分自身の価値を認識し、自制心があり、仏教または自身が信仰する宗教の教義に基づいて行動し、足るを知る経済の哲学を保持する。

2. コミュニケーション、思考、問題解決、テクノロジーの活用における普遍的な知識および能力を身につけ、生活を営む技能を有する。

3. 身体的健康および精神的健康をよく保ち、衛生的であり、運動を愛好する。

[学校給食]

　学校給食は全国的に普及している。給食専用の部屋を設けている学校もある（写真30－4）。食事を十分確保できない子どもいるので、栄養補給に重要な役割を担っている。日本の給食に倣ったようである。

　給食後は、子どもたちは、くつろいだり、遊んだりする。タイらしい風景としては、果物やアイスクリームなどのスイーツを販売するお店が校内に現れる。子どもたちは好きなものを買うことができる。学校生活で最も楽しい時間かもしれない。

写真30－4 学校給食の風景

写真30−5　アセアン・デーの学校行事

出所：筆者撮影。

4. 国を愛する心をもち、タイ人としての国民性および地球市民としての意識をもち、国王を元首とする民主主義政体に基づく統治と生活様式を尊重する。

5. タイの文化と知恵を愛護し、自然環境の保護・開発について意識を高め、社会において役に立とうとする公共心をもち、良きものを創造し、幸福に共存する。

◆アセアン学習に取り組む学校

　ASEAN事務局は、2012年にカリキュラム資料集Curriculum Sourcebook[3]を開発している。タイではこの資料集をもとに率先して教科書やモデルカリキュラムを作成し、学校で授業を展開している。アセアン学習のテーマは、①アセアンを知る、②アイデンティティと多様性を尊重する、③グローバルとローカルをつなぐ、④公正と正義を促進する、⑤持続可能な未来のために共に努力する、である。カリキュラムではこれらのテーマごとに、歴史と社会科、理科と数学、公民と道徳、言語、保健体育、テクノロジー、の各教科が設定されている。「アセアン学習」（小学校１年〜高校３年）というタイトルの教科書（MAC Education出版）が出版されている。

　また８月８日のアセアンの日には、アセアン関連の学校行事が盛大に行われる。生徒はアセアン各国の民族衣装を着用し、それぞれの加盟国の言語を用いたあいさつなどをする（**写真30−5**）。

[学校掃除]

　子どもたちは何の抵抗もなく、時間になれば掃除をする。タイ仏教では、出家中の掃除は修行の一つとなっている。学校現場での掃除は重要な教育活動である。

[教師の一日]

　尊敬の対象である教師の一日。日々の教育活動はこれまで通りであるが、1999年国家教育法が制定されてからは、実に多忙となっている。この教育法の制定後、内部評価・外部評価制度が導入された。この評価制度の導入により、教師の学校生活は一変している。常に、内部評価を行い、外部評価の準備をしなければならなくなった。日々膨大な書類を準備しなければならない。この評価制度の導入により、帰宅時間も遅くなっているようである。教師の少ない小規模校ほど、多忙になっているという。

◆PISA調査に見る学力問題

　2009年調査では、読解力は65か国中50位、数学的リテラシーは50位、科学的リテラシーは49位であったが、2018年の調査では、読解力は77か国中66位、数学的リテラシーは78か国中57位、科学的リテラシーは78か国中53位となっている。[4]　すなわち、国際レベルでの学力は依然として低迷していることになる。こうした状況は、PISA対応の取り組みがあったとしても成功していなかったり、または指定校などで特化した取り組み事例そのものがなかったりすることによるものと思われる。タイでは、まだ都市部と地方（特に農村部）との教育格差が依然として存在しているので、全国的にPISA対応の教育は難しいのではないだろうか。

◆グローバル化時代の教育改革の推進動向

　タイの教育は多くの課題に直面している。例えば、喫緊の課題として1997年の経済危機、国内外のグローバル化により、抜本的な教育改革が求められている。従来、5か年教育計画や国家教育計画などで、教育改革を推進していたが、抜本的な教育改革を推進するために、1999年には「国家教育法」が制定された。この教育法は、「グローバルスタンダードなタイ国家の建設」をめざしている。世界共同体の中で21世紀を生き抜くタイ人の育成が強く意識されている。グローバル社会での競争を生き抜き、タイの政治、経済、社会、文化などを再構築していくことができる国民の育成をねらいとしている。この教育法制定の結果、教育省が組織改編された（2003年）。小学校6年間、中学校3年間、高校3年間の計12年間を基礎教育段階ととらえ、小学校と中学校の計9年間が義務教育となった。各県、各郡の教育委員会が廃止され、「教育地区」が組織された。教育方法の点では、カリキュラムを簡素化し、デューイの経験主義に基づく学習者中心主義の学習原理が導入された。経験主義にもとづく体験学習が重視されている。教員免許制度も導入された。教育の質保証制度として、内部評価と外部評価制度が整備された。小学校から大学まで、各教育機関は5年に1度、外部評価を受けることとなった。

◆アセアン共同体のリーダーとして

　ASEANness（アセアン市民性）育成のための教育の構築に向けて、2019年からのコロナ禍に見舞われている各加盟国（ブルネイ、カンボジア、インドネシア、ラオス、マレーシア、ミャン

［教科書制度］

　タイでは、教育省発行と民間の会社が発行したもの、2種類の教科書がある。教育省発行のものは、教科の専門家、教育視学官、教員、大学教員、教育省職員によって編集されている。カリキュラムの準拠度や適性度などを総合的に審査され決定される。日本のような検定制度ではない。民間会社発行のものは、教育省内の審査委員会の審議を受けて認可されることになっている（出所：塘利枝子「アジアの教科書にみる子ども」ナカニシヤ出版、2005年；中央大学政策文化総合研究所監修／柿崎千代訳「タイの歴史」明石書店、2002年）。

［教育機関カリキュラム］

　2003年の通達によれば、国のカリキュラム内容を7割、教育機関が作成する内容を3割とし、各学校は、創意工夫したカリキュラム内容を策定することになっている。

マー、フィリピン、シンガポール、タイ、ベトナムの10か国）は、どのような教育政策を打ち出し、どのような教育実践を展開していくかということが、最大の課題となっている。2020年に開催された第37回アセアンサミット[5]では、「ルールに基づき、人間志向で、人間中心でアセアンに強くコミットしていき、One Vision, One Identity, One Communityを継続的に目指していく」ことが、確認されている。さらにアセアン各加盟国は、デジタルリテラシー、21世紀型スキルやICTを駆使した教授学習を共通に保障し、今後の脅威や混乱に耐える強靭な教育システムを構築していくことを表明している。

　そうした状況の中でタイは率先して、開発や改革の先頭を走るリーダーとなることが求められている。タイの学校の課題は国境を超えたものとなっている。

◆タイの学校の魅力

　タイは、微笑みの国といわれている。タイに入国するとホッとする。学校を訪れてもそうである。微笑みとともにおもてなしの精神で訪問客を迎え入れてくれる。子どもは外国人の訪問客に実に礼儀正しく、丁重にワイ（手を合わせてお辞儀をするしぐさ）をしてくれる。このような風景は非常に気持ちよく、心が和む。心の教育や仏教・イスラーム教育などの宗教教育で人間の育成を図っているからであろう。また、子どもが教師に対して絶大な尊敬心をもって接しているのもタイらしく、もっとも印象的な風景である。これからもこの風景が続くことを願うばかりである。

（平田利文）

［注］
(1)　鈴木康郎「タイの小学校における価値多様化に対応した道徳教育に関する予備的考察」（日本比較教育学会第57回大会発表資料、2021年6月27日）によれば、2017年に2008年カリキュラムは、2001年カリキュラムの一部を改訂した。「数学」「理科」「社会科・宗教・文化」の学習水準及び指標が改訂され、告示されている。
(2)　平田利文「グローバル化時代を生き抜く人材の育成　タイ」二宮晧編著『新版世界の学校』学事出版、2014年、204～213頁。
(3)　ASEAN, *ASEAN Curriculum Sourcebook*、ASEAN Secretariat、2012（https://asean.org/wp-content/uploads/images/2012/publications/ASEAN%20Curriculum%20Sourcebook_FINAL.pdf.）（2022年9月29日閲覧）.
(4)　文科省・国立教育政策研究所「OECD生徒の学習到達度調査（PISA）」（https://www.nier.go.jp/kokusai/pisa/index.html#PISA2018）（2022年11月15日閲覧）.
(5)　ASEAN, *Chairman's Statement of the 37th ASEAN Summit Ha Noi, 12 November 2020, Cohesive and Responsive*, 2022（https://asean.org/wp-content/uploads/43-Chairmans-Statement-of-37th-ASEAN-Summit-FINAL.pdf）（2022年9月29日閲覧）.

［コロナ禍におけるICT教育］

　タイ教育省は、様々な対応策を打ち出し、ICTを活用した授業、遠隔教育とコロナ禍におけるオンライン授業の充実を図っている。基礎教育事務局（Office of Basic Education Commission: OBEC）では、Covid-19対応策として、オンサイト、オンエア、オンデマンド、オンライン、そしてオンハンドという5種類とこれらの混合型の方法で対応している。これらはいずれも対面授業ができない場合の対応策であるが、すべての児童生徒がこれらの方法を享受できるよう、ネットワークを整備し、それぞれに資金援助や各種支援を行っている。

［教育行政改革：「教育革新地区」］

　2019年には「教育革新地区法」が閣議で承認され、国家立法会議で可決されている。この教育革新地区法は、主に産官民の連携を通して、教育の質の向上と教育格差の是正をねらっている。今後の動向を注視すべきである（出所：橋本拓夢「タイにおける『教育革新地区』の制度的特質に関する序論的考察（研究ノート）」日本タイ学会『タイ研究』No.22、2022年、1～19頁；牧貴愛「タイにおける『教育イノベーション地区』に関する予備的考察」（日本比較教育学会第58回大会発表資料）2022年）。

CHAPTER 31

教育のデジタル先進国を目指す学校

韓国の学校

第1節 日常の風景

◆ 3月の入学式

　春が待ち遠しい3月2日、保護者と手をつないだ子どもたちが元気に校門をくぐって来る。韓国の初等学校（日本の小学校に相当）は日本より1か月早い3月1日に始まる。3月1日は日本統治時代の1919年に勃発した3・1独立運動の記念日（国慶日）である。記念行事を行なう学校もあるが、多くの学校は3月2日が初登校日となる。ランドセルが無いため、子どもたちはそれぞれのリュックを背負い登校する。入学式は桜ではなく、黄色いケナリ（レンギョウ）が新入生を迎え入れる。学校につくと上履きに履き替え、保護者とともに掲示板に張り出されているクラス表で自分のクラスを確認し教室に入っていく。担任の先生（学級担任制）から名札とキャンディーレイをかけてもらうと子どもたちはうれしそうに新しくできた友達と見せ合う。

　体育館で行なわれる入学式では、まず国旗に対する敬礼と国歌が斉唱される。校長先生が入学の許可を宣言し、教職員の紹介が終わると在校生から歓迎の言葉やキャンディーレイが贈られる。校長先生のあいさつが終わり、校歌を歌うと入学式は終了する。初等学校の入学初日はこうして始まる。

◆ 学校生活

　韓国の初等学校の授業は、通常9時から1時間目が始まる。ほとんどの学校で朝活動（読み聞かせや読書など）が行なわれているため、8時40分までには教室に入らなければならない。

　1授業時間は40分（中学校は45分）で、授業の間には5～10分間の休み時間がある。お昼休みは12時過ぎからである。ほとんどの学校には食堂があり、子どもたちはそこで給食を食べる（給

[3・1節]
　1919年3月1日、日本の植民地支配からの独立を叫んで立ち上がった全国規模の独立運動を記念する祝日である。

[初等学校]
　1941年、日本「内地」にならって小学校が国民学校になった。この名が植民地教育の負の遺産であるとして、改称運動が展開され、1996年に「初等学校」に改称された。

[教育行政組織]
　韓国の初等中等教育行政は、中央に設置される教育省と地方に設置される執行機関である「教育監」と審議・議決機関である「教育委員会」によって行われる。教育監の下に

は、補助機関として副教育監及び事務組織が置かれ、これら広域市・道に置かれた地方教育行政機関を総称して、広域市・道教育庁と称する。また広域市・道教育庁の下にはそれぞれの管轄区域ごとに教育支援庁（出先機関）が置かれている。初等学校・中学校・高等学校は広域市・道レベルが設置・管理する。

[「平準化」政策]
　過熱化する受験競争を沈静化させるために1974年に導入され、今日まで続いている政策であり、一般的に「高校平準化」と呼ばれている。この制度は一般系高校（国公私立）への進学に当たり、競争入試を原則撤廃し、進学希望者は居住地により自動的に決まる「学校群」に抽選配分される

食費は無償）。しかし食堂に全校児童が一度に入ることができないため、学年や学級間で時間を調整する場合が多い。したがって、学級そろって「いただきます」をする習慣はなく、それぞれが着席し次第食べ始める。昼休みに教室や廊下の掃除を当番制で行なう学校もあり、それが終わると子どもたちはグラウンドや教室内で友達と遊ぶ。中・高学年になると、午後に1、2時間の授業があり、14時30分頃に全ての授業が終了する。

　初等学校の年間の学校行事を例示すれば、3月に入学式・始業式、保護者会、児童会選挙、学級委員選挙、4月に体力検査、安全教室、5月に健康診断、運動会、7月末から8月末までが夏休み、9月に読書週間、修学旅行、10月に防災教室、現場体験活動、全国学力調査、12月に学芸会などがある。冬休みは12月末から1月末頃までと長く、2月中旬に卒業式を行うのが一般的であるが、近年では12月中に卒業式を行い、1月から2月末までを冬休みとする学校も増えている。韓国の初等学校は、3月から8月末までを1学期、9月1日から翌年2月末までを2学期とする2学期制をとっており、長い夏休みと冬休みが特徴的である。なお、韓国では2012年度から週5日制授業が完全実施されている。

　かつてすし詰めであった一クラスあたりの平均児童数は、2021年現在20〜30名程度で、ゆったりと教室が使われている印象を受ける。担任の先生のデスクも各教室にあり、子どもと一緒にいる時間が長いという。学年の部屋や専科の先生の部屋があることから職員室は日本と比べ狭い。その他の学校施設をみると、一般教室のほかに、English zone などと名づけられた英語教室、科学実験室や家庭科室、コンピュータ室などの専門教室、体育館、音楽室、図書館、運動場や保健室などがあるが、プールの設置率は低い。

　韓国は教育のデジタル化・ICT化を強力に推進する国の一つである。政府は、1990年代中盤から学校及び教育のICT化を推進してきており、各教室には大型モニターやPC・タブレットがあり、高速無線インターネットが整備された。2020年に発生した新型コロナウイルス感染症の流行により休校が余儀なくされた際も、1か月ほどで全ての学校がオンラインでの始業に切り替えられたのも、これまでの環境整備によるところが大きい。また、教員の校務支援システムや保護者との連絡なども一元化されており、ICT化が教員の業務負担軽減にも寄与している。

◆ **放課後の居場所**

　放課後、子どもたちは初等学校であればおけいこ、中学生、高校生は塾（学院）に通ったり家庭教師を受けたりすることが多い。近年では政府が推進する「放課後学校」プロジェクトにより、学

ものである。但し特殊目的高校や実業系高校、一部地域の高校には適用されていない。

[学　院]

　上級学校への進学準備や補習教育、特技の伸張を目的とする私営の学習塾、予備校、おけいこなどを指す場合が多い。韓国語で「ハグォン」と呼ばれており、個人経営から大手チェーンに至るまで全国各地に設立されている。特に受験競争が激しいとされるソウル第8学群や新興住宅地には学院が林立し、初等学校の登下校送迎サービスを展開したり、生徒を送迎する深夜の専用バスを運営したりする学院もある。2000年に憲法裁判所が課外禁止措置を憲法違反とする判決を下して以降、課外は全面解禁されているが、一部自治体では、夜22時以降の学院営業を禁止するなど、学院と行政のせめぎ合いは続いている。

韓国の学校給食

校内において放課後に多様な教育プログラムを受けることが可能になった。放課後学校は、放課後に学校で行なわれる有償の教育プログラムで、受益者負担を原則とし、外部講師が教育を担当している。放課後学校は学校外教育にかかる家計負担軽減政策の一環として、塾や家庭教師より安価に教育プログラムを提供することを目的に導入された。提供プログラムは英語や数学などの教科系プログラムやスポーツ、手芸、ダンス、プログラミングのような特技系プログラムがある。この放課後学校プロジェクトに対し「学校の塾化」をまねくなどの批判もあったが、全国のほぼすべての学校で実施されている。また、放課後学校には学童保育プログラムもある。学校内に部屋が設けられ、共働きの家庭の子どもを預かって世話をする。学童保育プログラムでは夕食も提供され、専門のスタッフもつくため利用者も多い。

　中学生や高校生も同様で、放課後学校に参加する生徒、学校に残って自習する生徒や地域の学習塾などに通う生徒など、放課後の居場所は多様である。なお、一部の重点校を除き、放課後の部活動は行われていない。

◆韓国の「先生様（ソンセンニム）」

　韓国の教師はソンセンニムと呼ばれ、人気の職業の一つである。以前と比べて先生の社会的地位は下がったといわれるが、職業としての人気は高い。「師匠（先生）の日」（5月15日）は、学校の担任をはじめ、恩師に礼を尽くす日に定められており、この日には全国で教師を顕彰する行事が行なわれる。

　韓国の初等学校の教員養成は、全国10の教育大学と済州大学（2008年に済州教育大学と統合）、1984年に総合的な教師教育機関として開校した韓国教員大学の初等教育科、梨花女子大学師範学部初等教育科の計13か所で行なわれている。日本とは異なり、上記機関でのみ初等教員を養成する「閉鎖制」をとっていることに加え、教師の人気が高いことから、教育大学の競争倍率は高く、初等教員になる入口は狭い。入学後、大学で一定単位以上の専門科目と教職の授業を履修し、1か月程度の教育実習を終えると、卒業時に「正教師2級」免許状（資格証）が付与される。その後、各広域市・道別で実施される教員採用試験を受験し、突破すると晴れて教壇に立つことになる。「正教師1級」になるためには3年以上の教育経験と所定の研修を受けることが条件となっている。また、校長や校監（教頭）になるには、別の資格証が必要となる。

　一方、中等教員養成（中学と高校の区分はない）は、国立と私立の大学に教員養成目的として設置された師範学部と一般学部の師範系学科で養成されている。

[特殊目的高等学校]

[特殊目的高等学校]
　高等学校は、一般系高校、実業系高校のほかに、特定分野（科学、外国語、芸術・体育等）の人材養成を目的に設立された特殊目的高校がある。1983年に設立された科学高校をはじめ、外国語、国際、芸術、体育、マイスター高校などがある（2021年現在、全国に161校）。これらの高校は、いわゆる平準化政策の適用を受けないので、独自の選抜試験および特別選考により学生を募集することが許されている。一方で格差を助長するとの批判から一般校化が議論されている。

[英才学校]
　英才学校は、初・中等教育法ではなく、英才教育振興法に基づき設置される理工系分野の優秀人材を養成することを目的とする中等教育機関で、2021年現在、全国に8校あり、2,477人が学んでいる。一般の高校と異なり教育課程の運営や教科書の使用について大きな裁量があり、生徒募集も全国単位で行われる。

244

韓国の学校では女性教師の比率が年々高まってきている。2021年現在、初等学校では77.1％、中学校では71.0％、高校では58.0％が女性教員で、学校管理職でみても、初等学校54.2％、中学校35.3％、高校17.3％が女性管理職となっている。教員の学歴をみると、初等教員で修士学位を有する教員の比率は、2005年の17.4％から2021年の30.6％と増加した。中学校教員でも同様に2005年の27.5％から2021年に35.5％に増加しており、教員の高学歴化が進んでいる。

韓国の教職人気の背景には、福利厚生や労働環境の良さがある。一般的に、8時半から16時半までが勤務時間（給食時間も勤務時間に換算）で、残業することはまれである。かつては残業する文化もあったというが、現在では時間内で業務を終える文化が定着した。大卒者の就職難もあって、安定職としての教職の人気が高いのである。また、大学院などで、自分のスキルアップや専門性の向上にかける時間や余裕があるということも魅力の一つなのかもしれない。

第2節 学校制度（図31-1）

◆就学前教育

日本でも幼保一元化の議論が盛んであるが、就学前教育は，教育省が所管する幼稚園と保健福祉省が所管するオリニチプ（日本の保育所に相当，韓国語で「子供の家」の意味）で行われており，就学1年前の5歳児の90％超がどちらかに就園している。教育と保育の質の均一化や保護者の利便性の向上などを目的に，幼保一元化が目指されている。2012年に導入された「5歳児共通教育課程」を皮切りに、幼稚園とオリニチプの教育課程の共通化が図られ、2013年度より3～5歳児の幼児は幼稚園や保育園で同じ教育プログラムを受けることができるようになっている。2019年に改訂された共通課程では、幼児の多様な特性に合わせ，自由な遊びの推奨，現場の自律性の拡大などがうたわれ、「身体運動」「意思疎通」「社会関係」「芸術経験」「自然探求」の5領域から活動内容が示されている。就学前の共通課程と初等学校教育課程との連携が意識されていることから、初等学校への接続時に生じる不適応の解消、就学前教育の充実などが期待されている。また、養育費負担の解消、少子化改善、教育格差解消のために、就学前教育の無償化も推進されており、3～5歳児までが実質無償化された。一方で、財源の確保、幼稚園教師、保育教師の確保が課題として指摘されている。

［大学入試］

2022年現在、韓国の大学入試制度は、国による共通試験（大学修学能力試験）の成績や高校での学習成績や教科外活動について記した学校生活記録簿（内申書・調査書）、そして個別大学における論述や面接（各科目の学力を測る試験は禁止）の結果によって選抜されている。入試の多様化が進む近年は、個別大学では、書類選考と面接だけでの入試など、修能試験の結果を参考としない選抜も増えているが、修学能力試験は、設置主体を問わずほとんどの大学がその結果を入学者の選抜資料の一つとして活用している。

また、選抜時期は、修学能力試験前に行われる随時募集（日本の総合型選抜に類似）と修学能力試験の成績を中心に選抜される定時募集に分けられている。このほか、特別選考枠として、障害者特別選考や農漁村生徒特別選考、外国人特別選考などがある。

［徴兵制］

韓国には徴兵制度があり、男性は満18歳で徴兵検査対象者となり、満19歳までに検査で兵役判定をうける。服務が不可能なほどの疾病・心身障害を持つ者以外は兵役義務を果たさなければならない。法律上服務期間は2年とされるが、国防部長官の裁量により、実際には、18か月から21か月間服務する（陸海空軍で異なる）。なお、満20歳から28歳で、高校、2年制・4年制大学、大学院の在学者、一部大学浪人生は、入隊時期を延期することができる。

◆初等中等教育

　韓国の学校制度は、初等学校6年、中学校3年、高等学校3年という6－3－3制をとっており、義務教育は初等学校から中学校までの9年間である。初等学校の入学は満6歳からであるが、早生まれの子への配慮などから入学適齢期前後1年の早期入学・入学猶予が認められている。

　初等学校の場合、通学する学校は地方教育庁が決定し、就学児童の氏名、住民登録番号、入学する学校、入学期日などが明記された就学通知書が入学前年の12月に送られてくる。

　中学校には、体育や芸術分野で優れた才能を持つ生徒を対象とした特殊な中学校（体育中学校、芸術中学校）など、選抜を行う学校もあるが、中学校への進学は、一般的に「学校群」（私立を含む）の中学校に抽選により振り分けられる。かりに私立中学に割り振られた場合でも、授業料は当該教育庁が負担する。私立中学校教員の給与も公費により負担されている。

　高校進学者も一部の高校を除き、「学校群」内の高校に抽選により配置される。過度の受験競争を緩和する目的で、1974年に導入された「平準化」政策によるもので、これにより初等学校から高校まで約半数の子どもたちは一度も選抜試験を経験せずに大学入試を迎える。皮肉にもかえってこれが初等学校から勉強へのプレッシャーにつながっている。高等教育機関

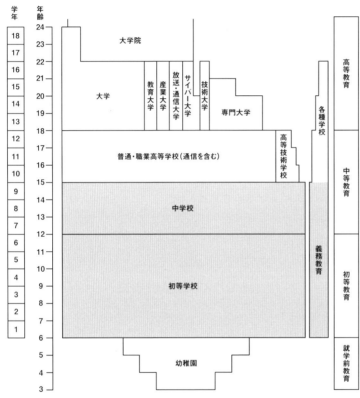

図31-1　韓国の学校系統図

注：グレーの網かけ部分は義務教育。
出所：文部科学省『諸外国の教育動向2021年度版』2021年、325頁より作成。

［大学進学率の変化］

　韓国における2021年度の高等教育機関（職業系短期高等教育機関である専門大学を含む）への進学率は73.7%である。少子高齢化が進み、大学進学該当年齢人口が急減しているため、進学率は低下傾向にある。卒業後の就職も問題で、2020年度の就職率（卒業者に対する就職者の割合）は、65.1%である。大学院への進学者も多く、修士号、博士号取得者は年々増加している。外国語検定スコアや海外留学経験などを採用基準に設ける企業も多く、学生らは学業以外に対応が必要である。

［統合科目］

　既存の教科と教科間の関係を越え、主体や活動を中心に児童の適性と素質を啓発することを目的に内容が構成されたもので、道徳、社会を統合した「正しい生活」、自然と家庭科を統合した「賢い生活」、音楽、美術、体育を統合した「楽しい生活」の3科目、3種類の教科書がある。低学年のスタートカリキュラムである「私たちは1年生」は「創意的体験活動」で扱われている。

［自由学期制度］

　2015改訂教育課程で、中学校に「自由学期制」が導入され、プロジェクト学習や進路探究活動、職業体験など、多様な体験活動を重点的に行うようになった。自由学期期間では、中間や期末などの筆記試験を実施せず、形成評価、遂行評価などによる評価が実施される。

への進学率は70％（短期高等教育機関や職業系専門大学を含む）を超えており、修学能力試験日（日本の大学入学共通テストに類似する共通試験）は国家行事の様相を呈し、入試当日、遅刻ギリギリの受験生をパトカーやバイクなどが会場まで送り届ける風景は日本でもよく報じられる。

◆ナショナル・カリキュラム

韓国は国レベルで教育課程（日本の学習指導要領に相当）（**表31-1**）が定められており、1997年まではおよそ10年ごとに改訂が行われてきた。2003年からは時代の流れや求められるスキルや教育内容の変更に素早く対応できるよう、随時改訂を行う体制が組まれている。随時改訂体制となって以降、2003年、2009年、2015年、2022年（予定）とおよそ6～7年のサイクルで大きな見直しが行われている。

2015年に改訂された教育課程では、「自己管理力」「知識・情報の処理能力」「創造的な思考力」「審美的な感性」「コミュニケーション力」「共同体への貢献」の6つがキーコンピテンシー（原語：核心力量）として提示された。

1980年代に導入された1、2年時の統合教科である「正しい生活」「賢い生活」「楽しい生活」や、初等学校1年生が学校生活に慣れるために入学後1か月間展開される「私たちは1年生」という初等学校適応プログラムや学校安全指導が組み込まれている点などが興味深い（いずれも、創意的体験活動の時間内で実施）。2009年改訂時に導入された学年群は、教育課程の編成・運営に柔軟性をもたせるために導入されたもので、初等学校は1～2年、3～4年、5～6年の3つの学年群とし、中学校と高校は3年間をそれぞれ1つの学年群として再編成したものである。授業時間もこ

表31-1　教育課程（科目別時間配当表）2015年改訂教育課程

区分	教科群	初等学校			中学	高校※
		1～2年	3～4年	5～6年		
教科群	国　語	国語 448	408	408	442	10
	社会/道徳		272	272	510	10
	数　学	数学 256	272	272	374	10
	韓国史		—	—	—	6
	科学/実科	正しい生活 128	204	340	680	科学 12
	体　育	賢い生活 192	204	204	272	10
	芸　術		272	272	272	10
	英　語	楽しい生活 384	136	204	340	10
	選　択		—	—	170	86
	技術・家庭/第2外国語/漢文/教養	—	—	—	—	16
創意的体験活動		336（安全な生活64時間を含む）	204	204	306	24
学年群別総授業時間数		1,744	1,972	2,176	3,366	204

注：時間数は34週を基準とした年間最少授業時間（高校は最少単位）数。1時間の授業は初等学校40分、中学校45分、高校50分を原則とする。初等学校の時数は2年間で履修すべき時数である。初等学校第1～2学年には、「正しい生活」（道徳）と「楽しい生活」（体育と音楽、美術の合科教科）、「賢い生活」（社会と理科の合科教科）が設けられている。高校の数字は、3年間に履修すべき最小履修単位数（1単位50分17回の授業量）。

出所：教育部『初・中等学校教育課程総論』教育部告示第2015-743、2015年、9～11頁より作成。

［学校運営委員会］

1995年に英米の学校運営をモデルに、公立学校に父母や地域有識者を加えた学校運営委員会制度が導入された。委員の選出は選挙が原則で、定員は5～15名（例：父母7名、教員5名、地域有識者3名）で学校規模によって幅がある。現在では、初・中等教育法（第31条）により、全国国公私立すべての初等・中等学校に学校運営委員会の設置が義務付けられている。委員会では学校予算や教育課程運営、放課後の教育活動や、教科用図書の選定など重要事項の審議・議決を行う。

［オルタナティブ教育］

韓国におけるオルタナティブな教育は、もともとは既存の公教育とは別途のカリキュラムで子どもを教育する「代案教育」を実践する親や市民団体の運動に起源をもつという側面があり、学業中断者や、そのおそれのある青少年の受け皿にもなってきた。オルタナティブ教育が担ってきた一部機能は、①公教育圏に制度化された特性化高校、②委託型代案学校、③学校外での学びを学力認定する取組など、公教育内でも制度化された。2021年には「代案教育機関に関する法律」が制定された。

の学年群で振り分けられるため、学年を越えての集中履修や連携授業が運営しやすくなる。

　英語教育は、初等学校3年生から週2時間行われている。また、2015年改訂教育課程では初等学校と中学校でプログラミング教育が必修化され、初等学校5、6年生では「実科」において17時間以上、中学校では3年間で34時間、取り扱うことになっている。2022年改訂予定の教育課程では、それぞれ時間数が倍増することが発表されており、デジタル人材の育成が強調されている。

第3節　課題と魅力

◆学校外教育費の家計負担は増加傾向

　韓国では、2007年から統計庁と教育科学技術部が私教育費統計調査を実施している。『2021年私教育統計調査結果』によれば、韓国における初中高生の私教育費総額は、23兆4000億ウォン（約2.3兆円）と推定され、一人当たり月平均36.7万ウォン（約3万6,000円）の支出であった。調査結果では、児童・生徒の成績と、保護者の学力水準が高く所得が多いほど私教育費の支出も多かった。

　韓国では1980年代初頭、学校教育正常化を目的に課外学習禁止措置（大統領命令）が出され、浪人（韓国では「再修生」）以外の一般学生は塾・予備校はもちろん家庭教師による課外学習が禁止されていた。2000年に憲法裁判所が課外禁止措置を憲法違反とする判決を出し、課外は解禁された。しかし、例えば、各都市の条例によって、22時以降の授業が禁止されているなど、現在でも過熱化と生徒の健康面を考慮し、様々な対策が打ち出されている。韓国の子どもたちとその保護者は「平準化」された環境の中でいかに「秀越性」を確保していくかが大きなカギであり、学校外（塾や家庭教師）にその場を求めているのである。

◆ネット依存

　ネット依存の問題は2000年頃からネットの長時間利用が原因とされる死亡（エコノミークラス症候群、心不全、自殺など）が社会問題として表面化した。この状況に、韓国政府は2005年に国家青少年保護委員会を設立し、積極的な対応策を講じてきた。2019年の女性家族省の調査結果によると、インターネットとスマートフォンのうち、いずれか一つ以上に危険だと認識されるほどの依存状態に陥っていると診断された児童・生徒は、20万6,102人で、学年別比率でみると、全国の初等4年生の13.4％、中学1年生の18.1％、高校1年生の16.5％がネット依存の状態であることが

[早期留学]

　法律により、初等児童及び一部の中学生を除く中学生の自費留学は違法（罰則規定はない）とされているが、子どもを早くから留学させ、英語能力はもとより、国際的なコミュニケーション・スキルや自己表現力を身につけ、帰国後、韓国での受験や就職を有利に進めようとする家庭も存在する。2006年には初・中・高校生のうち約4万5,000人（未認可留学を含む）が海外に留学しピークを迎えたが、2019年現在、約1万8,000人と減少し、早期留学熱は落ちついてきている。

明らかになった。女性家族部は、過度に依存状態に陥っていると診断された児童・生徒に対し韓国青少年福祉開発院と全国17の広域市・道自治体に約220か所設置されている青少年相談福祉センターを通じて、個人・集団カウンセリング、病院治療や宿泊型治療プログラムの紹介を行っている。

◆いじめ・学校暴力

政府は、2004年に制定された「学校暴力予防及び対策に関する法律」の一部改定し、学校暴力が発生した場合、教職員、保護者の代表、警察、法律専門家がチームを組んだ「学校暴力対策自治委員会」を組織することを法制化した。全国の学校でも「学校暴力追放キャンペーン」が展開され、いじめ被害者の救済や保護者への啓蒙活動など学校を拠点としながら関連部署と連携した対策が目指されてきた。

初・中等教育法では、学校長は教育上必要な場合に法令と学則によって定めるところにより学生を懲戒したり他の方法で指導したりすることを定めている。この懲戒には、校内外ボランティアや、特別教育プログラムの履修、1回10日以内年間30日以内の出席停止（日本で言う停学）などが含まれている。なお、初・中等教育法第31条において「道具、身体などを利用して学生の身体に苦痛を加える方法を使用してはならない」と体罰は規制されている。

◆教育のデジタル化及びデジタル教育の推進

新型コロナウイルス感染症の流行後、韓国は教育のデジタル化及びデジタル人材の育成により力を入れている。2025年から適用される「2022年改訂教育課程」では、公教育内でデジタル力量を身に付けられるようにするために、情報関連科目の取扱い時数が初等学校で17時間から34時間に、中学校で34時間から68時間に倍増される。教育のデジタル化及びデジタル教育の推進において先進的な取組をみせる韓国の動向から目が離せない。　　　　　　　　　　　　　　　（田中光晴）

［参考文献］
・有田伸『韓国の教育と社会階層──「学歴社会」への実証的アプローチ』東京大学出版会、2006年。
・石川裕之『韓国の才能教育制度──その構造と機能』東信堂、2011年。
・馬越徹『韓国大学改革のダイナミズム──ワールドクラス（WCU）への挑戦』東信堂、2010年。
・文部科学省『諸外国の初等中等教育』明石書店、2014年。
・文部科学省『諸外国の高等教育』明石書店、2020年。

[初等4年生の時間割（例示）]

4年生	月	火	水	木	金
1	国語	科学	数学	音楽	国語
2	国語	科学	体育	数学	英語
3	数学	音楽	道徳	国語	創体
4	体育	社会	国語	社会	美術
5	英語	創体		体育	美術
6		創体			

注：創体は創意的体験活動。

[学校外青少年]

2014年に公布された「学校外青少年支援に関する法律」により、初等学校・中学校において何らかの理由で長期欠席している児童・生徒や高校を自主退学した者、さらに、中学から高校に進学しなかった者を「学校外青少年」として位置付け、各種支援プログラムが展開されている（8〜24歳が対象年齢）。

CHAPTER 32

グローバルガバナンスの視点から

国際社会と学校

第1節 国際社会における学校教育の位置づけ

◆教育のグローバルガバナンスとは何か

　本書では国別の章構成がなされている。それは、近現代において、学校教育の最も主要な提供者が国民国家であったからだ。国家が主体となり学校教育制度は構築され、学校教育の目的・内容が決定され、学校教育の提供・実践が行われてきた。人間形成・文化の伝承・人材育成というような学校教育の目的は、国民国家をその基とする国民教育という思想によって方向づけられてきたのである。学校教育は国境の内に閉じた体系を基本として発展してきたといえる。しかし、学校教育の歴史を世界的な視点で顧みてみると、国民国家の連合体である国際社会において、国境を越えた「教育のグローバルガバナンス」というべき例外的な教育政策と実践の営みが存在したことに気づかされる。

　グローバルガバナンス（global governance）とは、国境を越えたグローバル課題に対処するために、主権国家間の連携に加え、国際機関、市場、市民社会等の様々なアクターによって構成される国際社会が、これらの課題を認識し、方向性を見いだし、解決するために形成しようとしているシステムである。国連はこれを「私的及び公的な個人や組織が、共通の課題に対処しようとする多様な方法の集合体」と定義しているが[1]、一般的には、国際社会における様々な個人や組織が国境を超えて、共通の課題に対処する仕組みを指す。グローバルガバナンスが発展してきた背景には、国境を超えた共通の課題には一国では対処しきれないという認識があった。

　教育分野におけるグローバルガバナンスは、国際社会が世界における学校制度の在り方や、学校教育の目的・内容に関して、議論をし、規範や目標を設定し、協力の枠組みをつくることによって、各国の教育政策やその実践に影響を与えてきた。教育のグローバルガバナンスには、教育に関する国際的合意、国際法・条約の締結、国際的思潮の形成、国際会議、国際的政策枠組みの形成、国際的ネットワークの形成などの形態があると考えられる[2]。この章では、国民国家ではなく、世界（国際社会）がグローバルガバナンスを通じて、どのような学校教育を構想し、実現してきたのか、その歴史的な展開を見てみたい。

第2節 教育のグローバルガバナンスの歴史的展開

◆人権としての教育・平和のための教育

　教育を対象とした、国際社会の最も原初的なグローバルな働きかけは、ユネスコ憲章や世界人権宣言において、教育の平和の達成に対する役割や基本的人権としての教育という規範的な考え方を

250

提示したことであった。特に、教育を基本的人権とする国際規範は、児童の権利条約や障害者権利条約他のその後の様々な国際法の枠組みによって確認され、各国の国内法や教育政策のあり方に大きな影響を与え、それが学校教育の在り方を規定してきた。例えば、戦後間もない1948年に国連総会によって採択された世界人権宣言の第26条には以下のように記されている。[3]

第26条

1. すべて人は、教育を受ける権利を有する。教育は、少なくとも初等の及び基礎的の段階においては、無償でなければならない。初等教育は、義務的でなければならない。技術教育及び職業教育は、一般に利用できるものでなければならず、また、高等教育は、能力に応じ、すべての者にひとしく開放されていなければならない。

2. 教育は、人格の完全な発展並びに人権及び基本的自由の尊重の強化を目的としなければならない。教育は、すべての国又は人種的若しくは宗教的集団の相互間の理解、寛容及び友好関係を増進し、かつ、平和の維持のため、国際連合の活動を促進するものでなければならない。

3. 親は、子に与える教育の種類を選択する優先的権利を有する。

ここで興味深いのは、1948年のこの時点においてすでに、初等教育の無償化・義務化をうたっていたことである。その後、国連やユネスコが主催した国際会議やそこで採択された宣言や条約に、この考え方は繰り返し示された。また、第2項で教育の役割を「すべての国又は人種的若しくは宗教的集団の相互間の理解、寛容及び友好関係を増進」することとして規定し、国際社会における平和のための教育の役割を確認していたことも興味深い。つまりは、この宣言は基本的人権としての教育に関する規範文書でありながら、戦後間もないこの時期には、平和のための教育の役割を規定する文書にもなっていた。

そもそも世界人権宣言は、その前文において、「人類社会のすべての構成員の固有の尊厳と平等で譲ることのできない権利とを承認することは、世界における自由、正義及び平和の基礎である」として、人権と平和の不可分性をうたっていた。1959年に同じく国連総会で採択された「児童権利宣言」においても、その7条に「児童は、教育を受ける権利を有する」と規定し、「少なくとも初等の段階においては、無償かつ、義務的でなければならない」と、世界人権宣言の原則が踏襲された。

◆学校教育を巡る国際規範の形成

このような宣言は、1950年代、60年代に独立の相次いだ旧植民地における学校教育制度の構築に、2つの意味で大きな影響力を持った。第一に、こうした新しい独立国は憲法や教育法を制定する必要があり、教育に関する人権規定を策定する際に、国際的に示された規範である世界人権宣言等から大きな影響を受けた。第二に、世界人権宣言は、国際法に準ずる国際規範としてそうした国における基本的人権としての教育の在り方に、一定の拘束力を持った。1960年にはユネスコが世界人権宣言に沿う「教育差別禁止条約」を成立させ、また1965年には「あらゆる形態の人種差別の撤廃に関する国際条約」が国連総会で採択され、1969年に発効した。つまり、これらを批准した国々は、世界人権宣言で示された教育の人権観や、教育の人種間における平等を自国の法体系の中に受け入れることとなったのである。

ユネスコの1974年第18回総会で採択された「国際理解と国際協力、国際平和のための教育およ

び基本的自由についての教育に関する勧告（国際教育勧告）」は、国際連合憲章やユネスコ憲章、世界人権宣言を基として、国際平和をその中心としながら国際社会が抱える諸問題を網羅的に示し、その解決のために教育が果たすべき役割を明確にするため、「すべての段階及び形態の教育に国際的側面及び世界的視点をもたせること」「すべての民族並びにその文化、文明、価値及び生活様式に対する理解と尊重」「諸民族及び諸国民の間に世界的な相互依存関係が増大していることの認識」「国際的な連帯及び協力の必要についての理解」等を含む「教育政策の指導原則」を規定した。「国際教育勧告」は加盟各国での国際理解教育・教育の国際化・国際教育協力の政策的展開に規範を提示することに成功し、多くの国の教育政策・教育実践に大きな影響を与えた[4]。

1976年には「経済的、社会的および文化的権利に関する国際規約」、1981年には「女子に対するあらゆる形態の差別の撤廃に関する条約」が発効し、それぞれ、教育における差別の撤廃と万人が教育の権利を有することが繰り返し確認された。そして、教育を人権とした現代的な国際法的根拠として、最も重要とされる「児童の権利に関する条約」が1989年に国連総会で採択され、翌年に発効した。

◆「すべての人に教育を！」EFAの展開

1990年には、世界銀行・ユネスコ・ユニセフ・国連開発計画の共催によりタイのジョムティエンで、「万人のための教育世界会議」が開催された。ジョムティエン会議が発信した最も明確なメッセージは、全ての人々に基礎的な教育機会を保障することは国際社会や国家にとって重要な責務である、ということであった。この会議以降の途上国における教育政策と援助供与国・国際機関の国際教育協力政策において、その最も端的には財政配分をめぐる意志決定は、国際社会によって明確に示された優先順位、すなわち基礎教育を重視するという財政配分を基本として動き出した。「すべての人に教育を（Education for All,；以下、EFA）」はその後の国際教育協力のスローガンとなり、国際機関だけではなく、二国間援助による国際教育協力の動向にも大きな影響を与えた。

1990年代のEFA期の国際社会では、教育の重要性が人権や社会的公正の立場から理解されるようになる一方、社会開発や貧困削減、人間開発の観点からも、国際教育協力の重要性が認識されるようになっていった。教育はこれらの開発目標の構成要素そのものとされたが、同時に、保健衛生や栄養、食糧といった教育以外の社会セクターでの開発プロセスに対して貢献度の高いセクターであることが指摘された。特に、教育の社会開発・人間開発への効果については、アマルティア・センのケイパビリティアプローチの理論的説明を得て、90年代に刊行が開始された国連開発計画の『人間開発報告書』や、ユニセフの『世界子供白書』等の国際潮流を形成する主要な政策年報でもしばしば言及されるようになり、国際社会の取り組みとしての教育グローバルガバナンスの論拠となっていった。

1994年には、スペイン・サラマンカで「特別なニーズ教育世界会議」が開催され、いわゆる「サラマンカ宣言」を採択し、「インクルーシブ教育」という教育思潮を生み出した。これは、障害児教育における特殊教育から統合教育への流れの、発展形として出てきたものであったが、障害だけではなく、民族、言語、居住形態、ジェンダーなど、様々な個別のニーズを有する学習者の多様性に処する教育システム全体の改革を提唱し、包摂（Inclusion）の概念提示はその後の教育の人権・公正に関する世界的思潮と動向に大きな影響を与えた。さらに、1996年にはドロール元欧州委員会委員長を議長とするユネスコ「21世紀教育国際委員会」がまとめた *Learning: the Treasure within*（通

称ドロール報告書）が、21世紀に向けた教育のあり方の基本的な考え方として、学習の４本柱を
「知ること」「為すこと」「共に生きること」「人として生きること」と提示した。これまでの認知的
学力を基本とした教育観とは異なる、市民性や共生の概念をベースとしたコミュニケーション能
力・問題解決能力・批判的能力等の非認知的なスキル・態度形成を21世紀の学習の重点であると
強調し、世界各国における教育政策の将来ビジョンの策定において、この報告書は議論の基盤とさ
れた。

◆MDGs・SDGsの時代

　2000年には、「世界教育フォーラム」が1990年の「万人のための教育世界会議」のフォローアッ
プとして、セネガルのダカールで開催された。この国際会議では、1990年代のEFAの努力が一定
の成果を残したものの、未だその達成にははるかに及ばないとの厳しい認識が示され、目標達成の
ための戦略として「ダカール行動枠組み」が設定された。「目標」として掲げられた、①就学前保
育・教育の拡大と改善、②無償で質の高い初等教育を全ての子ども達に保障すること、③青年・成
人の学習ニーズの充足、④成人識字率（特に女性）の50％改善、⑤教育における男女の格差の解
消すること、⑥教育の質の改善、という６項目は、2000年代の教育グローバルガバナンスの方向
性を指し示すものとなった。そして、このうち、初等教育の完全修了と教育における男女格差の解
消は、ミレニアム開発目標（MDGs）にも明示された。

　2000年代には、こうした成果重視の在り方が各国の教育政策にも影響を与え、特にOECDがこ
の時期開始した「生徒の学習到達度調査（PISA）」が３年に一度発表する参加各国の科目別平均点
の順位表は、各国の教育政策に転換を促すほどの大きな政治的影響力をもつようになった。PISA
は回を重ねるごとに、OECD加盟国以外の発展途上国・新興国もこの調査に参加するようになり、
国際教育協力においても教育の質をめぐる関心が国際社会において高まった。また、そのような教
育の質・学力調査の重視の潮流により、サブサハラアフリカにおいて1990年代に開始されていた
「教育の質調査のための南東部アフリカ諸国連合（SACMEQ）」等の途上国における学力調査にも
関心が集まった。

　2000年代、ミレニアム開発目標には含まれなかった教育の内容についての議論や、取り組みを
国際的な枠組みとして推進したのは「持続可能な開発のための教育（ESD）」と「地球市民教育
（GCE）」であった。ESDは、もともと2002年にヨハネスブルグで開催された「持続可能な開発に
関する世界サミット」において、日本の小泉純一郎首相が日本の市民社会と共同で提案した教育概
念で、環境教育を基としながらも、持続可能性をテーマに、平和教育、開発教育、国際理解教育等
を統合した教育運動であるが、その後2005年から2014年までユネスコにより「国連ESDの10年」
として推進された。また、GCEはユネスコでは古くから議論された教育概念であったが、2012年
に国連のパンギムン事務総長が提唱したGlobal Education First Initiativeの重要な構成要素として
国際的な教育潮流として主流化した。これら「ESD」「GCE」は、後にSDG 4.7に取り込まれた。
また、未来志向の教育としては、メルボルン大学に置かれた国際的な研究チームATC21sが、チー
ムワークや問題解決能力・ICTスキル等の非認知的能力を重視する「21世紀型スキル」の概念が
提唱され、国際的な教育思潮として、各国の教育改革のキーコンセプトとなっていった。

　2010年代になると、ポスト2015、ポストMDGsのグローバルガバナンスの枠組みを模索する活
発な動きが国際社会で展開された。その過程で、途上国を主なターゲットとする開発アジェンダと

してのミレニアム開発目標と、2012年にリオデジャネイロで開催された「国連持続可能な開発会議」で議論された持続可能性のための国際的な枠組みの統合が図られ、2015年に世界全体を対象としたユニバーサルアジェンダとしての「持続可能な開発目標（SDGs）」が国連サミットで採択された。SDGsは全体で17の目標と169のターゲットで構成されていたが、そのうち教育に割り当てられたのは第4目標であった。その詳細を見てみると、90年代から2000年代にかけて国際社会での議論がバランスよく反映され、平和・開発・人権公正の3つのアプローチが統合された教育の国際目標になっていた。特に、4.7は、ESD・GCEを含む教育の価値や内容に踏み込んでいる。

　またSDG第4目標は、基礎教育だけではなく高等教育や職業技術教育を含む総合的な目標が提示されており、世界全体を対象とするユニバーサルなアジェンダとして、途上国向けに作られたMDGsやダカール行動枠組みと一線を隔していた。このように現在、SDG第4目標「質の高い教育」は世界各国の教育や学校の在り方に影響を与える、教育のグローバルガバナンスの最も強力な政策枠組みとなった。

◆結語：ローカルの視点の重要性

　以上のように、教育のグローバルガバナンスは歴史的に展開・発展し、国際社会の構成員である各国民国家の教育政策・学校制度や教育内容に大きな影響を与えるようになっている。今後、社会経済のグローバル化と統合が益々進展する中で、教育のグローバルガバナンスもさらに強化され、「世界の学校」にとっての重要な規定要因となっていくことが予想される。しかし、各国の政府や市民社会・教育界は教育のグローバルガバナンスの形成過程に参加できているのか、各国の教育ニーズや考え方はグローバルガバナンスの形成過程に反映されているか、といった疑念は残る。このような課題を克服するには、グローバルガバナンス形成過程への、各国政府や市民社会の積極的な参加と、現場の教育ニーズや考え方を国際社会に伝える努力が必要となり、国際社会としてもそうしたプロセスを担保する必要がある。また、各国政府は、国家としての学校教育を巡る政策決定・政策運営にグローバルガバナンスからの働きかけを、いかに選択的に活用するかの視点が必要となろう。

（黒田一雄）

［注］
(1) United Nations Commission on Global Governance. Our Global Neighbourhood: The Report of the Commission on Global Governance. Oxford University Press, 1995, 5.
(2) 黒田一雄「グローバル・ガバナンスと教育開発」小松太郎編『途上国世界の教育と開発——公正な世界を求めて』上智大学出版、2016年。
(3) 外務省(n.d.)『世界人権宣言』(United Nations, Universal declaration of human rights, Article 26, 1948)。
(4) 日本ユネスコ国内委員会『国際理解、国際協力及び国際平和のための教育並びに人権及び基本的自由についての教育に関する勧告（仮訳）』1974年。

執筆者紹介（名前、所属、分担：執筆順、*は編著者）

*二宮　皓（にのみや　あきら）
編著者略歴参照
まえがき、INTRODUCTION、CHAPTER12（共著）

卜部　匡司（うらべ　まさし）
広島市立大学国際学部教授
CHAPTER 1

京免　徹雄（きょうめん　てつお）
筑波大学人間系助教
CHAPTER 2（共著）

藤井　佐知子（ふじい　さちこ）
宇都宮大学理事・副学長
CHAPTER 2（共著）

田口　明子（たぐち　あきこ）
独・英日翻訳者
CHAPTER 3

吉田　重和（よしだ　しげかず）
新潟医療福祉大学健康科学部教授
CHAPTER 4

藤井　康子（ふじい　やすこ）
大分大学教育学部准教授
CHAPTER 5

髙橋　春菜（たかはし　はるな）
盛岡大学文学部准教授
CHAPTER 6（共著）

杉野　竜美（すぎの　たつみ）
神戸医療未来大学人間社会学部教授
CHAPTER 6（共著）

德永　俊太（とくなが　しゅんた）
京都教育大学連合教職実践研究科准教授
CHAPTER 6（共著）

林　寛平（はやし　かんぺい）
信州大学大学院教育学研究科准教授、
ウプサラ大学教育学部客員研究員
CHAPTER 7

渡邊　あや（わたなべ　あや）
津田塾大学学芸学部教授
CHAPTER 8

櫻井　里穂（さくらい　りほ）
広島大学ダイバーシティ研究センター准教授
CHAPTER 9、CHAPTER29

白鳥　絢也（しらとり　じゅんや）
常葉大学教育学部准教授
CHAPTER10

新井　浅浩（あらい　あさひろ）
元・城西大学副学長・経営学部教授
CHAPTER11（共著）

井田　浩之（いだ　ひろゆき）
城西大学教職課程センター助教
CHAPTER11（共著）

佐藤　仁（さとう　ひとし）
福岡大学人文学部教授
CHAPTER12（共著）

下村　智子（しもむら　ともこ）
三重大学高等教育デザイン・推進機構准教授
CHAPTER13

青木　麻衣子（あおき　まいこ）
北海道大学高等教育推進機構准教授
CHAPTER14

島津　礼子（しまず　れいこ）
広島大学教育学部教育研究補助職員
CHAPTER15

渋谷　英章（しぶや　ひであき）
東京学芸大学名誉教授
CHAPTER16

池田　充裕（いけだ　みつひろ）
山梨県立大学人間福祉学部教授
CHAPTER17

小野　由美子（おの　ゆみこ）
早稲田大学総合研究機構教師教育研究所招聘研究員
CHAPTER18

澤村　信英（さわむら　のぶひで）
大阪大学大学院人間科学研究科教授
CHAPTER19

谷口　京子（たにぐち　きょうこ）
広島大学大学院人間社会科学研究科准教授
CHAPTER20

奥田　久春（おくだ　ひさはる）
三重大学高等教育デザイン・推進機構特任講師
CHAPTER21

金　龍哲（じん　るんじょ）
東京福祉大学教育学部教授
CHAPTER22

杉村　美紀（すぎむら　みき）
上智大学総合人間科学部教授
CHAPTER23

澤野　由紀子（さわの　ゆきこ）
聖心女子大学現代教養学部教授
CHAPTER24

中島　悠介（なかじま　ゆうすけ）
大阪大谷大学教育学部准教授
CHAPTER25

中田　有紀（なかた　ゆき）
東洋大学アジア文化研究所客員研究員
CHAPTER26

鴨川　明子（かもがわ　あきこ）
山梨大学大学院総合研究部
教育学域准教授
CHAPTER27

日下部　達哉（くさかべ　たつや）
広島大学IDEC国際連携機構：教育開発
国際協力研究センター准教授
CHAPTER28

平田　利文（ひらた　としふみ）
大分大学名誉教授
CHAPTER30

田中　光晴（たなか　みつはる）
文部科学省総合教育政策局調査企画課専門職
CHAPTER31

黒田　一雄（くろだ　かずお）
早稲田大学大学院アジア太平洋研究科教授
CHAPTER32

編著者略歴

二宮 皓（にのみや・あきら）

広島大学名誉教授、UMAP（アジア太平洋大学交流機構）アンバサ
ダー。1945年鳥取県に生まれる。広島大学教育学部卒業、米コネチ
カット大学にフルブライト留学後、広島大学大学院修士課程修了、同
博士課程中退。その後、文部省（大臣官房調査課）、広島大学講師・
助教授・教授、広島大学理事・副学長、放送大学理事・副学長、比治
山大学学長、愛知みずほ短期大学特任教授を歴任。専門は比較・
国際教育学。中央教育審議会大学分科会臨時委員、スーパーグ
ローバルハイスクール（SGH）事業企画評価会議座長等を務める。

世界の学校
——— グローバル化する教育と学校生活のリアル

2023年 3 月31日　初版第1刷発行
2024年11月29日　初版第2刷発行

編著者　　二宮　皓
発行人　　鈴木　宣昭
発行所　　学事出版株式会社
　　　　　　〒101-0051　東京都千代田区神田神保町1-2-5
　　　　　　電話 03-3518-9655
　　　　　　HPアドレス　https://www.gakuji.co.jp
編集担当　二井　豪
編集協力　にこん社
デザイン・組版　弾デザイン事務所
印刷・製本　　研友社印刷株式会社
©Ninomiya Akira, 2023

これからの「学校」のあるべき姿を追究する Ⅳ

指導と評価の一体化を実現する授業事例集Ⅱ

横浜国立大学教育学部附属横浜中学校 編

学事出版

はじめに

○総合的な学習の時間を扇の要とする教育課程

　VUCA の時代（将来の予測がしにくいため，既存の価値観やビジネスモデルだけでは通用しない時代），学校教育にも望ましい未来につながるドラスティックな価値の転換が求められています。学習指導要領総則解説では，未来の担い手である子どもたちを対象に教科等横断的に育成を目指す資質・能力を学校ごとに明確化することを求め，これを学校経営に反映させ，児童生徒，教職員，保護者，学校に関わる様々な人々で共有し，力を合わせて教育活動の充実を図っていくというアイデアを重要なテーマとして取り上げています。

　こうした状況をふまえ，本校では，「柔軟な思考力と行動力でこれからの社会をよりよく生きていくための幅広い能力」という〈共通目標〉を定め，生徒，教職員，保護者，学校に関わる様々な立場の人が，本校の教育のゴールとしてこれを共有し，その育成を目指しています。教育活動の扇の要は総合的な学習の時間，TOFY（Time of Fuzoku Yokohama）です。TOFY においては，〈共通目標〉に連なる次の三つの力の育成を目指しています。

　① 自ら見出した課題について，見通しをもって多面的・多角的に考え調べる力
　② 得られた根拠を基にして，自らの考えを提言したり，思いを工夫して表現したりする力
　③ 調べたり提言したり表現したりすることを通して，自己の生き方について考える力

　生徒たちは，1 年次に自らが課題を設定し探究するために必要となる基礎的スキルとその活用方法をグループ別の課題探究実践を通して学び，2 年次から 3 年次には個人テーマを設定した研究に挑み，3 年の夏にその集大成となる研究レポートの執筆と全校規模の発表会に臨みます。長い時間をかけたパフォーマンス課題としてのレポート作成と発表においては，これまで積み重ねてきた教科等における学び，探究のプロセスで文献などから新たに獲得した知識やスキル，調査や実験，制作などを通して得られたデータを総合的・統合的に用いた考察と表現が繰り広げられます。

○教育課程の構造化が生み出す学校風土

　生徒たちにとって TOFY 発表会が中学校における学習に位置付く最大のパフォーマンス課題であるのと同様に，教師たちにとっては，学校研究発表会が自己成長のための年間を通じた最大の山場となっています。教師たちは，上述の〈共通目標〉を共有した上で，①〜③の目標を踏まえて自身が担う教科等の単元・題材をデザインし，それらを構成して年間指導計画を立案しています。そこには，「総合的な学習の時間」における探究のプロセスと「各教科等」における問題解決のプロセスを連動させ，教育活動全体を通して教科等横断的に接近を図る学校のゴールイメージ〈共通目標〉と，それを分学する，学習指導要領に示された各教科等の目標概念〈教科目標〉を，相即的に実現していこうというカリキュラム・マネジメント上のねらいがあります。このねらいに即して，教師たちは，教科等ごとの特質に応じた課題を設定し，生徒たちが対話的な関係の中で考え合い，ともに学びを積み上げながら力量形成を図ることができるように，学校研究を通して学習指導と学習評価を改善し続けています。そして，生徒たちは，その影響の基で各教科等における〈教科等の目標〉の実現を目指し，獲得した力を総動員して TOFY に取り組み，①〜③を実現

することを通して〈共通目標〉に迫っていきます。

　このように構造化された教育課程の基で，生徒が〈共通目標〉と〈教科等の目標〉にアプローチを図っている姿と，教師たちが組織を挙げて学校研究に勤しみ，励まし合いながら学習指導を洗練していこうとする姿はよく似ています。つまり，本校では，「教師⇒生徒」という関係を脱し，「生徒⇄教師」「生徒⇄生徒」「教師⇄教師」という学び合う関係性の中で，生徒と教師が互いをかけがえのない育成環境として相互作用的に育ち合っている様に見えます。教師の学びと生徒の学びが相似形となっているこの学校風土こそは，学校研究における大テーマ「これからの学校のあるべき姿」の一つの現れと捉えることができます。

○〔思考力，判断力，表現力等〕を育成するための教師のチャレンジ

　「これからの学校のあるべき姿を追究する」という大テーマを掲げ，カリキュラム・マネジメントの核となる学習評価に着目して取り組んできた学校研究も4ターム目を迎えました。本年度は副主題を，「〔思考力，判断力，表現力等〕を育成する授業づくり」と設定し，これを切り口にした各教科等の学習指導・学習評価の洗練にチャレンジします。

　〔思考力，判断力，表現力等〕は，①～③の力との連関を前提に各教科等の目標を着実に実現していく上で，もっとも重要な研究スキームであると考えます。それは，昨年度，副主題とした各教科等における［知識・技能］が，思考力・判断力・表現力を働かせる場を準備することによってはじめて，事実的な知識として覚える対象から，概念化されて使えるレベルまで高まるものであり，そのような［知識・技能］の獲得・更新と〔思考力，判断力，表現力等〕の豊かなスパイラルの形成こそが，学習者が学習課題を我がこととして捉え，熱心に課題に取り組んだり，学習の進め方を自ら調整したりする前向きな情意，すなわち［主体的に学習に取り組む態度］の涵養を可能にするものであると考えるからです。

　本校の教師たちは，既述した「生徒と教師が互いを育成環境として相互作用的に育ち合う環境」の中で，専門とする教科等の見方・考え方を大切にしながら生徒の問いの生成を促し，その問いへのアプローチの過程に，彼ら・彼女らが〔思考力，判断力，表現力等〕を発揮する場を仕掛けていきます。本研究発表会は，そのプロセスにおいて，教師たちが生徒の学びをどのように見取り，生徒の学習と自身の学習指導をどのように改善しようとしているのかを実践を通して詳らかにするものです。本書と授業の実際をご覧いただきますとともに，研究協議を通して，テーマに迫る実践とはいかなるものか，ともに考え合う研究発表会にできればと考えております。是非とも，忌憚のないご質問・ご意見等をおよせいただきますよう，よろしくお願い申し上げます。

　なお，今年度も本校の研究推進のために多くの方々からご指導とご助言をいただきました。京都大学大学院教育学研究科教授の西岡加名恵先生，大妻女子大学家政学部児童学科教授の澤井陽介先生，神奈川県・横浜市・川崎市・横須賀市各教育委員会の指導主事，横浜国立大学教育学部の共同研究者の諸先生方に拙書の巻頭を借りて厚く御礼申し上げます。

　令和5年11月

横浜国立大学教育学部
附 属 横 浜 中 学 校
校 長　松 原 雅 俊

これからの「学校」のあるべき姿を追究するⅣ

指導と評価の一体化を実現する授業事例集Ⅱ

第1部

基本的な考え方

※本書では，特に断りがない場合，次のように各資料を表記する。

本書での表記	正 式 名 称
『学習指導要領』	文部科学省（2017）「中学校学習指導要領」
『解説』	文部科学省（2017）「中学校学習指導要領解説○○編」
『答申』	中央教育審議会（2016）「幼稚園，小学校，中学校，高等学校及び特別支援学校の学習指導要領等の改善及び必要な方策等について（答申）」
『報告』	文部科学省（2019）「児童生徒の学習評価の在り方について（報告）」
『改善等通知』	文部科学省（2019）「小学校，中学校，高等学校及び特別支援学校等における児童生徒の学習評価及び指導要録の改善等について（通知)」
『参考資料』	国立教育政策研究所教育課程研究センター（2020）「『指導と評価の一体化』のための学習評価に関する参考資料（中学校　○○)」
『令和の日本型学校教育』	中央教育審議会（2021）「『令和の日本型学校教育』の構築を目指して〜全ての子供たちの可能性を引き出す，個別最適な学びと，協働的な学びの実現〜（答申)」
『附属横浜中』（2021）	横浜国立大学教育学部附属横浜中学校（2021）「これからの『学校』のあるべき姿を追究するⅠ　資質・能力の高まりを支える学習評価」，学事出版
『附属横浜中GIGA』（2021）	横浜国立大学教育学部附属横浜中学校（2021）「GIGA スクールを実現する 資質・能力の育成を支えるこれからの ICT 活用事例集」，学事出版
『附属横浜中』（2022）	横浜国立大学教育学部附属横浜中学校（2022）「これからの『学校』のあるべき姿を追究するⅡ　指導と評価の一体化を実現する学びのプロセス」，学事出版
『附属横浜中』（2023）	横浜国立大学教育学部附属横浜中学校（2023）「これからの『学校』のあるべき姿を追究するⅢ　指導と評価の一体化を実現する授業事例集」

これからの「学校」のあるべき姿を追究するⅣ

～〔思考力，判断力，表現力等〕を育成する授業づくり～

1　研究主題の設定の趣旨

（1）これまでの研究の歩み

　令和5年度を迎え，約3年間に渡るコロナ禍もようやく出口が見えてきた。奇しくもコロナ禍によって加速したGIGAスクール構想によって，生徒の学びやその有り様は多様になり，我々教師の指導観や評価観も大きく更新することを迫られてきた。今では文房具のように端末を扱って学習を進め，端末を用いていつでも莫大な情報源にアクセスし，自らの学びに生かしている姿が，どの教室でも見られるようになってきた。これまでの授業実践に一人一台端末が加わり，授業の在り方も様々なものになってきた。『令和の日本型学校教育』の中で，Society5.0時代の到来に向けて，AIやビッグデータ，IoTといった技術が発展した時代に対応できる資質・能力の育成が求められるということが述べられている。それらの資質・能力を育成するためには，まずは学校や教師が訪れる変化を前向きに受け止めたり，その変化に柔軟に対応したりすることが重要である。本校では，資質・能力を育成するために，これまでの豊富な授業実践の蓄積と一人一台端末の「ベストミックス」の実現を目指して取り組んできた（詳しくは『附属横浜中GIGA』(2021)を参照されたい）。

　また，令和2年度より，本校では，これからの時代を担う生徒たちが，身に付けた資質・能力を発揮し，時代の変化に応じて自らの資質・能力を更新しながら，よりよい人生を送っていけるようにするために，「学校」はどのような役割を果たすことができるのかを追究するべく，「これからの『学校』のあるべき姿を追究する」と，研究主題を設定した。そして，今年度はその研究の4年目を迎える。

（2）昨年度の成果と課題

　昨年度は「生きて働く〔知識・技能〕を育む指導と評価」を副主題として研究を進めてきた。三観点が関連しながら学習が進む中で，〔知識・技能〕をどのように指導し，どのように評価していくか，そして，〔思考・判断・表現〕との関連の中で生きて働いているかどうかなどを明らかにすることを試みてきた。その中で次のような成果と課題が見えてきた。

　三観点の評価について『報告』では，〔知識・技能〕は他の観点から切り離して指導・評価するものではなく，〔思考・判断・表現〕などと一体的に考えていく必要があると述べられている。昨年度の研究の中での取組の難しさの一つに，〔知識・技能〕を学習の過程で生きて働かせ，その習得状況を捉えて評価することが挙げられる。その〔知識・技能〕を学習の過程で，どのように表出させるか，また，〔思考・判断・表現〕する学習活動とどのように関連させるか等を明らかにしようと試みた。さらに，教科によっては〔思考・判断・表現〕する中で生きて働く〔知識・技能〕の「十分満足できる」状況（A）とは，どのような姿なのか，そして，Bと判断する

状況について，生徒が学習に取り組む姿で想定した場合の評価の信頼性と妥当性はあるのか等，［知識・技能］を量的に評価するのではなく，質的に評価することの難しさを感じた。

　この具体のイメージを教師がもつために，そして，他の教師と共有するために，本校では次の取組を行っている。

　　①日々の授業を自由に参観できる文化の継続

　　②研究部による提案授業と評価に関するモデレーション

　上の二つの取組は，職員が毎年入れ替わる中で，質を落とさずに研究を継続していくために，本校では欠かすことのできない研修の一環として毎年度取り組んでいる。①について，本校では学習プラン（以下，プラン）等を用いて授業を行っているため，プランを読めば生徒と同様に，学習の見通しや学習内容，評価規準や評価場面等を把握することができる。普段から互いの授業を見合うことで，教科の特性に応じた授業観や評価観，授業づくりや評価の方針等を教師同士で情報交換する機会がある。それに加えて，②研究部による提案授業を年度当初に行っている。ここでの授業は，研究テーマを意識した授業を研究部メンバーで練り，全職員が参観する形で授業を行っている。授業後は研究発表会と同様に，生徒による授業評価を行い，教師と生徒が一緒になって授業について振り返りを行っている。その後は，参観した教師全員で，授業で用いたワークシートの評価について，教師の指導のねらいや説明を聞いたり，プランに書かれている評価規準等を参考にしたりしながら評価を行う。学習評価について，教科の枠を越えて共有することで，［知識・技能］の高まりをどのように表出させ，どのように認めていくのか，それぞれの教科の特性に応じて考えるきっかけを作ることができた。

　また，評価についてモデレーションを行う中で，「おおむね満足できる」状況（B）に達していない状況が見られた生徒には，どのような手立て（フィードバック）をすればよいのかを考えた。そうすることによって，生徒全員に資質・能力を育成しなければならないということや，総括的な評価をして終わるのではなく，その評価を形成的な評価としても考え，生徒の学習の改善・教師の指導の改善，さらに単元や題材の授業全体を見直す，授業改善にまでつなげることができた。

　以上のように，昨年度は三観点を関連させながらも，［知識・技能］を切り口として，様々な気付きが得られ，指導と評価が一体化した授業づくりについて考えることができた。

2　今年度の研究の経緯

（1）今年度の研究副主題の設定

　今年度の副主題を考えていく際，昨年度の［知識・技能］の研究の成果を生かすために，［思考・判断・表現］に着目していきたいと教師間で合意を図った。なぜなら，『報告』では，「『思考・判断・表現』の評価は，各教科等の知識及び技能を活用して課題を解決する等のために必要な思考力，判断力，表現力等を身に付けているかどうかを評価するものである」と示されており，昨年度はここに示されている〔知識及び技能〕に着目したが，さらに学習指導と学習評価を充実させて，子どもの資質・能力を育成していくためには，知識や技能を発揮させる必要のある課題を設定したり，知識や技能を活用して解決しなければならない過程を通して学習を進めたり等，授業づくりの肝である「課題の設定」等が重要であるということが確認できたからだ。また，ここでいう，「各教科等の知識及び技能を活用して課題を解決する」という過程について，「答申」では次の三つが考えられると整理されており，各教科において求められる〔思考力，判

断力，表現力等〕を育成していく上では，こうした学習過程の違いに留意することが重要である
とされている。

- ・物事の中から課題を見いだし，その問題を定義し解決の方向性を決定し，解決方法を探して計画を立て，結果を予測しながら実行し，振り返って次の問題発見・解決につなげていく過程
- ・精査した情報を基に自分の考えを形成し，文章や発話によって表現したり，目的や場面，状況等に応じて互いの考えを適切に伝え合い，多様な考えを理解したり，集団として考えを形成したりしていく過程
- ・思いや考えを基に構想し，意味や価値を創造していく過程

　つまり，〔思考力，判断力，表現力等〕を育成するためには，上記のような学習の過程が充実していても（充実しているように見えていても），そこでの生徒の思考の過程において，育成した（い）［知識・技能］が活用されていなければならないことがうかがえる。そのため，昨年度の研究に加えて今年度は，学習の過程のさらなる充実を目指すために，研究の副主題を「〔思考力，判断力，表現力等〕を育成する授業づくり」として研究を進めた。

（2）教科の枠を越えて考える

　本校では毎月1回，悉皆の会議として研究会を行っている。研究会では，その年の研究について確認をしたり，互いの教科や授業を通して考えたことを話し合ったりしている。今年度も研究副主題について，教科の枠を越え研究していくために，研究会で「資質・能力を高める“問い”の工夫」について，自身の教科・授業等で工夫していることについての考えを共有した（図1）。

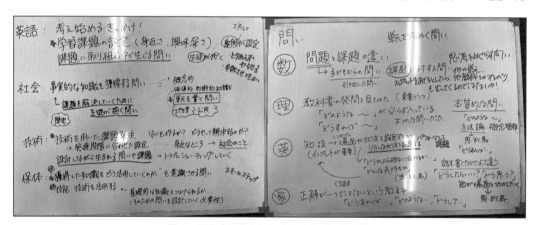

図1　研究会で共有したホワイトボードの例

　ここでは各教科における“問い”とは，どのようなイメージか。また，授業づくりにおいて“問い”がどのような機能を果たしているかということについて，共通理解を図った。すると，次のように整理をすることができた。

- ①：単元や題材を貫く問いとして，教師が与える問い
- ②：課題解決を目指す中で資質・能力を育成するために設定する学習課題としての問い
- ③：資質・能力を獲得する過程で生まれる生徒から発する問い（疑問や仮説等）
- ④：教科の見方・考え方に関わる本質的な問い
- ⑤：②と③に関わり，学習の過程の中における“大きな問い”と“小さな問い”

本校の教師集団の強みでもあるが，以上のような整理を行う際も，「自身の教科で考えるとどのように解釈できるか」や「自身の教科に生かせないか」等，教科の特性が異なることを前提としながらも，その違いを前向きに捉えて自身の教科に生かそうとする姿勢が見られる。今年度は①〜⑤に見られるような"問い"について，各教科で考えを整理（図2）し，またプロセス重視の指導案の4ページ目下段（詳しくはP16を参照）で問いの工夫についてを明らかにしながら実践に取り組んでいった。

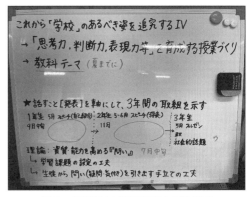

図2　英語科内で共通理解を図る様子

（3）4月の研究会〜澤井先生による講演〜

4月，大妻女子大学教授の澤井陽介氏を講師に招き，研修会を行った。講演等で全国的に活躍する同氏から，まずは評価の変遷を学んだ。そういった「評価」に関するこれまでの流れを学んだ上で，改めて評価"規準"を考えていく上での大切なポイント，質的に捉える意味合い，学習評価の信頼性や妥当性の高め方等についてご教授いただいた。特に，原典である中学校学習指導要領に立ち戻り，「創意工夫の中で学習評価の妥当性や信頼性が高められるように，組織的かつ計画的な取組を推進するとともに，学年や学校段階を越えて児童（生徒）の学習の成果が円滑に接続するように工夫すること」が大切であること，学習指導をしているからこそ学習評価ができるのだということを改めて確認する契機となった。

また，講演の中で特に印象に残っているのは，「評価をする際は漏れなく・満遍なく評価材料を集める努力をしなければならない」という言葉である。先述した評価を質的に捉えることと合わせて考えると，改めて評価計画の重要性が確認できた。本校では，プランを活用して授業を行ってきているので，評価物だけでなく，評価規準や評価場面，評価方法まで事前に十分に計画を練っている。さらにこのプランは生徒と共有しているた

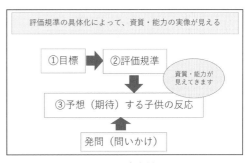

図3　講演会資料より

め，教師と生徒の合意の基で授業が展開され，評価についても信頼性と妥当性を担保されていると捉えられる。そして，評価規準を示すだけでなく，評価規準から学習の過程において，どのような子どもの姿を想像するか・どのような姿が表出することを期待するかを具体的にイメージすることによって，資質・能力の実像が見えてくるという示唆もいただいた。このようなイメージを教師がもつことによって，全員が「概ね満足できる」状況と判断できるか，つまり資質・能力が育成されたかどうかが評価しやすくなり，また，「努力を要する」状況にある生徒を発見しやすくなる。そして同氏は，「努力を要する」状況にある生徒に対しては，「即時に」指導や助言を行うなど，指導や授業の改善を行うことの重要性についても触れ，改めて共通理解を図ることができた。異動などで職員が入れ替わる中，学習指導と学習評価における大切な考え方を教授いただ

き，年度の初めに今年度の研究の方向性に関わる貴重な示唆をいただく機会となった。

（4）5月の研究会〜国語科　土持教諭による提案授業〜

　今年度の研究副主題に基づく授業研究は，第3学年の国語の授業をモデルとして行った。「1年生が最初に出会う"物語文"を提案しよう」という，単元における学習課題を設定し，授業を行った。（本単元の授業実践は，『附属横浜中』（2021）（p21）のコロナ禍の実践を，対面形式に再構築して行った実践である。）

　本単元では，［思考・判断・表現］における文章を批判的に読みながら文章に表れているものの見方や考え方について考えるといった「精査・解釈」についての指導事項を扱った。土持教諭は生徒自身が読んでいる作品も含めたいくつかの作品から1年生が出会う物語文としてふさわしいものを提案するという，生徒自らが学習に取り組みたいと思えるような学習課題を設定した。また，目標とする資質・能力から離れたところで思考させないために，観点を教師側で示し，生徒に比較させた。考える視点を教師側が示すことで目標とする資質・能力を確実に育成することに加え，考えるポイントが焦点化され生徒の交流の質も高まっていた。

　さらに，生徒が自らの思考を可視化し，他者の考えとの共通点や相違点を把握しやすくできるようにレーダーチャートを用いて分析させた（図4）。交流の場面では共通点や相違点に着目して，「なんでそう思うの」と問う姿が多く見られた。

　このように生徒たちは考えを交流するだけでなく，価値判断の基準となった理由や根拠についても交流するなど，他者から学ぶことを大切にしていることが分かる。授業後に実施した生徒インタビューでは，ある生徒は「3年間の学習を通して友達から学べることがとても多かった。まずは自分の考えをもち，その後，異なる価値観に触れることで自分の考えを広げたり深

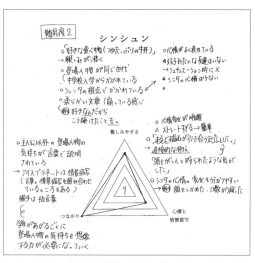

図4　生徒が記述したレーダーチャート

めたりできた。」と述べている。他者と交流することは生徒の学びを充実させることにつながっていることが分かる。土持教諭は，本単元の成果と課題について，以下のように振り返っている。

　本単元の授業を構想する上で最も考えたのは「学習課題」の設定である。本校の国語科では，単元における学習課題の設定を大切にしている。生徒は学習課題を解決する中で，育成したい資質・能力を獲得していく。このような授業の流れが大切であることを，本校の国語科では共有している。つまり，国語科の授業づくりとして最も重要な部分は，学習課題（問い）であると考えている。

　さらに，その学習課題を生徒へどのように提示するか（見せるか，出合わせるか），も授業づくりの重要なポイントである。例えば，本単元では，「1年生が最初に出会う"物語文"を提案しよう！〜文章を批判的に読みながら，文章に表れているものの見方や考え方につい

て考える単元〜」と生徒に示した。このように生徒に示すことによって，生徒は「どのような学習活動なのか（１年生が最初に出会う"物語文"を提案しよう！）」と「ここで身に付ける資質・能力は何か（文章を批判的に読みながら，文章に表れているものの見方や考え方について考える）」を，単元名から知ることができ，単元の学習の見通しをもつことにも繋がると考えられる（その他，実践編を参照されたい）。

　学習課題やその示し方を工夫することによって，本単元の学習は生徒にとってワクワク感があり，生徒が主体となって学習が進んでいったように思う。授業では，育成したい資質・能力から離れたところで思考させないためにも，比較する３つの観点を設定し，作品同士を批評しやすくした。また，レーダーチャートを用いて分析させるなどの工夫をすることで，自分の思考や判断を可視化し，考えが把握しやすくなったことに加え，他者との共有でも互いの考えの違いをすぐに把握できるようになった。参観していた教師からは，比較する観点から生徒に考えさせてもよいのではないか，という意見も出たが，作品を比較するには専門的な視点が必要なことに加え，ここで付けたい力と離れたところで時間を多く使ってしまうため，教師から示すことにした。さらに，教師が観点を示すことによって，生徒は他者のレーダーチャートを見て瞬時に自分の考えとどのような点で異なるかを判断できるようになった。このように，単元の中で資質・能力を意図的・計画的に育成するためには，生徒が自由に思考できる場面と，思考の枠組を教師が規定する部分を作ることが効果的であるように思う。生徒が自由に思考し，判断・表現できる場面の時は，生徒の思考が広がったり深まったりするような"問い"を教師が与えることが有効であると感じた。また，学習の過程で，生徒自身が疑問や問いをもつような場面もあった。そういった主体的に生み出された生徒の"問い"については，資質・能力の獲得に向けて教師が導くような，手立てが重要となり，今後の授業づくりにおいて課題としていきたい。

　土持教諭は本実践で生徒が学習に進んで取り組みたくなるような学習課題を工夫し，目標となる資質・能力と学習活動が分かるような単元名を生徒に示した。そうすることで，生徒は意欲をもって学習に取り組むとともに学習する意義を理解し，主体的に学ぶことに繋がった。また，生徒が自由に考えられる場面と教師が指導を行う場面を意図的に作り出し，生徒が主体的に学習に取り組みながら資質・能力を高めることにつなげた。そして，自分の思考に気付いたり，他者と比較したりすることが可能なワークシートの工夫も生徒の資質・能力を高めるために大切だということが分かった。上記の実践を参考に，各教科の実践をスタートさせた。

3　成果と今後への課題
○学習指導と学習評価のさらなる充実を目指して

　今年度は，昨年度の〔知識及び技能〕の研究を踏まえて，〔思考力，判断力，表現力等〕の育成を目指して研究を進めてきた。研究を進める中で，次のような気付きがあった。

　①教師から問い（学習課題や単元を貫く問いなど）を与えることで，育成したい資質・能力の獲得に向けて，意図的・計画的に学習指導・学習評価が行えるようになった。

　②生徒からの問い（疑問など）から出発したり，生かしたりすることで，生徒が主体となって授業を展開することができるようになった。

　上記の２点は，教師の授業観や評価観，教科の特性や単元や題材などによって，様々な考え方

ができる。どちらか一方が正しく，もう一方が間違っているわけではない。①の要素が強く出ると，生徒は教師が敷いたレールの上を走り続けるだけとなり，②の要素が強く出ると，本来教師が育成したかった資質・能力とは離れたところで問いを立ててしまうことが危惧される。これらを単元や題材のまとまりの中で，バランスよく展開することで，生徒が主体的に学習に取り組め，学習指導と学習評価がさらに充実してくると考えられる。また，〔思考力，判断力，表現力等〕を育成するには，〔知識及び技能〕を活用して，課題解決を図ったり，学習に取り組んだりさせなければならない。それらを繋ぐ役目として，今年度は"問い"に着目した（各教科の「指導と評価の一体化」を目指した実践については，第2部「各教科の実践」を参照されたい）。二つの観点を関連させて授業を行うことで，資質・能力が発揮された具体の姿がよりイメージしやすくなり，学習指導と学習評価の改善ならびに授業づくりにおいて成果があったように感じる。例えば，"問い"を工夫し，［知識・技能］と［思考・判断・表現］の二つの観点を関連させながら資質・能力を目指してきた授業の過程で，「概ね満足できる」状況を捉えやすくなった。また，同時に「努力を要する」状況が見られた場合，学習の改善を促すフィードバックや，授業改善を即時に行うことができるようになってきたことが例として挙げられる。指導と評価の一体化を実現する授業実践を追究する中で，以上のような成果が得られた。

　成果を感じた一方で，［知識・技能］と［思考・判断・表現］の二つの観点を一体的に発揮させ，生徒の学習の過程が充実すればするほど，［主体的に学習に取り組む態度］との差異や，評価に難しさを感じる場面もあった。［主体的に学習に取り組む態度］の評価に関して，『報告』では，「『主体的に学習に取り組む態度』に係る各教科の評価の観点の趣旨に照らし，①知識及び技能を獲得したり，思考力，判断力，表現力等を身に付けたりすることに向けた粘り強い取組を行おうとする側面と，②①の粘り強い取組を行う中で，自らの学習を調整しようとする側面，という二つの側面を評価することが求められる。」とあり，他の観点と密接に関わっていることが分かる。「指導と評価の一体化」を実現するためには，事前に評価計画を立て，評価する場面や評価方法等を十分に検討していく必要があると感じた。4月の研修会の中で澤井氏は，評価する場面や頻度について，「日々の授業の中では，学習状況を把握して指導に生かすことを重視し，記録については，原則として単元などのまとまりごとに，それぞれの実現状況が把握できる段階で」評価することと述べており，授業づくりと授業改善，学習評価の重要性を改めて確認することができた。

　今後は，学習指導と学習評価の一体化に向けて，さらなる授業改善を図っていくとともに，改めて学習指導要領が示す趣旨を理解し，日々の授業づくりや授業改善に生かしていきたい。また，三観点が関連する中での［主体的に学習に取り組む態度］の指導と評価について，学校単位で今後も追究していきたい。

●参考・引用文献
・澤井陽介（2022）『できる評価・続けられる評価』，東洋館出版社。

〈今年度の「プロセス重視の学習指導案」の見方〉

プロセス重視の学習指導案

国語科　学習指導案

横浜国立大学教育学部附属横浜中学校　　土持　知也

1　対象・日時　　3 年 C 組　令和 5 年 4 月 20 日（木）6 校時

2　本単元で育成したい国語科の資質・能力（評価規準）

> 本単元（題材）で，目標となる指導事項について，『参考資料』における「内容のまとまりごとの評価規準」の考え方等を踏まえて本単元（題材）の評価規準を作成する。なお，「単元（題材）の目標」を兼ねるものとして扱い，重複を避けるため「単元（題材）の目標」という項目は設けない。

知識・技能	思考・判断・表現	
①自分の生き方や社会との関わり方を支える読書の意義と効用について理解している。	①「読むこと」において，文章を批判的に読みながら，文章に表れているものの見方や考え方について考えている。	①学習課題に沿って文章を読み，本単元（題材）の内容に関する説明を，その単元の意義や生徒にとっての学びの必然性を踏まえて記載する。

3　単元「文章を批判的に読みながら，文章に表れているものの見方や考え方について考えて，1 年生が最初に出会う "物語文" を提案しよう！」について

　　本単元では資質・能力を育成するために，「1 年生が最初に出会う "物語文" を提案する」という学習課題を設定する。教科書教材の中で，1 番最初に生徒が出会う「物語文」は，言い換えると，その教科書の "顔" と言っても過言ではない。その証拠に，本単元で扱う 2 社の 2・3 年生の教科書の 4 月に扱うと想定されている物語文は，いわゆる名作と言われる定番教材が並んでいる。しかし，1 年生の教科書だけにおいては，事情が違う。各社ともに，1 年生が最初に出会う物語文は，教科書のために新しく書かれた "書き下ろし" の作品が並んでいる。どの作品も，新しい学校生活に向けての不安や思春期という難しい時期を迎えた，生徒と同年代の人物が登場し，共感しやすいのが特徴である。また，情景描写によって登場人物の心情が表されるという特徴もある。本単元では，それらの作品を読み，精査・解釈していく中で，時に自分の 3 年間の生活を振り返ったり，また，2・3 年生で出会った『アイスプラネット』『握手』の 2 つの作品との関連を考えたりしながら，これから入学してくる 1 年生と出会わせたい作品を，各自が根拠をもって提案できることを目指したい。

　　扱うテキストは既習の題材を含めて 4 作品とし，それぞれの作品のもつ特徴を，観点を明確にしながら比較させる。観点はレーダーチャートを用いて比較させたり順序付けをさせたりし，それぞれの作品にどのような特徴が見られるのか，本文の叙述を根拠にしながら考えをもたせる。生徒が文章を精査・解釈し，批判的に読みながら，さらに 2・3 年生の最初に出会う物語文との関連性や，3 年間に出会う教科書教材の構成なども踏まえて思考することを通して，自分の意見をもとうとする生徒の姿を期待する。

4　生徒の学びの履歴

> 教科の本質を踏まえて，生徒のこれまでの学びと本単元（題材）との関連性について説明する（生徒の学びに対する教師の願いなども含める）。

　　これまでの「読むこと」の学習の中では，複数の情報を整理しながら適切な情報を得て内容を解釈したり，登場人物の言動の意味などについて考えて解釈したり，観点を明確にして文章を比較し，構成や論理の展開，表現の効果について考えたりするなどの学習課題を通して，文章を「精査・解釈」する力を身に付けてきた。本単元では，これまでに身に付けてきた文章を読んで精査・解釈する力を発揮できる課題を設定した。さらに，生徒それぞれが精査・解釈した内容を共有したり，意見を交流したりすることを通して自分の読みを確かめ，それを支えるより確かな根拠を基に 1 年生が最初に出会う「物語文」を提案させていきたい。

　　共有や交流では，2 年生での「書くこと」の「読み手からの助言などを踏まえ」た授業での言語活動や，昨年度の「読むこと」の授業（名作!?『盆土産』があることの意味を見出そう！）を想起しながら，「感想・質問・意見・助言・提案」など，自分や相手にとって有用なものになるようなやりとりを目指していく。

5　資質・能力育成のプロセス（6時間扱い，本時□は4時間目）

次	時	評価規準（想定する「Bと判断する状況」） （丸番号は，2の評価規準の番号）	【　】内は評価方法 及び
			「指導に生かす評価」の主な評価方法の具体として「観察」「点検」「確認」を使い分ける。「観察」「点検」は，机間指導などを通して評価規準が求めている行動や記述が行えているかを見取ったり，発問の妥当性など授業者の指導改善へとつなげたりするものであり，「確認」は評価規準に到達できているかどうかを個々のワークシートや提出物などから見取り判断するものである。
1	1－3	見開き（pp.2-3）で，単元等における授業者の指導と評価，生徒の活動を概観できるように記載する。	
		知①　自分の生き方や社会との関わり方を支える読書の意義と効用について理解している。（○）	【ワークシートの記述の確認】 C：レーダーチャートを比較しながら，それぞれの作品にどのような特徴があるのか，本文を根拠に考えをもつように助言する。
			「記録に残す評価」は，「点検」「確認」を踏まえて，評価規準に照らして記述やパフォーマンスの質を吟味し「分析」を行うことが，主な評価方法である。
		思①　文章を批判的に読みながら，文章に表れているものの見方や考え方について考えている。（○）	【ワークシートの記述の点検・分析】 C：本文に線を引かせたり，文章を比較させたりしながら，本文から根拠を求めて観点ごとに考えをまとめるように促す。
		評価の観点と丸番号は，＜指導案－p.1＞の2「本単元で育成したい資質・能力（評価規準）」に対応して記載する。その際「知識・技能」の観点は，教科によってその特性に応じて，「知」と「技」に分けて表記する。評価規準の抽象度が高いと判断する場合，学習活動に沿ってより具体化した表現にする。特に国語科の場合は，「内容のまとまりの評価規準」がそのまま単元の評価規準となるため，「記録に残す評価」をする際に【Bと判断する状況の例】を示すこととする。なお本書籍の第2部「各教科の実践」では，丸番号は省略している。	
2	4－5	態①　学習課題に沿って文章を読み，考えたことを進んで伝え合い，自分の意見をもとうとしている。（○◎） 【Bと判断する状況の例】 　互いの考えが広がったり深まったりするやり取りを行い，それを踏まえて自分の考えをもとうとしている。	【交流時の加筆の確認・分析】 C：互いの考えが広がったり深まったりする交流の例を提示する。
		効果的な学習評価が行えるように，指導に生かす評価（○）と記録に残す評価（◎）を区別して，整理している。	
3	6	思①【Bと判断する状況の例】 文章を読んだり交流を通したりして，1年生が最初に出会う「物語文」を提案している。（◎） 【Bと判断する状況の例】 各文章を読んで，レーダーチャートを用いて観点ごとに分析し，学習課題について考えをもっている。	【ワークシートの記述の分析】 C：本文を再読したりレーダーチャートを見返したりして，1年生が最初に出会う物語文を選ぶように助言する。

主たる学習活動	指導上の留意点	時
・学習プランと学びの手引きで，本単元の見通しをもつ。 ・『握手』『故郷』を読む。 ・本単元の学習課題を確認する。 【課題】 １年生が最初に出会うのにふさわしい「物語文」を提案しよう！ ・４つの物語文を読み内容をつかむ。 本単元（題材）の中心となる学習課題や単元を貫く問題意識を□で囲んで提示する。 ・レーダーチャートを用いて比較した観点について，それぞれの根拠となる内容を，本文を参考にまとめる。 ・学習課題について，自分の考えをまとめる。	・学習プランと学びの手引きを示しながら，学習の流れと身に付けたい資質・能力を確認し，これまでの学習を生かして取り組むように意識させる。 ・見通しでは，観点を設定して作品を比較することを確認し，意識しながら作品を読むように促す。（共通の観点：親しみやすさ，心情と情景描写との関係，『アイスプラネット』『握手』とのつながり） ・観点ごとに比較しながら読む際は，本文に線を引いたり，書き込みをしたりしながら読むように促す。 ・レーダーチャートで比較する観点は３つとし，本文からそれぞれ根拠となる記述を抜き出し，一覧できるようにワークシートにまとめる。 ・次時の交流で考えを伝える見通しをもたせるために，自分の考えをまとめさせる。	1 ｜ 3
・レーダーチャートにまとめた内容を基に，ここまでの自分の考え（提案内容）を共有する。 ・自分と他者のレーダーチャートを比較したり，お互いの考えを共有したりする中で，参考になる考えをワークシートに色ペンで加筆する。 ・他者の提案やレーダーチャート，共有でのやり取りを踏まえ，自分の考えをまとめ直す。	・これまでの学習を想起しながら「批評」した内容を交流するように助言する ・３年生の学習の視点「相手を説得する」を少しだけ意識しながら交流するように促す。 ・考えが広がったり深まったりするようなやりとりを目指すように促す。 ・質問や疑問，気になるやりとりなど，粘り強く確認するように促す。 ・ワークシートには色ペンで加筆させ，レーダーチャートも色ペンで修正するように促す。	4 ｜ 5
・本単元の振り返りをする。 　○振り返りの視点の例 "最初の考え"からどのように考えが広がったり，深まったり，変わったりしたのか，学習の過程を想起しながら振り返ろう。	・レーダーチャートを見返したり，授業の具体的な場面に触れたりしながら，学習の振り返りをさせる。	6

6 学びの実現に向けた授業デザイン

【「学びに向かう力」が高まっている生徒の姿】
交流を通して考えを広げたり深めたりしながら，1年生が最初に出会う「物語文」を提案しようとしている姿

> 本単元（題材）を通じて「『学びに向かう力』の高まりがこんな姿で表出されると望ましい」と思える姿を書く。＜指導案－p.1＞の2における「主体的に学習に取り組む態度」に感性や思いやり等を加え，他の二つの観点との関わりを意識して設定する。ここで描かれる姿が本単元（題材）で実現を目指す姿（単元の目標）となる。

【「学びに向かう力」を高めていくための指導と評価】
〇観点別学習状況のあり方
1．「知識・技能」の指導と評価
　本単元では，「自分の生き方や社会との関わり方を支える読書の意義と効用」に着目させていく。生徒にとって読書は，どのような人生を送ろうかと考えたり，判断したりしていく参考になるだけでなく，自分の生き方や社会と自分との関わり方を支えていくものになっていくと言える。そこで本単元では，これまで読んできた物語文を振り返ったり，1年生がこれから出会う物語文とのつながりを考えさせたりする学習課題を設定した。その学習課題を解決しようとする中で，日々の読書生活を振り返ったり，TOFYの学習における文献調査を想起させたりしながら，自身の読書についての意義や効用について実感させていきたい。

2．「思考・判断・表現」の指導と評価
　本単元では，（物語文を批評する）をもつという言語活動を通して，各作品を分析させた。

> 上記の「生徒の姿」の実現に向けた指導と評価の工夫を，観点別に1〜3に分けて記載する。本書籍理論編で整理した指導と評価の工夫を基に，教科の特質や学習課題に応じて具体的に説明している。

レーダーチャートの数値は本文を根拠とし，それぞれの作品における各目の分析を1枚のワークシートで一覧できるよう可視化させた。交流では観点ごとに自分の考えと比較させ，気付きや評価，相手の考えが広がったり深まったりするようなやりとりをするように促す。また，よいやりとりは全体で共有したり，価値付けたりして，交流の質が高まるように意図的に活動に介入していく。
　そして，考えの記述では，各文章を読んで精査・解釈したものの見方や考え方から，生徒を取り巻く環境や今まで送ってきた学校生活などについて思いを巡らせ，これから入学してくる1年生が最初に出会う「物語文」を提案させていきたい。それぞれの考えを広げ深める交流では，各自のワークシートに色ペンで加筆させ，レーダーチャートに変化があった場合も修正するように促し，学習の前後でどのような変化があったのかを明確にさせる。そして，考えを修正・訂正する際は，どうして変えるのか，また，誰との交流が自分の考えに影響を与えたのかなど，変容に至った過程・経緯を意識するように促す。

3．「主体的に学習に取り組む態度」の指導と評価
　本単元では，身に付けてきた「読むこと」の力に加えて，学習課題を解決していくための様々な言語活動の経験が，考えを広げ深めるのに役立つように意図的に言語活動を設定した。例えば，交流する場面では，お互いの色々なレベルの気付き（感想・質問・意見・助言・提案など）があることを意識させた。共有の場面ではそれらの気付きの中でも特に自分の考えに影響がある内容を色ペンでワークシートに加筆させることによって，

> 上記の「生徒の姿」（特に［思考・判断・表現］に関わる部分）を実現するために，ここでは〝問い〟の工夫について整理している。

させるように促した。そして自分の考えをもとうとする〜〜〜〜〜〜ることによって「学びに向かう力」の高まりを支えることを目指す。

〇資質・能力を高める〝問い〟の工夫
　本単元では，学習課題を「1年生が最初に出会う〝物語文〟を提案しよう！」とし，自分たちがこれまで読んできた作品に加えた数作品の中から提案を考えるという，生徒にとってワクワク感がもてる課題設定とした。生徒にとってワクワク感があり，魅力的な課題を提示できると〜〜〜〜

> 本単元（題材）の学習課題の解決に必要だと考えられる指導事項を，既習事項を含めて整理する。「学びを支える」という意味で授業デザインの最下段にまとめている。

いためにも，ここでは比較〜〜〜〜〜〜〜〜〜〜〜〜〜〜〜〜〜〜〜〜〜〜違いをすぐに把握できるようにレーダーチャート〜〜〜〜〜させるなどの工夫もしている。また，本単元では文字作品でのものや，3年間の教科書の構成を〝批評する〟こ〜〜〜〜〜〜ので，生徒同士の共有の場面では，価値判断の基準となった理由や根拠について，「どうしてそう思うの？」とい〜〜〜〜を大切にさせて活動を進めていく。

【本単元での指導事項】 ※（既習）は既習事項
・自分の生き方や社会との関わり方を支える読書の意義と効用について理解すること。（3年 知識及び技能 （3）オ）
・文章を批判的に読みながら，文章に表れているものの見方や考え方について考えること。（3年 読むこと イ）

【本単元における，総合的な学習の時間（TOFY）とのつながり】
・本単元で身に付けた力は，TOFY研究の文献調査における考えの形成に役立つと考えられる。また，日頃から読書に親しむことが自分の考えを広げたり深めたりする〜〜上で大きな意義のある活動であると実感させ，TOFY研究において幅広い文献調査へつながる単元になると考えられ〜〜〜〜

> 本単元（題材）での学びが，総合的な学習の時間のどのような側面に生かされるのかを整理する。なお，それぞれの学びは往還によってより高まっていくものと考え，矢印を双方向で示している。

●参考文献
・明治図書『実践国語教育』（2020）6／7月号，pp.42-45. 山梨県教育委員会指導主事　冨髙勇樹。

探究課題の解決を通して資質・能力の育成を目指す 本校の特色ある教育活動「TOFY」について

1　課題設定のためのプロセスと指導の工夫

（1）本校の総合的な学習の時間について

　本校の総合的な学習の時間における探究活動 TOFY（Time Of Fuzoku Yokohama）は，生徒自らが抱く疑問などを基にテーマを設定し，それを明らかにするために調査や考察・実験・制作し，新たな提言を行う学習である。「探究的な見方・考え方」を働かせて行うことを通して，よりよく課題を解決し，自己の生き方を考えていくための「資質・能力」を育成することを目指している（詳細は『附属横浜中』（2020〜2022）を参照）。

　「探究的な見方・考え方」を働かせるためには，4つの過程「課題の設定」「情報の収集」「整理・分析」「まとめ・表現」が重要である。1年次では，4つの過程の一連の流れを理解するとともに，基礎を体験的に学習していく。2年次から個人探究活動に入る中で，前期のほとんどの時間を探究課題の設定に充てている。自分をよく知ることから始め，自分が興味や関心をもっているものとはなにか，曼荼羅チャートを用いて引き出させる。本稿では，とくに探究の鍵ともなる「課題の設定」について記述する。

（2）1年生の TOFY

　1年次「課題の設定」の導入として，「なぜを見つけよう」という問いが設定されている。この課題では，「食事の場面のなぜは？」という問いを取り上げ，それぞれの生徒が発見した「なぜ」（たとえば，「なぜ日本人は箸を使うの？」など）を付箋に書き込んでいく。次に，各班でホワイトボードに付箋を貼り，それらを教科と関連付けながらグルーピングしていく（図1）。最後に，「なぜ」を見つける際には，どのような視点に注目したのかについて，ワークシートに記入する。この活動を通して，日常の出来事に疑問を感じる力を養うことを目指している。

　4つ全ての過程を学び終えた段階で，再び全体像を見ながら，後期や次年度以降の発表を意識して振り返りをする中で，多くの生徒が気付きとして「課題の設定」の重要性を挙げている。4つの過程の導入部分となる課題の根拠や目的が曖昧なまま進むと，探究が深まらず，後続の3つの過程に繋がって

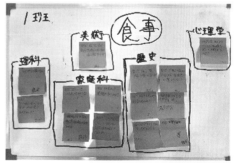

図1　1年生　疑問の分類分け

いかない。そのため，日常の中から続けやすく広げられる「問い」を探すことが重要である。そこで，日常生活や授業で生まれた疑問を，教科との関連を意識しながらワークシートやメモに日々書き溜めておく。後期では，生徒一人一人が収集したこれらの「なぜ」を班ごとで集約し，3年生からのアドバイスも受けながら一つの研究テーマに絞り，後期グループ発表や，その先にある2・3年次の成果発表会へと繋げていく。

（3）2年生のTOFY

2年次の前期は，生徒が自らの疑問や興味・関心を顕在化させ，個人の探究活動のテーマとなる課題を設定していく。課題の設定は，思考ツールを活用し，生徒が自分自身の興味や関心に向き合える工夫や場面づくりを行っている。本校の掲げるTOFYの目標である「自ら見いだした課題について，見通しをもって多面的・多角的に考え調べると共に，得られた根拠を基にした判断，提言，思いを工夫して表現し，自己の生き方について考えることができる」を達成するためには，「探究するにふさわしい探究課題の設定」が重要である。そのため，2年生の前期は，ほとんどの時間を探究課題の設定に充てている。自分をよく知ることから始め，自分が興味や関心をもっているものは何か，生徒自身の身近なところから「問い」を生み，その解決の手立てについても先を見通して考え，課題を発見する機会を設けている。特に，「問い」を引き出すためには，次の2つの工夫を行っている。

1つ目は，まず生徒は「自己分析」を行い，自分の特徴や興味・関心を客観的に見つめ直す。次に，心にひっかかった内容をできるだけ数多く挙げさせ，マッピングを用い，言葉に表すことでテーマ設定における選択肢を拡げる。2つ目は，「曼荼羅チャート」により，知識を細分化し，出し尽くしていく。このプロセスでの狙いは，自分がそのことについてどのくらい知っているのか，またどのくらい知らないのかを自覚させることである。探究していきたいキーワードが固まってきたら，「5W1Hマップ」により「問い」を創出する。

最後は，「テーマ設定用紙」（**図2**）を作成し，研究の結論と過程の見通しを立て，さらに研究方法や研究内容を考える。「探究するにふさわしい探究課題の設定」にするため，生徒のテーマ（問い）が不適切ではないのか，研究の見通しを立てることができないのではないのか，教師は生徒と何度も意見を共有する。何を知りたいのか，どのように研究するのかを細かく話し合うことで，探究活動の明確な見通しをもたせる。

今後の課題は，生徒が「研究をどのように進めていくか」という「問い」を見つける機会が少なく，苦労している様子が見られるということである。どのような方法で「問い」を解決できるのかを，生徒に事前に様々な文献を読ませる時間を設け，研究方法についての学習を授業に取り組む必要性を感じた。研究活動における最重要ポイントである課題の設定をどのように行うのか，今後も探っていく。

図2 テーマ設定用紙

（4）3年生の「TOFY」各講座の取組

○人文科学講座

「Fy 生が読みたいと思う文庫本の帯とは」

　生徒Aは，帯を工夫することによって，「この本を読みたい」と思わせることができるのでは

ないか，また，本をもっと多くの人に手に取ってもらえる
ではないかと考え研究を始めた。研究は，インターネッ
ト・文献・アンケート調査を中心に行った。テーマを設定
する際，研究の成果を明らかなものとしていくために，読
みたいと思わせる相手や状況を絞る必要性があると考え，
「Fy 生が読みたいと思う文庫本」と，対象を絞り込んだ。

図1　帯の構成

　まず，一般的な帯の特徴（**図1**）について調べ，帯のそ
れぞれの面（表紙・裏表紙・袖）には，宣伝などの様々な
役割があることを確認した。次に，生徒Aはマーケティングの「セグメンテーション（顧客とな
る可能性のある集団の中から共通のニーズを見出し，サービスを提供するために集団を細分化す
ること）」と「ターゲティング（細分化された集団から利益が得られる集団を探すこと）」に着目
し，研究対象である Fy 生をマーケティングの視点から分析するためにアンケート調査を行った。

Fy 生へのアンケート調査からは，帯に求める情報（**図2**）
として，「あらすじ」という意見が最も多いことが分かっ
た。一方，本を買う（読む）きっかけに帯を見ている人は
2％しかいないことが分かった。また，Fy 生が最も興味を
もっている本のジャンルが，ファンタジーとミステリーで
あることも調査から分かった。帯が本を買う（読む）きっ
かけにほとんどなっていない Fy 生に対して，「帯を工夫す
ることによって，好みのジャンル以外の本にも興味をもっ
てもらえることが研究のゴールに近付く」と生徒Aは考え

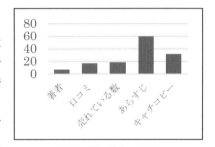

図2　帯に欲しい情報

た。さらに，インターネット調査から，帯にはいくつかの特徴（実績強調型・内容紹介文型・推
薦文型・詩的表現型）があることが分かった。Fy 生のニーズを調査するために，ミステリーとフ
ァンタジーのジャンルから帯を作成する本をそれぞれ決め，上記の4つの特徴をもった帯を作成
し（**図3**），追加のアンケート調査を行った。追加のアンケートでは，ミステリーとファンタジー
のどちらが好きかという質問に対し，ファンタジーという回答が多かったが，帯を見て買い（読
み）たくなったのはどちらかという質問に対して，ミステリーという回答が多かった。つまり，
帯を工夫することによって好みのジャンル以外の本を読みたいと思わせることが実現できたと言

える。また，アンケートから内容紹介文型の帯が1番支
持されたことが分かり，1回目のアンケート（**図2**）を
裏付ける結果となった。

　生徒Aは，帯だけでなく，マーケティングに着目して
情報を収集したり，アンケート調査を複数回行い，その
結果を粘り強く整理・分析したりすることで，テーマに
沿った研究の成果を上げることができた。

図3　ミステリー作品の帯

○社会科学講座

「豪雨被害に対する最善な対策とは何か～被害を予知して対策する～」

　生徒Bは，気象学に強い関心をもつ中で，近年見られる豪雨などの異常気象によって日本でも多くの地域で大きな被害を受けているという現状に注目した。そこで，防災と気象学を結び付けた課題を設定して，研究をスタートさせた。

　まず初めに，文献調査や横浜市金沢区役所へのインタビューを実施し，日本における豪雨災害の現状やその被害への対策方法などについて情報を収集した。特にこれらの調査によって，日々の気象情報やハザードマップなどのツールを用いて予測することで，豪雨被害を未然に防ぐことが大切だということがわかった。また，豪雨による浸水被害への対策として，水嚢をつくるという方法があることを知った。水嚢はごみ袋の中に水を入れて口を結ぶだけで簡単につくることができ，土嚢に比べて軽くて低コストであるため，浸水被害への対策として有効である。一方で，水嚢には，積み重ねるのが難しいことや耐久性に欠けるなどのデメリットもある。これらのことから，水嚢のメリットを損なわずにデメリットを改善できるような水嚢をつくることはできないかという考えに至った。

　次に，より有効な水嚢のつくり方を明らかにするために実験を行った。水槽の中にさまざまな方法で積まれた水嚢を設置し，水を注いだときにどれほどの水量に達すると水が漏れてしまうのかを計測した（図1）。その結果，水嚢を積む際には互い違いに積み重ねることがもっとも有効であることがわかった。また，互い違いに積んだ水嚢をビニールシートで覆い，上に石などの重しをのせることでさらに浸水を防げることがわかった。

図1　実験の模型

　最後に，これまでに得た知見を生かして，豪雨による浸水被害への対策として有効な水嚢を実際に作成した。特に，家庭でいつでも用意しやすいもので作成できるように，ごみ袋，レジャーシート，ペットボトルを使用して作成した（図2）。

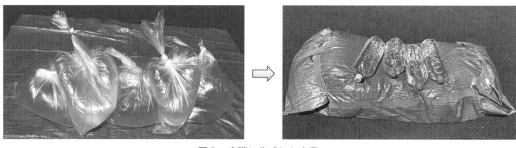

図2　実際に作成した水嚢

　以上の探究活動を通して，生徒Bは豪雨災害の現状やその被害への対策や心構えについて明らかにすることができた。また，具体的な対策としてより有効な水嚢の作成方法についても明らかにすることができた。また，TOFY研究発表会では，研究の成果として作成したリーフレットを参会者に配付しながらプレゼンテーションを実施し，豪雨災害の現状やその被害への対策についての啓発活動を実践することができた。

○科学技術講座

「集中力を高める低 GI の間食とは」

生徒Cは自宅で学習している際に、間食することで集中して学習に取り組めたという経験から、集中力を高める間食の研究をはじめた。健康食品として注目されている低 GI 食品（血糖値が急激に上がりにくい食品）が集中力によいことを知り、間食として活用できるのではないかと考えた。間食を「食材」と「時間」の二つの面から捉え、両者を「関連付け」ながら研究を進めていった。よく噛む食材と食後30分という時間に効果があるとい

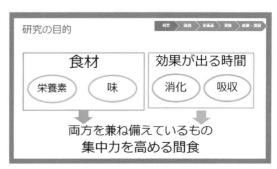

図1　集中力を高める間食の定義

う仮説のもと、「食材」の面では主に栄養素や味について、「時間」の面では消化や吸収について調査した。また保存性、入手のしやすさ、手軽さが備わっているものを間食の定義とした。「食材」の栄養素については文献調査と専門家へのインタビューからブドウ糖、ビタミン B_1、ビタミンCが集中力を高めること、さらに組み合わせて摂取することで、それぞれのもっている働きが大きくなることがわかった。果物はブドウ糖が多く含まれているが、保存性に適さないため、ドライフルーツを使った。その中でもビタミンCが含まれ低 GI 食品なのは、ブルーベリーとブドウだった。また入手が容易でビタミンEを含む高カカオチョコレートや咀嚼の多くなるナッツ類も集中力によいこともわかった。中でもビタミンEが多く含まれるアーモンドや、ビタミン B_1 だけでなくビタミンEも多く含んでいるヒマワリの種は、食材として適していることが分かった。多くの情報から、目的に合致した情報同士を「関連付け」導くに至った。次に、上記に挙げた食材が実際に間食に適しているのかを調べるために、実験で検証した。ひまわりの種とアーモンドのどちらが集中力を高めるのか、また集中したい時間の何時間前に間食を食べると効果的なのかを実験を行ない、確かめてみた。妥当性と再現性を考慮し、間食後にすぐには解けない計算問題を行い、正解数が多いほど集中力が高まっているとした（図2）。結果的に、ひまわりの種入りのチョコが、効果が高いことが分かった。種に含まれているビタミン B_1 が特に集中力に効果的だったこととビタミンEが含まれていたことを要因と突き止めた。一方で消化と吸収の時間についても実験を行なった。消化の時間やビタミンCの吸収の時間を考慮し、間食後、問題を行う時間を設定し、実験を行なった。そし

て間食後4時間経過すると、最も集中力が高まる時間であることがわかった。食べ物を扱うため、条件付けをしなければならなく、多くのデータをとり、再現性を高め「多面的・多角的」に実験を行なった。「課題→仮説→実験→結果→考察→課題」という研究の流れが繰り返し行われ、限られた時間の中で、成果まで導いた。

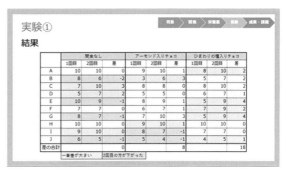

図2　結果を分析した実験データ

○芸術講座

「ボーカロイド楽曲において作曲者の意図をわかりやすく表現するミュージックビデオの工夫とは」

　ミュージックビデオ（以下MV）ありきで発表されるボーカロイド曲において，視聴者に作曲者の意図がよく伝わっていない作品があると知った生徒Dは，視聴者に対して作曲者の意図を分かりやすく伝える表現として，MVを工夫できないかと考え，研究を始めた。研究の成果を用いて，ボカロ曲のMV制作を目指すにあたり，楽曲については74期生の「ボーカロイド曲の魅力とは何か」という先行研究で成果物として発表された曲（詞は谷川俊太郎作の「春に」）を，使用することとした。

　研究内容を，音楽的側面と美術的側面に大きく分類し，音楽的側面として音楽と映像の関係，作曲者の意図を明らかにする調査を行った。まず，音楽と映像の関わりについて文献調査を行い，映像はストーリーの理解を補助する役割があることや，同じ印象の音楽と映像の組み合わせにより，双方の一体感を生み，より印象的な作品になることなどの知見を得た。作曲者の意図を明らかにする調査では，歌詞の解釈や分析，作曲者自身へのインタビュー（図1），ボカロPへのインタビューを行った。美術的側面からは，実写とイラストの特徴や色のイメージについて（図2）文献調査から知見を得た。これらのことから，作曲者の意図した不安から明るい未来へと変わっていく心情の変化を表すのには，頭の中のイメージを表現するのに適しているイラストを用い，その心情をイメージさせる色（図3）を，MV制作時の配色として用いることとした。

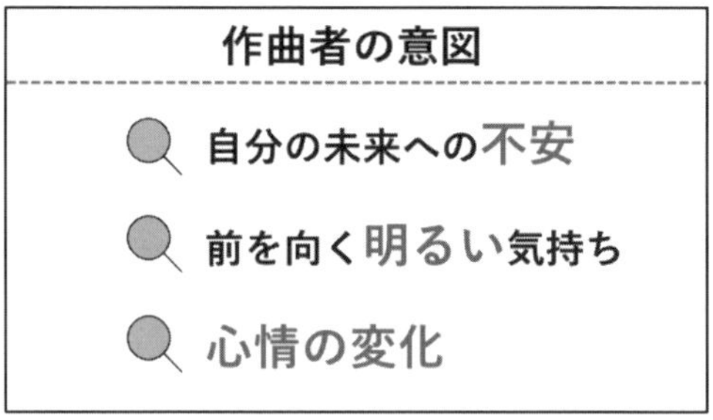

図1　作曲者の意図

図2　実写とイラストの特徴

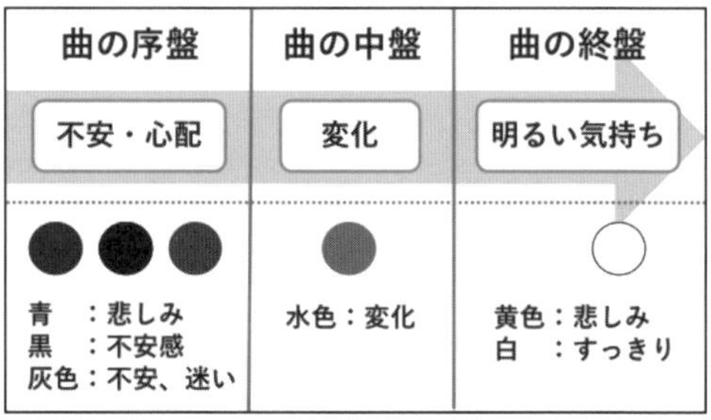

図3　色のイメージと曲の変化

　本研究は，順序立てて項目を整理していくことで，課題を発見したり研究全体の構造を確認したりしながら進められていった。音楽や美術の作品の要素である知覚と感受を結び付けながら，「音楽」と「美術」，「作る側」と「見る側」などの多面的・多角的な視点で，課題や知見を整理・分析しながら，粘り強く取り組みの成果をまとめ，成果物（図4）と共に発表することができた。先行研究を生かし，発展させていく形の研究となった。

図4　「春に」MVから

○健康科学体育講座

「練習の前後に効果的な食事とは」

　生徒Eは，所属するバスケットボール部の活動で，高いパフォーマンスを維持することに難しさを感じていた。そこで，練習の前後の食事に工夫を加えることで高いパフォーマンスを発揮できるのではないかと考え，研究を始めた。研究は，インターネット・文献・アンケート調査・インタビューを中心に行った。

○単糖類が含まれている
→果糖
○寒天由来である
→腹持ちの悪さを補う

図1　練習前のメニューの考案

　まず，バスケットボールの競技の特性について調べ，主に持久力と瞬発力が必要であることを確認した。次に，食事をとるタイミングを練習前，練習後に分けて，効果的な栄養素の種類や特徴についての文献調査を行った。文献調査と日本スポーツ協会公認スポーツ指導者へのインタビューから，練習前の食事は，塩分やエネルギーを蓄え，消化吸収に時間のかからない単糖類（ブドウ糖，果糖，ガラクトース）であること，水分量が多く腹もちのよいゼリー飲料等であることが明らかになった。また，瞬発力，持久力向上には，マグネシウムやビタミンB群，亜鉛，クレアチン，カフェイン，重曹とクエン酸ナトリウムを含んだGI値の低いものを摂取することが重要であることが分かった。

　実験は，条件を満たした清涼飲料水（ゼリー飲料）を摂取した時と何も摂取していない時のシャトルランの回数を比較し，アンケートを実施した。結果は，清涼飲料水（ゼリー飲料）を摂取した時の方が記録の向上が見られること，また，疲れを後に残しにくいということが明らかとなった。それらの結果から，練習前には，糖質の中でも消化吸収に時間のかからない単糖類が適している事が分かった。また，文献調査から，瞬発力，持久力のパフォーマンスの向上には，マグネシウムやビタミンB群，亜鉛，クレアチン，カフェイン，重曹とクエン酸ナトリウムを含んだGI値の低いものを摂取することが重要であることが分かった（図1）。練習後の食事は，次の練習に向けて疲労回復・エネルギー補給の効果がある炭水化物や，損傷した筋肉を修復するためのタンパク質が含まれたものがよいのではないかと考え，文献調査と元Bリーグの選手にインタビューを行った。その結果，仮説の内容に加えて，ビタミンB群はタンパク質などがエネルギー代謝の補酵素であり，タンパク質と一緒に摂取することで吸収しやすくなるため，一緒に摂取するとよいということが分かった。さらに，疲労回復効果のあるビタミンB群がグルコースからグリコーゲンへの変換を促進したり，代謝物質を効果的に追い出したりする役割があるため，翌日に疲労感を残しにくいことが明らかとなった。また，栄養バランスは，タンパク質，脂質，糖質を1.5：2.5：6の比率で摂取することが望ましく，カルシウム，ビタミンC，ビタミンD，コラーゲンを一緒に摂取することが怪我の防止に大切であることが分かった。それらを踏まえて，練習後の具体的なメニューを考案した（図2）。

　発表時に生徒Eは，明らかとなった内容をパンフレットにして参観者に配布し，今後の実生活に生かしてもらえるように工夫をした。本研究では，文献調査で終わることなく，専門家にインタビューを行うことで，多面的・多角的な視点で，課題や知見を整理・分析することができた。

献立の考案　　　～手軽に作れるどんぶりメニュー～
『ロコモコ丼』
たんぱく質（33g）
脂質（45g）
糖質（190g）

図2　練習後のメニューの考案

2　道徳教育における試み
（1）「考え，議論する」ための発問の工夫
　本校では，考え，議論する道徳を目指し，導入から自分のこととして考えさせる発問の工夫や，自分の考えをもち，それを班や学級で共有することで考えを深められる問いの工夫を行っている。

①実践1「思いやりの日々」（1学年）（内容項目：思いやり，感謝）
　本題材では，授業の冒頭に①「本当の思いやりとは何か」という問いを設定し，生徒の体験や身近なことから考えさせた。その後，物語を読み，登場人物の立場を想像することで自分に引きつけて考えたり，学校生活を例にしたりして考えを深めさせた。授業の終末には②「今後家族や友人と関わる中でどのようなことを大切にしていくか」という問いを設定し，今後の生活に生かせるように考えをまとめさせた。ここでは，冒頭で設定した「問題意識に基づく発問」を再度設定したり，冒頭の問いに関連付けた問いを設定したりして，授業前後の考えの変容に気付けるようにしている。ある生徒は①の問いに対して，「誰にでも優しく平等に接すること」と記述していたが，登場人物の立場に立って考えたことにより，「思いやりとは何でも優しくすることではない」と気付き，授業の終末では，「優しくするだけではなく，悪い行動を叱ることや相手の今後を考えてサポートをすることが大切」と考えを深めている姿が見られた。

②実践2「言葉おしみ」（3学年）（内容項目：礼儀）
　本題材では，あいさつの意義や役割を理解し，時と場に応じた適切な言動について考えることをねらいとした。中心発問では，学校や普段の生活であいさつを交わしたい場面を具体的な例とともに考える機会をもった。そこでは，生徒たち自身から「近所の人から『おかえりなさい』と言われたとき，どう対応していいかわからない。」という意見が多くあがり，クラス全体で話し合った。それぞれの生徒が自身の生活を振り返り，「会釈だけでよいと思う。」，「『ただいま』など返事を返した方がよい。」など様々な考えが出てきた。生徒の日常につながる問いを投げかけることで考えを深め，最終的にはなぜ近所の人は声をかけてくれるのか，どのような思いで声をかけてくれるのかといったあいさつの本質を考えることができた。生徒の振り返りには，「相手が何を思ってあいさつしてくれているのか，自分はどのように応えたいかによって，会釈になるか，言葉に表すかが変わってくる。またそれに正解はないと思った。」などの記述があり，自身にとって身近な問いから深く考えている様子が見られた。

（2）成果と課題
　道徳の学習において，「自分の意見を素直に言える（聞いてもらえる）」という生徒の声は多く，考え方の多様性や多面的・多角的な思考の在り方を受け入れ，学んでいる様子がうかがえる。一方，本校の生徒は道徳的実践意欲と態度が弱い傾向にあるのではないかと考える。考え，理解したことを実際の行動に移せるように，道徳的価値を実現しようとする意志や具体的な道徳的行為への身構えを涵養する学習の手立てを今後も追究していきたい。

第 2 部

各教科の実践

国 語 科

実践例①〜③

1　本校国語科が考える「資質・能力を高める『問い』」とは

　本校国語科では，資質・能力を高めることと「問い」が大きく関わっており，社会生活と関連付けた「学習課題」を設定することが重要であると考えた。学習指導要領の目標には，「言葉による見方・考え方を働かせ，言語活動を通して，国語で正確に理解し適切に表現する資質・能力を育成することを目指す。」と示されている。また，〔知識及び技能〕〔思考力，判断力，表現力等〕に関するそれぞれの目標では，国語と社会生活とのつながりが明示されている。つまり学習指導要領では，言語活動を通して社会生活に生かすことができるような資質・能力を育成することが求められている。そのためには，社会生活と関連付けて資質・能力を高められるように言語活動を充実させる必要がある。そして，言語活動を充実させるためには，言語活動を通して解決する学習課題を工夫することが大切だと考えた。

　そこで，本年度は生徒の社会生活と関連付けながら単元ごとに育成したい資質・能力を明確にし，その資質・能力が着実に育成できる学習課題とはどのようなものかを考え，研究を行った。

2　単元の学習課題を設定する際に意識していること

（1）育成したい資質・能力とのつながり

　単元を構想する際には，目の前にいる生徒に資質・能力を育成するために，生徒の実態，これまでの学習状況，学習指導要領の目標や内容を踏まえ，単元の目標を設定し評価規準を作成することを大切にしている。そして，どのような学習を通して育成したい資質・能力が身に付くのかを考え，学習課題と言語活動をイメージする。この時，言語活動を通して学習課題を解決していく中で，資質・能力が育成されるかどうかを検討する。また，単元のはじめに「なぜ学ぶのか」を共有したり，課題を解決していく過程で「どのようなことを意識すると資質・能力が育成されるのか」を示したりするなど，育成したい資質・能力を意識させながら活動していくことを大切にしている。

（2）社会に発信できる場の設定

　学習課題を設定するときには，生徒自身が「やってみたい」と思うような仕掛けや，授業だけでは終わらない工夫が大切である。本校では，生徒がワクワクしたり，相手意識や目的意識をもちやすくしたりするために，社会に発信できる場を設定するよう心がけている。例えば，2年生「話すこと・聞くこと」の授業では，相手に自分の考えが伝わるように構成を工夫することを目標とし，「本校への入学を考えている6年生の子どもをもつ保護者に向けてFyの魅力を伝えるプレゼンテーションを行う」という課題を設定した。聞き手である6年生の保護者が聞きたいと思う情報を整理し，本校に通っているからこそ伝えられる魅力について考えた。そして，本校の学校公開日に，その魅力が伝わるように構成を工夫してプレゼンを行った。クラスや学年を超えた発信の場があることで，生徒の意欲も引き出せるのではないかと考える。

3　学習課題を解決していく過程で，生徒からの気付きや疑問を引き出す工夫

（1）生徒の思考を可視化させる工夫

　生徒が社会生活に生かすことのできる資質・能力を身に付けていくためには，学習の過程で新たな気付きを得たり自ら疑問をもち解決したりしていくことも必要である。そのために理解したり考えたりしたことを図や表でまとめるなど，生徒の思考を可視化させる工夫を行っている。例えば，１年生「読むこと」における文章（物語文）の表現の効果について考える学習では，表現の効果について考えさせる前に物語文の内容を可視化させた（**図１**）。

　図１の記述には本文の内容だけでなく，気付いたことや疑問も書かれている。**図１**を作成した生徒は振り返りで「物語の内容を図でまとめると，『なぜこんな風に書かれているのだろう』と疑問に思うところが出てきた。」と記述している。この生徒は自ら見いだした疑問から，その表現を用いたことによる読み手への影響を考えるなどして，表現の効果について考えていた。

　学習課題を解決する過程で思考を可視化させることで，生徒の思考は整理されて新たな気付きや

図１　生徒が物語内容を可視化した図の一部

疑問が生まれる。その気付きや疑問が思考の深まりや広がりにつながると考える。

（2）交流する際の目的や視点の明確化

　学習課題に対して，自分の考えをもつだけでなく，自分とは異なる見方や考えに触れることで，自身の考えの深まりや広がりにつながっていく。このような学習を促すため，本校では，個で考える時間を保証しつつ，ペアやグループ，全体で共有し，多様な考え方に触れる機会を意図的，計画的に作る取組を行っている。しかし，単に自分の考えを相手に伝えるだけの交流になってしまっては，異なる意見や考えに触れても自身の考えを深めたり，広げたりすることは難しい。そこで「疑問や悩みを解決するために交流する」や「自分の考えと他の人の考えを比較しながら交流する」など，目的や視点を明確にして交流させている。そうすることで，一人では考えつかなかったような気付きにつながり，仲間との対話の中で疑問が生じたりする。そして，他者との対話を通して得た気付きや疑問について考えることが，思考の広がりや深まりにつながると考える。

4　実践の成果と今後への課題

　今年度は，資質・能力を高めるために，目の前の生徒の現状を把握しながら育成したい資質・能力を明確にし，社会生活につながるような学習課題を設定したり，設定した学習課題を解決するための有効な手立て（教師の形成的な評価や支援，学習活動など）を考えたりすることを中心に研究を進めてきた。学習課題や手立てを工夫することで，生徒が進んで学習に取り組み他者との対話を通して思考を深めている様子が多く見られた。次年度以降も，生徒の資質・能力を高めるとともに，生徒がワクワクして取り組めるような学習課題について研究を進めていきたい。

国語科実践例①

1 単元を通じて実現を目指す「学びに向かう力」が高まっている生徒の姿

科学を伝える記録文の意義や役割を考え，本文と NHK「サイエンス ZERO」の動画を繰り返し比較し，それらの共通点や相違点を見つけたり，他者との交流を通して自分とは異なる考えに触れたりしながら本文の特徴や工夫とその効果について考えている姿。

2 単元について

本単元では，光村図書発刊の教科書に載る記録文「『言葉』をもつ鳥シジュウカラ」（以下，本文）を読み，文章の構成や展開のもつ特徴や工夫に着目しつつ，その効果を考えるという学習課題を設定する。

文章上に見いだされる構成や展開の効果を考える場合，何かと比較することが有効である。共通点や相違点を見つけ，それを基に「なぜそのような構成や展開になっているのか」について考えることができるからである。ただし，中学1年生にとって複数の文章を比較することは簡単ではない。そこで，本単元では本文と同じ調査・実験を扱った NHK の放送番組「サイエンス ZERO」（以下，サイエンス ZERO）の動画を比較対象として提示することとした。同じ調査・実験を扱った内容でありながら，異なる媒体で表現されたものを扱うことで，中学1年生でも比較によって構成や展開の効果を見いだすことが可能になると考えた。

同じ調査・実験を扱っていても記録文と放送番組では説明の仕方や構成，含まれる情報は異なる。その違いを基に科学を伝える記録文の意義や役割に着目して，本文における構成や展開の効果を考えさせたい。

3 「指導と評価の一体化」を目指した観点別学習状況のあり方

（1）「知識・技能」の指導と評価

本単元では，記録文と放送番組を比較しながら，共通点・相違点をまとめさせる。その際，特に相違点については情報の有無や説明の仕方・順番にどのような違いがあるかに着目して情報を整理させ，情報と情報の整理の仕方について理解を深めることにつなげる。

評価する際には，共通点・相違点として整理したものが本文の特徴や工夫とそれらの効果について考えることに生かすものになっているかに留意して評価していきたい。

（2）「思考・判断・表現」の指導と評価

比較して見いだした共通点・相違点を根拠として本文の構成・展開が有する特徴や工夫とそれらの効果について考えさせる。その際には，本文が科学を伝える記録文であることに着目させ，その違いの理由や効果について考えさせる。

評価する際は，本文が科学を伝える役割を担っていることを踏まえながら，その構成や展開およびその工夫とそれらの効果を考えているかとともに，明確な根拠をもって考えを導いているかなど，根拠と考えの関係にも留意する。

（3）「主体的に学習に取り組む態度」の指導と評価

学習プランなどを用いて生徒が見通しをもって学習に取り組めるようにするとともに，ICT 機器を用いて多くの他者と交流できるように工夫する。そして，改善・修正した箇所の文字色を変えるなど，思考の過程を可視化させ，そこに着目して生徒の粘り強い取組や学習の調整の様子を評価する。

4　授業の構想

　学習プランや学びの手引きで本単元の見通しをもった後，本文を読み文章の特徴や工夫について考えさせる。そうすることで，本単元の学習について生徒がどの程度理解しているかを把握するとともに，学習後の自分の考えと比較し，学びの自覚化につなげる。

　2時では文章の構造と内容を捉えさせるために，文章の構造図を作成させ，筆者の意見を捉えさせる。文章の構造図については，既習の単元で学習済みである（**図1**）。

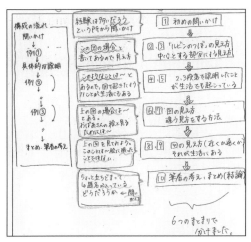

図1　既習単元での文章構造図

　文章構造図を作成することは文章の情報や内容を視覚的に整理して文章の構造と内容を捉えることにつながり，文章の構成や展開の特徴や工夫について考える際にも有効であると考える。

　3・4時では同じ研究・実験を扱った「サイエンスZERO」と本文を比較し，共通点・相違点を見いだす。比較して見いだした共通点・相違点についてはPowerPointに記入する。相違点については「違いがある部分」を明確にした上で本文と「サイエンスZERO」，それぞれに書かれていることを表に書き出す（**表1**）。その後，4人グループで1枚のPowerPointに考えをまとめさせ，クラウド上で交流を行う。4時の最後には記録文と科学情報番組の特徴について考える。

表1　相違点をまとめる表

相違点		
「言葉」をもつ島シジュウカラ	違いがある部分	サイエンスZERO

　5・6時は本文の構成・展開の特徴や工夫とそれらの効果について考えたことについてWordを用いて記述し，他者との交流を通して改善・修正した後，単元の振り返りを行う。本文の特徴や工夫とそれらの効果を考える際には，「科学を伝える記録文の意義や役割」を考え，「本文とサイエンスZEROの違い」と「違う理由・違うことによる効果」をワークシートにまとめる。そうすることで，本文が記録文であることに留意して，相違点を根拠に本文の構成や展開の理由や効果について考えることにつなげる。ワークシートでまとめた後，Wordを用いて文章として記述する。

　書き終えた文章はクラウド上にアップロードさせ，Wordのコメント機能を用いて他者との交流を行う。コメントする際は考えとそれを支える根拠との関係に着目し，構成や展開の効果について伝わってきたと感じる部分や疑問に思う部分について相互にコメントするように促す。交流後，他者からのコメントを参考に加筆した内容は赤文字で記すなど，思考の過程を可視化させながら記述内容を見直すよう促す。

　記録文と放送番組を比較することで，同じ調査や実験を扱っていても説明の仕方や構成，含まれる情報が異なることに気付かせたい。そして，本文が科学を伝える記録文であることに留意して読むことを通して書き手の視点に立って読むことの重要性についても考えさせたい。　　　　　　（柳屋　亮）

[資料]　資質・能力育成のプロセス（６時間扱い）

次	時	評価規準 【Bと判断する状況の例】	【　】内は評価方法 及び Cと判断する状況への手立て
1	1 ｜ 2		
2	3 ｜ 4	知　比較や分類，関係付けなどの情報と情報の整理の仕方について理解を深め，それらを使っている。（○◎） 【Bと判断する状況の例】 本文と「サイエンス ZERO」の動画を比較して共通点や相違点を見いだし，PowerPoint にまとめている。	【PowerPoint の記述の確認・分析】 C：本文と「サイエンス ZERO」の動画を比較して，本文に書かれていない内容はないか，同じ内容でも説明の仕方はどうか，説明の順番はどうか，などに留意して共通点や相違点について考えるように促す。
3	5 ｜ 6	主　文章の構成や展開の効果について，根拠を明確に粘り強く考え，学習課題に沿って記録文である本文の特徴や工夫とそれらの効果を考えようとしている。（○◎） 【Bと判断する状況の例】 他の人のコメントや考えを参考に本文の特徴や工夫とそれらの効果について書いた文章を改善・修正している。 思　「読むこと」において，文章の構成や展開の効果について，根拠を明確にして考えている。（○◎） 【Bと判断する状況の例】 比較して見いだした共通点・相違点から記録文である本文に見られる特徴や工夫とその効果を考え，文章としてまとめている。	【改善・修正（Word）の記述の確認・分析】 C：他の人のコメントや考えを参考に適切な根拠をもって本文の特徴や工夫，それらの効果について考えられているか，他の人の考えを見て付け加えたり，修正したりする箇所はないかなどを考えるように促し，再度自分の考えをまとめるようにさせる。 【Word の記述の確認・分析】 C：比較して見いだした共通点・相違点を基に，どのような点に本文の特徴や工夫が見られるかを考えるように促し，なぜ記録文である本文にそのような違いや特徴，工夫があるのかを考えるように促す。

主たる学習活動	指導上の留意点	時
・学習プランと学びの手引きで本単元の見通しをもつ。 【課題】 「科学」を伝える記録文「『言葉』をもつ鳥シジュウカラ」の構成や展開の工夫とその効果を見つけ出せ！ ・本文を読み，「わかりやすかったところ」や「わかりにくかったところ」，「疑問に思ったところ」についてワークシートに書く。 ・本文の特徴や工夫について初読の考えを書く。 ・文章の構造図を書き，構成と内容を捉える。 ・4人グループで交流し，文章の構造図と筆者の考えを確認する。	・学習プランと学びの手引きを示し，学習の流れと身に付けたい資質・能力を確認し，これまでの学習を生かして取り組むように意識させる。 ・文章を読みながら「わかりやすいところ」や「わかりにくいところ」，「疑問に思ったところ」に印を付けるように促す。 ・文章で書けない生徒は箇条書きにさせる。 ・ワークシートを回収し，生徒が考えていることを把握し，次時の指導に生かす。 ・筆者がどのような仮説を立て，どのような実験を行い，どのような結論を導き出したのかに着目して構造図を作成するよう促す。 ・交流しながら加筆・修正をした場合は色ペンで行うように伝える。	1 ｜ 2
・科学を伝えることの意義や役割について考える。 ・「サイエンス ZERO」の動画と記録文とを比較し，共通点や相違点を見つける。 ・見つけた共通点や相違点を4人グループで共有し，まとめる。 ・記録文と科学情報番組，それぞれの特徴を考える。	・科学館やテレビ，書籍，教科書など様々な媒体を想起させながら，考えるように促す。 ・「サイエンス ZERO」が科学情報番組であることを伝える。 ・特に相違点を見つけるように促す。 ・情報の有無，説明の仕方や構成の違いなどに着目させて考えさせる。 ・共通点や相違点は PowerPoint に記入する。 ・4人グループで1枚の PowerPoint にまとめて，Teams 上にアップロードする。 ・相手や目的，伝わり方などに着目させる。	3 ｜ 4
・科学を伝える記録文の意義や役割について考える。 ・本文の構成・展開の特徴や工夫とそれらの効果について考える。 ①「本文とサイエンス ZERO の違い」，「違う理由・違うことによる効果」をワークシートに書く。 ②ワークシートに書いたことを基に文章にまとめる。 ・他の人の考えを見て構成や展開の効果について伝わってきた部分や疑問に思う部分について相互にコメントし合う。 ・コメントを基に，本文の構成・展開がもたらす効果についての自身の考えを捉えなおし，深めたうえで，記述した内容を改善する。 ・単元の振り返りを行う。 【振り返りの視点】 文章の構成や展開の効果について考えたことを今後の学習にどのように生かしていきたいか。	・これまでに考えた科学を伝えることの意義や役割，記録文の特徴について考えたことを基に考えるように促す。 ・科学を伝える記録文の意義や役割に着目し，比較して見いだした相違点から本文の特徴や工夫だと考えられる違いを基に自分の考えを書くよう促す。 ・Word を用いて文章にまとめ，クラウド上にアップロードさせる。 ・他の人の文章を読み，考え（文章の構成・展開の特徴や工夫とそれらの効果）と根拠の関係に着目してコメントするように促す。 ・改善・修正については，加筆は赤文字，削除は取り消し線，考えたが変更しない箇所は青文字にさせる。	5 ｜ 6

国語科実践例②

1 単元を通じて実現を目指す「学びに向かう力」が高まっている生徒の姿

これまで言葉にできなかった思いが相手に届くように，粘り強く表現の効果を考え，詩歌の言葉や表現を吟味し，推敲している姿。

2 単元について

昨年度，「おいしい」という言葉を使わずに読み手においしさが伝わるように表現を工夫して書くという学習を行った。しかし，いまだ，自分の思いを「嬉しい」や「面白い」など一つの形容詞で表現し終わってしまう場面も見られる。そこで，本単元では，今まで自身が経験した「言葉にできなかった思い」や「表現しきれなかった思い」ともう一度向き合い，自身の思いが伝えたい相手に届くような詩歌を創作するという言語活動を設定し，生徒達が自身の思いや感情を豊かな言葉で表現できることを目指した。

詩歌については，前単元の「読むこと」の授業で，短歌の鑑賞を行っている。そこで，韻文だからこそできる表現の豊かさや面白さを感じ，創作に興味をもった生徒の姿が見られた。短い言葉で，深い世界を表現する体験をすることで，自分の思いと向き合い，言葉の限界や可能性を考えることができるのではないかと考えた。

また，本単元では，その思いをあえて短い言葉で表現するだけではなく，その時のエピソードや思いを具体化させ，詩歌で表現する際に，なぜその言葉を用いたのか，どのような効果を狙ったのか，用いる表現や言葉をどう比較して最終的に選んだのかなど，推敲の過程も含め，書き手自ら解説させたい。

3 「指導と評価の一体化」を目指した観点別学習状況のあり方

（1）「知識・技能」の指導と評価

伝えたい思いを表す言葉や，その時の情景や行動，五感で感じたもの等に関する言葉を思いつく限り広げさせるためにマッピングを用いる。その後，マッピングした語彙を基に類義語や対義語を調べたり，しっくりくる比喩や表現を探したりし，それらをワークシートに記述させる。さらに，伝えたい思いを表す際には，複数の表現を考えた上で比較をさせて選択するように促していく。評価する際には，どのように言葉を広げていったのかということをワークシートの記述から見取っていきたい。

（2）「思考・判断・表現」の指導と評価

前単元での学びを想起させると共に，提示した作品の表現の効果を考えて説明し合ったり，どのような解釈をしたのかという思考の過程を説明し合ったりする。そうすることで，新たな見方や考え方を発見し，多様な解釈が存在することへの気付きが可能となる。これらを，自分の表現に対する推敲につなげていきたい。そして，使用した言葉によって目指す効果や工夫した理由などをワークシートの記述から確認する。また，4人班での交流を経て，自身の表現がどのようにブラッシュアップされていったのかなどの推敲の過程を記述させ，総括的な評価とする。

（3）「主体的に学習に取り組む態度」の指導と評価

学習プランを示すことで単元の見通しをもたせるとともに，学習過程のイメージがもちやすいように，教師も生徒たちと同様に詩歌の創作という課題に取り組み，授業の度にその過程を生徒と共有する。振り返りの際に

は，粘り強く取り組んだり，これまでの学習を生かして調整したりした場面を具体的に書かせ，これらの記述で評価していきたい。

4 授業の実際

第1時の導入で「言葉にできなかった」経験を問うと，ほとんどの生徒が「ある」と答え，知っている言葉では言い表せなかった，ピッタリの表現が見つからなかったなどというつぶやきがあった。そこで，生徒自身の反抗期の気持ちを表現させた上で，それと文豪やアーティストによる表現を比較させた。すると，前者の表現に対して「理解はできないけれどオリジナルの表現があって印象に残る」「色や情景から複雑な感情が入り交じった様子が伝わってくる」などの感想が上がった。その後，学習プランで見通しをもたせ，学習課題を提示することで，やってみたいという気持ちを高められるようにした。

第2・3時で言葉を広げていく際には，類語辞典などだけではなく，1年次から取り組んでいる「言葉ノート」や学校図書館や市内公立図書館から借りて準備した歌集や詩集なども自由に閲覧できるようにした。そこに掲載されている言葉をヒントにさらに広げたり，言い換えたりしてしっくりくる言葉を探す姿が多く見られた（**図1**）。

第4時では，読み手の立場に立って表現の効果を確かめながら推敲を行った。一人ではなかなか言葉を吟味できなかった生徒も，他者にどのような印象を与えたのかを付箋でフィードバックしてもらうことにより，再度自分の思いと向き合い，言葉を吟味できていた。また，推敲の過程で，「情景を具体的に描写すると読み手は頭にイメージがわきやすくなるが，伝えたかった思いが伝わっているのか疑問が残る」「比喩や表現技法を使うと印象的に残りやすい」などの気付きがあり，前単元で鑑賞した短歌を用いて表現の効果等を確認し，それを全体で共有することで，活動が活発になっていった。ワークシートは，推敲の過程を可視化できるようにした。

第5時の振り返りでは，「自分の中に渦巻いているたくさんの感情をどう伝えるか。制限された字数の中で表現することは難しかったけれど，だからこそ選んだ表現は自分の思いを凝縮したものになったと思う。また，自分の詩歌に共感してもらった時は凄く嬉しかった。」や「『読んですぐ分かる』ではなく，『分からないけれど印象に残る』になるように描写と比喩，具体と抽象のバランスを意識した。さまざまな言葉を試しているときは苦しいけれど楽しかったし，『この言葉ピッタリ！』となった時には気持ちよかった。」といった記述が見られた。また，授業の中盤までは「言葉にできなかったのに，言葉にするなんて無理だ」と言っていた生徒が，過去の自分の思いと向き合い，次々と言葉を出して一人試行錯誤している姿が見られたことは大きな成果である。今後も，日頃から言葉と向き合える生徒を育てていきたい。　　　　（橋本　香菜）

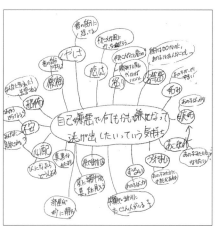

図1　言葉を広げる際のワークシート

次	時	評価規準 【Bと判断する状況の例】	【　】内は評価方法 及び Cと判断する状況への手立て
1	1	思　表現の効果を考えて描写するなど，自分の考えが相手に届く文章になるように工夫している。（○）	【ノートの記述の確認】 C：既習の単元を想起させ，文豪やアーティストが考えた表現にはどのような工夫があるかを生徒同士のペアで確認させ，その工夫によってどのような効果があるのかを自分の言葉で書かせる。
2	2 ｜ 3	知　抽象的な概念を表す語句の量を増すとともに，類義語と対義語，同音異義語や多義的な意味を表す語句などについて理解し，話や文章の中で使うことを通して，語感を磨き語彙を豊かにしている。（○◎） 【Bと判断する状況の例】 類語辞典や言葉ノート，詩歌や歌集等を参考にして，思いを表す言葉や表現を書き出している。 思　表現の効果を考えて描写するなど，自分の考えが相手に届く文章になるように工夫している。（○） 思　読み手の立場に立って，表現の効果などを確かめて，文章を整えている。（○）	【構想シートの記述の確認・分析】 C：個別の時間の際に，表現をいくつか提示してあげたり，言葉の広げ方を示したりする。 【解説文の記述の確認】 C：同じことを表す言葉や表現を提示して比べさせ，読み手としてどちらの方が，よりイメージが膨らませやすいか考えるように促す。 【解説文の記述の確認】 C：相手にとって分かりやすいか，ではなく，印象に残るかどうかで考えるように促す。
3	4	思　読み手の立場に立って，表現の効果などを確かめて，文章を整えている。（◎） 【Bと判断する状況の例】 読み手の立場に立って検討した上で，表現を変更した（悩んだけれど変えなかった）ところとその理由を，コメントで具体的に書いている。	【ワークシートの記述の分析】 C：他者がどのような印象を受けたかという付箋のコメントを基に，どのように変更すればよいか考えるように促す。
4	5	態　言葉にできなかった思いが相手に届くように，粘り強く表現の効果を考え，今までの学習を生かして詩歌の言葉を吟味し，推敲しようとしている。（◎） 【Bと判断する状況の例】 自分が作った詩歌で，思いを届けるためにどのように表現の工夫をしようとしたのか，どのような効果を狙ったのかを推敲の過程とともに具体的に書いている。	【単元の振り返りの記述の分析】 C：単元を通して言葉にこだわったことろを考えさせ，どのように課題と向き合ったかを書かせる。 C：書き手として，表現に工夫がされているかを客観的に確認させる。仲間の詩歌を読んで，真似してみたい工夫を書くように促す。

○は主に「指導に生かす評価」，◎は主に「記録に残す評価」

主たる学習活動	指導上の留意点	時
・これまでに，言葉にできなかったこと，自分自身が経験していないのに強く共感したことなどを想起する。 ・提示された場面にふさわしい言葉や表現を考える。 ・自分や仲間が考えた言葉や表現と，文豪やアーティストが考えたものと比較する。 ・学習プランを提示し，単元の見通しをもたせ，本単元での学習課題を確認する。 【学習課題】 「あの時言葉にできなかった思い」と向き合い，言葉を吟味して詩歌（短歌・五行歌）で表現しよう。	・経験等が出てこない場合は，「言葉ノート」を振り返らせ，印象に残ったものをお互いに共有する。 ・NHK の「言葉にできない，そんな夜」からいくつかの具体的な場面を提示して考えさせる。 ・言葉は他者との相互理解を助ける働きもあるがそこには限界もあることに気付かせる。 ・単元を通して身に付けたい力を確認して，学習に見通しをもたせる。 ※一つ前の単元で，短歌を使った「読むこと」の解釈の授業を行っていること，字数や音数を限定させて考えさせたいという理由で，今回は短歌か五行歌とした。	1
・これまでの中学校生活を振り返り，「言葉にできなかった（表現したい）思い」のエピソードをワークシートへ簡単に記入する。 ・教師が作成した構想シートを読み，この後の活動のイメージをもつ。 ・自分の体験を振り返り，詩歌で表現したい思いとエピソードを構想シートに記入し，ペア同士で紹介し合う。 ・エピソードとその時の思いに関わりそうな言葉をマッピングで広げ，しっくりくる言葉を探していく。 ・自分の気持ちを表現するために，五行歌・短歌のどちらの形式がよいか考える。 ・読み手への効果を考えながら，自分の伝えたい思いにしっくりくる語句選びや描写，表現等を工夫して詩歌と解説文を書く。	・伝えたい思いとエピソードが書かれた構想シートを示す。 ・自分の頭や心の中を文字言語だけでなく，音声言語で表現することで，頭の中を整理させる。 ・歌集や詩集なども準備しておき，自由に手に取って読めるようにしておく。 ・言葉ノートや類語辞典などを使用する。 ※詩歌・解説文はどちらを先に書いても構わないこととする。 ※五行歌・短歌は途中で変更してもよい。	2 — 3
・教師のモデル文の完成までの推敲の過程から，よりよい表現にするためのステップを確認する。 ・思いを伝えたい相手や読んでもらいたい人を想定する。 ・自分の詩歌を，読み手の立場に立って読み直し，印象的な表現になっているか等を検討していく。 ・より効果的な表現にするために推敲する。 ・4人班になり，短歌や五行歌だけを読み「どのような印象をもったか」「どのような思いが描かれていると感じたか」を付箋に書く。 ・仲間の意見を基に，推敲を重ねる。	・推敲の過程が分かるように，変更したところは赤で書き，変更理由や迷ったけれどそのままにした理由を横に記述させる。 ・類義語や同じような表現をいくつか挙げ，印象の違いを検討させる。 ・伝えたい思いが届いたかどうか，どのような印象を与えたのかを基に，推敲させる。	4
・4人班で推敲の過程と，変更意図（悩んで変えなかったものも含む）や表現の効果を説明し合う。 ・詩歌と解説文を完成させる。 ・単元の振り返りを行う。 〈単元の振り返りの視点〉 ①言葉にできなかった思いを表現するために，推敲の際にどのようなことを意識したか。 ②自分の思いを短歌や五行歌などの短詩型で表現して気が付いたこと，考えたこと。	・推敲の違いや工夫の効果に気付かせる。 ・TPC で加筆修正を行い，デジタルで提出する。 ※後日冊子にして全員が見られるようにする。 ・書き上がった詩歌や解説文だけではなく，構想シートなども見ながら振り返らせる。 ・散文との違いを意識しながら振り返らせる。	5

国語科実践例③

1 単元を通じて実現を目指す「学びに向かう力」が高まっている生徒の姿

互いの考えの違いを認めつつ，納得のできる結論を目指して，合意形成に向けて建設的に考えを広げたり深めたりしている姿。

2 単元について

生徒一人ひとりが考えをもって，その考えを伝え合い，互いに納得のいく合意形成をしていく過程の中で資質・能力を育成していくことが大切であると考え，本単元では「卒業記念品を提案する」という課題を設定した。卒業記念品は生徒の身近な生活の場面にたくさんあり（教卓などの設備品），学校生活の役に立っていることから，本単元の課題は生徒にとって自分事として考えやすいものだと言える。提案については，個人で考えたアイデアをグループで共有し，提案を決めていく段階と，それぞれのグループで考えた提案をクラスで一つにまとめていく二つの段階を設定した。さらに，この二つの段階の話合いそのものを振り返りながら話合いを進めていく。話合いそのものの過程を言語化し，振り返ることで，生徒自身が資質・能力の高まりを実感しながら話合いが進められると考え，集団での合意形成を目指す中で，個の資質・能力の育成を図っていく。

3 「指導と評価の一体化」を目指した観点別学習状況のあり方

（1）「知識・技能」の指導と評価

卒業記念品について個人で提案を考える際に「具体と抽象」の力が働くと考える。学習活動が実の場であるだけに，卒業生としての想い（抽象）を大切にさせ，提案を単なるアイデア出し（具体の羅列）にさせないよう

に，合意形成に向かっている過程で生徒たちに問い，確認しながら評価していく。

（2）「思考・判断・表現」の指導と評価

「合意形成に向けて考えを広げたり深めたりする」ためには，考えの違いを認めつつ，納得のできる結論を目指して，それぞれが建設的に意見を述べながら話し合うことが重要である。合意形成に向けた話し合いでは，つい夢中になりすぎて話合いの本来の目的を見失ってしまったり，合意形成そのものがゴールとなってしまったりする。実の場として用意された課題の解決を目指しながら，自分たちの話合いの様子を客観的に振り返ることができるように，授業の終わりに話合いそのものを振り返る時間を設けた。自分たちの話合いが納得のできる結論に向かっているか，建設的に話合いが進んでいるか，具体と抽象の関係に注意しながら発言が行われているか等，話合いを客観的に振り返ることで，資質・能力の高まりを実感させていく。単元末には資質・能力の高まりをどのように捉えたかを記述させ，評価していく。

（3）「主体的に学習に取り組む態度」の指導と評価

2次以降の話合いの振り返りの記述から評価していく。自分たちの話合いを客観的に捉えることで，知識・技能を発揮し，思考・判断・表現しようとしている粘り強い取組を評価できると考えた。特にこの観点は思考・判断・表現と密接に関わっているため，評価規準に加え，評価場面と評価方法を生徒と共有し，意識しながら授業に取り組むように促し，指導・評価をしていく。

4 授業の実際

1次では，これまでの話合いの成果と課題

について振り返った。その中で，多様な考えをもつ集団における合意形成の難しさについて振り返る生徒の姿が見られた。多様な考えをもった集団で合意形成を図っていくためにはどうすればよいか，考えるきっかけとして，NHK高校講座の視聴を行った。視聴した感想は全体で共有し，単元の振り返りの際にも役立てるようにした。そして，単元の見通しと学習課題を提示し，課題解決に向けて個人で考える時間を設けた。また，付けたい力と関連する，「話合いの進め方の工夫」と「互いの発言を生かす」ことについて，これまでの話合いを想起しながら，その具体について共有を行った。

2次では，学習課題について話し合った。生徒たちは約110分という時間の中で提案を考えるという時間の見通しを確認し，話合いの進め方から検討を始めた。クラスによって決め方は様々であったが，「まずはアイデアを拡散する時間にしよう」や，「記念品に込める想いとモノ（記念品）は別々に考えよう」など，進め方や話し合う話題について確認しながら学習を進めている様子が見られた（図1）。

図1　話合いの様子の一部

また，アイデアを拡散する段階から，提案をまとめる（収束させる）段階に入ると，どのクラスもワクワクする提案を出すことに終始し，なかなか合意が形成されない場面が見られた。ここでは教師の言葉で話合いを修正

するのではなく，1次の学習内容を振り返らせるなど，生徒自身の気付きによって合意形成に向かうように促していった。他にも，拡散したアイデアをまとめる際に，最初に決めた「込める想い」を大切にして絞っていこうとしたり，金額や管理面などの現実的な問題も考慮し，思考ツール（図2）を用いて考えをまとめたりしている様子が見られた。

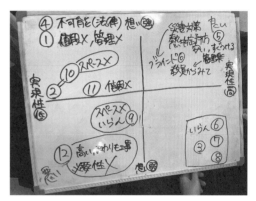

図2　思考ツールを用いた情報の整理

3次では，「今回の学習を通して，互いの考えを生かす発言の大切さが分かった。特に多様な考えをもった集団の中で話し合う時には，その多様さを前提として互いに尊重し合う態度で臨むことが，建設的に話し合いを進める上で最も重要であると感じた」と振り返っていた。また，多くの生徒がこれからの話合いにおける自身の姿として「建設的な態度で臨んでいきたい」と振り返っており，資質・能力を獲得しただけでなく，次の学びの機会に向けて，見通しをもっている様子が見られた。　　　　　　　　（土持　知也）

●参考文献
1）NHK高校講座「現代の国語」「第五回　オンラインコミュニケーション」

次	時	評価規準 【Bと判断する状況の例】	【　】内は評価方法 及び Cと判断する状況への手立て
1	1 — 3	知　具体と抽象など情報と情報との関係について理解を深めている。（○）	【ワークシートの記述の確認】 C：これまでの学習を想起させ，どのような想い（抽象）から提案（具体）を考えたのか，その関係性を意識するように促す。
2	4 — 5	思　「話すこと・聞くこと」において，進行の仕方を工夫したり，互いの発言を生かしたりしながら話し合い，合意形成に向けて考えを広げたり深めたりしている。（○） 態　進行の仕方を工夫したり，互いの発言を生かしたりながら粘り強く話し合い，合意形成に向けて考えを広げたり深めたりして提案をまとめようとしている。（○◎） 【Bと判断する状況の例】 　話合いを客観的に捉え，合意形成に向けてどのように話合いを進めていけばよいかを考えている。	【話合いの発言・振り返りの発言の確認】 C：これまでの話合いの授業を想起させて振り返り，次時の話合いの見通しをもつように促す。 【話合いの振り返りの記述の確認・分析】 C：これまでの話合いで上手く話し合えた場面や課題が残った場面などを想起させて，本単元の学習と比較し，どのような点で評価できるか，また，課題と感じた部分を解決するために，どのような見通しをもつとよいかを記述するように助言する。
3	6	思　「話すこと・聞くこと」において，進行の仕方を工夫したり，互いの発言を生かしたりしながら話し合い，合意形成に向けて考えを広げたり深めたりしている。（◎） 【Bと判断する状況の例】 　互いの考えの違いを認めつつ，納得できる結論を目指して話し合うためにどのようなことが大切か，気付いている。	【単元の振り返りの記述の分析】 C：これまでの話合いを想起させ，結論に至る過程の中で，誰のどのような発言等が大切であると感じたかを考えるように促す。

○は主に「指導に生かす評価」，◎は主に「記録に残す評価」

主たる学習活動	指導上の留意点	時
・学習プランで，本単元の見通しをもつ。 ・NHK高校講座　現代の国語「オンラインコミュニケーション」を視聴する。 ・これまでの話合いの学習を振り返る。 ・「話し合いのための言葉コレクション」を用いた話し合いを振り返る。 ・本単元の学習課題を確認する。 【課題】 **75期から学年主任の先生へ** 　　　　　　　**卒業記念品を提案します** ・学校を探索し，自分たちの身近なところにある卒業記念品を探したり，卒業後に役に立ちそうなものを考えたりする。 ・個人で提案を考える。 ・話合いの進め方について，これまでの生活や学習の経験を振り返り，スムーズな話合いの仕方を考え，話合いの見通しをもつ。 ・一つの提案にまとめる（ゴールのイメージをもつ）ことを確認し，話合いの進行の仕方から，クラスで決めて話し合いを行う。 ※毎時間の終了前に，その時間の自分たちの話合いはどうだったのかを振り返る。	・学習プランを示しながら，学習の流れと身に付けたい資質・能力を確認し，これまでの学習を生かして取り組むように意識させる。 ・1年時の学習を振り返り，話合いに役立った言葉コレクションを確認させる。 ※冨安慎吾（島根大学准教授）「話し合いのための言葉コレクション」 ・過去の卒業記念品を紹介し，自分たちの身近な学校生活の中で記念品が生かされていることを確認することで，課題が自分事であることを意識させる。 ・過去の卒業生の記念品にはどのような想いが込められているか。また，関わる人はどのような気持ちになるか等，具体と抽象の関係を意識させて，考えるように促す。 ・この後，個人で提案を考える見通しをもたせて活動に取り組ませる。 ・話合いの場で必ず発言できるように提案を考えさせる。 ・提案する内容を決めることをゴールとせず，安易に多数決等で決めないようにさせる。 ・良かった点や課題点などについて，話合いの過程を個人で記録しておくように促す。 ・話合いの人数が多いことに留意し，限りある時間の中で話し合うことの見通しを確認させる。	1 ｜ 3
・残りの授業時数（二時間）の見通しを確認する。 ・クラス全体で話合いの続きを行う。 ※4・5校時の終了前に，その時間の話合いはどうだったかを振り返り，ワークシートに記述する。 ・クラスの提案を一つにまとめ，学年主任の先生に提案をする。	・合意形成に向けて話し合う時間，話合いを振り返る時間，単元を振り返る等の，時間の見通しを意識させる。	4 ｜ 5
・本単元の振り返りをする。 　○振り返りの視点の例 　"本単元における合意形成に向けた話合いにおいて大切だったことは何か""本単元における合意形成に向けて自分ができたことや，これからできるようになりたいことはどのようなことか"等 ・「話し合いのための言葉コレクション」に追加できる内容を考える。	・これまでの各時間の話合いを想起したり，振り返り等を参考にしたりして，学習を振り返るように促す。	6

実践例①〜②

社会科

1　本校社会科が考える「資質・能力を高める『問い』」

中学校社会科では「社会的な見方・考え方を働かせ，課題を追究したり解決したりする活動」が授業実践の柱となり，この学習活動から「知識及び技能」，「思考力，判断力，表現力等」，「学びに向かう力，人間性等」の３つの資質・能力の育成が目指されている。本項では，資質・能力を高めるための「問い（課題）」とは何かを確認し，本校社会科で取り組んでいる問いづくりの工夫について述べる。

社会科の授業実践における「問い」について，『解説』（小学校社会編）では，「問いとは，調べたり考えたりする事項を示唆し学習の方向を導くものであり，単元などの学習の問題はもとより，児童の疑問や教師の発問などを幅広く含むものであると考えられている。」と示されている。また，『解説』（中学校社会編）では，課題を追究したり解決したりする活動について，「単元など内容や時間のまとまりを見通して学習課題を設定」すること，「適切な課題を設けて行う学習」の「充実」が求められると示されている。これより，学習活動の内容や時間のまとまりを見通し，教師がねらいをもって発問する問いと，生徒が主体となって生み出す疑問や問いという主に２つの側面があると捉えることができる。本校社会科では，両側面の特徴を踏まえて，問いづくりの充実を図る実践を目指している。

2　教師が設定する学習課題の工夫

生徒が課題を追究したり解決したりする活動や学習を充実させるために，生徒主体の学習が成り立つような問いの設定を教師が行い，それを生徒に示しながら学習を展開する場合がある。教師が問いや学習課題を設定する際には，生徒の資質・能力を高めるためにいくつかの工夫が必要となる。

単元を貫く問い（学習課題）は，多面的・多角的な考察や深い理解を促すようなものであることはもちろんのこと，生徒が取り組みたいと思えるようなものである必要がある。そのため，現代社会の出来事と結び付けたり，実社会へ寄与できるような場面を想定したりしながら単元を貫く問いを設定することが望ましい。それによって，問いや学習課題に対して生徒が自分事として学習に向かえるようにし，主体的に取り組みやすい学習へと導くことができる。

また，単元を貫く問いを提示する前には，教師が適切な教材を準備し，それを生徒に出合わせる必要がある。その教材から生徒が感じた疑問を取り上げ，それらと単元を貫く問いとをすり合わせながら調整していく。それによって，生徒がこれから単元を貫く問いについて追究してくことを実感することができる。さらに，生徒が身近に感じたり切実感をもって取り組めるような教材と出合わせることで，抽象的な内容を扱う単元であっても，追究していく必然性を感じながらその問いに迫ることができる。

3　生徒主体の問いづくりを進める工夫

（1）生徒が主体でつくる「単元を貫く問い」

生徒が主体となって問いを生み出す場合，単元の導入では，前述の視点と同様に，社会的事象に関する資料との出合いを通して，生徒の情動を高めたり，既知の内容とのズレを認識させたりするなどの動機付けを行い，多くの疑問をつくる活動を取り入れている。次に，個人で書き出した疑問を小グループで組み合わせて，グループ単位で問いの形でまとめている。そして，グループでまとめた問いをクラス全体で共有・検討（必要に応じてグループで再検討）し，単元を貫く問いを生成させている。なお，全ての単元において同様の方法で課題を設定するのではなく，生徒の実態や単元の特性などに留意しながら，小グループや個人で課題を設定することも想定される。

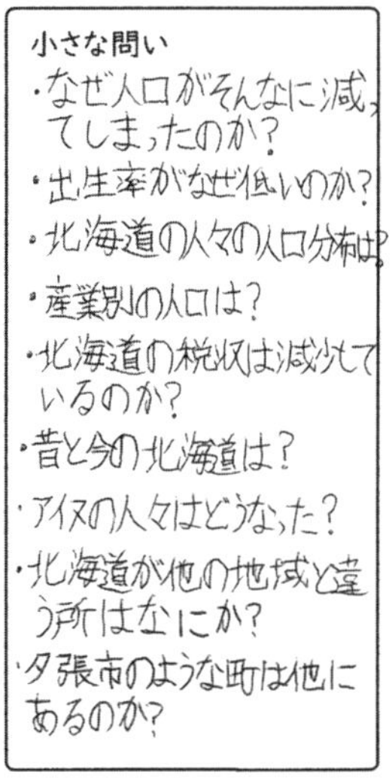
小さな問い
・なぜ人口がそんなに減ってしまったのか？
・出生率がなぜ低いのか？
・北海道の人々の人口分布は？
・産業別の人口は？
・北海道の税収は減少しているのか？
・昔と今の北海道は？
・アイヌの人々はどうなった？
・北海道が他の地域と違う所はなにか？
・夕張市のような町は他にあるのか？

図１　生徒の「小さな問い」の例

（2）追究時の「小さな問い」

単元を貫く問いを設定することができたら，生徒たちは予想・仮説を立て，課題の追究を進めていく。追究する際には，自己の仮説を基に「小さな問い」を立てる時間を設けている（**図１**）。課題の追究や解決に必要な問いを見いだし，情報の収集や整理・分析を進めることで，追究の見通しをもつことにもつながり，学習の調整を図るという効果も見られる。また，教師は社会的な見方・考え方を働かせる指導と評価を行い，必要に応じて，個別に問いを立てる支援をしたり，グループ内で共有させたりするなど，指導を改善している。

（3）単元末の「新たな問い」

単元末では，単元を貫く問いに対するまとめ・考察をすることに加えて「新たな問い」についても記述させている（**図２**）。これは，単元の追究を通して新たに生まれた疑問・課題や追究で完結しなかったことなどを明らかにすることで，次の課題の設定につなげるという意図で取り入れている。

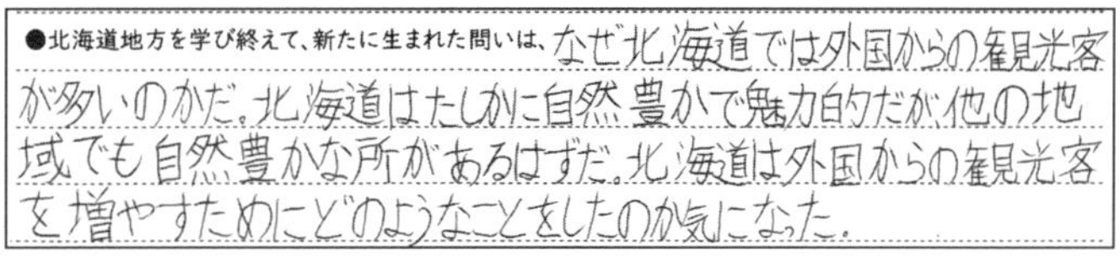
●北海道地方を学び終えて，新たに生まれた問いは，なぜ北海道では外国からの観光客が多いのかだ。北海道はたしかに自然豊かで魅力的だが他の地域でも自然豊かな所があるはずだ。北海道は外国からの観光客を増やすためにどのようなことをしたのか気になった。

図２　生徒の「新たな問い」の例

4　実践の成果と今後への課題

適切に課題を設けて行う学習を充実させることには難しさも感じられたが，生徒主体という視点から問いづくりの実践の基盤を構築することができた。生徒自ら疑問・問いを見いだす姿が増えたことはその成果の証であると捉えている。また，教師が設定した問いと生徒が生み出す問いは，二者択一の方法ではなく，両者は連続的につながり合っているものとして捉え，生徒が主体的に課題を設定する力を育成する視点をもつことの必要性を確認することができた。その指導にあたっては，カリキュラム・マネジメントの視点が必要であることも再認識することができた。

今後の課題として，年間指導・評価計画の中で問いづくりを位置付けることとあわせて，教師が設定した問いと生徒が生み出す問いでは，追究の質的な深まりがどのように違うのかを検証していく必要がある。また，問いづくりは探究を行う重要な要素であるが，３つの資質・能力といかに関連し合うかについては今後の検討課題としたい。

社会科実践例①

1 単元を通じて実現を目指す「学びに向かう力」が高まっている生徒の姿

横浜市の地域の在り方について，自ら課題を設定し，横浜市の地域的な課題を相対的・構造的に捉え，その解決策を多面的・多角的に考察，構想し，新たな課題とともに表現しようとする姿。

2 単元について

本単元では，学校所在地である横浜市の地域的な課題から地域の在り方を考察，構想し，上記の生徒の姿を目指すことをねらいとしている。学習課題を「日本各地の学習を踏まえて，『横浜市の在り方』を横浜市に提言しよう。」と設定し，探究活動を展開させていく。

学習対象として扱う横浜市は，市としては全国最多の人口（2023年現在，約377万人）を有する大都市であるが，少子高齢化の影響を受け，人口はピークの局面を迎えている。また，横浜市はこれまで東京のドーナツ化現象や地価の高騰・下落に伴う人口の社会増減を経て，今日では，自立的な社会基盤の構築が目指されていること，少子高齢化の進行に伴う持続可能なライフスタイルが模索されていることなどが課題である。生徒の生活感覚と学びの履歴を基盤として，横浜市の地域的な課題を捉え，その解決策を発信させたい。

3 「指導と評価の一体化」を目指した観点別学習状況のあり方

（1）「知識・技能」の指導と評価

学習課題を基に横浜市で見られる地域の実態や課題解決のための取組を相対的，構造的に理解できるように指導する。また，地域的な課題の解決に向けて考察，構想したことを適切に説明，議論しまとめる手法について理解できるように，これまでの地理的分野の学習で習得してきた技能を活用する場を設定する。これらの指導とあわせて，生徒が諸資料の収集や読み取りを行っている場面では，適切に収集や読み取りができているかを形成的に評価し，単元末では，これまでに構築してきた「地域の在り方」の考えをまとめたワークシートの記述の分析を通して，地域の実態や課題解決のための取組を理解しているかを評価する。

（2）「思考・判断・表現」の指導と評価

学習課題と探究テーマを基に，横浜市の地域的な課題とその解決策を多面的・多角的に考察，構想し，表現できるように指導する。考察，構想，表現に際しては，横浜市と類似する課題が見られる他地域と比較したり，関連付けたりさせ，相対的・構造的な視点を意識するように指導する。これらの指導とあわせて，地理的な見方・考え方を働かせて思考することができているか，また学びの履歴や他地域と関連付けて思考することができているかを形成的に評価し，思考を促す声掛けを随時行う。単元末では，ワークシートの記述を分析し，構想したことが多面的・多角的な考察に基づくものであるかを評価する。

（3）「主体的に学習に取り組む態度」の指導と評価

横浜市の地域の在り方という問いに対して，粘り強く向き合い，自己の学びを調整しながら学習を展開させていく。探究活動の中では，付箋を用いて振り返りを記述させ，ポートフォリオの形で記録していく。授業者はその付箋を形成的に評価し，探究活動を支えるフィードバックを行っていく。単元末では，単元全体の振り返りを行い，単元冒頭の

疑問から自身の思考の変容や新たな問いをいかに生み出すことができたのかを振り返り，授業者はそのワークシートの記述の分析を通して，主体的に課題を解決しようとする態度を評価する。

4 授業の構想

第1次では，「日本の様々な地域」（「地域調査の手法」及び「日本の諸地域」）の学びの履歴を踏まえ，横浜市の諸資料の読み取りを通して，横浜市の地域的な課題を捉える。諸資料については，「地域調査の手法」の単元において横浜市政策局による「出前講座」を実施した際に入手した資料（横浜市中期計画等）や聞き取り情報を活用する。学習プランを用いて，単元の見通しを確認する中で，学習課題「日本各地の学習を踏まえて，『横浜市の在り方』を横浜市に提言しよう。」を共有する。学習課題の追究には1枚式のワークシートを用いて，探究のプロセスを可視化できるようにした（図1）。

第2次では，班ごとに横浜市の地域的な課題を焦点化し，探究テーマを創出し，課題の要因を追究しながらその解決策を構想していく。班ごとの探究テーマの創出にあたって，先の横浜市の地域的な課題に関する諸資料から疑問点を出し合い，生徒の生活感覚や，企業訪問等の校外活動の経験とすり合わせながら協働的に創出させる。地域的な課題とその具体的な場所を設定することができたら，その要因を多面的・多角的に分析する。あわせて，横浜市の地域的な特性を踏まえた提言を実現するために，「日本の諸地域」で獲得してきた知識や新たな問いを参照し，他地域との事例と比較したり，関連付けたりするプロセスを加えている。ここでは，「日本の諸地域」で積み重ねてきた知識をまとめた「俯瞰シート」を活用し，地域を相対化・構造化することで地理的な認識を高め，新たな地域の在り方を構想する手立てとしている。最後に，考察，構想した提言をスライドにまとめ，班単位で【構想発表】を行う。聞き手は評価のコメントを記入し，発表者はそのコメントを基に提言の修正・改善を加える。

第3次では，学習課題のまとめとして，横浜市への「陳情書」の形式で，構想した地域的な課題の解決策を記述する。特に，陳情（提言）内容に対する「陳情の理由・経緯等」が地域の結び付きや地域の変容，持続可能性などに着目した理由付けになるように指導，評価していきたい。また，単元全体の振り返りとして，これまでの探究における「探究が深まった点」や「探究の改善点」をワークシートに記述し，自らの探究が適切であったかを確認させたい。

（村越　俊）

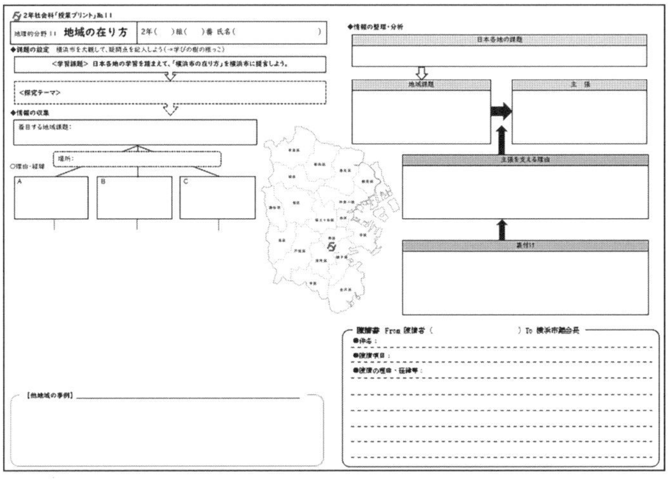

図1　探究から提言までのワークシート

[資料]　資質・能力育成のプロセス（6時間扱い）

次	時	評価規準	【　】内は評価方法 及び Cと判断する状況への手立て
1	1	知　横浜市の実態や課題解決のための取組を理解している。（○）	【ワークシートの記述の点検】 C：資料を一緒に読み取り，横浜市の地域的な課題について考えさせる。
		思　横浜市の地域的な課題を捉えるために，全国各地の動態を踏まえ，考察するための視点について考える。（○）	【ワークシートの記述の点検】 C：これまでのワークシートを一緒に振り返り，全国各地と横浜市の地域差の確認を支援しながら，基礎的な事項を確認する。
2	2 ｜ 4	態　横浜市の在り方について，協働的に問いを立て，見通しをもって主体的に追究しようとしている。（○）	【ワークシートの記述の点検】 C：ワークシートを用いて課題を確認させ，問いを立てられるように資料の読み取りを支援する。
		知　地域的な課題の解決に向けて考察，構想したことを適切に説明，議論しまとめる手法について理解している。（○）	【生徒の活動の確認】【ワークシートの記述の点検】 C：協働的に探究する場面において，役割分担の調整，情報収集やまとめ方などを支援する。
		思　横浜市の在り方を，地域の結び付きや地域の変容，持続可能性などに着目し，そこで見られる地理的な課題について多面的・多角的に考察，構想している。（○）	【ワークシートの記述の点検】 C：ワークシートを用いて課題と問いを確認させ，収集した情報との関連付けを支援する。
	5	思　横浜市の在り方を，地域の結び付きや地域の変容，持続可能性などに着目し，そこで見られる地理的な課題について多面的・多角的に考察，構想したことを表現している。（○）	【生徒の活動の確認】【ワークシートの記述の確認】 C：班内での役割を確認し，考察，構想したことを効果的に発表できるように支援する。
3	6	知　横浜市の実態や課題解決のための取組を理解している。（◎）	【ワークシートの記述の分析】 C：これまでの学習を振り返り，横浜市の地域的な課題と解決策について，一緒に確認する。
		思　横浜市の在り方を，地域の結び付きや地域の変容，持続可能性などに着目し，そこで見られる地理的な課題について多面的・多角的に考察，構想し，表現している。（◎）	【ワークシートの記述の分析】 C：これまでの学習を振り返り，横浜市の地域的な課題に対する解決に必要な視点について，一緒に確認する。
		態　横浜市の在り方について，よりよい社会の実現を視野にそこで見られる課題を主体的に追究しようとしている。（◎）	【ワークシートの記述の分析】 C：これまでの学びと学習全体を振り返り，自己の成長点と課題点を記述するように促す。

主たる学習活動	指導上の留意点	時
・「日本の様々な地域」の学びの履歴を踏まえ，横浜市の諸資料の読み取りを通して，横浜市の地域的な課題を捉える。 【学習課題】 「日本各地の学習を踏まえて，『横浜市の在り方』を横浜市に提言しよう。」	・学習プランを配付し，学習の見通しと目的意識をもたせる。 ・日本全国の動態を俯瞰しながら，横浜市に着目し，横浜市の地域的な課題に見られる一般的共通性と地方的特殊性を意識させる。	1
・個人で横浜市の地域的な課題に関する疑問点を書き出す。これらの疑問点を5人班で共有し，班の探究テーマを創出する。 ・探究テーマを基に地域的な課題の要因について，協働的に情報の収集，情報の整理・分析を行う。 ・横浜市の地域的な課題を相対化・構造化させるため，他地域の関連する事例を収集し，比較・考察する。 ・横浜市の地域的な課題を焦点化させ，その解決策を考察，構想する。考察と構想の成果と新たな問いをスライドにまとめる。	・探究テーマは問いの形（～か。）で創出させる。班内で探究テーマを生成する中で，探究の見通しをもたせるように意識させる。 ・教科書，資料集，インターネット等を活用し，情報を収集させる。 ・「日本の諸地域」で学習した事例を中心に学びの履歴を活用させ，多面的・多角的な考察を促す。 ・総合的な学習の時間（TOFY）で学習した経験を生かすことと，横浜市行政に提案することを念頭に，市政との関連付けを意識させる。	2 — 4
・【構想発表】各班は聞き手となる班に対して，「横浜市の在り方」に関する探究の成果を発表する。聞き手の班は，発表に対して評価のコメントを書く。 ・受け取った評価コメントや他班の発表を受けて，よりよい提案にするために，自班の構想を修正する。	・発表時間は5分間，コメント時間は3分間（計8分間）。発表と聞き手はローテーションを組む。聞き手に回る際は，班員が分散して複数班の発表を聞くことができるように工夫する。 ・発表会は最終提言のための過程であることを意識させ，提案の改善を促す。	5
・横浜市の地域的な課題とその解決策，新たな問いについて，ワークシートの自分の考えを記述する。 ・これまで探究プロセスを振り返り，学びが深まった点，探究のよい点や改善点を記述し，まとめる。 ※各班の探究成果は，実際に横浜市政策局に送付し，フィードバックをいただく。	・これまでの学習内容や新たに獲得した認識を基に知識をまとめさせる。 ・ワークシート全体（単元冒頭での疑問点から探究を通しての学び）を振り返り，学びの深まりや思考の変容について着目させる。	6

社会科実践例②

1 単元を通じて実現を目指す「学びに向かう力」が高まっている生徒の姿

「なぜ日本国憲法は私たちにとって大切なのか」という単元を貫く問いに対する自分の考えをもつ中で，日本国憲法に基づいて政治が行われていることの意義を多面的・多角的に考察し，表現している姿。

2 単元について

本単元「日本国憲法の基本的原則」は，人権や憲法の歴史，日本国憲法の基本的な考え方やその基本的原則を基にして，法に基づく政治が大切であることを理解するとともに，日本国憲法に基づいて政治が行われていることの意義について多面的・多角的に考察し，表現することをねらいとしている。

そこで，本単元では「なぜ日本国憲法は私たちにとって大切なのか～日本国憲法の大切さを世間に発信しよう！～」という単元を貫く問いを設定した。問いや学習課題を追究しながら，人権や立憲政治を獲得してきた歴史や日本国憲法の基本的原則について理解するとともに，習得した知識を活用して日本国憲法の意義について多面的・多角的に考察していく。そして，単元の最後には，日本国憲法の意義を広く伝えるように新聞への投書をすることを通して考察したことを表現していく。また，日本国憲法の意義という抽象度の高いテーマを扱うため，生徒がより身近に感じたり切実感を抱いたりできるようにしたい。

3 「指導と評価の一体化」を目指した観点別学習状況のあり方

（1）「知識・技能」の指導と評価

人権獲得の歴史，日本国憲法の基本的原則について，毎時間提示される問いに対する自分の考えを記述する活動を通して，知識の習得を目指す。その際，生徒が日本国憲法を身近に捉えたり，自分ごととして考えたりできるような学習課題を設定しながら，その課題解決を図るように促す。単元末にワークシートの記述を分析することで，日本国憲法の基本的原則について理解しているかを評価する。

（2）「思考・判断・表現」の指導と評価

習得した知識を活用して「なぜ日本国憲法は私たちにとって大切なのか」について考察し，新聞への投書をすることを通して考察したことを表現していく。自分の主張を裏付けるための根拠や具体例を示しながら，説得力のある記述ができるように指導する。ワークシートに記述した投書の文章の内容を分析することで，日本国憲法の意義を多面的・多角的に考察できているかを評価する。

（3）「主体的に学習に取り組む態度」の指導と評価

単元の初めに記述する「学習前の自分の考え」，単元の学習の中で気付いたことを記述する「振り返り」，単元の終末に記述する「単元の学習を通して自分の思考が深化した点」をワークシートの深化ボードのページで一覧できるようにまとめさせる。この活動を通して，7単位時間の学習の中で，自己の学習の軌跡やその調整の過程などを見つめながら，主体的に学習に取り組む態度を育成できるように指導する。単元末にワークシートに記述した「単元の学習を通して自分の思考が深化した点」の内容を分析することで，主体的に学習に取り組む態度を評価する。

4 授業の実際

まず，単元の最初に，18歳を対象にした憲法に対する意識調査のデータを提示し，そこ

から生じた疑問点を挙げさせた。その結果，生徒たちの中から「憲法を身近に感じていない人が多いのはなぜか」，「日本国憲法が実際に自分の生活とつながっている感じがしないからではないか」などの声が挙がった。そこで，「なぜ日本国憲法は私たちにとって大切なのか」という単元を貫く問いを提示し，生徒が日本国憲法について身近に感じたり切実感を抱いたりできるようにした。

第1次では，毎時間提示される問いや学習課題を追究しながら，人権獲得の歴史や日本国憲法の基本的原則について理解することを目指した。例えば，第3時「平和主義によって何が守られているのか」では，歴史的分野で学習したことや日本国憲法第3章の条文を関連付けながら，平和主義や基本的人権について理解している姿が見られた（図1）。また，この学習課題を設定したことによって，平和主義を基本的原則の一つとする日本国憲法があることの意義を身近なものとして捉えることができていた。

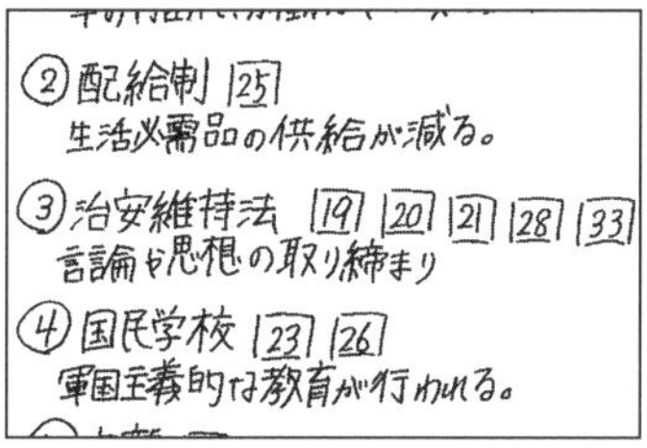

図1　第3時における生徒の記述

第2次では，「『これがあるから私たちの生活が守られているのだ』と思う条文を抜き出そう！」という学習課題を設定し，これまでに習得した知識を活用して，日本国憲法の内容と生徒自身の生活を関連付ける活動を行った。生徒のワークシートへの記述を確認すると，それぞれ抜き出した条文がなかったら自身の生活にどのような影響が生じるかについて，考察する姿が見られた（図2）。その結果，日本国憲法に基づいて政治が行われていることの意義について，自分ごととして考察

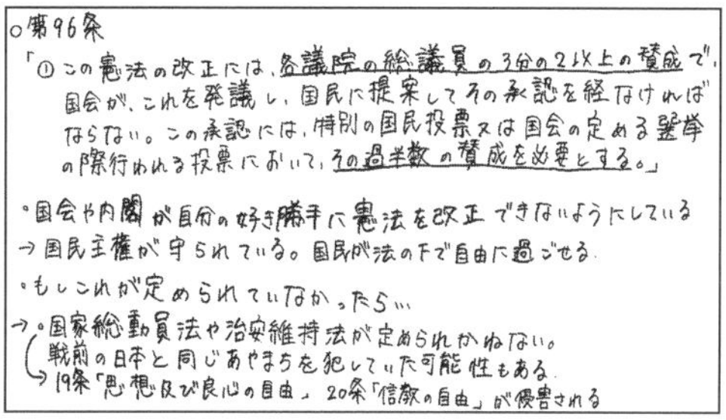

図2　第5時における生徒の記述

することができていた。

第3次では，前時までに学習した日本国憲法の意義について主張する新聞への投書を作成する活動を行った。まず初めに，投書の見出しをつくらせた。その際，机間指導を行いながら，「その笑顔も憲法のおかげ!!」や「憲法によって成り立つ『当たり前』」など，日本国憲法の大切さや身近であることを上手に表現できていた見出しについて全体で共有した。次に，自分の作成した見出しに合わせて，本文を書いた。記述する際には，単元の学習の集大成として，日本国憲法の大切さや日本国憲法が身近であることを訴えかけられるように促した。この活動を通して，単元の目標である，日本国憲法に基づいて政治が行われていることの意義を多面的・多角的に考察し，表現している姿を見ることができた。

最後に，単元の振り返りとして，「なぜ日本国憲法は私たちにとって大切なのか」という単元を貫く問いについて，7時間の学習を通して気づいたことや深まったことを記述させた。その記述を分析すると，学習前の自分の考えと比べて，日本国憲法の意義についての理解が深まったことを実感している様子が見られた。

以上のように，日本国憲法の意義という抽象度の高いテーマを扱う単元ではあったが，問いや学習課題の設定・提示を工夫することで，生徒が身近に感じたり切実感を抱いたりできるようにしながら，資質・能力を育成することができた。　　　　　　　　（礒　崇仁）

次	時		評価規準	【　】内は評価方法 及び Cと判断する状況への手立て
1	1	知	民主的な社会生活を営むために大切な，法に基づく政治に対する現状を理解している。（○）	【行動の観察】【ワークシートの記述の確認】 C：資料から読み取れることについて助言し，気が付いたことを記述させる。
	2 — 4	知	毎時間の問いや学習課題に基づいて，日本国憲法が基本的人権の尊重，国民主権及び平和主義を基本的原則としていることについて理解している。（○）	【行動の観察】【ワークシートの記述の確認】 C：教科書等を活用し，課題の追究に必要な情報をワークシートに書かせながら，日本国憲法の基本的原則について整理させる。
		知	毎時間の問いや学習課題に基づいて，日本国及び日本国民統合の象徴としての天皇の地位と天皇の国事に関する行為について理解している。（○）	【行動の観察】【ワークシートの記述の確認】 C：教科書等を活用し，課題の追究に必要な情報をワークシートに書かせながら，天皇の地位と国事に関する行為について整理させる。
2	5 — 6	思	「『これがあるから私たちの生活が守られているのだ』と思う条文を抜き出そう！」という学習課題に対して，根拠に基づいて，多面的・多角的に考察し，表現している。（○）	【行動の観察】【ワークシートの記述の確認】 C：日本国憲法の条文をいくつか抜粋して説明し，そこから私たちにとって大切な部分を見つけ出すように促す。
3	7	知	民主的な社会生活を営むためには，法に基づく政治が大切であることを理解している。（◎）	【ワークシートの記述の分析】 C：教科書の記述や第1次でワークシートに整理した内容を見直しさせながら，法に基づく政治が確立するまでの経緯を確認させる。
		思	我が国の政治が日本国憲法に基づいて行われていることの意義について多面的・多角的に考察し，表現している。（◎）	【ワークシートの記述の分析】 C：教科書の記述や第2次でワークシートに整理した内容を見直しさせながら，日本国憲法の意義について，箇条書きさせる。
		態	人間の尊重についての考え方や日本国憲法の基本的原則などについて，現代社会に見られる課題の解決を視野に主体的に社会に関わろうとしている。（◎）	【ワークシートの記述の分析】 C：学習前に記述した自分の考えを振り返らせ，授業を通して考えが広がったり深まったりしたことについて口頭で問い，記述するように促す。

主たる学習活動	指導上の留意点	時
・日本国憲法に対する18歳の国民の意識について示した資料やデータを読み取り，そこから生じた疑問を思いつく限り書き出す。 【単元を貫く問い】 なぜ日本国憲法は私たちにとって大切なのか。 ・学習プランを通じて，単元の目標や学習方法など，見通しを確認する。 ・単元を貫く問いに対して，学習前の自分の考えを深化ボードに記述する。	・生徒一人一人が資料としっかりと向き合い，疑問を抱いたことを記述できるようにするため，個人で取り組む時間を確保する。その上で，4人班や学級全体でその疑問点を共有する。 ・単元末には新聞社への投書という設定で自分の考えを表現するため，実際の投書欄を紹介しながら，その課題をイメージさせる。 ・単元を貫く問いに対する学習前の自分の考えの記述を評価し，生徒の学習前の状況を把握する。	1
【課題】①人権獲得チャートをつくろう！／②戦争によって侵害されうる人権を探し出そう！／③独裁政治を防ぐ工夫を突き止めよう！ ・人権獲得の歴史や日本国憲法の基本的原則について，毎時間提示される問いや学習課題に対して自分の考えを記述できるように，教科書等を用いて情報を収集する。 ・わかったことや自分の考え，その根拠等を4人班で共有し，他者の考えを追記したり，自分の考えを修正したりする。 ・各時に提示される問いや課題を追究する中で，日本国憲法の意義について気付いたことや考えたことを深化ボードに記述する。	・教科書等を使って調べる際には，課題を追究するために必要な情報を引き出すように促す。 ・4人班で自分の考えを共有する際には，それぞれがその判断の根拠とした部分に耳を傾けて，自分の考えを赤字で修正するように促す。 ・自分の考えや付箋の記述について，代表的なものを取り上げて，共有する。	2 │ 4
【課題】「これがあるから私たちの生活が守られているのだ」と思う条文を抜き出そう！ ・日本国憲法の第1章〜第3章および第9章・第10章を読み，条文を抜き出して，その根拠を記述する。 ・記述した内容を4人班で相互評価し合い，他者の考えを追記したり，自分の考えを修正したりする。 ・本時までに日本国憲法に基づいて政治が行われていることの意義について考察する中で気付いたことを深化ボードに記述する。	・第1次で整理した知識を活用して，その条文を抜き出した根拠を多面的・多角的な視点で表現できるようにする。 ・4人班で記述した内容を共有する際には，それぞれがその判断の根拠とした部分を比較しながら，自分の考えを赤字で修正するように促す。	5 │ 6
【単元末課題】 日本国憲法の大切さを世間に発信しよう！ ・「なぜ日本国憲法は私たちにとって大切なのか」について，新聞社への投書を通して自分の考えを発信するという課題に取り組む。 ・深化ボードに，単元の学びを終えて自分の思考がどのように変化したのかを記述する。	・これまで日本国憲法に基づいて政治が行われていることの意義について多面的・多角的に考察した成果を発揮して，自分の考えを表現するように促す。 ・これまで記述した学習前の自分の考え，授業時の振り返り等を参考にしながら，自己の学びがどのように深まってきたのかを意識して振り返らせる。	7

数学科

実践例①〜③

1　本校数学科が考える「資質・能力を高めるための『問い』」

　数学的な資質・能力を高めるためには，生徒と教師の対話を通して『問い』が見いだされ，生徒自身が探究し，発展的に考えていけるような学習活動が大切である。そして，このような学習活動を繰り返すことを通して，生徒が自分自身で探究的で発展性のある問いを見いだしていくことを期待している。このような探究的で発展性のある問いは，数学的な見方・考え方の顕れであり，数学的な資質・能力を育成するための原動力になるものである。本年度は，特に「思考力，判断力，表現力等」に焦点を当てて研究を進めることとした。

2　学びのプロセス

　本年度も昨年度の研究成果を継承し，「思考力，判断力，表現力等」を育成する立場から生徒の学びのプロセスを次の3段階で捉えていく。「1．既習の学習範囲では，解決しきれない「壁との出合い」」，「2．数学的な見方・考え方を働かせ，既習の知識・技能を活用して解決していく」，「3．学習を振り返り，学習内容を価値付ける」（**図1**）。

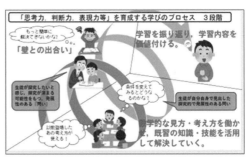

図1　「思考力，判断力，表現力等」を育成する学びのプロセス

　このような学びのプロセスを具体化していくためには，教師が計画的に『問い』を設定する必要がある。どのような順番でどのような『問い』を提示すれば，対話の中で生徒から疑問や問いが生まれるか，生徒にどのような数学的な資質・能力の高まりを期待するのかを教師が具体的にイメージをもつことが重要になる。その際，生徒が身近に感じる場面や活用できそうな場面を想起させることで，生徒が必然性を感じながら主体的に学習活動に取り組むことで資質・能力が育まれるような『問い』が見いだされやすくなる。

　以上を踏まえて，資質・能力が高まった生徒の姿をイメージして，生徒自身が探究し，発展的に考えていけるような学習活動の実践を行った。

3　具体的事例

　「資質・能力を高めるための『問い』」を生徒と教師の対話を通して見いだしながら，生徒の学びのプロセスをデザインした事例を以下に挙げる。

○第2学年「基本的な平面図形」の事例

　ここでは，生徒に五芒星を一筆書きで描かせることから学習を始めた。異なる始点や書き順によって生じた複数の図を観察させると，生徒からは様々な共通点が挙げられた。生徒と教師の対話を通して「これらの共通点について必ず成り立つ理由をどのような順なら説明しやすいか」と

いう『問い』が見いだされた。『問い』への解決の中で，生徒たちは，「平行線と角の性質」や「多角形の外角の和」についても見いだしていった。その後，根拠を明らかにして論理的に説明することを，七芒星など，他の場面でも活用しようとする生徒の姿が見られた（図2）。

76期2B 　██████　09/12 15:30
論理は順番であり、それぞれの図形の性質は矢印でつながっていて、論理的関係が成立しているのだと理解できました。解き方を覚えるのではなく、論理を理解することで、様々な問題に対応できるようにしたいと思いました。

図2　振り返りの記述

○第3学年「標本調査」の事例

　ここでは，総合的な学習の時間の中で実施するアンケートを，全数調査で行うことが困難であるという生徒の悩みが発端となり，「全数調査を行うことが困難な事例として他にはどのようなものが挙げられるだろうか」という『問い』が生徒と教師の対話を通して見いだされ，例として大岡川に生息する魚の数が挙げられた。生徒は解決の見通しを立てながら，実際に2色のBB弾を用いて標識再捕獲法の実験を行った。生徒は比や確率の考えを生かして魚の生息数を推定した。もっとよりよく解決する方法はないかと問うと，「抽出する際には無作為であることが重要であるため，川の一部分から魚を捕獲するのではなく，川の様々な箇所から魚を捕獲することが重要であることに気が付いた」という意見が挙がった。生徒は納得している様子であった（図3）。

BB弾を用いて、実際に行った。私は、この調査を行う時に、川の上流、下流などの条件によって、魚の数に変化があるかもしれないから、いくつかの範囲に分類して魚を取るべきという考えが抜けていた。だから、他者の発表から、常に、「偏りがないか」という視点を持つことの大切さを改めて感じることが出来て、良かった。

図3　振り返りの記述

4　実践の成果と課題

　数学の学習過程は，「日常生活や社会の事象」と「数学の事象」の両輪をバランスよく学習することが求められている（図4）。研究の対象とした学びのプロセスをこの観点から鑑みると，具体的事例で挙げたように「2．数学的な見方・考え方を働かせ，既習の知識・技能を活用して解決していく」段階では「数学の事象」に関する『問い』が有効であり，「1．既習の

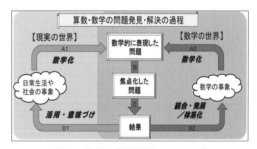

図4　数学の学習過程のイメージ

学習範囲では，解決しきれない「壁との出合い」」，「3．学習を振り返り，学習内容を価値付ける」段階では「日常生活や社会の事象」に関する『問い』が有効であると考えられる。今後も，数学的な資質・能力を高めるために有効な『問い』や学びのプロセスについて研究を重ねていきたい。

数学科実践例①

1　単元を通じて実現を目指す「学びに向かう力」が高まっている生徒の姿

　具体的な場面で一元一次方程式を用いて考察し活用しながら，その解が問題の答えとして適切なものであるかどうかを確かめようとしている姿。

2　単元について

　一元一次方程式は，等式の性質を使いながら解くが，解く手順を整理することで移項の考え方が理解でき，慣れてくると形式的な処理で答えを導くことができる。生徒には，方程式を通して問題解決の過程を振り返り，整理すると，能率よく答えを求めることができることを実感させたい。また，具体的な場面で方程式を活用し，解決を図ることも求められている。領域や単元のイメージが生徒にとっては計算処理という印象が強い。そのため，具体的な場面は，現実の世界における場面を意識した課題を扱っていきたいと考えている。

3　「指導と評価の一体化」を目指した観点別学習状況のあり方

（1）「知識・技能」の指導と評価

　方程式の必要性と解の意味，一元一次方程式の解き方についての理解を目指す。方程式の必要性については，方程式を用いることにより，条件を満たす値を的確に求めることができるよさを理解させる。また，方程式の解はその条件を満たす値であり，等式を成り立たせる。そのため，方程式の解を代入して等式を成り立たせる値となっているかを確かめたり，課題の条件に適しているかを改めて考え直したりする必要がある。一元一次方程式の解き方については，上皿天秤を用いて重さがつり合っている状態を等式に見立てること

で，天秤の図と方程式を関連付けながら等式の性質を理解させ，方程式の解を導かせたい。授業中の生徒の行動やワークシートへの記述や小テストの状況から評価していく。

（2）「思考・判断・表現」の指導と評価

　一元一次方程式を解く方法を考察し表現すること，一元一次方程式を具体的な場面で活用することを目標とする。解く方法を考察し表現することについては，等式の性質を用いて方程式を式変形する中で移項と呼ばれる形式的な処理方法を理解させ，能率よく解を求めることができることを学ばせたい。ワークシートには，そこで用いた等式の性質を記述させることや，解き方をまとめたレポートを作成させ，その記述内容を評価する。

　具体的な場面で活用することについては，現実の世界における課題を扱う場合，様々な条件を整理して課題の解決を図る必要がある。例えば，「落雷場所までの距離を，方程式を使って解く問題」は，音の速さ，落雷場所の気温，光ってから音がなるまでの時間などを整理しなければならない。「距離」は「速さ」と「時間」の積に等しいことから既習の方程式に変形することで，これまで習得した知識及び技能を用いて問題を解決することができる。そして生徒のワークシートへの記述から評価する。

（3）「主体的に学習に取り組む態度」の指導と評価

　単元導入時に，この単元を学習するとどのような数学的な考え方が高まるのかを実感させることで学習する意義を伝えたい。それを踏まえて，単元の学習計画である「学習プラン」を用いて，学習内容について全体で共有し，自らの学習の目標を立てるように促す。単元の途中では，自ら立てた学習目標を振り

返る場面を設定する。単元末には，現実の世界における課題を用いることで，これまで学んだことを，生活に生かそうとしたり，方程式を活用した問題解決の過程を振り返って改善したりする姿を授業中の生徒の行動やワークシートへの記述内容から評価する。

4 授業の実際（第10時）

ここでは，落雷場所と学校までの距離を求める学習を引き出した。生徒との会話の中から，『問い』を抽出させ，必要な情報を整え，解決を図る授業を目指した。生徒の疑問が全く違う方向に向く可能性もあるため，授業前は，学級全体で整理した条件を共有しながら授業を進めることを意識した。

導入時には，課題を生徒にとってより身近に感じさせるためにも，「横浜市の天候予報」の画像や「雷雨」の動画を用いた。1週間ほど前に，横浜市の天候は雷雨だったため，生徒は雷が鳴り響いていたことを思い出させるところから授業は始まった。以下の内容は，動画を見せた後の教師（T）と生徒（S）の会話のやりとりである。

T：「その時の，外の様子はどうだったの？」
S1：「雨が降っていて，雷が何度も鳴り，雷が光ってすぐに鳴ったから近かった」
T：「そうか。雷が近いと思ったのか……。」（その後，クラスの全員に投げかけた）
T：「雷が近いと言っていたけど，例えば，先生から近い人はだれ？」
S2：「○○さんが1番近くて，……」
S3：「近いと思う感覚は人それぞれだと思う」
T：「たしかに近いと思う感覚は人それぞれなので，雷が学校まで近かったのかどうかを別の表現で表わしてみよう」

という会話の中から，本日の学習内容を明らかにした。別の表現とは「近い」を「○m離れている」のように数字を用いて距離で表わすことである。

その後，この『問い』を解決していくために必要な情報を聞いた。そのときの会話のやりとりである。

T：「今，知りたい情報は何？」
S4：「雷が光ってから音が鳴るまでの時間」
S5：「横浜市の気温」
S6：「音の速さ」
S7：「雷までの距離」

雷までの距離は，本来ならば計算で求めてほしいことだったので，

T：「S7さんが，雷までの距離と言っていたけど，S8は今の意見を聞いてどう？」

と投げかけ，これから計算で求めていくことを伝えてもらった。

まずは，知りたい情報の「音の速さ」を，タブレットPCを使って調べさせた。音の速さは，およそ秒速340mで「331.5＋0.6×気温」で求められることを知った。

次に，「横浜市の気温」は，準備していた花火の動画を基に，方程式の知識を活用させて気温を求めさせた。花火の動画では，そのときの音の速さが「約秒速351.7m」となる。音の速さから，生徒は「331.5＋0.6×気温＝347.2」という方程式を立て，最終的に横浜市の気温を「28℃」と求めていた。

横浜市の気温が「28℃」とわかり，「雷が光ってから音が鳴るまでの時間」を「3秒」と設定したところ，距離＝速さ×時間の関係から，距離＝「348」×「3」＝1041mと求めていた。

近いという表現を「雷までの距離は1041mで，光ってから音がなるまでは3秒です。約1kmなら雷が目で見える。」と表現する生徒もいた。

「現実の世界」に関する学習活動で，情報を引き出し整理する難しさを大いに感じたが，生徒との会話の中から『問い』を引き出したり，学習の価値付けしたりすることが有効に感じた。　　　　　　（松本　裕介）

[資料]　資質・能力育成のプロセス（13時間扱い）

次	時	評価規準	【　】内は評価方法 及び Cと判断する状況への手立て
1	1 ｜ 4	知　方程式の必要性と意味及び方程式の中の文字や解の意味を理解している。（○）	【行動の観察】 C：図と式が関連していることから，班員に説明する中で等式の作り方を整理するよう促す。
		思　等式の性質を基にして，一元一次方程式を解く方法を考察し表現することができる。（○）	【ワークシートの記述の点検】 C：等式の性質について，天秤の図と式を関連付けて求めることができることに気付かせる。
		態　一元一次方程式について学んだことを生活や学習に生かそうとしたり，方程式を活用した問題解決の過程を振り返って評価・改善しようとしたりしている。（○）	【ワークシートの記述の確認】 C：小テストの結果を振り返らせ，具体的な目標を記述させる。
2	5 ｜ 9	知　簡単な一元一次方程式を解くことができる。（◎）	【ワークシートの記述の分析】 C：方程式を解く際に，使っている等式の性質を記述させる。 C：移項について，等式の性質を形式的に処理した考え方を用いていることを確認させる。方程式を計算する途中式の中に，移項の考えを使った箇所を記述させる。
		思　等式の性質を基にして，一元一次方程式を解く方法を考察し表現することができる。（◎）	【小テストの結果の分析】 C：ワークシートや教科書の記述を読み返し，具体的な問題の解き方を確認させる。
		態　一元一次方程式について学んだことを生活や学習に生かそうとしたり，方程式を活用した問題解決の過程を振り返って評価・改善しようとしたりしている。（○）	【ワークシートの記述の確認】 C：小テストの結果を振り返らせ，能率的に方程式を解くことができているかを確認する。
3	10 ｜ 13	知　方程式の必要性と意味及び方程式の中の文字や解の意味を理解している。（◎）	【ワークシートの記述の分析】 C：方程式の解が問題に適しているかどうかを判断させるために，求めた解の意味を考え，記述させる。
		思　一元一次方程式を具体的な場面で活用することができる。（○◎）	【レポートの記述の確認・分析】 C：具体的な場面を想起させ，等式の関係を班員と確認した後に，方程式とその答えを記述させる。
		態　一元一次方程式について学んだことを生活や学習に生かそうとしたり，方程式を活用した問題解決の過程を振り返って評価・改善しようとしたりしている。（◎）	【ワークシートの記述の分析】 C：単元全体を通して，大切だと思ったことを記述させる。

主たる学習活動	指導上の留意点	時
・学習プランを用いて，本単元の見通しをもつ。 【課題】 コインは9枚ありますが，そのうち1枚は重さが異なる偽コインです。天秤を使い，何回の手順であなたは偽コインを発見することができますか。 ・天秤と等式を関連付けて，等式の性質を理解することにつなげる。 ・天秤を使った別の問題で，等式の性質を確認する。 ・方程式は，等式の性質を使って同値変形できることを理解する。	・学習プランを示しながら，学習の流れと身に付けたい資質・能力を確認する。 ・偽コインを発見するまでの手順を整理して，一番少ない回数を考えさせる。 ・天秤が釣り合っている状態を，「図」や「言葉の式」を用いながら等式で表わす。 ・等式にはどのような性質があるかを，天秤の図と式を関連付けながら考えさせ，それをまとめさせる。	1 | 4
【課題】 ラーメン屋には，つまようじがたくさん置いてある。913本のつまようじを並べて，できるだけ長いはしごを作ると，正方形が何個作れるか答えなさい。 ・等しい関係にある数量を見つけて，方程式をつくり，方程式を解く。また，方程式の解を問題の答えとしてよいかどうかをたしかめ，答えを決める。 ・様々な一元一次方程式の問題に触れ，方程式の解き方を確認する。	・等式の性質を確認し，その性質を使って方程式を解く。 ・方程式を手際よく解く手順を考え，移項について理解を深める。 ・方程式の解を求めた際に，その解が問題の答えとして適切なものであるかどうかを調べることを通して，自ら解決の過程を振り返ったり，得られた結果を意味付けたりさせる。	5 | 9
【課題】 落雷場所は近い？それとも遠い？具体的には，どのくらい離れた場所に落雷したの？ ・具体的な場面の条件を整え，問題を再確認する。 ・問題を求めるための方程式を確認する。 ・本単元の振り返りをする。学習プランを見返し，単元の学習内容や学習の意義，及び学習前後での自身の変容や学習の振り返りをする ○振り返りの視点の例 ・本単元の学習を通して何ができるようになったか。 ・今まで身に付けてきた力が，本単元の学習のどの場面で，どのように発揮されたか。 ・本単元で身に付けた力は今後，どのような場面で発揮されそうか。　　　…など	・「光」と「音」の速さについて，経験を基に考えさせる。例えば，「花火」を思い出させて，「光」の後に「音」が聞こえることを確認する。 ・「音の速さ（m/秒）」は「気温」に関係している。「331＋0.6 t」（t は気温）で音の速さを求めることを確認する。 ・「距離」＝「速さ」×「時間」で求められることから，方程式をつくる。 ・具体的な場面で方程式を活用できることを実感させる。 ・仲間の記述やアドバイスを踏まえて，自身の学習を振り返らせる。	10 | 13

数学科実践例②

1　単元を通じて実現を目指す「学びに向かう力」が高まっている生徒の姿

具体的な場面において活用されている図形の基本的な性質を見いだし，それが成り立つ理由を論理的に確かめようとしている姿。

2　単元について

本単元では「三角形や平行四辺形の性質を三角形の合同条件などを基にして証明すること」，「図形の性質の証明を読んで新たな性質を見いだすことや学んだ図形の性質を具体的な場面で活用すること」を学習する。

ここでは，「学んだ図形の性質を具体的な場面で活用すること」を踏まえ，図形の基本的な性質だけでなく，図形がもつ機能的な側面にも注目させる。身の回りの固定的なデザインの他，連続的に形状が変化する製品も観察させることで，同じ条件を満たす図形が無数に存在することに気づかせ，「共通する性質や不変な性質を見いだし，それが成り立つ理由を説明する活動」を通して，証明の必要性や，図形の性質が具体的に活用されていることを実感させる。

3　「指導と評価の一体化」を目指した観点別学習状況のあり方

（1）「知識・技能」の指導と評価

同じ条件を満たす図形が複数存在することを確認させることで，与えられた図が全ての代表として示されているものであることを実感させ，演繹的な推論のよさを理解させる。証明後に，実測をし直したり，他の図形についても考察し直したりする必要がないことを問うことで，証明の必要性を理解できたかどうかを評価する。

また，「証明の方法」については，仮定と結論の意味を正しく理解し，それらを区別して，妥当な根拠を用いて，証明の全体の構想を組み立てることを重要視する。その際，根拠として用いるべき条件を適切に選択できたかどうかによって，正しく構想できているかを評価する。

（2）「思考・判断・表現」の指導と評価

単元を通して，日常的な事象を数学化する過程を大切にし，事象の観察を通して把握した事柄を記述または発表したりしながら，数学的に説明する活動を多く取り入れる。

第1，2次では，身の回りの固定的なデザインから二等辺三角形や平行四辺形を見いださせ，それぞれに共通する性質を証明させる。ここでは，他者との交流を通して，徐々に数学的な表現へと洗練させていく。

第3次においては，折り畳み式の製品を観察させ，フレームの構造の中に平行四辺形や三角形を見いださせる。ワークシートやレポートにて，製品の機能的な構造を数学的な表現を用いて説明させ，その記述の内容から日常の事象における課題解決に図形の性質を活用できたかを評価する。

（3）「主体的に学習に取り組む態度」の指導と評価

第1次と第2次の授業の流れを同じようにすることで，生徒自身が自らの学習の深まりを実感できるようにする。また第3次では，考察したデザインや製品の機能性を基に，他の場面についても考察しようとする姿を授業中の生徒の行動やワークシートへの記述の内容から評価する。

また，授業の最初の10分程度を用いて，生徒同士で前時の振り返りを行う。その後，振り返った内容を各自で Teams に入力させ，言語化を図る。その内容から生徒が継続的に

自らの学びを調整している姿を評価する。

4 授業の構想（第16〜17時）

第3次では，これまで学習してきた「平行四辺形の性質」が具体的な場面で活用されている事例として，折り畳み式製品を挙げる。

初めに，「折り畳み式譜面台」を生徒に提示し，連続的に変化させる中で，平行四辺形の性質が活用されていることを生徒に見いださせる。ここでは，フレームのどの部分が常に平行に保たれているのかを確認した後，なぜ平行が保たれるのかを考えさせる。

生徒の発言を基にしながら，考察結果をPowerPoint のスライドにまとめていく（図1）。その際，実物を写真で撮影し，見いだした図形に「四角形ABCD」といった名前を付けることで，説明しやすくなることも確認していく。

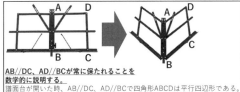

AB//DC, AD//BCが常に保たれることを
数学的に説明する。
譜面台が開いた時，AB//DC、AD//BCで四角形ABCDは平行四辺形である。
平行四辺形の2組の対辺はそれぞれ等しいからAB=DC、AD=BC。
譜面台を閉じたとしても、フレームの長さは変わらないから、
AB=DC、AD=BCは保たれる。
四角形の2組の対辺がそれぞれ等しいとき、平行四辺形であるから、
AB//DC、AD//BCは常に保たれる。

図1 「折り畳み式譜面台」の考察

続いて，折り畳み式の製品として「机」と「踏み台」を提示し，4人班の中で分担して，それぞれの構造を数学的に考察させる。「譜面台」と同様に，どの部分が平行なのかを捉えさせ，それが成り立つ理由について根拠を明確にして説明させる。ここで，教師は共有のPowerPoint ファイルを作成し，ここに，それぞれの製品の構造をまとめさせる（図2，図3）。その後，班ごとに共有を図る。

計3つの製品について考察した後，授業のまとめとして，ワークシートに次の項目について記述する。

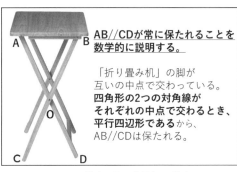

**AB//CDが常に保たれることを
数学的に説明する。**

「折り畳み机」の脚が
互いの中点で交わっている。
**四角形の2つの対角線が
それぞれの中点で交わるとき、
平行四辺形であるから、**
AB//CDは保たれる。

図2 「折り畳み式机」の考察

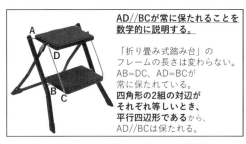

**AD//BCが常に保たれることを
数学的に説明する。**

「折り畳み式踏み台」の
フレームの長さは変わらない。
AB=DC、AD=BCが
常に保たれている。
**四角形の2組の対辺が
それぞれ等しいとき、
平行四辺形であるから、**
AD//BCは保たれる。

図3 「折り畳み式踏み台」の考察

①自分たちと他者の説明を比較して，自分たちの良かった点や改善点を具体的に記しましょう。
②三角形や平行四辺形の性質は，具体的にどのような場面で活用されていましたか。
③日常にある様々な製品について，その機能を数学的に説明しようとするとき，どのようなことに着目すればよいでしょうか。
④授業で扱った製品以外で，その機能を数学的に説明してみたいものはありますか。

ここでは，日常の事象を図形の問題として捉え，図形の性質を用いて課題解決ができることの理解を確認する他，一連の数学的活動を振り返り，次につなげることをねらいとする。特に④では，例えば「折り畳み式パイプ椅子」の構造など，身近な製品の構造や機能にも目を向けさせたい。　　　（八神　純一）

次	時		評価規準	【　】内は評価方法 及び Cと判断する状況への手立て
1	1 ｜ 7	知	証明の必要性と意味及びその方法について理解している。（○）	【行動の観察】 C：同じ条件でも図が複数描けることに気付かせる。
		知	定義と逆，反例の意味を理解している。（○）	【行動の観察】 C：教科書の記述を確認させる。
		思	三角形の合同条件などを基にして三角形や平行四辺形の基本的な性質を論理的に確かめたり，証明を読んで新たな性質を見いだすことができる。（○）	【ワークシートの記述の点検】 C：図において，証明で用いた条件に印をつけていくことで，残りの関係性にも気付かせる。
		思	命題が正しくないことを証明するために，反例をあげることができる。（○）	【ワークシートの記述の点検】 C：逆が成り立たない事例を具体的にあげさせる。
		態	証明のよさを実感して粘り強く考え，図形の合同について学んだことを生活や学習に生かそうとしたり，平面図形の性質を活用した問題解決の過程を振り返って評価・改善しようとしたりしている。（○）	【ワークシートの記述の確認】 C：小テストの結果を振り返らせ，次回に向けて具体的な目標を記述させる。
2	8 ｜ 15	知	証明の必要性と意味及びその方法について理解している。（◎）	【ワークシートの記述の分析】 C：同じ条件である他の図形における証明はまったく同じ文章であることに気付かせる。
		知	定義と逆，反例の意味を理解している。（◎）	【ワークシートの記述の分析】 C：「AならばBである」といった性質間の関係を矢印を用いて図示化させる。
		思	三角形の合同条件などを基にして三角形や平行四辺形の基本的な性質を論理的に確かめたり，証明を読んで新たな性質を見いだすことができる。（◎）	【ワークシートの記述の分析】 C：図において，証明で用いた条件に印をつけていくことで，残りの関係性にも気付かせる。
		思	命題が正しくないことを証明するために，反例をあげることができる。（◎）	【ワークシートの記述の分析】 C：様々な四角形の対角線の性質から「たこ形」の存在にも気付かせる。
		態	証明のよさを実感して粘り強く考え，図形の合同について学んだことを生活や学習に生かそうとしたり，平面図形の性質を活用した問題解決の過程を振り返って評価・改善しようとしたりしている。（○）	【ワークシートの記述の点検】 C：小テストの結果を振り返らせ，どのような努力が実を結び，何が足りなかったのか，具体的に記させる。
3	16 ｜ 20	思	三角形や平行四辺形の基本的な性質などを具体的な場面で活用することができる。（○◎）	【ワークシートの記述の確認】 C：実物を提示し，フレームを観察させる。 【レポートの記述の分析】 C：製品のフレームから見いだせる平面図形の性質を確認させる。
		態	証明のよさを実感して粘り強く考え，図形の合同について学んだことを生活や学習に生かそうとしたり，平面図形の性質を活用した問題解決の過程を振り返って評価・改善しようとしたりしている。（◎）	【ワークシートの記述の分析】 C：単元全体を通して，大切だと思ったことを記述させる。

主たる学習活動	指導上の留意点	時
・学習プランを用いて，本単元の見通しをもつ。 【課題】 身の回りの二等辺三角形の性質について調べよう ・鉄道やバスのつり革，ハンガー，公園にあるブランコの柱，横断歩道の標識等，身の回りの「三角形」とみなせる図形を挙げさせる。 ・安定した三角形のデザインが線対称な図形であることを確認する。 ・線対称ではない二等辺三角形が存在しないことを証明する。 ・直角三角形の合同条件を二等辺三角形の性質を基にして，導く。	・学習プランを示しながら，学習の流れと身に付けたい資質・能力を確認する。 ・一口に「二等辺三角形」といっても無限通りの二等辺三角形が存在することを，作図を通して実感させる。 ・「線対称ではない二等辺三角形は，存在しないのか」といった対偶の“問い”を引き出し，証明の必要性を実感させる。 ・どんな二等辺三角形でも成り立つ性質を演繹的に説明し，演繹的な説明のよさを確認させる。	1 ― 7
【課題】 身の回りの平行四辺形の性質について調べよう ・完全な点対称ではないものの，横浜市の市章やFyマーク等から平行四辺形を見いだす。 ・平行四辺形の定義を基に，性質が常に成り立つことを論理的に説明する。 ・どのような条件が整えば，平行四辺形であるといえるのか，論理的に説明する。 ・平行四辺形以外の四角形について，定義と性質から関係性を理解する。	・二等辺三角形の学習を踏まえ，同様の流れで学習を進めていく。 ・平行四辺形がもつ性質を列挙させ，定義と性質を明確に区別させる。 ・一つ一つの性質の証明や逆の証明について，その表現を徐々に洗練させていく。 ・様々な条件の関係性を体系的に捉えさせる。 ・様々な四角形の関係性について体系的に捉えさせる。	8 ― 15
【課題】 折りたたみ式製品において，平行が保たれる構造を数学的に説明してみよう ・連続的に変化する中に，不変な性質を見いだす。 ・連続的に変化する基本的な図形を見いだす。 ・図形がもつ機能的な側面を基に，製品の構造を数学的に説明する。	・「折り畳み式譜面台」「折り畳み式机」「折り畳み式踏み台」の具体物を提示し，それぞれ平行が保たれている部分を見いださせる。 ・折り畳み式製品の構造に着目させ，「平行四辺形になるための条件」を活用して，平行が保たれる理由を数学的に説明させる。 ・様々な製品の構造を数学的に説明できることを振り返らせ，他の製品にも目を向けさせる。	16 ― 20

1 単元を通じて実現を目指す「学びに向かう力」が高まっている生徒の姿

他者との交流を通して二次方程式の必要性や解法についての考えを広げたり深めたりしながら，二次方程式のよさを享受し，他の場面に活用しようとしている姿。

2 単元について

「二次方程式」は，数と式領域において，集大成の単元であると考える。これまで学習してきた方程式を統合的にみたり，振り返ったりする場面を設定したりしながら，本単元を進めていく。また，方程式を用いた問題解決のサイクルを生徒自身が回せるようにする。二次方程式では，方程式の解が複数存在することや，大きさが分かりにくい平方根を含む数になることがあり，問題の答えとして適切ではない場合がある。具体的な問題解決の場面で二次方程式を活用する場合には，解決の過程を振り返り，得られた解が問題の答えとして適切であるかどうかをもとの事象に戻して調べたりすることなどが一層大切になる。

3 「指導と評価の一体化」を目指した観点別学習状況のあり方

（1）「知識・技能」の指導と評価

本単元では，二次方程式の必要性の理解と解法の理解を目指す。必要性の理解では，既習の知識では解決できない，あるいは解決が煩雑になる『問い』を単元の初めに提示することにより単元を学習する動機付けを行ないながら，理解に結び付ける。解法の理解にあたっては，問題に応じてその解法を選んだ理由まで問うことで，複数ある解法のうちよりよいものを選択できるようにすることを目指す。二次方程式を解く方法を記述したワーク

シートや，小テストの状況を評価する。

（2）「思考・判断・表現」の指導と評価

本単元では，二次方程式を解く方法を考察し表現すること，二次方程式を具体的な場面で活用することを目標とする。解く方法の考察では，これまで学習してきた方程式，多項式，平方根や面積図を関連させながら考察するように促し，これまでの知識を統合的に扱うことを意識させ，今後，方程式を解くうえでの素地を育みたい。また，考察したことを説明し合う活動を取り入れ，思考を表現する場面や他者との交流において，自身の考察を広げ，深める活動も設ける。その後，二次方程式の解法をまとめた簡単なレポートを作成させ，記述の内容を評価する。二次方程式を具体的な場面で活用することでは，「球技大会を運営しよう！」というテーマのもと，様々な『問い』を提示した。何を文字にするのか，どのような考え方で方程式を立式するのか，導き出された解はその事象の答えとして適切であるかなどの問題解決のサイクルを生徒が主体的に回し，一連の過程を説明することが出来るようにする。他者の考えや自身の考えの変化などを加筆・修正していくように促し，記述したワークシートの内容を評価する。

（3）「主体的に学習に取り組む態度」の指導と評価

粘り強く課題に取り組み，自ら調整しながら学習を展開できる姿を目指し，振り返りの記述を通して指導する。生徒が見通しをもって学習をマネジメントすることが出来るように，授業内で参考になった友人の考えや新たに明らかにしてみたくなったことなどを記述させていく。他者の考えによって自身の考えに変容があったら朱書きで残させ，知識及び

技能や思考力・判断力・表現力等を身に付けることに向けて，具体的にどのような学習の調整をしたのかを生徒の記述から評価する。

4　授業の実際（第10〜11時）

第10時では，「球技大会を運営しよう！」というテーマのもと，二次方程式を様々な具体的な場面で活用する『問い』を提示した。（A）総当たり戦の試合数の条件から参加できるチーム数を求める課題，（B）ボウリングのピンの本数を増やした場合の列数を求める課題の2つを提示した。その後，クラスを（A）に取り組む班（Aグループ）と（B）に取り組む班（Bグループ）に二分し，考え方を班の中で考察させた。その後，グループ内で共有を行った。答えに至るまでの過程が班によって様々であり，多様な考え方に触れることで，よりよい問題解決に向けて再考する生徒の姿も見受けられた（**図1**）。

> 私はBグループだった。私たちの班は1列ずつ数えながら（すべて手書き）答えを求めたが，ほかの班との共有で衝撃を得た。図形に見立てる考え方は私にはなかったので，これからはその考えを活用していきたい。

図1　グループ内で交流を終えた生徒の感想

第11時では，同じグループの他の班との共有をする中で，出た疑問を班で解決する時間を設けた。その後，異なるグループ2人ずつの新たな班を編成し，それぞれの問題に対する考え方を共有すると，生徒は立式に至る過程が似ていることに気が付いた。「似ている2つの事象の共通点（相違点）を具体的に明らかにしてみよう」と発問したところ，「総当たり戦の試合数を考える際に用いた対戦表の印とピンの配列が三角形であることや表に整理した際に出てくる数字が同じこと，どちらも結局は連続する自然数の和と関連があること」などが挙げられた。一見関係のない事柄を，より高い，あるいは，より広い観点から統合してみることを実感し，統合的に考えることのよさを自分なりに解釈する生徒の姿

> ・式を見たときに似ているような式は図で書いたとしても似たような図になることが分かった。そのため，もし片方の図での解法がわからなかったとしても似ている方の図での解法が分かればもう一つの方の図での解法に応用すればよいことが分かった。また，応用することによって，1つの問題に対して多面的に見ることができ，他の似たような問題に出会ったときによりその解法で対応しやすくなると分かった。

> ・事象の結果をただ眺めていても，統合的な考えは浮かんできづらい。だから，規則性などを見つけ，数学的な思考を働かせるために，表やグラフを活用し，とりあえず整理してみることが大事だと考えた。

図2　統合的な見方を実感した生徒の感想

が随所に見受けられた（**図2**）。

連続する自然数の和が二次式で表現できることを図や表などと関連付けながら確認した後，「ほかにどのような連続する○○の和が考えられるか」と発展的に考えるように促した。生徒から「連続する奇数の和」の声が挙がり，全体で取り上げ考察させると，帰納的に考察する中で連続する奇数の和が平方数になることに気が付いた。ある生徒は，連続する自然数の和を考察する際に用いた図形的な解釈を想起することで，四角形を用いて視覚的に納得することができていた。全体で共有した際には，クラスから感嘆の声が聞こえた。

本単元では，生徒が論理的，発展的・統合的に考察を行うことができ，身近に感じられる『問い』を設定する工夫を凝らした。生徒は「数学的な見方・考え方」を働かせながら協働的に問題解決に取り組んでいた。しかし，教師からの投げかけを受けて初めて発展的・統合的な考察を行う生徒が多く見受けられた。生涯にわたって主体的に学び続ける生徒を育成するためには，問題を設定し，その解決のために原理・法則を見いだすことを自ら行う力を身につけさせることが必要となる。一朝一夕で育成できるものでないが，主体的に学ぶ生徒の育成を心掛けながら，今後も授業の改善・研究に努めたい。

（工　健太郎）

次	時	評価規準	【　】内は評価方法 及び Cと判断する状況への手立て
1	1 ｜ 9	知　二次方程式の必要性と意味及びその解の意味を理解している。（○◎）	【行動の観察】【ワークシートの記述の確認】 C：チーム数と試合数の推移に着目させ，どのような法則があり，どのように方程式を立式すればよいか考察させる。他者の意見に耳を傾けさせる。
		知　因数分解したり平方の形に変形したりして二次方程式を解くことができる。（○◎）	【行動の観察】【ワークシートの記述の確認】 C：「多項式」や「平方根」の学習を想起させ，基本的な問題の解法を確認させる。
		知　解の公式を知り，それを用いて二次方程式を解くことができる。（○◎）	【行動の観察】【ワークシートの記述の確認】 C：解の公式を利用するために，各項の係数に着目させ，基本的な問題の解法を確認させる。 ※知【小テストの結果の分析】 C：ワークシートや教科書の記述を読み返し，具体的な問題の解き方を確認させる。
		思　因数分解や平方根の考えを基にして，二次方程式を解く方法を考察し，表現することができる。（○◎）	【行動の観察】【ワークシートの記述の分析】 C：二次方程式を解く方法をワークシートや教科書の記述を読み返しながら，確認させる。
2	10 ｜ 14	思　二次方程式を具体的な場面で活用することができる。（○◎）	【行動の観察】【ワークシートの記述の分析】 C：具体的な数を用いて，状況を把握させる。 C：立式の考え方を班員の考えを聞きながら考察させる。
		態　二次方程式について，数学的活動の楽しさや数学のよさを実感して粘り強く考え，二次方程式について学んだことを生活や学習に生かそうとしたり，二次方程式を活用した問題解決の過程を振り返って評価・改善しようとしたりしている。（○◎）	【行動の観察】【ワークシートの記述の分析】 C：単元を通して大切だと思った考えや，自己の変容を記述させる。

主たる学習活動	指導上の留意点	時
・「学習プラン」を用いて, 本単元の学習内容・評価規準・評価方法を全体で共有し, 見通しをもつ。 【課題】 「サッカープレミアリーグ全380試合放送！」プレミアリーグに所属するチームは何チーム？ ・条件を整理しながら, 多様な考えを引き出し, これまでに出会ったことのない方程式の存在に気付かせる。 ・平方根の考えを用いたり, 一次方程式に帰着させたりすることによって二次方程式を解く。 ・平方根, 多項式の学習で重視した面積図と式変形の関連付けを大切にしながら, 解の公式を学習する。 【課題】 次の二次方程式をどのように解いたのか理由も含めて説明しよう。 (1)　$3x^2+8x+2=0$ (2)　$x^2+11x+18=0$ (3)　$x^2+120x+120=0$ (4)　$x^2-64=0$ ・さまざまな二次方程式の解法を探究させ, それぞれのメリットやデメリットを理解する。式の形や係数に着目しながら, よりよい解法を判断し, 評価・改善しようとしたりする場面を設ける。	・学習の流れと身に付けたい資質・能力を確認し, これまでの学習を生かして取り組むように意識させる。 ・実際のコマーシャルや広告を取り上げ, 左記の課題を生徒から素朴な疑問として引き出す。解決に向けた意識を醸成する。 ・多様な考えを認めながらも, 汎用的に解ける方程式での立式を全体で取り上げ, 本単元で扱う方程式について全体で共有する。 ・既習事項である一次方程式や平方根, 多項式の考えを用いることによって方程式を解くことを促す。 ・解の公式の意義や導出過程を中心に指導する。 ・様々な二次方程式の解法のうち, どの解法を用いることが望ましいのか, 理由も含めて説明させることで, よりよい解法の判断を促す。他の人の意見や考えを取り入れながら適宜自身のワークシートに朱書きを行うことを促し, 考えのブラッシュアップを図らせる。	1 — 9
【課題】 学年で行う球技大会を運営しよう。 (1)-A　球技大会で「ボウリング」の競技を開催することになった。総当たりで対戦することを考えているが, 時間や場所の関係で190試合しか行うことができない。この場合何チーム参加することが出来るだろうか。 (1)-B　球技大会で「ボウリング」の競技を開催することになった。大会を盛り上げるためにピンの本数を増やすアイデアを思い付いた。ピンが190本用意できるとき, ピンの配列は何列になるだろうか。 (2)　グラウンドのデザインを考えよう。 ・日常的な課題に二次方程式を活用させ, 学習の過程を大切にしながら問題解決を試みる。 ・自身の学びの記録を見返したり, 授業の具体的な場面に触れたりし, 単元の学習内容と学習の意義, 及び学習前後での自身の変容や学習の振り返りをさせる。	・何を文字でおき, どのように立式したのかが重要であり, 問題解決の過程を振り返って評価・改善しようとすること, 多様な考えを認め, よりよく問題解決しようとすることを意識させる。 ・(1)-A と (1)-B で似た式が出てきたことに着目させ, 統合的な思考を促す。 ・連続する自然数の和という共通点を全体で確認した後, 連続する奇数の和や連続する偶数の和はどうなるだろうかと発展的に考察することを促す。 ・「単元前と単元後でどのようなことができるようになったか」以前の自分に対する変容を振り返らせることで単元の価値付けを行う。 ・仲間の記述やアドバイスを踏まえて, 自身の学習を振り返らせる。	10 — 14

1　本校理科が考える「資質・能力を高める"問い"」とは

　本校理科では，資質・能力の育成に向けて，探究の過程を重視した指導を行ってきた。探究の出発点である「テーマ」や「課題」は，学習する領域や生徒の実態に応じて，教師からの提示方法や生徒からの引き出し方を工夫し，実践を続けてきた。学校研究の焦点課題である"問い"について，その役割と，関連する用語間の構造について議論を重ねて，明らかにしていった。

○「テーマ」と「課題」―課題の把握のための"問い"―

　課題解決型の学習において，「テーマ」や「課題」の設定は，その学習活動そのものが学習指導要領に示された学習内容に迫るものかに関わる重要なものである。『解説』においては，「資質・能力を育むために重視すべき学習過程のイメージ」の中で，「課題の把握（発見）」のプロセスを「自然事象に対する気付き」と「課題の設定」の二つの段階としている。本研究では，自然事象の何を探究するかに焦点化するための"問い"を「テーマ」とし，テーマに関わる事象に対して見られる関係性や傾向から見いだした"問い"を「課題（教師が示す場合は『学習課題』）」とした。

　例えば，2年生の「粒子」を柱とする領域の物質の酸化を取り扱う単元においては，テーマを「Fy Lab.　燃焼を科学する（科学的に解き明かす）」とし，自然現象の中でも「燃焼」を探究することに焦点化した。ここでは，教師がスチールウールを燃焼させて質量が増加する実験を演示し，学習課題として「スチールウールと木片の燃焼に違いがあったのはなぜか」を提示した。

○「課題を解決するための問い」―仮説検証のために生徒が見いだす"問い"―

　『解説』において，指導計画の作成と内容の取扱い（3）の中に，「学校や生徒の実態に応じ，十分な観察や実験の時間，課題解決のために探究する時間などを設けるようにすること。その際，問題を見いだし観察，実験を計画する学習活動，観察，実験の結果を分析し解釈する学習活動，科学的な概念を使用して考えたり説明したりする学習活動などが充実するようにすること。」とある。課題解決の過程において，観察，実験を計画するときには，それらによって明らかにしたいことを明確にするために仮説を設定する活動を行う。『解説』では，「見方・考え方を総合的に働かせる」ことや，「見通しをもって観察，実験を行う」ことで資質・能力の育成を目指すこととされている。これらのことから，課題を解決するための観察・実験を行うためには，①問題を見いだし②仮説を設定して③計画を立てるという過程が必要であり，この過程の中で生徒によって見いだされた問題が"問い"の一つであると考えられる。

　加えて，仮説を設定するためには，基盤となる知識・技能の習得が必要であり，「○○とは何か」や，「○○を確かめるためにはどのように確かめればよいか。理科室の設備で確かめることができるのか」など，生徒から問いが創出される。

　以上から，「課題（学習課題）」から仮説を設定する際に生徒から創出された「見いだした問題」と「基盤となる知識・技能を習得するための問い」を「課題を解決するための問い」とした。

○「単元の学習を俯瞰する（本質的な）問い」─生徒のメタ認知を促すための“問い”─

　課題解決型の学習では，解決すべき「テーマ」や「課題」によって関連する知識や身に付けるべき観察・実験の技能が異なるため，学習班や生徒一人一人で活動の内容が異なる。教師から提示されたり，生徒自身が設定したりした「テーマ」や「課題」がどのようなものであっても，その単元や領域において身に付けたい資質・能力は変わらない。そのため，生徒自身がメタ認知を働かせ，単元の学習において何を学び，何ができるようになったのかを振り返る学習活動が必要であると考えた。振り返りの場面において，単元や領域における学習の本質を問うための共通の“問い”として，「単元の学習を俯瞰する（本質的な）問い」を教師から提示する必要があると考えた。

2　課題解決型の学習における“問い”の構造

　図１では，前段までに定義した「テーマ」と「課題」，「課題を解決するための問い」，「単元の学習を俯瞰する（本質的な）問い」の４つの“問い”の構造と，「粒子」を柱とする領域の単元における例を示した。この単元においては，学習課題に対する「課題を解決するための問い」を学習班で創出した後に，学級で合意形成を図りながらそれらを分類する活動を行った。例示した学級においては，「課

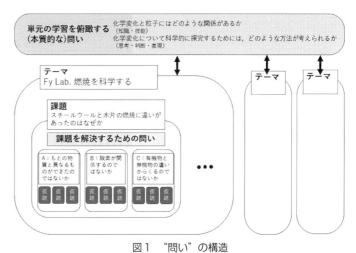

図１　“問い”の構造

題を解決するための問い」は３つに分類され，それぞれ３つの学習班が仮説を設定し，観察・実験を行うという授業デザインのもとで探究活動が行われた。

3　実践の成果と今後の課題

　課題解決型の学習において，“問い”は，単元の計画段階で生徒の実態に応じて教師が設定したり，生徒に考えさせる学習活動を作ったりすることで，生徒の資質・能力の育成に大きな効果が得られるのではないかと考えられる。加えて，教師の授業研究においても，指導法や単元計画の評価をする際に，“問い”の構造を意識し，指導や評価に生かされているかを判断する一つの基準として捉えることができるようになったことが大きな成果である。

　今後の展望として，本実践で明らかにした“問い”の構造を意識したカリキュラム・マネジメントを継続し，授業者や対象が異なる場合でも一定の効果が得られるかを追究していきたい。

理科実践例①

1 単元を通じて実現を目指す「学びに向かう力」が高まっている生徒の姿

　学習課題を解決するために関連する知識を自ら取り入れながら，検証するための観察・実験の方法を立案し，その結果を分析している姿。観察・実験を経て明らかになった事象について，他者に正確に説明できるように批判的な思考を働かせながら，適切な表現に向けて粘り強く取り組んでいる姿。

2 単元について

　中学校２年生の「生命」を柱とする領域では，その単元が（ア）生物と細胞，（イ）植物の体のつくりと働き，（ウ）動物の体のつくりと働きの３つに分かれており，（イ）で取り扱う内容は「㋐根・茎・葉のつくりと働き」とされている。本実践においては，次に学習する単元である（ウ）の「㋐生命を維持する働き」における探究に向けて，植物の体には生命を維持するためにどのような働きがあるのかという視点で，植物の体の働きに注目して，そのつくりと関連付けて探究することを題材とした。加えて，令和４年度全国学力・学習状況調査において,本領域の指導改善のポイントとして，「課題を解決するために適切な探究の方法を検討し，探究の過程の見通しをもつ学習活動の充実」が挙げられた。特に本領域では，対照実験等の条件の制御を繰り返し行い，探究の過程における仮説検証の手順を身に付ける領域であることから，PBL（Problem Based Learning）の手法を用いた課題解決型の学習とし，生徒自身が課題を把握し，その課題を解決するために関連する知識を習得したり，観察・実験の方法を立案したりする場面を充実させるようにする。

3 「指導と評価の一体化」を目指した観点別学習状況の評価のあり方

（1）「知識・技能」の指導と評価

　本単元では PBL の手法を用いて，班ごとに異なる内容を学習するが，全ての内容は植物体が自らの生命を維持する仕組みとして相互に関係している。調べた内容や考えを生徒同士が共有する場面を設定し，共有した情報をもとに植物体全体の生命維持の仕組みを俯瞰し，理解できる形にする。第２次の終末には，テーマである「植物の健康を維持する方法」について，ワークシート上に記述させ，その記述を分析することで知識・技能の評価を行う。第３次では，単元を通して得られた知識学習を生かし，蒸散の働きから，植物体の生命維持について再度探究する場面を設定した。この課題解決の場面では，単元を通して得られた知識・技能を働かせることを意識させたい。

（2）「思考・判断・表現」の指導と評価

　学習課題に対して仮説を設定し，その仮説の立証に向けて観察・実験の方法を立案する活動において，ワークシートに記述させて思考の可視化を行っている。加えて，ワークシートに記した仮説や観察・実験の方法に対して他者の意見を受ける活動を取り入れ，"見通しを持ち，検証できる仮説を設定する力"を身に付けさせたい。ここで身に付けた力は，第２次における新たな課題解決の場面で取り組む見通シートへの記述を分析することで評価を行う。

（3）「主体的に学習に取り組む態度」の指導と評価

　「生命」を柱とする領域の学習のはじめに，「単元の学習を俯瞰する（本質的な）問い」を示している。班によって課題が異なるた

め,領域を通して育成したい資質・能力の本質を示し,この単元で何を学び,何ができるようになったのかを振り返り,ワークシートに記述することを通して学びに向かう力の涵養に努めたい。単元末に,ワークシートへの記述を分析することで主体的に学習に取り組む態度の評価を行う。

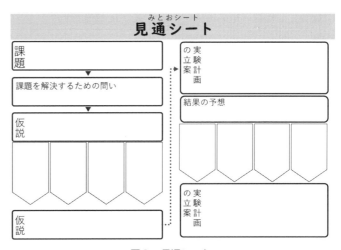

図1　見通シート

4　授業の構想

本実践では「植物の訪れる病院」において「植物の健康を維持するためにできることとは何か」というテーマを設定し,教師から3つの学習課題を提示した。テーマ設定において,患者として来院する植物を「切り花」や「収穫後の野菜」,「鉢植え」など,生徒にとって身近な材を例示することで,生徒自身が植物の健康維持に対する問題を見いだし,学習課題に対して主体的に解決していくようにした。

3つの学習課題に共通した「植物はからだに取り入れた水と二酸化炭素を使って光合成をし,有機養分を作っている」という知識を軸にして,グループ毎に学びを深めながら発表活動等で交流をもつことで,根・茎・葉のそれぞれの働きが繋がり,一つの植物体として生命を維持するためのつくりや働きとなっていることに気付かせたい。

生徒は学習課題に対して「課題を解決するための問い」を見いだし,それらに対して仮説を設定し,その仮説を立証するための観察・実験方法の立案を行う。この学習活動において見通しをもたせるために,「見通シート」と名付けた思考ツール(**図1**)を用いて指導を行う。同じ学習課題の班同士で,仮説をより課題解決に向かうものとするために,互いの意見を見通シートに書き込ませ,考えをさらに深めさせる。次に,立案した実験方法と予想される結果に対しても,異なる学習課題の班同士で同様の活動を行わせる。この学習活動を通して,批判的な思考を働かせ,条件を制御することの重要さに気付かせたい。

本領域では,「単元の学習を俯瞰する(本質的な)問い」を「生物が生きるために必要なからだのつくりや働きには,どのような共通点や相違点があるのだろうか。それらは,どうすれば確かめることができるだろうか。」と示し,「KWLチャート」を用いて振り返らせた。チャートには,「K(What I Know):授業で何がわかったか/できるようになったか」,「W(What I Want to Know)わからなかったことは何か/さらに知りたいことは何か」,「L(What I Learned):何を学んだか」に分けて記述させる。グループ間で別の課題に取り組んだり,同じ課題でも解決のための過程が異なったりする中で,全員が同じ問いで学びの振り返りを行う。

この実践を通じて,問いの構造を意識してカリキュラム・マネジメントを行い,ワークシート等を用いてその構造を生徒と共有することにより,課題解決型の学習における指導と評価の一体化がより一層図られやすくなるのではないかと考えた。　　　　(松浦　和輝)

次	時	評価規準	【　】内は評価方法 及び Cと判断する状況への手立て
1	1 ｜ 2	態　動物と植物の生命を維持するはたらきの共通点や相違点を見いだしている。（○）	【ワークシートの記述の確認】 C：前の単元の学習である，動物細胞と植物細胞のつくりの違いについて振り返るように促す。
2	3 ｜ 14	知　実験結果から，根から吸い上げた水や栄養分と葉で作られた栄養分の通り道の共通点や相違点を見いだしている。（○）	【ワークシートの記述の確認】 C：教科書の内容を確認させた後，他の班の発表資料をもう一度確認し，理解を促す。
		知　維管束や根のはたらきについて，実験結果と関連付けて理解している。（○）	【ワークシートの記述の確認】 C：他の班の発表資料を確認させて，実験結果との関係について考えるように促す。
		知　光合成のはたらきによって，植物が栄養分をつくる働きについて，実験結果と関連付けて理解している。（○）	【ワークシートの記述の確認】 C：教科書の内容を確認させた後，他の班の発表資料をもう一度確認し，理解を促す。
		知　植物のはたらきによる二酸化炭素や酸素の出入りについて調べるために，対照実験を用いることの意義について理解している。（○）	【行動の確認】【ワークシートの記述の確認】 C：実験の結果を確認させ，対照実験を実施しなかった場合を提示し，対照実験の必要性についての考えるように促す。
		思　植物の働きによる二酸化炭素や酸素の出入りの昼夜の違いについて，見通しをもって実験方法を立案し，実験結果を分析・解釈して，仮説について検討している。（○）	【行動の確認】【ワークシートの記述の確認】 C：他班の見通シートを確認させて，仮説を立てる過程について説明する。
		態　探究の過程について振り返り，仮説に対する実験方法の立て方について，改善しようとしている。（○◎）	【ワークシートの記述の確認・分析】 C：他の班の発表資料や，分析シートを確認させて，探究の過程について振り返るように促す。
		知　各班の発表や実験結果を関連付けて，植物体全体としてどのように生命維持をしているのかを理解している。（○◎）	【ワークシートの記述の分析】 C：根，茎，葉のそれぞれのつくりや役割について確認し，理解を促す。
3	15 ｜ 18	思　課題を解決するために，蒸散による働きについて，定量的に調べる方法を立案して実験を行い，その結果を分析して解釈している。（○◎）	【ワークシートの記述の分析】 C：他の班の立てた課題を解決するための問いを確認させて，その中で実験の見通しの立てられるものを選ぶように促す。
		知　孔辺細胞の働きが，植物の生命維持の全体に関わっていることを理解している。（○）	【ワークシートの記述の確認】 C：既習事項から，植物の生命維持に関わる働きを確認させ，孔辺細胞の働きとの関連性について考えるように促す。
		態　今回の探究の過程について振り返り，今後の探究活動に生かそうとしている。（○◎）	【ワークシートの記述の分析】 C：見通シートを確認させて，仮説の立て方の過程を振り返らせる。適当な仮説が立てられていたかどうかを振り返らせ，仮説や問いの立て方の重要性について考えさせる。

主たる学習活動	指導上の留意点	時
・学習プランで，本単元の見通しをもつ。	・学習プランを示し，学習の流れと育成したい資質・能力を確認する。	1 — 2
【学習テーマ】 [Fy Plant Clinic] 植物の健康を維持するためにできることとは		
・振り返りシート内のベン図に既習事項をもとに生物の体のつくりと働きの共通点と相違点を書き込む。	・単元を通して振り返りを行う際に，ベン図とKWLチャートを用いて，単元を貫く問いについて振り返らせる。	
【学習課題①】(1) 循環器内科：植物はどのように栄養を運んでいるのか (2) 内　　　科：植物はどのように栄養を取り入れているのか (3) 呼吸器内科：植物はどのように呼吸しているのか		
・学習班ごとに学習課題を割振り，学習課題を解決するための問いを立て，同じ学習課題の班同士で問いの精選を行う。	・「本当に〜しているのか」等，観察・実験を通して解決できるような問いを少なくとも一つは立てさせる。	
・学習班ごとに，学習課題に対する知見を教科書や学校図書，インターネットを通じて調べ，発表資料にまとめる。観察・実験で確かめる必要のある，課題を解決するための問いを1つ決定する。 ・観察・実験で確かめる必要のある，課題を解決するための問いに対する仮説を立て，実験方法を立案する。 ・各班が調べた内容を発表し，チームA〜C（それぞれ学習課題（1）〜（3）が所属する）内で，それぞれの班が立案した観察・実験の方法について，課題を解決するものとなっているかどうか意見を交わす。 ・観察・実験の後に，それぞれの実験方法についてフィードバックを行う。	・発表資料はPowerPointで作成させる。発表のためのレジュメやワークシートはOneNoteで生徒に作成させる。 ・見通シートを用いて，同じ学習課題を担当している班同士で課題に対する適切な仮説となっているかを確認させながら，仮説を立てさせる。 ・立案した観察・実験の計画に対して，異なる学習課題を担当している班からの意見をもとに，観察・実験に，実証性，再現性，客観性があったか考えさせる。 ・観察・実験を進めながら実験方法に書いてある条件や手順で不足している部分があれば加筆させる。	3 — 14
・各班の発表や観察・実験の結果をもとに，葉・茎・根のつくりや働きの関連についてワークシートにまとめ，植物の健康を維持する方法について考える。	・自分の班の学習課題に対する知見だけではなく，他班の発表とも関連付けさせて，植物の健康を維持する方法について考えさせる。	
【学習課題②】「蒸散の働きの大切さを伝えるにはどうすれば良いか」 クリニックを訪れた植物が，せっかく吸い上げた水を蒸散させるのはもったいないと言って聞かない。研修医のあなたは，植物を説得させるための資料づくりをしてほしいと頼まれた。訪れた植物に，あなたはどのような説明をしますか。		15 — 18
・学習班で，課題を解決するための観察・実験について見通しをもって立案し，実験などを行い，その結果を分析して，蒸散の働きが植物の生命維持にどのように関わっているのかをまとめる。 ・観察・実験の結果を班同士で共有し，探究の過程について振り返る。	・仮説とそれに対する実験方法の立案を行わせる。見通シートを用いて，批判的な意見を出し合いながら，実験計画をより信頼性の高いものにさせる。	

理科実践例②

1 単元を通じて実現を目指す「学びに向かう力」が高まっている生徒の姿

日常生活にある課題を，探究的な活動を通して，科学的な根拠を基に解決していく姿。

2 単元について

試行錯誤を経て生み出された，現代の科学技術と同様な体験を生徒にもさせたい…。科学技術が進歩する一方，中学校で学ぶ基本的な物理現象が見えにくくなってきている。身の回りにある物理現象は複雑なものが多く，これは複数の要因が重なり合って起きている場合がほとんどだからである。また，予想したことと事実が異なることも面白いところである。経験したこととの違いが顕著に表出するのが「運動とエネルギー」の分野ではないだろうか。授業では実験を中心に進め，生徒が抱く「なぜ」という問いを大切にし，深く考えさせてきた。探究活動において実験計画の立案場面では，自然現象を細かく観察し，実験の実証性や妥当性，再現性のある計画が立てられているのかが鍵となる。複雑に関連し合っている現象を細分化し，分析して，関係しあっている現象かどうかを区別できることが力学では大切であると考える。また同じ現象でも条件が少し違えば，大きく結果に影響が出てくる。一見単調そうに見える現象でも，とても難解であったりもする。

物理分野において１年生では，「カーブミラー大作戦」というテーマで光の性質を，２年生では「明日電気がなくなったら…」と仮定し，電流のはたらきについて課題を解決していく探究活動をベースに授業を展開してきた。本単元では，実験の条件を制御し，現象の本質を見抜いていく力を培うために，「バリアフリー化」というテーマで物理現象を科学したい。生徒が生活する場である家庭と学校に焦点を当て，身近なところに存在する様々な課題を解決する一助となるような課題を設定した。３年生での物理分野は，テーマとして，「Fy バリアフリー化計画～物理の力を皆の助けに～」とした。自分だけではなく，多様な人たちが生活を送る上で障壁となるものを取り除きたい…生徒たちの想いが溢れるテーマになった。

先人もそうであったように，古くはガリレイやニュートンの時代からある，いわゆる古典力学がしっかりと現代にも生きている，そして実践できるものであることを生徒に実感させたい。またこれまでに培ってきたことを生かし，「答えのない問い」について考えていきたい。

3 「指導と評価の一体化」を目指した観点別学習状況のあり方

（1）「知識・技能」の指導と評価

バリアフリー化の計画を立てる中で，計画立案に必要な知識の積み重なりを Power-Point（計画シート）で可視化し，知識の構造化を促したい。現段階での知識の理解度と定着度をどのような知識を使って考えたのかを分かるようにした「計画シート」を更新し，定期的に知識の定着を確認していく。実験を通して学んだ事や他者の助言で得られた知識を既習の知識とともに可視化させ，知識をどのように関連付けて構造化しているかを計画シートから確認する。単元末にはバリアフリー化に必要な知識をどのように使い，それを解決しようとしたのかを，対面形式でのやり取りを通して評価する。

（2）「思考・判断・表現」の指導と評価

細分化した知識をバリアフリー化に必要な

ものへと再構築し，何度も計画を立案させることにより，どのような方法で課題が解決できるのか，精選していく。Teams を用いたフィードバック，フィードフォワードを行うことにより，常に課題を意識させ，同時に実験を重ねるごとに結果の分析・解釈の幅と深度を確認し，定着を図っていく。評価は，計画シートや企画書を用いて，どのような方法で実験をすればバリアフリー化が可能なのか，再現性，実証性，客観性を意識して計画させ，実験結果を分析し，解釈できているのかを分析する。

（3）「主体的に学習に取り組む態度」の指導と評価

学習が進むにつれ，計画シートを更新させ，バリアフリー化に向けて，学習した知識がどのような改善につながっていくのかを明確にさせ，学習の調整をしながら探究を進めていけるように促していく。計画を振り返る時間では，「何が足りなかったのか」「次にどのようなことが分かれば良いのか」を常に意識させ，その変容を評価する。

4　授業の実際

単元を一貫して，「バリアフリー化」というキーワードをベースに，学習したことを生かして何度も課題を問い直せるようにした。実験して学んだことが生きてはたらく実感と，課題解決に向けて少しずつ近づいていく実感をもたせ，テーマに対して常に問い続けられるようにした。1年生で企画書を書いた際は，根拠が不確かな部分が多かったため，本単元では一つのテーマに対して，より根拠を確かなものにし，バリアフリー化に向けて実現可能な案を問い続けられるよう工夫した（図1）。またお互いの計画書を見合い，評価し合う活動を取り入れた。そうすることで科学的な根拠をもった計画になっているかという視点をもち，次の改善に繋げていく活動となった。一方で，テーマから課題が生まれ，

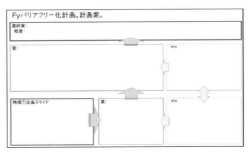

図1　計画シートの一部

その課題を解決するための問いも多く生まれた。例えば，「車椅子の利用者が安全に下ることのできる坂（スロープ）の角度とは」といったものがある。「安全」をどのように定義したら良いのか，スロープを作る際は，角度が重要なのか高さが重要なのか，様々な視点から課題を解決するための問いが生まれていた。物体の運動に焦点を当てたり，エネルギーや仕事に焦点を当てたりしながら，授業が生徒の問いから自然に深まっていった。また生徒からのチャット（質問）を共有し，学習課題として取り組んだり，生徒の躓きを補う形で確認したりもした。

計画書を更新する場面では，「どうしてその方法で行ったのか」「どのようにして確かめるのか」や「○○という方法はどうか」と提案したりすることもあった。単元が後半になるにつれ，学ぶことも多くなるので，実現が難しい計画が出てくるのではないかと予想したが，学習が進むにつれ，計画がより実現性が高いものになっていった。

テーマから大きく逸れる課題にならないように，理科の見方・考え方を意識させ，課題を解決できるように促すことの重要性を改めて実感した。
（中畑　伸浩）

次	時		評価規準	【　】内は評価方法 及び Cと判断する状況への手立て
1	1 — 18	態	学校をバリアフリー化するための改善策を説明しており，他者の意見から自分の考えをよりよいものに改善している。（○）	【行動の観察】【ワークシートの記述の点検】 C：課題が適切であるか，自身の経験や他者の意見を参考に考えさせる。
		知	作用反作用とつり合いの力の違いを理解しているとともに，慣性による現象の例を普段の生活から挙げ，慣性の法則を理解している。（○）	【ワークシートの記述の確認】 C：ワークシートや他者のPowerPointを参考に既習事項を確認させる
		知	力が働き続ける運動と働いていないときの運動について，速さの変化と力の関係や時間の経過と速さの変化の関係を理解している。（○）	【ワークシートの記述の確認】 C：他の班の実験の結果のデータ等を含め，確認させる。
		思	新たに得た知識を生かして，バリアフリー化に向けてより具体的な計画案を立案している。（○）	【ワークシートの記述の確認】 C：前回の計画案を確認し，今回新たに何を学んだのか，どういう部分を反映できそうか考えさせる。
		知	衝突の実験や道具を使った実験からエネルギーと仕事について理解し，バリアフリー化に反映させている。（○）	【ワークシートの記述の確認】 C：自身の実験の結果や他の班の実験の結果を振り返らせる。
		思	他者の計画案を参考にし，自身の計画案を科学的な根拠をもとに分析している。（○◎）	【行動の観察】【ワークシートの記述の確認・分析】 C：他者の計画案やアドバイスから自身の計画で根拠が乏しいところを整理する。
		態	他者の意見を受けて，バリアフリー化に必要な計画案を考えようとしている。（○◎）	【ワークシートの記述の確認・分析】 C：課題に対して計画案が適切かどうかを再考させる。
2	19 — 22	知	物体の運動とエネルギーをバリアフリー化と関連付けながら理解することができている。（○◎）	【ワークシートの記述の確認・分析】 C：計画立案までの足跡を辿り，自身の課題を再認識させる。
		思	これまで実験してきた結果を分析し，関係性を見いだして，計画を立案している。（○◎）	【ワークシートの記述の確認・分析】 C：バリアフリー化に向けての課題を再確認し，課題が検証できる実験方法になっていたのかを再考させる。
		態	今までの実験等を振り返り，自らの学習を整理した上で，企画書に生かそうとしている。（○◎）	【ワークシートの記述の確認・分析】 C：今までの探求の過程を振り返らせ，自身の探究における改善点等を考えさせる。

主たる学習活動	指導上の留意点	時
・1，2年生の時に解決してきた課題を振り返る。 ・誰にとっても安全に過ごせる環境（学校）にするにはどのようにすればよいのか，また学校の設備等で改善が必要な設備や場所を考える	・これまで皆の生活を便利にさせる課題を解決してきたことを再認識させる。また，どのようなことを意識して取り組んできたのかを考えさせる。	1 ｜ 18
【学習テーマ】 Fy バリアフリー化計画　～物理の力を皆の助けに～		
・理科（物理）で解決できる事はどういう事なのかを考え，具体的な改善策を考える。改善策を細分化し，知識を整理する。 　改善策の課題として考えられるキーワード 　「坂」→運動，力，摩擦，エネルギーなど 　「エレベーター」→滑車，道具など ・ニュートンの運動の3法則（慣性の法則，力と加速度の関係（運動の法則），作用反作用の法則）について個人でまとめ，班で共有する。力を視覚化するように力の矢印を意識する。	・改善策によって，以降の学習の流れが変わる場合も留意する。 ・どのようなことがわかっていればいいのか想起させる。 ・単純な調べ学習にならないように，力のはたらきを意識させる。第2法則に関しては，力のつり合いについて着目させる。	
・計画シートから出たものを参考に，平面や斜面，落下運動に関して仮説を立て実験を行う。	・実体験を想起させる。また力の合成・分解が活用できるように促す。	
・計画シートにバリアフリー化に向けて再立案する。前時までに学習したことがどの場面で生きるのかを班員同士で共有する。	・慣性の法則，力のつり合いと合成・分解，作用反作用の法則，物体の運動を踏まえて再立案できるように促す。	
・衝突の実験からエネルギーについて実験を行い，整理する。	・衝突の大きさが何に関係してくるのかを注目させる。	
・「大木を校舎の外に，移動させるには，どうやって運べばよいか」という学習課題に対して企画書を作成し，仕事の原理と仕事率について考える。	・バリアフリー化の企画書を作る上での参考とさせる。企画書を作る上で改良しなければいけない部分を考えるように促す。	
・これまで学習してきたことをバリアフリー化に向けての計画に反映し，自分たちの計画案を改善していく	・これまでの学習がどのように生かせるかを意識させる。その際は実証性，再現性，客観性を意識させる。	
【学習課題】 Fy バリアフリー化に向けて　　～実験・検証・提案（企画書作成）～		19 ｜ 22
・計画シートを参考に，学習したことがバリアフリー化をする上でどの場面で生きるのかを班で改めて共有する。 ・実験可能か，数値で測定可能なものかどうかを確認する。立案したものを基に実験を行い，結果をまとめ，考察する。	・前時までの学習を振り返させる。 ・前時までの知識がどのように生かされているかを確認する。また比較するために数値で表すことができるものなのかを考えさせる。	
・新たな課題を含めて，企画書を作成する。作成した企画書を班同士で共有し，改善していく。	・科学的な根拠があるのかを意識させる。	

音楽科

実践例①

1 本校音楽科が考える「資質・能力を高める『問い』」

音楽科の目標である「生活や社会の中の音や音楽，音楽文化と豊かに関わる資質・能力」を育成し高めるには，生徒自身が音楽的な見方・考え方を働かせて学習することが重要である。この音楽的な見方・考え方を「生徒にいかに働かせさせるか」，それを導く『問い』や授業づくりについて，以下のように研究・実践を行った。

○題材設定

図1は，本校音楽科が考える学びのプロセスのイメージ図である。育成を目指す資質・能力が具体化したものを，年度の初めに生徒とも共有している。「音楽科の学習は，生徒が音や音楽の存在に気付き，それらを主体的に捉えることによって成立する。」と『解説』(p.10) にもあるように，授業の最初に様々な曲や楽器に「ほら，こんな素敵なものがあるんだよ」と出会わせることが多い。生徒が「やってみたい」「もっと上手くなるにはどうしたらいいのか」「ほかにはどのような曲があるのか」など，自ら（思わず）『問い』が生み出されるような題材の設定が肝要だと考える。もちろん，我が国の音楽や共通教材のように，最初は生徒にとっては敷居の高い曲も扱わねばならない。そういった場合，まず「なぜ学ぶのか」を伝えることを大切にしている。そして題材を通しての課題（問い）として，こういった題材を学ぶ意味や自

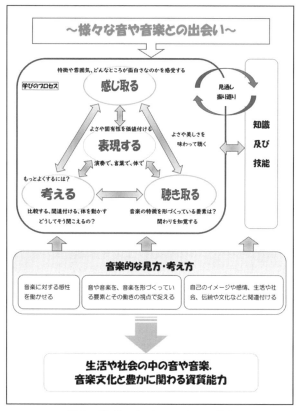

図1 学びのプロセスのイメージ図

分にとっての価値を考えさせ，題材の終わりのまとめとすることで，創意工夫や味わって聴く過程を自分のこととして考えながら取り組めるようにしている。

○課題設定

中心となる課題が，音楽科における最も大きな『問い』であると考える。例えば「表現の工夫をして○○を歌おう」などである。生徒にとって学習の過程が明確で，「その曲で何を教えるのか」を授業者が授業計画の際に絞り込んでおき，「この題材ではこれが身に付けられるといい」

ということや「このことについて考えていこう」ということを，生徒と共有し続けることが大切である。特に鑑賞のまとめの記述などでは，指導と評価の一体化を図るためにも，どこに視点をもって考えを表現すればいいのか，題材の設定の際に選択した共通事項や学習した用語を用いて問いを示すなどの工夫が考えられる。

○小さな問いの積み重ねと繰り返し

　小さな問いは，「スモールステップのための問い」と「生徒から出た問い」がある。それを組み合わせながら授業を進めることで「わからない・できない」を減らし，より主体的な取り組みとして，資質・能力を高めることができると考える。図2は1年生の最初の鑑賞で使用したワークシートである。感じた音楽を，

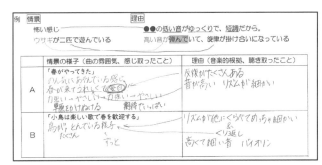

図2　1年「春」のワークシート

音楽を形づくっている要素とその働きの視点で捉えられるようにすることと，根拠をもって考えを言語化できるようにすることをねらって使用した。さらに仲間と共有を図ることで，多様な捉え方を知るだけでなく，表現に困っていたり，根拠と結び合わせられていなかったりする生徒の支援にもなった。最終的にはこれを活用し，紹介文を書く課題へとつなげた。また，題材を通して書き溜めている授業カードに書かれた疑問や悩み，改善策などを授業の冒頭で紹介し，学習へのフィードバックや，こうした授業での課題として取り組んでいる。その積み重ねが，『問い』を醸成しやすい考え方につながっていくのではないかと考える（詳しくは『附属横浜』（2021）に記載）。

○根拠や感受を問う

　思考力・判断力・表現力等を深めていくのに不可欠な，知覚と感受を結び付けて考え，自分の言葉で語るのは，簡単なことではない。先述のスモールステップに加え，授業での生徒の発言時や机間支援時，また授業カードの点検の際に，例えば「優雅な感じがした」という感想に対しては「何でそう感じたのか」を，「弦楽器の大きく細かい音が繰り返されていた」という事実（知覚）の羅列のみの記述に対しては「その演奏をどのように感じたのか」などを，掘り下げるように問う。個別に関わり，それぞれへの問いを投げかけることは，生徒理解を深めながら指導し，資質・能力を伸ばしていくうえで大変貴重な時間であると考える。

2　実践の成果と今後への課題

　音楽科の授業，特に表現領域においては，常にオープンエンドの問いであり，知識及び技能と思考力・判断力・表現力等が往還し合って課題解決に向かっていく姿となりやすい。しかしそうなるためには，「まずはやってみよう」と思える題材の設定や授業デザインが，本当に重要であると改めて感じた。今後も，誰もがゴールに向かって進みやすいスモールステップの問いの精度が上がるよう，さらに研究していきたい。また，協働的な学びが充実してきた一方，個に応じた指導や，個別最適な学びについても深く考え，生徒に寄り添った授業の追求を行っていきたい。

音楽科実践例①

1 題材を通じて実現を目指す「学びに向かう力」が高まっている生徒の姿

篠笛の音色や所作の間や動きの美しさなど，我が国の音楽の特徴に関心をもち，その固有性を大切にしながら，自分なりの価値を考え表現しようとしている姿。

2 題材について

和楽器の学習として篠笛の学習を行う。篠笛の，風の抜けるような温かみと愁いを併せもった音色は，それだけで日本の風情を感じることができる。しかし，音を出すだけでも難しい楽器である。そこで３年間を見通し，卒業時にはMy 篠笛を持ち，国際社会においても日本の文化を伝えられるようになってほしいと考え，授業計画を行った。１年時には，楽器の鳴らし方や基本的な篠笛の演奏技法を学ぶとともに，伝承芸能にとって大切な所作を技能として身に付けていくことを目標とする。所作を行うことによって，日本の芸能の中で大切にされてきたことやそのよさ，社会や生活との関わりについて，実感をもって理解したり考えたりさせたい。２年時には，平易な曲に挑戦しながら，音色づくりに取り組んでいく。３年時には，海外でも有名な日本古曲「さくら」を自分なりの表現で演奏できるようになることを目指す。表現領域は，しっかりと生徒が実感しながら学びを進めていきやすい。「音の出ていない部分での演奏」も大切にすることによって，我が国の音楽や文化のよさを味わい，愛着をもつことができるようになるのではないかと考える。

3 「指導と評価の一体化」を目指した観点別学習状況のあり方

（1）「知識・技能」の指導と評価

様々な用語は，学習を進めていく上での共通言語となるように，活動の中で活用させ，授業や振り返りの中で適切に使用できているかを確認しながら，フィードバック・フィードフォワードを繰り返す。記録に残す評価の際には，篠笛の音色や響きと奏法の関わりについて分かったことを，仲間と共有しながら言語化し，まとめることで，感じ取ったことと結びついた知識を見取ることができるのではないかと考える。技能については，「真似て学ぶ」伝承音楽の学びを体感し，仲間との試行錯誤を繰り返すことや，録画をして振り返る。そうすることで，自分自身の動きをメタ認知し，考えを深めながら身に付けていけるのではないかと考える。

（2）「思考・判断・表現」の指導と評価

先ず「自然とともに発展し，静けさを大切にした音楽」という篠笛の音楽につながる一つの側面を，実感をもって感じ取らせていく。次に，お手本を基に「所作」の中でどのようなことが大切にされているのかを考えさせていく。本題材では，班活動を中心とし協働的に学習していく中で，違いやよさを見つける目も養いながら，技能の習得を目指す。目標をもちながら，ICT を活用して今の自分の姿を客観的に見たり，ポイントを見出したりしていくことで「どのような所作にしたいのか」「どのようなことを大切に行えばよいのか」という思いや意図にもとづく生成の問いを促す。「なぜ我が国の音楽を学ぶのか」という大きな問いに迫ることを通して「所作のよさやその意味」について自分なりの最適解を導き出せるように，活動を進めていく。

（3）「主体的に学習に取り組む態度」の指導と評価

ほとんどの生徒が初めての出会いとなる篠笛を，生徒自身が「やってみたい」と思うと

ともに，器楽が苦手な生徒でも「やればできるかも」と思える課題設定を行っていく。導入は，他教科とのつながりを生かした学習内容を取り入れ，班活動での学習を中心とすることで，お互いを高め合いながら取り組めるように意識した。

4 授業の構想

題材名を「和の心と音色に触れよう～所作から味わう篠笛の世界～」とし，何ができるようになればよいかを明確に表した。「今は音が出なくても平気」という基準を明確に伝え，誰もが「やればできる！」という，初めて出会う篠笛のワクワク感を大切にした課題設定とした。

第1時では，「なぜ我が国の音楽を学ぶのか」を問いかける。この問いが，本題材，ひいては3年間を通しての我が国の音楽の題材にとって，非常に重要であると考える。知識と技能を得ながら，自分がどのように考えていくのか，その固有性をどう自分が価値付けていくのか，3年間の学習プランで見通しを示しながら投げかけていく。また，我が国の音楽のよさや特徴は何か，「和」を感じるのはどのような音かという問いや，手本の演奏から，「静けさ」と「間」という大切にされてきた感性を感じ取らせたい。そして，1年時の目標である「所作」について伝えていく。

実際に篠笛に触れる前には，音の出る科学的な仕組みについて，教科等横断的な視点からのアプローチもかけていく。

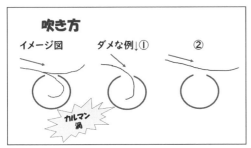

図1　スライド「篠笛の音の出る仕組み」

第2時では，篠笛の歴史や，楽器の持ち方，楽譜や音の種類（名前）についてなど，知識を身に付けながら，演奏技法の特徴や約束（タンギングをしない，一行一息，指打ちなど）について，音を出しながら取り組んでいく。この際に，楽音としては出ていなくても，息の音や息遣いを大切にすることを伝え，篠笛に親しませていく。

第3時から，所作に取り組んでいく。楽器の部分の名前を確認しながら所作の手順について学んだあと，班で所作に取り組んでいく。本時では，手順を見ながら自分自身の所作をTPCに録画し，課題やポイントを探していく。技能を身に付けるには，知識及び思考・判断・表現との往還が必須である。班活動を中心とした協働的な学びの中で，「みんなで課題を探し出す」という"具体の問い"を設定することで，生徒自らがスモールステップを踏めるのではないかと考える。

図2　過去の授業の様子（所作の学習）

第4時では，自分たちでの振り返りを基に学習を深めながら，所作を実践できるように活動していく。

その後は演奏とともに所作を身に付けながら活動することで，より「所作のよさやその意味」について考えが深まっていくのではないかと考える。全体を通して和楽器に愛着がもてるように進めていきたい。

（佐塚　繭子）

次	時		評価規準	【　】内は評価方法 及び Cと判断する状況への手立て
1	1 ― 2	態	篠笛の音色や所作の間や動きの美しさなど，我が国の音楽の特徴に関心をもち，音楽活動を楽しみながら主体的・協働的に器楽の学習活動に取り組もうとしている。（○）	【行動の観察】【ワークシートの記述の点検】 【授業カードの確認】 C：自分の意見や考えが思いつかない場合は，仲間の意見をペンの色を変えてワークシートに記述するよう促す。
		知	楽器の音色や響きと奏法の関わりについて理解している。（○◎）	【ワークシートの記述の確認・分析】 C：スライドや教科書等を示したり，仲間と基本的な用語を確認し合いワークシートに記述するよう促したり，どう感じたかを言葉で確認する。
	3 ― 4	態	篠笛の音色や所作の間や動きの美しさに関心をもち，音楽活動を楽しみながら主体的・協働的に器楽の学習活動に取り組もうとしている。（○）	【行動の観察】【ワークシートの記述の点検】 C：仲間と協力して活動するように声かけをしたり，仲間からの助言などを生かして，ワークシートにまとめたりするように促す。
		思	音色，間，旋律を知覚し，それらの働きが生み出す特質や雰囲気を感受しながら，知覚したことと感受したこととの関わりについて考え，どのように演奏するかについて思いや意図をもっている。（○◎）	【行動の観察】【ワークシートの記述の確認・分析】 C：所作の特徴や，お手本の動画を確認させ，違いやよさに気付かせる。仲間の意見を丁寧に把握するよう助言し，ワークシートへの記述を促す。
	5 ― 6	技	創意工夫を生かした表現で演奏するために必要な奏法，体の使い方などの技能を身に付け，器楽で表している。（○◎）	【行動の観察】【演奏の分析】 C：丁寧に行うことを伝えたり，自身の所作の録画を確認させたりする。
		態	篠笛の音色や所作の間や動きの美しさなど，我が国の音楽の特徴に関心をもち，音楽活動を楽しみながら主体的・協働的に器楽の学習活動に取り組もうとしている。（○◎）	【行動の観察】【ワークシートの記述の分析】 【授業カードの分析】 C：所作の手順を確認させる。音が出ないことで困っている場合は，息を吹き続けることや，運指を覚え実践することを大事にするよう声かけをする。

主たる学習活動	指導上の留意点	時
・これまでに，触れたことがある和楽器や，現在の篠笛に対する興味はどのくらいあるのか仲間と共有する。 ・知っている伝統芸能について整理する。 ・「和」を感じる楽器以外の音について考える。 ・演奏を鑑賞し，「所作」があることやその雰囲気を感じ取る。 ・学習プランで，本題材の見通しをもつ。 ・篠笛の部分の名前や吹き方について知る。 ・楽器を用いて音の出し方を実践する。 ・篠笛について知る（歴史，楽譜，調子，音域）。 ・演奏上の約束について確認する（持ち方，吹き方）。 ・六の伸ばしや，「とうふやさん」を演奏する。 ・篠笛の音色や響きと奏法の関わりについて分かったことをワークシートにまとめる。	・個人で考えた後，班で話し合ったり，クラスで共有したりする。 ・補足しながら自由に発表させる。 ・3年間の見通しと，今年度の目標をそれぞれ示す。 ・他教科とのつながりを意識させるような説明を取り入れていく。 ・様々な視点で興味を持たせたり，考えを深めたりできるように意識する。 ・篠笛らしい音の基礎となる部分であるので，常に声かけを続けていく。 ・模範演奏や自分の演奏から感じたことと，学んだ知識を結び付けながらまとめるように促す。	1 — 2
【課題】 所作を身に付け，我が国の音楽において大事にされているそのよさやその意味について考えよう。 ・所作の手順について知る。 ・班で協力し，手順を見ながら所作を実践する。 ・班で動画を撮影し，手順のプリントや見本動画と比べ，よりよくするためのポイントを探す。 ・全体で気付いたことを共有する。 ・所作ができるように，班で協力し，試行錯誤しながら活動する。 ・班で一人ずつ撮影し合い，お互いに助言を行う。 ・プリントに，仲間からの助言やそれを基に考えたこと，どのように所作を行いたいかをまとめる。	・目標を，学習プランを使用しながら確認する。 ・前時までの知識と関わらせながら，所作について考えていくように促す。 ・事前に見本の動画をTeamsにあげておく。 ・録画のタイミングを声かけし，振り返りを大事にするように声かけをする。 ・プリントには書かれていない，目指す所作のポイントを見つけさせる。 ・気付いたポイントを意識させるよう，声かけしていく。 ・音が出なくてもいいということ，美しい所作に向けての途中経過であることを確認する。	3 — 4
・「たこたこあがれ」「ほたるこい」の演奏に取り組む。 ・仲間と聞き合ったり，相談したりしながら試行錯誤を重ねていく。 ・所作から通して，曲を演奏する。 ・ワークシートに，我が国で所作が大事にされている自分なりの考え（よさや意味）についてまとめる。 ・仲間と意見を交換する。 ・一人ずつの所作の録画を，班で協力して行う。 ・撮った動画をTeamsの課題に提出する。 ・学習の振り返りを行う。	・「指打ち」の時には息を緩めないことや，ブレスの位置を意識させていく。 ・音の出ない生徒には，息の音でいいことや，息は吹き続けることを声かけするとともに，アンブシュアの支援を行う。 ・所作と演奏の関係やその効果について，感じ取らせる。 ・余韻をしっかり聴くことを大事にするよう声かけする。 ・これまでに撮った動画を見るなどさせ，自分で変容を実感させる。 ・題材ごとのつながりや文化や生活との関わりを意識させて振り返らせる。	5 — 6

美術科

実践例①

1　本校美術科が考える「資質・能力を高める『問い』」

○鑑賞の授業で目指す資質・能力の高まり

　美術科において育成することを目指す〔思考
力，判断力，表現力等〕は，発想や構想に関する
資質・能力と，鑑賞に関する資質・能力の2つか
ら構成されている。この2つの資質・能力を高め
るためには，造形的な見方・考え方を豊かに育成
することが肝要である。造形的な見方・考え方を
働かせるための視点は，表現や鑑賞の活動を通し
て，発想や構想をする力，創造的に表す力，見方

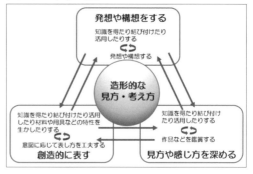

図1　造形的な見方・考え方

や感じ方を深める力が往還する学習活動を積み重ねていくことで育まれていく（**図1**）。
　本校美術科では美術の学習を通して，生徒が現在の生活と将来の社会生活をより豊かなものに
しようと考え，多様な視点をもって物事を捉え，よさや美しさを感じ，認め合う力を養うことが
大切だと考える。鑑賞の授業の実践では，見方や感じ方を深める活動において，美術と生活や社
会との関わりを理解し考えること，自分なりの価値観をもつこと，そして他者の考えや様々な表
現を認め合いながら，美術や美術文化の豊かさや意義について深く考えることを大切にし，授業
の工夫改善を行っている。

○「資質・能力を高める『問い』」の設定

　より確かな資質・能力の育成を図るために国際バカロレア中等教育プログラム（IBMYP）の
指導方法を参考に授業実践を行っている。このプログラムでは，IBによって設定された「物事
を地球規模で考える文脈に沿って鍵となる概念」を理解する学びの中で，教室での活動と自分自
身の現実社会との関わりから学びを深めていくことが重要だとしている。また「コミュニケーシ
ョン」等の汎用的なスキルを多様な教科や活動の中で学んでいくことにより，生徒の資質能力を
高めることを目的としている。「問い」の設定では，学習指導要領との関連を図りながら，教科
等横断的な視点や物事を概念的に考える視点から美術が社会との関わりの中で生活に与えている
影響や効果などについても問いかけることで，見方や感じ方を深め，〔思考力，判断力，表現力〕
に係る2つの資質・能力の高まりを目指している。

2　造形的な見方・考え方から，考えを広げ深める工夫

（1）感性を働かせ，考えを整理する手立て

　鑑賞の活動では，生徒が作品をじっくり鑑賞する時間をとり，自分自身の感性や感覚と向き合
うことを大切にしている。感じたことを言語化させる時には，鑑賞のポイントである形や色彩な
どの造形的な視点と結び付けて表現できるように，表や思考ツール等を活用している。

（2）意見の共有場面の設定

　個人で鑑賞を行った後は，4人班でのグループ活動，クラス内での意見の共有，他クラスの意見紹介を行う。この学習では，他者の意見を共有し様々な考えを知ることで，自分自身の考えを広げ深めながら，柔軟な思考で物事を捉え，様々な意見を認め合うことの大切さを実感させることを目的としている（図2）。

　また，生徒ひとり一人が自分の考えを大切にしながら学習に取り組めるように，生徒の想いを受け止めながらその場に応じ

図2　鑑賞活動の様子

た指導や声掛けを行うことを心掛けている。例えば，鑑賞の授業で「なんとなく気になる」といった言語化しにくい感覚を感じた時は，教師からその理由を問いかけたり，他の生徒と一緒に考えるように促したりするなど，生徒の感性や心情に向き合いながらそれを深めていくようにしている。

（3）美術や美術文化の価値や意味を問うIBMYP視点からの『問い』の設定

　本校美術科では，IBMYPにおける，探究テーマの実現を目指す『3つの問い』を活用し，①「事実的な問い」を形や色彩などの「知識」を活用しながら鑑賞する力，②「概念的な問い」を自分の生活や経験を振り返りながら考える力，③「議論的な問い」を美術や美術と社会とのつながりを学びながら価値や意義などについて考える力を養うことを実践している（図3，4）。題材ごとに『問い』を行う場面を調整し，3年間で継続した取組を行うことで，美術を愛好する力を養い，美術と社会の様々な事柄を関連させて考え，コミュニケーションを図りながら自ら答えを探して進んでいく力を養うことをねらいとしている。

図3　活動の様子

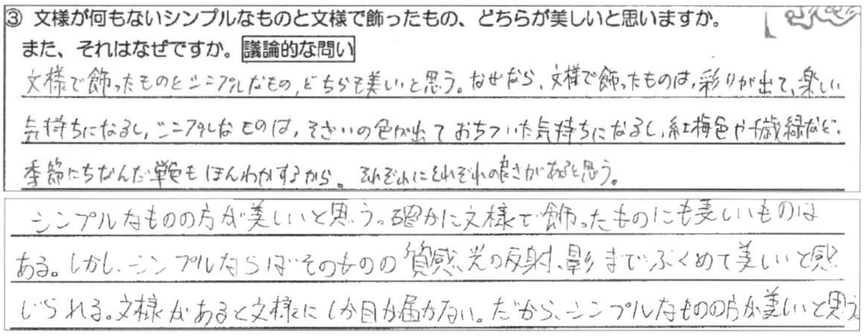

図4　「議論的な問い」のワークシートの記述

3　実践の成果と今後への課題

　IBMYPの問いの取組から，社会科の地理や歴史，家庭科・被服の知識などと関連させて活用する姿が見られることが多くなった。しかし，生徒の思考が社会的な価値や意義に偏ってしまい，造形的なよさや美しさの視点を深く考えることからずれてしまうことや，生徒が実生活と関連付けて想像することが難しい「議論的な問い」になってしまうことが課題として見られる。今後は，美術科の確かな資質・能力の育成に繋がる授業となるようにさらに工夫・改善していく。

●参考文献
1）佐々木秀樹（2022）『もっと知りたい!! 美術の評価～理論編～』，日本文教出版株式会社
2）小池研二（2019）『国際バカロレア中等教育プログラムを生かした美術の学びについて―ALTスキル（Approaches to Learning skills）の理論を中心に』，大学美術教育学会，p.168

美術科実践例①

1 単元を通じて実現を目指す「学びに向かう力」が高まっている生徒の姿

　形や色彩などの造形的な特徴から，よさや美しさを感じ取り，伝統や文化に対して愛着をもって考える姿。また，諸外国の作品との比較鑑賞から美術や文化との相違点や共通点に気付き，様々な視点で考える活動を通して，美術文化の継承と創造について多面的・多角的な視点から柔軟に考える姿。

2 単元について

　本題材では，能の"面"や諸外国の"仮面"を鑑賞する活動を通して，伝統芸能・文化のよさや美しさから，在り方や意義等について教師と共に考える活動を行い，美術文化への理解や大切にしていこうとすることについて学習する。上の内容は学習指導要領の，B鑑賞（1），イ，（イ）と共通事項（1）ア，イにあたる。

　題材のテーマは「"面で表現すること"について考える。」である。第1次では，"面"から感じる感情から見方や感じ方を広げ，"面"の役割や効果，魅力等について考えを深めていく。第2次では，第1次の学習を振り返りながら日本や諸外国の伝統芸能の魅力や在り方について考える活動を通して，伝統芸能・文化の価値について議論し，考えを深めることができるように促していきたい。

　生徒の考えを深めるための協働的な学びの手立てとして「問い」を設定した。「問い」に向き合いながら，"文化"の概念とはどのようなものなのかについても考えを巡らせ，互いの意見を交流し，様々な視点から考える活動を通して，柔軟な思考力を育てたい。

3 「指導と評価の一体化」を目指した観点別学習状況のあり方

（1）「知識・技能」の指導と評価

　"面"と"仮面"の鑑賞では，形や色彩などの鑑賞のポイントを押さえ，感情を感じる具体的な部分や要素について考えながら鑑賞するように促す。班やクラスで意見を共有する時には，感じた感情について具体的な言葉で説明することで「思考・判断・表現」と往還している様子を評価できるようにした。

（2）「思考・判断・表現」の指導と評価

　「知識・技能」と往還しながら実感をもって思考を働かせるために，感じたことを整理し，どこからそのように感じるかを具体的に述べる活動を行った。今回はポジショニングマップとベン図を使い，考えを整理しながら鑑賞の活動を行うことをねらう。ポジショニングマップでは，"面"から感じる感情を喜怒哀楽のマップに記入し，4つの感情の間にある複雑な感情も記入できるようにした。ベン図は，能の"面"と諸外国の神事に使われている"仮面"を比較鑑賞し，共通点や相違点について考えることで，造形的な特徴と印象などとの繋がりを整理して記述できるようにした。

　「問い」に対して考える場面では，IBMYPの指導方法を参考にした「問い」を設定し，4人班で議論を行う。議論の内容はクラス全体で共有し，様々な価値観や視点があることに気付かせると共に，自分なりの価値観をもって伝統芸能や文化に触れていこうとする心情を育てたい。また，議論するときには結論を出すことよりも様々な視点から「問い」について考えることに重点を置いて指導する。

（3）「主体的に学習に取り組む態度」の指導と評価

　鑑賞活動では，様々な見方や効果について

もっとよいものにしようと試行錯誤していく過程を形成的に評価する。意見を共有したり議論したりする活動から，様々な意見を認め合い，広い視野をもって捉えるように促す。

4　授業の実際

第1次で行った"面"の感情を考える鑑賞の活動では，眼や口，眉の形や作品全体の雰囲気などから考えることができていた。目尻や口の微妙な形状から「口は笑っているけど眼は怖いから，怒っている」「口角が上がっているからこれから嬉しいことがあるのではないか」など，心情を想像して鑑賞する場面や，感じた感情について具体的に説明を行う場面が多くみられた。また，"面"を見る角度や種類の違い，鑑賞者ごとに感じる感情に違いが出ることに着目しながら鑑賞を行うことができた。

"面"の意味や必要性を議論する場面では，「表情で演じないことで，気持ちや所作に力を込めて演じることができる」「"面"にしかできない表現があるのではないか」など，議論しながら考えを深める様子が見られた。

第2次では，能の"面"と諸外国の"仮面"を比較して鑑賞し，形や色彩，材料から文化や生活環境などについても考えを広げ，それぞれのよさを味わいながら鑑賞することができた。（図1）。

図1　鑑賞の様子

伝統芸能や文化を継承していくことの意味について議論する場面では，ベン図を活用して共通点や相違点を整理しながら比較して鑑賞したことで，造形的な視点に見られる特徴から，多くの生徒が日本らしさや先人への理解，文化的な価値などの理由から「意味がある」に寄った意見を書いていた。「自分にとって意味はあるか」だけでなく，違う国に住む人々が感じることについて問うたことで，考えを広げることができた（図2）。

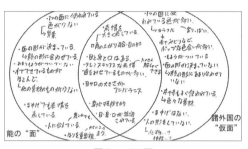

図2　ベン図

班で議論した内容をクラスで共有した場面では，「意味がない」に寄った意見がでた班もいれば，「新しいものと組み合わせたら良いのではないか」というような文化を継承するための方法を模索する意見や，維持する難しさについて触れる意見も出るなど，伝統芸能について多面的多角的に考えを深めようとする姿が見られた。（図3）

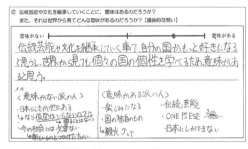

図3　第2次　2つ目の問い

今回の題材では，造形的な視点で捉えながら考えを深めることができた。鑑賞の視点が社会的な価値に偏るなど，確かな学力として愛着をもって考えることができていたかについては課題が見られる。今後は，生徒自らが日本の伝統芸能や文化に親しみをもつことができる授業の実践を目指す。　　（谷田恵実）

[資料]　資質・能力育成のプロセス（2時間扱い）

次	時	評価規準	【　】内は評価方法 及び Cと判断する状況への手立て
1	1	知　形や色彩の性質が感情にもたらす効果や，造形的な特徴などを基に，見立てたり，心情や使う目的と関連付けたりしながら，全体のイメージで捉えることを理解している。（○◎） 思　能面を鑑賞し，造形的な視点から，よさや美しさを感じ取り，見方や感じ方を深めている。（○◎） 態　美術作品のよさや美しさを感じ取り，見方や感じ方を深める鑑賞の活動に，学習したことを関連付けながら主体的に取り組もうとしている。（○）	【ワークシートの記述の確認・分析】 C：形や色彩，面の細かい造形などの鑑賞のポイントを示し，それらについてどう感じるか確認しながら考えさせる。 【ワークシートの記述の確認・分析】 C：面の細かい造形などからどんな感情を感じるかを問いかけながら考えさせる。 【行動の観察】【ワークシートの記述の確認】 C：能の美しさに触れ，"面"の意味について問いかけながら考えさせる。
2	2	思　日本の伝統芸能や祭りの仮面などに受け継がれてきた表現の特質や目的，役割などから，伝統や文化のよさや美しさを感じ取ろうとしている。（○） 思　諸外国の美術や文化との相違点や共通点に気付き，美術文化の継承と創造について考えるなどして，見方や感じ方を深めようとしている。（◎） 態　感性を豊かにし，美術作品のよさや美しさを感じ取り，愛情を深めようとしている。（○） 態　伝統や美術文化の継承と創造について考えるなどの見方や感じ方を深める鑑賞の活動に，学習したことを関連付けながら主体的に取り組もうとしている。（◎）	【行動の観察】【ワークシートの記述の確認・分析】 C：形や色彩，面の細かい造形などの鑑賞のポイントを復習しながら生活やそれぞれの国の文化との表現のつながりについて意識して考えさせる。 【行動の観察】【ワークシートの記述の確認・分析】 C：それぞれの表現の魅力や違いについて触れながら，自分自身が考え，感じたことを書けるよう促す。

主たる学習活動	指導上の留意点	時
・PowerPoint とワークシートから，本題材のテーマや本時の目標を確認し，見通しをもつ。 【題材】面で表す 【テーマ】"面で表現すること"から，伝統芸能や文化について考える。 ［目標］・造形的な視点から，能楽の"面"からどんな雰囲気や感情を感じるか考えよう。 　　　　・日本の伝統芸能や表現の魅力について考えを深めよう。 Ⅰ．日本の伝統芸能を鑑賞したり体験したりしたことはありますか？ クラス全体で共有しながら，今の自分と伝統芸能との関わりについて確認する。 Ⅱ．能の"面"からどんな感情が伝わってくる？どこからそう感じる？ TPC の画像や参考作品を鑑賞し，ワークシートを使って鑑賞する。 ・4人班になり意見を共有し，ホワイトボードにまとめる。 ・班の意見を紹介し，クラスで出た意見の内容を共有する。 ・能の画像から，能楽の演目や装飾，姿などについて学ぶ。 Ⅲ．能には，どうして"面"が必要なのだろう？ Ⅳ．"面"の魅力って何だろう？ ⅢⅣについての考えをワークシートに記入し，意見をクラスに紹介して共有しながら考えを広げ，深める。	・感情について鑑賞するために，顔の造形や形状などの鑑賞のポイント絞りながら鑑賞する。 ・思考ツールを使い，造形的な視点と感情のつながりを整理しながら記述できるようにする。 ・総合芸術として，装飾や音楽，動き，空間などが重要な意味をもつことを説明し，このあとの問いにつながる知識となるように促す。 ・意見を集約せず，様々な視点から考えていることを指摘しながら，思考が広がり，深まるように促す。 ・ホワイトボードの画像を TPC の Teams で共有し，他クラスの内容も確認できるようにする。	1
・PowerPoint とワークシートから，本題材のテーマや本時の目標を確認し，見通しをもつ。 ［目標］・能の"面"や諸外国の"仮面"の共通点や相違点から，表現の魅力について考えを深めよう。 　　　　・"文化"について考えよう。 ・PowerPoint で能の曲目や演者について振り返る。 Ⅴ．能楽の"面"と諸外国の"仮面"の共通点や相違点はどんなところだろう？ TPC の画像で作品を鑑賞し，Ⅳについて共通点や相違点を整理して考え，ベン図に記入する。 ・4人班で意見を共有し，班で出た意見をクラスに紹介して共有する。 ・Ⅰ～Ⅴで出た意見や疑問などについて振り返る。 Ⅵ．伝統芸能や文化を継承していくことに，どのような意味があるのだろうか？ 　　また，それは世界から見てどんな意味があるのだろうか？ Ⅶ伝統芸能や文化の魅力って何だろう？ Ⅵについて，班で意見を交わしながら考えを深め，Ⅶについて自分の考えをワークシートに記入する。	・初番目物のような神をテーマにした作品や神事は世界中にあることをおさえる。 ・造形的な特徴の違いが出る理由も合わせて考えるように促す。 ・自分自身の生活や，多様な文化を認め合うことについても投げかけ，これからの社会にとってどんな意味があると思うか等について議論できるように促す。	2

保健体育科

実践例①〜③

1 本校保健体育科が考える「資質・能力を高める『問い』」

　本校保健体育科では，生徒の学習をよりよくするための指導と評価の一体化のため，『問い』について充実する必要があると考えている。『報告』では，学期末や学年末などの事後での評価に終始してしまうことが多く，評価の結果が生徒の具体的な学習改善につながっていないことが課題として挙げられている。この課題に応えるべく，定期考査のみに頼らない評価や生徒自身が自ら学びを振り返って次の課題に向かう問いの工夫をしている。

　体育分野では，知識・技能を自在に活用できるために必要な技能の習得につなげるための『問い』を設定している。ドリル練習などの基礎練習を行い，技能の定着を図ることは重要であるが，身に付いた技能の中で，どれだけ発揮できているかをより大切にしている。例えば，サッカーの授業で，ドリブル，パス，トラップ，シュート，リフティングなどの一つ一つの要素が上手だからと言って，『学習指導要領』で示される「空間を作り出すなどの動きによってゴール前の侵入などから攻防できる」とは限らない。個人やチームの技能の習得状況を把握し，どのように実践的に組み合わせて活用していくかを重視している。それらの評価として，技能を発揮している場面をTPCで録画したり，実践的な技能を発揮させるための場面として試合を行ったりしている。

　保健分野では，論述やレポート，パワーポイントの作成・表現等の多様な評価場面を取り入れている。これは定期考査のみに頼る知識の暗記・再生を超え，生徒が学習したことを価値づけて思考し表現することにねらいがある。そのため，学習内容を理解し，『問い』を通して，自身の生活に置き換えて思考を働かせたりして，自在に使いこなせるものとして発揮させている。

2 習得した知識を実生活に生かす問いの設定

　3学年保健分野「感染症とその予防」の単元では，感染症に関わる基本的な知識（感染症とは，病原体が感染し発病するまでのメカニズム，新型コロナウイルスの特徴など）を学習した後，「学校行事で感染症にかからず，集団が健康で安全に過ごすために必要なことは？」という『問い』を投げかけた。生徒は，この『問い』に取り組むことで，与えられた課題のみならず，自身が新たな課題を発見することができる。また，感染症に関わる既習知識を記憶・再生するにとどまらず，いくつかの知識や情報を組み合わせて表現することで，感染症のリスクを軽減でき，未知なる状況にも対応できる思考力・判断力・表現力等を育成することができる。例えば，吹奏楽部に所属している生徒は，学習した知識を基に，部活の大会における感染リスクを感染源・感染経路・体の抵抗力に分類し，その具体が述べられている（図1）。また，1学年保健分野「心身の機能の発達」では，習得した知識を使って，自分の生活を振り返りながら課題を解決するため

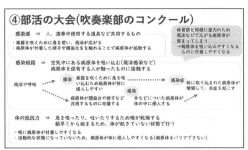

図1　部活の大会での感染症対策

の『問い』を設定した。『「SNS で知り合った人と会いたい」という友人にどのようなアドバイスをしたらよいか』という『問い』は，既習の知識のみならず，友人の気持ちに寄り添ったり，時代の変化に合わせたりしながら安心・安全に生きていくためにできることを総合的に考える必要がある。ある生徒は，友人が大人に相談してもよいと思えるようにするにはどうしたらよいか，できるだけ危険を伴わずに会う方法はないか等，自分事として様々な可能性を考えながら適切な解決方法を考え，友人の気持ちに寄り添ったアドバイス（**図2**）を考えることができた。

あなたの友達が、「実はSNSでいつもやりとりをしている人と近々会おうって話になっているのだけれど、どう思う？同い年で写真も送ってもらっていて信用できると思うんだよね。一応SNSでは付き合ってる感じになってるんだけど…。」と相談してきました。
友達はどうしても会いたいようです。
あなたは、どのように考えて、どのように行動しますか？

考え	どうする？
その写真本人なの？	本人か確認できているか聞く。
1人で会うのは危ない	自分が付いて行く、大人に言う。
やめた方がいい	会うのを止める。危険性を教える。
止めても1人で行っちゃうかも	できるだけ危なくない方法を調べて伝える。
会いたい気持ちもわかるけど、どうしたらいいんだろう	誰のことかは言わずに大人に相談してアドバイスをもらう。

<実際に行うアドバイス>

写真と違う人がくるかもしれない。会うのは危ないと思う。大人に相談した方がいい。
誰のことかは言わずに自分が親に相談してみてもいい？
1人で会いに行くのはやめてほしい。予定がない日なら自分が付いて行く。
日中に人が多いところにしよう。聞いていたことと違うことがあったらすぐに別れよう。

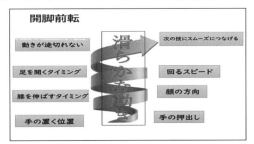

図2　SNS で知り合った人との対応

体育分野における資質能力の育成に向けては，『問い』に対するイメージの共有を生徒と行い，運動の原理や原則を理解することで，思考を深められるようにしている。1学年「器械運動（マット運動）」の単元では，単元を貫く問いを「基本的な技を滑らかに行い，条件を変えたり発展技に挑戦したりしよう」と設定し，学習を進めた。まず初めに「技の達成度の違いを理解して自分の動きを分析しよう」と問いを設定した。運動の能力差に捉われることなく，「やってみたい」「挑戦したい」と思える様に，小学校の頃に実践してきた基本の技を例に，「できた」と「美しくできた」の達成度の違いを，実技書，参考動画で確認して，チームごとにホワイトボードにまとめ，イメージを共有した。次に「滑らかに行うこと」を目指し「滑らかな動きのポイントを明確にして自身の技で体現しよう」と問いを設定した。ここでは，滑らかに動くためのポイントを班ごとに参考動画から見つけさせ，運動の仕組みや原理，原則について理解を深めた。ある班では，開脚前転における滑らかさのポイントを「膝の曲げ伸ばしのタイミングと回るスピード」とした（**図3**）。実践後は，「膝を伸ばすタイミングが悪くスムーズにお尻が上がらない。膝を一気に伸ばすことで美しく見える。次回，膝を伸ばすタイミングと美しく見える回転スピードを動画で撮影をして比較する」と振り返りを行った。滑らかな動きのイメージを共有することで，自身に適した課題を発見したり，新たな『問い』が生まれたりすることにつながった。課題解決のための活動において，生徒がただ闇雲に課題解決を目指すことがないよう，「達成度の違い」「滑らかな動き」など軸となる運動の視点について考えさせ，仲間とイメージの共有を行わせた。その後，共有した知識を活用して仮説を立て，実践し，振り返りを行うことで，新たな問いや課題が生まれ，学習の調整を図ることにつながった。

図3　軸から考えた動きのポイント

3　実践の成果

今年度，上記の授業を行うことで，学習で身に付けた知識・技能を実際の問題解決の中で生かそうとする生徒の姿が多く見られるようになった。また，困ったことや分からないことがあった際，情報を収集するなど，粘り強く考えていこうとする様子も見られた。今後も，生徒が既習の内容と新たに学ぶべき内容を関連付けながら「思考・判断・表現力等」を育成し，さらに深い学びにするために，「知識・技能」を生きて働くものとしていきたい。

保健体育科実践例①

1　単元を通じて実現を目指す「学びに向かう力」が高まっている生徒の姿

　より遠くに跳ぶために，振り返りを基に具体的な見通しをもち，学びに没頭している姿。学習を進める姿や動きのポイントを言語化して，一人一人の違いを認め合いながら，互いに考えを伝え合う姿。

2　単元について

　走り幅跳びの技能で目指す姿は，「スピードに乗った助走から素早く踏み切って跳ぶこと」である。具体的な動きとして，助走は，自己に適した距離，または歩数で行うこと，踏切は，踏切線に足を合わせること，空間動作と着地は，かがみ跳びなどの空間動作の流れの中で跳ぶことを目指す姿としている。

　本単元では，「今ある力を生かしてより遠くに跳ぼう！」という単元を貫く問いを設定して学習を進めていく。生徒は，より遠くまで跳ぶために，日常生活の中で自然と行っている歩く，走る，跳ぶなどの動作をどのように変えたらよいのか分析し，今ある運動能力を最大限に生かして，合理的により遠くに跳ぶことを目指して学習していく。

　体育活動では，課題の合理的な解決に向かう過程として，探究的な学習を活動の中心としている。自己の課題を発見し，その合理的な解決に向けて，運動の取り組み方を工夫するとともに，仲間と協力して互いの運動の感覚をすり合わせて，考えたことを他者と共有する時間を大切にしている。本単元の終末では，自己の学習の過程を振り返り，次の見通しをもち，他単元や他教科と関連付けて考えられるように，PowerPointに記録してきた振り返りを活用して，学習の成果の発表を行う。

3　「指導と評価の一体化」を目指した観点別学習状況のあり方

（1）「知識・技能」の指導と評価

　知識・技能の習得のためには，仲間との情報の整理に加えて，ウォーミングアップ等で楽しく活動を行う中で，反復トレーニングを行い，学んだ知識を体現できるようにすることが重要である。さらに，キーワードとなる語句は可視化し，授業内での発表やアドバイス活動の際に，言語化したり，PowerPointに記録する振り返りの際に活用させたりする。教師は，生徒の新たな気付きや疑問を全体に共有をしたり，振り返りにコメントを残したりして，フィードバックを行う。評価する際は，授業での発言等や見通しを確認させるためのルートマップ（図1），PowerPointの振り返りから，知識を活用して，考えが整理されているかどうかに留意して評価を行う。

図1　ルートマップ　生徒作成イメージ

（2）「思考・判断・表現」の指導と評価

　仲間との協働的な探究活動によって「運動のポイント」を明らかにして，自身に適した課題の把握や，課題に対する仮説を立てさせる。立てた仮説は運動言語やオノマトペ等を用いて互いに運動の感覚を伝え合い，比較し合うことで自身の考えを深めさせる。仮説を立てる際は，目指す姿と単元を貫く問いとの繋がりを意識させて学習が進められるように

する。PowerPoint で行っている振り返りには，毎時間，新たな課題や気付きが生まれるように，活動内容，動画分析，改善点，次回に向けての目標などをまとめさせる。評価をする際は，活動の観察に加え，PowerPointとルートマップを回収して，自身や仲間の状況に適した活動内容の選択ができているか，習得した知識を活用して，思考・判断・表現しているかに留意して評価を行う。

（3）「主体的に学習に取り組む態度」の指導と評価

　生徒が明確な見通しをもち，振り返り，学習の調整を図れるように，ルートマップを作成する。授業内での気付き，変更点，仲間からのアドバイスなどは色を変えてまとめさせ，今後の活動の改善に役立てるようにする。評価する際は，どのように学習の調整を図ってきたかを，PowerPoint の振り返りとルートマップを確認し，評価する。

4　授業の構想

　単元を貫く問いは「今ある力を生かしてより遠くに跳ぼう！」とし，より遠くへ跳ぶために，合理的な動きをどのように身に付けていくか考え，知識として覚えるだけでなく，技能面とつなげて体現できることを目指し，問いを設定した。生徒は，学習を通して，自らの状況を踏まえた上で，見通しをもって行動し，振り返るという学習の調整が図れる学びを実践する。

　第1次では，遠くに跳ぶために必要となる動きを理解し，動画を撮影しながら，短い助走で跳躍を行った。参考動画と撮影した動画を比較して，明確な課題を発見し，課題解決のために仮説を立て，ルートマップの作成を行った。その際，「運動のポイント」を正しく捉えられるように，班ごとに具体的な運動の感覚を挙げさせて共有をさせた。

　第2次では，単元での目指す姿を明確にし，「助走」「踏み切り」「空間動作と着地」の3つの動きに分けて自らの課題を設定し，簡単な動きの組み合わせで跳躍ができることを理解させ，自身の課題に合わせて練習の選択ができるようにした。より遠くに跳ぶためには，学習してきた知識を活用して，今ある基本動作をどのように変化させたらよいかを思考し，自身の運動の感覚を分析し，仲間とすり合わせを行う。互いの変容に気付くためには，動画の比較・検証に加え，生徒自身の運動の感覚を向上させることが大切である。そのため，意識をしなくても感覚的に体が動かせる力を身に付けられるようにウォーミングアップを工夫する。

　「助走」では，スピードをつけるために地面を押し出す動き，「踏み切り」では，3歩などのリズムで踏み切る動き，「空間動作と着地」では，膝の引き上げから高い位置で両腕を揃えて下ろす動きを取り入れて実践を行う。生徒の課題や意識するポイントを抜粋し，毎時間繰り返し行うことで，運動の感覚が身に付けられるようにする。課題の解決に向けた練習では，その内容や意識しているポイントが自身に適しているものかを確認させるために，単元の途中で記録会を行った。それにより，最初との動きの違いを発見し，動きの改善や練習内容を再検討させた。その際，仲間や教師と相談をして自己の現状の把握を行い，新たな課題を立てさせ，より課題解決につながるようにルートマップを修正した。

　毎時間の振り返りでは，次回の課題と現状の動きを撮影した動画を添付し，考えを整理させた。さらに，自ら立てた課題や状態等を運動言語やオノマトペを用いて伝え合い，仲間と運動の感覚を比較し，自身の考えを深められるようにした。単元の終末にはルートマップと PowerPoint を活用して学習の過程を振り返り，今後の学習に生かせるようにしていく。

（松山　晴香）

次	時		評価規準	【　】内は評価方法 及び Cと判断する状況への手立て
1	1 ｜ 2	態	一人一人の違いに応じた課題や挑戦を認めようとしている。（○）	【行動・発言の確認】 C：学習の過程を振り返らせて，互いの課題に耳を傾け，実技書や仲間の動きなどから再確認させる。
		知	陸上競技の各種目において用いられる技術の名称があり，それぞれの技術で動きのポイントがあることについて言ったり書き出したりしている。（○）	【学習ノートの記述の確認】 C：資料などを用いて，技術の名称や動きのポイントを確認させて，自己の動きと比較し，練習の見通しを確認させる。
2	3 ｜ 7	思	提示された動きのポイントや課題の事例を参考に，仲間の課題や出来映えを伝えている。（○）	【学習ノートの記述の確認】 C：観察する視点や動きのポイントを具体的に確認し優先順位と基礎練習を選択させる。
		思	提供された練習方法から，自己の課題に応じて，動きの習得に適した練習方法を選んでいる。（○◎）	【学習ノートの記述の確認・分析】 C：PowerPoint，ルートマップでまとめた内容を確認し，助走，踏切，空中動作で分けて確認をさせる。
		思	体力や技能の程度，性別等の違いを踏まえて，仲間とともに楽しむための 練習や競争を行う方法を見付け，仲間に伝えている。（○）	【学習ノートの記述の確認・行動の観察】 C：PowerPoint でまとめた内容を確認し，助走，踏切，空中動作で分けて確認をするように促す。
		態	用具等の準備や後片付け，記録などの分担した役割を果たそうとしている。（○）	【学習ノートの記述の確認・行動の観察】 C：学習の過程を振り返らせて，自身の取り組み方の工夫を確認させる。
		技	自己に適した距離，又は歩数の助走をすることができる。（○◎）	【行動の観察・動画の分析】 C：基本の動きに着目させて，TPC で撮影した動画を確認して，助走，踏切，空中動作に分けて分析し，練習につながるように促す。
		技	踏切線に足を合わせて踏み切りをすることができる。（○◎）	
		技	かがみ跳びなどの空間動作からの流れの中で着地することができる。（◎）	
		態	振り返りを基に明確な見通しをもって学習の調整を図ろうとしている。（○◎）	【学習ノートの記述の確認・分析】 C：学習の過程を振り返らせて，自身の動きの改善や取り組み方の工夫を確認させる。
3	8	知	陸上競技は，自己の記録に挑戦したり，競争したりする楽しさや喜びを味わうことができることについて言ったり書き出したりしている。（○◎）	【学習ノートの記述の確認・分析】 C：参考動画や見本となる動きを確認して，自身の動画と比較して自分の動きを分析させる。

主たる学習活動	指導上の留意点	時
単元を貫く問い 今ある力を生かしてより遠くに跳ぼう！ 問い①「遠くに跳ぶ」ための必要な動きとは？ ・学習プランを使って学習の流れの共有を図る。 ・まずは実際に「遠くに跳ぶ」ことを意識して跳躍を行い，動画を撮影して，現状の動きを把握する。 ・走り幅跳びの参考動画と自分の動きを比較して，遠くへ跳ぶためのコツを確認する。 ・自己の課題を発見して，課題の解決に向けてどのような練習が必要かを検討する。 ・自他の現状を把握して，目指す姿を明確にしてルートマップを作成する。	・単元を通して目指す姿を確認し，見通しをもてるようにする。 ・単元を通して作成する PowerPoint，ルートマップについての説明をする。 ・PowerPoint に振り返りを記入させ，毎時間の気付きからつながりを意識させる。 ・ルートマップを作成する前に，動きのポイントを班ごとに確認して，大まかなイメージの共有をさせる。 ・動きを分析しやすい位置で動画を撮影し，動画の撮影だけに時間を取られないように班で役割を決めて実践を行わせる。	1 ― 2
【検証タイム】 ・参考動画，実技書，TPC，参考資料を確認して動きの比較・検証をする。 問い②「スピードに乗った助走とは？」 課題例：最高速度で通過する場所 　　　　その場所で失速しない自身にあった歩数 　　　　助走のリズムは？ 問い③「素早い踏切とは？」 課題例：素早い踏切とはどんな動き？ 　　　　どんなリズム？ 　　　　助走を生かした踏切とは？ 問い④「遠くへ跳ぶための空間動作と着地の動作とは？」 課題例：遠くへ跳ぶためには体のどこを使う？ 　　　　遠くへ跳ぶための跳ぶ方向は？ 【既習事項の確認】 ・「助走」「踏み切り」「空間動作」「着地」の動きを理解し，必要な練習を繰り返し行う。自分に適した練習であるのかをチーム内で確認する。 【途中成果発表会】 ・グループで協力して記録会を行う。 ・お互いに観察し，伝え合い，より遠くに跳ぶためのポイントと練習の内容を見直してルートマップの修正をする。 ・明らかになったことや見本と自分の動きを比較して再度課題を見直し，解決に向けて練習を行う。	・基本的な技能の指導の際，4つの動き（助走・踏切・空間動作と着地）の連動性について伝える。 ・ルートマップを確認して，練習を行う。（毎時間，方向性の修正ができるようアドバイスタイム，質問タイムを設ける） ・場の設定を工夫し，イメージしている動きが体現しやすい状態を作る。 練習（場の工夫）の具体例 ・フラフープで踏切（踏切の速さとリズム） ・ロイター板で踏切（空中動作） ・ミニハードルを踏切直後に設置（踏切の速さと膝の引き上げ） ・マーカーをスタートに置く（助走の前半の押出の動き） ・ハードルを踏切直後に設置（踏切後の動き） ・砂場の3m，4m，5mにすずらんテープを置く（足を前に振り出す意識で行う。） ・空中動作についてのイメージは，簡単に想像しやすいように単語で伝える。（例：出して，あげて，下ろしてなど） ・疑問を解決するために互いに質問し合う時間を設けて確認させる。 ・スムーズに進行ができるように，役割を明確にさせる。（競技者・計測・撮影）	3 ― 7
・ルートマップと PowerPoint にまとめた内容を基に学習を振り返り，自己の活動の成果を発表する。 ・記録会では，記録だけではなく1番よい動きの動画を撮影し，分析結果を PowerPoint でまとめさせる。	・単元を振り返り，活動をより良くするために意識してきたことや習得した知識や技能に気付かせる。 ①課題の設定と見通し　②動きの整理・分析 ③実践と振り返り　④新たな課題発見とその後の見通し，に分けて本単元の学習を振り返る。	8

保健体育科実践例②

1　単元を通じて実現を目指す「学びに向かう力」が高まっている生徒の姿

　自身の試合の様子から，プレーを分析し，自らの強みや課題を見いだし，「拾う，つなぐ，打つ」の攻撃を組み立て実践する姿。

2　単元について

　本単元では，「卓球」の，基本的な技能の習得とともに，ネット型球技特有の定位置に戻る動きや空いた場所に攻撃できるようになることをねらいとしている。そのため，本単元では，「拾う・つなぐ・打つを意識し，自分自身にあった戦術を考えよう」という単元を貫く問いを設定した。単元のはじめに基本的な技能（サービス・フォア・バック・ドライブ・カットなど）を学習し，試合に必要な技能を習得していく。次に，試合のルールや動きを確認して試合を行い，その様子をTPCで録画していく。単元中盤では，試合を振り返る際，録画した動画の視聴や作成した卓球試合記録カード（以下，記録カード）を基に戦術についての考えを深める。卓球は，得点ごとにプレーが途切れるため，各場面（シーン）で測定・分析を通して，思考が活発になり，「自分の得点パターンはこれだ」や「弱点を改善するため，このような練習方法が有効だ」と考えることができる。

3　「指導と評価の一体化」を目指した観点別学習状況のあり方

（1）「知識・技能」の指導と評価

　ボール操作や安定した用具の操作，連携した動きによって空いた場所をめぐる攻防をすることについて，単元のはじめに実技書を用いて試合のルールや技能について確認をしてから活動を行う。特に，試合で得点をしてい

くために，「どのような返球が有効的であるか」などの戦術を深めていく。そのため，映像を通して，自分のプレースタイルや特性を把握させた後に戦術を考案させる。その様子や戦術をパワーポイントにまとめ評価する。

（2）「思考・判断・表現」の指導と評価

　単元中盤の試合のプレーを録画し，それらを「記録カード」とともに分析していく。その際いつ・どこで・誰が・どのようなプレーをしたのかを明らかにすることで自身の強みや課題を見つけ，技能向上の具体的な情報として考えることができる。また，記録カードを分析し，どのような手立てが有効なのかを実技書やTPCを手掛かりにして練習方法を明確にさせる。評価は,記録カードの記述や整理した練習方法と根拠をパワーポイントにまとめることを通して論理的に考察しているかを確認し，分析する。

（3）「主体的に学習に取り組む態度」の指導と評価

　自身の試合の様子から，プレーを分析し，自らの長所や課題を見いだし，課題を解決する姿を目指す。そのため，単元を貫く問いを確認し，技能向上に必要なことを記述させ，共有を図る。また，技能が高まった際や自身の試合を振り返った際にも記入させることで以前の自分の考えと比較させることが可能になる。「知識・技能」や「思考・判断・表現」における学習目標の達成に向け，生徒がどのように考え試行錯誤しているかをワークシートの記述やパワーポイントの成果物から評価する。

4　授業の実際

　第1次では，学習プランを用いて単元の見通しと単元を貫く問い「拾う・つなぐ・打つを意識し，自分自身にあった戦術を考えよ

う」について，生徒自身の考えを記入させ共有を行った。その結果，「ラリーを続ける」や「ボールに回転をかける」，「表（フォアハンド）と裏（バックハンド）両方を使えるようになる」などの記述が見られた。また，ラケット操作に不慣れな生徒がいたため，一人でもできるボールつきを行わせた。ラリー練習では，「拾う・つなぐ」を意識させるため，卓球台でのラリーや体育館床でのラリーを行わせ，ラリーが続く楽しさを感じてもらった。「ラリーやボールつきが続いて楽しい」という声がある一方で「強く打ってしまうとアウトになり，力の加減が難しい」など，技能面で苦労している生徒も見受けられた。

第2次では，ルールを確認して，試合を行った。そこでは，3〜4人グループを作り，得点係や記録係と役割分担をした。その後，試合映像を撮り，その振り返りを「記録カード」に記入し，試合映像とともにグループで共有した（図1）。

図1　グループで試合の振り返り

この記録カードは，毎得（失）点のプレーを振り返ってもらうため，シーンごとに記入させた。記入事項は，毎得（失）点をしたかをチェックし，得点に繋がる仕掛け（アクション）やよいプレーにはグッド，改善しなければならないプレーにはバッドとチェックをさせた。さらに，説明の部分では，その時のプレーの具体やどのような心情だったのかを記入させ，振り返らせた。生徒の記述からは，「試合全体を通して，サーブミスが60%以上と多く，相手に得点をあげてしまった」

や「シーン3・5にあるように，ラリーを続けると，『点を決めたい！』という思いから無理な体勢で球を打ってしまいミスに繋がった」という課題点が見られた。また，課題点のみならず，「シーン4では，ラリーを続けていく中で，最低限はコートに入れることを意識しつつ，少し強い球を打つことができた」というコメントもあり，単元を貫く問いを意識して試合が出来ている様子も見られた（図2）。

卓球試合記録カード

3年　　C組　　○番　　氏名○○　○○

シーン	得点	失点	アクション	グッド	バッド	説明
1	✓		サーブ	✓		カットサーブが上手くいった！
2		✓	サーブ		✓	カットサーブでネット
3	✓		相手のサーブミス			相手のサーブミス
4		✓	サーブ→3球目攻撃	✓		相手は自分のカットサーブに警戒していたと思ったので，ドライブ回転の速いサーブを打った。レシーブされたが，チャンスボールだったので，スマッシュを打った。アウトだったが
5		✓	サーブ		✓	2回連続で，ドライブ回転のサーブを打ったら，読まれて打ち込まれた。

得点	2	3				
集計	得点率	失点率		グッド率	バット率	
確率/	2/5	3/5		2/5	2/5	
	40%	60%		40%	40%	

記録カードを記入しての振り返り
分析結果を基に自分自身の長所や改善点を記入しよう！
今回の試合での良かったところは，カットサーブを打てたこと（シーン1・2）である。自分は，カットサーブを軸に試合を展開している。だいたいの試合で有効的なサーブで，得点に繋がっている。ただし，シーン2のようにサーブミスしてしまうと相手に得点を上げてしまうので修正したい。また，対戦相手も「○○はカットサーブで来るだろう」と予想しているために，意表を突く新サーブを開発したい。シーン4で意表を突くサーブを打てて，上手くいって，チャンスボールが来たが，慌ててしまいアウトになってしまったので，しっかりと得点を決めきることも意識して練習していきたい。

図2　卓球試合記録カードの記入の一例

第3次では，試合の振り返りを基に，「練習の成果を試合で発揮しよう」とした。自身のプレーを伸ばすため，前時までの分析結果を根拠に一人一人に合った練習を行わせた。そこでは，「バックハンドしか打てないから，フォアハンドも打ちたい」と試合の映像を基に練習している姿や，「シーン7のスマッシュを打って，アウトになったため，得点を決めきるための練習をしたい」と，チャンスボールを打ってもらい強い球を打つ姿も見られた。単元のはじめでは，卓球の技能向上に向けての記述が抽象的な生徒もいたが，試合を行い，記録カードを用いて具体的に振り返らせることで，自身の技能レベルに合わせて，改善する様子が見られた。　　（長島　健二朗）

次	時		評価規準	【　】内は評価方法 及び Cと判断する状況への手立て
1	1 ― 2	技	ボール操作や安定した用具の操作と連携した動きによって空いた場所をめぐる攻防をすることができる。（○）	【行動の確認】 C：ペアとの話し合いを通して，役割に気付かせ，課題を見つけ改善点を確認させる。
		態	互いに助け合い教え合おうとすることなどをしたり，健康・安全を確保したりしている。（○）	【行動の確認】 C：実技書を用いて，卓球におけるマナーや安全面を確認させ，フェアプレーを心がけるように伝える。
2	3 ― 6	思	攻防などの自己やチームの課題を発見し，合理的な解決に向けて運動の取り組み方を工夫するとともに，自己や仲間の考えたことを他者に伝えている。（○◎）	【記録カードの記述の確認・分析】 C：記録カードを用いて，自分のプレーを見返し，いつ・どこで・どのようなプレーをしたかを確認させ，課題や改善点をペアや仲間と一緒に考えさせる。
		技	役割に応じたボール操作や安定した用具の操作と連携した動きによって空いた場所をめぐる攻防ができる。（○◎）	【記録カードの記述の確認・分析】 C：TPCで録画した姿や記録カードを用いて試合を振り返り，測定・分析した結果を基に考えさせる。
		態	自主的に取り組むとともに，フェアなプレーを大切にしようとしている。（○）	【行動の確認】 C：自分やペアのつまずきを見つけ，実技書や録画した映像や仲間の動きなどから再確認する。
3	7 ― 9	思	攻防などの自己やチームの課題を発見し，合理的な解決に向けて運動の取り組み方を工夫するとともに，自己や仲間の考えたことを他者に伝えている。（○◎）	【学習カードの記述の確認・分析】 C：仲間のよい動きや技能ポイントを具体的に提示したり，現状と比較する機会を設けたりして，課題を見つけられるように支援する。
		態	一人一人の違いに応じたプレーなどを大切にしようとすること，互いに助け合い教え合おうとすることなどや，健康・安全を確保しようとしている。（○◎）	【行動の確認・学習ノートの記述の分析】 C：これまでの学習を振り返り，自己の変容や理解できたこと具体的に確認させる。
		技	役割に応じたボール操作や安定した用具の操作と連携した動きによって空いた場所をめぐる攻防ができる。（○）	【行動の確認】 C：試合を通じての課題点や改善点を確認させる。

主たる学習活動	指導上の留意点	時
・「学習プラン」を用いて，本単元の見通しを全体で共有し，自身の学習目標を考える。 【単元を貫く問い】 拾う・つなぐ・打つを意識し，自分自身にあった戦術を考えよう。 ・卓球の歴史・特性・ルールを確認する。 ・ウォーミングアップを個人→ペアで行う。 ・ラケットの持ち方や基本的な技能（フォアハンド・バックハンド・サービス・カット）の確認を行う。 ・技能のポイントや自己の課題や解決方法を振り返り，学習ノートに記入する。 ・試合のルールや試合順を確認し，試合を行う。	・「学習プラン」を示し，学習の流れと身に付けたい資質・能力を共有する。 ・卓球の特性や試合のルールを確認させ，スムーズに練習や試合ができるようにする。 ・ウォーミングアップの際，試合で素早く動けるよう瞬発系の動きを取り入れる。 ・学習ノートに気付いた点や工夫したことを具体的に記入するように指導する。	1 ― 2
・前時の振り返りをする。 【課題】 分析結果を基に，自分の長所や課題点を見つけ，自分自身の戦術を考え，実践しよう。 ・他ペアの試合をTPCで録画し，観察する。 ・「卓球試合記録カード」を配付し，記入の仕方を確認する。 ・TPCで録画した試合動画を確認し，記録カードの記入を行い，試合結果を分析する。 ・試合の分析結果を基に，自分の長所と課題点を見つけ，それら改善する方法を考える。 ・ペアを超えて改善方法を伝え，教え合う活動を行う。	・記録カードの記入の仕方を教員が行った試合を例に記入させる。 ・自身の試合の内容を記録カードに記入し，分析を行うことで，プレーの内容を判断し，それらを改善する練習方法を具体的に考えさせる。 ・具体的な練習方法や改善点を考案した後，ペアや友人に伝え，アドバイスをもらう。	3 ― 6
・前時の振り返りをする。 【課題】 今までの練習の成果を試合で発揮しよう。 ・グループで試合に繋がる練習方法を共有する。 ・各自にあったウォーミングアップと練習方法を行う。 ・前回の試合を振り返り，試合を行う。 ・パワーポイントや学習プリントに工夫したことや改善点を記入する。 ・振り返りの記入をする。	・試合に繋がる練習方法は，実技書やTPCで調べたものを参考にさせる。 ・自身で考案した練習方法でウォーミングアップを行う。 ・試合の際，得点や記録の役割分担を行う。 ・録画してもらった試合を確認し，記録カードに記入させる。 ・単元はじめと比較し，「ネット型球技」の特性を知り，どのような練習方法で技能が向上したことを記入させる。	7 ― 9

保健体育科実践例③

1 単元を通じて実現を目指す「学びに向かう力」が高まっている生徒の姿

心身の機能の発達に関わる事象や情報から課題を発見し，疾病等のリスクを軽減したり，生活の質を高めたりすることと関連付けて，解決方法を考え，適切な方法を選択し，健康に関する課題を適切に解決しようとする姿。

2 単元について

本単元では，学習指導要領における（2）心身の機能の発達と心の健康は（ア）から（エ）までの内容の（ア）及び（イ）の「心身の機能の発達」について学習する。

ここでは，思春期には多くの器官が発達し，それに伴い心肺機能や生殖機能等，様々な身体の機能が成熟することを理解できるようにすることが必要である。さらに，心身の機能の発達に関わる事象や情報から課題を発見し，疾病等のリスクを軽減したり，生活の質を高めたりすることなどと関連付けて，解決方法を考え，適切な方法を選択し，それらを伝え合うことができるようにすることが必要である。また，心身の機能の発達について，自他の健康の保持増進や回復についての学習に自主的に取り組むことができるようにすることが大切である。

そのため，この単元では，心身の機能の発達について習得した知識を自他の生活に適用したり，課題解決に役立てたりして，発達の状況に応じた健康を保持増進する方法を見出すことができるように指導する必要がある。そのためには，「身体の機能の発達」で，思春期は骨や筋肉，肺や心臓などの器官が急速に発達し，呼吸器系，循環器系が発達する時期であることをしっかり押さえ，「生殖に関わる機能の成熟」と関連付けて考えさせたい。

3 「指導と評価の一体化」を目指した観点別学習状況のあり方

（1）「知識・技能」の指導と評価

まず，資料の読み取り，自身の考え，脈拍数の計測などの学習活動により促した生徒自身の理解を，彼らの言葉でワークシートに書き込めるよう工夫した。次に，ワークシートへの書き込みを基に理解したことをグループで伝え合うことで，生徒の気付きや思考の深まりによってもたらされた理解を，ワークシートに追記できるようにした。加えて，生徒の調べ学習や話し合い活動では表出されなかった内容や，押さえておきたい科学的な内容を，教師がスライド等を活用して説明し，それによって得られた生徒の気付きや理解をワークシートに追記できるようにした。評価は，ワークシートに書かれた，よりよい生活について考えた根拠から評価していく。

（2）「思考・判断・表現」の指導と評価

心身の機能の発達に関わる事象や情報から自分の生活を振り返って課題を発見し，思春期を生きる自分にとって，よりよい生活とは何かを考えながら，学習の見通しをもって自分の課題が解決できるような単元構成にしている。自分の生活に結び付けて考えたり，他者と考えを共有したりする学習を通して，疾病等のリスクを軽減したり，生活の質を高めたりすることなどと関連付けて，解決方法を考え，適切な方法を選択し，実践につなげられるようにしていきたい。よりよい生活に結び付く計画や生活及び行動についてワークシートに記述させ，その記述から具体的な方法を見出しているかどうかを評価していく。

（3）「主体的に学習に取り組む態度」の指導と評価

心身の機能の発達について，自他の健康の保持増進や回復についての学習に自主的に取

り組もうとしている姿を目指す。そのために本単元では，単元導入時に，学習プランを用いて，学習目標の共有をする。また，思考の変容が可視化されるような，ワークシートを使用し，よりよい生活に結び付くこと，自分の課題を解決するために必要だと思うことを記述させ，毎回の授業で共有する時間を設ける。教師はよい視点に線を引いたり，アドバイスが必要な場合はコメントを書いたりして，生徒が粘り強く取り組み，学習の調整ができるようにしていく。また，よりよい生活のためにICT機器などを活用して調べ，実践しようとしていることをワークシートの記述から評価していく。

4 授業の実際

　1時間目は，学習プランを示し，学習の流れと身に付けたい資質・能力を共有した後，思春期とはどのような時期なのかを全体で交流し，【単元を貫く問い】を確認した。そして，思春期における発育・発達に関する特徴を押さえた後，グループで話し合わせ，発育・発達には個人差や性差があることに気付かせた。その後，自身の生活を振り返りながら，どのような生活をするとよりよく身体が発育・発達するかをワークシートに記述させ，グループで交流させた。2時間目には，個々に安静時と運動時の呼吸・脈拍を測定させ，幼少期との相違や運動後の変化の理由についての生徒の気付きから，呼吸器・循環器の機能の高まりを押さえた。それから，このことに関わりの深い体力について調べさせ，どんな運動が適しているのかをグループで共有させ，持久力を高めるのに最適な，今できる無理のない運動計画（**図1**）を作成させ，グループで交流させた。

　第2次では，思春期の体の変化についてグループで話し合わせ，既習の知識を確認した。その後，各自で生殖機能の成熟について調べ学習を行わせ，ワークシートに記入させた。それからスライドを活用して，下垂体か

ら分泌される性腺刺激ホルモンの働きにより生殖機能が発達し，男子では射精，女子では月経が見られ，妊娠が可能となることなどを説明し，ワー

	〈運動計画〉
月	部活でランニングをする
火	マンションでエレベーターを使わず階段を使う
水	マンションでエレベーターを使わず階段を使う
木	部活でランニングをする
金	部活でランニングをする
土	部活でランニングをする
日	1時間サイクリングをする

図1　運動計画

クシートに付け足しや修正をさせた。加えて，妊娠とはどういう状態かを考えさせ，受精と妊娠について動画を用いて説明した。生殖機能の成熟は新しい生命を誕生させることが可能になること，性意識が変化することを押さえ，大人の体に変化する思春期に自分や周りの人に対して心がけることや生活に生かすことを考えさせ，グループで交流させた。

　第3次では，性意識には個人差があり，性衝動のままに行動すると相手を傷つけることがあることを押さえ，性情報の入手先，情報の得やすさ，情報の信頼性についてグループで話し合わせ，情報の特徴について全体で共有した。情報の中には，信頼できないものがあることを押さえた後，「SNSで知り合った人と会いたいという友達へのアドバイス」を考えさせ，グループで話し合わせた。会うことに反対する意見や，同じ趣味をもつ相手と簡単にSNSで知り合いになれることを楽観視する意見などがあった。その後，メディアなどで流れている事件を例に挙げて，再度危険性を伝えた。さらに，身近な私生活に潜む危険性について考えさせた。グループで危険を予測し，回避するための行動を考えさせたところ，明るい場所や時間に人と会う，親に行く場所や時間を伝えるなど，具体的なものが出てきた。性情報に惑わされず，安心・安全に生きていくための方法を考え，数多くの情報を「自分事」として捉え，自分の生活に結びつける様子が確認できた。　　（三村　菜津美）

次	時	評価規準	【　】内は評価方法 及び Cと判断する状況への手立て
1	1	知　身体には，多くの器官が発育し，それに伴い，様々な機能が発達する時期があること。また，発育・発達の時期やその程度には，個人差があることを理解している。（○◎）	【ワークシートの記述の確認・分析】 C：身体の発育には，骨や筋肉，肺や心臓などの器官が急速に発育し，呼吸器・循環器系などの機能が発達する時期があることをワークシートに整理させる。 C：グループで一人一人の身長の伸び方に違いがあることを確認させ，個人差があることを理解させる。
	2	思　心身の機能の発達と心の健康について，課題を発見し，その解決に向けて思考し，判断しているとともに，それらを表現している。（○）	【発言の確認】【行動の観察】 C：ICT 機器を活用して適切に調べることができるように，検索ワード等のヒントを与える。 【ワークシートの記述の確認】 C：思春期の今が呼吸器・循環器の機能を発達させるために適した時期であることを理解させ，自分の生活を振り返り，無理のない範囲で実践可能な運動計画を考えるように促す。
2	3 ｜ 4	知　思春期には，内分泌の働きによって生殖に関わる機能が成熟すること。また，成熟に伴う変化に対応した適切な行動が必要となることを理解している。（○） 態　心身の機能の発達と心の健康についての学習に自主的に取り組もうとしている。（○◎）	【ワークシートの記述の確認】 C：思春期には，下垂体から分泌される性腺刺激ホルモンの働きにより生殖器の発育とともに生殖機能が発達し，男子では射精，女子では月経が見られ，妊娠が可能になること，生殖に関わる機能が成熟することについてワークシートに整理させる。 【ワークシートの記述の確認・分析】 C：自分の生活を振り返り，自分や周囲の人がよりよく生活するために心がけることを考えるように促す。
3	5	知　思春期には，内分泌の働きによって生殖に関わる機能が成熟すること。また，成熟に伴う変化に対応した適切な行動が必要となることを理解している。（○） 思　心身の機能の発達について，課題を発見し，その解決に向けて思考し判断しているとともに，それらを表現している。（○◎）	【ワークシートの記述の確認】 C：身体的な成熟に伴う発達に対し，個人差はあるが，恋愛対象者への関心が高まること等から，他者の尊重，性情報への適切な対処など，性に関する適切な態度や行動について理解できるようにワークシートに整理させる。 【ワークシートの記述の確認・分析】 C：事例について，問題点や正しい行動を具体的に考えるよう促す。

主たる学習活動	指導上の留意点	時
・学習プランを用いて，本単元の見通しをもつ。 【単元を貫く問い】 思春期を生きる自分たちの「心」と「体」のよりよい発育・発達のために，どのように生活したらよいかを考える。 ・思春期とはどんな時期かをワークシートに記入する。 ・スキャモンの発育曲線を見て，自分たちの「今」がどのような時期であるかを考える。 ・個々の身長の伸びから発育・発達の特徴について気付いたことをグループで話し合う。 ・よりよい発育・発達について自分の生活を振り返り，どのように生活したらよいかを考え，グループで交流する。	・「学習プラン」を示し，学習の流れと身に付けたい資質・能力を共有する。 ・思春期について考えを交流し，【単元を貫く問い】を確認する。 ・スキャモンの発育曲線を参考に，思春期における各器官の発育・発達に関する特徴を整理する。 ・グループで個々の1年間の身長の伸びについて話し合うことで，発育・発達には個人差や性差があることに気付かせる。 ・これまでの自分の生活を振り返りながら，どのような生活をするとよりよく身体が発育・発達するかをワークシートに書かせ，考えた内容をグループで共有させる。	1
・安静時の呼吸数と脈拍数を測定し，幼児の平均値と比較する。また，その場で20秒ダッシュをした後の呼吸数と脈拍数を測定し，安静時と比較する。 ・比較結果からわかったことやその理由について，グループで話し合う。 ・呼吸器・循環器の発達について理解する。 ・ICT機器を活用し，呼吸器や循環器が発達する思春期に適した運動について調べ，グループで話し合う。 ・自分の生活の中で無理のない運動計画を作成し，グループで交流する。	・呼吸数と脈拍数が幼児期よりも少ないこと，運動後に呼吸数と脈拍数が増加することの理由を考えさせる。 ・呼吸器の仕組みとガス交換，心臓や血液の役割を押さえ，呼吸数や脈拍数の年齢による変化グラフを用いて，呼吸器と循環器の発達について理解させる。 ・思春期は持久力を高めるのに最も適した時期であることに気付かせる。 ・「自己の生活」に結び付くように助言する。	2
・思春期の体の変化についてグループで話し合う。 ・ICT機器を活用して生殖機能の成熟について調べ，ワークシートに記入する。 ・生殖機能の成熟について理解を深める。 ・妊娠したとはどのようなことかをグループで話し合う。 ・受精と妊娠について理解する。 ・大人の体に変化する思春期に自分や周りの人に対して心がけることを考え，グループで交流する。 ・大人の体になるとはどのようなことかを振り返る。	・既習知識の確認・補足をする。 ・性腺刺激ホルモンの刺激によって体の変化や生殖機能の成熟が起こり，妊娠が可能となることを理解させ，ワークシートの付け足しや修正を促す。 ・妊娠とはどのような状態のことかを考えさせ，動画を用いて説明し，また，妊娠が可能となることに伴い，性意識も変化することを押さえる。 ・学んだことを生活に生かし，体の変化に応じた生活態度に結び付けるように助言する。	3 — 4
・「性的なことに関心をもった経験」のグラフからわかることを考える。 ・性的欲求と性衝動について理解する。 ・性情報の入手先，情報の得やすさ，情報の信頼性についてグループで話し合う。 ・事例「SNSで知り合った人と会うこと」についてグループで話し合う。 ・性情報に惑わされず，安心・安全に生きていくためには何ができるかを考え，グループで交流する。	・個人差があることに気付かせる。 ・「好きな人に触れてみたい」などの事例を挙げ，性ホルモンによって性衝動が生じることや，性衝動のままに行動すると相手を傷つけることがあることを理解させる。 ・情報にはどんな特徴があるかを考えさせ，性衝動をあおるようなものもあることに気付かせる。 ・事例の危険性を伝えるとともに，被害に遭わないためにはどのようにすればよいかを考えさせる。	5

実践例①

技術・家庭科【技術分野】

1　本校技術・家庭科（技術分野）が考える「資質・能力を高める『問い』」

　技術分野では，思考力・判断力・表現力等を育む学習活動の柱として「技術による問題の解決」が設定されている。技術分野における問題解決学習は，発見した問題から技術的な視点で取り組むことのできる課題を生徒が設定し，製作等によって解決を目指す，最適な解決策を考える活動である。自身の製作品等によって問題の解決に迫ることができた生徒は，大きな達成感や充実感を味わうことができる。一方で，正解がなく学習のゴールが見えづらいと感じてしまう生徒もいる。そこで，問題発見と課題設定の間に，問題解決の動機となる「なぜその問題を解決したいと考えるのか」という問いを挟むことで，生徒が問題解決に必然性を見いだし，主体的に学習を進めていくことができるような指導の工夫をしている。

○生徒が問題解決に必然性を見いだすことの学習効果

　生徒がどのような事象を問題として捉えるかは，その生徒の経験や立場による価値観の違いから一人一人異なる。当然，問題解決の動機も他者と同じになるとは限らず，主体的に問題解決学習を進めるためには，生徒が自分の発見した問題の解決に必然性を見いだすことが重要になる。図1に，問題解決の必然性を見いだした生徒に期待される姿を示す。問題解決の必然性に気付くことができた生徒は，動機を深く考え，解決に向けて意欲的に活動することができる。また，問題解決の目的を自分事として捉え，設計や計画を具体的にまとめていくことができる。さらに，問題解決の過程で手順の修正が必要になった場合でも，何を大切にするかの判断基準が明確になっているため，問題解決の方向性を見失うことがない。逆に，問題解決の必然性がもてない生徒は，このような場面に直面したとき「発見した問題がそもそも悪かったのではないか」「設定した課題は私にはレベルが高すぎたのではないか」というように思考に迷いが生じる可能性がある。図2は，AIの画像認識技術を利用したプログラミングによる問題解決の授業で，ある生徒が試行錯誤している様子の写真である。この生徒は「自分の菓子を家族に勝手に食べられてしまう」という生活上の問題を取り上げ，菓子の有無を画像判定し，無くなったときにアラートを表示するというプログラムを考えた。しかし，画像判定のAI学習モデルを作ってみたところ，対象物をうまく認識することができず設計を見直す必要に迫られた。（左の写真）。最初は，AIに学習させる画像を増やすことで学習モデルを改良しようと試みたが，なかなかうまくいかない。そこで，このことを友達に相談したところ，「菓子が無い状態をAIが判定しやすくする仕組みを考えては

①問題解決学習への意欲の持続
②設計や計画の具体性の向上
③実習で困難に直面したときの判断基準の確立

図1　問題解決の必然性を見いだした生徒に期待される姿

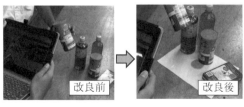

改良前　改良後

図2　画像判定モデルを改良するために試行錯誤する生徒の様子

どうか」というアドバイスをもらうことができた。これを受け，この生徒は，赤いサークルを書いた紙を作成し，この上に菓子が置かれている状態と無い状態の画像を撮影して再びAIに学習させた。すると，今度はサークルの特徴をうまく捉え，画像分類の精度を高めることに成功した(右の写真)。この生徒にとって「自分が楽しみにしていた菓子を他人に食べられるとつらい」という思いが問題解決に必然性を与えており，困難に直面した状態でも，問題解決の方向性を維持して学びを進める原動力になったと考えられる。

○問題解決の必然性に気付かせる指導の工夫

問題解決の必然性を生徒に気付かせるためには，「なぜその問題を解決したいと考えるのか」という問いに対する各自の答えを発表し合い，他者の考えに触れる機会をつくるとよい。これにより，生徒は自分が解決を目指している問題が私だけのものであり，解決に向けた道のりは自分で決めていかなければならないことを自覚できる。中学生は一般的に，大人に比べて生活圏が狭く，社会経験も少ない。そのため，問題発見の授業では，どの生徒も似たような問題を取り上げることがある。図3，図4は，２名の生徒が問題発見の授業で記入したアイデアシートの一部である。どちらも睡眠に関わる問題を取り上げ，安眠を助けるためのプログラムの開発を検討していた。ところが「この問題を解決したいと思った理由」欄を確認すると，図3の生徒は自身の生活の中から問題を発見しているのに対し，図4の生徒は社会の中から問題を発見していることがわかる。一見すると似たような問題解決に見える場合でも，一人一人の生徒の思考は異なってくる。こうした問題解決学習の特性を授業で説明すると，生徒たちは自分が設定した課題の唯一性とともに問題解決の必然性に気付き，思考を働かせて自ら学習を進めるようになるだろう。

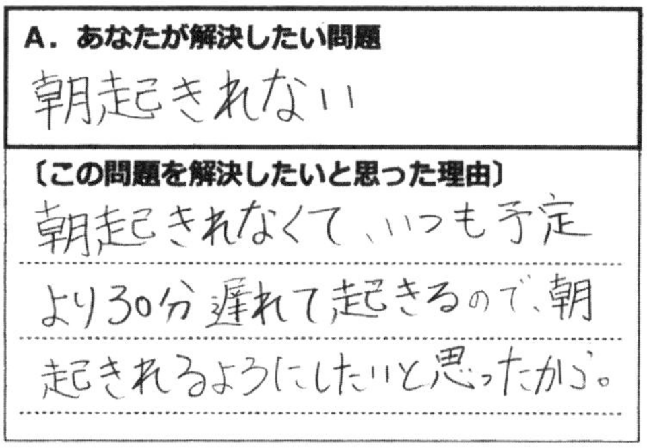
A．あなたが解決したい問題
朝起きれない
〔この問題を解決したいと思った理由〕
朝起きれなくて、いつも予定より30分遅れて起きるので、朝起きれるようにしたいと思ったから。

図3　生活の中から問題を発見した生徒の記述

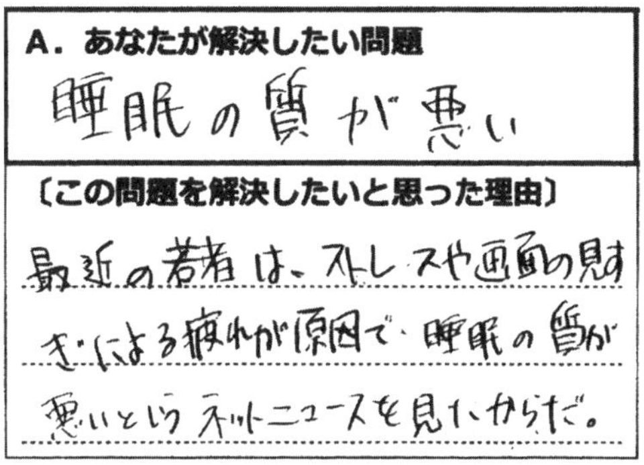
A．あなたが解決したい問題
睡眠の質が悪い
〔この問題を解決したいと思った理由〕
最近の若者は、ストレスや画面の見すぎによる疲れが原因で、睡眠の質が悪いというネットニュースを見たからだ。

図4　社会の中から問題を発見した生徒の記述

2　実践の成果と今後への課題

問題発見と課題設定をつなぐ問いとして「その問題を解決したい理由」を考えさせることで，問題解決学習を通じて生徒の意欲が持続し，困難に直面しても試行錯誤している姿が見られるようになった。一方で，この形の授業を展開するためには，「課題の設定」と「設計・計画」の授業の間に，ワークシートの記述等から，教師がそれぞれの生徒が設定した課題の意図を汲み取る必要がある。これは，生徒の課題が技術的に解決可能かどうかの妥当性を確認し，必要に応じて改善を促さなければならないためである。週１時間（第３学年は週0.5時間）の授業とはいえ，授業者は限られた時間内に相当数のワークシートを分析しなければならない。個別的な指導を効率良く行うための方策について検討していくことが，今後の課題になると考える。

技術・家庭科【技術分野】実践例①

1 題材を通じて実現を目指す「学びに向かう力」が高まっている生徒の姿

社会的な視野をもち，ニーズを意識した製作品の設計・製作を通して，複数の側面から技術を評価し，最適な解決策を目指して試行錯誤しながら問題解決に取り組む姿。

2 題材について

本題材では，電気，運動，熱などについての科学的な原理・法則と，エネルギー変換の基礎的な技術の仕組み及び保守点検の必要性について学習し，生活や社会の中から問題を見つけ，課題を設定し，問題の解決を目指す学習活動を展開する。

問題発見と課題の設定は，「生活や社会の中から問題を見つける」という問題の範囲の広さや，正解の存在しない探究的な学習活動という性質に苦手意識をもつ生徒がいる。また，電気回路や動力伝達の機構の設計では，技術分野の他の内容に比べて専門的で高度な知識を必要とする難しさがある。そこで，仕組みがわかりやすく身近な場面で多く利用されている LED を使用し，生活や社会に必要な機能としての照明機器の設計・製作を実習の柱に据えることにした。電気回路を設計するための体験的な活動を充実させることで生徒の意欲を高め，最後まで粘り強く問題解決に取り組む姿を期待したい。

3 「指導と評価の一体化」を目指した観点別学習状況のあり方

（1）「知識・技能」の指導と評価

エネルギー変換の技術は指導内容が多く，専門的な知識が必要となる。また，実際に動かしてみるまで動きがわかりにくいという特徴もある。加えて，エネルギーや電気については，中学校理科の学習に関連する内容があるものの，現時点では未習である。そこで，LED を使った基本的な回路の製作や市販の製品を分解する活動を通して，回路の仕組みや電子部品の性質，基本的な工具の使い方などについて体験的に学ばせる。併せて，製作品に使用する材料を選ぶ際のポイントや，基板の実装及び配線のための工夫についても考えさせることで，エネルギー変換の技術の仕組みについて知識の定着を図りたい。

（2）「思考・判断・表現」の指導と評価

ここでは，前期の問題解決の授業を振り返り，生徒同士が話し合う活動を通じて，エネルギー変換の技術を利用して解決できそうなものはないか，どのようなものが必要とされているか等，構想を具体化させていく。課題設定の見通しが立てられた生徒には，製作品を利用するユーザのニーズについて利便性や環境負荷，安全性等の視点から多面的に考えさせ，これに基づき機能や形状などを決定させていく。

問題解決を振り返る場面では，想定したユーザの要望に応える製作品になったかどうかを，製作過程を振り返りながら考えさせる。その際，作品発表会で交流した他者の製作品や，意見交換した内容を踏まえながら考えがまとめられるように，ワークシートで生徒の気付きや考えの変容が読み取れるように工夫し，評価していく。

（3）「主体的に学習に取り組む態度」の指導と評価

問題解決を振り返る場面では，学習発表会を設定し，製作品について意見交換する場を設け，生徒が自身の学習の成果と課題に気付き，製作品の改善・修正の方法を考えることができるようにする。また，題材末には，社

会の発展のためのエネルギー変換の技術の在り方について考える活動を通し，実習で得た学びと関連付けながら，技術を工夫し創造しようとする態度を育んでいく。

4 授業の構想

題材は「エネルギー変換の技術の原理・法則と仕組み」「エネルギー変換の技術による問題解決」「社会の発展とエネルギー変換の技術」の三部構成で展開する。ここでは，問題解決学習の思考・判断・表現に関わる部分を中心に述べていく。

「エネルギー変換の技術による問題解決」の実習では，発見した問題を解決するためのLED照明機器を製作する。はじめに，生活や社会の様々な場面から，解決すべき必然性があると考える問題を発見し，課題を設定できるように，問題解決アイデアシート（図1）を活用し，アイデアの発散と収束を図らせる。特に「この問題を解決したいと思った理由」の欄は，製作品の設計・製作でうまくいかなくなった場合に機能の取捨選択をするための基準になるので，入念に考えさせる。また，例え自分が主たる使用者になる場合であっても，生徒に自分以外のユーザを想定させることで，製作品の細部にまで配慮し，製作者として客観的な視点をもたせることができると考える。これにより，生徒にとっての問題解決の必然性が高まり，実習に対する意欲を持続させる効果を期待する。

図1 問題解決アイデアシート

次に，問題解決アイデアシートでまとめた内容を踏まえ，設計用紙に構想をまとめさせ

る。具体的には，LEDの色と数を選択し，電源，スイッチ，明るさを調節するための抵抗等の電子部品を決定していく。電気回路の設計は，基本的な直列・並列回路を解説した上で，見本部品を実際に操作させ，明るさや点灯のタイミングを確認しながら決定させる。それぞれの生徒が決定した電子部品は，必要数を集約し，学校で一括購入する予定である。一方，電気回路を取り付ける筐体・ケースは，問題解決のために必要なものを生徒自身に用意させる。どのように電子基板を収めるか，配線や接合の方法はどうするのかなど，考えなければいけないことはたくさんある。そこで，前章「エネルギー変換の技術の原理・法則と仕組み」の学習において，市販のLEDライトを分解・組み立てする活動を取り入れ，そこで気付いた製品に込められた工夫点や留意点を，各自の製作品に反映させられるように指導する（図2）。

図2 市販のLEDライトの分解

完成後は，製作品を家に持ち帰って実際に使用させ，問題解決の結果について振り返りをさせる。うまく解決できた場合もそうでない場合も，なぜその結果になったのか，原因の分析を丁寧に行わせたい。最終章「社会の発展とエネルギー変換の技術」の授業で「今後の技術の在り方についての提言」をまとめさせる際に，実習での充実した経験が，説得力のある提言につながっていくことを期待している。　　　　　　　　　　（行天　健）

次	時	評価規準	【　】内は評価方法 及び Cと判断する状況への手立て
1	1 ｜ 6	知　電気，運動，熱などについての科学的な原理・法則と，エネルギー変換の基礎的な技術の仕組み及び保守点検の必要性について説明できる。（○）	【ワークシートの記述の確認】 C：これまでに学習した技術との違いを考えさせ，エネルギー変換の技術の特徴について気付かせる。
		知　安全・適切に製作・実装できる。（○）	【行動の観察】 C：教科書を見て，作業を安全に行うポイントを考えるよう促す。
		思　エネルギー変換の技術に込められた問題解決の工夫を読み取り，エネルギー変換の技術が最適化されてきたことに気付くことができる。（○）	【工夫調べレポートの記述の確認】 C：回路の構成や製品が誕生してきた背景など，具体的な視点を与える。
2	7 ｜ 16	思　生活や社会の中からエネルギー変換の技術に関わる問題を見いだして課題を設定し，利便性や環境負荷，安全性等を考えながら解決策を構想し，設計用紙にまとめることができる。（○○）	【行動の観察】【設計用紙の記述の確認・分析】 C：身近な問題に目を向けさせ，真っ暗な場所に身を置いた状態のときに，不便や不安を感じることはないか考えさせる。
		知　製作・実装に必要な図をかき表すことができる。（○）	【設計用紙の記述の点検・確認】 C：見本の回路と比較させ，回路の共通点や部品の働きに気付かせる。
		知　安全・適切に製作・実装し，製作品の動作点検及び調整等ができる。（○○）	【行動の観察】【製作品の分析】 C：動作確認の方法を伝え，不具合がある部分を見つけ出せるようにする。
		思　製作品が設定した課題を解決できるかを評価し，設計や製作の過程に対する改善及び修正を考えることができる。（○○）	【発表会の様子の観察】【ワークシート記述の分析】 C：製作品を動作させながら，開発の経緯や工夫したところを述べられるようにする。
		態　自らの問題解決とその過程を振り返り，よりよいものとなるように改善・修正しようとしている。（◎）	【振り返りシートの分析】 C：設計用紙に記載した使用目的・使用条件に着目させ，どの程度解決できたのかを考えるよう促す。
3	17 ｜ 18	知　エネルギー変換の技術と生活や社会，環境との関わりについて説明できる。（◎） 思　エネルギー変換の技術を評価し，新たな発想に基づいた改良や応用の仕方について提言できる。（◎） 態　よりよい生活の実現や持続可能な社会の構築に向けて，エネルギー変換の技術を工夫し創造していこうとしている。（◎）	【ワークシート振り返りの記述の分析】 C：これまでのワークシートを振り返らせ，エネルギー変換の技術に共通している大事な内容は何だったかを考えさせる。 C：エネルギー変換の技術のプラス面とマイナス面に気付かせ，多面的な視点からエネルギー変換の技術のより良い活用方法について考えさせる。

主たる学習活動	指導上の留意点	時
・学習プランを用いて，題材の目標を確認する。 ・身の回りで役立っているエネルギー変換の技術に気付き，発電や電気を供給する仕組み，安全に電気を使用するための技術，機械が動く仕組みについて調べる。 ・電源，抵抗，スイッチ，LED を 1 つずつ使った基本的な回路による照明の製作により，電気回路の仕組みを理解する。 ・市販されている LED 照明機器を分解し，目的や条件に応じて工夫されていることを調べる。	・理科の授業でエネルギーや電気について学習していないため，科学的な原理・法則についての深入りは避ける。 ・電源，負荷，スイッチ，導線の配置と役割について考えられるようにする。 ・省スペースに回路を組み，無駄のない配置でケースに収められている様子に着目する。	1 ― 6
【学習課題】 生活や社会の中から問題を発見し，解決に向けた LED 照明機器を考えよう。 ・エネルギー変換の技術に関わる問題を発見して課題を設定し，利便性や環境負荷，安全性等を考えながら，これを解決するための照明機器を構想する。 ・構想をもとに電気回路や製品の形状を考え，設計用紙にまとめる。 ・電気回路を製作し，ケースに実装する。また，製作品の動作を点検し，必要に応じて改善・修正する。 ・完成した製作品について発表し，相互評価する。 ・問題解決の過程を振り返る。	【問い】 ユーザのニーズに応える製品開発のために，あなたはどのような工夫をしますか？ ・自分以外のユーザの存在を意識させ，製作品の使用目的や使用条件を明確にして，構想を具体化させていく。 ・電子部品とその見本回路を用意し，選択・組み合わせ・応用することで回路を考えられるようにする。 ・こまめに動作を確認させ，うまく動作しない場合は，原因と改善方法を考えさせる。 ・製作者の意図（使用目的や使用条件等）を理解した上で，製作品を評価するよう促す。 ・製作品の完成度だけでなく，問題を解決するために生徒が取り組んだ活動全般について振り返りをさせる。	7 ― 16
・これまでに学習した内容を振り返る。 ・よりよい生活の実現や持続可能な社会の構築に向けたエネルギー変換の技術の在り方について話し合い，自分の考えを提言にまとめて発表する。	・ワークシートや製作品の振り返りシートを活用し，題材の流れに沿ってエネルギー変換の技術の学習について振り返り，自分の言葉でまとめさせる。	17 ― 18

実践例①

技術・家庭科【家庭分野】

1 本校技術・家庭科（家庭分野）が考える「資質・能力を高める『問い』」

　技術・家庭科（家庭分野）の学習は，小学校の家庭科からのつながりを意識しながら学習プランを作成している。小学校では，「生活をよりよくしようと工夫する資質・能力の育成」としており，中学校では小学校の学習活動を踏襲しつつ，「よりよい生活の実現に向けて，生活を工夫し創造する資質・能力」となり，高校では「よりよい社会の構築に向けて，男女が協力して主体的に家庭や地域の生活を創造する資質・能力」となっていく。学習を積み重ねるごとに自分や家族から，家族や地域のため，さらには社会生活へと学習の視野が広がっていくように設定されている。中学校では「自分や家族と地域のよりよい生活」のための「問い」を見つけ，学習を進めていく中で家庭分野の見方・考え方を働かせながら，多面的・多角的な視点をもって学習活動を進めていく。そのための手立てが題材設定の工夫へとつながり，生徒の中から「問い」が生まれることにつながると考えている。家庭分野における課題解決学習の進め方を年度当初にグランドデザイン（図1）として生徒に示し，課題解決のプロセスを意識して学習を進めるようにしている。

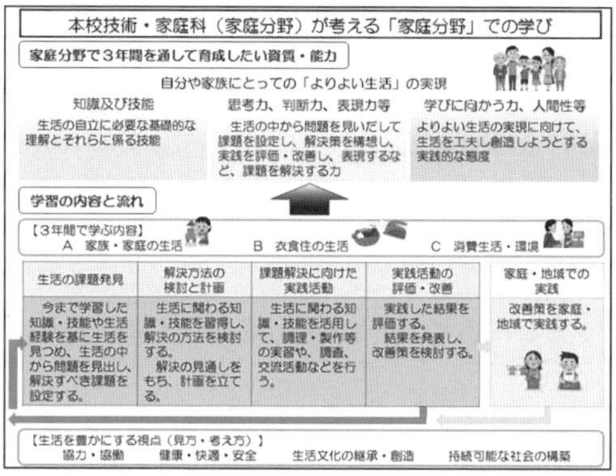

図1　家庭分野のグランドデザイン

○学習プランの共有

　生徒は小学校から中学校，高等学校へと必要な資質・能力を高めていくことを目指す。そのため，本校では，題材ごとに学習プランを共有し，生徒に身に付けてほしい資質・能力とはどのようなものか，示している（図2）。生徒は学習プランを確認する際には，小学校の既習内容を確認し，これまでに身に付けた資質・能力をどのように活用し，伸ばしていくのかを確認している。そ

図2　学習プラン　資質・能力の提示

こから自分の生活を振り返り，題材を通してさらに伸ばしたい資質・能力について個々の課題設定につながっているのかを考えている。その個々の課題が生徒自身から生まれる「問い」であり，その課題解決に向けた方法を見つけられるようにするための教師からの「問い」がきっかけとなるように意識している。

○実践的・体験的な活動から生まれる「問い」

　家庭分野の学習を進めていくには，実践的・体験的な活動を通して学習することにより，習得

した知識及び技能を生徒自らの生活に生かすようにしている。その活動は，学校の学習活動だけでは学習内容の定着を図ることは難しく，家庭や地域との連携を図りながら進めていくことが大切である。そのため，家庭や地域で繰り返し実践してみたいと思わせるように意識している。例えば，1学年で衣服の選択について学習を行ったが，衣服を選択する場面は家庭で持っている衣服を選ぶだけでなく，店舗などで衣服を選ぶ場面も考えられる。そこで，先ず思考ツールを使い，衣服を選ぶときに自分が大切にしたいポイントを順位づけて考えさせ，それをもとに，「夏に活用するTシャツを1枚購入しよう」という設定を伝え，生徒自身がどのような場面で活用するTシャツなのかを考えさせた。次に市販のTシャツの情報をまとめた資料から，自分の課題に合ったものを選ぶという実践を行った。学習の振り返りでは，通信販売などを活用するときの視点と，店舗で実物を見て選ぶときの視点の違いに気づき，学んだことをどのように活用していきたいかという，実生活の課題へとつながっていく様子が見られた。学習したことを家庭や地域での取組につなげることで，生徒の資質・能力を高めていきたい。

○小さな「問い」の積み重ね

　実践的・体験的な活動を進めていくと，その活動をしていく中で小さな「問い」が生まれてくることもある。「生活に役立つ布を使ったモノづくり」では，個々に扱う布や作りたいものが異なる。はじめは教科書などの作り方を見ながら作っていたが，作業工程の中で上手くできずにやり直してしまう生徒が多くみられた。生徒は，学習を進める中で，「どうしたら上手くできるのか」「どんな縫い方をしたら効率よくできるのか」という小さな「問い」を積み重ねた。この「生活に役立つ布を使ったモノづくり」の学習の目標は，作品を完成させることではなく，トライ＆エラーを繰り返しながら資質・能力を高めることである。この小さな「問い」を積み重ねながらできた作品は，生徒には思い入れが強く，使う人を意識することへもつながり，自分や家族のよりよい生活を意識することへとつながっている。この小さな「問い」に気づかせるため，製作工程の振り返りはICTを活用して，「問い」の積み重ねが見えるように記録している（図3）。

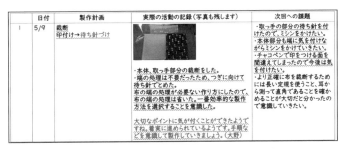

図3　ICTを活用した製作工程振り返りシート

2　実践の成果と今後への課題

　実践的・体験的活動を通して生徒の「問い」を引き出すことは出来ていると思われるが，学習内容の理解には課題が見られた。限られた授業時間で活動を繰り返すことは難しく，家庭や地域との協力や連携が今後の課題として考えられる。また，小学校とのつながりは，学習を進めていく中で，生徒が既習内容をどこまで理解し，知識・技能が定着しているか等を確認し，生徒自身にも意識をもたせる必要がある。また，高等学校への学習のつながりも考え，家庭分野の学習が生活の中でも続いていくという意識をもたせるようにしていきたい。

技術・家庭科【家庭分野】実践例①

1 題材を通じて実現を目指す「学びに向かう力」が高まっている生徒の姿

家庭分野の見方・考え方を働かせながら，自分や家族にとっての「よりよい生活」のために地域との協力・協働する方法について考え，実践しようとする姿。

2 題材について

日常生活は，家族や地域の人がお互いの立場や役割を理解し，家庭と地域が協力・協働していくことで成り立っている。しかし，中学生が自ら地域と関わる機会は多くはない。これからの生活を考えると，家族・家庭や地域との関わり方，高齢者との関わり方への理解を深め，地域と協力・協働する方法を考えていく必要がある。また，様々な地域から通学している本校の生徒は，公立中学校と比較すると，地域とのつながりが多くはない。そこで，本題材を通して学校生活を送る地域にも目を向け，地域の人々とのつながりや関わり方について考え，実践する力をつけさせたいと考え，「Fy プロジェクト」と題して地域との協力・協働について，地域と関わるための解決策を構想し，地域行政へ提案させたいと考えた。提案内容はクラスで共有し，生徒同士でアドバイスを行い，改善点などを検討していく。最後は個々で「家族と地域の協力・協働」について改めて考え，自分や家族にとってのよりよい生活のために「家庭と地域の協力・協働」とは何かをまとめ，実践する力を育みたいと考えている。

3 「指導と評価の一体化」を目指した観点別学習状況のあり方

（1）「知識・技能」の指導と評価

1 年次に学習した家族・家庭と地域の知識を活用しながら，よりよい家庭生活を成り立たせるため，家庭や地域のそれぞれの立場や役割について理解し，地域との協力・協働が必要なことを考えていく。自分の生活を振り返り，家族や地域の人々の様々な立場や役割を意識し，グループワークを通して多くの考えに触れるようする。また，高齢者の身体的な特徴や介助の方法について，疑似体験を通して理解させていく。身に付けた知識・技能を活用し，地域と協力・協働するための方法を考えさせたい。

（2）「思考・判断・表現」の指導と評価

自分の生活を振り返り，個々の課題を見つけ，「自分や家族のよりよい生活のために，地域と協力・協働する方法」とは何かを考えながら，課題を解決できるようにする。自分の生活に結び付け，仲間と考えを共有する学習を通して，実践するにはどのような工夫があるか検討させる。「Fy 生が考える家族・家庭と地域のつながりを考える」という題材を「Fy プロジェクト」と題して，地域との関わり方について検討し，行政機関への企画提案書として実践させたい。学習の終末には，課題の解決方法をどのように見い出したか，相互評価を通して，さらにブラッシュアップさせたい。

（3）「主体的に学習に取り組む態度」の指導と評価

家庭分野の見方・考え方を活用しながら，「自分や家族のよりよい生活のために地域と協力・協働する方法」のヒントになること，自分の課題を解決するために必要だと思うことをワークシートに書き留めさせ，共有する時間を設ける。よい視点に線を引き，アドバイスを行うなど，生徒が粘り強く取り組み，自己調整が行えるようにしていきたい。

4　授業の構想

　題材名を「Fy 生が考える家族・家庭と地域のつながりを考えよう」とし，家庭や地域とのつながりや関わり方を附属横浜中学校の生徒とその学校生活を送る地域について意識させたいと思い設定した。また，「関わり方」ではなく「つながり」と表現することで，協力・協働が成立するためには人とのつながりが大切であることに気づかせたいと考えた。

　第1時では，家族や地域の人々の役割や立場を考えられるよう，想定されるいくつかの場面を設定し，どのような思いをもってコミュニケーションをとるのか，考えさせるようにしている。その際に，役割や立場が変わった時の考え方の違いやコミュニケーションをとることの大切さに気づかせたい（**図1**）。

図1　立場や役割を意識したワークシート

　第2時では，自分たちの日常生活を送る地域と，学校生活を送る地域について知り，比較させていく。自分たちの生活地域については，事前に調べさせ，ワークシートに記入させるようにしたい。学校生活の地域については，南区地域振興課から提供された資料や，学校の周辺地域の地図を提示する。さらには地域の自治会へも働きかけ，インタビュー映像を作成し，地域への理解を深めながら考えさせるようにしていく。「Fy プロジェクト」

の作成に向けて学校周辺の地域に興味や関心が向くように働きかけていきたい。

　第3時には，高齢者の疑似体験活動を行う。通学時や地域で見かける高齢者を意識するように声をかけ，事前に高齢者の特徴を考えてワークシートへ記入させる。疑似体験活動をすることで，立つ，座る，歩く，見るなど高齢者の身体的特徴を体感させ，事前に予測した高齢者の特徴との違いや活動を通して気づいたことなど，高齢者の立場や介助者の立場から考えさせ，理解を深めさせたい。

　第4時から第6時では，これまでの学習活動を活かし，「Fy プロジェクト」について考えさせる。学校周辺地域と Fy の問題点に気付かせ，それぞれが考える地域との関わり方について課題を挙げさせる（**図2**）。同じような課題から4人グループを作らせる。グループを分ける際には，ホワイトボードアプリを活用して，教師の方でグルーピングを行っていく。グループごとにテーマを決め，企画提案する内容について検討させたい。そして，グループごとに作成した企画提案内容をクラスで共有し，発表を行っていく。グループ活動でもらったアドバイスなどはパワーポイントのコメント機能を活用して記録に残す。様々な視点から発表を聞き，地域とのつながりについて考えさせるようにしていく。

図2　Fy と地域の課題を見つけるワークシート

　第7時には，地域振興課へ提出する企画提案書を作成させ，題材の最初に考えた個々の課題について見直しを行っていく。ここまでの学習を通して，自分や家族の「よりよい生活」について意識させ，自分事として考えられるように授業を進めていきたい。

（大野　あすか）

次	時	評価規準	【　】内は評価方法 及び Cと判断する状況への手立て
1	1 ｜ 2	思　自分や家族，地域との関わりについて，問題を見いだし，課題を設定している。（○） 知　家庭生活は地域との相互の関わりで成り立っていることについて理解している。（○） 知　よりよい家族関係を築くために，家族の立場や役割について理解している。（○◎） 態　家族や地域の人々と協働し，課題の解決に向けて取り組もうとしている。（○）	【ワークシートの記述の確認】 C：自分の生活を振り返らせ，自分が取り組めていない視点を基に課題を設定するように促す。 C：家庭生活と地域との関りについて，どのようなことが行われているのか，１年時の学習内容を思い出しながらワークシートに記入するように促す。 【発言の確認】【行動の観察】 C：自分の課題の解決に向けて，どのような力を身に付けるべきかを考えさせる。 【ワークシートの記述の確認】 C：よりよい家族関係を築くには，それぞれの立場や役割があり，相互に助け合っていることを考え，記入するように促す。
	3	知　高齢者の身体的特徴や介助の仕方について理解している。（○） 思　高齢者の身体的特徴をふまえて，介助の方法など工夫している。（○） 態　高齢者との関わり方について，課題解決に向けた一連の活動を振り返って改善しようとしている。（○）	【ワークシートの記述の確認】 C：高齢者の予想される身体的特徴を考え，介助方法をワークシートに記入するよう促す。 【ワークシートの記述の確認】 C：安全に介助するには，どのような介助方法があるか考えさせる。 【ワークシートの記述の確認】 C：高齢者への効果的な声かけや介助方法などヒントを整理して記入するように促す。
	4 ｜ 6	思　地域の人々や高齢者と関わり，協力・協働する方法について，課題を設定し，解決に向け計画を考え，工夫している。（○◎） 態　地域の人々や高齢者との関わり方，協力・協働する方法について実践しようとしている。（○） 思　地域の人々や高齢者などと関わり，協力・協働する方法について，実践を評価・改善している。（○◎）	【ワークシートの記述の確認・分析】 C：地域の人々や高齢者と協力・協働していく方法はどのようなものがあるか考えさせる。 【ワークシートの記述の確認】 C：地域の人々や高齢者との協力・協働について，実践に向けてどのように進めるか考えさせる。 【ワークシートの記述の確認・分析】 C：地域の人々や高齢者と協力・協働していくにはどのような視点があったのか考えさせる。
	7	態　よりよい生活の実現に向けて，家庭と地域との協力・協働について工夫し，実践しようとしている。（○◎） 思　家庭と地域との協力・協働についての課題解決に向けた一連の活動について，考察したことを論理的に説明したり，発表したりしている。（○◎）	【ワークシートの記述の確認・分析】 C：これまで積み重ねてきた学習を振り返り，自分の生活で大切にしたい視点がないか，考えさせる。 【ワークシートの記述の確認・分析】 C：今までの学習を踏まえて，自分の考えを具体的に記入するように促す。

主たる学習活動	指導上の留意点	時
・学習プランを用いて，本題材の見通しをもつ。 【貫く課題】自分や家族のよりよい生活のために，地域と協力・協働する方法を考える ・「家庭と地域の協力・協働」とは何か，学習前の考えをワークシートに記入する。 ・今の自分の生活について振り返り，自分の課題を設定する。 ・家族との関わり方，地域の人や高齢者との関わり方について考えさせる。 ・地域（自分たちが暮らす地域，学校生活を送るFyの地域）にはどのような人が暮らしているのか考えさせ，自分や家族も地域の一員であることに気付かせる。 ・高齢者の身体的特徴や関わり方について考える。	・学習プランを示しながら，学習の流れと身に付けたい資質・能力を確認し，見通しをもたせる。 ・学習前の時点で考える「家庭と地域の協力・協働」について，既に学習した内容を思い出しながら，家族や地域との関わり方について，様々な立場や視点で考え，ワークシートに記入させる。 ・見方・考え方である4つの視点を意識し，家族や地域との関わりについて，今の自分を振り返り，一枚式のワークシートに記入させる。レーダーチャートを用いて分析し，考えをまとめさせる。 ・家族や地域（自分たちが暮らす地域，学校生活を送るFyの地域）のそれぞれの立場や役割について理解し，関わり方について考えさせる。 ・高齢者の身体的特徴や介助の方法について考え，どのような関わり方が適しているか考えさせる。	1 ｜ 2
・高齢者の疑似体験を行う。4人班で高齢者と介助者，記録者に分かれ，交代で体験する。 ・高齢者の身体的特徴や介助の方法について体験活動から気付かせる。 ・自分たちが暮らす地域で行われている，家庭と地域をつなぐ取り組みについて調べてくる。 ・Fyの周辺地域の人々について，登下校中に意識する。	・高齢者の疑似体験を行い，安全面に配慮しながら介助し，体験者と介助者側の異なる立場から身体的な特徴や介助の方法について気付かせ，ワークシートに記入させる。 ・それぞれが暮らす地域では，家庭と地域の協力・協働しているものにどんなものがあるのか事前に調べるように伝えておく。 ・Fy周辺地域の人々について，登下校中に意識するように伝える。	3
【課題】Fy生が考える 　　　　家族・家庭と地域のつながり ・地域との協力・協働を進めるために，地域に暮らす様々な人や高齢者との関わり方の問題を見つけ，ホワイトボードに個々のテーマを入力してグループを作る。 ・各自が考えた地域との関わり方の問題について共有し意見を交換し合いながら「Fyプロジェクト」の実践計画の作成を行う。 ・PowerPointで共有しながら発表を行う。 ・PowerPointのコメント機能で，アドバイスを入力する。	・各自が調べてきた，家庭と地域の関わり方について共有し，Fy生として地域とどのように関わることができるのか考えさせる。 ・「Fyプロジェクト」の個々のテーマをホワイトボードの付箋機能を使い入力させ，グルーピングを行う。 ・「Fyプロジェクト」として地域との関わり方の問題を見つけ，解決するための方法をPowerPointで共有しながら考えさせる。 ・地域の人々との協力・協働していくため，様々な立場や役割などの視点を意識し，班やクラスで共有している資料にPowerPointのコメント機能を使いアドバイスを入力させる。	4 ｜ 6
・「Fyプロジェクト」を地域へ提案できるよう，グループで企画提案書にまとめる。 ・学習を終えて，改めてレーダーチャートに記入し，学習を通して考えた「家庭と地域の協力・協働」をまとめる。 ・自分が立てた課題についてどのような解決方法を見い出したか，「家庭と地域の協力・協働」のために何ができるかについて記入する。 ・班で相互評価を行い，自分の記述を見直して，考えをまとめる。	・「Fyプロジェクト」を地域へ提案するための企画提案書を作成させる。 ・今後どのようなことを意識していきたいかを踏まえて，レーダーチャートに記入させる。 ・今まで書き溜めてきた記述を改めて見返し，自分の考えをまとめさせる。 ・学習を踏まえた視点が入っているか，実践内容が具体的かなど班で相互評価をするよう促す。 ・家族・家庭や地域との関わり方を工夫することでこれからの「よりよい生活」にもつながることを確認するよう促す。	7

英 語 科

実践例①〜③

1　本校英語科が考える「資質・能力を高める『問い』」とは

　本校英語科では，コミュニケーションにおける見方・考え方を働かせ，聞くこと，読むこと，話すこと，書くことの言語活動を通して，簡単な情報や考えなどを理解したり表現したり伝え合ったりする資質・能力の育成を目指している。そのためには，多様な人々との対話の中で，目的や場面，状況等に応じて，既習のものも含めて習得した概念（知識）を相互に関連付けて深く理解し，適切な言語材料を活用し，思考・判断して情報を整理するとともに，自分の考えなどを形成，再構築することが重要である。本校英語科では，「資質・能力を高める『問い』」とは「学習課題」と強く結びつくものであると考える。学習課題について，①単元計画の段階で行う教師側の学習課題の設定の工夫，②取組の中で生徒から自発的に疑問や気付きが生まれ，試行錯誤を繰り返しながらそれらの解決を目指す姿の実現に向けた手立ての工夫を軸として捉え，生徒が単元や授業を通して身に付けたい資質・能力を高めていくことを目指す。

2　学習課題の設定の工夫

　単元の中心となる［思考・判断・表現］に関わる学習課題を設定する際には，"目的や場面，状況など"がキーワードとなる。発話の場面，コミュニケーションを行う相手との関係やコミュニケーションを行う環境などを適切に設定する必要があり，その上で，情報を精査したり，考えを整理したり，相手に応じた表現を選択したりする力を育成することができる。

　そこで本校では，単元の中で取り組む学習課題における目的や場面，状況などを設定する際に，以下の2点を意識している。

（1）生徒がわくわくできるか

　課題を設定する際には，生徒が「取り組んでみたい」「どうなるのだろう」と思う内容となるように意識する。具体的には，生徒が普段から関心をもっているもの・ことを題材として選んだり，自分ごとになるように少し難しい話題でも学習課題へ自然につながるように導入を工夫したりすることが挙げられる。

（2）生徒が想像しやすいものになっているか，実生活につながるか

　外国語でコミュニケーションを図る際，相手がどのような人物なのか，相手との関係性はどのようなものなのか，どのような場面でコミュニケーションが行われるのかなどによって，使われる表現や伝え方は大きく異なる。例えば，「おすすめの日本語を紹介しよう」という学習課題において，ただ生徒に考えさせて発表させると，なかなかイメージが掴めず，思考が深まらない。そこで「来月，日本に留学に来ることになっている海外の中学生」という伝える対象とその人物の状況や，「日本人の同級生との会話で使ってみたい言葉を知りたい。」という相手の要望を加えると，生徒は何を伝えたらよいかを考えやすくなる。そこで，対象の生徒が投稿しているメッセージに返信する活動とし，詳細はスライドを用いて共有した（**図1**）。「来月来るなら，その時の

季節に関わる言葉がいいかな」「同年代の中学生だし，普段日本の中学生がよく使う言葉がよさそう」など，イメージを膨らませながら活動に取り組むことができた。

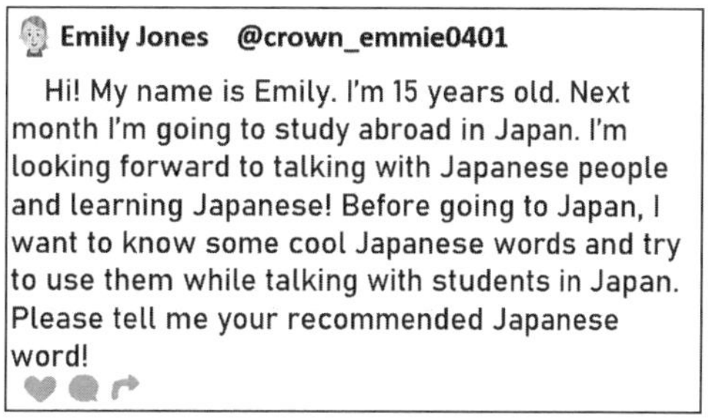

> **Emily Jones**　@crown_emmie0401
>
> Hi! My name is Emily. I'm 15 years old. Next month I'm going to study abroad in Japan. I'm looking forward to talking with Japanese people and learning Japanese! Before going to Japan, I want to know some cool Japanese words and try to use them while talking with students in Japan. Please tell me your recommended Japanese word!
>
> ♥ ● ↱

図1　目的等を共有するスライド画面

3　生徒から気付きや疑問を引き出す手立ての工夫

（1）表現や伝え方を豊かにする個での振り返り

　単元の最終目標について学習課題とともに最初に共有し，活動の途中にその都度自身の取組の振り返りを行う。例えば，学習課題の取組におけるポイントを視点として示し，生徒に自身の取組を音声や動画として記録に残し，取組後に聞き直しながら文字起こしする活動を取り入れる。取組の中で使用した表現を確認するなど，個人で自分自身の取組の状況を分析することで，これまでに気付かなかった自分の言葉の選択や話し方における傾向に気付かせる。それを基によりよいパフォーマンスに向けてどのように取り組むとよいかを考え，最終課題での豊かなアウトプットにつなげられるようにする。

（2）生徒間での考えや表現を共有する場の設定

　学習課題に対して個で考えて終わるのではなく，ペアやグループで共有し，多様な考え方に触れる機会を作る。様々な考えや表現に触れることで，改めて自分自身を見つめ直したり，思考の引き出しを増やしたりすることにつながると考えられる。また，話し合った内容をまとめて，クラス全体で共有したり，生徒の考えを一覧にして提示したりすることで，さらに学びを深められるようにしている。

4　実践の成果と今後への課題

　今年度の研究では，学習課題や考えを深める場面の設定などを工夫し実践を行った。これらの工夫により，生徒がより主体的に課題に取り組み，内容や表現を吟味しながら豊かな自己表現を生み出すことにつなげられたことは研究の成果と言える。生徒が活動に取り組みやすいように学習課題を工夫することはもちろん大切だが，生徒の興味や学習意欲を高めつつ，学習を意味あるものとしていくためには，単元においてどのような資質・能力を身に付けさせたいか，教師が明確なイメージをもつことが必要不可欠である。このような前提を踏まえ，今後は小学校・中学校・高等学校，それぞれの段階においての各技能の言語活動を横に並べて把握するとともに，学びの連続性を意識して言語活動を設定し，内容面での「適切さ」と言語面での「正確さ」をさらに高めていくことができる単元や授業づくりを研究していきたい。

英語科実践例①

1 単元を通じて実現を目指す「学びに向かう力」が高まっている生徒の姿

コミュニケーションを行う目的・場面・状況に応じて，伝える相手を意識しながら表現を工夫して提案しようとしている姿。

2 単元について

本単元では，日本を訪れる予定の外国人に対して，それぞれの特徴や要望に合わせて，旅行先として適した場所や地域，都市についてビデオレターを介して提案するという課題を設定した。まず，グループでの話合いを通して，人物についての情報を分析し理解した。その後に，個人で思考ツールを活用して，紹介する場所の選定や自らの考えをまとめる。次に，発表を行う際には，キーワードやメモを基に自分の言葉で表現することを大切にし，相手に納得して喜んでもらえるように工夫して話すように指導する。相手を意識しながら，表現を工夫して自分の言葉で伝えていく能力の向上につなげていく。

3 「指導と評価の一体化」を目指した観点別学習状況のあり方

（1）「知識・技能」の指導と評価

デジタル教科書を活用し，音声を聞いた後に，全体と個人でシャドーイングなどの音読練習を行う。その際に，教科書本文の主語と動詞に注目させ，人称と動詞の変化に気付かせる。そして，キーワードのみをメモさせ，登場人物について自らの言葉でリテリングさせることで，自然に三人称の文を用いる場面を作るようにする。この一連の活動を通して，「聞くこと」から「読むこと」「話すこと」そして発表内容を書くことにつなげていく。主語の人称と動詞のきまりを理解して運用できているかをパフォーマンス課題の取組から評価していく。

（2）「思考・判断・表現」の指導と評価

学習課題のポイントは，コミュニケーションを行う目的や場面などを把握した上で，相手に喜んでもらえるように提案することである。そのためには，相手意識をもって分かりやすく情報を伝える工夫や一貫性のあるテーマとまとまりのある文章構成に配慮させたい。課題に向けた情報収集から整理・分析をする際には，SmartArt を活用させてブレインストーミングを行うことで，思考を可視化し，抽象的な考えを具体に整理するとともに，優先度を考慮して必要な情報に焦点を絞らせる。発表内容を作成する際には，教科書の例文を参考に Opening・Body・Closing を意識して組み立て，テーマに一貫性のあるまとまりのある文章を目指すように促す。発表練習においては，PowerPoint の録画機能を活用して自己分析と反復練習を行い，ただメモを読むことにならないようにキーワードを活用した自然なプレゼンを目指すように助言する。また，カメラの向こうに相手がいることを意識して，語りかけるような伝え方についても考えさせる。パフォーマンス課題において，事実や自分の考えを整理して，簡潔な言葉でまとまりのある内容を話せているかを評価していく。

（3）「主体的に学習に取り組む態度」の指導と評価

自らの発表をメタ認知できるように個人で録画させ，その後グループで発表動画を共有させる。これにより，自分自身の発表を客観的に何度も見返すことができるだけでなく，仲間と共有することで，自分の発表と比較しながら自他の優れた点や改善点に気付かせ

る。一連の活動を通して自己のパフォーマンスの調整を何度も図り，改良を加えてきた成果物と振り返りの記述から評価していく。

4 授業の実際

本単元の課題の提示に際しては，導入で教師と海外に住む友人とのやり取りのエピソードや旅行計画に関する話を通じて，言語学習を超えて日常生活に関連付けることの大切さを意識させた。生徒たちは来日する外国人と実際に交流する状況を想定しながら観光地を提案する課題に取り組むことで，実生活と結び付けて興味をもって活動していた。また，生徒に提示する人物像においては，異なる国籍や文化，職業，年齢，家族構成などの情報を詳細に設定することで，現実に近づけるように努めた。最初は見慣れない単語に戸惑う生徒もいたが，アレルギーなどの実生活で役立つ単語や表現を学ぶ機会となった。英語に苦手意識がある生徒も，グループのメンバーと協働する中で，助け合いながら理解を深め，相手が何に興味をもっているかなど，詳細な情報を共有することで，具体的なイメージをもって課題に取り組む姿が見られた。

発表内容を考える際には，思考ツールの技法を用いて PowerPoint の SmartArt を利用することで，それぞれの探究的活動を効率的かつ効果的に進めていた。（図1）また，設定されている人物の滞在期間や滞在場所も考慮しながら，住んでいる地域からどこまで離れた場所に行くことができるかなどを考え，旅行先や日数を選定していた。目的や場面，状況を具体的に想像することで，生徒たちは「英語で提案する際にどのような表現が適しているか」「どのように話を始めるべきか」といった自分たちなりに問いを立てて活動に取り組んでいた。その上で，文章の構成に着目し，自身の発表内容を振り返ることができるようにモデルを提示することで，提案の方法や話の進行について見直す機会としていた。

発表練習の際には，自分の発表を録画して見ることに抵抗を感じる生徒もいるが，客観的に振り返ることを可能にし，効果的な反復練習の機会となることを理解し，学習に取り組んでいた。発表課題において，評価を気にするあまり，難しい表現を試みたり，課題を提出すること自体に意識が向いていたりする生徒もいた。そのため，検索結果のそのままの形式的な文章や情報提供ではなく，自分の言葉で文章を再構築して，シンプルで分かりやすい表現に変換するように助言した。また，コミュニケーションの本質は，相手がいることで成り立っている。生徒自身が適切な内容を選択するために，目的や場面，状況をしっかりと考慮して，相手の特徴や立場を想像しながら，相手意識をもって課題に取り組むように再度課題の確認を行った。最終的に，全ての工程が一つのデータとして残ることで，生徒自身のポートフォリオを形成し，成長の軌跡の記録につながった。

単元末に限らず，生徒が間違いやすい学習のポイントなどの気付きを適宜フィードバックし問いかけることで，生徒が思考し始めるきっかけづくりを提供することが大切だと再認識した。また，生徒たちの好奇心と探究心を刺激するための「問い」を中心とした課題設定に今後も注力していきたい。

（兒玉　虎二郎）

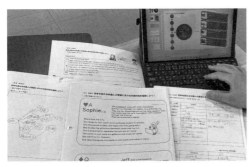

図1　発表内容を考える様子

[資料]　資質・能力育成のプロセス（7時間扱い）

次	時	評価規準	【　】内は評価方法 及び Cと判断する状況への手立て
1	1 ｜ 2	知　主語が三人称の文の構造について理解している。（○）	【発言の点検】 C：本文中の主語と動詞に線を引かせ，動詞の変化を意識しながら相違を見つけるように助言する。
		技　主語が三人称の文を用いて，口頭で提案する技能を身に付けている。（○）	【ワークシートの記述の確認】 C：本文中から活用できるキーワードを探してメモしたり，簡単な既習表現を用いたりするように促す。
2	3 ｜ 6	技　主語が三人称の文を用いて，口頭で提案する技能を身に付けている。（○◎）	【ワークシートの記述の確認】【発表動画の分析】 C：主語と動詞の関係性に留意しながら，英文を考えるよう促す。
		思　外国の人に「行ってみたい」と思ってもらえるように，日本での旅行先について，事実や自分の考え，気持ちなどを整理し，簡単な語句や文を用いてまとまりのある内容を話している。（○◎）	【ワークシートの記述の確認】【発表動画の分析】 C：与えられた条件や情報を再度確認させ，場面や状況を理解した上で，相手の要望を振り返らせる。
		態　外国の人に「行ってみたい」と思ってもらえるように，日本での旅行先について，事実や自分の考え，気持ちなどを整理し，簡単な語句や文を用いてまとまりのある内容を話そうとしている。（○◎）	【振り返りの記述の点検・分析】 C：自分なりに工夫した取組をメモして振り返りに活用させたり，他者からのコメントの内容を確認して改善点を考えさせたりする。
3	7	態　本単元の学習を振り返り，変容や成果をまとめようとしている。（○）	【振り返りの記述の確認】 C：これまでのワークシートを見直したり，他者からのフィードバックを参考にしたりするように声かけをする。

主たる学習活動	指導上の留意点	時
[Lesson4/My Family, My Hometown] ・教科書 Lesson4の本文の内容を聞いたり，読んだりして，主語が三人称の文のきまりについて確認する。 ・教科書本文の音読練習をする。 ・教科書の内容の要点を捉え，登場人物について自分の言葉で表現し直すリテリング活動を行う。 ・USE READ の説明文の内容を聞いたり，読んだりして，内容の理解を図る。 ・英語を話す際の音のポイントを確認する。 ・Teams 課題の Reading Progress を活用した音読課題に取り組み，音声を提出する。	 ・全体で音読練習した後に，デジタル教科書を活用して，個人のペースで音読練習を繰り返し行い，内容の理解を深める。 ・教科書の本文をそのまま再生する活動にならないように，イラストやキーワードを基に，内容を相手に伝わりやすくしたり，別の表現で言い換えたりするように促す。 ・教科書の例を参考に，紹介文の構成や表現方法について考えさせる。 ・英語らしい発音や強勢，イントネーションなどを意識しながら，デジタル教科書を活用して音読練習をするように促す。	1 ｜ 2
・本単元の学習課題を確認する。 【学習課題】 日本を訪れる外国人の要望に合わせた旅行先を提案しよう！ ・班で誰を担当するか役割を分担する。 ・それぞれの人物のグループに分かれ，要望や条件を確認し合った後に，全体で共有する。 ・条件に適した場所について個人で調べて情報を集め，構成を練る。 ・教科書本文やフォーマットを参考にして，発表内容をまとめる。 ・発表の練習を行う。 ・個人で録画した発表の様子を客観的に振り返り，改善を図って最終的なものを提出する。	・学習の流れと身に付けたい資質・能力を共有し，本単元のゴールの確認をする。 ・人物や条件をいくつか提示する。 ・グループの仲間と協力して，条件の概要をワークシートにまとめ，全体で発表させる。 ・他のグループの発表を聞き，ワークシートに記入させる。 ・情報の収集と整理・分析を行わせる際に，思考ツール (PowerPoint の SmartArt) を活用して，アイデアを出させる。 ・参考となる例文や形式を示して，場面に適した英語表現や文の流れについて考えさせる。 ・発表のメモを活用して，相手に語りかけるような発表となるように助言する。 ・PowerPoint の録画機能を活用して発表を記録として残させ，後から見返すことができるようにする。	3 ｜ 6
・発表を見合い，気付いたことをコメントする。 ・他者からのコメントを参考にして，自分の発表を振り返り，よい点や改善点について考える。 ・本単元の振り返りをする。	・他者の発表動画を見ながら比較・分析する中で，よい点や改善点などを考察しコメントさせる。 ・他者からのフィードバックを基に，自分の発表を見直し，自己分析させる。 ・活動を通して身に付いた力や次に向けての課題について考察させる。	7

英語科実践例②

1 単元を通じて実現を目指す「学びに向かう力」が高まっている生徒の姿

　様々な情報や条件を整理し比較しながら，分かりやすい構成で事実や理由などを話そうとしている姿。

2 単元について

　本単元では，「話すこと［発表］」の活動に焦点を当てる。学習指導要領の目標「話すこと［発表］」ア「関心のある事柄について，簡単な語句や文を用いて即興で話すことができるようにする」ことを目指す。具体的には，学習した比較表現を用いながら，日本を旅行中のお店選びに悩んでいる外国の人を助けるため，分かりやすい構成で条件に合ったおすすめのお店を即興で伝える活動を行う。

　目的・場面・状況に合わせて適切な言語材料を使用できているか，相手に分かりやすい構成や内容になっているかに着目して，自身の即興での提案を細かく分析させる。それにより，改善すべき課題を明確にし，よりよいパフォーマンスに繋げたい。

3 「指導と評価の一体化」を目指した観点別学習状況のあり方

（1）「知識・技能」の指導と評価

　はじめに，生徒に比較表現の必要性を目的・場面・状況から想定させることで，実際に使用する場面を理解させる。本単元のポイントとなる，「お店の情報を比較する」という部分に焦点を当て，発表の際に使用する表現を選定し，繰り返し反復練習させることで習得を目指していく。単元末のパフォーマンス課題の中で，正確な表現を用いて話しているかどうかを評価する。

（2）「思考・判断・表現」の指導と評価

　学習課題のポイントは，様々な情報や条件を整理し比較しながら，分かりやすい構成で事実や理由などを即興で話すことである。そのためには，情報を整理し，相手に自分の考えを正しい表現で伝えることが必要であるため，パフォーマンス課題に至る前までに２つの学習課題を設定し，情報整理や表現の仕方を指導する。1つ目の課題では，生徒に自身の現状を把握させるために，学習のヒントは示さず，ありのままの発表をさせる。その後，モデルとなる発表を見たり，発表を振り返ったりして，自身の発表の改善点を見つけ練習をする。2つ目の課題では，発表分析を行う。自己分析と他者分析を活用して分かりやすい構成や表現を考える。そして，改善点を修正しながら，必要な情報を正確に素早く捉え，条件を踏まえて自分の伝えたいことをまとめる練習をさせる。評価は，発表を分析・改善する生徒の姿やワークシート，振り返りシートを使用して評価するだけでなく，最終的に，パフォーマンス課題の内容において，情報や条件を基に内容構成や表現を工夫しながら最適なお店を選択できているかを確認する。

（3）「主体的に学習に取り組む態度」の指導と評価

　即興で話すことに苦手意識をもつ生徒を含め，どの生徒も活動に取り組みやすくなるように，スモールステップで最終課題を達成できるように組み立てた。自分の発表についての分析や他者の分析を行い，分からない部分や目標に達していない部分を話し合ったり視覚化したりすることで課題を明確にし，個々が見通しをもって課題に取り組めるようにしている。評価は，課題への取組状況や振り返

りの内容から評価していく。

4　授業の構想

　これまでの話すこと［発表］について生徒の学習の状況に合わせ，必要な力を身に付けることができるように活動を積み重ねてきた。

　まず1つ目に，「将来したいこと」についてスピーチを行った。構成において，Opening・Body・Closing を意識するだけでなく，Opening ではこれから話す Body の要約を入れたり，Body ではトピックセンテンスとその理由・具体例を使用したりすることを意識させ，適切な内容構成について考えを深めさせた（図1）。内容構成や表現を工夫しながら，まとまりのある内容を話す生徒の姿が見られた。

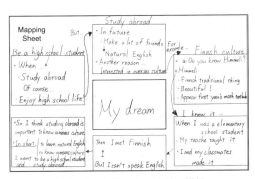

図1　生徒が作成した本論の構想

　2つ目に，自由なテーマで寸劇を実施し，自分たちでストーリーや台詞を考え，相手に伝わりやすい構成や表現を意識した発表を行ってきた。内容構成を意識させるだけでなく，伝わりやすい表現をグループで話し合い，取捨選択させることで，相手意識をもって話すことができるようになってきた。

　スピーチや寸劇のような事前準備をしてから発表をする活動には自信をもって取り組める一方，即興で英語を話す活動を苦手としている生徒が多くいることが分かった。そこで2学期以降は，帯活動の一環として1分間スピーチを行い，日常生活に関する事柄について簡単な語句や文を用いて即興で話す練習を

行ってきた。月ごとの目標を生徒に決めさせ，スモールステップで即興で話す能力を磨いてきた。その場で伝えることができなかった表現は，活動ごとに振り返らせることで次回以降の活動につながるようにしている。

　本単元では，情報を比較した上で相手に適する場所を考え，即興で伝えることを目指す。生徒が意欲的に学習課題に取り組み，学びを深められるように，次の2つを工夫した。

　1つ目は，学習課題の設定についてである。観光庁の「外国人観光案内所を訪問した外国人旅行者に対するアンケート調査結果」において，旅行中困ったことについて「飲食店の情報の入手」という回答をした割合が11.5％と多く，全体の6番目に位置している。この状況を鑑みて，困っている観光客に情報を伝える必要性は十分高く，現実的に起こりうる状況である。そこで生徒が実際の使用場面をイメージできるように，「旅行中の外国人の行きたいお店の情報を比較して，条件に合ったお店を伝えよう」という学習課題とした。より現実的な場面を作るために，外国の方の要望を英語で理解する，お店の情報についての資料を日本語で読み取る，そして整理した内容を英語で伝えるという流れになっている。

　2つ目は，学びを深める「問い」の手立てについてである。本単元では発表を録音し，発表分析を行う機会がある。自己分析を行うだけでなく，他者とともに発表を振り返る。相手に伝わりやすい発表にするために，生徒は様々な視点から話し合い，表現や構成を議論する。その一連の活動から生徒の疑問や気付きを引き出す。その問いを生徒同士での話し合いで解決させ，発表の修正につなげる。このような手立てを講じることで生徒から様々な「問い」を引き出す。その「問い」を解決することを通して，生徒の資質・能力を育成していきたい。　　　　　（澤　尚希）

次	時	評価規準	【　】内は評価方法 及び Cと判断する状況への手立て
1	1 ― 3	知　比較表現に関する事項を理解している。（○）	【発言の確認】 C：教科書の本文を通して，比較表現について再度確認させる。
		技　お店の情報について，比較表現などを用いて，事実や理由を即興で話す技能を身に付けている。（○）	【発言の確認】 C：教科書の本文を通して，比較表現について再度確認させる。
		思　旅行中の外国の人に伝わるように，地域のお店について，簡単な語句や文を用いて，分かりやすい構成で事実や理由を即興で話している。（○）	【ワークシートの記述の点検】 C：与えられた条件や情報についてまとめた内容を書かせて自分の言いたいことを整理するように促す。
2	4 ― 6	技　お店の情報について，比較表現などを用いて，事実や理由を即興で話す技能を身に付けている。（○◎）	【発言の確認・音声の分析】 C：比較するためにどんな表現が必要であるか，これまでに学習した内容を振り返らせる。
		思　旅行中の外国の人に伝わるように，地域のお店について，簡単な語句や文を用いて，分かりやすい構成で事実や理由を即興で話している。（○◎）	【発言の確認・音声の分析】 C：調べた情報や与えられた条件を基に考えを整理できているかを見直すように促す。分かりやすい構成の流れを確認させ，発表で伝える内容の順番を意識させる。
		態　旅行中の外国の人に伝わるように，地域のお店について，簡単な語句や文を用いて，分かりやすい構成で事実や理由を即興で話そうとしている。（○◎）	【発言の確認】【ワークシートの記述の点検・分析】 C：自己評価や peer feedback，teacher feedback の内容を確認させ，改善点について考えさせる。
3	7	態　本単元の学習を振り返り，自己の変容や成果をまとめようとしている。（○）	【ワークシートの記述の点検】 C：振り返りシートに自分の足りなかった部分や即興で発表する力を高めるためにどのようなことを今後するべき必要があるかを記入させる。

主たる学習活動	指導上の留意点	時
・学習プランと手引きで，本単元の見通しをもつ。 ・教室内にあるものを比較し，ペア同士で比較表現の練習を行う。 【学習課題①】 お土産店の情報を比較して，相手の条件に合ったお店を伝えよう。 ・学習課題に関する情報と条件を与え，パートナーに自分の考えを伝える。 　①行きたいお店の条件を確認する。 　②リストの中から情報を基にお店を決める。 　③情報を整理しながら即興で決めたお店を分かりやすい構成で伝える。 ・自身の取組を振り返り，最終目標に向けて必要な要素を確認する。 ・モデルとなる発表を見て，自身の発表に活かせる点を考える。	・学習プランと学びの手引きを示しながら，学習の流れと身に付けたい資質・能力を確認し，これまでの学習を生かして取り組むように意識させる。 ・容易に表現できる身の回りの物を使うことで比較表現の基本事項を理解させる。 ・お店の情報や条件を確認させ，伝えるべき内容を考えさせる。 ・モデルを示さないでスタートすることで自分たちがどのくらい話せるのか気付かせる。 ・聞く側の意識をもたせ，どのような構成や表現が分かりやすいかを確認させる。	1 — 3
【学習課題②】 飲食店の情報を比較して，相手の条件に合ったお店を伝えよう。 ・条件を整理した上で自分の考えをパートナーに伝える。 ・発表を録音する。 ・文字起こしをして自己分析をする。活用した表現や構成に着目し，修正点を探す。 ・グループで互いの発表を分析しフィードバックを行う。分かりにくい表現や構成を伝え合い，修正する。 ・振り返り後，新しいペアとなり，修正点を意識しながら再度発表する。 【学習課題③】（パフォーマンス課題） 旅行中の外国人の行きたいお店の情報を比較して，相手の条件に合ったお店を伝えよう。 ・3人グループで1人ずつ発表を行う。 ・発表は録音し，データで提出する。	・分かりやすい構成になっているか，また，比較表現を含めたお店の情報を伝えるために適切な表現になっているか分析させ，振り返りシートに記入させる。 ・自己分析後，改善が必要な例を示し，発表のポイントを確認させる。 ・グループを4人構成にすることで，分析の内容の差による不平等が出ないようにする。 ・ピアフィードバックでは，チェックシートを使用させることで英語が苦手な生徒でも分析しやすくする。 ・これまでの課題での改善点などを確認させる。 ・課題に取り組む前に，使用することが考えられる単語や表現を確認させる。	4 — 6
・活動を通して身に付いたことなどを，振り返りシートにまとめる。	・できるようになったことや今後の課題について考えさせる。	7

英語科実践例③

1 単元を通じて実現を目指す「学びに向かう力」が高まっている生徒の姿

事実と考えを組み合わせるとともに，聞き手の興味を引くために，伝えたい内容やその発表順序，表現方法などを工夫しようとしている姿。

2 単元について

本単元では「世界中の中学生に聞いてほしい曲を紹介しよう！」という学習課題を設定し，英語らしい話し方とまとまりのある内容を取組のポイントとしながら，聞き手にとって分かりやすく，興味を引く発表を行うことを目指す。これまでの学習を経て，生徒は目的・場面・状況を理解し，それに合わせて伝えたい内容をまとめ，英語で話すことができるようになってきた。内容の充実を図っていく姿勢が見られる一方，英語らしい話し方については練習を繰り返しているが，自信をもてない生徒も多くいる。そこで本単元では，これまでの学習で身に付けてきた表現や活動における学びを生かし，場面に応じた言語を選択したり，伝え方を工夫したりしつつ，英語の音やリズムを意識して発表することを目指したい。

3 「指導と評価の一体化」を目指した観点別学習状況のあり方

(1)「知識・技能」の指導と評価

単元の初めに，語と語の連結による音の変化や強勢，イントネーション，区切りなど，これまでに学習してきた英語を話す際のポイントを共有する。その上で教科書の文章を活用した音読練習を繰り返し行い，自身の話し方や発音についての意識を高めていく。Microsoft Teams の Reading Progress の機能を活用し，自分が発音を苦手としている語などを見つけるとともに，Word のディクテーション機能を使って，自分の音声がどのように認識されるかを試しながら何度も発音にこだわって英文を話す機会をもつようにする。

(2)「思考・判断・表現」の指導と評価

設定した学習課題のポイントは，事実や考えを整理し，表現や構成などを工夫してまとまりのある英文で伝えることである。そのため，伝える対象や場面，活動の目的を生徒と共有し，その上で何をどのように伝えるとよいか考える活動を行う。曲・アーティストについての情報（事実）と自分の気持ちや考えを整理して考えるように伝え，聞き手にとって分かりやすくなる事実と考えのバランスや情報の量などを意識させる。作成した原稿を基に発表の練習を複数回行い，その都度振り返り・修正を加えていく。班での発表練習では互いの発表を見合い，聞き手としてどのように感じたかを伝えるように促す。発表の際に役立つ表現についても，クラス全体で共有する機会を作り，パフォーマンス課題で活用できるようにする。パフォーマンス課題において，事実と考えなどを整理しているか，まとまりのある内容を話せているかを評価する。

(3)「主体的に学習に取り組む態度」の指導と評価

発表練習を行う際には，PCで録音・録画し，発表後に見直せるように蓄積させることで，自身のパフォーマンスを容易に振り返ることができるようにする。また生徒が自身の変容を自覚しやすいように，振り返りは Class Notebook に成果と課題を書き足していく形とした。自らの学習を捉え，改善を図ろうとしている姿を，パフォーマンス課題の

発表の様子と振り返りの記述から評価する。

4　授業の実際

　第２次の冒頭で学習課題を提示する。今回は，世界の中学生に人気があるインターネット番組に，聞いてもらいたい自分のお勧めの曲を紹介する動画を送るという目的・場面・状況を設定した。学習課題を確認する際には，初めにインターネット番組の動画募集の映像を見せ，生徒が課題のイメージをもって活動に取り組めるようにした。ただ設定を伝えるだけでなく，映像から入ることで，活動をリアルに感じ，番組の雰囲気や聞き手に合わせ，内容を吟味する姿が見られた。

　一度それぞれで発表内容の原稿を考えさせた後，事実と考えのバランスや聞き手に分かりやすい内容構成といった内容面と語彙や表現などの言語面の両方から，班で互いの英文を見合う機会を設けた。言語面については，主語と動詞の関係，動詞の時制などのチェック項目を示し，正しい英文となっているか，伝わりやすい表現かを確認し合えるようにした。原稿を見合う中で，内容をよりよくしていくためのキーワードとして，「まとまり」が挙がってきた。そこで教科書に掲載されているブログの記事を例として取り上げ，内容の順序や言葉選び，文をつなぐ表現などに注目させ，まとまりのある英文とするための工夫について学級全体で共有した。その後，個人で自身の原稿を見直し，発表練習を行った。個人での練習と班での練習を繰り返し行い，［知識・技能］に関わる【英語らしい話し方】と［思考・判断・表現］に関わる【内容】の２つの視点で発表を振り返りながら，修正していくように促した。

　また，単元末のパフォーマンス課題に取り組む前には，互いの発表をよりよいものとするために，活動を通して気付いた発表時に意識するとよいことや役立つ表現を考えさせ，学級全体で共有する場面を設けた（図１）。

★発表の際に役立つ表現
◇最初：問いかけから入る　例）Do you know 〜?
　　　何を話すのか概要を伝える
　　　I recommend 〜.　　　Let me introduce 〜.
　　　I'm going to talk about 〜.　I'll tell you about 〜.
◇中盤で　Do you know 〜?もあり。
◆自分の考えを伝える：I think 〜.
◆If you 〜, ・・・. / When you 〜, ・・・. 詳しく伝えられる！
◆聞き返す（〜だよね？）：〜, right? 〜, isn't it?
◆例を示す：for example, such as
◇最後：Let's try 〜. / Listen. /Please listen. / Why don't you 〜?
　　　You had better listen to this song once in your life.

図１　生徒の意見をまとめたスライド

　共有する活動を通して，様々な考えや表現に触れ，それらを基に自分自身の発表を見直し，改善していく様子が見られた（図２・３）。

★クラス全体でのポイントの共有から、初めに何を紹介するのかを明らかにすることを自分の発表に取り入れてみようと思う。

図２　生徒の振り返りの記述（共有直後）

★「I recommend my favorite song.」と始めたことで、急に「Do you know " （曲のタイトル） "?」と尋ねるよりも聞き手は何の話か分かり、話の流れ全体を理解しやすくなっていた。

図３　生徒の振り返りの記述（次の練習後）

　単元を通して個人・班での発表練習や学級全体での共有で得た気付きを基に，よりよい発表を目指し，事実と考えのバランスを考えたり，聞き手を意識した内容構成や伝え方を工夫したりすることができていた。

　本単元を通して，課題の設定の工夫や取組を振り返る場づくりに加え，生徒の考えをより深めるための教師からの問い・投げかけの大切さを実感した。適切な場面で，必要なキーワードや取り組み方，考え方を示し，さらに生徒から気付きや疑問を引き出せるように，今後も研究を続けたい。　（山本　早紀）

次	時		評価規準	【　】内は評価方法 及び Cと判断する状況への手立て
1	1 ｜ 5	知	語と語の連結による音の変化や，強勢，イントネーション，区切りなどの違いを理解している。（○◎）	【発言の点検・分析】 C：日本語との違いを意識して，教科書本文の音声を何度も聞かせる。
		技	おすすめの曲について，正しい強勢，イントネーション，区切りなどを用いて，文の構成や意味のまとまりを捉えながら，自分の考えを話す技能を身に付けている。（○）	【音読課題の音声の確認】 C：教科書の音源を聞き直し，あいまいな発音の単語や音の変化を練習させる。
2	6 ｜ 9	技	おすすめの曲について，正しい強勢，イントネーション，区切りなどを用いて，文の構成や意味のまとまりを捉えながら，自分の考えを話す技能を身に付けている。（○◎）	【発表動画の音声の確認・分析】 C：前回の音読課題で示した英語を話す際のポイントを再度確認し，自分の音声を聞き直し，教科書の音源との違いなどを考えさせる。
		思	世界中の中学生に「聞いてみたい」と思ってもらえるように，おすすめの曲について，事実や考え，気持ちなどを整理し，簡単な語句や文を用いてまとまりのある内容を話している。（○◎）	【発表動画の確認・分析】 C：事実と考えの量が偏っていないか，英文に色やマークをつけさせて区別し，バランスを考えるように促す。
		態	世界中の中学生に「聞いてみたい」と思ってもらえるように，おすすめの曲について，事実や考え，気持ちなどを整理し，簡単な語句や文を用いてまとまりのある内容を話そうとしている。（○◎）	【発言の確認】【振り返りの記述の点検・分析】 C：小さなことでも必要だと感じたことは，振り返りに記入させ，こまめに見返すように伝える。
	10	態	本単元の学習を振り返り，自己の変容や成果をまとめようとしている。（○）	【振り返りの記述の確認】 C：これまでの振り返りの記述や，発表の動画を見直すように声をかける。

主たる学習活動	指導上の留意点	時
[Starter / Lesson 1 Power of Music] ・教科書 Lesson 1 の本文を聞いたり読んだりして, 新出表現や内容の理解を図る。 ・教科書本文の音読練習をする。 ・教科書 Starter の 2 つの曲の特集記事を読む。 ・学習プランを活用し, 本単元の見通しをもつ。 ・英語を話す際の音のポイントを共有する。 ・Starter の記事の英文を活用した音読課題に取り組む。 ・Word のディクテーション機能を使って, 自分自身の発音を確認する。	・音の変化, 強勢, イントネーションに注目して音声を聞かせ, 教科書にメモをさせる。全体で共有し, そこを意識させてペアで音読を行う。 ・学習プランを示し, 学習の流れと身に付けさせたい資質・能力を共有するとともに, これまでの学習とのつながりを確認する。 ・Teams の Reading Progress の機能を利用する。教科書の音源は個人の PC で聞くことができるようにし, それぞれのタイミングで必要な部分を確認できるようにする。 ・自分の音声に何度も触れることで, 発音を苦手とする語やあいまいな発音に気付かせる。	1 — 5
・本単元の学習課題を確認する。 【学習課題】 世界中の中学生に聞いてほしい曲を紹介しよう! ・勧めたい曲について, アイデアを出す。 ・発表原稿を作成する。 ・教科書に掲載されているブログの記事を基に, まとまりのある英文について考える。 ・自分の原稿を見直す。 ・発表練習を行う。練習ごとに「英語らしい話し方」と「内容のまとまり」について振り返り, 修正する。 ・よりよい発表に向けて, 発表の際に役立つ表現や発表時に大切なことを学級全体で共有する。 ・再度発表練習を行う。 ・発表の様子を動画で撮影し, Teams で提出する。 (パフォーマンス課題)	・インターネット番組の動画募集のアナウンスを映像で見せ, 課題のイメージを膨らませる。 ・アイデア出しの段階から, 事実と考えを整理することを意識させ, そのバランスを考えながら原稿作成に入るように促す。 ・2 年次に学習した接続詞など文をつなぐ表現を再度確認し, 自身が発表の流れがまとまりのあるものになっているかを考えさせる。 ・発表する際は TPC で動画を撮影し, 振り返りの際に自身の動画を見直せるようにする。 ・班で互いの発表を見合い, 聞き手として感じた発表の良かった点, 改善点を共有する機会を設定する。	6 — 9
・本単元の振り返りをする。 「英語らしい話し方」と「内容のまとまり」について, 自身の成果と課題をまとめる。	・発表動画を見返しながら, これまでの活動を振り返り, できるようになったこと, 次に向けての課題をまとめさせる。	10

おわりに

「柔軟な思考力と行動力で，これからの社会をよりよく生きるための幅広い能力を身に付けた人間」。本校が目指す生徒像です。そのための学校教育目標を「知・徳・体」の面から達成に向けた取組を設定し，それに向けて，教員一丸となって授業，行事，毎日の仲間との関わりで生徒が身に付けていくことを目指しています。

「令和の日本型学校教育」の構築を受けて，本校も必要な改革をすすめています。大きい柱として取り組んだものの一つとして，「教師の長時間勤務」への改革があります。本校の使命の質を落とさず，働き方を考えなくてはなりませんでした。

横浜国立大学教育学部の附属学校である本校は，これからの学校教育の担い手となる人材を育成するため，学部1年生「教育実地研究」，2年生「スクールデイ実践」，3年生「教育実習」，4年生「教育実践演習」，教職大学院生「長期学校演習」を，教員養成課程における共同研究機能をもつ場として，年間を通して受け入れています。ここでは，教員が生き生きと生徒と関わり，今日の教育課題に取組んでいたり，私生活も自分なりの楽しみ方をしたりする様子を学生たちに見てもらう時間でもあると思います。公立学校教員の長時間勤務による疲弊や教員採用倍率の低下，教師不足の深刻化が直面している課題へ，引き続き学校全体で取り組んで行きたいと思います。

本校の特徴に，職員同士で話し合う文化があると感じています。授業観，評価観，部活動改革等，時間を取って意見を出し合います。働き方を考える上で，時間を設定して議論を交わすことへの受け取り方には様々な考えがあると思います。本校ではその話し合いにより教員相互の理解ができ，納得し，皆で同じ方向を向いて業務に当たることに繋がっています。取り組みを一点から見ると不要であると思うことも，どこかと相関関係にあり，そのことに気付かないと全体の完成度が崩れてしまうことがあります。そこを見極めることは重要です。他校や教育関係機関からの本校に対する研究への信頼と期待は，長い年月の中で形成されたものです。必要な改革を行いつつ，負託に応えていけるのか自問してきました。

働き方改革も踏まえ，デジタル化による学習や職員間の業務効率化を図り，SCやSSW，スクール・サポート・スタッフの活用により業務の改善が行われています。令和5年度からは横浜国立大学D&I（Diversity & Inclusion）教育研究実践センターを基盤とした産官学連携インクルーシブ教育環境推進事業「共生社会の実現を担う次世代育成プロジェクト」の取組も始まり，今後，多様性を踏まえた一人ひとりのウェルビーイングを目指して取り組んで参ります。

本書に掲載した各教科等の理論・実践・プロセスは，本校の教育活動の一部分です。本書を手に取っていただいたことが中等教育の前期段階における授業改善，教育課程改善等の一助となれば幸いです。

最後になりますが，本研究にご指導いただいた大妻女子大学の澤井陽介先生，京都大学の西岡加名恵先生，神奈川県及び各市町村教育委員会の指導主事の先生方，横浜国立大学教育学部等の先生方に深く感謝申し上げますとともに，引き続き本校の取組に対するご指導・ご鞭撻をいただけますようお願い申し上げます。

令和5年11月

横浜国立大学教育学部
附属横浜中学校
副校長 野中幹子

＜執筆者一覧＞

横浜国立大学教育学部附属横浜中学校

　　松 原　雅 俊（校長）
　　野 中　幹 子（副校長）
　　齊 藤　大 行（主幹教諭　英語科）
　　柳 屋　　亮（教諭　国語科）
　　橋 本　香 菜（教諭　国語科）
　　土 持　知 也（教諭　国語科　研究主任）
　　村 越　　俊（教諭　社会科）
　　礒　　崇 仁（教諭　社会科）
　　松 本　裕 介（教諭　数学科）
　　八 神　純 一（教諭　数学科）
　　工　　健太郎（教諭　数学科）
　　松 浦　和 輝（教諭　理科）
　　中 畑　伸 浩（教諭　理科）
　　佐 塚　繭 子（教諭　音楽科）
　　谷 田　恵 実（教諭　美術科）
　　松 山　晴 香（教諭　保健体育科）
　　長 島　健二朗（教諭　保健体育科）
　　三 村　菜津美（養護教諭）
　　行 天　　健（教諭　技術・家庭科　技術分野）
　　大 野　あすか（教諭　技術・家庭科　家庭分野）
　　兒 玉　虎二郎（教諭　英語科）
　　澤　　尚 希（教諭　英語科）
　　山 本　早 紀（教諭　英語科）

これからの「学校」のあるべき姿を追究するⅣ

指導と評価の一体化を実現する
授業事例集Ⅱ

2023年11月22日　初版第 1 刷発行

編　者　横浜国立大学教育学部附属横浜中学校 ©
発行人　安部英行
発行所　学事出版株式会社
　　　　〒101-0051　東京都千代田区神田神保町1-2-5
　　　　電話　03-3518-9655
　　　　HPアドレス　https://www.gakuji.co.jp
装　丁　岡崎健二
印刷・製本　精文堂印刷株式会社